本书为国家社会科学基金一般项目"中国近现代媒介批评史（1815-1949）"（批准号：14BXW007）的最终结项成果

中国近现代媒介
批评史 1815-1949 下册

胡正强 著

中国社会科学出版社

下册目录

第八章　国民革命时期的媒介批评……………………………………（803）
　第一节　《热血日报》的媒介批评…………………………………（804）
　第二节　胡政之的媒介批评…………………………………………（813）
　第三节　周孝庵的媒介批评…………………………………………（824）
　第四节　戈公振的媒介批评…………………………………………（835）
　第五节　王世杰的媒介批评…………………………………………（845）
　第六节　胡愈之的媒介批评…………………………………………（856）
　第七节　黄天鹏的媒介批评…………………………………………（866）
　第八节　汪英宾的媒介批评…………………………………………（876）
　第九节　《国闻周报》的媒介批评…………………………………（887）
　第十节　"现代评论派"的媒介批评………………………………（897）
　小　结…………………………………………………………………（907）

第九章　十年内战时期共产党人的媒介批评…………………………（912）
　第一节　十年内战时期中国共产党媒介批评的背景与特征………（913）
　第二节　十年内战时期中国共产党媒介批评的内容与不足………（921）
　第三节　张闻天的媒介批评…………………………………………（930）
　第四节　李求实的媒介批评…………………………………………（941）
　第五节　鲁迅的媒介批评……………………………………………（956）
　第六节　《萧伯纳在上海》的媒介批评意义………………………（968）
　第七节　茅盾的媒介批评……………………………………………（976）
　第八节　张友渔的媒介批评…………………………………………（987）
　第九节　袁殊的媒介批评……………………………………………（996）

第十节　邹韬奋的媒介批评 …………………………………… (1006)
　　小　　结 ……………………………………………………… (1017)

第十章　十年内战时期国统区的媒介批评 ………………………… (1023)
　　第一节　金仲华的媒介批评 …………………………………… (1024)
　　第二节　郑振铎的媒介批评 …………………………………… (1036)
　　第三节　谢六逸的媒介批评 …………………………………… (1046)
　　第四节　樊仲云的媒介批评 …………………………………… (1057)
　　第五节　林语堂的媒介批评 …………………………………… (1067)
　　第六节　郭步陶的媒介批评 …………………………………… (1079)
　　第七节　成舍我的媒介批评 …………………………………… (1089)
　　第八节　张季鸾的媒介批评 …………………………………… (1104)
　　第九节　《上海报纸改革论》的媒介批评意义 ……………… (1113)
　　第十节　中国现代媒介批评学科化的萌芽 …………………… (1124)
　　小　　结 ……………………………………………………… (1131)

第十一章　抗日战争时期中国共产党的媒介批评 ………………… (1134)
　　第一节　毛泽东的媒介批评 …………………………………… (1135)
　　第二节　周恩来的媒介批评 …………………………………… (1145)
　　第三节　博古的媒介批评 ……………………………………… (1155)
　　第四节　陆定一的媒介批评 …………………………………… (1166)
　　第五节　胡乔木的媒介批评 …………………………………… (1177)
　　第六节　邓拓的媒介批评 ……………………………………… (1188)
　　第七节　夏衍的媒介批评 ……………………………………… (1201)
　　第八节　范长江的媒介批评 …………………………………… (1212)
　　第九节　陈克寒的媒介批评 …………………………………… (1223)
　　第十节　恽逸群的媒介批评 …………………………………… (1234)
　　小　　结 ……………………………………………………… (1244)

第十二章　抗日战争时期国统区和沦陷区的媒介批评 …………… (1247)
　　第一节　赵超构的媒介批评 …………………………………… (1248)
　　第二节　马星野的媒介批评 …………………………………… (1258)

第三节　王芸生的媒介批评 …………………………………… （1268）
　　第四节　杜绍文的媒介批评 …………………………………… （1278）
　　第五节　刘豁轩的媒介批评 …………………………………… （1289）
　　第六节　柯灵的媒介批评 ……………………………………… （1299）
　　第七节　萨空了的媒介批评 …………………………………… （1311）
　　第八节　叶楚伧的媒介批评 …………………………………… （1321）
　　第九节　潘公展的媒介批评 …………………………………… （1331）
　　第十节　赵家欣的媒介批评 …………………………………… （1342）
　　小　　结 ………………………………………………………… （1353）

第十三章　解放战争时期的媒介批评 ……………………………… （1356）
　　第一节　拒检运动与媒介批评 ………………………………… （1357）
　　第二节　《新华日报》与《中央日报》的媒介话语交锋 ………… （1368）
　　第三节　中共对《大公报》"小骂大帮忙"的定义 ……………… （1378）
　　第四节　中共对客里空、客观主义和新闻偏差的批评 ……… （1389）
　　第五节　《报学杂志》的媒介批评 ……………………………… （1400）
　　第六节　储安平的媒介批评 …………………………………… （1410）
　　第七节　叶圣陶的媒介批评 …………………………………… （1421）
　　第八节　胡道静的媒介批评 …………………………………… （1432）
　　第九节　张啸虎的媒介批评 …………………………………… （1442）
　　第十节　王公亮的媒介批评 …………………………………… （1453）
　　小　　结 ………………………………………………………… （1465）

结　语 ………………………………………………………………… （1468）

参考文献 ……………………………………………………………… （1482）

后　记 ………………………………………………………………… （1499）

第八章　国民革命时期的媒介批评

20世纪20年代中期，中国大地上掀起了一场席卷全国的巨大社会风暴，这就是以"打倒列强、除军阀"为口号的国民革命，由于其范围广大和参与人数众多，故人们通常称之为"中国的大革命"。这场革命的宗旨是推翻帝国主义和北洋军阀对中国的统治。大革命之所以能够卷起如此社会狂飙，乃在于它是一场体现了民心民意的运动，是当时中国社会矛盾发展的必然结果。诚如《向导》周报发刊词《本报宣言》中所说："现在最大多数中国人民所要的是什么？我们敢说是要统一与和平。为什么要和平？因为和平的反面就是战乱。全国因连年战乱的缘故，学生不能求学，工业家渐渐减少了制造品的销路，商人不能安心做买卖，工人农民感受物价昂贵及失业的痛苦，兵士无故丧失了无数的性命，所以大家都要和平。为什么要统一？因为在军阀割据互争地盘互争雄长互相猜忌的现状之下，战乱是必不能免的，只有将军权统一政权统一，构成一个力量能够统一全国的中央政府，然后国内和平才能够实现，所以大家都要统一。我们敢说：为了要和平要统一而推倒为和平统一障碍的军阀，乃是中国最大多数人的真正民意。"① 国共合作是国民革命时期的历史主线，而促成国共两党合作的实现则有两大枢机。一是1923年2月7日的二七大罢工及其失败，使中国共产党人认识到：工人阶级如果没有强大的政治同盟军，没有革命的武装力量，在一个毫无民主权利的国家，凭着赤手空拳，势必无法推翻那些武装到牙齿的反动势力；二是孙中山于1923年2月21日回到广州就任陆海军大元帅，重建广东革命根据地。这既使国共合作的重要性变得更加明显，也创造了国共两党合作的现实可能性。在国共合作的有力推动

---

① 《本报宣言》，《向导》周报1922年第1卷第1期。

下，中国的民主革命运动迅速地走向高潮，不仅出现了一大批以工农为读者的报刊，还出现了一批以军人为读者的报刊，中国新闻传播事业出现了一个繁荣的新局面。国共合作的实现，使国民党系统的报刊不仅在数量上有了十分迅速的增长，而且在政治思想和整体质量上有了很大的提高。国民革命时期是中国社会各种力量争斗异常激烈而尖锐的时期，时代政治激流的冲刷，带来了新闻传播生态的格外复杂而诡谲，从而为媒介批评的发展提供了强大而持久的政治需要和社会动力。

第一节 《热血日报》的媒介批评

全国范围的大革命高潮以1925年5月五卅运动的爆发为标志，而五卅运动的前奏是1925年2月上海日本纱厂的工人大罢工。罢工的起因则是日商内外棉八厂的日本工头毒打女工致伤，工人们愤不可遏，群起责问，被开除50多人，引起全厂工人的罢工，随之又导致21家日本纱厂3万5千多名工人的总罢工。日方被迫签订4项条约，承诺以后再不打骂工人，不无故开除工人，并发还储蓄金等。工人复工后，日人并不遵守诺言，对工人的虐待变本加厉，日本监工携带铁棍手枪入厂。5月15日，内外棉七厂日方监工在厂内持铁棍乱殴工人，日本大班竟向工人开枪，导致工人顾正红身中4枪死亡，数十名工人受伤。在中国的土地上，外国老板公然枪杀中国工人，任何有爱国心的中国人都无法忍受。第2天，沪西内外棉五、七、八、十二等厂7000多名工人进行罢工。24日，上海工人和各界代表1000多人在潭子湾广场隆重公祭顾正红。租界当局不仅严禁工人在租界内活动，而且逮捕声援工人的学生多人。26日，全国学生总会开会，决定扩大宣传，唤起全国一致行动。28日，中共中央在上海召开紧急会议，决定因势利导，把工人的经济斗争转变为民族斗争，将其发展为全国性的爱国反帝运动。29日晚，上海学联召开会议，宣布各校在30日停课一天，到租界指定地区进行大规模反帝示威。5月30日上午，上海工人、学生3000多人，分组在公共租界各马路散发反帝传单，进行讲演，揭露帝国主义枪杀顾正红、抓捕学生的罪行。租界当局大肆拘捕爱国学生，愤怒抗议的群众越聚越多，南京路一带已是人山人海。下午，在老闸捕房门口，群众高呼"上海是中国人的上海""收回外国租界"等口号，要求立即释放被捕学生。英国巡捕竟疯狂开枪，当场打死群众和学生13人，重伤数十人，制造了震惊中外的五卅惨案。当天深夜,中共中央再次召开会议,决定由瞿秋白、蔡和森、李立三、刘少奇和刘华等组成行动委员会,具体领导这次斗争,组织全上海民众罢工、罢市、罢课,抗议帝国主义屠杀中国人民,并决定出版一份日报,由瞿秋白主编,从中宣部、《民国日报》抽调人员组成编委会。6月4日,《热血日报》创刊,该报不仅设有社论、国内要闻、国际要闻、紧要消息等栏目,而且为打破帝国主义的舆论封锁,专门设置了《舆论之批评》《舆论之裁判》等媒介批评性专栏。

一

在激烈的社会运动中,传媒往往能够产生影响或左右事物发展方向的巨大力量。五卅运动爆发后,中外各种力量都在尽力角逐,这在新闻传播领域尤有淋漓尽致的表现。五卅运动的性质是爱国反帝运动,帝国主义列强为了尽快平息中国人民反抗的怒火,也利用新闻工具对运动极尽造谣、挑拨、中伤、诬蔑、恐吓之能事。《热血日报》对帝国主义列强的卑劣手段和险恶用心,自然洞若观火,所以该报在创刊号上,就刊发了《请看外国报纸破坏我们的言论 恐吓上海罢市的商人 说要叫北京政府来压迫我们 〈大陆报〉肆造谣言》的评论,对其进行揭露。评论指出:"这几天外国巡捕房尽量的屠杀上海市民,上海的外国报纸受了外国工部局的指挥,便尽量的来颠倒事实,造作谣言,破坏我们中国民众的团结。"[①] 随后评论举出事实加以证明。如上海《泰晤士报》6月3日的时评骂上海商人道:"他们为什么这样没有脊梁骨呵!你们假如愿意,你们就能够中止这次的事情呵!"以此恐吓上海商人,要他们取消罢市。《字林西报》6月3日的时评则要求中国政府制止运动。时评说:"本报的北京记者告诉我们说,北京外交部将有所抗议。对于这次的事情,如果说要有什么抗议,这抗议应该是列强向外交部提出的——抗议学生攻击巡捕的暴徒行为。"[②] 该报认为,如果北京的外交部有所举动,这举动应该对着学生,应该按照前

[①] 凤:《请看外国报纸破坏我们的言论 恐吓上海罢市的商人 说要叫北京政府来压迫我们〈大陆报〉肆造谣言》,《热血日报》1925年6月4日第1号。

[②] 凤:《请看外国报纸破坏我们的言论 恐吓上海罢市的商人 说要叫北京政府来压迫我们〈大陆报〉肆造谣言》,《热血日报》1925年6月4日第1号。

几天北京当局所发的命令那样，叫他们回到学校里去安心念书。《热血日报》的时评愤怒指出：这真是帝国主义者的大欲。叫学生们都低头念书去，任凭他们来叫我们做亡国奴！《字林西报》记者不但心狠手辣，还颠倒黑白，蛊惑造谣。5月30日先施公司门前的惨杀，明明是巡捕房下令放枪，该报反而说学生围攻巡捕，反要公使团向中国提起抗议。

外国报纸在造谣的同时，还含沙射影，将中国人民的反帝爱国运动说成苏联暗中操纵的结果。美国人的《大陆报》说：像打倒帝国主义、打倒列强等口号，不必说不是中国民众的意思，也未必是学生的意思，"这些话，太像加拉罕最近对中国人所放的演说了。同样的我们也不敢深信中国的学生自己想起要反对印刷附律和码头捐"。① 《热血日报》一针见血地指出：《大陆报》记者的这些言论，非常的巧妙而狡猾。"我们一看就晓得他的用意是要用加拉罕三个字来造成一种空气，口口声声说这是过激党主动的，然后要运动几个甘心作亡国奴的人出来造作这些谣言，破坏这一次的民众反抗运动。"② 《热血日报》正告《大陆报》的记者说：这次民众反抗，纯然是帝国主义数十年侵略中国和现在的屠杀政策所激成，纯然是国民运动，与甚么共产没有丝毫关系。你们不要把我们中国人看得太愚笨了，受了帝国主义的侵略还不知道反对帝国主义。现在全中国国民，都已经接受了孙中山先生的遗训，起来反对帝国主义了，岂但学生？现在帝国主义已经是一切被压迫民众的众矢之的了。自从鸦片战争到现在，中国割地赔款，民穷财尽，遍地兵匪，都是你们帝国主义者所赐。你们现在还占据着我们全国的税源海关；现在还在勾结军阀制造内乱；你们现在还强占着中国领土，大张毒焰，屠杀我们的同胞像鸡犬一般。你们自己训练出来的中国巡捕，尚且反对你们。你还敢说中国人民连学生都不晓得反对帝国主义，一定是加拉罕所教么？《大陆报》的记者，你是真没有看到孙中山先生的宣言和中国国民思想进步的状况？还是假作痴呆？《热血日报》的评论最后指出：不独《大陆报》一家如此，上海的帝国主义者报纸家家都持同样的论调。这是他们的政策，是破坏我们民众团结的毒计。我们现在

---

① 凤：《请看外国报纸破坏我们的言论　恐吓上海罢市的商人　说要叫北京政府来压迫我们〈大陆报〉肆造谣言》，《热血日报》1925年6月4日第1号。
② 凤：《请看外国报纸破坏我们的言论　恐吓上海罢市的商人　说要叫北京政府来压迫我们〈大陆报〉肆造谣言》，《热血日报》1925年6月4日第1号。

最要紧的是注意自己的团结，万众一心地反抗外国人的压迫，防备帝国主义者和甘心作亡国奴的走狗用这种口吻与话术来破坏！

二

由于所涉利益程度不同，加之帝国主义列强之间也存在着一定的矛盾和冲突，因此五卅运动中帝国主义列强的态度也有所不同，这在外国报纸上有充分体现，故《热血日报》在6月5日刊载了《外国报中所见的各国政策之不统一》一文，对此进行了分析。文章指出：从日美英法等国的利益冲突来看，可以知道各国现在对于上海市民的反抗帝国主义运动，统一的只有一点，就是施行屠杀政策，除此以外就不能统一。因为事件直接发生在英租界，屠杀学生工人和市民的第一名凶犯就是它，所以英国竭力伪造证据，硬把巡捕房向学生放枪，说成学生先去攻击巡捕。英国的《字林西报》接连两天用那些假证据，作两篇文字驳击北京外交部的抗议通牒，但它也知道一国的力量还不足，所以很想拉拢其余的美、日两国，但美国并没有这样傻，他一方面固然要乘机侵略中国，一方面却还想笼络中国民众，所以他不但没有出力为英国人辩护，6月4日美国人所办的《大陆报》竟说：五月三十日老闸捕房前的惨剧当然是很不幸，但是我们且等事情平定了慢慢地查罢，事情终有个水落石出的时候。这就很巧妙地既不得罪英国，也不替英国扛木筲，而是轻轻地把这副担子卸去了。"但是我们看了他这种巧妙的宣传方法却要问：那么杨树浦杀了一个学生和两个工人的，是不是美国商团呢？闯入华界去捉人，被保卫团扣留的是不是美国商团呢？"[①] 文章分析日本的态度说，日本自知这次大风潮的最初起因就是他在小沙渡对工人的压迫和残杀，但是现在他很想把罪名也移到英国的身上。所以他的机关报《上海日报》《上海日日新闻》等，遇见北京学生联合会决议请撤换英国总领事、英国忽派香港陆军来沪等消息，"就把题目特用大字登载，而对于北京外交部的抗议则没有一字的评论"。[②] 这里的原因很显然，因为日本知道段祺瑞不过是他的一个工具，一定能替他造成一种空气，把中国民众的注意点移到英国身上去。文章指出：段祺瑞素来会卖

---

① 《外国报中所见的各国政策之不统一》，《热血日报》1925年6月5日第2号。
② 《外国报中所见的各国政策之不统一》，《热血日报》1925年6月5日第2号。

国，这一次何以这样慷慨激昂呢？看了这一点就可以爽然了。所以，帝国主义各国对于这次上海市民反抗的态度，至少在此并不一致。媒介对国际事件的态度和看法通常与其国家的立场具有一致性，而在复杂的国际事件中，每一个国家的立场又受各自利益的支配而各有不同。新闻报道受意识形态的制约，古往今来，中外媒体概莫能外。《热血日报》对上海外报的分析，既细腻而又贴切，不但能有效提高人们对媒体政治倾向的感知，而且能有效地引导人们通过媒体的新闻报道去认知隐藏其后的国家立场及其利益。

1925年6月5日，上海由英国人创办的英文《文汇报》因为印刷厂华人罢工，致该报只能出油印数页，勉强避免停版。该报于是大为愤怒，痛恨上海秩序的紊乱。他们在当天油印报上的时评中有一段针对中国外交部的抗议书而发："假如上星期六（五月三十日）的事件是认为爱国行动，进言之，假如外交部准备援助这种行动，那么我们只能说，现在列强最紧要的一件事便是去教训他们，要他们晓得，不管他们的所谓爱国行动是什么，西洋各国总之不能容忍像上星期六所发生的那种扰乱公众治安的行为的。"[1] 对此，《热血日报》发表评论斥责该报道：我们要问问《文汇报》的记者：你是讲道理还是在讲蛮话？如果你们还自认为不是神经错乱，那么"不管他们的所谓爱国行动是什么，西洋各国总之不能容忍"的话是什么话呢？五月三十日的南京路上不过因为学生在讲演，巡捕抓学生，旁观者愤激围观，巡捕遽开排枪轰击。这究是学生扰乱治安呢？还是巡捕扰乱治安呢？你说话不讲理由么？你果真是疯了么？《热血日报》进而指出：这班外国报的记者，他们的态度和上海租界当局的态度一样。他们是不讲理由，只讲蛮力。开排枪轰击市民，把机关炮陈列在大马路，阻碍了全上海的交通，这在他们是叫作维持秩序了。而几个文弱学生在僻处向国人演讲，在他们反叫作扰乱治安。定下剥夺自由、剥夺上海市民权利的法律，叫上海人做他们的奴隶，是在维持秩序；上海市民反对这种蛮横法律，反而就是扰乱治安。"呵！上海是中国人的上海，你们所保护的是外国人的利益呵！北京外交部在名义上既是中国的政府机关，他的责任起码是承认中国人民的爱国权利，若要中国政府而公然否认中国国民爱国的权利，这是天下万国所没有的！这一点常识，就是白痴人也该晓得的呵！"[2] 痛

---

[1] 《斥〈文汇报〉记者》，《热血日报》1925年6月6日第3号。
[2] 《斥〈文汇报〉记者》，《热血日报》1925年6月6日第3号。

斥《文汇报》记者就是个白痴,无疑也是对该报新闻报道所给予的一种公正而贴切的评价。

三

日本自19世纪70年代就开始了侵华活动,是近代以来中华民族最凶恶的敌人,五卅运动亦直接肇端于日方厂家惨无人道地奴役和压迫中国工人。五卅运动掀起后,日本国内的各大新闻媒体不但不进行反思,反而助纣为虐,强词狡辩,竭力污名化中国民众正当的爱国主义运动。东京《时事新报》说:假如要改善支那不平等的状况,那么应该使努力于改善中国国情的外人的生命财产心神安宁,中国全国人民应当兢兢业业地小心着。而近来中国人偏偏鼓吹废除所谓不平等条约,以致招来各种干涉,反而弄到自己不能安心乐业,我们以旁观者的地位看来觉得也是很可怜。《报知新闻》则说:暴动是政治的经济的思想和种种复杂的原因所产生的结果,中国人希望用危害外人生命财产妨碍外人所经营的事业的暴动方法恢复自主权,真是愚蠢极了。排外运动的结果,酿成列强的协同干涉,不是建设自由自主国家的贤明手段。日本维新时代已经吃过这种苦头了。《东京日日新闻》说:暴动的最初原因是起于日本纱厂的罢工问题。现在既已变成反对帝国主义和废除不平等条约问题,这却不是日本一国的事情,而成为列强共同的问题了。

在列举了日本报纸上述言论后,《热血日报》发表评论指出:"这些该死的舆论,现在充满着日本帝国主义的报纸,抹杀了事实,反称中国民众是暴动。试问上海的外国兵天天在杀人,在暴动。我们中国暴动了些什么?尤其可恶的是说什么召起列强的干涉。日本的新闻家呵!现在就是你们的国家(列强之一)在横暴的压迫我们屠杀我们呵。"[①]评论论定日报的这种论调,正是桀犬吠尧各为其主。评论反问道:照你们意思,中国人应当恭恭敬敬地保护在华外人特别权利,做你们的奴隶,那就会改善中国的国情了?评论一针见血地说:你们的唯一目的,是要中国人像过去的几十年一样,任你们侵略,直弄到现在这个样子,所以叫我们不要反抗,叫我们在你们的鞭打枪杀之下安心乐业。在评论结尾,作者以提问的方式启发

---

① 凤:《该死的日本舆论》,《热血日报》1925年6月5日第2号。

读者道:"我们中国的同胞们!这些日本新闻纸上的所谓舆论,是否该死?"[1] 从而引导广大读者得出日本报纸舆论"该死"的判断。

6月15、16日,《热血日报》连载了《日本报纸自五卅以来之态度》长篇评论,对日本报纸自五卅事件发生后的态度进行较为系统的评述。评论指出,日本对五卅运动的态度因其国际地位的背景而与英美法各不相同。自五卅运动以后,日本采取了既圆滑又狠辣的外交新方策,政治上表面极力倡言不干涉,实则暗地里积极扶植代理人;经济上在中国各口岸倾销商品,开设工厂,利用中国就地原料和贱价劳动力,以雄厚的资本和垄断的方法挤倒中国的纺纱业,和西半球的美国竞胜。上海日本内外棉纱厂的惨杀工人案,是五卅风潮的直接引爆点,而这一次惨案的流血地点是在南京路,直接的刽子手是英国的巡捕房。狡猾的日本帝国主义者一看到南京路事件发生,英租界巡捕房首当其冲,于是他立刻想到了一个金蝉脱壳的方法。就是学习美国的样子,自己置身事外,却推英国去掮这木梢。上海的日本报纸这时怎样呢?乖得很,乖到几乎像美国人的《大陆报》一样,没有半句替英国辩护的话,只急急忙忙地去编他那"暴动"期内日本人损失的统计。

针对上海日本人报纸的这种报道现象,《热血日报》的评论指出:"原来外国人在中国所办的报纸,一方面固然要紊乱真相,对付敌方的群众;一方面却也要对他们本国的人尽一种宣传作用。"[2] 他们这样登载,是要使一大部分日本人真觉得自己成了中国暴民的无辜牺牲者,然后煽起其他人种的偏见。他们同时在报上天天发表一些论日支亲善的文章,这种文章一边表面上表示:即便在这样暴动的中间他们还不肯以恶意向中国;一边却是以一种绝妙的口号教育一般日本小商人:日本人主张日支亲善,但中国人实在是暴徒,假如日本政府派了军舰来打中国,也只是因为中国人不知道亲善!同时在日本报纸上登载各项日本人互相救济的消息,也是这样的用意:打开日本报纸,你真觉得上海的日本人在患难中:青年妇女不可单独在街上走,某地日本人陷于绝境,等等。但如果你到虹口走一趟,看看日本兵抬了机关枪在街上耀武扬威;边上的中国人觳觫而过,你就知道谁是牺牲者了!《热血日报》的评论一举揭穿了日本报纸新闻报道中所包藏着的多重险恶用心。

---

[1] 凤:《该死的日本舆论》,《热血日报》1925年6月5日第2号。
[2] 凤:《日本报纸自五卅以来的态度》(二),《热血日报》1925年6月16日第13号。

四

上海是中国现代新闻事业最发达的城市，具全国影响力的《申报》《新闻报》《时事新报》《民国日报》《时报》等9家大报云集于此，但是，五卅惨案发生后，上海的这些大报却态度消极，反应冷淡。个别报纸仅仅做了简单报道；有的甚至把帝国主义残杀中国人民的罪行，描写成英国巡捕因群众不听劝告，迫不得已才予以开枪；有的直接刊登帝国主义国家的通讯社发布的造谣稿件，成为帝国主义的义务宣传员；有的拒绝刊登革命团体和爱国人士抗议帝国主义暴行的宣言与通电；有的散布诉诸公理、法律解决的论调。[①] 这种现象自然与这些报纸地处租界不敢仗义执言有关，反映了媒介地理和政治环境对新闻传播的制约。而当时一批应运而生的报刊如《热血日报》《公理日报》《血潮日刊》《上海总工会日刊》《工商学联合会日刊》《上海学生联合会日刊》《国货评论报》等，在一定意义上就是为了弥补大报不能履行真实报道、公正评论相关事件真相职责的缺憾，是媒介批评的一种实践形式。正是"由于这些大报的所作所为已经超出了认识不清的范围，严重损害了中国人民的民族利益，理所当然受到舆论的鞭挞。"[②] 这其中以《热血日报》所开展的媒介批评声音最为高亢洪亮、火力最为猛烈集中。

1925年6月5日，《热血日报》刊发了"靖汉"的《上海新闻界之畏怯》来函，以夹叙夹议的方式，揭露上海大报在运动中的"畏怯"表现：此次五卅惨剧本因鼠性的上海新闻界不登日人残杀同胞消息而起，新闻界应如何惭愧自赎。惨剧发生后，上海新闻记者特组委员会声言同情，各报亦由日报公会编辑以归一致。在学生联合会上，又有《申报》某新闻记者出席声明同情。我们以为今后新闻界能具骨气了。不料阅报数日，又原形毕露。夫《时事新报》之丧心病狂，已见怪不怪，然其他各报的评论亦复吞吞吐吐，不知所云。其本埠新闻标题复轻描淡写之至，如"学生演潮""公共租界罢市之第三日"等，所表示之同情果安在耶！至其新闻更令人发指：上海各报第一日即有"群众喊'杀外国人'"一语，我们亲自参与

---

① 方汉奇主编：《中国新闻事业通史》第二卷，中国人民大学出版社1996年版，第128页。
② 胡正强、周红莉：《论媒介批评对传媒的政治规制——以〈申报〉"五卅"运动中的表现为例》，《今传媒》2011年第2期。

五卅之变者尚未之闻见；各报编辑据工部局报告即认为确实消息，是何居心？近日竟更进而有谓"北京学生有逾分要求""援助沪学生排外运动"等语，几令人怀疑是为外国人宣传，夫所谓同情者果若是耶！此等新闻记者，对外畏葸成性，惧怕租界当局，不敢仗义执言，诬蔑学生工人市民，"徒为外国人作宣传员，不当称之为中国人，但可称之为外国的中国猪，以此等猪仔的上海新闻记者而主持军政，无怪中国之几于不国也"。① 在这封信的后面，《热血日报》加一记者按云："上海《时报》，前曾将公[I]部局所送总商会不罢市之谣言刊登，为该报排字房所拒绝，各报喧腾，万人唾骂。今各报自身不旋踵而步《时报》之后尘矣，以爱国自命之新闻家，其何以自解哉！"② 将"靖汉"来函中的个案批评上升为对新闻界的批评，使媒介批评获得了画龙点睛式的概括性。

6月5日的《热血日报》还刊登了舒严《〈时报〉的媚外》一文。具体揭露该报如何在新闻报道中曲意迎合外人意志的手法。文章指出：上海报纸在洋大人威权下生活，向来不敢得罪洋大人。"这一次大屠杀发生，上海市民无论那一个都义愤填胸一致起来反抗帝国主义的暴行，但上海的报纸却懦弱异常，即或偶然说几句硬话，也是搔不着痒处，与群众利益漠不相关。"③ 这岂但是上海新闻界的耻辱？然而在上海9家大报中，尤其《时报》是真的媚外得太岂有此理了。在《晶报》宣布了他的罪状后，我们加《时报》一个"媚外"衔头，大概不会冤枉了他。舒严说：我听见上海有一家媚外的报纸，昨日便特意买它一份来看。我首先注意前日六三游行的消息，便发现了《时报》媚外的证据：《时报》记者不惜删改前日上海市民大会的通电，以取悦于英国人。我们看上海市民致各国国民电，其中第一句为"中国上海公共租界英工部局连日枪杀爱国演讲之中国学生工人市民三十余人"，《时报》径改为"中国上海连日枪杀爱国讲演之中国学生工人市民多人"。作者认为这种为了取悦英人而不惜删改电文的手法，实在是太下作、太不堪了，根本不配新闻记者的称号。

作为中国共产党创办的第一张日报，《热血日报》创办以后，就积极报道工商学各界的群众斗争，热情传播国际无产阶级支持中国人民的消

---

① 靖汉：《上海新闻界之畏怯》，《热血日报》1925年6月5日。
② 靖汉：《上海新闻界之畏怯》，《热血日报》1925年6月5日。
③ 舒严：《〈时报〉的媚外》，《热血日报》1925年6月5日。

息，不断揭露帝国主义对中国人民所犯下的种种罪行，严厉批判帝国主义报纸对五卅运动的谩骂、挑拨和恐吓的恶劣伎俩。特别是它对上海一些大报在运动中软弱媚外的表现予以揭露和抨击，对这些报纸散布的什么"友谊的磋商""同情的谅解""法律的解决""静候调停"等糊涂而荒谬的论调予以有力的驳斥，表现了彻底地反对帝国主义的革命精神，发挥了媒介批评的战斗作用，在上海乃至全国的舆论界都产生了巨大的社会影响，极大地震撼了反动军阀政府的统治秩序，故而国内外反动派把它当作洪水猛兽一般。1925年6月28日，军阀政府在帝国主义的授意下，强行查封了该报，逮捕了印刷所的经理，没收了未发出去的2800份报纸。在从6月4日出版到6月27日被封闭的24期里，该报连续发表了《请看外国报纸破坏我们的言论》《该死的日本舆论》《斥〈文汇报〉记者》《〈字林西报〉的谬论》《当心外国人离间的阴谋》《外报造谣之技穷》《〈字林报〉之污蔑中国人》《裁判〈大陆报〉的社论》《日本报纸自五卅以来之态度》《问日本经济通信社记者》《东京报纸论五卅大屠杀》《我们是受了消息的封锁——帝国主义列强的新闻政策》等一系列以报刊及其传播为批评对象的文章，以其强烈的战斗性、鼓动性、通俗性，获得了广大工人群众和市民们的欢迎，从而在中国现代媒介批评史上写下了光辉灿烂的一页。

第二节 胡政之的媒介批评

胡政之（1889—1949），本名霖，字政之，笔名冷观，四川成都人，出生于一个旧式封建官僚地主家庭，童年的时候随做知县的父亲到安徽，先在私塾读书，后入教会所办的安庆省立高等学堂学习，接触了《申报》《苏报》《新民丛报》等报刊。1907年，依靠嫂子变卖一副金镯子后换来的川资自费赴日留学，入东京帝国大学，主修法律，德语、法语也是必修科目。1911年毕业，回国后于1912年到上海《大共和日报》，先任日文翻译，后又任编辑、主笔之职。1915年任该报驻北京记者，在采访"二十一条"幕后新闻时，以消息灵确蜚声业界。1916年9月，胡政之离开《大共和日报》，受聘出任《大公报》经理兼总编辑之职，他的报业长才在此得到了初步施展。他不仅大胆地对报纸进行了内容和形式上的全方位改革，还时常亲自出马，探访新闻，其中以1917年7月赴前线详细报道有关马厂誓师的新闻而名震一时。1918年底，胡政之代表《大公报》赴法国，是采访巴黎和会的唯一中国职业记者。1920年6月，胡政之结束欧洲之行回国，7月开始整理《大公报》馆务，正准备大干一番的时候，恰逢直皖战争爆发，安福系主力被打垮，作为安福系要员的《大公报》老板王郅隆逃往日本，8月12日，王郅隆声明与《大公报》脱离关系，提退股本。同日，胡政之也发表启事，概行辞退《大公报》主笔兼经理职务。1921年3月，胡政之与林白水在北京合办《新社会报》，胡政之任总编辑。1921年9月，受孙中山等人资助，胡政之在上海创办国闻通讯社，任社长，1924年8月增办《国闻周报》，评述一周间国内外大事。1926年9月，与吴鼎昌、张季鸾合组新记公司，接办《大公报》，任该报总经理兼副总编辑。抗日战争期间，胡政之选任国民参政会参政员，递补张季鸾的遗缺。解放战争时期，他以社会贤达身份参与政治活动，被选为南京政府国大代表。1948年1月，赴香港主持《大公报》港版复刊工作，因过度操劳，于1949年4月14日病逝。胡政之是近现代中国新闻界的全才，他不仅是一位优秀的新闻记者、熟练的报刊编辑、杰出的报业企业家，还是一位眼光深邃而独到的媒介批评家。他对报刊的把握和分析，常如老吏断狱一般，既言简意赅，又鞭辟入里，具有一种以无厚入有间的切中肯綮、游刃有余的当行之美。

一

胡政之自投身报界以来，一直密切观察着报界的动静变化，对中国报刊传播过程中的缺陷保持着高度的警惕，也曾多次下定决心进行报界改革，力图振衰起敝，只是有时心有余而力不足，一时之间难以找到英雄用武之地，虽然如此，他对新闻事业的热情始终未泯。1917年1月12日，梁启超在北京报界欢迎会上作《报界应尽指导社会的天职》的演说，其中对新闻界的缺点进行了批评。[①] 胡政之随即对之进行评述道：梁任公昨在京师报界演说，"于最近中央报界弱点批评至为正确，而其期望之意，亦至诚挚，读之令人感叹无已"！[②] 胡政之指出，新闻的天职有二：一须报道

[①] 《梁任公对报界之演说》，《东方杂志》1917年3月15日第14卷第3号。
[②] 胡政之：《读梁任公对京师报界演说感言》，王瑾、胡玫编：《胡政之文集》（下），天津人民出版社2007年版，第1031页。

明确，一须态度公正。非是，则新闻的人格不立，其言不能为世所重。使全国的新闻界皆不能自成人格，则社会舆论怎能够得到正确的指导？所以他认为今日新闻界所最宜努力者，首为报告消息之需确实，次为发表言论之需公平不偏。这两点犹如人生首先应在本分做人方面加以努力，而后才有事业可言。他希望全国报界，闻任公所言之后而能够以此共勉。梁启超演说的重点在批评媒介言庞事杂等缺点，胡政之能迅速地予以呼应，诚可谓英雄所见略同。

五卅惨案发生后，上海报界却一反常态，保持低调，胡政之对此有着细致的观察和深刻的分析。他指出，在一般人看来，上海是言论最自由的地方，历来政治和社会问题，上海报纸最为起劲。这次当地出了偌大风潮，人心愤激达于极点，上海各报态度却非常慎重，除两三家以极诚挚、极悲哀的态度，说两句伤心话以外，其他的或者不置一辞，或者依旧拿前三十年可用后三十年亦可用的语调敷衍一番。而外国报纸反倒大放厥词，什么暴动、排外、共产党等，每天长篇大论，拿事情往扩大处申引。何以如此？胡政之指出："有人说这几天上海人心的激昂和报纸的冷静，几几乎是反比例。因此很不满意上海报界，要晓得大凡住在乡下的人，高起兴来，骂总统，诋政府，尽管随便乱说，无人出来干涉，但是对于眼面前的乡约、地甲、县差、团丁，却绝对不敢丝毫侵犯。上海报界之冷静，正和乡下人不敢得罪乡约们的情形一样，却是越可见静穆的悲哀，才真是彻骨的苦痛。"① 胡政之对五卅惨案时上海报界的批评，与《热血日报》的有关论述深度相似，但更具有新闻的专业属性。

作为一个职业新闻工作者，胡政之不仅注意到新闻媒体在五卅运动中的呼风唤雨，更敏锐地意识到新闻传播是国家外交的一部分，是国家软实力的体现。为此，他撰写了《宣传战与外交战》一文对此予以评述。他指出：世界大同的理想境界，并非短时间能够实现。人种偏见、国际利害，足以使国际生活为之动荡不安。当今世界各国，莫不同时作和平与战争的两手准备。且今后战争，范围越来越大，牵涉益繁。军事准备之外，举凡粮食管理、工业后援等，无不以科学的方法，随时随地作国民动员安排，其规模之宏阔，计划之周到，断非一般人所能想见。此外更有两种极为重要的战略：一是以宣传动举世之观听；二是以外交博与国之同情。第一次

---

① 政之：《静穆的悲哀》，《国闻周报》1925年第2卷第21期。

世界大战德国失败，一是由于英国操纵世界舆论，二是由于美国加入协约国阵营。英国路透社执世界通信业之牛耳，根底深厚，组织完善，通信敏捷，一电飞传，似有掩天下耳目的能力。外交家利用宣传，更易发挥纵横捭阖的作用。英国能称雄世界，得力于宣传战与外交战者颇多。这是国人所不可不知的事情。

胡政之分析道：自五卅惨案以来，英国宣传政策与外交手段，也大显威力，其先盛传中国排外暴动赤化之说于各国，使外人对中国怀抱恶感，然后利用人们的恐惧厌恶心理，引诱各国一致行动。人情不能免于先入为主，任何事都是先报告者最易入脑。五卅事件发生后，外人主张公道者虽未尝无人，然曾参杀人之疑，终为一般人之感想。英国乃得以利害共同为团结各国的口实，从此点言之，我国已输英国一着。"吾国对于海外宣传事业，向鲜注意，因其事需费极巨，得人尤难。即有远识之士，亦苦无从着手。"① 胡政之感叹地说，自己十数年来怀抱此志，也曾努力做一些初步的预备，但终因政治不上轨道，这种超越党派纯粹为了国家的宏大计划，迄今无人可以磋议而实行，致令国内一有事故，辄任外国记者撷拾浮言，随便揭布，国事冥冥中受其损害不知凡几。更可叹的是，"外人通信机关，势力弥漫全国，国内各报，同纳巨金，替外人任宣传，犹茫然不知自觉。甚至国中政局，亦一任外电批拨，每有政变，精神上常不免受外人之利用"。② 智识之卑陋，处境之可怜，尤不足语于独立的国家。五卅以来外国残杀华人而内地华报乃多躬为宣布，尤其令人为之寒心。

胡政之认为，虽然对外宣传为事至难，特设机关尤非易举，但是如果能善造机会，巧为运用，对于转移外人视听亦非绝无办法。如罢市罢工，外人经济上也受到打击，如果能由各地商会及银行公会等有力团体，电致各国商会等机关，以诚挚之言，宣布真相，于乞援之中寓警告之意，那么，外商因为利害切身，必可主张公道；再如留学各国的国人中，有不少知名之士，各以个人名义，联合电致外邦有力人物，为公道之呼吁。外人最重个人信誉，苟为名士之言，易动社会观听。宗教势力犹未尽衰，侨华教士在社会上有特殊的信用。苟能一致各电本国，代华人主张正谊人道，则世界舆论亦可变更。此外，如新兴阶级工团、国际联盟组合，已对我表

---

① 政之：《宣传战与外交战》，《国闻周报》1925年第2卷第23期。
② 政之：《宣传战与外交战》，《国闻周报》1925年第2卷第23期。

示同情，更不妨求再进一步主持，这些宣传战略，虽稍嫌琐屑，究可辨正诋诬之辞，促起外人注意。若分途进行，定收相当效果，关键在国人毅力与热心如何。

胡政之同时认为，五卅事件英人以恶辣之宣传，驱各国于团结。盖排外与赤化，皆外人利害切身之事。吾人果以事实贻人口实，则各国必将借辞自卫，协作对我。宣传战与外交战实为相联的战线，吾人既欲破彼方宣传之战略，在理不可不注意自身的言行。废除不平等条约的提议，孙中山先生首倡，一时举国从风，腾为口号，实则修正不良条约，清末以来久成悬案，百年或数十年权利损失，断非片面所可宣告废除。孙中山先生有此提倡，不过在于揭出病源，促人奋斗。初非谓权利已失，立可收回。则下手之初，自须切实研究。吾人今日既无实力可以强人以废弃成约，则除旧布新之际，仍当借重外交政策，其道在利用时机，多结与国，例如特别关税会议与各国司法调查，不失为收回权利的初步，二者皆实华盛顿会议所决定。设非"金佛郎案"与临城劫车事件的阻碍，已经早有实现的希望。现在若仍欲借重外交促成两事，则各国同情，首宜保全。其对于五卅案之所以自始即主张单纯为对英问题，实际上是在废除不平等条约运动上有着某种深意。

二

1925年底，《商报》为庆祝创刊五周年，准备发行纪念特刊，陈布雷、潘公展特致函胡政之，向他征文。胡政之专门撰写了《对于报界改造之希望》一文，以希望的方式，批评报界的缺陷。胡政之认为，一个国家的治与乱，可从正义和权力是否一致上判断。正义与权力相合，没有不治；若反之，则没有不乱。权力最易流于滥用，自古以来拥有高位者，动辄口含天宪放恣骄纵，故乱世多而治世少。近代立宪盛行，以舆论趋向定施政方针，于是昔日正义与权力不相合者，今可以舆论之力强之使合。然于此有一个前提，即舆论必须与正义一致。舆论于政治若引绳以就范，苟其中有所蔽，则反映于政治者断无正义公道可言。舆论与政治分离，则立宪政治等于完全失其意义。新闻记者居创造舆论代表公意的地位，应如何建构舆论与正义，引权力于公道，其责之重，其力之伟，视为当国卿相，殊不多让。"奈之何吾侪同业妄自菲薄，或以模棱浮泛之言评论时局，或以滑稽浅薄之语臧否人物，是非毁誉，绝无权威，内政外交，未尝指导，驯至养成黑白混淆不痛不痒之社会风习，而拥有权力者乃敢公然抹杀正义，蹂躏民众。十四年来，国事败坏，吾侪同业实负重咎。盖有权而不用，其罪与滥用等。今欲纳政治于轨道，必当强权力以就正义，而舆论与正义之合，致更为其先决之一问题。"① 胡政之主张，想改造中国报界，不可不从发挥有责任有办法的政论入手。而记者学识和勇气的修养，又实为准备报界改造的第一条件。

胡政之自始至终坚持真实的新闻报道是形成健全舆论的要件。他认为新闻家的责任固然在于创造代表正义的舆论，但真正舆论的成立又基于正确事实的判断。文明越进化，社会就越复杂。大凡一件事情的发生，其间必有许多因果关系。如果不用科学方法加以证明，那么轻率肤浅的观察定会造成虚伪轻率的论断，是丹非素，出主入奴，是非既无准绳，进退自失根据。竿不直者影必曲，以若所为求若所欲，正义与舆论，一定没有契合无间的可能，无形之中将对国家和社会造成极大的危害。"自来中国报馆寄耳目于访员，而访员则据有闻必录为条教，于是冲突诡妄轻重倒置之消息，罗列满纸，杂然并陈。编报者已自莫判其是非，读报者更何能辨别其虚实，于是报馆造谣乃成公共之谶辞，而记者之主张与批评悉不能得公众之信仰。"② 所以，胡政之强调，欲求舆论具有权威性，不可不力求消息的正确和公正，而记者的责任心与编辑人的判断力，又实为首当需要注意养成的另一个前提。

胡政之以为，不当新闻观念的屡入与实践是导致新闻媒体信用缺失的根本原因。"自宣传之说兴，而新闻之信用失；自营业之义立，而舆论之声价坠。实则宣传之要，本在祛误解而示本真；营业之用，本在裕经济而求独立。今若颠倒黑白，以事宣传，则报纸之作用等于虚伪之传单，专重营业以图私利，则新闻之经营直与社会之文化无与。"③ 胡政之认为宣传和营业两种观点两者有一，都足以障碍健全社会舆论的形成，于国家社会有害而无益。他希望新闻工作者对此能够放开眼光，警省自拔。

1926年12月26日，胡政之受邀去南开大学作《报馆与通信社》的演

---

① 胡政之：《对于报界改造之希望》，《国际公报》1926年第4卷第11、12期合刊。
② 胡政之：《对于报界改造之希望》，《国际公报》1926年第4卷第11、12期合刊。
③ 胡政之：《对于报界改造之希望》，《国际公报》1926年第4卷第11、12期合刊。

讲，他结合自己多年新闻工作的经验，围绕新闻记者的素质问题进行了发挥。胡政之在演讲中说，社会是有连接性的东西，新闻记者的社会责任就是执行这种连接。新闻工作最重要的原则，就是有服务精神。新闻记者好比古代史官，只是从前史官的责任是记载一个人的言行，现在的史官则要记载多数人的言行，所以新闻记者的记载，要一秉大公。当记者的人不但要为社会服务，而且须以最公正的心来为社会服务，要以谋群众的利益为目的的锐利的眼光与高尚的手笔，成为新闻记者所必需的要件。但是社会发达，日甚一日，社会上彼此之间的关系，也一天比一天复杂。记者若只专能作文，会处处感到各种困难，因此记者需明了各种事实。要明了一件事实，没有充分的训练则不能成功。概括言之：一个新闻记者至少要有下列条件：一是善于写文章；二是能不为利禄所驱；三是具有忍耐性。新闻记者具有上述条件，固然可称为一个好的新闻记者，但社会异常复杂，岂是一人能全部了解？又岂是一个报馆所能包办？因此就产生了新闻传播中的分工制度。

通信社就是新闻分工的结果之一。通信社存在的目的在于辅助报馆的不足，譬如，上海发生一件重大事件时，天津的报馆要是派人去探访这件事，不但在经济方面，感到困难，而且被派的人能否称职，及他对上海情形是否熟习，都是很难解决的问题。通信社就是把新闻采访出来，公开提供给各报。如此则外地各报，以少许的代价即可得到详细的新闻，其功效也不在派专人调查之下。但这样会产生报馆被通信社操纵问题吗？胡政之认为不会，原因在于报馆要有自己的定见力。有眼光有经验的主笔就绝不会被通信社愚弄！"不过近来中国许多报馆的本身太不好了，他们专依通信社来供给材料，一天通信社不发稿，他们就不能出版！像这样报，当然要为通信社所操纵了！"① 胡政之认为，通信社对报馆只应当有五分的辅助，其余五分需要报馆自己去探求。报馆之所以要通信社辅助，是为了能用余下的精神与力量去应付一些特殊事件的发生，如果稿件完全依赖于通信社，那么就失去了通信社存在的目的和报纸的本真精神了。

在国际新闻报道方面，胡政之认为中国报纸的问题最大："在中国的报纸，因为限于人才与经济，不能专派一人去到某一国常驻或调查某事，因此通信社在国际新闻方面，更觉重要。最可惜的在中国供给外洋新闻的

---

① 胡政之：《报馆与通信社》，《南中周刊》1927年第16期。

通信社，多为外人所把持！"① 英国路透社，日本东方社的言论，自然以他们国家的外交方针为标准，对于中国常有不利的宣传。即如1925年南京路上的惨杀案，伦敦巴黎等地的报纸，始终没有准确的记载；他们登载的多是路透社消息，"不是说中国赤化，便是说拳匪再现！如此而欲公理伸张，岂不梦想"？② 国人近来时常提倡收回教育权、关税权，却没有人提出收回新闻权，这是一个大缺点！报纸在外交上，对国家会有很大的帮助。可惜在中国一些人看来，新闻纸并不那样重要。尤其在几十年前，国人拿办报事业当作一种极无聊的事情，政府对此没有丝毫保障，外人乘机来中国各地设立报纸，所以现在国内一些老牌报纸，多半创于外人，或现今仍在外人手中。外人来中国办报纸，若目的仅在谋利，还可以放心一些。若含有国际宣传性质，则对中国极为不利。国内报馆、通信社很多操控于外人之手，这是十分危险的事情。

三

1928年初，胡政之应邀到平民大学作《中国新闻事业》的演讲，该演讲词后来分别发表在1928年4月出版的《坦途》第10期和8月出版的《新闻学刊》第5期。③ 这两处文章意思大体相同，文字略有差异，应是不同现场记录者根据速记笔记整理所致。胡政之在演讲中将新闻事业视为与科学、工业具有同等地位的社会三大势力，并引用西方世界"新闻是国民精神的粮食"④ 的名言，强调新闻事业的发达与否，是观察一个国家文野程度的一个重要指标，凡是新闻事业发达的国家，其文化程度必高。反之，则文化程度必低。中国新闻事业近十多年始见发达，与欧美先进国家相比，仍落后很多。其与政治发生密切关系，以民国初期最为盛行，如《民立报》《时事新报》等，均以议论见长，而于新闻则考究不够，其他方面就更不待言了。等到袁世凯大兴钳制舆论之策，政论家多半出亡，存者又有所畏惧，报纸论说遂呈一片沉寂的衰象。因为新

---

① 胡政之：《报馆与通信社》，《南中周刊》1927年第16期。
② 胡政之：《报馆与通信社》，《南中周刊》1927年第16期。
③ 两处因为记录者不同，所以文章意思大体相同，而文字略有差异。发表在《坦途》上的文章记录者为章雄翔、饶绍枢，发表在《新闻学刊》上的文章记录者为王笑西。
④ 胡政之：《中国新闻事业》，《坦途》1928年第10期。

闻记者负有指导社会的职责，岂容缄默不言！这不能不说是新闻事业退步的一种表现。

胡政之认为报社既然是一种营业，同业之间势必存在竞争。以前各报以议论争胜，及至议论受到压迫后，不得不依靠新闻来较量短长。而一些特殊重要的新闻，因为政治关系无法披露，所能披露者大半为公布式的新闻。于是报社竞争不得不另寻途径或工具，小品文字遂应时崛起。例如上海各报就是由于正大的论说不能发，真实的新闻不敢登，而只有通过副张小品来吸引读者了。胡政之比较了中国北方和南方报纸的不同，他指出：北方报纸因为和政治中枢接近的缘故，不能畅所欲言，但关于政治的新闻却比较灵通而内行。南方报纸从前虽然因为少受政治的牵制，记载尽可自由，而所登的政治新闻，多不免外行而可笑。因此，"北方报纸以政治新闻见长，南方报纸以能登载多量新闻为贵，所以北方报纸比较单纯而有系统，可是和政治关系太密切，有时知道了不敢说真话，有时硬要昧著良心说假话；这是过渡时期必有的现象。"① 从地理空间环境以及与政治关系的角度去比较南北报纸的不同，胡政之的这种媒介批评可谓慧眼独具，别出机杼，颇有一些媒介地理学的色彩。

胡政之强调新闻事业虽说跟着社会进化而发展，但本身也应该自求进步。"十年前北方报纸所登的新闻，多半捏造某某机关开会议决案，把甲乙丙丁，一二三四，一条一条举出来，或者总统昨天传见某人，形色怎样，但结局不说内容重要，不便宣布，便说语音微细，不能听得，读者尽管看报，却是莫名其妙，兴趣索然。"② 现在这种新闻，已天然淘汰。所以说新闻事业虽然不见明显的进步，但无形之中实在也还是天天地向前发展着。所可惜者是从事新闻的人数量很少，尤其是愿意终身做一个新闻记者的人，更不多见。胡政之认为，新闻进化本应走在社会进化之前，而我国则是尾随社会发展。比如上海《申报》和《新闻报》两家销路由早期数千增至现在十万以上，这不是其自身推行之力，而是社会需要增加而致。新闻界的人应就这一点向社会致歉。如果以前就能一心一意地努力于新闻事业，那么我国新闻事业的进步，决不止于今日模样。日本新闻业亦仅有数十年历史，但现在却在使用飞机送报。看人家进步如彼，而自家为状

---

① 胡政之：《中国新闻事业》，《坦途》1928 年第 10 期。
② 胡政之：《中国新闻事业》，《坦途》1928 年第 10 期。

如此，能不有愧吗？外国报社时刻有事可办，我国多半是每晚几小时的事。至于设备，因陋就简。自身既不谋进步，何能引起读者的兴趣？无怪乎读者增加的比例，至为有限。如果以四万万的人口基数计，竟成一种笑料！

不过，胡政之也承认，我国新闻事业不发达，固然由于自身不振，而社会的摧残，更给其发展增加了莫大阻力。欲谋新闻事业发展，首先要经济独立，否则不能持久。此外还有以下几个重要条件。（1）提高民众读报的兴趣。社会一般人士，不明新闻的价值，对新闻快慢不甚关心。读者少是新闻业不发达的第一个原因。（2）促进政治清明。政治腐败致新闻传播不能自由，宣传成分太多失去读者的信任，只作为茶余饭后的消遣。这是新闻业不发达的第二个原因。（3）健全社会组织。社会组织不健全，则百业滞阻，如交通事业，在战争时期，或车船停开，或邮电检查。因交通受阻，报纸流通限于一地。军事行动期间，双方都严格检查，漏网新闻百不及二三。甚至甲地检查后，窜改电文，始发送乙地；乙地检查甲地发来新闻又再窜易，方送至报馆。报馆误视为访员来电如此，即为披露，往往铸成大错。处此压迫之下，报馆方面实在是无可奈何。

关于报纸广告，胡政之认为，报社只有营业能够独立，才能有发展的机会。通常报馆的收入卖报之外最大宗者即为广告费。过去一般人士每每误认报纸为文丐生涯，或是失意政客的寄身之地，凡有作为之士，必不屑为，这是一种根本的错误。民众近来对报纸已逐渐有了正确认识，是新闻事业一个令人可喜的进步。在报馆收益方面，新闻记者终日劳苦所获，一大半为报贩所得，十成红利，报贩得其六七，报馆仅得之三四，最多亦不过对半。北方报纸张数少，卖报还不至亏累。南方报纸张数较多，赔蚀常常很大。有报贩因之而致小康者。在报纸发售方面，南方自民信局取消之后，局人多改业贩报，还比较可靠。北方则不然，常有贩报的骗局。如黑龙江有人向上海批发报纸，而当废纸发售，道远竟不费一文，甚至有人挂代售报纸之名，而为他种不正当营业，如贩卖鸦片等，迭出不穷，不胜枚举。报纸为国民精神上的粮食，广告费则为报纸物质上的粮食，所以新闻事业必须有大工业做后盾，才能充分地发展。我国工商业不振，广告费为数极为有限。我们常大声疾呼打倒帝国主义，但是报社如果不刊登外国广告，还能维持现状吗？有人说中国报社是在为报贩谋利益，而报社本身却赖外国资本家维持。说来可笑，亦复可怜！

卖报所获既微，广告收入又少，新闻事业安能发展？胡政之认为大可不必悲观。因为推想将来，人事越复杂，人事广告必定一天多似一天。工商业也当逐渐发达，工商广告也自然会日渐增多。而且民众知识日渐提高，读者也势必日增一日。所以我们可以断定，中国新闻事业的前途大有希望。"可是我们应该先有一种抱负，对于新闻事业下决心去改良。更当于好机会未到之前，先有改良的准备。换句话说，就是该先促进社会进化，这是报界自身应注意的一点。"① 现在的新闻记者与过去的史官有相同之点，史官应有不畏强权的精神，不惜杀身成仁的意志，品才学识兼具，新闻记者亦正如此。社会问题至为复杂，非仅仅书本即可以窥见，报纸能唤起一般人的注意，因此，记者不只应该虚心以察事理，更应该有独立不挠的意志和公正不阿的精神。欲以办报出风头，流害自不待言。报纸将来为人人必读物品，新闻工作者就更应万分持重，兢兢业业了。

媒介理想是导引新闻人前进的动力，也是触发其进行媒介批评的根据和源泉。胡政之自1911年投身新闻工作以后，至1949年因病谢世，在38年多的时间里，他的新闻事业理念就基本上保持着稳定。在不同的历史阶段，他对新闻传播的认识始终具有如下内容：新闻是社会的缩影，是民众的喉舌；新闻事业是社会文化的一部分，是人类文明的标志；新闻媒体是社会的公器，应该为社会大众服务，以报道真实新闻和养成健全舆论为鹄的，不可沦为个人或者政党谋取私利的工具；新闻记者的社会位置和工作性质如同历史家一样，应该具有大公无私、刚正不阿的精神，不可欺世盗名。媒介理想是鼓舞新闻人不懈奋斗的动力，也是触发其进行媒介批评的机关。1932年4月，燕京大学新闻学系举办新闻学讨论周，延请报界名人或知名学者演讲。胡政之因为工作未能脱身前去，但亲撰《我的理想中之新闻事业》一文以书面形式参与。在该文中，胡政之再一次批判了报纸在政治上党派色彩过浓和经营上过于商业化两种流弊，认为这两种倾向都应避免，否则就违反了服务社会的精神。其中有言："我们因为抱定上述原则的理想，所以感觉到世界许多新闻纸，都叫人不满意。"② 显然新闻理想之光的烛照，既为其进行媒介批评提供了主观激情和理论根据，也为其媒介批评提供了现实的内容和发展的方向。

---

① 胡政之：《中国新闻事业》，《坦途》1928年第10期。
② 胡政之：《我的理想中之新闻事业》，《新闻学研究》，良友公司1932年版。

第三节　周孝庵的媒介批评

周孝庵（1900—1973），[①] 字晓安，法名智盦，江苏青浦（今属上海）人。中国20世纪20年代的著名报人和律师。孝庵幼年聪颖，孔孟之书、四书五经过目成诵，1919年毕业于江苏省第一商业学校，毕业以后，有感于国家内忧外患，生灵涂炭，因此志在救亡图存，唤醒国魂，遂转入新闻界，进入《时事新报》，先辅佐潘公弼编辑该报新闻，历任记者、编辑主任等职。1921年11月9日，周孝庵与戈公振、曹谷冰、潘公展、严谔声、胡仲持等人发起成立上海新闻记者联欢会。1925年2月，周孝庵创办上海新闻大学，自任校长，该校以根据实践参以新闻学理，培养优秀新闻记者服务报界为宗旨。为满足新闻界急需，在法租界茄勒路/昌兴路1弄1号设置函授部。1926年出版《如何编辑新闻》，1927年又出版《编辑新闻的实际工作》。1928年11月，所著《最新实验新闻学》一书由上海《时事新报》馆出版发行，风行一时。1930年4月该书再版。书名由国民党元老、著名报人于右任题签，书前有潘公弼、陈布雷、赵叔雍、严独鹤等的4篇序文及作者自序。1929年9月上海复旦大学新闻系建立时，周孝庵被聘为新闻学教授。1930年5月，与戈公振、李子宽等人创办并主编了《记者周报》，以提高报纸和新闻记者修养为宗旨，报道世界及本埠新闻界消息，探讨新闻学理论、国内新闻事业发展，并评论社会现象。周孝庵在新闻工作之余，于1928年入私立上海法政大学读书，1930年9月获法学学士学位后，开始挂牌执业律师。1932年因律师业务繁忙而辞去《时事新报》的职务。1937年担任《新闻报》的"法律园地"专栏主编，义务为读者解答法律问题。1945年全面抗战胜利后，《新闻报》改组，汪伯奇聘周孝庵任该报副总编辑、代总编辑。不久国民党重庆政府派专员程沧波前来接收《新闻报》，程任社长，周孝庵因与程政见不合，再次离职，遂正式脱离新闻界，专心执业律师。中华人民共和国成立以后，周孝庵因受到审查而心有余悸，遂心归佛学以求解脱。20世纪60年代初，他得香港一位法师之

[①] 周孝庵的卒年现有二说：一为台北中华书局《幻庐佛学著述三种》的作者简介中，将周孝庵的卒年标注为1973年；二为邱沛篁主编的《新闻传播百科全书·人物卷》"周孝庵"条，标注为1974年（见该书第1747页，四川人民出版社1998年版）。此处从前说。

助，携眷至香港，皈依佛门受菩萨戒成为一名居士，后申请入台湾定居。抵台后息影林下，于礼佛诵经之余钻研佛理，著有《幻庐随笔》《修学精华录》《心性悟修论》三书，后编入狮子吼文库，由台北中华书局出版发行。周孝庵是20世纪20年代上海新闻界的知名人物，新闻论著甚多，曾力图彻底改造新闻业的落后面貌，其中很多文字具有媒介批评的性质。

一

周孝庵进入《时事新报》后不久，即因在新闻采访方面崭露头角，而被该报破格委以采访主任的重责。在新闻采访实践中，他不仅逐渐掌握了新闻采访的技术要领，而且在实践中对当时上海各报在新闻采访方面的问题也有了深入的了解和体认，因此，他在论著中多次就此进行批评。周孝庵认为，世间最复杂的事业，莫过于新闻事业；最难经营的事业，亦莫过于新闻事业。新闻事业的范围至广，特别是降至近代，新闻事业与人类社会生活、国际交往之间的关系日密，效用日伟。一个国家的民智启闭、民权消长、政治良窳等，都可以从新闻事业的发展中得到观察与衡量。维系新闻传播质量的首要条件或基础环节是采访。"以采访言之，新闻无异营养报纸生命之血。"[1] 没有采访，新闻质量就无法得到保证，所以在现代新闻传播领域，采访实际上是报纸之间竞争的一个焦点。"故吾人欲维持报纸生命，即应努力于新闻之采访。"[2] 但当时报界所通行的新闻记者公雇制度，则严重阻碍了新闻采访技术的进步和新闻稿件质量的提高。周孝庵认为新闻记者公雇制度一日不打破，则新闻采访术就一日难以进步。新闻改革的第一步，即在于打破新闻记者的公雇制。

当时上海报界新闻稿件按来源有普通稿与特稿之分。前者即来自公雇访员，后者来自报社自己的特别访员。所谓公雇访员，就是以同样稿件供给各报，由各报给以若干薪水。"以中国最近之新闻界现状论，公雇多而自雇少，两者相较，自以后者为宜。"[3] 这与同时欧美发达国家的报纸有很大的不同。欧美报纸新闻采访很少采用公雇制，日常新闻除由通讯社供给

---

[1] 周孝庵：《著者自序》，《最新实验新闻学》（上），中国传媒大学出版社2018年版，第8页。
[2] 周孝庵：《著者自序》，《最新实验新闻学》（上），中国传媒大学出版社2018年版，第8页。
[3] 周孝庵：《中国最近之新闻事业》，《东方杂志》1925年5月10日第22卷第9号。

少许外，大半为自己外勤记者采访而得。同一事件，记载不同，详略亦异，优劣判然。周孝庵认为新闻采访公雇制，至少有如下几个方面的明显弊端：第一，记载雷同，报纸不易表现出其特点；第二，报馆既然依赖公雇访稿，就很少进行新闻采访上的竞争，从而阻碍了新闻事业的进步；第三，公雇访稿未必为报馆所欲采访和刊登的新闻；第四，公雇访员未必富有新闻学识，所采新闻未必均有新闻价值，且还不时发生借此敲诈勒索情事，而报馆又常常不能及时发觉；第五，养成编辑惰性；第六，无聊新闻较多。周孝庵主张：为了新闻事业的长远发展大计，"各报宜多雇外勤记者，以采访特稿，使公雇访员渐归淘汰，而开各报新闻竞争之端，优胜劣败，进步可预卜焉"。[①] 虽然这会增加报馆经济开支，但长痛不如短痛，为新闻事业发展的长远计，报馆必须尽快放弃公雇访员制，增加自己的采访力量，以有特色的新闻来与他报进行业务之间的竞争。

周孝庵批评报界存在重政治新闻而轻社会新闻的不正确做法。"各报每视政治新闻重于社会新闻，故新闻之采访，亦侧重于前者。"[②] 他强调新闻价值的大小，要视事件的性质与采访结果而定，不宜以其性质是属于政治或是社会而分重轻，更不宜以此来决定新闻价值的高低。"盖新闻之价值，在新闻自身，初不以政治经济之分，而价值始不同。"[③] 例如有这样两件新闻，一是"破获房赎匪盗二百人"，另一是"孙宝琦将就市政督办"，前者足以轰动全社会，虽是妇人孺子，都想知道大批匪盗如何破获，并将之作为谈资。而后者的新闻影响力则较小，不如前者能惊动整个社会，况且孙之就职还没有确切时间。据此以观，则以政治社会来分新闻的重轻，实为一大误解。新闻价值不容以社会少数或主观的眼光来判定。

周孝庵对我国在新闻采访中受到外国通讯社的压迫和控制痛心疾首。他指出，近年来国际帝国主义向中国进攻的联合战线日紧一日，其侵略中国的手段，除炮舰政策、外交政策和经济政策外，其新闻政策亦日烈一日。如"中国野蛮""中国人无力统治中国""国际共管"之声不绝于耳。他认为帝国主义列强之所以通过新闻媒体使出如此卑污的手段，颠倒黑白欺骗世人，实际有两大目的：一是向世界宣传，使世上无人对我国表示同

---

① 周孝庵：《中国最近之新闻事业》，《东方杂志》1925年5月10日第22卷第9号。
② 周孝庵：《中国最近之新闻事业》，《东方杂志》1925年5月10日第22卷第9号。
③ 周孝庵：《中国最近之新闻事业》，《东方杂志》1925年5月10日第22卷第9号。

情；二是操纵新闻，为所欲为，以巧妙实现其侵略中国的目的。"吾人受外人新闻政策之压迫者，数十年于兹矣。外人以其通讯社为专利品而实施操纵侵略之手段者，亦数十年于兹矣。"① 周孝庵认为当时中国新闻媒体上的世界消息，大多来自英国的路透社，不仅欧洲消息传入中国由其一手包办，而且中国消息宣达欧洲亦由其操纵。该社实际上就是一家新闻界大托拉斯。他以1925年上海的五卅惨案为例，该惨案发生以后，哗传世界，几乎都以赤化、排外、拳匪等名加之，无形之中完全地颠倒黑白，抹杀真相，淆乱世人听闻。这令有爱国心的中国人莫不为之发指，但新闻传播操之于人，我虽有百口，却莫能与辩。

他再以此前的五三济南大惨案为例说：日本军队无故侵入我国腹地，惨杀我同胞达二千以上，犹复惨杀蔡公时交涉员，炮轰官署民居，置国际公法于不顾，贻世界人类历史上一大污点。我全国上下无不为之义愤填膺，有不共戴天之决心。其间我们最感痛苦的事情，则有两点：一是日人对外宣传极烈，每日辄以侨民陷于危境及华兵行同土匪向各国报告，致曲虽在彼，而各国为其蒙蔽，反以其行动为正当，我革命军人反被污为土匪之名；二是"自济南中国无线电台被日军轰毁后，日人利用其遍布全世界之通讯机关，操纵新闻之传播，立将利于日方之宣传电达全世界。五月三日联盟会即接日电，谓此次日本出兵，为保全外人之生命财产，便衣军疾外如仇，所以不得不出非常之手段，以护侨民。如此次日兵不出，则各国侨民之在济南者，将全被南军杀戮。于是联盟会中，英、法、德、意诸国，其心目中，不但不斥日之出兵，且感谢日兵保护外侨"。② 而中国方面则是数星期后始由邮信从事宣传。当济案刚爆发时，在上海北京之外国通讯员，急欲为传布中国方面的叙述，而数日之间竟无华方叙述可得。"在中国国内及中外间之新闻配布，现几全握于外人之手。"③ 除北平有美国联合通信社外，海外来华消息，尽由英国路透社及日本东方社输入。周孝庵指出，近年以来东方社在我国益行扩张，显示了其欲控制在华通信界的趋势。"盖吾国无对外之通信机关，致日本利用新闻政策以进攻，吾则绝无防御能力，忍气吐声以受之，终至是非不白，虽欲将事实宣告

---

① 周孝庵：《最新实验新闻学》（上），中国传媒大学出版社2018年版，第125页。
② 周孝庵：《最新实验新闻学》（上），中国传媒大学出版社2018年版，第126页。
③ 周孝庵：《最新实验新闻学》（上），中国传媒大学出版社2018年版，第126页。

世界，而足以供吾宣传之自办通信机关何在？能为吾宣传之外国通信机关更何在？"① 而我国除民众异常激昂以外，在对外宣传方面竟一筹莫展，令人慨然！周孝庵认为近年来我国通讯社事业亦渐次发达，如国闻、远东、中外、东南等通讯社，是其中组织较为完备者，但与欧美诸国比较，仍相去远甚。国人必须知耻后勇，尽快组建大规模的国际新闻社，打破和抵御帝国主义列强对我国的新闻侵略政策，以有效地消除外界对我国的误解。

二

周孝庵对新闻编辑艺术多有研究，他认为优秀的新闻记者与优秀的新闻编辑，对于报纸来说，二者相辅相成，缺一不可。"有优秀访员，然后有好新闻；但有好新闻而无艺术高妙之编辑法，即不足以表现新闻中之价值。反之，有极富天才之编者，而无特优之新闻，则无米之炊，巧妇难为，两者之相依相赖，不其重欤！"② 他认为当时舆论界关于报纸改造的声音很是喧哗热闹，但大半空泛而不切实际，议论多，成功少，故报纸幼稚、消沉如故。他认为其中"目前所引为最大之遗憾者，则莫如编辑艺术之低劣，方法之守旧。凡此皆为进展之障碍。欲言改造，须除障碍"③。他批评其时中国报纸"编辑上之缺点"有如下几点。

第一，批评式记事。他主张"记事贵将事实纪出，记事之妙者，不必加以批评，而事之曲直是非，悉已流露于字里行间"④。至于批评，则另有专栏，不必在新闻报道或者标题中予以表达。他批评各报新闻报道中，常有"说者谓此事""如该医生者，庸医杀人，直人类之贼，官厅急宜起而禁之"等之语。他认为这些语言，都是评论或者谩骂式语言，非常不宜夹杂在新闻报道之中。

第二，矛盾的新闻。周孝庵批评"吾国报纸，采地方主义，而不以新闻之重要与否，为刊登先后之标准"⑤，也就是稿件发于本埠，则入本埠新

---

① 周孝庵：《最新实验新闻学》（上），中国传媒大学出版社2018年版，第126页。
② 周孝庵：《最新实验新闻学》（上），中国传媒大学出版社2018年版，第153页。
③ 周孝庵：《最新实验新闻学》（上），中国传媒大学出版社2018年版，第153页。
④ 周孝庵：《中国最近之新闻事业》，《东方杂志》1925年5月10日第22卷第9号。
⑤ 周孝庵：《中国最近之新闻事业》，《东方杂志》1925年5月10日第22卷第9号。

闻栏，不问新闻事实是否发生于本埠。如张宗昌南下一事，某报的北京专电中称"张宗昌江（三日）南下"，而本埠新闻栏内则谓"张尚滞留京津"，令人莫名其妙！此种记载在中国报纸上常常日有数起。如此矛盾的新闻何异于自我打脸？原因在于报纸本埠和外埠编辑各守门户，以稿件发送地为本外埠之分，而不以新闻发生地为别。其结果导致：不关本埠者登于本埠栏内；同一事件本、外埠报告每不一致；甚至外埠栏已登过者，隔若干时日后又在本埠栏中再次登出。

第三，编辑方针不统一。周孝庵批评某中国报纸编辑杂乱得令人十分奇怪。如孙中山逝世一事，在专电栏中为"孙昨晨逝世"的电文，国内要闻栏则为"孙病稍有起色"，转载北京快报而未与电讯编辑接洽造成了不一致。而该报本埠新闻，则又为"据民党电讯，孙中山虽濒危境，不致无望"。电讯方面，路透社与东方社，各立专栏，不相并合。"新闻之错综矛盾又如此，宁非一种怪现象？"① 周孝庵认为这都是编辑方针不统一所致。

第四，编辑法守旧。周孝庵认为新闻职责在报告事实，"编辑法贵在使事实明瞭，有栩栩欲活之记载"。② 没有高妙的编法，新闻势必呆板。他批评各报编辑方法守旧，以同一事件新闻言，各报常冠以又一消息、又讯、另据某方面报告、续讯，或报告一、报告二等，几如刻版文章，牢不可破。"至于雷同之处，则鲜加改易，尽量刊登，多多益善，一若不如此不足以显其新闻之多且确者"。③ 殊不知模棱两可、前后矛盾的记载，多又何足贵？与准确又有什么关系？不过徒见其编辑惰性，与损耗读者光阴及脑力而已！如此又该如何办理呢？周孝庵建议道：雷同者去之，芜杂者删之，怀疑者留待证实，不违背真实性原则即可。

第五，编辑深居简出。周孝庵批评我国各报编辑，往往深居于编辑室中，与外界隔膜，新闻则依赖记者与通信社的供给，亲自出马者每不多见，误以为编辑与采访无关。他认为欧美报纸编辑不徒编排而已，且需实地访察！只有这样，始能洞悉外界情形，不为外来的新闻所蒙蔽而受其愚。编、采自分鸿沟，并非新闻记者的本色。

第六，新闻排列无次序。重要者排于前，否则移于后，此应为新闻的

---

① 周孝庵：《中国最近之新闻事业》，《东方杂志》1925 年 5 月 10 日第 22 卷第 9 号。
② 周孝庵：《中国最近之新闻事业》，《东方杂志》1925 年 5 月 10 日第 22 卷第 9 号。
③ 周孝庵：《中国最近之新闻事业》，《东方杂志》1925 年 5 月 10 日第 22 卷第 9 号。

一般定例。"无如各报每以地域为单位，而不注意新闻价值之如何，以定先后。"① 即就专电一项而论，凡北京发来电讯，则统入北京来电，尽量纳入，重要者不为之大其铅字，新奇其标题，读者苟欲知其所亟欲知之事，须读毕北京来电始知其详。如此则苦了读者，耗去几多精神时间？一条汕头大地震死伤十万、损失二百万的电讯，反而排在段祺瑞伤风的北京电讯之后，宁不可惜？

第七，布告式新闻。周孝庵指出，随着社会组织的愈益复杂，新闻事实越来越多，报纸上的新闻地位愈加珍贵，如此则新闻记载当愈求经济。我国报纸上的布告、通告式新闻，占版面很多，很不经济。如某报以下一则新闻："本埠留日学会昨发通告云，径启者，本会为讨论会务起见，订于四月三十日下午三时在大东旅社开会，事关重要，务希拨冗光降，无任盼祷之至，专此，即请大安。上海留日学会启。"他认为此中不必登载字句甚多，如果将其改写为"留日学会定四月三十日下午三时，在大东旅社开会，讨论会务云"的新闻，那么既简洁明了，又节省版面。

第八，无聊新闻太多。周孝庵认为，报纸上的每一条新闻，都应该符合"Every news worth to be printed"登载原则，都应该是真正的新闻。他举例说："某会介绍科近讯，某校托聘英文教员一位，月薪二百元，以留学生为合格，请径往接洽可也。"这样一条新闻，含有广告性质，应在割弃之列。有些不太重要的团体开会，程序也多达二十余条，在报上登载出来徒惹人厌，而重要的新闻反被挤得不能发表，因此，他主张这类材料应该省略。

第九，通电的新闻价值未得突出。国内各报当时一向有"公电栏"的设置，此项电文大半使用六号字刊登，不易引人注意。周孝庵认为，以新闻价值而论，通电实为新闻的一种，有时还被视为极重要的新闻。"设一律以小字刊在通电中，未免减色。"② 如齐燮元兵败临去时的通电，全社会都极为注意。沪上各报大半刊于通电栏中，新闻价值顿时抹杀不少。如果另行提出，改以"齐燮元通电解职"的大号字标题，刊于要闻或本埠新闻栏内，其新闻的影响力相差就将不可以道里计了。

第十，缺少新闻导语。周孝庵认为，新闻的提纲挈领，也就是一篇新

---

① 周孝庵：《中国最近之新闻事业》，《东方杂志》1925年5月10日第22卷第9号。
② 周孝庵：《中国最近之新闻事业》，《东方杂志》1925年5月10日第22卷第9号。

第八章　国民革命时期的媒介批评

闻的主脑。报纸编辑在总集新闻和编稿既竟时，"将新闻全部为概括之记载，置于篇首，长短不拘，但事实要点则不可或遗"。① 其目的在于：以极短的文字，报告新闻的全部；进行有系统的记述；节省读者的时间与脑力。为什么要这样？因为读者忙暇不尽相同，读报时间多寡乃因之而异。那些繁忙的商人，每晨匆匆进入写字间，杂务纷集，虽欲遍读标题尚且不能，若满纸新闻又焉能一一毕读？报纸编辑择其冗长或者较为重要者，进行提纲挈领式的叙述，这是出于为繁忙的读者节省时间而考虑。"吾国报纸则多忽于此点，读者苦之。"② 他认为这也是报纸编辑方面一个亟待改革的问题。为此，周孝庵提出了"新闻学上之精编主义"的观点。他认为新闻精编的要义，在于新闻之登载与否，"应以新闻价值为标准"。③ 如果有新闻价值，就应该不吝篇幅详细登载。否则，即断然舍弃一字不为。

三

标题是报纸新闻编辑的范畴。周孝庵曾对报纸新闻标题进行了充分研究，他认为"标题为编辑上极重要之艺术，须将记事之活动性，全部表现，令读者一见即领其意味；故秀美而生气勃勃之标题，实为新闻之骨髓，足以助长读者之兴味，而津津不倦。自他方面言之，有好新闻而无好标题，既不足以发人兴趣，而新闻之价值亦为之抹煞不少"。④ 他以1923年淞沪警察厅厅长徐国樑被刺一事为例，这是一则极足轰动社会的新闻，宜有极能鼓动情感或引人注意的大号字标题。上海各报标题，不外"徐国樑昨晚遇刺""徐警察厅长之横祸"，又或者是"徐国樑厅长祸临不测"等字样。他分析说：在这三个标题中，第二、第三太长，且未将被刺事实表达出来，不得为上乘。比较言之，自当以第一个较为醒目。可惜的是没有加上小题目，致被刺之后的生死，仍须由读者在新闻中自己寻找。如果易以大号字的"徐国樑忽遭暗杀"标题，旁边再加较小号字的"方出浴堂突中二弹，广西路口肉搏惨状，凶手李大生已拘押，徐入医院危在旦夕"等

---

① 周孝庵：《中国最近之新闻事业》，《东方杂志》1925年5月10日第22卷第9号。
② 周孝庵：《中国最近之新闻事业》，《东方杂志》1925年5月10日第22卷第9号。
③ 周孝庵：《新闻学上之精编主义》，《新闻学刊》1928年第6期。
④ 周孝庵：《中国最近之新闻事业》，《东方杂志》1925年5月10日第22卷第9号。

· 831 ·

标题，"则新闻神髓，跃然纸上，读者行且趣味津津，以一读为快！盖此项含有刺激性之标题，极易激发人之情感也"。①他于此引用美国新闻家杰斐逊的话说：新闻标题，犹如商品的包装一样。新闻不患无人阅读，而患无秀美的标题。商品不患没有销路，而患无时式的包装。由此可见新闻标题艺术是多么的重要。

周孝庵批评我国报界在新闻标题方面，多有几个通病：一是标题不整齐。报纸上常有并列的小标题，或用六字排，或用五字排，既失标题之美，形式上亦不雅观；二是带有批评语气的标题，如警佐不应草菅人命、医生岂能索诈等，均宜避免；三是"昨讯式"标题。周孝庵认为报纸新闻标题所最忌者，在守旧不变，特别是不将事实要点揭出。他批评我国各报的通病是往往在一事件之末加以昨讯、昨闻、近讯、要讯、近记字样，导致读者虽阅标题，却不明真相，读毕新闻，始得了然。如"翔崑撤兵近闻""奉军撤防之昨讯"等标题，读者能不阅新闻而知其事实乎？真是耗费读者光阴，莫甚于此！一事如此，以报纸全体计之，则所耗读者光阴，岂不惊人？如果易以"翔崑军队全撤""第一军已撤四旅"等标题，则事实了然，时间紧张的读者即使不再细阅新闻，也可知道事情的颠末。

周孝庵指出，由于新闻来源多，所以编辑在加工稿件前，首先就要考虑如何使读者注意到该条新闻的问题，然后再进行编辑上的实际操作。"吾国报纸之最大弱点，厥在新闻之材料虽多，而不易使读者明了新闻之内容，此乃编辑的艺术问题。如专电一项，各报虽渐有多立标题之趋势，然仅限于沪京津等处。其他内地各报，仍都混合排列，纷然杂陈，读者目昏头痛，不得要领，此种痛苦，举国之人，殆尽同之，特以浸润日久，积渐同化，不觉随境而安耳。抑中国报纸，无异一百货商店，店内货积如山，而社会极需要者则尽行束诸高阁，试问其中虽有优良货物，顾客何由选购，有不望望然去之者乎？"②其结果就是报上所载大半是平面新闻，读者仅能见其一面，而其余三面，则无法看见。

周孝庵是我国新闻"实益主义"的积极倡导者。他的《报纸的实益主义》一文，先是刊登在1930年6月出版的《复旦大学新闻学系纪念刊》上，不久后又公开以连载的形式发表在7月6日、13日的《记者周报》第

---

① 周孝庵：《中国最近之新闻事业》，《东方杂志》1925年5月10日第22卷第9号。
② 周孝庵：《最新实验新闻学》（上），中国传媒大学出版社2018年版，第154页。

第八章　国民革命时期的媒介批评

8、9 号上。周孝庵认为，世界上的报纸对于新闻有两种主义：一种是趣味主义，另一种便是实益主义。美国报纸偏重趣味主义，日本报纸则偏重实益主义。趣味主义仅关注于新闻中趣味成分的多少，凡是趣味成分较多的新闻，便被视为好新闻。实益主义则不然，报纸登载新闻的标准，完全拿多数人的实际利益做标准，凡是一种有害于社会或国家利益的新闻，那就没有登载的余地。他认为新闻趣味主义太偏重于新闻的趣味而不顾新闻的实益，流弊很多，因为趣味仅是新闻价值要件中的一种，不能仅以这一点来估定新闻价值的高低。新闻应否登载，应同时兼顾趣味和实益两方面。有趣味而且对于社会国家有实益的新闻，才是一种最好的新闻。他批评说："吾国报纸于近几年来，都很注意趣味主义，但对于实益主义，却未免太疏忽了。"① 具言之，就是新闻要同时考虑到新闻价值（趣味是其中之一）、法律、社会风化、道德等四个方面。他认为社会新闻领域是违背新闻实益主义的重灾区："近年来，吾国各地报纸，颇注意社会新闻，但其中有关风化的新闻，却常充满了报纸的篇幅。"② 特别是有些强奸新闻将强奸细节描写得绘声绘色，散发着低级趣味，实属无聊，报纸不该如此登载这类新闻。

新闻究竟怎样记述才好？周孝庵认为，这不但做新闻记者的人或想做新闻记者的人必须了解，就是新闻界以外的人也有明了的必要。他认为新闻写作的要点有：（1）新闻须根据事实，非如小说中的事实可由作者虚构；（2）小说大多侧重于文字的富丽，而新闻则必简洁明了，且须通俗易懂；（3）小说第一段常常叙述不甚重要的事实以为衬托，新闻则贵乎单刀直入，第一段的引子必须把新闻全部的事实（发生及结果）扼要地记在其中。换言之，新闻中的事实越重要的越记在前，小说的事实，越重要的往往越在后面；（4）新闻中必须说出这一件新闻的事主、地点、时间、原因、过程等，譬如事主为王逸亭，新闻就必须把他调查清楚，不可仅说王某，出事地点在北京路，则须调查什么里、几号门牌、住家抑商店，一一调查出来，不可含糊其词；（5）小说有数天数月数年始告写好，而新闻则必须在极短促的时间内做成，往往一事尚未记毕，而惊讯频至，记者又需出发调查访问了；（6）有价值的事实应该详细记述，否则只要记得简单明

---

① 周孝庵：《报纸的实益主义》，《记者周报》1930 年 7 月 6 日第 8 号。
② 周孝庵：《报纸的实益主义》，《记者周报》1930 年 7 月 6 日第 8 号。

了就好，无聊事件的铺张扬厉，决不能引起人们阅读的兴趣；（7）记述新闻须侧重客观记述，记者主观见解不是新闻，而是废话，所以记者不可把个人的爱憎夹杂在新闻当中；（8）提要化的新闻记法，就是重要而复杂的新闻必须要做一个引子（或称总冒），使读者没有读完新闻以前，对于新闻中的重要事实，都已经明了。在总冒做好后，再"以人为经，以事为纬地叙述下去"。① 周孝庵的《新闻记述》一文发表在《生活》周刊上时，邹韬奋先生特地为其加了按语道："周先生是我国新闻界的一位健将，著有《实验新闻学》风行于世。此文中警语殊足以发人深省，固不限于从事新闻业者所应注意。本刊读者信箱此后欢迎关于报告新闻的来函，此文更有参考的价值。"② 足见此文对当时新闻写作具有一定的现实指导意义。

周孝庵1928年时有言："予滥竽报界，忽忽十载，学识谫陋，既愧且惭，惟对于新闻学则极感兴味，平日偶有所得，辄随笔劄记，数年来不觉已成巨秩。"③ 他的《最新实验新闻学》一书，共有三编内容：第一编为新闻采访法，第二编为新闻编辑法，第三编为新闻标题法。该书凡二十余万言。作者在工作之余，为之埋首工作几易寒暑，而平日的搜集材料等功夫尚不在内。其中第三编，易稿三次。盖因国内新闻学书籍中，对于标题之制作，极少论及，即或论及，也都语焉不详，但标题又为报纸版面工作中最为重要的一项艺术，丝毫不能漠视。因此他凭借个人十年来的心得，"详论其得失与制作之法"。④ 以供报界有关人士的借鉴和参考。他自述该书之作有两大目的：一是为我国"报纸革命"之前驱；二是注意结合本国事实，以本国语言文字表达习惯以及国民性为基础，"而期其成为最适用于吾国报纸之新闻学"。⑤ 详论得失，自然包含对报纸现状的否定和批判。对周孝庵来说，否定现状不是他的言说目的，而只是他借以建构中国新闻学理论的一种手段。也就是说，周孝庵进行媒介批评是他进行新闻学理论建设的前提或基础。这就是为什么在《最新实验新闻学》中，随处可见对新闻实践弊端批判的原因所在。正是服务于这个宏大的理论建设目标，周孝庵的新闻著述过程，在一定意义上同时也是其媒介批评的过程。

---

① 周孝庵：《新闻记述》，《生活》周刊1930年第5卷第17期。
② 邹韬奋：《新闻记述》文末《编者按》，《生活》周刊1930年第5卷第17期。
③ 周孝庵：《著者自序》，《最新实验新闻学》，中国传媒大学出版社2018年版，序文第11页。
④ 周孝庵：《著者自序》，《最新实验新闻学》，中国传媒大学出版社2018年版，序文第11页。
⑤ 周孝庵：《著者自序》，《最新实验新闻学》，中国传媒大学出版社2018年版，序文第11页。

第四节　戈公振的媒介批评

戈公振（1890—1935），名绍发，字春霆，号公振。江苏东台人。出身书香世家，幼年时在家乡学塾读书，1904年就读于东台高等小学堂。1908年入东台高等学堂，一度随侍在江西省铜鼓县任知县的伯祖父。辛亥革命后，他返回家乡，一度在开明乡绅夏寅官家里当家庭教师。1912年，又参加了家乡《东台日报》的编辑工作。1913年，戈公振以第一名的成绩和他的哥哥一同考入南通师范学校，因家里经济条件有限，戈公振主动弃学，通过夏寅官的介绍，赴上海进入狄楚青创办的有正书局当学徒，后被提升为出版部主任。1914年被调到《时报》编辑部，初任校对、助理编辑，后升任编辑直至总编。1920年，戈公振首创该报附张《图画时报》，内容以中外大事为主，道林纸铜版精印，很受读者欢迎。1921年11月，上海新闻记者联合会成立，戈公振担任会长。从1925年起，戈公振先后在上海国民大学、南方大学、大夏大学、复旦大学等校讲授新闻学课程。1925年2月，他以美国人开乐凯的《新闻学手册》一书为基础，结合当时我国报界状况，编译成《新闻学撮要》一书。在当时国内新闻学著作十分稀缺的情况下，此书满足了社会急需，很受读者欢迎。戈公振在国民大学讲授中国报学史时，即"取关于报纸之掌故与事实，附以己见，编次为书"。[①] 此即1927年11月商务印书馆出版的《中国报学史》一书，由此奠定了中国新闻史的学科地位。1927年1月，戈公振以记者身份，自费赴法国、瑞士、德国、意大利、英国、美国、日本等国考察新闻事业，其间受国际专家联盟的邀请，出席在日内瓦举行的国际新闻专家会议，并在会上做了题为《新闻电费率与新闻检查法》的发言。1928年底回国后，受邀出任《申报》总管理处设计部副主任，于1930年创办了《申报星期画刊》，并亲任主编。1932年初，以记者身份参加国联调查团，到上海和东北调查日本侵略中国的情况，其间三进沈阳城，亲临"九·一八"事件发生地，调查取得了第一手材料，还原事件的经过及真相。1933年3月，随中国驻苏联大使颜惠庆去苏联访问。在苏期间所写文章后被辑为《从东北到庶联》一书。1935

[①] 戈公振：《自序》，《中国报学史》，《民国丛书》第二编第49册，上海书店1989年根据商务印书馆1928年版影印，第1页。

年10月，受邹韬奋电邀，戈公振回国参与筹办《生活日报》工作，不久因病去世。一切历史都是当代史。引发历史学家研究兴趣的仍是与人们当前生活有关的历史事实，以及蕴藏其中的当前精神需要。戈公振是现代中国新闻史学的奠基人和开拓者，如同一切有成就的历史学家一样，他研究中国新闻史的目的如其夫子自道，乃在于"观既往，测将来"。[①] 他所开创的中国新闻史的叙述理路和学术传统，无论是对后来中国新闻史的逻辑框架建构，还是对媒介批评实践的推动，都曾起到一定的示范和启发作用。

一

戈公振认为："所谓报学史者，乃用历史的眼光，研究关于报纸自身发达之经过，及其对于社会文化之影响之学问也。"[②] 因此，在他的报业史叙述中，始终注意新闻与社会各方面的关系，尤其重视当下新闻传播对中国社会的影响。例如他在《中国报学史》中阐释外报对中国文化的影响时，分别从政治、教育、科学、外交、商业、宗教等方面叙述。他在论述外报对中国近代科学发展方面的影响时认为，近代外人传教均以输入学术为接近中国社会的方法，故最初发行的报纸，内容除宗教材料外，多为声光化电之学。唯当时我国人因鸦片战争和太平天国之役，看到西方人的坚船利炮，以为西学即在于此，于是有中学为体、西学为用之说。一方面来华的传教士，未必为博学之士，报中文字又极肤浅，且分期出版，一鳞一爪破碎不全；另一方面报纸因为传教的牵连，致使科学有同被社会厌弃的倾向。"故虽有印刷发行之利便，而迄不能发展我国之科学思想也。"[③] 如果说这一论述尚属于新闻史学范畴的话，那么他关于外报对中国外交方面影响的论述，完全是观照当下的媒介批评了。他论述外国对中国的报道态度说：外报初对中国尚知尊重，不敢妄加评议，后经几度战事，中国窘象毕露，外报言论始无忌惮，挑衅饰非，淆乱听闻，无恶不作。"近二十余

[①] 戈公振：《中国报学史》，《民国丛书》第二编第49册，上海书店1989年根据商务印书馆1928年版影印，第382页。

[②] 戈公振：《中国报学史》，《民国丛书》第二编第49册，上海书店1989年根据商务印书馆1928年版影印，第2页。

[③] 戈公振：《中国报学史》，《民国丛书》第二编第49册，上海书店1989年根据商务印书馆1928年版影印，第109页。

年来，日人所办之华字报，如《顺天时报》《盛京时报》等，因军人压制言论之关系，乃与彼等以绝大推销之机会。藉外交之后盾，为离间我国人之手段。夫报纸之自攻击其政府与国民可也，彼报之攻击我政府与国民亦可也，今彼报代表其政府，以我国之文字与我国人之口吻，而攻击我政府与国民，斯可忍，孰不可忍！附述于此，以当国人棒喝。"① 这一论述，显然超出了一般新闻史的叙述，而具有强烈的媒介批评意义。

在《中国报学史》第六章"报界之现状"中，戈公振对国内尤其是上海报界的当下情形进行了梳理，其"举一反三"② 的批评目的非常明确。通过对上海《申报》、北京《晨报》、天津《益世报》、汉口《中西报》、广州《七十二行商报》等沪、京、津、汉、粤五地五家报纸刊登新闻的种类和数量的详细统计，随后借外人之口，对我国报纸进行批评道："欧美名记者对于我国报纸之评论，佥谓'政治新闻多，而社会新闻少；外来之新闻多，而自行采集之新闻少。'诚为不刊之言。"③ 接着他对此现象进行分析说："盖一般记者，重视军人政客权利之争，而社会生活及学问艺术，绝不措意。有某批评家言，若各通信社同日停止送稿，则各报虽不交白卷，至少必须缩成一版，此非近于滑稽之言，试观各报新闻，十分之七八雷同，编制亦无大异。阅过一报，则他报即一无可阅，事实诚如此也。"④ 这显然是戈公振对报纸过于依赖通讯社而导致缺少特色表达的不满和批评。

有专家曾经批评戈公振的《中国报学史》所存在的缺点是作者用孤立和静止的方法来研究中国新闻业史。该书以报刊发展的外观形式为基本线索，研究重点是每个时期报纸自身发达的经过，很少联系报纸的具体宣传内容进行实质性的探讨："书中大部分篇幅是提纲式地列出某报某刊创办的时间、地点和编辑人，以及报刊的外观和各种专栏名称等，在很大程度上把报刊史写成了报刊形式的演变和经营沿革的记录。"⑤ 戈公振的《中国

---

① 戈公振：《中国报学史》，《民国丛书》第二编第49册，上海书店1989年根据商务印书馆1928年版影印，第110页。
② 戈公振：《中国报学史》，《民国丛书》第二编第49册，上海书店1989年根据商务印书馆1928年版影印，第203页。
③ 戈公振：《中国报学史》，《民国丛书》第二编第49册，上海书店1989年根据商务印书馆1928年版影印，第221页。
④ 戈公振：《中国报学史》，《民国丛书》第二编第49册，上海书店1989年根据商务印书馆1928年版影印，第221页。
⑤ 王凤超：《戈公振》，《新闻界人物》（1），新华出版社1983年版，第170页。

报学史》确实在某些地方存在这个问题，但造成这个问题的原因，不仅是孤立、静止的研究方法，还与作者在叙述中受到中国传统的小说评点批评方法的影响有关。中国古代小说理论批评，其表现形式主要为序跋、论赞、评点，而对小说艺术技巧、艺术特征和价值的分析与探索最为集中也最能体现中国古代小说批评特色的重要形式，当数评点无疑，这是我国古代文学批评的一种特有形式，源远流长。有专家曾经归纳中国古代小说评点的体例说："开头有个《序》。序之后有《读法》，带点总纲性质，有那么几条，十几条，甚至一百多条，然后在每一回的回前或回后有总评，就整个这一回抓出几个问题来加以议论。在每一回当中，又有眉批、夹批或旁批，对小说的具体描写进行分析和评论。此外，评点者还在一些他认为最重要或最精彩的句子旁边加上圈点，以便引起读者的注意。"[1] 评点式批评方法在《中国报学史》的叙述中有着非常突出的表现，这使之带有一定的媒介批评特色。

该书第五章第二节中，把民国以后的杂志分为学术和政治两类，然后对一些影响较大的杂志进行逐一介绍，多具述评性质。如对《现代评论》的叙述："于民国十三年十二月发刊于北京，为周鲠生等所编辑，每周一册。言论趋重实际，不尚空谈；态度趋重研究，不尚攻讦。包涵政治，经济，法律，文艺，哲学，教育，科学各种文字。"[2] 对《语丝》的叙述文字则是："于民国十四年一月发刊于北京，由周作人等编辑，每周一册。注重于新思想之宣传，其评论政治社会各方面之事实，隽永有味。"[3] 对《新青年》的叙述则是："于民国四年九月发刊于上海，为陈独秀所编辑，每月一册。初提倡文学革命，后则转入共产。勉青年以'发挥人间固有之智能，抉择人间种种之思想，孰为新鲜活泼而适于今世之生存，孰为陈腐朽败而不容留于脑际。利刃断铁，快刀斩麻，决不作牵就依违之想。'"[4] 在客观平静的史实叙述之中，其实融入了赞扬、欣赏性的价值判断，无疑会

---

[1] 叶朗：《中国小说美学》，北京大学出版社1982年版，第13页。
[2] 戈公振：《中国报学史》，《民国丛书》第二编第49册，上海书店1989年根据商务印书馆1928年版影印，第194页。
[3] 戈公振：《中国报学史》，《民国丛书》第二编第49册，上海书店1989年根据商务印书馆1928年版影印，第194—195页。
[4] 戈公振：《中国报学史》，《民国丛书》第二编第49册，上海书店1989年根据商务印书馆1928年版影印，第195页。

对读者的媒介选择和阅读行为能产生一定的导引和提示作用。

二

戈公振的《中国报学史》自然不是媒介批评的专书，但其中又确有不少内容跟媒介批评有关，除了在具体的报刊史实叙述中有所表现，最能体现《中国报学史》媒介批评性质的文字当数其每一章的结论和第六章《报界之现状》的"总论"部分内容，其中融入了作者的价值判断，突出地显露了作者据此规范新闻发展的明确目的。例如该书第六章《民国成立以后》第四节《结论》中，作者对民国以来报纸精神蜕化问题进行的述评。

戈公振认为，"民国以来之报纸，舍一部分之杂志外，其精神远逊于清末。盖有为之记者，非进而为官，即退而为营业所化"。① 这导致了政治革命迄未成功，而国事窳败日益加剧的结果。如从国体方面来观察，当袁世凯筹划帝制的时候，号称稳健的报纸，多持暧昧的态度，其中是否有金钱关系虽不可知，"若使无民党报纸之奋不顾身，努力反抗，则在外人眼光中，我国人之默许袁氏为帝，似无疑义"。② 故严格地说，在袁世凯蓄意破坏共和的时候，如果各报即一致举发，筹安会中那些人或许不敢进行国体问题的尝试，那么以后的纷乱或可以不作。更进一步地说，假设袁世凯至今仍然健在，则他对民国造成的危害，必有为我们现在所不敢想象者。"报纸之失职，有逾于此邪？其实袁氏虽死，继之而起者，往往倒行逆施，无所恐惧。虽曰其故甚多，而舆论之软弱无力，不可谓非一种诱因。"③ 戈公振认为当时报纸并未发挥应有的舆论制衡作用，是一种失职的表现。

戈公振认为，如果从社会思想方面来观察民国以来的报纸，就会发现共产主义、无政府主义等各种各样学说、理论的输入，可谓纷纭杂错，颇令人目迷五色。"论其学理，无不持之有故，言之成理；然其果适合于我

---

① 戈公振：《中国报学史》，《民国丛书》第二编第 49 册，上海书店 1989 年根据商务印书馆 1928 年版影印，第 199 页。
② 戈公振：《中国报学史》，《民国丛书》第二编第 49 册，上海书店 1989 年根据商务印书馆 1928 年版影印，第 199—200 页。
③ 戈公振：《中国报学史》，《民国丛书》第二编第 49 册，上海书店 1989 年根据商务印书馆 1928 年版影印，第 200 页。

国国情否，果适应于我国今日之人否，是尚不能无所踌躇。"① 他认为身为一个新闻记者，于此应先下一番研究功夫，以待事实的证明。若根据捕风捉影之谈，人云亦云，漫为鼓吹相互攻击，将为通达者所齿冷。若从科学方面看，可以说最无贡献，因为科学的不发达，迷信就更加难以打破。乩坛问政，建醮弭兵，人类野蛮时代的把戏，居然能够在20世纪的崭新舞台上与人争长较短，岂不可笑吗？甚至诸如"天皇圣明""天命所归"之类的文字，竟然也能在报纸上发表，此真足以令人悲愤不已。

从艺术方面观，戈公振认为诸如音乐、戏曲、绘画、文学等，均为人生所必不可少的正当性娱乐，而报纸多不提及。试以上海一地言之，大部分之女子，除吃著生育而外，唯有烧香、打牌、看戏、逛游戏场等。请问此为何等生活耶？而其所以致此者，为一方面无高尚的娱乐，一方面多恶劣的引诱。譬如小说尚不脱传统章回的窠臼，竟公然提倡嫖赌，无丝毫清醒之气，则无知女子日趋堕落，亦不足怪。报纸于此现象，岂不应该予以注意？听说埃及的都旦王陵被发现以后，欧美记者纷纷前去参观，其观察和研究所得，报纸上常常连篇累牍登载。而在我国，例如最近美国博物院所派遣的亚洲考古队，在蒙古发掘出古代器物以及恐龙野兽化石，欧美各报争相影印，而我国报纸若不知有其事。又如敦煌石室的发现，实为研究我国古代艺术的绝好材料，照理我国报纸应该大登特登，以发挥我先民文化的优越。其价值与埃及王陵相较，有过之而无不及。"试问我国报纸对于此种事业之成绩如何，能不扪心自愧否？今日之报纸，惟搜求不近人情之新奇事物，以博无知读者之一笑。"② 戈公振指斥这些都实际上表明了我国报纸的幼稚程度，实在是不堪言及。

戈公振尤其重视报纸在国家国际交往中的重要地位。他从外交方面述评民国以来报纸的角色和地位说，国际之间因为交通与经济的关系，息息相通。外人对我国，其政策均有一定的步骤。"虽五卅惨案之猝然发生，可谓震动全国，而外人之态度依然不改其镇静。盖由平日知之有素，自可因病而下药也。我国报纸向不注意国际间事，外交常识可云绝无。每遇交

---

① 戈公振：《中国报学史》，《民国丛书》第二编第49册，上海书店1989年根据商务印书馆1928年版影印，第200页。

② 戈公振：《中国报学史》，《民国丛书》第二编第49册，上海书店1989年根据商务印书馆1928年版影印，第201页。

涉，则手忙脚乱，恒不能导民众入于有利之途。上者为外人宣传而不自觉，下者则以受外人之津贴为得计。言念及此，不寒而慄矣。"① 虽然民国以来，报纸对于社会也并不是全无影响，如人民阅报习惯业已养成，凡具文字知识的人，几乎无不阅报。偶有谈论，辄为报纸上的记载，人民渐渐知道个人以外尚有其他事物足以注意。戈公振认为，本来我国人对于自己的观念甚深，而对于社会国家的观念则甚淡薄。各人自扫门前雪、休管他人瓦上霜的消极人生观，实为我们民族积弱的根源。今则渐知自己以外还有社会与国家，这样就离真正觉醒的时候不远了。而且人民因读报而渐渐产生判断力，当北洋军阀安福专政时代，很多报纸被收买，凡是政治色彩浓厚者，俱为社会所贱恶，而销数大跌。"年来报纸之主张不时变易者，虽竭力振刷精神，而终不得社会之信仰。是可见阅报者之程度日见增高，能辨别孰真而孰伪，孰公平而孰偏颇。宣传之术，不容轻售矣。"② 此外，社会上一般人已经知道了报纸的作用。故一家庭有报，一学校有报，一商店有报，一团体有报。其不能有报者，也知借他报以发抒其意见。报界自己也知道经济独立的重要性，开始积极改良经营管理方法；知道注意社会的心理，积极改良编辑方法。"不过自本国言之，似比较的有进步；若与欧美之进步率相比较，则其进步将等于零。至此，吾不能不希望我国报纸之觉悟，吾更不能不希望我国报界之努力！"③ 戈公振将民国以来我国报纸的变化和进步，放到不同的社会关系领域和中外比较的坐标上去论述，从而使相关论述获得了媒介批评的价值判断意义。

三

媒介批评决不仅仅是对媒介下判断，在更深刻的意义上，它首先包含对批评主体本身及其需要的分析，而批评主体的需要及其认识来源于实践的推动。五卅运动中新闻媒体的传播表现，对戈公振等中国爱国有识之士

---

① 戈公振：《中国报学史》，《民国丛书》第二编第49册，上海书店1989年根据商务印书馆1928年版影印，第201页。
② 戈公振：《中国报学史》，《民国丛书》第二编第49册，上海书店1989年根据商务印书馆1928年版影印，第201页。
③ 戈公振：《中国报学史》，《民国丛书》第二编第49册，上海书店1989年根据商务印书馆1928年版影印，第202页。

触动很大，他们从中深深地认识到了国际宣传的必要性和重要性，而要进行有效的国际宣传，组建一个具有代表性的有一定影响力的国际性通讯社就显得刻不容缓。特别是1927年戈公振出国考察新闻事业先进国家之后，对中国组建国际性通讯社的急切性更是有了清楚的认识。回国以后，他特地撰写了题为《中国急需一个代表通信社——是不为也非不能也》的文章，发表在《国闻周报》上。在该文中，戈公振对通讯社在新闻传播中的地位和作用进行了阐释。

戈公振认为，通信社的使命，从广义上来说，就是把自然界和人类社会的种种变化向人们报告。人类与生俱来的求知欲，使其对于新的或变化的事物，不仅更喜欢早些知道，而且更要知道得真切。在交通不便利的古代，奇闻异事往往传播得很远很久。正是为了满足此种欲望，才产生了通讯社。又因为电报、电话、无线电报与无线电话的进步，通信社遂发展成了一种社会的事业。通信社的消息，不是为了给少数人看，所以要有普遍的兴趣。不过通信社所处的地位有广狭之分，有以乡村为范围的，有以城市为范围的，有以国家为范围的，也有以民族为范围的。因为国民的兴味、地方的利害和事业上的需要，有种种不同的要求，所以通信社往往要日夜不断地努力，以供给多方面的消息，而且要时时对社会的欲望和时代的要求是什么进行仔细的研究，以更好地适应和满足这种特定的需要。戈公振认为，就向公众提供消息这一点上来说，通信社与报馆早期在性质上并没有多少分别，但是一因印刷机械的改良，使报纸连带而发达，将销数一万、十万、百万地增加上去；二因电报电话技术的普及，又使通信社连带而发达，将新闻网十里、百里、千里、万里地扩张上去，二者渐渐分道扬镳了。简单地说，就是报纸拥有大多数的读者，形成一个无形的团体，而通信社却将此多数无形的团体，用电线联络起来。通信社和报纸事业的发达互为因果，互相支撑。没有国际的通信社，报纸取材的范围不能遍及全世界。通信社的特色在消息搜集与传递，报纸的特色在编辑和发行，两者现在的区别已经十分显豁了。

戈公振指出：中国报纸上的国外消息，大部分由路透社供给，此乃人人皆知之事，因为中国直到现在还没有一个具有代表性的通讯社，所以，凡是要搜集中国的消息，就只有向路透社接洽，从对外发表言论方面上说，路透社无形中便成了中国的代表。"中国外交失败的原因缺乏宣传也是其中之一，远如巴黎会议和华盛顿会议。近如济案，令人痛心的事，也指不胜屈。"① 因为自己的意见要在人家口内说出,即便这个通讯社很公道,实际上也有许多不便之处,何况他们国家观念很深,能置自己利害于不顾吗？"所以我们不怪路透社东方社或是其他通信社,不能代中国宣传,有时还要反宣传,因为他有他的股东,他的背景,和他的政策,对于中国,毫不负何种义务和何种责任,我只怪我们不觉悟没有远见依赖成性的不自组织一个代表全国的通信社。"② 戈公振悲愤地说,谈到新闻独立问题,我国甚至连印度、澳大利亚、加拿大、纽丝伦这些殖民地的地位,还都赶不上。

针对有些外国通信社,有时也发一些有利于中国的消息的情况,戈公振告诫国人一定不要误会他们是热爱中国。他们中最好的人,不过因为偶然发点慈悲心,可怜中国人,否则就是在中国政治上或经济上有一种策略。"不过有些报纸,因为本国与中国无利害关系,并不存心一定要说中国坏话,他们既在中国没有特别权利,就没有派通信员的必要。"③ 但是中国发生大事,又不能付之阙如,所以常常明知故昧,把并不正确的消息和很陈旧的照片登载出来。1928 年,戈公振在参观德国莫斯（Mosse）报团时,该报团总主笔就问他有何方法可与中国交换消息。在参观美国《纽约时报》时,该报领导人也表示很想获得中国新鲜的照片。戈公振在欧洲的时候,曾经和其同乡、中国驻国联秘书处成员夏奇峰,主动地做过几次宣传工作,主要是送些新闻和照片给外国报馆,很受他们的欢迎。不过由于个人的力量终属有限,后来实在难以为继。戈公振由自己的亲身经历得出："从这一方面想,中国直接向世界发表意见,不是不可能,完全是自暴自弃。"④ 他回国以后,曾经和好多人谈起组织大通信社的必要,这些人几乎没有一个不赞成,但是总不肯立即进行,最容易找到的理由是经济缺乏。戈公振指出,这不过是一个借口,其实是没有办大通讯社的决心,因为从政界方面看,东办一个通讯社,西办一个通讯社,东办一个报馆,西办一个报馆,这一笔钱是哪里来的呢？又从报界方面看,你打一个千字长

---

① 戈公振：《中国急需一个代表通信社——是不为也非不能也》,《国闻周报》1929 年第 6 卷第 18 期。
② 戈公振：《中国急需一个代表通信社——是不为也非不能也》,《国闻周报》1929 年第 6 卷第 18 期。
③ 戈公振：《中国急需一个代表通信社——是不为也非不能也》,《国闻周报》1929 年第 6 卷第 18 期。
④ 戈公振：《中国急需一个代表通信社——是不为也非不能也》,《国闻周报》1929 年第 6 卷第 18 期。

电,他打一个千字长电,你买外国消息,我也买外国消息,这一笔钱又是哪里来的呢?再从他所得的效果来看,则完全是一样,没有丝毫的区别。也就是说,如果将这种浪费聚集起来,谁说不能组织一个大的通信社呢?归根结底还是这些人缺乏国家观念,只愿意为个人鼓吹,而不愿意为国家进行鼓吹,缺乏深谋远虑,只愿意为一时之计,而不愿意为永久之计。戈公振认为组织一个大的国家性通讯社,个人的力量无法达到,必须走报馆联合、国家支持的道路。"九·一八"事变发生后,国内很多知识分子一谈起来即叹气说:可惜没有一个国际宣传机关。要问为何没有,都说因为没钱。戈公振认为关键还是思路没转变,因为外交部、省党部、市党部等部门,都有宣传机关,每年所花的冤枉钱不知有多少,但对外宣传的效果却丝毫没有。其实中国自己如果有了通讯社可以供给消息,那么就可以不必购买外人的消息,省下这些钱完全可以办一个大规模的国家级通讯社。只要我们把"通讯社弄好以后,外人通讯社就不能不交换了,因为他们的力量一定不能及到中国全部"。① 戈公振创办国家代表性通讯社的设想,单从经济和技术上看,具有一定的可行性,但在当时的政治环境下,又注定只能是一个无法实现的美好幻想。

戈公振是中国新闻史学家,也是一个时刻心系国家前途和民族命运的爱国志士,他之所以时刻忧心和思考着如何促进国家新闻事业的发展,乃是因为他将新闻事业视为国家有机体的一部分,二者是相辅相成的关系。他曾明确指出:"报纸是社会的背景。"② 如果报纸不进步,那么社会也就难以进步,反之亦然。他分析两者间的关系说:"如教育不发达,则识字的人少,识字的人既少,则阅报的人亦随之而少;实业不发达,则登广告的人少,登广告的人既少,则报馆之收入,亦随之而少;又如交通不便利,则消息和报纸的分布,必不能十分迅速,此皆有连带关系。"③ 他呼吁组建有代表性的大通讯社,直接目的是加强国家的对外宣传实力,援助国家外交。他是中国现代20世纪20年代利用自己多年积蓄自费赴国外考察世界新闻事业的第一人,这一行为本身就充分地说明了他对国家和民族的忠诚与热爱。他在外国考察时,对于外国新闻事业的一些先进经验和新的

---

① 戈公振:《国际宣传之重要》,燕京大学新闻学系编:《新闻学研究》1932年6月。
② 戈公振:《告有志于报业者》,《学生杂志》1925年第12卷第7期。
③ 戈公振:《告有志于报业者》,《学生杂志》1925年第12卷第7期。

事物，主张采取拿来主义，以利发展中国的新闻事业。他注意追踪外国新闻事业的发展动态，及时向国内介绍，并将之与国内现状进行对比。例如他曾专文介绍和研究国外报馆剪报室的建设情况及具体方法，并批评中国报馆不重视背景材料储备的弊病："我国人对于新闻无兴味，对于国外之新闻尤甚，则一事之突然而起，虽报纸累日联篇以载之，而阅者常不知其原因之所在。是皆平日无预备，临时无参考之故也。"[①] 这是把比较方法和批判视角融入新闻研究中而得出的结论。戈公振以新闻史学研究知名，但在他的新闻史研究中，始终洋溢着观照当下的现实批判激情，这不仅体现在他对新闻史实具体叙述的字里行间之中，还体现在他对《中国报学史》绪论、总论等匠心独运的结构安排之中，更体现在《中国报学史》比较方法的使用上。当时曾有人指出，《中国报学史》中比较方法用得很多，每章的结论几乎全是用比较方法，如第二章结论里，作者将历代专制君主钳制言论的史实翻出和清代比较，又将西方的官报拿来和中国官报比较，因此得出西人官报与民阅、我国官报与官阅的观点。在第三章结论里，作者从科学、民族和纯粹新闻学视角，比较外文报纸在我国的利害，不偏不倚，"颇有'裁判官'的风度"！[②] 完全可以说，正是因比较方法的大量使用，才使戈公振的新闻史叙述获得了很高的媒介批评品质和意义。

第五节　王世杰的媒介批评

王世杰（1891—1981），字雪艇，湖北省崇阳县人。四岁时即入家塾读书，于诸生中年龄最小而学业最优，故深得老师赞许。1903 年，以第一名成绩考入武昌南路小学，三年后毕业又考入湖北优级师范理化专科学校学习。1910 年，王世杰以最优等成绩考入盛宣怀创办的天津北洋大学采矿冶金科攻读。1911 年 10 月武昌起义爆发后，王世杰先辍学南归，后返回武昌参加起义，担任黎元洪的秘书，参加守城战斗，其间他曾接受都督府赴湘请师、驰援武昌的工作委派，并圆满完成了任务。1913 年二次革命失败后，王世杰远赴英国，先进入伦敦大学经济学院深造，并于 1917 年获得政治经济学硕士学位，随后转赴法国，续入巴黎大学研究法学，于 1920 年

---

① 戈公振：《报馆剪报室之研究》，《东方杂志》1925 年第 22 卷第 16 号。
② 陶涤亚：《戈公振著〈中国报学史〉》，《图书评论》1933 年第 1 卷第 11 期。

获得法学博士学位。1919年五四运动爆发期间,王世杰以旅欧中国学生首推代表身份,与部分留欧学生和华工代表,共同围守参加巴黎和会的中国首席代表陆徵祥寓所,力陈利害,阻止签约,最终迫使中国代表未在和约上签字。1920年冬,王世杰受蔡元培之聘,回国任北大法学教授,后任法律系主任。其间他所撰写的《比较宪法》讲义由商务印书馆出版发行,被全国多所大学广泛使用,成为我国现代法学界的奠基之作。1922年8月,王世杰与李大钊等人组织发起民权大同盟,通过出版《民权周刊》和举办演讲等方式,开展民权宣传,在集会结社和言论自由方面为国民争取了一些法律保障。1924年12月13日,王世杰与高一涵、丁西林等人在北京创办了《现代评论》周刊,从1927年7月第6卷第138期起,该刊迁至上海出版,至1928年12月第9卷第209期停刊。刊物前期主编为王世杰,后期主编为丁西林。[①] 该刊主要刊登政论、时评,同时也发表部分文艺创作和文艺评论,主要编撰人员为一批在北京大学任教具有欧美留学背景的知识分子,几乎囊括了当时国内所有的著名学者,为当时社会上最有影响的刊物之一。李大钊、陈独秀、胡适、郁达夫、林语堂、吴稚晖、田汉、杜国庠等人都曾为该刊撰稿。南京国民政府成立后,王世杰被任命为首任立法委员,同时担任法制局局长,后历任国立武汉大学校长、国民政府教育部部长、军事委员会参事室主任兼政治部指导员、国民党中央宣传部部长、中央设计局秘书长、外交部部长等职。在中共1948年12月公布的战犯名单中,王世杰名列第21位。1949年,王世杰随国民政府播迁台湾,曾出任总统府秘书长、中央研究院院长、中国国民党中央评议员、总统府资政等职,1981年4月21日病逝于台湾。

一

1925年底,[②] 适值《现代评论》创刊一周年,该刊为此专门筹划出版

[①] 学界关于《现代评论》周刊主编目前有二说:一说指前期主编为王世杰,后期主编为丁西林,此说见倪邦文《自由者梦寻》(上海文艺出版社1997年版)第21页;二说指该刊主编为陈源(西滢),此说见甘惜分主编《新闻学大辞典》(河南人民出版社1993年版)第328页"现代评论"词条。此处从前说。不论是否为该刊主编,王世杰始终是《现代评论》的主要撰稿人则无疑义。

[②] 在《现代评论·第一周年纪念增刊》上,并未依惯例在该刊版权页上标出具体出版时间。该刊第2卷55期版权页出版时间为1925年12月26日,第3卷第56期版权页出版时间为1926年1月2日。以此推算该第一周年纪念增刊应该在1925年底或1926年初之际出版。

了一期《第一周年纪念增刊》以示纪念。在该期增刊《卷头语》后的第一篇署名文章，就是王世杰的《对于中国报纸罪言》一文，由此可见这篇文章具有一定的总结意义，是王世杰专门撰写的一篇针对中国报纸传播中的问题进行批评的专论，也在一定意义上代表着《现代评论》对其时中国报纸一个总体性态度和看法。所谓"罪言"，乃是古人对奏议或议论时政得失之文的一种专门性称谓。唐代杜牧在大和八年（834）任淮南节度幕府掌书记时，曾作《罪言》一篇，其文开头有云："国家大事，牧不当官，言之实有罪，故作《罪言》。"[1] 杜牧当时之所以说"牧不当官，言之实有罪"，主要是两个原因。一是古人信奉"不在其位，不谋其政"（《论语·泰伯》）的古训。杜牧时任牛僧孺幕府掌书记非朝廷命官，不当其位，故不能策陈国是。二是唐代制度，各级官员不得越职、越级言事。杜牧在地方幕府，策陈国是无名，故曰"言之实有罪"。其后"罪言"就成为一些人对自己议论时政得失之文的一种谦称。可见《对于中国报纸罪言》其实就是王世杰对中国报纸进行的一种专题性批评。

作为法学专家的王世杰，主要从西方资本主义的法权观点观察和分析中国报纸的传播现象及其问题。他首先从对中国报纸的观感谈起，他说看了中国报纸里面的新闻、广告、通信与评论后，往往会令人产生这样的一种感想：中国的日报，如果移往伦敦或纽约，照样发表他们的言论，恐怕不出一周，就要倒闭净尽。他们的编辑人和经理人，如果不因触犯刑律而受刑罚，那么也就不免要因违反民律而对私人担负无数的损害赔偿。这样说来，似乎中国的言论自由，就是英美诸国也望尘莫及了？他认为，从一方面说，这自然不是真相，但若从另一方面看去，却又诚然如此。何以这样说呢？这其实是对媒体自由的认识和应用问题。王世杰指出，报纸自由有两个要件：第一是人民在刊行报纸前，不受警察机关的任何束缚（譬如警察的许可）；第二是人民于刊行报纸以后，即令有违法事实，警察亦不得径自执行诸种强制处分（譬如封禁报纸或停止报纸）。这一类的处分唯依法庭命令始能实施。

如果从这两个要件看去，王世杰认为中国的言论自由，实际上要离英美那些自由的国家甚远，因为这两个要件，在英美那些自由的国家已成立很久了，而在中国，则无论是在法律上还是在事实上，都不能说是已经成

---

[1] 罗时进编选：《杜牧集》，凤凰出版社2014年版，第261页。

立。这在《出版法》和京师警厅《管理新闻营业规则》中有很明显的表现。可是我们如就中国报纸言论的本身进行观察,情形却又不同。在英美以及其他国家,亦有多种言论,遭受法律禁止。这些遭受禁止的言论名目虽多,综合起来大体上可以分为三类:(1)妨害公共安全的言论;(2)妨害私人名誉的言论;(3)妨害社会风纪的言论。此外还有一类遭受各国法律禁止的文字,其不法只在妨害私人的利益,而不在妨害私人名誉,如侵害他人著作权。中国现行法律也设有这种禁止,然揆诸实际,除关于妨害公共安全的那一种禁止,往往为政府所利用而外,其他种禁止,则极少产生实效。损害私人名誉的言论,在中国的一般报纸中可以说无日不有,但因这种损害所引起的诉讼,则是极罕见之事。至于妨害风纪的记载,则更是不论达到何种程度都无人过问。所以若仅就这种实际情形而论,英美那些国家的报纸与中国相比,实在是望尘莫及。

王世杰认为,在现时的暴力政治之下,一些妨害公共安全的言论,如鼓吹革命等,纵然违法,却不一定就违反伦理。对于这一类流行于中国报纸上的言论,王世杰说他暂时不去讨论和责备,但依他的见解,就令中国脱离了暴力政治,进步到立宪政治,法律上关于妨害公共安全的言论规定也不妨较现行法再放宽些,甚或较英美诸国法律稍微再放宽些。"因为此种宽和态度,实际上并不见得能增加什么危险。"① 譬如关于无政府主义的宣传,为中国现行法律所不容许,如《出版法》所禁止的诸种言论之中,首列"淆乱政体"一项即是,也为英美法所不容许。可是无政府主义无论应否流行,王世杰说他个人总觉得,将一个无政府主义者的嘴完全封住,或是把他关在监狱里,不见得就比纵容他在街上宣传要安全些。至于损害名誉与妨害风纪的言论,则不论在什么时期,都是应受法律与道德的制裁。"我以为中国的报纸,对于此类言论,应以十二分的努力,向增加限制的方面,去改良现状。"② 因为报纸是现代社会中一种非常强大的实力。握有这种实力的人,应该以其实力去督责或者抵抗强有力的政府,而不当以其实力去蹂躏缺乏抵抗力的私人;应该以其实力去提倡或者维持善良的风纪,而不当以其实力去助长或者逢迎社会上种种妨害善良风纪的恶思想与恶习惯。王世杰批评说,中国的报纸,往往就缺乏这一类的责任观念,

---

① 王世杰:《对于中国报纸罪言》,《现代评论》1925年12月"第一周年纪念增刊"。
② 王世杰:《对于中国报纸罪言》,《现代评论》1925年12月"第一周年纪念增刊"。

因此，他接下来具体地诸项申述中国的报纸如何妨害私人名誉以及如何妨害风纪，而在叙述每一项具体表现之后，他又向新闻记者们建议所应采取的正当态度和做法。

王世杰认为，中国报纸存在的第一个大问题就是报道传闻。中国办报的人至今还往往保有一个"有闻必录"的观念。这种观念也许是沿自中国古代的御史制度。中国旧日的御史可以闻风言事。他的言论自由是一种不负责任的自由。"中国办报纸的人，往往对于一种足以损害他人名誉的传闻，自己虽尚未能信为真确，却敢冒昧的发表出去。"① 他们以为只要加上什么传闻如此未知确否，或者传闻如此但恐不确一类的字样，他们就可以对得住被损害的人了，这是把言论自由看作一种不负责任的自由。要知道一个人的名誉，并不因你加上这些字眼就可以免除损害，那么，你的责任也自然不能因你加上了这些字眼而可免除。在英美及其他自由国家，这一类字眼不能豁免报纸的责任。就令报纸能证明该种传闻存在，其法律责任也不能免除。英美人常说，法律只承认自由（Liberty）而不承认放肆（License）。所谓放肆，就是不负责任。王世杰希望中国报纸能打破传统上不负责任的观念，力避传播自己也不能相信而又足以毁坏他人名誉的报道，首先就是要抛弃"有闻必录"的旧观念。

二

王世杰批评中国一般办报纸的人，对于关涉私人名誉的事体，虽然可能并不抱着"有闻必录"的陈旧观念，却亦以为只要所载的内容属实，他们就可不负道义上或法律上的责任，其实这也不是一种正当观念，因为仔细推究起来，妨害私人名誉的言论，可以分作两类。一种是谩骂。我们如果不指摘任何事实，而凭空的用鲁迅先生所说的国骂那一类的言语，或是其他詈人或嘲弄人的言语，那么便是谩骂。这一类的言论，初无事实的真伪可言，因为骂者就没有指摘任何事实。谩骂的不正当，自不待言，在许多国家，谩骂都构成一种犯罪行为。另一种就是诽谤。凡指摘足以毁坏他人名誉的事迹的言论，便是诽谤。这一类的言论，即令内容属实，报纸也不应任意登载。一则因为私人的不名誉行为，初不尽与公益有关，如某甲

---

① 王世杰：《对于中国报纸罪言》，《现代评论》1925年12月"第一周年纪念增刊"。

与某乙发生恋爱，便完全是他们的私德问题，与公众利益初无关涉；二则因为私人纵有不名誉的行为，社会亦不宜绝其自新之路。如果报纸对于一个曾经做过不名誉事体的人，比如一个受过刑罚的人，可以随便摘发他从前的行为，他自然不肯努力自新。不但如此，毁坏私人名誉的记载，会惹起社会上的许多仇怨和争斗。为了保全社会的和平起见，国家也不宜放任新闻媒体随意发表。

王世杰认为，世界上有些国家，如日本，对妨害私人名誉的言论，不论事实有无，一概处罚，这未免太过严苛；而有些国家（如德国）的规定却又与此相反，即只要言者能够证明事情的真实，便不处罚，又失之太宽。大多数国家，于此是采一种折中的制度：对于与公益无关的诽谤，不论真伪一概科刑；对于有关公益的诽谤，则允许诽谤者得以举证。例如法国的法律，一面承认妨害私人名誉的诽谤，应不问真伪，一概处罚；一面又承认诽谤国家官吏的人则因其所言属实而不受罚。王世杰认为这种折中制度是一种比较合理的制度，虽则有关公益云云，实际上尚不免稍费解释。他希望我国报纸对于单纯的漫骂，应极力避免。至于诽谤他人，则即便自信内容属实，也应该以行为显然属于有关公共利益为限。他指出这只是从一种纯理论的角度而论，而就中国的现行法而言，单纯的漫骂，虽不是犯罪行为，却已构成违警行为，要受《违警法》的制裁。至于诽谤，则中国现有刑律相关规定，比我们的理想还要严酷很多。因依照《暂行刑律》第三百六十条规定，凡"指摘事实，公然侮辱人者，不问事实之有无"者都应受刑事处分，这条律文连有关公益的行为都没有除外。王世杰认为报纸如果是对法院、议会或公众集会的言论进行记载，是属于英美法中的特许报道，那么即便有妨害私人名誉的结果，也应不负责任。

对于报纸中的更正问题。王世杰批评中国的报纸对于一种损害私人名誉的记载，往往在错误发现以后，却不自行更正，甚或拒登被损害者请求更正的函件。他指这也是一种缺乏责任心与公道心的表现。在英美一些国家里，一家报纸如果发现了此类错误，大都会在报纸上自动给予更正。此类自动更正，自然不能完全豁除报纸的损害赔偿责任，因为此类更正不见得能够完全解免对他人所造成的损害。可是此类更正，可以证明你并无恶意，可以减少他人精神上或物质上所受的损害，因此也就可以减少你的赔偿责任。至于被损害者来函更正，则一般国家都认为有关系的报纸有立予刊登的义务。此项义务构成被损害者的更正权，亦称为答复权。更正权的存在，对于私人的名誉实在是一种极有效的保障。就是诉讼权，也不见得能有同等的功效。因为诉讼是一件需钱费力且需时间较长的事体。更正权的行使，较诉讼简便得多。更正函件的刊载，有时亦较胜诉的功用更快更大。民国3年由袁世凯政府所颁定执行的《报纸条例》第十二条，其中就有关于更正权的明确设定："报纸登载错误，经本人或关系人开具姓名住址事由，请求更正，或将更正辨明书请求登载者，应于次回或第三回发行之报纸照登。登载更正或更正辨明书，其字形大小，次序先后，须与错误原文相同。更正辨明书逾原文二倍者，得计所逾字数，照该报告白定例收费。更正辨明书有违背法令者，不得登载。"① 王世杰认为虽然该条中的所谓违背法令，含义自然甚广，但他仍认同一种更正函件的言辞，如果损害第三者的名誉或利益，报纸自然仍可拒绝登载。虽然《报纸条例》已经在民国5年废止了，可是该条例中关于更正权的上述规定，他却希望一般报纸能够自动地完全履行，并且希望中国报纸对于自己发现的错误，也能自动进行更正。

广告是现代报纸上的一项重要内容。王世杰严厉批评说："北京的报纸近来有一种极可厌恶的风气；这就是容许他人利用他们的广告栏，以丑诋他人。而且往往容许他人用极大号的字，在他们的社论前，登载这一类的广告。"② 这些报纸的编辑人或经理人，仿佛以为他们对于广告可以完全不负法律上或者道义上的责任，可以纯然地抱着发财主义的思想。王世杰指出，欲考究这种观念是否错误，必须先弄清楚报纸的记载究竟应该由谁负责。他介绍说有些国家，承认报纸里面的违法记载，不论是评论、通讯，还是广告，经理人、编辑人、著作人和印刷人，甚至是发行人，都得负法律上的责任。英国便是如此。这种制度是将法律上的普通原则适用于出版物。依照法律上的普通原则，凡是参加一种违法行为的人，都得负法律上的责任。王世杰认为此种规定失之过严。有的国家则把对违法出版物应负责任的人，永远限定于一人：为首者为著作人，著作人不可查知时，由编辑人负责；无编辑人时，则由印刷人负责，印刷人不可查知时，则由发行人负责。比利时的规定便是如此。王世杰认为这种制度若施诸普通出

---

① 张静庐辑注：《中国近现代出版史料》之《中国近代出版史料》初编，上海世纪出版集团、上海书店2003年版，第327页。
② 王世杰：《对于中国报纸罪言》，《现代评论》1925年12月"第一周年纪念增刊"。

版物，或者适当，而施诸报纸，便不适当。因为报纸的经理人或编辑人，对于报纸中的文字，是应注意而且能注意，而且实际上也往往是经过他们的注意而发表。他们的责任，绝不能完全受著作人的掩护。法国出版法承认报纸的经理人或编辑人总得负责，著作人亦得同时认为共犯。这也是一种比较合理的制度。我们如果承认这种制度，那么，负非法广告的责任的人便不能以广告著作人为限。

王世杰指出，依我国现行《出版法》以及大理院对该法的解释，担负报纸上违法记载的责任者，亦不以著作人为限，编辑人、发行人以及印刷人也必须负责，这也许微有过严之嫌，可是编辑人以及经理人承担责任其实并不能视为太严。在美国各州，报纸经理人或编辑人不但对损害私人名誉的广告要负责任，就是对于商业广告也不能不负相当责任。凡是报纸的经理人，如果明知某商业广告为不实，而仍令刊入报纸中，那么因为该项广告而受到损害的人，便得向该报要求赔偿。王世杰认为中国报纸往往登载许多算命看相的广告，此类广告就应该受到同样的制裁。

三

王世杰批评中国报纸往往容许通信栏登载损害私人名誉的通信，认为这与滥收广告其实应负同等或加等的责任。虽然报纸常常在通信栏中加上"本报不负本栏文责"字样，可是这一类的声明只有政治的意义，不能有法律的意义。他希望中国报纸登载通信的时候，对于妨害私人名誉这一层，能保持与作社论相等的责任心。中国报纸常常发表私人没有打算公开发表的通信，譬如章士钊的《甲寅周刊》，有时就不免犯有这一方面的嫌疑，这也是一种不正当的行为。其不正当性表现在如下两个方面：首先，一个人和你通信，并没有同时割让那封信的著作权给你，你如果未经对方同意擅自代为公布，便不免侵害到他的著作权；其次，你发表人家这样的信，难免不损害通信人的名誉信用。这种损害，你便不能不负责任。王世杰希望办报的人，对于通信人没有显然表示愿意公布的函件，应该力避公布。

当时中国的报纸，还往往详征他人的丑事恶行，而又故意不揭其名姓，或仅揭其姓而不揭其名，如称赵某、李某之类。王世杰认为这一类的新闻记载，可以说是一种有意伤人而又不肯决斗的行为。从道义上说，这自然不是光明正大的行为。报纸对于这一类的行为，是否也应负法律上的责任？王世杰的答案是：要不要负法律责任，这要看其记载的形式是否可以令一个普通的读者看出所影射者为哪一个人。如果一个普通读者可以看出其所影射的人姓甚名谁，那么，损害便已成为事实，法律上的责任就当然应该存在。王世杰以当年几个月以前北京《世界日报》因报道某公子受刘镇华贿赂四十万元一案的诉讼为例，认为中国法院的判决似已承认了上述的标准。

关于报纸上的批评问题。王世杰认为，凡是一切关系到公共利益的事件，自然都可以成为批评的对象，都应该受到公众的批评。批评的种类很多，单就与私人名誉或利益最有关系的批评而言，是文艺批评和诉讼批评两种。文艺批评应遵循自身的规律，自不待言，而在英美等国的法律上，却要求一般批评书籍或戏剧的人只应批评作品而不应批评作者。不批评作者的含义有二：一是不攻击作者的人格；二是不攻击作者发表作品的动机。如果批评者破坏这两个层次的限制，导致他人受到不当损害，那么批评者就要负法律上的责任。如果没有破坏这两层限制，那么，你的批评尽管偏僻、夸张，甚至没有常识，批评者只应受到作者及读者瞧不起，法律并不能过问。这就是法律上所谓 Fair Comment 与学术上所谓 Fair Comment 不同的地方。王世杰说，虽然不敢遽然希望中国报纸上的文艺批评短时间内都能够给人瞧得起，却希望中国的文艺批评家，对于批评作品而不批评作者这一条原则，能够在相当的程度上予以遵守。中国的报纸在现实中这一条往往最不遵守。

至于报纸上有关诉讼案件的文字，王世杰认为应该区别诉讼报告与诉讼批评。在英美以及其他国家，除特别秘密者之外，法院的判决经过容许报纸向公众报告。虽然此类报告也有可能致私人的名誉损失。至于对诉讼案件的批评，则不容报纸享有通常意义上的自由。一家报纸如果在案件未经判决以前，任意批评案件，法院便不免为院外的势力所左右，诉讼当事人的利益便要受到报纸的摧残或者包庇，凡在新闻界有特殊势力的人便要占便宜，其他私人便立于不利的地位，这将导致不公平的产生。所以英美诸国的法律，对于未经判决的诉讼案件，只承认报纸有报告权，而不承认它有批评权。诉讼批评只能在判决后发表。报纸如果违反此种规定，便构成藐视法庭（Comtempt of Court）的行为。"吾国报纸，对于一切不足惹起公众注目的案件，就完全没有诉讼批评，如果报纸上有了诉讼批评，那就大半在案件判决以前。在法院的实力，道德，与学识，尚未能充分的保护人民的生命财产以前，我们诚不能认此种情形绝对的应该禁止；可是此种批评之存在，实在也可妨碍公道之实现。"① 王世杰批评到，即就北京而论，中国法院近来也不免处在报纸的威压之中。因《出版法》第十一条明确规定："凡煽动曲庇犯罪人，刑事被告人，或陷害刑事被告人"② 之文字图画，俱在法律禁止之列。所以他认为中国报纸对未经判决的诉讼案件仍以力避发表批评文字为好。

除了从法律角度批评中国报纸妨害私人名誉，王世杰还就报纸妨害风纪的行为提出了批评。诲淫是报纸在这方面的一种较为突出的表现。王世杰指出，许多人指斥讲新文化的人败坏风纪，可是就报纸的内容而言，淫亵的文字还是见于思想陈腐的报纸为多。譬如章台絮语之类的记载，在新文化的出版物中，已经渐渐绝迹。在北京的大报纸中，也似乎只有一个日本人办的《顺天时报》在收受娼妓广告的报纸。上海方面黑幕派的期刊，似乎也多是旧派文人所主办。王世杰指出，娼妓营业，在中国诚然是法所不禁；可是国家因不得已而承认公娼，不必就应同时承认娼妓享有广告权。在实行公娼制的法国，人们又何尝看见娼妓的广告？中国的《出版法》对于败坏风俗的文书图画已有明禁，中国的刑律也严禁制造或者贩卖猥亵书画，所以他希望收登娼妓广告的报纸和黑幕派的报纸，不要完全漠视这些不应无效的法律条文的规制及其效力。有些国家虽然一面承认报纸对于法院里面的奸淫和杀人等案件，可以进行相当的记载，但对于奸淫及杀人的行为，却不许报纸进行极为详明具体的细节叙述。他希望中国的报纸也能同样抱持这种诲淫诲罪之惧。

报纸传播中的诲赌行为也受到了王世杰的指斥。他批评说，中国社会的赌博心理，近年极其发达，赌博的形式也一天一天增加。去年北京《东方时报》为推广销路起见，曾迎合社会赌博心理，举行了一种彩票式的有奖竞争，第一、二、三等奖都是一辆汽车。这种风气的传染力，在中国有时很大。王世杰指出，办报纸的人为了推广销路起见，如果举行一些正当的有奖竞争，我们不必反对。所谓正当或不正当，就要看那种竞争是否为赌博，要看那种竞争是否为一种彩票式的竞争。如果那种竞争把得奖的关键放在竞争人的机遇（chance）上，而不放在他们的智能（intellect）上，

---

① 王世杰：《对于中国报纸罪言》，《现代评论》1925年12月"第一周年纪念增刊"。
② 转引自王世杰《对于中国报纸罪言》，《现代评论》1925年12月"第一周年纪念增刊"。

那么便是赌博，便是开彩票，便是不正当。反而行之，便是一种正当的有奖竞争。他举英国某家周报为例说，该报从前举行过一种缺字竞争。那种竞争的内容是：该报在报上登载一段文字，而将其最末一字缺而不书，令竞争者猜测缺字。竞争者须各就该报剪下竞争券一纸，并附一先令寄去。所缺之字，由该报预先封存于某一公共会计师处。竞争者所纳之费，于揭晓后完全分配于猜中缺字之人。这次竞争后来被英国法庭看作一种与开彩票类似的非法行为。因为得奖的关键，还是机遇的成分多，智能的成分少。王世杰认为，新闻业者纵然不能拒绝刊登所有如赛马、彩票之类奖进赌博心理的广告，但也决不应当有自开彩票的行为。

在《对于中国报纸罪言》一文的末尾，王世杰的笔锋回转到《现代评论》本身。他说《现代评论》至今出版已经一年了，该刊在这一年中虽然不能说已做到了上面所述的各种理想的标准，可是它总算是在努力向这些标准做去。"西方政谚有云：怎样的一个民族，就有怎样的一种报纸。这话如果属实，中国报纸的种种弱点，便是中国国民性的表现。我盼望《现代评论》的同人，继续努力，能为中国报纸或民族争一点体面。"① 基于报纸与国家和民族文化的这种关联性，王世杰进行媒介批评的目的显然充溢着一种民族主义的情怀。因为学术关注重心在法律而不在报刊，所以在王世杰20世纪20年代的有关著述中，专门性的媒介批评文本并不多见。除《对于中国报纸罪言》外，在1924年初，王世杰还在《东方杂志》上发表过一篇题为《现代之出版自由》的文章。该文是应《东方杂志》主编为纪念刊物出版20周年纪念而作，重点是关于欧美等国家过去和现行法律中，对和出版自由问题相关的出版手续、出版物的范围以及出版物的处分等三个问题的相关制度进行解说与阐释，希望对于欧美国家出版自由的演进及其现状，能够晓示概要。在对外国相关法律制度进行介绍时，亦对"吾国法律之关涉这些问题者于此亦当连带说及以资比较"，② 因而其关切本国新闻传播的殷殷之情亦不时流露于字里行间之中。作为一个深受英国文化熏染的知识分子，王世杰的媒介批评显然具有一种西方文化价值体系的色彩。向往法律规制之下的独立，是中国这一批自由主义知识分子的普遍价值追求。王世杰的这篇《对于中国报纸罪言》就既典型地体现了资产阶级

---

① 王世杰：《对于中国报纸罪言》，《现代评论》1925年12月"第一周年纪念增刊"。
② 王世杰：《现代之出版自由》，《东方杂志》1924年第21卷第1期。

法权观点的这一价值特征，又融入了中国传统儒家士人救世济民的道德情怀。鉴于他在中国现代文化史上的地位，《对于中国报纸罪言》在中国媒介批评史上的意义，实在不容小觑。

第六节　胡愈之的媒介批评

胡愈之（1896—1986），原名学愚，字子如，笔名伏生、化鲁、沙平、景观、说难等，浙江上虞人，1910年毕业于县高等小学堂。1911年以县试第一名考入绍兴府中学堂，曾受到鲁迅先生的熏陶。1912年入杭州英语专科学校。1914年考入上海商务印书馆为练习生，工作之余读英语夜校，并自学日语、世界语，后参加《东方杂志》的编辑工作，开始在报刊发表著译文章。1919年五四运动期间，他参加了声援五四运动的斗争，并在《东方杂志》上连续发表文章，大力提倡民主与科学。1920年，和郑振铎、沈雁冰发起文学研究会，积极地推进新文学运动。1925年，积极投入上海五卅运动的游行、集会和罢工活动，编辑出版《公理日报》，撰写《五卅事件纪实》一文，忠实报道这一历史性的群众革命斗争。1927年，于四·一二反革命政变的次日，激于对反动派屠杀革命群众的义愤，毅然地起草了对国民党当局的抗议信，邀集郑振铎等共同签名，发表在《商报》上。胡愈之是中国现代史上著名的文化出版大师之一，自进入商务印书馆后，即开始了漫长的报刊活动生涯，曾先后编辑、创办或策划《东方杂志》《公理日报》《新生周刊》《生活日报》《世界知识》《月报》《南洋商报》《风下》周刊《南侨日报》《光明日报》等十几种报刊，还与其他新闻工作者一起筹划了生活书店、文化供应社、国际新闻社等文化出版机构，组织出版了《西行漫记》《鲁迅全集》《知识丛书》《青年自学丛书》等一系列著名书刊。人们过去常将他与张元济、邹韬奋并称为中国现代文化出版史上的三杰，然而与后二者相比，有关胡愈之报刊思想的研究显得相对寥落寂寞，尤其是对胡愈之在媒介批评领域中的探索和贡献，鲜少涉及。这与胡愈之在中国现代报刊和出版史上的地位很不相称。

一

早在五四运动前后，胡愈之就对文学生产予以关注，从文学批评的角度，连带性地萌发了媒介批评的观念，从文学生产和传播的角度，对媒介批评的功能和作用有了比较清醒的认识和阐释。在大众传播时代，媒介因为日益走进人类生活的中心而不可避免地成为人们关注的焦点和批评的鹄的，胡愈之关于媒介及其行为的一系列评价性认识和观点，也因他熟稔媒介的职业规范和洞悉其工作内幕的便利，显得比同时代人的评价具有更内行、更透辟、更权威的色彩。胡愈之是著名的国际时事评论家，通过新闻媒介窥测国际政治发展趋势，是他日常性的工作内容之一，也是他的学术偏爱，更是新闻记者的一种社会责任。正如他在《一九一九年与世界大势》中所说："值兹一九二〇年开始之日，在过去之一年中，国际势力，孰消孰长；经济变迁，孰得孰损；人类文化，孰进孰退，列举而会计之，此亦吾侪操笔者应有之责任，而或亦关心世局者所乐闻乎？"[①] 他在长期的国际时事评论工作中，深深地知道"报纸的消息是不能尽信的"[②] 道理，而必须进行审慎的鉴别和区分，因此，他关于新闻媒介及其行为的分析性文字，大多散见于一些他对国内外局势预测的论著当中，虽然为零金碎玉，缺少系统性的专题性论述，但多是真知灼见，殊为可贵。

在 20 世纪 20 年代，中国新闻事业虽然有了长足的进步，但毋庸讳言，媒介批评还处于相对稚嫩的时期，学术界不仅没有建立起完整的媒介批评理论体系，就连媒介批评这个概念也没有获得完全的独立，还混杂在当时也并不茁壮茂盛的文学批评园圃之中。胡愈之早在 1921 年曾撰《文学批评——其意义及方法》一文，向读者介绍西方文学批评理论，慨叹"中国人本来缺少批评的精神，所以那种批评文学在我国竟完全没有了。我国文学思想很少进步，多半许是这缘故。近年新文学运动一日盛似一日，文艺创作，也一日多似一日，但同时要是没有批评文学来做向导，那便像船没有了舵，恐怕进行很困难罢。"[③] 他希冀职业批评家对新近面世的文学作品进行细心研究，把作品里的思想和艺术手段，介绍于一般读者，这是批评家的天职。这么一来，一方面可以增加创作的勇气，并使创作家得到许多有益的指导，而其他方面，又可使普通读者窥见作品的内容与价值，逐渐增高其艺术鉴赏的能力。作为报刊活动家，他从职业的角度非常敏锐地观

[①] 《胡愈之文集》第 1 卷，生活·读书·新知三联书店 1996 年版，第 70 页。
[②] 《胡愈之文集》第 3 卷，生活·读书·新知三联书店 1996 年版，第 313 页。
[③] 《胡愈之文集》第 1 卷，生活·读书·新知三联书店 1996 年版，第 107 页。

察到，西方的文学批评与报刊具有不解之缘，甚至文学批评就包含媒介批评。特别是他对文学生产过程中，文学批评包含"传布"① 因素的认识，显得非常深刻。因为报刊是文学最重要的载体，对文学作品进行批评鉴审，势必要牵涉作为文学作品载体的报刊。"欧美文艺杂志中书报批评常占其大部分，便是这个缘故。在我国批评文学却绝对的不发展，杂志报章上面，偶然找到了几篇评论文字，却是专寻一二字句，任情指摘的居其多数，能公允诚恳地讨论作品的内容的，真是凤毛麟角了。"② 人们往往会指责质量上乘的文学作品的稀缺，但许多有价值的作品，出版后经过一年半载竟然默默无闻，没一个人提及它，这显然不是尊重文学的态度。另外，他还指出人们对文学批评的畏难情绪，也是阻碍报刊批评发展的一个重要原因。其实，他认为把文学批评神秘化的心理和做法大可破除，"批评虽不是容易的事，但我们读文学作品，偶然有一些主观的感想，只要不是任情谩骂，却都不妨写了出来，当作批评"。③ 他承认作品的价值，存在于作品自身，决不因批评而有增损，而一般读者对于作品的评判，也自然各有主观的意见，不一定以批评家的批评为定论，但仍然坚持认为："这样的自由批评，对于创作家和一般读者，却多少总是有益的哩。"④ 他认为如果说文学生产是船，那么文学批评就是舵。应该说，胡愈之对文学批评的这种理解，确有其深刻精到之处。

胡愈之认为，如果说文学批评的园地更多地由文学批评家来耕耘，那么，媒介批评的重任则需要由新闻从业人员来担当。他在《中国的报纸文学》一文中专门阐发文学和媒介、媒介批评三者之间的关系："报纸文学的最重要部分，却是出版物和文学艺术的批评。对于同时代出版的书籍和杂志，加以严正公允的批评，藉以督促文化事业的进步，这是近世报纸的重要职务之一。"⑤ 这里，他明确指涉了"出版物和文学艺术的批评"，媒介批评的概念已经呼之欲出，指出由于报刊出版界的堕落，导致不纯正的文艺作品的流行，出版物即媒介的批评家要负很大的责任。"出版物和文学艺术，是民族的第二生命。报纸的一部分责任，虽在于研究和报告政

---

① 《胡愈之文集》第 1 卷，生活·读书·新知三联书店 1996 年版，第 108 页。
② 《胡愈之文集》第 1 卷，生活·读书·新知三联书店 1996 年版，第 204 页。
③ 《胡愈之文集》第 1 卷，生活·读书·新知三联书店 1996 年版，第 204 页。
④ 《胡愈之文集》第 1 卷，生活·读书·新知三联书店 1996 年版，第 205 页。
⑤ 《胡愈之文集》第 1 卷，生活·读书·新知三联书店 1996 年版，第 355 页。

第八章　国民革命时期的媒介批评

治经济社会事情，但在一方面也负有指导和宣传文化事业的神圣责任。报馆先生如果能够了解文化与艺术的真义，以公正勇敢的批评精神，指导一般的民众，则新文化事业才能建筑在稳固的基础上。"①从民族生命力的培养角度，把媒介批评提高到社会文化建设的高度上，足见他对媒介批评的重视。

二

缺乏批评的精神是因为缺乏正确的批评观念，而缺乏正确的批评观念则是导致中国现代媒介批评实践发展受阻的直接原因之一，胡愈之清醒地看到了这一点。他曾借用外国批评家盖莱和施各德在其合著的《文学批评的方法和材料》一书中对"批评"所作的阐释，认为批评包括指摘、赞扬、判断、比较、分类及评赏等六种含义。他特别认同近代大批评家安诺德所说：批评便是"把世间所知所思最好的东西去学习或传布的一种无偏私的企图"。②按照这样的理解，那么，我国传统的批评观念就存在三个认识误区。第一，过去人们一说到批评，每每以为批评便是批驳，便是攻击，其实"批评和批驳不同，批驳是对于虚伪的思想智识而发的，批评的对象，恰巧相反，乃是最高尚最良好的，不是虚伪的东西"。③第二，人们往往以为批评便是纠正，批评家居于较高的地位，和先生纠正学生的课作一般，这也是一种误解："批评家不必一定居于较高的地位；批评的目的是学习和传布，却不是纠正；批评家乃是贤弟子，决不是严师。"④第三，关于批评的态度，传统的观念认为批评的态度便是怀疑的态度，这更是一种误解："怀疑派是否定一切的，批评家不过对于所批评的东西，加以分析或综合，对于他的本身价值却始终是肯定的。"⑤胡愈之指出："批评的企图，在于学习和传布，可见批评家的任务，在于积极——赞扬和评赏——方面，不在消极——指摘和批判——方面。近代的批评，这种倾向，尤其显著。"⑥胡愈之对媒介

---

① 《胡愈之文集》第1卷，生活·读书·新知三联书店1996年版，第355页。
② 《胡愈之文集》第1卷，生活·读书·新知三联书店1996年版，第108页。
③ 《胡愈之文集》第1卷，生活·读书·新知三联书店1996年版，第108页。
④ 《胡愈之文集》第1卷，生活·读书·新知三联书店1996年版，第108页。
⑤ 《胡愈之文集》第1卷，生活·读书·新知三联书店1996年版，第108页。
⑥ 《胡愈之文集》第1卷，生活·读书·新知三联书店1996年版，第108页。

批评的这种认识,在当时确有超迈同侪之处。

　　比较,是将一事物与其他事物的属性和特征加以对比,来确定事物之间的共同点和差异点的一种思维方法。新闻传播规律的一致性与各国各地新闻传播活动的丰富性是媒介批评使用比较方法的客观基础,中国近现代新闻传播事业与外国新闻传播事业的紧密联系与各自区别则是使用比较批评方法的科学依据。当媒介批评在面对具体对象无法判定其优劣时,比较常是可供选择的有效手段。媒介批评的目的无疑是规范媒介发展的方向,因此,媒介批评开展的基础首先是对媒介现状进行宏观把握,透视或展现其生存缺陷。为了凸显中国新闻事业的落后状况,从而激发人们从事新闻改革的迫切愿望,胡愈之在对中国的媒介生存状态进行描述的时候,经常使用比较方法,通过比较既可使分析对象和要说明的问题一目了然,又可使媒介批评的目的不言自明。胡愈之对国内外新闻事业状况的系统了解为他使用比较方法进行媒介批评提供了资料上的便利和可能。

　　胡愈之进入商务印书馆后,该馆自设的图书馆涵芬楼,不仅藏书很多,而且订有很多时新报刊,信息非常灵通。胡愈之在工作中接触到很多新知识,了解到世界各国的许多新情况,自然也接触到有关国外新闻事业的大量知识。他当时在《东方杂志》上发表的《欧美新闻事业概况》一文,长达一万一千余字,分为"概论"和"欧美各国之新闻事业"上下两篇。上篇又分"近世新闻纸之地位""新闻之搜集及编辑法""新闻通信社之组织""新闻纸之营业"等四个部分。下篇分"欧美新闻纸之统计""英国之新闻事业""法国之新闻事业""德国之新闻事业""意奥俄诸国之新闻事业""美国之新闻事业"等六个部分。这篇文章比徐宝璜在该杂志上连载的《新闻学大意》要早7个月。该文表面上以介绍国外新闻事业发展状况为主,但细究起来,介绍国外新闻事业状况绝不是胡愈之撰写这篇文章的唯一主旨,他还希望通过对国外新闻事业状况的介绍,为我国新闻事业进行改革提供借鉴,所以他在介绍国外新闻事业的同时,有意识地使用了将中外新闻事业进行处处对比的方法:

　　　　在今日欧美社会中,新闻纸效用之广大,几如布帛菽粟,为人类生活上必需之物。社会各级人民,无论贫富贵贱,无不以阅读新闻纸,为每日必要之行事,未可一日或缺。识者推为教育普及之效果,殆其然乎。我国近年新闻事业,渐次发达,报纸销路,虽渐扩充,而购阅报纸者，大多藉此为消遣之品，初非有何种之关切。报纸之效用，与游戏器具略等，非社会必需之品。此非教育上之问题，实报纸自身能适用社会要求与否之问题也。欧美各国则不然，其社会之生活，与新闻纸有密切之关系。①

在20世纪20年代前后，中国新闻媒介前进步伐缓慢，主要原因就在于对媒介功能的认识存在误区，人们大多将新闻媒介视为可有可无的消遣品，而国外新闻媒介则与社会政治、经济、文化等方面都有着非常密切的关系，诚如胡愈之所分析的那样："就其上者论之，政治家假之以发抒政见，律师假之以买卖产业，商业家假之以考查市情，并以刊布广告。就其下者论之，优伶假之以广招座客，劳动苦力假之以找寻职业，居家者假之以购廉价之服用器物。人民之需用新闻纸，既如是其须臾不可离；故新闻纸之职务，非常繁重，非仅记事翔实，立言公允，即已尽新闻纸之能事；质言之，近世新闻纸之职务，在能满足社会各方面之需要是也。"② 由于预设了外国新闻事业比中国新闻事业先进这个事实上不证自明的大前提，因此这里就不需要作太多的论证，人们就可以自然地得出中国新闻观念落后的结论，从而提出更新新闻观念的时代要求。

三

1925年的五卅惨案，及其以后的五卅运动，是中国现代史上的重大事件，它沉重打击了帝国主义，对中华民族的觉醒和国民革命运动的发展起到了巨大的推动作用，大大提高了中国人民的觉悟，揭开了大革命高潮的序幕。胡愈之是五卅运动的亲历者，当时，许多在租界内的中国报纸都不敢报道五卅惨案和五卅运动的真实消息。胡愈之和郑振铎、叶圣陶等友人共同商议，由商务同事集资合作创办一份《公理日报》。社址就设在郑振铎的家中，由郑振铎和叶圣陶负责编辑，胡愈之负责外勤、组织新闻报道。6月3日《公理日报》正式出版，立即受到了上海市广大人民群众的热烈欢迎，人们都争相阅读。6月下旬，因资金短缺，该报被迫停刊。6月

---

① 《胡愈之文集》第1卷，生活·读书·新知三联书店1996年版，第22—23页。
② 《胡愈之文集》第1卷，生活·读书·新知三联书店1996年版，第23页。

30日，《东方杂志》第22卷，专门推出了由胡愈之主编的《五卅事件临时增刊》，其中刊载了由胡愈之撰写的数万字长文——《五卅事件纪实》，至今仍为研究我国五卅运动那段历史的重要文献。值得指出的是，胡愈之在该文中体现了观察和分析事物现象及其发展的系统观念。他指出："要研究五卅事件的真相，须先明白五卅事件的真意义。如果我们把五月三十日的事变，看作租界内少数外国警吏的偶然的渎职行为，那是错了。如果我们把这次事变认为是上海租界内的局部事件，那更是错了。如果我们把事变后各方面所起的热烈的反响，仅仅认为是因同情少数学生工人而起的一时的愤激的现象，那更是大错而特错了。"① 胡愈之在文中明确指出：五卅运动是中华民族要求独立和生存的大抗争的开始。在文章中，胡愈之对五卅运动的观察，一直切实遵循着这种宏观、系统的思路，特别是对新闻传媒在五卅事件中所扮演的角色，他充分地考虑到了新闻媒体在社会组织结构中的位置，从而帮助人们认清新闻报道背后的某种社会控制力量。在这篇文章中，就有这样一段评述性的文字：

> 我们在这里须再把上海报纸的地位和态度补叙一下，因为上海的报纸，和五卅惨案的激起，实有直接间接的关系。上海的报纸因开设在公共租界内，不受中国官吏的管束，所以对于内政言论较为自由。反之，对于租界当局，却受着无形的迫压，往往不能自由发抒意见。上海各日报偶有攻击捕房的言论，往往被拘捕罚金。日纱厂第一回发生罢工时，就有数家报馆因登载了一篇工会的宣言，被判决罚金。所以二次风潮发生时，上海报纸上只有数段残缺的冷静的记载，对于日厂暴行不敢发表公正的抗议。所以外间对于此事，绝少注意。同时上海各大学学生（学生对工人向来较有同情的态度），因顾正洪被日人非法击毙，中国官厅绝不干涉，颇为不平。又因报纸态度消沉，所以派遣学生沿途讲演顾正洪被杀的真相，使各界引起注意。②

胡愈之继续分析说，因为此时捕房因学生有援助工人的举动，便迁怒于学生。而5月23日文治大学学生施文定、谢玉树因在途为纱厂工人募捐

---

① 《胡愈之文集》第2卷，生活·读书·新知三联书店1996年版，第16页。
② 《胡愈之文集》第2卷，生活·读书·新知三联书店1996年版，第22页。

而被捕房拘捕，次日，学生为顾正红在租界外举行追悼大会，又有上海大学4名学生在租界内演讲被捕。被捕学生不但不准学校保释，而且待遇十分苛刻，甚至拒绝亲友探问，与盗匪同样严密监视。上海学生联合会及工会向交涉署呼吁，亦置之不理。由于内地因上海报纸未曾详细揭载这些事件细节，故其他地区对于被捕学生工人，无人起为后援，因此，"因租界捕房的高压，报纸态度的消沉，学生与工人方面愤无可泄，乃有五月三十日租界内学生大讲演的举动"。① 从这样的角度来论述五卅事件，确实有些非同凡响，新颖别致，发人深思。

胡愈之对五卅惨案前后因果的这种分析，从某种程度上与后来科塞的社会安全阀理论有相似之处。社会冲突一直是各国社会学者所关注和研究的学术热点，科塞作为社会冲突理论的主要代表人物之一，对社会冲突作出了肯定性的评价。该理论认为，社会冲突在对社会发展起到阻碍作用的同时，还具有社会安全阀等积极的功效，可以促进社会的协调运行。世界进入近代以来，社会冲突日益剧烈，各个社会实体都有宣泄社会压力的需求，这一社会现实为安全阀机制的存在和设置提供了合理性。

新闻界有人一度错误地以为，如果建立了西方式的新闻自由体制，那么客观报道就有了可能，新闻就具有了公正性的品质。其实，这也是一种简单化了的天真看法。新闻自由并不必然对应客观报道，客观更有着表面和实质之分，表面上的客观有时恰恰成为掩盖实质上谎言的手段。胡愈之后来在论述外国新闻机构消息的不可靠性时曾指出："外人的通信社大都系其本国政府经营，或政府授意经营，所以从这些机关里得来的新闻，多少带一点宣传的色彩，失去事实的真相。所以大部分的读报者，不注意外国新闻，那还算是好的，否则天天把那些替帝国主义宣传的电文灌输到脑筋里，你想是多么危险啊。"② 胡愈之研究国际形势问题时，非常注意甄别所据资料的真伪，因为这些资料大部分是从报章杂志上得来，而报上所载的国际新闻，大多从帝国主义御用的宣传机关发出，往往带有造谣或淹没事实的作用，所以不能不格外留神。他告诫人们搜集材料的时候，第一要知道材料的来源，即是从哪一国通信机关发出；第二要明白这材料有多少准确性，以做到心中有数，不至上当。

---

① 《胡愈之文集》第2卷，生活·读书·新知三联书店1996年版，第23页。
② 《胡愈之文集》第2卷，生活·读书·新知三联书店1996年版，第117页。

四

20世纪20年代初，中国曾崛起一股国民外交思潮，尤其是在第一次世界大战结束到巴黎和会召开之前的这段时间内，国民外交运动在国内甚为兴盛，中国国内成立了各种各样的国民外交团体开展国民外交，以非官方身份从事交涉和交流。在胡愈之丰富的著述中，亦曾经撰写过数百万字的国际评论，其中体现他对国际外交事务的思考。中华人民共和国成立后，胡愈之曾担任中国人民外交学会副会长一职，从他对外交的关注和研究方面看，可谓实至名归。胡愈之在关注和研究国民外交时，一直与对新闻传播的关注和研究保持高度一致，即他始终把新闻传播与国民外交作为不可分割的一个整体进行观照，因此，他的国民外交研究，常常也连带着对新闻传播的分析和审视，一部分内容具有媒介批评的性质。

1926年1月，胡愈之在《东方杂志》上发表了《国民外交与国际时事研究》一文。他首先从"弱国无外交"这一句流行语入手，指出这句话非常的错误，因为在事实上，弱国要想还能生存下去，万万不可无外交。弱国若无外交，那便只有亡国一途，没有救了。他认为向来中国的对外观念，在此之前可分为三个时期。在20年前是"以夷制夷"时期，那时中国人盲目自大的观念还没有破碎，还把洋人看为蛮夷戎狄，以为只要稍加羁縻，就能使其自相残杀，我可无事。这种错误观念的代价是被割去了大片领土，赔偿了数万万巨款。到了10年前的时候，则是"公理战胜"时期，这时不但不敢把洋人看作蛮夷戎狄，倒是把几个强国当作仁义之邦，以为欧战是公理与强权的战争，公理必然能得到最后的胜利，但一场巴黎和会使我们知道了，公理也不可靠，所谓正义、人道等悦耳的名字，不过只是政治外交家所用的幌子，实际上何曾有这些东西？第三个时期，也就是"国民外交"时期了。从巴黎和会以后，中国国民所希望的幻想，完全破灭，觉得靠得住的只有自己努力。又因为国内连年的内战，政府自顾尚且不暇，对外自然更是绝望了。自华盛顿会议以至最近的关税特别会议，国民在这几年中，对于外交事件屡次有强烈的表示，对于政府的行动固然常加监督，国民对外也常常有直接的宣传运动。正是从这时起，国民的对外观念才进入了由静趋动、由空想而趋实际的状态。

胡愈之通过对几十年来国民对外观念演变的回顾，指出前两个时期国

第八章 国民革命时期的媒介批评

民之所以持着错误的对外观念，原因就在于对国际政治知识的了解太过浅薄了，归根结底还是由于愚昧而不明世界事势的缘故，因此，要真正而彻底地改变这种状况，除培养实力以外，重要的一途就是训练和增进国民的对外知识。胡愈之指出，"因为教育普及的缘故，新闻杂志成为一般人的日常伴侣，从这些里他们又天天灌输了关于国际时事的智识"。[1] 在近代国家里，对于国际事势调查报告的机关非常完备。日报大都派有国外特别访员，国际通讯社如路透社、合众通信社、东方通信社等，在全世界各处都派有通讯员，无论天边地角发生了什么重大事情，在几小时内就能传达于本国，于是相比之下，"中国国民国际智识的蒙昧，新闻编辑家逃不了这个重大的责任"。[2] 报纸在社会教育中占最重要的一部分。普通人对本国以及外国的时事知识，很大一部分是从新闻报刊中得来。胡愈之批评说：中国报纸国际新闻的采访与编辑方法，至今还未脱去幼稚的面目，尤其是对于国外新闻的编辑，太辜负了新闻家的天职：

> 欧、美、日本的日报，都聘有国际问题的专家担任国外新闻的编辑。除本国通信社供给材料外，在各重要国家的大都会都直接派有访员，发电通信。此外又延请专门家撰述论文。所以材料的来源非常丰富。但我国的报纸，外国新闻，只有一个来源，就是外人组织的通信社送来的电稿。假如外国通信社如路透社、合众通信社、东方通信社、电通社一旦联合停止送稿，中国报纸上就不会发现外国新闻。国门以外，任凭有天翻地覆的重大事变，也不会给中国人知道。
>
> 编辑方法更是可笑。我们拿一张类型的中国报纸来看，所谓国外新闻，往往搁在紧要新闻后面，把几个路透社电，东方通信社电用小号字排在一处，平常的读者要找了半天才能找到。向来的习惯，外人的通信社送华文报纸的电稿，都由通信社自己译成中文。报馆的编辑先生不加改正，便即照样登录，所以所译人名地名，前后不能一贯，词句又多支离费解。这样的新闻怎样能引起普通读者的兴味？总之报馆的编辑先生始终不把国外新闻当作新闻，无怪普通读报的人不愿意看这国外新闻一栏了。[3]

---

[1] 《胡愈之文集》第2卷，生活·读书·新知三联书店1996年版，第115页。
[2] 《胡愈之文集》第2卷，生活·读书·新知三联书店1996年版，第117页。
[3] 《胡愈之文集》第2卷，生活·读书·新知三联书店1996年版，第117页。

虽然与往昔比，中国新闻媒体在这个方面也有一些进步，但若是与实际需要比，则还差得很远。胡愈之通过把中外媒介空间上的横向对比与自身发展时间上的纵向对比相结合，然后对新闻界提出希望：一是给一般人阅读的新闻杂志上面应该尽量扩充地位，多登载关于国际事情的记述及评论，使国际知识得以普及于一般民众；二是报纸国外新闻栏的编辑法，更应该做根本改革，以便能引起一般读者关注和研究的兴味；三是国内各大日报馆应该添派驻外通信员，随时把重要的消息报告给本国，最好是新闻界能联合起来组织一个大国际通讯社，以免造成国外新闻专门依赖外国通讯社的毛病。

胡愈之是中国现代著名的文化出版巨匠，其擅长的国际时事评论以预见科学和分析深刻而蜚声学界。他虽不以媒介批评见长，但在分析国际时事时因要兼顾国内外舆论动态，顺手而及，连带对媒介及媒介行为发表了一些考察、判断和分析等文字，因而在媒介批评领域留下了相应的印痕，这是他留给后人的一笔值得珍视的精神财富。由于个人学术兴趣和研究侧重所致，他笔下的媒介批评一般是服从和服务于国内外形势分析和时事评论的需要，服从和服务于文化思想论战的需要，是政治和文化斗争的一种工具，因此难免有零星化、琐碎化和政治化的特征。这也与当时我国媒介批评学理化范式没有建立起来、媒介批评没有获得独立地位的整体性状况相一致，但这是时代所造成的局限，我们不能太过苛求于他。

第七节　黄天鹏的媒介批评

黄天鹏（1905—1982），名鹏，字天鹏，后以字行，别署天庐、逍遥居士等，广东省普宁县人。1905年由家塾入学堂读书，1917年入汕头礐石中学就读，在读报中对新闻工作产生了浓厚兴趣，并逐渐萌发了将来要做一个新闻家的理想。1919年，黄天鹏进入普宁的三都高等小学就读，1920年，又转入汕头的一所学校读书，并在一位亲戚于汕头开设的报馆里当通讯员，开始了他的新闻从业之路。1922年秋，到厦门集美书院学习西文，兼做汕头报馆的福建特派记者。1925年，考入北京平民大学报学系，开始学习新闻学。1927年1月1日，发起成立北京新闻学会，主编会刊《新闻学刊》。翌年初，因《新闻学刊》发行所被北洋政府查封，遂辗转天津、南京、上海、日本等地避祸。同年9月，担任《申报》要闻版主编。1929

年8月，赴日本参加太平洋国际学会，会后留在日本，在永代静雄任所长的日本新闻研究所攻读新闻学，兼任《申报》驻外记者。1930年，黄天鹏从日本新闻研究所毕业并获得硕士学位，回国途中，接到复旦大学新闻系主任谢六逸的邀请，任该系报馆管理教授。年底，进入《时事新报》，历任通信部主任、总经理、总编辑等职，并兼任沪江大学、新世纪函授学校教授等职。在此期间，先后编撰出版了20余种新闻学著作，编辑6本新闻学论文集。全面抗战爆发后，曾任重庆《时事新报》经理，1939年5月至8月任《重庆各报联合版》经理。1939年9月后，黄天鹏转入政界，除有限的新闻管理事务外，基本上离开了新闻一线工作领域。1949年去台湾，主要从事侨务和宪政研究工作，1982年3月在台北病逝。黄天鹏是中国现代一位不可多得的新闻全才，不仅做过新闻记者、编辑、经理和总编辑等职，而且当过多所大学的新闻学教授，新闻学著述甚丰，对推动中国现代新闻学理论的建设与发展，贡献良多。尤其值得注意的是，在黄天鹏的新闻实践和理论的建构过程中，始终伴随着大量的媒介批评活动，甚至可以说，在一定程度上，媒介批评是他开展新闻实践和新闻理论建设的某种心理与情感动因。因为十分热爱新闻事业，所以对新闻现状有所不满，进而对之口诛笔伐，希望可以将其导入自己理想的新闻轨道和境域，诚可谓新闻领域中因爱深而责切、情动于中而形于言的典型代表。

一

黄天鹏在1922—1923年被报馆派往福建担任特派员期间，就在集美图书馆读到了松本君平、休曼等人的新闻学著作，于是就结合自己的实际经验，"开始对当时的报纸现状进行理性思考、反思和批评，发表了一篇批评当时报纸利弊的文章"。[1] 这可以说是他媒介批评活动的源头。媒介批评总是会有特定的指涉对象，引起被批评者的不满自然也是意料之中的事情。黄天鹏的这篇批评文章发表后，果然招致当地报界的反感，甚至引起了一场批评者与被批评者之间的笔战，但这并没有影响和动摇他对新闻事业的热爱。有研究者甚至认为，黄天鹏是以一个批评者的身份登场而开始

---

[1] 张振亭：《专业化与大众化：黄天鹏新闻思想与实践研究》，江西人民出版社2014年版，第24页。

了对新闻业的研究，其动机是对自己熟悉的报业现状不满意。批评的方式，主要是参考自己的经历、经验，进行理论著述。批评的目的是要改变现状，推动新闻事业的进步和发展。①显然，媒介批评既是黄天鹏新闻理论著述的一部分，同时也是其新闻实践的指导思想与认识基础。

1925 年，黄天鹏考入北京平民大学报学系学习后，其媒介批评活动就逐渐进入一个比较频繁活跃的时期，经常在上海一些报纸上发表短评式的媒介批评文章。

由于新闻采访力量薄弱，中国现代一些报纸常通过转载别家媒体的相关消息，以弥补由于自身采访力量不足而带来的新闻消息短缺及其滞后的问题。这种现象在当时的新闻界可谓司空见惯，几乎所有的媒体都多少有过，它固然可以在一定程度上弥补因为采访力量不足而带来的新闻短缺问题，但也造成了一条新闻在各地媒体因为相互转发而带来的某种似曾相识的"抄袭"现象，减损了新闻的新颖性和独特性。特别是这种转抄因为多次转手，往往会给读者了解事实真相带来某种困惑。读报是黄天鹏的日常生活内容之一，1925 年他赴北京途经上海的时候，曾特意去望平街参观。在上海等候开船的三天时间里，他几乎每天都要去这条街上徘徊流连。上船后无事可做，就拿起在上海买来的各种报纸，一遍遍反复阅读，连每条广告也仔仔细细地读了。三番四读，他一点也不感到腻烦，而是感觉"读一遍有一遍的趣味"。②黄天鹏后来说，他对上海报纸的比较研究和各个特点的认识基础，就开始于这几天的生活。他对当时报纸之间互相抄来抄去的现象十分反感，特地撰写了《报钞报谈》一文予以批评道："在下是个报迷，看的报很多，不是自吹，而且看得很仔细。新近不是闹着寇英杰逝世吗？八日的《商报》，钞北京报一段（全文见上期本报寇英杰死的问题及佚事）。就是田维勤辞豫督的电报，九日《申报》照样的钞《商报》，十日《新闻报》又照样的钞《申报》，钞来钞去，倒把个寇弼臣钞活了。报迷曰：君子胡不钞钞尔，岂不怪哉。"③调侃和讽刺的修辞，无疑增加了话语的生动性和批评的力量。

---

① 张振亭：《专业化与大众化：黄天鹏新闻思想与实践研究》，江西人民出版社 2014 年版，第 25 页。
② 黄天鹏：《新闻记者生活的回顾》，《读书月刊》1931 年第 1 卷第 6 期。
③ 报迷：《报钞报谈》，《晶报》1926 年 9 月 12 日。

1893年2月17日中外合资创刊的《新闻报》，经济实力雄厚，在辛亥革命后，逐渐改革报纸内容，以报道经济新闻为主，兼及时事、社会新闻和市民生活报道，由于在各大主要城市派有记者，经济信息灵通，不仅为工商界所重，也受到市民阶层的欢迎，在20世纪20年代已经发展成上海发行量最大的一家报纸。但该报素来倾向比较保守，特别是对一些有关政治新闻，小心翼翼处理，唯恐给报社惹来麻烦。因此，有些重要新闻该报反而要比别家报纸慢一拍。这不仅与读者期待有较大距离，也违背了新闻时新性的要求，更与该报一向以信息灵通示人的形象格格不入。1926年10月4、5两日，《新闻报》第一张要闻版上，分别登载了孙传芳的三爱主义宣言和刘玉春在围城里头发出的通电。这两个消息都是上海其他报纸在3、4日登载过的消息，这对读者来说，已是旧闻了。针对该报这种新闻登载慢一拍的现象，黄天鹏特地在《晶报》1926年10月6日上，发表了《〈新闻报〉虚怀若谷》的短评，语带讽刺地说：鼎鼎大名的《新闻报》，此前谁不佩服它消息灵通，不落人后呢？可是近来却有些不对劲了。如孙传芳、刘玉春这两条新闻，都是别家报纸已发表过了，《新闻报》抄录而来的消息。"这种虚怀若谷的谦和态度，委实是可敬佩。我恐怕单看《新闻报》的人们，不知道其中的原委，特地表彰一下，庶几不埋没他的特长哟。"[①] 新闻要新鲜，是新闻传播的一条基本原则，《新闻报》对此当然知晓，但为什么在处理这两条新闻时会一反常态呢？黄天鹏在文章中并没有点明，但"虚怀若谷、敬佩、表彰、特长"等一连串反语的应用，其批评的态度则跃然纸上，读者对此批评无疑也会予以认同。

报名是任何报纸都有的标识，它不仅具有区分报纸的作用，而且是一面旗帜，蕴藏着报纸的宗旨、追求、气质和品位等诸多精神性内涵。报纸属于文化产品，报纸的命名会受到政治、社会、民族、历史、传统等众多文化因素的制约。报名又是一种品牌，很多时候能够给报纸带来某种附加性的经济和社会效益，所以选取一个别致新颖可以与别家报纸进行有效区分的报名，以便在竞争中更好地吸引读者，往往也是报纸创办者进行策划时需要进行整体考量的一项重要内容。在中国近现代报业史上，一些以消闲趣味为主旨的小报为了吸引读者，往往剑走偏锋，给报纸选取一个刁钻古怪、稀罕离奇的名字，以此来博取受众的眼球，特别是上海滩上的一些

[①] 报迷：《〈新闻报〉虚怀若谷》，《晶报》1926年10月6日。

小报，更是光怪陆离，譬如《金刚钻》《罗宾汉》《迫击炮》《克雷斯》《真快活》等，琳琅满目，以至于造成了一种语言和文化上的污染。黄天鹏在《代未来同业拟名》的文章中对此讽刺道："敝同业的情形，真是发达极了。各式各种名目，真是记不胜记，而内容却大都相同。大约看报的人，心理如此。敝同业中人，真会迎合潮流，做生意原该如此。现在也不知究竟已有了几种。我料未来的，一定还有许多，不妨来代拟几个名称，省得几位未来同业，挖空心思转念头。"① 他代拟的四个字的报名有：鬼头鬼脑、瞎角龙冬、糊里糊涂、阴阳怪气、缠勿清爽、格里格搭、乱七八糟、恨透恨透、买洋三千、穷凶极恶、七勿搭八、资五杂六。他说将来四个字的名目，想不来了，那就不妨进一步，改为五个字的报名，譬如：像煞有介事、阿要难为情、勿是生意经、关侬啥事体、伲是人家人、实在真有趣、弄弄白相相、谈也勿要谈、不要勿识相，等等。讽刺、调侃和戏谑融合的修辞手法，使话语形象而生动，从而增加了媒介批评的力量。

二

发表在《新闻学刊》第3、4期的《中国新闻界之鸟瞰》一文，是黄天鹏这个阶段进行媒介批评的一篇代表性文本。据文末作者自注，该文实际是写作于1926年秋天。黄天鹏后来编辑《新闻学刊全集》时，又将该文收入该刊"通论"栏中，可见在黄天鹏眼里，这是一篇具有浓郁理论性的文章。尤其值得注意的是，黄天鹏在写作该文时，不同于一般的新闻理论或实务研究，而是怀抱着十分明确而强烈的媒介批评意识。

黄天鹏在《中国新闻界之鸟瞰》文章的开头就论述道："十年以还，新闻论著，岁有所见，而纪实之作，则未之觏。盖通论之篇章，易于命意，若实际之状况，非调查无从捉笔也。吾业向清壁垒，讳言报馆内事，世有举以相询者，则闪烁其辞，或大事铺张；载之典籍，亦复如是。兹作拟脱窠臼，另营新篇，以吾之所知所见所闻，秉笔直书，暴露新闻界之真象。或可为同业谈鼎革者论据之材料，予世人以相当之了解，唤起一般之注意而谋通力合作。惟时局多故，交通梗阻，报界变迁复亟，所述容有舛误也。"② 显然，作

---

① 报迷：《代未来同业拟名》，《小日报》1927年4月17日。
② 黄天鹏：《中国新闻界之鸟瞰》，《新闻学刊全集》，光新书局1930年版，第69—70页。

者的目的是在"暴露新闻界之真象",而"新闻界之真象"显然不是什么值得夸耀的优点或长处,而是需要暴露的缺点和不足,而暴露缺点和不足恰恰又是媒介批评的重要职责与话语核心倾向。鸟瞰决定了作者对新闻界的观察视角,必然是一种散点性透视,最终目的还是革新和改善新闻事业的发展,这就必然要牵涉影响新闻事业落后原因的追索。黄天鹏首先归纳了此前人们分析中国新闻事业不发达原因时所得出的结论。他指出,时人之论新闻事业不发达的原因,不外如下几个方面:一是政治未上轨道,言论每受摧残;二是教育不普及,新闻纸未至人人必读的地位;三是商业衰落,作为新闻纸主要养料的广告费收入极为有限;四是交通不便,消息及运输滞后且费用昂贵;五是工艺未兴,机器纸料油墨都是舶来品。至于内部方面,则人才缺乏、组织未善、探访无术、编辑不精,无一非今日新闻界之通病也。黄天鹏认为这些都是无可讳饰的诚恳之言,不过,新闻事业牵涉的社会问题至繁且巨,谚语有云,河清几时,新闻纸既然站在时代的前列,理应在荆棘丛中开辟出一条新路,但如此又非易为之事。新闻业自身没有良好的基础,又怎么能够担负起这一重任!黄天鹏认为,现在要讨论和谋划新闻事业的发展,必须从新闻业本身的改造开始。而新闻事业本身的具体状况如何,则又是人们首先应该明确了解和掌握的基本认知。

黄天鹏首先从地域角度分析了各地新闻事业的状况和特点。他认为北京和上海是全国新闻事业的两个中心,两地新闻事业各有特点。北京作为首都,是政治新闻发源地,报馆通讯社林立,报纸能够正常出版者有30多家,通讯社能发稿者有10多家。各报广告收入少者数百元,多者亦不过数千元,不敷所出,很少能以营业为本,大多靠津贴生存,稀见略具规模称得上报纸者。销路逾万的大报有两三家,小报也只有两三家,其他报纸的销数只有数千百份,有的甚至只有数十份而已。"而此日出数十份报之主者,居然亦无冠帝王,奔走显贵之门,假以为升官发财之阶梯,囊阅三数篇描写此辈之内幕,极离奇之大观,几忘为其为记报业之状况,而为极不堪之丑史也。"[①] 而且此种奇事,仍时有所闻。所谓大报馆者,逢此时局紊乱之际,当局藐视舆论,均呈不易维持的危机之状,往往几个月间不发表社评,新闻亦甚为潦草,完全陷入了衰微的境地。

天津与北京近在咫尺,掌握北洋经济的咽喉,广告收入素丰,加之租

---

① 黄天鹏:《中国新闻界之鸟瞰》,《新闻学刊全集》,光新书局1930年版,第72页。

界庇护，言论甚为自由，各报因此乘时崛起，力谋鼎革，当天上午即可在京发行售卖，颇呈朝气，可惜的是在江南被禁止销售，读者局于一隅。上海商业称盛全国，仅是广告一项，每季即可以达到百万元之巨。而且《申》《新》各报，历史悠久，基础稳固，现已发展到了营业本位。租界的存在，"受政潮牵连申黜，即机关报，亦有精采"。[1] 报纸销数多在三四万以上，有的可达十一二万。"政治记载稍逊北京，而经济消息，远非北京所可望尘。"[2] 广州地邻港澳，开对外交往风气之先，为中国近代新闻业发祥地。国民党踞守多年，新闻业也很发达，广告费尚有相当数目，媒体执笔者多是新派人物。"惜政潮澎湃，易入漩涡。去年北方政变，人才群会羊城，各报之论著副刊，极一时之盛。"[3] 汉口曾为全国的核心，也是中部商业总汇，隔岸武昌为政治次要区，"各报营业尚佳，虽未及沪报，已胜京粤一筹矣"。[4] 南京由于在地域上紧邻上海，新闻业向无可观，国民政府定都之后，始有起色，但仍不脱津贴本位。至于国内其他各个地方的新闻业，多是因陋就简，无足称道之处。

黄天鹏其后又"择要评述"[5]了各地一些具有代表性的新闻媒体：《北京日报》虽属报界的元老，但"墨守绳法，鲜改旧观；资格虽老，反默而无闻"。[6]《顺天时报》为日本人的机关报，是一种文化侵略工具。"惟有时抨击秕政，臧否当局，言人之所不敢言，颇博浅识者之采声，扬眉抚掌称快。"[7] 1918年创办的《晨报》"编辑新颖，为国内有数之报纸，执笔多新人才"。[8] 该报副刊在灌输新思潮和发扬学术方面，曾颇为努力，为人称道，但自孙伏园辞职后，"已觉逊色"[9]。《益世报》总馆在天津，京津地方新闻特别详细。《世界日报》虽仅有四五年历史，在段祺瑞执政时期以敢言著称。《群强报》《实事白话报》等小报新闻多剪自昨日大报或者晚报，与戏单小说鼎足而三。印刷极劣，但语言浅白而价廉，人手一篇，销

---

[1] 黄天鹏：《中国新闻界之鸟瞰》，《新闻学刊全集》，光新书局1930年版，第72页。
[2] 黄天鹏：《中国新闻界之鸟瞰》，《新闻学刊全集》，光新书局1930年版，第72页。
[3] 黄天鹏：《中国新闻界之鸟瞰》，《新闻学刊全集》，光新书局1930年版，第73页。
[4] 黄天鹏：《中国新闻界之鸟瞰》，《新闻学刊全集》，光新书局1930年版，第73页。
[5] 黄天鹏：《中国新闻界之鸟瞰》，《新闻学刊全集》，光新书局1930年版，第74页。
[6] 黄天鹏：《中国新闻界之鸟瞰》，《新闻学刊全集》，光新书局1930年版，第74页。
[7] 黄天鹏：《中国新闻界之鸟瞰》，《新闻学刊全集》，光新书局1930年版，第74页。
[8] 黄天鹏：《中国新闻界之鸟瞰》，《新闻学刊全集》，光新书局1930年版，第74页。
[9] 黄天鹏：《中国新闻界之鸟瞰》，《新闻学刊全集》，光新书局1930年版，第75页。

数常常超越大报。上海新闻界《申报》《新闻报》两雄角逐,有大报11家,小报40多家,但为世人所熟悉者不过三数家而已。自国民革命军入沪以后,党报发展迅速,《晶报》式小报如雨后春笋,只是内容鄙劣,不堪入目。黄天鹏的这些点评,可谓要言不烦、切中肯綮。

三

自1835年法国哈瓦斯通讯社创立以来,以电报通讯技术为基础的通讯社事业,就迅速在全球发展起来。1872年,路透社远东分社在上海设立,揭开了中国近代新闻通讯事业的第一页。在很长的一段时间里,中国新闻媒体的新闻来源被外国通讯社垄断。外国通讯社在华分支机构的建立及其开展的新闻活动,既为中国报刊提供了丰富的消息,提高了报刊对读者的吸引力和在市场中的竞争力,也使国人认识到了通讯社作为新闻传播机构,具有强大的意识形态塑造功能和舆论引导能力,促使国人意识到必须尽快建设起自己的通讯社,从而促进了中国通讯社事业的发展。作为一个爱国的新闻工作者,黄天鹏很早就对外国在华通讯社事业予以关注。在1927年的《新闻学刊》第3期,他曾经发表题为《太上新闻界——外国通讯社》的文章,该文后来收入《新闻学刊全集》之中时,改题为《外人在中国经营之通讯业》。黄天鹏在后来的《世界通讯事业》一文中,记述该文作于"客岁",即该文写作的时间是1926年,而且该文发表后,"读者颇多默许,足征舆论的舆论之所趋也"。[1] 所谓舆论的舆论,就是媒介批评的另一种说法,由此可见该文的媒介批评性质。

在中国近现代史上,北京东交民巷的使馆区,该区域内曾不许中国人居住,管理权完全归属各国使馆,而且辛丑条约还赋予各国驻兵特权,一度是国中之国,外国使团在中国土地上颐指气使,作威作福,因此,东交民巷其实是中国屈辱的缩影和象征。黄天鹏在《外人在中国经营之通讯业》一文中,把外国在华通讯社比作素有"中国太上政府"的北京东交民巷公使团,也可谓"中国太上新闻界",因为"外国公使团之操纵中国政局,与外国通讯社之操纵中国报界,同一方略及目的也"。[2] 充分揭露外国

---

[1] 黄天鹏:《世界通讯事业》,《新闻学刊全集》,光新书局1930年版,第95页。
[2] 黄粱梦:《外人在中国经营之通讯业》,《新闻学刊全集》,光新书局1930年版,第113页。

通讯社如何操纵中国新闻界，是该文最主要的写作宗旨。黄天鹏首先从中国新闻媒体的消息来源入手，指出具有英国半官方背景的路透社和日本的东方社、电通社的电讯稿，连篇累牍，占据了中国新闻媒体上的绝大部分新闻版面，在国际新闻方面，尤为如此。路透社、东方社、电通社"均暗中为其政府所经营或授意，各种消息之传播，概以其政府之策略为依归"。① 黄天鹏认为中国新闻媒体不能完全依赖这些外国通讯社的稿件。国人虽也自营一些通讯社，但大多是规模粗具，能按期发稿者仅 1/3 左右。在国内通讯社中，唯有国闻通讯社略可供应稿件，在京津汉粤各大城市设有分社机关，消息以驻在地为多。其他则组织未善，甚至只挂着一张空招牌，别有所图。国内政局凡有大变动，或交通完全断绝时，每条新闻费用甚昂，国闻通讯社无力负担，且因是国人自主经营，受到严格检查和沉重压迫，无法尽其职责。外人通讯社则反是，一切消息传播既不必计其值若干，战时又不受戒严条例限制，得以自由行使职权。于是国内新闻亦不得不仰给于外国通讯社，一任其操纵把持，混淆黑白而莫可如何。黄天鹏认为这应是真正的新闻工作者所引为深耻与隐忧之事。

黄天鹏在文中深刻揭露了外国通讯社"纵横捭阖，极把持垄断挑拨之能事"② 地操纵中国新闻界的卑鄙伎俩有如下三方面。

一是制造谣言。黄天鹏指出：中国战祸频仍，民不聊生，虽说是军阀自相残杀，而实际上他们又不过是帝国主义列强所操纵的傀儡，这是国内各派人士的共识。外国通讯社即是帝国主义列强操纵军阀们的主要工具之一。他提醒读者们说，远的如几年前某外国通讯社所造系列谣言："某省已成赤化，实行共产公妻；某巨公业于某日逝世，某党完全瓦解；以及某地排外盛行，某某当局出亡，凡如此类，不胜枚举。虽则事实昭然，未能久诬，而一时已堕其术中，受其催眠矣。"③ 近的如武汉、南京事件，祸皆肇启于外人，惨剧却演自吾方，而彼辈竟然反咬一口，将之诬称为第二次义和团运动，张大其辞，什么外人死亡若干，财产尽归乌有，以此嫁祸于我国，使我失去国际同情。及至事后调查，实外人死亡和损失甚微，而我受害却特别巨大。于是我们始悟外人造谣的本能，竟有如是者。

---

① 黄梁梦：《外人在中国经营之通讯业》，《新闻学刊全集》，光新书局1930年版，第114页。
② 黄梁梦：《外人在中国经营之通讯业》，《新闻学刊全集》，光新书局1930年版，第115页。
③ 黄梁梦：《外人在中国经营之通讯业》，《新闻学刊全集》，光新书局1930年版，第115页。

二是颠倒是非。五四运动之后,国内新思潮澎湃激荡,大有一日千里之势。国内政治局势动荡不定,内忧外患迭至交来。国人为了争取自由和幸福,掀起了新国民运动。外人对此未予仔细体察,而是动辄以"赤化""排外"相诬。例如1925年的五卅惨案,英国巡捕惨无人道屠杀我国民的罪行,足以激起全世界正义人士的公愤。而英国则利用路透社的传播优势,"信口雌黄,推责任于中国,以冀一手掩尽天下耳目"。① 黄天鹏指出,欧美民众每每误认中国人为半开化民族,以及对我造成种种其他误解和藐视者,很大一部分原因是由外国通讯社错误的传播而致。

三是暗中挑拨。黄天鹏指出,外国通讯社不仅如上造谣捣乱,其挑拨政潮、离间甲乙的措辞之巧妙与手段之毒辣,即使是狡猾奸险的政客有时也自叹不如。外国通讯机关不仅与其驻华公使馆息息相通,狼狈为奸,而且凭借其所拥有的领事裁判权作为护身符,可以不负任何言责,所以人们常常看见报纸上登载着的"某使馆消息""某要人谈话""某军事家之观察""某方特讯"等,其言时局将有某种酝酿、某路战事将有某种变化、某要人对某人将如何、甲方对乙方有某种计划等,言之凿凿,像煞有介事,其实大部分都属于捕风捉影之谈,实质是一种挑拨离间的策略。"但个中人已尽入其彀中,因而起疑虑猜忌,往往铸成大错者;而彼则袖手旁笑,坐收渔人之利。"② 我方则要蒙受其大害。

黄天鹏指出,不论其他罪恶,仅就外人在华通讯社操纵我国政局的如上恶行,对其严加取缔,就死有余辜,但是,政府当局很多时候对此麻木不仁,既未能统一地稍加措意,新闻界同业贸然刊登,甚且刻意利用,以遂其某种之目的者。黄天鹏认为这实在是令人不能不感到痛心之事。他认为在这种严酷的环境下,新闻界要获得新的生机和发展,不妨仿照美联社那样,组建一家联合通讯社,应该是一条可行的道路。

在中国现代新闻史上,黄天鹏是一个较具有明确媒介批评意识的新闻工作者,他以新闻学术研究和新闻理论建设蜚声于时。与同时代人比较,他"对当时的新闻界多有批评"③ 是其新闻学术研究和新闻理论建设的一大特点。在他的新闻学术和新闻理论建设中,媒介批评是其中重要的一部

---

① 黄梁梦:《外人在中国经营之通讯业》,《新闻学刊全集》,光新书局1930年版,第116页。
② 黄梁梦:《外人在中国经营之通讯业》,《新闻学刊全集》,光新书局1930年版,第116页。
③ 曹爱民:《记者与学者:新闻人黄天鹏研究》,南京师范大学出版社2018年版,第215页。

分。他的很多新闻学术研究和新闻理论建设，都具有媒介批评的色彩。综合起来看，黄天鹏的媒介批评具有如下几个方面的特点。一是强烈的爱国主义情怀。这突出地表现在他对外国新闻媒体、通讯社在中国有关活动情况的观察和分析等一系列文章之中。他之所以主张国内同业组织起来建立一个联合性的大型通讯社，就是因为看到国内通讯社虽有数百十家之众，然竟无一家大规模的世界性通讯机关，痛心于"举凡国际之消息，止仰给于一二外国通讯社，是非黑白，一任外人之操纵"①的现实，有感而发。二是多从促进新闻业发展的专业角度立言。他一贯主张新闻要独立和自由，批评苏俄的新闻事业"诚如其政治制度一般，自创一新局面。在吾曹以新闻眼光论之，颇非正当之设施，有如葫芦，只见一道烦闷耳。所谓舆论，所谓自由，更不用言也"②。试图在脱离政治的语境下谈论新闻发展，露出其媒介批评的书生本色，但在某种程度上也突出了专业性。三是比较的方法。黄天鹏的媒介批评善于通过对不同地域新闻业或不同媒体的优缺点进行点评，比较视角的引入，可以凸显新闻业的地域性色彩，放大不同媒介的优缺点，使读者更易于把握新闻业的现状特点，获得更加深刻和更有效率的认识。四是历史发展眼光。万事万物都是一个发展的历史过程。黄天鹏曾发下的理论"宏愿"之一，就是"以历史之眼光探讨新闻事业之过程，及其对社会文化之影响，而厘定其在学术上之位置"③。黄天鹏写过很多新闻历史类著作，其丰富的新闻历史知识使其习惯于将新闻业放置到历史发展的长河中去考量。他曾提出近代新闻事业"由政论本位进而为新闻本位，由津贴本位进而为营业本位，此殆东西各国所略同"④的观点。这种符合历史客观实际的论断，一定程度上无疑就得益于他所拥有的历史发展眼光。

第八节 汪英宾的媒介批评

汪英宾（1897—1971），字省斋，祖籍安徽婺源（今江西婺源县），出

---

① 黄天鹏：《世界通讯事业》，《新闻学刊全集》，光新书局1930年版，第101页。
② 黄天鹏：《苏俄新闻事业》，《新闻学刊全集》，光新书局1930年版，第133页。
③ 黄天鹏：《自序》，《中国新闻事业》，上海联合书店1930年版，第1页。
④ 黄天鹏：《自序》，《中国新闻事业》，上海联合书店1930年版，第1页。

生于上海。祖父为客居沪上的新安名医,其父参加过辛亥革命,曾任南京临时总统府侍卫长,是民初上海青帮中的重要成员。汪英宾于1914—1917年入上海青年会、中华青年会附属中学读书期间,曾经拜国画大师吴昌硕先生为师,学习国画,在国画、篆刻等方面都有一定的造诣,并与友人朱应鹏一起创办晨光画会,主编《晨光杂志》,后来还开过几次美术展览会。1917年,汪英宾入上海圣约翰大学政治科学习,1920年毕业后,进入《申报》馆担任协理。1921年美国密苏里大学新闻学院院长威廉博士访问上海时,他曾代表《申报》参加接待,在听取了威廉博士的有关演讲后,深感敬佩,由此萌生了赴美攻读新闻学的愿望。在《申报》总经理史量才的大力支持下,于1922年8月赴美留学,1923年获密苏里大学新闻学学士学位,随即转入哥伦比亚大学新闻学院继续研习,并于1924年获得新闻学硕士学位。他的硕士学位毕业论文题为"The Rise of the Native Press in China"(《中国本土报刊的兴起》),1924年5月在美国纽约出版,成为西方学者研究中国早期报纸发展历史的重要参考资料,其出版时间比蒋国珍的《中国新闻发达史》和戈公振的《中国报学史》都要早三年之多,被新闻史学界誉为第一部"中国新闻史"专著。1924年8月,汪英宾回国复任《申报》协理。1925—1929年,先后任上海南方大学报学系、光华大学、沪江大学新闻系主任。1930年,汪英宾因故脱离《申报》,转入《时事新报》,相继担任该报编辑主任、总经理等职,1934年"卒因环境逼迫"[①]而转入仕途,任职于政府交通运输部门。1947年,汪英宾重返新闻界,出任《大公报》设计委员。1950年,任圣约翰大学新闻系教授,1952年调入复旦大学新闻系。1957年被划为右派,1959年去新疆八一农学院任英语教员,1971年病逝于新疆。汪英宾是第一位获得哥伦比亚大学新闻学院新闻学硕士学位的中国留学生,他从美国学成回国后,在积极投身国内的新闻实践和新闻教育领域的同时,还时常在中学、大学和报社举行演讲,不仅大力介绍美国先进的新闻理论和工作经验,还继续针对当时中国报界所存在的问题,进行针砭和提出建议,期望国内报界能"有一度之觉悟,得共谋改良之方法也",[②] 在中国现代媒介批评史上留下了十分重要的一笔。

[①] 汪英宾:《七日日记》,《人言周刊》1934年第1卷第23期。
[②] 汪英宾:《中国报业应有之觉悟》,《环球中国学生会周刊》,1926年3月6日。

一

汪英宾1922年赴美国密苏里大学新闻学院学习不久，即在当年的《申报》国庆纪念增刊上发表了《新闻事业之三大原素》一文。该文以英国著名报刊工作者北岩爵士在论述新闻事业如何发展时曾经说的"图画为人人所爱读，就人人所爱读者，载而出之，何患乎其不发展哉"①为由头，指出北岩爵士之所以作如此论断，是因为图画具有简单易解、凡所表现真实而无可假借的特点。汪英宾由此进一步引申说，北岩所言的图画，并不仅仅止于一般所说的照相和插画，"其意以为无论何种新闻当具图画之性质也"。②他认为北岩所说的图画其实是指新闻所具有的某种性质。具体言之，就是其中含有如下三大质素。

一是忠实。汪英宾指出，人们之所以不怕麻烦地每日阅读报纸，是因限于时间，不能亲赴四方以求时事，所以才依赖报纸为其报道。如果报纸不能够忠实地记载，人们必然会弃之而不读。"今日中国新闻事业之不能猛力发展者，殆亦为此乎？尝闻阅报者曰今日某报所载某条专电确乎？何不见于别报耶？疑难而生厌烦矣。"③新闻若令人厌烦，还能希望其事业得到发展吗？所以新闻事业要发展，首先要得到人们的信任，而要得到人们的信任，又必须先忠实地报道新闻。二是简洁。汪英宾指出，出版报纸本来是为了公众，故其编制繁简、文字深浅，应以公众教育水平为标准。"每见吾国报纸所载新闻，除专电为分条短句外，皆长篇累牍不分段落，见之令人生厌。"④这样的新闻报道，若逐一遍读，非半天不可。如是新闻既失去传播的效能，读者亦不能得到丝毫的利益。欲求新闻事业的发展，其可得乎？所以新闻除忠实而外，更当简洁。语言以简易为贵，编辑时尤应划分段落，这样可以使新闻传播做到提纲挈领，一目了然。三是兴趣。汪英宾认为，新闻仅仅做到忠实和简洁还不足以引起人们的注意，还需要具有趣味。如关于劳工问题，如果仅仅报道其发展过程，人们可能并

---

① 汪英宾：《新闻事业之三大原素》，《申报》1922年10月10日国庆增刊。
② 汪英宾：《新闻事业之三大原素》，《申报》1922年10月10日国庆增刊。
③ 汪英宾：《新闻事业之三大原素》，《申报》1922年10月10日国庆增刊。
④ 汪英宾：《新闻事业之三大原素》，《申报》1922年10月10日国庆增刊。

不予以关注。"若以罢工经过之趣闻或工人之惨史,特立标题,以侧笔表写劳工问题之重要,则非特问题之本相不失,且足以引起读者之兴趣也。"① 汪英宾指出,上述新闻三种原素,本来应该属于一种常识,"惟鉴于吾国新闻界之现状,一切组织均为习惯所束缚,改革无从,进步迟迟,急进者求之过速,缓进者听其自然"。② 虽然上述三大原素只是一种常识,但在这种因循守旧、固步自封的习惯面前,难免常流于空谈,故仍有提出的现实必要。

向国内介绍美国的新闻理论和新闻业状况,是其时汪英宾新闻理论建设和新闻教育工作中的一项重要内容。值得注意的是,他在介绍美国的新闻理论和新闻业状况,一方面将之与中国新闻业的现实进行对比,以凸显中国新闻业的不足;另一方面则是以一种批判的眼光进行观察和评判,而非无条件地予以推崇和膜拜。前者显示了媒介批评的主体价值,后者则显示了媒介批评的理性精神。如《美国新闻事业》③一文的开头,作者就从中美新闻事业的起始时间入手,比较两国新闻事业发展的快慢,以突出中国新闻事业的早发而后至问题:"世界新闻事业,以中国开始为最早,而其进步为最迟钝。以美国为最新近,而其发达为最迅速"。④ 汪英宾论定中国新闻事业发达最早的根据,是他认为新闻传播并不只有文字传播方式,口耳相授也是新闻传播的一种形态,因此,他认为中国早在公元前二千三百多年的尧舜时代,就已有了明确的新闻传播活动。至于采集新闻,则中国商周之间已有官吏专司其职。而《春秋》一书,在一定意义上就是当时新闻采集的结晶。降至汉朝的月旦评、月历、月表之类,出现了如同欧美各国杂志的萌芽。甚至现代新闻事业必不可少的印刷术、纸、墨、活字版者,"皆为我国千年以前之发明。由此观之,中国之新闻学先世界各国而早有之矣。虽然,中国新闻千余年来绝少进步,即以今日发达状况,较之欧美,亦不能及其万一。此吾之所谓世界新闻事业以中国开始为最早,而发达最迟钝者也"。⑤ 如果仅从时间起源早晚的角度衡量美国新闻事业,则其年代之短暂和历史之幼稚,自不待言,盖自其第一家报纸创办至今不过

---

① 汪英宾:《新闻事业之三大原素》,《申报》1922年10月10日国庆增刊。
② 汪英宾:《新闻事业之三大原素》,《申报》1922年10月10日国庆增刊。
③ 据发表该文的《国闻周报》在文章标题下的编者注可知,该文为汪英宾在青年会的演讲稿。
④ 汪英宾:《美国新闻事业》,《国闻周报》1924年第1卷第14期。
⑤ 汪英宾:《美国新闻事业》,《国闻周报》1924年第1卷第14期。

200 余年，但是就在这短短的 200 余年间，无论在数量上还是在发达程度上，美国新闻事业都可谓后来居上，令世人为之惊叹和佩服不已。

在繁荣而发达的美国新闻事业面前，汪英宾虽然颇为景慕和佩服，承认美国的新闻事业为世界最盛，但他也未丧失冷静而客观的头脑。他明确指出，美国新闻事业也存在如下一些明显的缺点和不足。第一，美国的报纸属量报型，不无浪费之嫌。"报纸销数虽大，每日消耗之纸，为数亦极大。而阅报者之能统读全报者，恐百不得一。盖一报篇幅之多，实有不能得全阅者。"[①] 如《纽约时报》日出八大张或十大张，即便是一目十行者，也非一两小时不能通读。一般读者不过略阅纲目，即行弃去。虽然报纸上的报道内容丰富而精细，但是由于读不胜读，所以抛弃者很多。以我国传统的节俭目光视之，未免可惜。第二，美国新闻界存在黄色新闻的潮流，刊登的尽是耸人听闻的内容，不外乎各地的暗杀、抢劫、离婚与苟合等具有社会消极性质的新闻。"美国人民天性爱奇，凡有惊人闻听者，无不爱读。新闻记者之劣种遂乘而迎合之。或谓报纸登载抢劫离婚苟合之新闻，无异教人学作同样恶事者，实非谬言。"[②] 第三，规模巨大的通讯社具有新闻垄断的倾向。汪英宾虽然认为通讯社的出现是新闻事业发展的结果，通讯社的发展对新闻事业的整体发展有着巨大的促进作用，但他同时认为这样会存在着"各地新闻俱由该社编制转发各报，各报刊登之新闻，自是相同"[③] 的问题与毛病，易造成新闻和言论垄断，削弱媒体的个性。从整体性的角度看，这将使全国报纸无法进化至全善全美的理想境地。

二

汪英宾在哥伦比亚大学新闻学院的硕士论文——《中国本土报刊的兴起》一书，自然是他的一部得意和心血之作。该书当时虽然以英文在美国出版，发行数量少，读者面较窄，但并不意味着国内就没有人接触过该书或者受其影响。实际上，汪英宾返国时就随身携带了一部分该书用于赠送朋友。例如中华人民共和国成立初期他调入复旦大学新闻系，与宁树藩先

[①] 汪英宾：《美国新闻事业》，《国闻周报》1924 年第 1 卷第 14 期。
[②] 汪英宾：《美国新闻事业》，《国闻周报》1924 年第 1 卷第 14 期。
[③] 汪英宾：《美国新闻事业》，《国闻周报》1924 年第 1 卷第 14 期。

生结识后不久，就赠给了宁先生一本。在其后杀青的白瑞华的《中国报刊（1800—1912）》一书，在书末参考书中也曾明确标出《中国本土报刊的兴起》，即便是在被誉为中国现代新闻史权威之作的《中国报学史》一书中，也有很多部分是"直接采用该书的内容"。[①] 另外，汪英宾后来在国内发表的一些文章和演讲中，有很多内容和观点也都出自该书。因此，梳理和评价汪英宾在中国现代媒介批评史上的贡献，《中国本土报刊的兴起》无疑应纳入其中进行分析。该书虽然是一部中国新闻史著作，但在建构中国新闻史的发展脉络中，无论是对某一阶段新闻事业整体风貌的概括，还是对某一具体报刊个体状况的细描，都贯穿着浓郁的"评价"[②]意识，有着鲜明的媒介批评印记，在一定意义上可以说该书就是一部具有新闻史学批评色彩的论著。

该书以简要的文字，比较全面系统地叙述了中国新闻事业发展的整个过程，全书内容共分为5章，第1章是对中国本土报刊开端的叙述，既追溯了中国古代新闻传播活动的发生及其进展，从尧舜时代的口头新闻至后来的邸抄和京报的传布情况，强调中国是世界上最早的报纸发源地，又介绍了早期外报在广州、香港和上海等地的活动情况，特别是对外文报纸的介绍尤为详尽细致。第2章则着重记叙中国本土报刊自19世纪70年代至20世纪20年代初的发展状况，对维新运动和五四运动时期报刊的叙述较为充分，特别是"用较多的文字评介了上海的《申报》《新闻报》和《时报》三家大报纸"。[③] 第3章专门介绍了中国关于报纸的法律和言论自由问题。第4章叙述关于报纸广告和发行问题，分析中国报纸流通发行与世界先进国家的差距及其形成的原因。第5章为结语，对此前20年来中国新闻事业的发展成就给予了肯定，指出中国新闻事业进一步发展在政治和观念上所面临的困难与挑战。

通过对各个历史阶段报刊活动的叙述，高度礼赞报刊的历史贡献和巨大威力，是汪英宾在《中国本土报刊的兴起》一书中的基本叙事逻辑。例如他在论及辛亥革命时期的报刊发展时指出，辛亥革命主要由三股力量策

[①] 宁树藩：《怀念汪英宾教授——兼论他的〈中国报刊的兴起〉》，《新闻大学》1997年第1期。
[②] 汪英宾：《中国本土报刊的兴起》，王海、王明亮译，暨南大学出版社2013年版，第38页。
[③] 宁树藩：《怀念汪英宾教授——兼论他的〈中国报刊的兴起〉》，《新闻大学》1997年第1期。

动而起,即海外的爱国者、报界和公开演讲,"这标志着现代本土报刊的开端"。① 因为从此之后,言论和新闻更加自由了,新闻事业的社会影响日益强大。袁世凯称帝以及后来张勋复辟的失败,五四运动的成功,安福系、梁士诒内阁和许多其他军阀政府的倒台,他认为在一定程度上都可归功于现代报刊的巨大力量。尽管军阀势力依然可以造成可怕的混战局面,"然而最终证明口诛笔伐的力量胜过枪炮的威力"。② 汪英宾认为,与在政治领域的影响力相比,报刊的文化促进和变革功能显得更为重要,"报刊极大地促进了中国文化的改革。深受中国文人喜爱而影响广泛的古体诗、策论和八股文等逐渐得以改变。尽管遭到一些旧文人的反对,但是新文化运动倡导的以口语化的书写来代替复杂的文言文的白话文运动迅速赢得了支持"。③ 这种关于新闻作用的叙述,虽然立论于历史事实材料的基础之上,但倾向性充溢于字里行间之中,具有很强的修辞感染力。

在对中国本土报纸的法规和言论自由的论述中,汪英宾的倾向性表达更为明显。他称赞中国古代的一些开明君王非常重视舆论,他们把舆论视为调整其治国安邦政策的重要因素和根据。他认为在中国古代,言论自由一方面不仅作为不成文的法规和权利赋予了人民,而且是人民所渴望的权利;但另一方面,言论自由又被一些穷凶极恶的暴君剥夺。见诸史籍的言论、著述和出版自由,都是不成文的习惯做法,直到1912年3月11日颁布的《中华民国临时约法》,才真正第一次以法律形式将上述自由规定下来。"然而,不幸的是,从来没有任何合法的机构来保证实施这些法律条款。《宪法》只是在党同伐异的争论中才被人们拿来引为奥援。中国司法管辖下的报刊处处限制于执政党或者军阀严厉的新闻审查制度。军阀及其爪牙的话就是金科玉律,而记者、编辑们动辄得咎而深受其害。对于统治阶层的任何批评都可能被课以罚金或者未经审判即行监禁等刑罚。"④ 虽然这些是对历史事实的陈述,但饱含着作者的亲身经历和体验,言辞之间充满了愤懑和声讨。

汪英宾相信,言论自由对民主和国家秩序稳定与安全具有巨大的帮助

---

① 汪英宾:《中国本土报刊的兴起》,王海、王明亮译,暨南大学出版社2013年版,第21页。
② 汪英宾:《中国本土报刊的兴起》,王海、王明亮译,暨南大学出版社2013年版,第21页。
③ 汪英宾:《中国本土报刊的兴起》,王海、王明亮译,暨南大学出版社2013年版,第23页。
④ 汪英宾:《中国本土报刊的兴起》,王海、王明亮译,暨南大学出版社2013年版,第44页。

作用。他在回顾中国新闻传播业的发展过程后不由得感慨：在过去的 20 年里，中国本土报纸的发展和影响十分显著。尽管中国目前仍处于军阀割据的局面中，但只要言论和出版自由得到保障，国家就会保持稳定，民主制度就会存在。"毋庸置疑，关于中国过去二十年本土报纸进步的任何评价都充满着希望。"① 中国本土报纸通过客观公正的新闻传播和强势舆论的形成，使得民主的概念在中国已深入人心，显然，新闻事业已成为促进中国进步的最重要力量。当然，汪英宾也清醒地认识到，尽管中国本土报纸的前途甚是光明，但是作为新生事物，其发展过程中又充满了困难和挑战。他认为这种困难和挑战主要来自政治的不稳定和公众对新闻业的偏见这两个方面。"政治动乱和各省督抚的割据势力继续阻碍着报纸的发展。中国本土报纸受政府控制并依赖于政府津贴，其结果必然局限于传统的套路。于是，公众认为记者们只是文痞，在很多传统人士看来，他们依然是摇唇鼓舌的下流痞子。"② 汪英宾指出，中国本土报纸只有到摆脱了政府的羁绊和束缚的时候，能够向公众充分证明自己已成为一种高尚的公共服务行业的时候，它们才能最终在世界报坛上立于不败之地。

三

汪英宾 1926 年撰写的《中国报业应有之觉悟》一文，可谓汪英宾这一时期媒介批评的代表之作。该文共 5300 余字，连载于 1926 年 3 月 6 日、3 月 13 日的《环球中国学生会周刊》上。汪英宾认为当时中国报业编辑方面的一大问题，就是新闻采集既无组织章法，又缺少相应的专业意识和技能训练："我国新闻之采集，非特毫无组织，且所有新闻，均非由新闻记者所供给，其所集之新闻，既多错误，又不能择其著要而有益于读者报告之。"③ 新闻是报纸的核心，一家报纸的优劣好坏可以根据其新闻采集的方法而作出判断。新闻采集应有科学的组织，记者须受过专业训练，范围和内容"不必限于无聊之政治新闻"。④ 汪英宾批评报刊上的政治新闻，质量

---

① 汪英宾：《中国本土报刊的兴起》，王海、王明亮译，暨南大学出版社 2013 年版，第 61 页。
② 汪英宾：《中国本土报刊的兴起》，王海、王明亮译，暨南大学出版社 2013 年版，第 62 页。
③ 汪英宾：《中国报业应有之觉悟（续）》，《环球中国学生会周刊》，1926 年 3 月 13 日。
④ 汪英宾：《中国报业应有之觉悟（续）》，《环球中国学生会周刊》，1926 年 3 月 13 日。

低劣,"国外政治消息,非特未曾尽量发表,而所发表者,既不能提纲挈领,且屡被外国通信社所利用"。① 至于所发表的那些本国政治新闻,均不适宜青年学生阅读。各报所载专电往往只有寥寥数十字,在一般政客看来似乎含有无限意味,但是在无政治党派知识、涉世未深天真烂漫的学生眼里,则某人委任何职、某人出使某国、某总长大借外债、某次长引见某将军等,既无丝毫联想以领略此类新闻的作用,又无点滴趣味以引起读报的清兴,而且"各电杂陈,时有先言甲事如此于前数行,复言甲事如彼于后数行,同一件事,往往前后矛盾,有令人莫名其妙者"。② 如此的政治新闻,实在令人难以恭维。汪英宾批评当时的中国新闻界存在一种非常错误的观点,就是以为新闻媒体具有制造民意的功能。他批评说,新闻媒体有代表民意的功能,但若被视为一种可以"制造"民意的机关,则是一种绝大的错误。也正是在这种错误观点的指导下,才产生了种种对新闻媒体的错误定位和利用:"各报所撰评论,寥寥数言,破坏多而建设少,建议式之评论,往往空论居多。夫新闻之发表,评论之成立,其能否博得人民之信心,每视报之忠诚与否为准,而人民之信心与一报之忠诚,实于无形中互相因果者也。"③ 新闻记者若有意去制造空气,往往不能贴合自然形成的民意,所以汪英宾认为中国报界应该觉悟到评论编制的忠实,而且评论尤不限于政治一隅,举凡社会、宗教、教育、美术等各种问题,都可以也应该发言立论。"惟于撰写之时,切宜以事实为主,且加以各种专门学问之了解,而后著笔,方不至蹈空论之弊。且评论亦不限于新闻记者所作者而止。中国报纸所见之来函栏,即评论之一种,惜此种来函皆为更正而载,致失其效用。"④ 他建议中国报纸效仿英美媒体的来函评论制度,每日另辟一栏专门刊登。此与代表民意的初衷吻合,公众自然信任报纸。

汪英宾还批评中国报纸上的新闻报道中夹杂着评论。"所载新闻往往为一半新闻,一半评论,党派色彩在局内人一览便觉,局外人读之则蒙然被欺,尤足危者,即于每段新闻后作一小注,用记者按为起点,大笔一挥,变成一篇扰乱人心之危词矣。"⑤ 他主张报纸的新闻要独立,要与评论

---

① 汪英宾:《中国报业应有之觉悟(续)》,《环球中国学生会周刊》1926年3月13日。
② 汪英宾:《中国报业应有之觉悟(续)》,《环球中国学生会周刊》1926年3月13日。
③ 汪英宾:《中国报业应有之觉悟(续)》,《环球中国学生会周刊》1926年3月13日。
④ 汪英宾:《中国报业应有之觉悟(续)》,《环球中国学生会周刊》1926年3月13日。
⑤ 汪英宾:《中国报业应有之觉悟(续)》,《环球中国学生会周刊》1926年3月13日。

第八章 国民革命时期的媒介批评

分开,"新闻与评论有正副宾主之别,新闻正而为主,评论副而为宾"。① 新闻报道应是对事实的叙述,如果要发表观点,可另撰评论专门刊出。在新闻编辑方面,他批评中国的报纸"往往取法于丛书式,其对于新闻之轻重,尚未有有顾及者"。② 譬如各地新闻,无论新闻重要与否,往往以地名为总目归类。地点之重要者,以电报邮信两法区别,而不是根据新闻价值的大小进行编排。汪英宾对中国报纸不重视图画也提出了批评:"我国除几家大报发行图画周刊外,各地各报于图画绝少采用。"③ 他认为图画为一种无音的新闻,比文字新闻更生动有力,在新闻中附以图画,应该是中国新闻工作者应有的觉悟之一。汪英宾还极力主张报业要保持经济独立。"报纸不能经济独立而能称职业者,盗窃人民之舆评者也。"④ 他认为中国报纸大半不能够经济独立,原因之一在于对广告缺乏深入研究,"今日中国报纸之广告,即以上海各大报而之,不外乎声明之一种:商店之新开也,开幕声明;学校之开学也,招生声明;提单之失踪也,遗失声明;某公司急欲经理也,招请声明。此种声明广告,强数千读者读之,而其结果则为得一经理,得一提单等。此种广告,予谓之曰不生产之广告。广告而不能生产,必不能久在商业中立足者也。"⑤ 他期望中国报纸广告编制应尽量精细和艺术化,以吸引读者阅读,这样才可以达到预期的传播效果。

在新闻法治和伦理方面,汪英宾认为中国报业发展缓慢,"半因军阀之摧残,半因新闻记者之无责任心"。⑥ 二者兼而有之。袁世凯时代颁行的报律迄今虽然并未实行,但言论自由的范围,常常依赖地方威权者的主观臆断。言论自由本非新闻记者单独所能保护,英美等国因言论自由问题不知经过多少战斗,最后终在人民意志的强力支持下,媒体才获得了新闻自由的权利,成为政府及地方的监督者。"我国人民对于此点之态度,甚为淡薄,其原因在新闻记者平日不能完全为人民请命。其实今日中国新闻记者,泰半为政客之变相,人民不敢亲政客,故亦不敢亲新闻记者。"⑦ 媒体

---

① 汪英宾:《中国报业应有之觉悟(续)》,《环球中国学生会周刊》1926年3月13日。
② 汪英宾:《中国报业应有之觉悟(续)》,《环球中国学生会周刊》1926年3月13日。
③ 汪英宾:《中国报业应有之觉悟(续)》,《环球中国学生会周刊》1926年3月13日。
④ 汪英宾:《中国报业应有之觉悟(续)》,《环球中国学生会周刊》1926年3月13日。
⑤ 汪英宾:《中国报业应有之觉悟(续)》,《环球中国学生会周刊》1926年3月13日。
⑥ 汪英宾:《中国报业应有之觉悟(续)》,《环球中国学生会周刊》1926年3月13日。
⑦ 汪英宾:《中国报业应有之觉悟(续)》,《环球中国学生会周刊》1926年3月13日。

要获得充分的新闻自由，一方面应切实负起言论的责任，不偏不倚地报道和评论；另一方面要勇于为人民伸张权利，表达人民的意愿。如此始可成为真正的民意机关，言论自由的权利也会随之而至。

在20世纪20年代中叶，汪英宾曾在"我国新闻界红极一时"。[①] 这其中固然有他是当时中国少数在美国名校密苏里大学新闻学院、哥伦比亚大学新闻学院获得新闻学学士、硕士学位人才的因素。这样的人才在当时的中国知识界，诚可谓凤毛麟角。他回国以后，不仅一度活跃于报界，而且热心新闻教育，在多所大学担任新闻学教职，积极宣讲国外先进的新闻理论和实务。他的《中国本土报刊的兴起》作为最早的一部中国新闻史专题论著，虽然重点是梳理中国新闻史的发展过程，但其观照现实的媒介批评情怀十分强烈，这不仅表现在对某些报刊的具体评述过程中，而且在第五章"结论"中表现得更为明显。该结论在此前历史发展过程叙述的基础上，以"中国本土报纸发展中所面临的两个主要难题"[②] 的解决作结，有针对性地提出4条新闻事业的改进建议：一是改善传播方式，促进全国性报纸的创办；二是加强报纸之间的合作，提升行业的整体形象，更有力地维护新闻自由的基础；三是调整和改进新闻采集方式与方法，培养记者的新闻敏感，提高辨别谣言、闲言碎语与事实的能力，增强新闻的准确性；四是创办富有效率和值得信赖的国际新闻通讯社，增进中外媒体互相获取更准确新闻的能力。该书虽然最初是用英文写成并出版，但他在有关的学术演讲活动中曾多次引述和阐释该书的重要观点。在该书末尾，他展望中国报刊未来道："中国正值从独裁君主制向共和制、从古代文明向现代民主转变的转型期。这个历史时期为本土新闻业提供了一个建立公共服务和公正理念的前所未有的机遇。中国的新闻事业亟须稳定和有策略的引导，以帮助中国实现从混乱、无序和保守的国度向繁荣、和平和民主共和国的伟大转变。"[③] 这种关切与爱护之情，在其《中国报业应有之觉悟》等文中也有着十分强烈的表达，从而充分地体现了他开展媒介批评所怀抱的导向意识与建设精神。

---

① 宁树藩：《怀念汪英宾教授——兼论他的〈中国报刊的兴起〉》，《新闻大学》1997年第1期。
② 汪英宾：《中国本土报刊的兴起》，王海、王明亮译，暨南大学出版社2013年版，第62页。
③ 汪英宾：《中国本土报刊的兴起》，王海、王明亮译，暨南大学出版社2013年版，第63页。

第九节 《国闻周报》的媒介批评

在中国现代新闻事业发展史上,《国闻周报》是一份曾有着重要影响的刊物。该刊1924年8月3日由胡政之创办于上海,依托其所属的国闻通讯社出版和发行,是一份以记载时事和发表评论为主、兼及学术和文艺等内容的时事综合性周刊,1926年9月北迁天津出版,1936年2月又迁返上海,直至全面抗战爆发后的1937年12月底停刊,前后存世13年又5个月,共出版14卷672期。《国闻周报》出版以后,相继经历了中国现代军阀混战、北伐战争、国共内战、全面抗战爆发等诸多重大历史事件,目睹了统一与自治、民主与独裁等众多思潮的交锋。由于出版周期较短,对时事记载和观察准确、系统,因此成为后世学人研究民国史的重要参考资料之一,"实为我国定期刊物中历史最久、销路最广,而又最具史料价值的一份周刊"。[①] 值得注意的是,在《国闻周报》的编辑和作者队伍中,聚集了一大批当时中国的著名新闻工作者,如张季鸾、胡政之、何心冷、潘公展、邵飘萍、王芸生、李子宽、吴天生等人,都是当时中国新闻业界的一时之选。自身所从事的职业,自然会使他们对新闻界及其有关动态变化,保持一种来源于自身职业的敏感性关注和观察,所以该刊不仅对一般时事加以记载和发表评论,而且刊载了大量的具有媒介批评性质的论文、短评和杂感,深入地反映和描述了新闻业与现实社会的关系,直接评判着新闻业的现状与不足,为人们理解当时的新闻业现状和问题提供了一面可以直接对视的时代镜子,可谓以媒介批评活动的主动姿态,积极地参与和介入对中国现代新闻理论的建构与新闻传播的具体实践影响中来,希图对中国现代新闻事业的发展予以某种方向性的引导。

一

20世纪20年代中期的中国,正处于时代的急风暴雨中,在社会的惊涛骇浪中颠簸的新闻媒体,不仅记录着社会风云变化,同时也在时代熔炉

[①] 《前言》,沈云龙主编:影印《国闻周报社论、社评、时评、评坛及评论选辑》,《近代中国史料丛刊》三编,第五辑,台湾文海出版社1985年版,第1页。

中经受着锤炼，有的与时俯仰，有的激流勇进，折射出中国现代媒体世界的千姿百态。新闻媒体自来称为民意的代表，是人们观察社会舆论走向的一个重要指标。1924年11月9日，《国闻周报》曾发表《政局大变中之上海舆论——全国民意之缩影》的评论，在摘引上海一些报纸关于第二次直奉战争的有关评论之前，对一些新闻媒体东风西倒、没有风骨的行为进行了讥讽和批评。其文有云：自讨曹军兴以来，舆论界遂成云谲波诡之奇观。京、津两地，由于笼罩在曹锟、吴佩孚的势力范围之下，因此检查新闻、扣留报纸之事层出不穷。军人固滥用威力，文人亦仰承鼻息，舍一二外国人所主持的报纸能够不畏强御、秉笔直书之外，余则无不称颂曹、吴功德，故而报纸版面上充满了"国军""逆军"之辞。"战事消息，讳败为胜，迨冯军倒戈，京局一变，而向之被拘被禁者，悉得恢复其自由。向之歌颂曹吴者，又转而迎媚冯氏。新闻记者之人格，扫地以尽。而舆论之价值，亦为之减色不少。"① 该文认为当时国内只有上海报纸托庇租界，言论上较为自由。讨曹论调，唯于此中可以见之。"虽间有一二报纸，袒护曹吴，而终不敢直捷爽快称贿选之是。此可见直道在人，不容讳饰者也。"② 对能主持正义的报纸称赞有加。

1925年的五卅运动作为一场大规模的群众运动，必然会触及社会各个阶层和党派的利益，因此，作为各种社会力量代理人的新闻媒体，必然也会发出各种不同的声音。媒体的背后当然是一个个具有思想和情感的新闻记者，对五卅运动中新闻记者的行为进行分析，自然也是媒介批评的重要内容。1925年6月14日，《国闻周报》记者李子宽在该报发表了《五卅事件中之新闻记者》的署名文章，从社会责任角度，对五卅运动中一部分新闻记者的行为进行了针对性的批评。李子宽首先从新闻记者的职业角度，正面阐释了新闻记者在重大社会事件发生之时，应该采取一种什么样的立言态度和倾向。李子宽明确指出："新闻记者以报告新闻主持舆论为本职，而同时更负有忠实指导社会之责任，当社会发生重大事故之际，则其责任尤为深重。盖社会以报纸为耳目，凡群众对于一

---

① 记者：《政局大变中之上海舆论——全国民意之缩影》，《国闻周报》1924年第1卷第15期。
② 记者：《政局大变中之上海舆论——全国民意之缩影》，《国闻周报》1924年第1卷第15期。

第八章　国民革命时期的媒介批评

切物象所萌之是非感想,以及因此感想而发生之行动,皆凭报纸之报告及言论为根据。报纸报告忠实,言论的当,则民众之言行,不失其平。反之若报告过当,言论失衷,则社会言行,以将因而越轨。论其结果,小之足以惹起社会之不安,大之足以酿成民族间之恶感,而全世界人民之利益,竟被其一言所牺牲。夫新闻记者之职责既如斯重大,则其举动宜如何公平慎重以为公众谋幸福。"① 但是,"乃统观此次五卅前后,国内中外新闻界中,竟鲜有言行免于缺憾者。斯亦大可怪异矣"。② 那么,其怪异之处有什么具体表现呢?

李子宽随后分析当时一些报纸慑于租界当局的淫威,既不敢据实登载新闻,亦不敢仗义执言发表评论,完全失去了媒体应有的品质。他分析说,"此次五卅惨案,以日纱厂华工顾正红被杀一事为导火线,顾之被杀上海各报为积威所胁,未敢毅然主持公道,且并新闻亦不愿登载,既而上海大学学生因同情工人而被捕,捕房不准保释。斯时报纸,亦未敢一言以伸公道,遂致学生益愤外患之深,郁积无可宣泄,卒乃激成牺牲之惨剧。故从此点言,当时各报之畏葸不持正论,失职之罪,固无从倖逃于公论者也"。③ "五卅"事件发生后,该事件的重大性已经极为清楚而明白。凡新闻记者报告此新闻时,自应完全凭诸事实,力求确当,以免风潮过于扩大,减少无谓损失。"然证诸事实,中外新闻记者,妄报新闻者有之,故意挑拨者有之,坚抱国界观念,阻碍中外交换意见,使问题不能正当解决者亦有之。"④ 这种种行为在李子宽看来,都是失却了新闻记者天职的不当行为。

李子宽进一步举例说明道:惨剧发生后,外报记者几乎一致以"共产""暴动""排外"等恶词加诸华人。等到公共租界商界罢市后,已可证明此举并非如此所言。而此等名词,外报仍日不绝书,其意何居,吾人殊不愿妄断。即便是该报意在为工部局进行辩护,然而即用此等名词,要亦不能遮蔽巡捕防卫过当的罪行,其结果是徒使中国一般人民感觉外人在抹却一切是非曲直,对外感想日趋恶化而已。在此情势之下,即舍中国不论

---

① 子宽:《五卅事件中之新闻记者》,《国闻周报》1925 年第 2 卷第 22 期。
② 子宽:《五卅事件中之新闻记者》,《国闻周报》1925 年第 2 卷第 22 期。
③ 子宽:《五卅事件中之新闻记者》,《国闻周报》1925 年第 2 卷第 22 期。
④ 子宽:《五卅事件中之新闻记者》,《国闻周报》1925 年第 2 卷第 22 期。

外人之损失，宁能不因此而无谓增加？日本报纸记者于三日电告本国谓"有日人三名为排外团所惨杀"。《大阪每日新闻》与《东京时事新闻报》都有此项专电，且《大阪每日新闻》并有"杭州有学生三千名到沪之报告"，北京中文报纸亦有"老闸捕房前后拘华人达七八百人以上，冬日后所捕者均拘跑马场内，饮食断绝"，等等记载，皆不免于失实。

李子宽指出："夫新闻消息，固有时因力求敏捷，或不免有不尽与事实相符之点，然诸如此类之新闻，其是否真确，要不难以简短之时间，调查明确，何得悍然不加审慎，据以报告，其结果亦惟有自堕信用，益使中外感情隔阂。其甚者，如上海各西报，对于华人见解，不论是非，一律屏弃勿载。在罢工时期中，报纸篇幅减少，新闻固不能尽载，然为风潮得正式解决起见，沟通中外意见，极关重要，断无如此置之不理之理。"① 一些外报发表意见时不仅刚愎自用，而且对本国人民关于沪案发表的主张，其有于华人表同情者，亦屏而勿载，完全违背了新闻报道应该真实而全面的基本原则和要求。"然此种态度究竟是否正当，外人或别有见解，吾人则未敢许为的当也。"② 李子宽认为，外报如此报道，不仅不能平息事端，而且只能起到火上浇油的效果，既增加中外商业损失，又增加彼此国民恶感而已，属于不智，也是失去新闻媒体应有专业性的一种表现。

二

1924年1月，中国国民党在广州举行第一次全国代表大会，宣布党内改组完成，正式进入中国国民党阶段，同时也同意了苏联"联俄容共"的要求。1925年，黄埔军校师生发动东征，平定广东军阀陈炯明，奠定隔年北伐的基础。1925年7月1日，以中国国民党党员为首的国民政府在广州宣告成立。1925年的中国国民党，是当时中国革命中一股最重要的先进力量，因此也遭到了当时中外很多反动顽固势力的嫉恨与攻击，成为一些新闻媒体造谣与抹黑的对象。对这些媒体别有用心的造谣与抹黑行为，部分国民党员和进步人士从新闻真实性的角度予以了揭露和抨击，《为国民党请愿于言论界》就是这样的一篇文本。该文作者叶楚伧，时任国民党中央

---

① 子宽：《五卅事件中之新闻记者》，《国闻周报》1925年第2卷第22期。
② 子宽：《五卅事件中之新闻记者》，《国闻周报》1925年第2卷第22期。

执行委员,也是一位著名报人,曾参加与主持过多种著名报刊的笔政或编务工作。1925年8月2日,适值《国闻周报》创刊一周年之际,该刊向他约稿,叶楚伧有感于此前新闻媒体对国民党的造谣与攻击,特为之撰写了《为国民党请愿于言论界》一文以正视听,同时从新闻道德角度对媒体行为进行了针对性的阐释。

叶楚伧首先称赞《国闻周报》为一家"中正和平之刊品"[1],又说自己平日所言皆俯仰无怍、情真理得之言。本此情真理得之诚的言论,能够借着中正和平的刊物,从而深入更多的国人心中,是他所甚为希望的一件事情。显然,"中正和平"之刊,是他心目中所认可的一种新闻媒体品质,而"情真理得"之言,则是他所主张的新闻记者立言记事的道德。叶楚伧以此为话头,随即展开了对新闻记者道德的正面论述:"新闻记者之惟一道德为忠实,己所善者赞助之可也,己所不善者诘难驳斥之亦可也。然所赞助与驳斥,必根据于事实,就同一事实而批评之可也。造作事实以中伤之侮蔑之不可也。因传闻偶然之语,错载于前,纠正于后可也,明知其误而更利用其误不可也。"[2] 真实是新闻的生命,而忠实则是新闻要达到真实而对新闻记者在道德上的一种要求。忠实就是忠于事实,在一定意义上即是新闻真实性的题中应有之义,但在现实中却是不容易达到的标准和境界,因为新闻真实性常受到政治、经济等等外在因素的干扰和挤压。尽管如此,忠实仍然是值得提倡的新闻工作者品质,也是评价新闻质量的一条重要标准。

叶楚伧随后列举了关于国民党的诸多谣言,以抨击相关媒体报道动机的卑劣:"远之如去年诬国民党三月四日实行共产之谣,如孙先生在广州猝死之谣,近之如国民党欲攫取东大之谣,如许济蒋中正拔枪互击之谣,诸如此类,吾虽不敢决曰执此以批评国民党之人,即凭空造谣之人,而其动因之卑劣,决非忠实者所应有,则可断言也。"[3] 这些谣言当时确实在社会上造成了一定程度的混乱,给国民党的革命形象造成了一些损害,使一部分人对其革命活动产生了疑虑。虽然这些后来都被事实——击破,但已经造成的实际损害,无法真正彻底地加以挽回和弥补,倒也是不容

---

[1] 叶楚伧:《为国民党请愿于言论界》,《国闻周报》1925年第2卷第29期。
[2] 叶楚伧:《为国民党请愿于言论界》,《国闻周报》1925年第2卷第29期。
[3] 叶楚伧:《为国民党请愿于言论界》,《国闻周报》1925年第2卷第29期。

否认的客观事实。

在社会形势板荡紧张之际，作为舆论代言人的新闻工作者立论一定要谨慎冷静，要具有高度的社会责任感，而不可信口开河、浪言大语。五卅运动之后，北京段祺瑞政府在全国反帝倒段怒潮的逼迫下，为了欺骗广大人民，迎合帝国主义，遂在帝国主义的授意下，提出在北京召开所谓的关税会议。关税是国家授权海关对出入关境货物所征收的一种税款，关税的征收不仅是国家财政的主要收入来源之一，而且是国家行使主权的一种象征，因此召开关税会议的消息传出以后，中共北方区委就决定利用关税会议召开之机，领导开展大规模的群众运动，以揭露帝国主义的侵略本质，争取实现关税自主。当时国内各个阶层都对关税会议问题提出自己的看法，不少媒体也纷纷就此发表观点，陈述己见。《国闻周报》自然也不甘人后，不仅连续发表评论阐述对关税会议的见解，还对各家媒体在这场舆论战中的表现进行评述，其中该报记者吴天生所发表的《言论家之责任》一文，就是这样一篇具有较强的媒介批评性质的专题文章。

吴天生在文章中首先讨论了言论家在对内、对外传播中的社会责任问题。他认为言论家的社会责任应分为对外和对内两种。"对外应为理直气昂之辞，使世界咸能了然于我国民意之所向，舆论之所趋。对内应为酌事衡情之论，使国人无不晓然于国际形势之真态，事实窒碍之所在，庶不致恃其横冲直撞之技，陷于断潢绝港之境。"[1] 这样一方面可以期望各国尽可能地接受我国的要求，另一方面则可以使我国的民气能发能收，适可而止。吴天生主张，中国关税主权收回不是朝夕之事，应存随时随地长期努力的决心和准备，不应作欲速必达、五分热度的短视之计。在这场事关国家主权的斗争中，各种各样的声音都有存在的理由："高腔之论，固不可无，低调之弹，又岂可少？燃灰之拨固未可已，冷水之沃，亦岂可废？"[2] 但从舆论的整体倾向上看，吴天生认为其中"加燃料，拨冷灰者多矣"。[3] 他主张在群情激奋之时，媒体不妨"试为冷水之沃，以其国人于热血喷涌之中，犹存几分清凉焉已耳"。[4] 他主张将各种各样的困难估计充足，讲解

---

[1] 天生：《言论家之责任》，《国闻周报》1925 年第 2 卷第 34 期。
[2] 天生：《言论家之责任》，《国闻周报》1925 年第 2 卷第 34 期。
[3] 天生：《言论家之责任》，《国闻周报》1925 年第 2 卷第 34 期。
[4] 天生：《言论家之责任》，《国闻周报》1925 年第 2 卷第 34 期。

清楚，以使准备更加充分。衡诸当时的国际外交实践，应该说吴天生的这种见解确实有一定的道理。

战争向来是媒体报道的重点，但鉴于战争对社会的冲击甚巨，所以《国闻周报》主张媒体在报道战争新闻时，一定不能传播谣言，以免百姓因受到惊恐而造成无谓的损失。1925年9月，李子宽在《新闻界与战谣》一文中，对此前江浙战争爆发以来一些媒体捕风捉影式的报道提出批评说："上海在过去旬日中，江浙备战之谣，甚嚣尘上，布防也，运械也，种种报告，多数报纸皆大刊特刊。迨至最近两日，事实真相，始渐豁露，备战之说，乃知多不可靠。然在一般人民，已备受惊恐，或则并受无谓之损失，无可补偿。夫此人民在精神与金钱两方所受之损失，果孰致之，衡情判断，上海之新闻界，实不得不矢其咎。"① 谨慎小心地据实且准确地报道，永远都应该是新闻媒体不可推卸的社会责任！

三

发表在《国闻周报》第2卷第6期、署名"天生"的《中国之新闻学》一文，是该报这一时期一篇很有分量的媒介批评之作。"天生"即吴天生，也就是后来著名的民国外交工作者吴南如，时任国闻通讯社北京分社主任，是该阶段国闻社的重要骨干之一，此前已经从事过天津英文《华北明星报》记者、中美通信社编辑等工作。《中国之新闻学》一文在《国闻周报》上发表以后，后来又被收入1930年由上海光华书局出版、黄天鹏主编的《新闻学论文集》一书中，可见该文具有一定的学术理论含量。

在《中国之新闻学》一文中，吴天生首先指出，由于中国近代新闻报刊出现较晚，所以新闻学概念在国人头脑中的印象极浅，新闻学还是一个新生科学，远远没有达到完备形成的境界。"各国报章，每以专论论列，讨求改良之方。惜乎中国报纸，均付阙如，宜乎其进步甚迟也。"② 新闻学研究是为了促进新闻事业的进步，也只有通过新闻学研究，才能发现新闻事业改善和进步的方法。难能可贵的是，吴天生非常敏锐地指出了当时新

---

① 子宽：《新闻界与战谣》，《国闻周报》1925年第2卷第37期。
② 天生：《中国之新闻学》，《国闻周报》1925年第2卷第6期。

闻学研究中所存在的某种偏向或不足，即"今世之所谓新闻学，大部分类多侧重于新闻事业之方法，而于新闻事业之正鹄，讨论较少"。① 由于国人对新闻学研究缺乏宏观理论追索，有限的研究又多偏重于具体方法等操作层面的探讨，因此，"对于新闻纸认识，常不免错误之见解"。② 吴天生具体指出了国人对新闻媒体存在如下两个方面的错误认识。

一是对新闻媒体及其功能的错误认识。具体表现在如下几方面。（1）"误认报纸为无聊文人游戏三昧之笔，舞文弄墨之场。"③ 其结果就是那些熟悉八股文章和黑幕小说文体者，尽可摇笔而充新闻记者，以至在今日流行的报纸上，常常可以见到一些八股式论述时事的文章。（2）"误认报纸为个人之武器。"④ 拥有一家报纸，大有胜提十万雄师之概。（3）误认报纸可为一党一人之机关，"移办党之方法，以办新闻事业"。⑤ 吴天生认为"此皆未识新闻事业之正鹄，抱具别种目的而经营新闻事业者也。"⑥ 对新闻媒体及其功能的这种错误认识，必然导致新闻媒体无法遵循正常而健康的实践道路向前发展。

二是对舆论生产及其功能的错误认识。吴天生指出，新闻界虽存在一些把新闻媒体视为一种事业，并真诚地希望作为舆论代表者，但他们的舆论观也存在诸多错误，其具体表现在"误认记者个人之主张，即足代表一般之主张"。⑦ 即把少数人的意见，误以为是代表多数人或者全体人的意见。中国报纸在观点表达方面，常表现出如下错误。（1）"议论与事实不相分离，好逞不衷事实不着边际之空论。"⑧ 而且不注意通过采访，用新闻事实说话，结果导致"轶乘体小说体之材料，为今日各报最感兴趣之新闻"。⑨（2）"一方面虽受政府之压迫箝制，而不能得言论之自由，一方面却具有无上之威权，可以任意污蔑人之名誉。"⑩ 而无所顾忌地攻击人之私

---

① 天生：《中国之新闻学》，《国闻周报》1925年第2卷第6期。
② 天生：《中国之新闻学》，《国闻周报》1925年第2卷第6期。
③ 天生：《中国之新闻学》，《国闻周报》1925年第2卷第6期。
④ 天生：《中国之新闻学》，《国闻周报》1925年第2卷第6期。
⑤ 天生：《中国之新闻学》，《国闻周报》1925年第2卷第6期。
⑥ 天生：《中国之新闻学》，《国闻周报》1925年第2卷第6期。
⑦ 天生：《中国之新闻学》，《国闻周报》1925年第2卷第6期。
⑧ 天生：《中国之新闻学》，《国闻周报》1925年第2卷第6期。
⑨ 天生：《中国之新闻学》，《国闻周报》1925年第2卷第6期。
⑩ 天生：《中国之新闻学》，《国闻周报》1925年第2卷第6期。

德，以徇挟嫌报复之私。（3）主观之议论多，而客观之议论少，"常以主观之主张，武断客观之舆论，以主观之见解，混淆客观之事实。"① 吴天生介绍外国报纸在这方面的做法以资对比说：外国报纸无论是在评论还是在新闻之中，均不许有强烈个人主观性的表现，故在社论或新闻中，"余"之一字，最所忌用，不得已而须涉及记者自身时亦必用第三者之地位。中国报纸则适与此相反，无论评论或新闻中，无处不有记者个性的存在。评论多以命令、告诫式语气出之，编辑新闻亦必以记者所戴的眼镜，加诸读者眼睛之上。

除此之外，吴天生认为中国新闻媒体还存在一定的话语霸凌现象，即为了少数人甚至个人的利益，而抹杀多数人甚至一般人的利益。在报馆经营方面，中国的报纸很少能够做到经济独立，因此不得不与某一方面发生某种关系，以致丧失主张公道的勇气。

吴天生认为正是由于上述错误的认知，遂致中国社会缺乏真正的舆论。"此无他，由于代表舆论者，故意或无意，未尝用正确之方法，以代表出之也。"② 而造成中国新闻事业落后与稚弱的原因，一方面固然在于中国社会整体的落后，如实业未兴、资本不厚，以致广告收入不足维持其生存，等等，但也有一部分无关资力厚薄，只需稍加注意，即可改良者。而中国报纸竟长期因陋就简，不加更张者。"此则由于今日一般业新闻者，尚未尝十分留意新闻学之方式也。"③ 吴天生为证明自己的观点，特举"新闻记叙之格式"为例证。他认为"新闻记叙之格式"本是"为各国新闻界一般遵守之常规，而为我国新闻界所漠视者"。④ 吴天生指出新闻虽然也是一种记叙文体，但其记叙方法，与普通叙事文章的组织完全不同。普通叙事文章多由浅入深，由近之远，从头至尾，按层铺叙。如《史记》中"本纪"类，多从人物的幼年时代说起，然后及其成人之后至其事业兴亡。再如《聊斋志异》中"某生"体，必先铺叙某生的家世门望，然后及其事实本体。此种"史记式""某生体"笔法，新闻报道中绝对不能应用，因为记载新闻与普通叙事恰成反比，须由深入浅，由远之近，其排列层次，不

---

① 天生：《中国之新闻学》，《国闻周报》1925年第2卷第6期。
② 天生：《中国之新闻学》，《国闻周报》1925年第2卷第6期。
③ 天生：《中国之新闻学》，《国闻周报》1925年第2卷第6期。
④ 天生：《中国之新闻学》，《国闻周报》1925年第2卷第6期。

能以时间先后为次序，而必须以事实重轻为标准。旧文法中的"烘云托月""曲折赴题""两山排闼送青来"等套路，均不适用于新闻报道，而"开门见山""单刀直入""探骊得珠"等反倒足以形容新闻报道的格式。中国新闻媒体之所以进步缓慢，与中国新闻界对新闻报道格式背后的读者阅读需求缺少深入研究、不知因此而进行新闻报道方法的改良，无法吸引读者的阅读，无疑也有着密切而直接的关系。

新闻媒体固然是媒介批评的对象，而新闻媒体的主体性，又使得新闻媒体常常作为媒介批评的主体而存在。《国闻周报》自创刊之日起，先后存在了13年多，是一份较有影响的时事性周刊，不仅为我国定期刊物中历史最久、销路最广的一份周刊，而且在新闻学理论建设方面也颇令人称道。有研究者曾经统计，该刊从创刊到终刊之间，先后刊登了70余篇与新闻学有关的文章，而且这些文章很多都是当时的名流学者，如汪英宾、叶楚伧、戈公振、陶孟和、马星野、梁士纯、孙伏园等，这些人在当时的中国知识界具有很大的影响力，可谓动见观瞻，举足轻重，因此，该刊又"可以也说是研究那一时期新闻学的宝库之一"。[①] 尤其需要指出的是，《国闻周报》的创办人胡政之是中国现代一位著名新闻学大家，不仅擅长媒介管理与经营，而且在新闻理论建设方面也颇为自信，堪称中国现代新闻界的多面手。胡政之新闻理论建设的一个显著特点就是具有强烈的批判性，这一点在《国闻周报》的发刊词中即有非常明确的体现："自来新闻记者动好以指导舆论自豪，顾至最近，世变益剧，以社会内容之糅杂，人群心理之深邃，决非新闻家之直觉与思考所能尽窥底里，于是轻率穿凿之判断，乃易失是非之公，而新闻纸上之毁誉遂渐渐不为社会所重视。自新闻纸不能表现真是非而舆论之有无与其势力之是否足重，乃成为一社会问题。而治国范群之一利器已寖寖失其作用。是非不明，功罪混淆，天下滔滔，大乱靡已。新闻记者失职之罪，实应与军阀政客之祸国同科。此本社同人所由不揣棉薄，妄欲于新闻改造事业有所效力，亦区区精卫填海之微忱，固自知能力之足以副其所怀也。"[②] 尽管创办《国闻周报》的动因可能不一而足，但通过该报来改造中国现代新闻事业，显然也是胡政之的勃勃

---

① 郭恩强、马光仁：《试论〈国闻周报〉在新闻学研究上的价值与贡献》，《新闻与传播评论》，2008年。
② 记者：《发刊辞》，《国闻周报》1924年第1卷第1期。

雄心之一。《国闻周报》新闻理论文章中所表达的对中国现代新闻界的批判性观点，绝大多数都与胡政之对新闻界的批判性看法高度一致，这也正是中国现代同人刊物所普遍具有的一种理论姿态和媒介立场。

第十节 "现代评论派"的媒介批评

在中国现代文化史上，"现代评论派"是围绕《现代评论》为核心阵地所形成的一个颇具政治复杂性的思想文化派别，在中国现代思想文化史上曾产生一定的影响。1924年12月13日《现代评论》在北京创刊，从1927年7月30日第6卷第138期起，迁到上海继续出版，1928年12月29日出至第9卷第209期终刊，其间还出版过4期增刊。在其存世的4年时间里，经历了"善后会议""五卅运动""女师大风潮""三·一八"等惨案以及"四·一二"反革命政变等一系列重大历史事件，目睹了20世纪20年代中国军阀统治下的社会风云变迁。《现代评论》是由一批曾经留学欧美、当时在北京大学任教的教授和文化人所创办的一个综合性刊物。这个团体的成员大多出身于带着封建主义色彩的家庭，接受了许多传统文化的影响，然后又负笈海外，在西方文化的熏陶下坚定了自己追求现代化前景的意愿。他们的主要思想倾向，是追求内心的自由和个性的解放，宣扬现代的道德伦理观念和法治思想。这个刊物以发表政治、时事评论为主，也同时发表文艺创作、文艺评论以及自然科学方面的文章，在一定程度上反映了20世纪20年代中后期的中国社会现实，也反映了当时一批知识分子的思想文化心态。总的来说，他们的思想在当时的历史条件下有利于推动社会的发展，尤其有利于现代文化的建设，但古今中外的两种思想和精神倾向，时刻纠缠着他们的心灵，由此产生了内在的心理紧张和精神矛盾，表现了较为复杂的政治倾向和文化心态。特别是他们进行社会批评的一些珍贵见解，往往被他们自己自觉或不自觉地依附于国民党统治当局的行为所掩盖，从而冲淡了进步的内容。作为一个深受欧风美雨熏陶的知识分子群体，他们所创办的《现代评论》是20世纪20年代中国最有影响的刊物之一，"现代评论派"几乎囊括了当时国内所有的著名学者。在媒介批评领域，他们也根据西方自由主义理论对中国的新闻传播现实进行了多方面的批判，企图利用思想的理性力量改善中国的新闻传播生态，通过舆论的制衡来优化中国社会的政治和文化环境。虽然他们的社会理想由于现实的阻塞而无法最终如愿,但他们的媒介批评言说,对推动新闻事业的进步无疑具有积极的理论和思想建设意义。

一

自由主义是19世纪初至20世纪初,在西方社会所形成的一种资产阶级政治思潮,它主张个人活动和发展的完全自由,尊重人的价值和人的自主独立,对权威采取批判、独立和理性的批判态度,希望建立自由的政治和立法制度等。这种自由主义思潮,在20世纪初叶由欧美传播到了中国。在《现代评论》的创刊号上,刊有一则《本刊启事》,向读者交代该刊的办刊宗旨和选稿的态度,其中有云:"本刊的精神是独立的,不主附和;本刊的态度是研究的,不尚攻讦;本刊的言论趋重实际问题,不尚空谈。凡对于本刊,愿赐佳作者,无论为通信或论著,俱所欢迎。"[①] 虽然只是原则性的宣示,但已经充分传达了自由主义知识分子所信奉的人生理想,让读者感受到其中所散发的自由平等理性的西方文化精神。在现代社会里,言论自由任何时候都既是一个理论问题,又是一个现实问题。"现代评论派"非常注重以探讨言论自由的方式来呼唤建立民主、科学、自由、平等的政治和文化机制,该刊曾以开天窗的方式抗议军阀政府对言论自由的钳制。在他们看来,能否实现言论自由是衡量一个社会是否民主的一种重要尺度,自由、人权和法治是相辅相成的关系。他们多次在该刊大声疾呼言论自由,希望通过话语言说引起社会注意,以实现政治和学术相兼的社会理想。对言论自由的言说恰是他们间接地介入现实政治的一种方式。

陶孟和指出,现代政府无论它的政体如何,没有一个政府敢自称为一个人或少数人的利益而成立。主持政府事务的人,也是普通的人。他们或者具有特别的知识与能力,但无论如何,绝不是三头六臂、全能全知的神仙。况且在当今时代,政治渐渐地变成了专门的科学与技术,政治问题不是少数人员所能包办。人民可能缺乏专业知识与能力,但不能说政府人员就拥有专业知识与能力;人民可能缺乏明确的政治观念,但也不可以说人民丝毫无法觉察政府关于他们自己利益的处置。政府政治上有过失不足为羞,有了过失而不肯承认,那才是愚鲁与自擅。基于如上的推理,陶孟和

[①] 《本刊启事》,《现代评论》1924年第1期。

认为言论自由便是每个公民所应有的权利:"自从人民批评政府以至人民发表扰乱治安推翻政府的言论,其间实有极大的范围,尽可以容许人民有言论的自由。假使政府不容许这个自由,我们只可以推测有两个理由:不是政府自认为全能全知,便是政府所谋的不是人民的利益。"[1] 陶孟和以治安问题为例论证道:治安只是用禁止言论自由可以维持的吗?治安不只是一个法律问题,也不只是一个政治问题,更不只是一个经济问题,乃是这些问题相合而成的一个社会问题。原始社会既没有法律和政府,也没有警察和军队,但它有安全的社会秩序,因此治安不过是人人皆得其平的一种表现,不是只靠社会上的某一种机能就可以维持。在现代复杂的社会里,治安固然要用多种制度维持,但治安的根本,绝不是哪一种制度即足以维持。历史多次证明,用限制自由、剥夺自由的方法保全治安,必将走向治安的反面。政府有可受指责的地方便好似政府有了破绽,言论自由可以使政府觉察自己的破绽,从而有机会去修补破绽,那才可以保持它的永久存在。不然的话,一个破绽以后便会导致百孔千疮,那政府的运命也就岌岌可危了。止谤莫如自修,不特是普通个人伦理上的格言,实在也是政治伦理上必须遵守的定则。现代政府推行各种政策完全要为人民的意志所左右。"那一般的人民也不断的用报纸,小册子,书籍,或各种艺术发表他们的意见。自认为全能全知者或者要视这些意见为无足重轻,但是那真正的大政治家却留心种种的意见。"[2] 政府应该从这些混杂、散漫、相互冲突的意见中,整理出它的政策。"恶政府视言论自由为毒害,为仇敌,好政府视言论自由为兴奋剂,为滋养品。言论自由是每个好政府必不可少的要素。"[3] 也是民主社会的一个基本标志。

1925年初,北京某通讯社发表了唐继尧等反对善后会议的通电,警察厅认为该通电为虚造,遂拘押了该社人员。北京新闻界闻而愤慨,集体向政府要求废止《出版法》以及其他相关法律。《现代评论》就此发表题为《北京的言论自由》的评论,指出北京新闻界之所以没有言论自由,一部分原因固然由于《出版法》条文苛刻,但是北京警厅历来却不仅仅是挟持《出版法》的条文以钳制言论自由,而且逾越《出版法》的条文以摧残言

---

[1] 陶孟和:《言论自由》,《现代评论》1925年第1卷第19期。
[2] 陶孟和:《言论自由》,《现代评论》1925年第1卷第19期。
[3] 陶孟和:《言论自由》,《现代评论》1925年第1卷第19期。

论自由。在民国3年《报纸条例》中，报纸出版不仅要报告警厅，且须经警厅认可，然自民国5年《报纸条例》废止之后，报纸出版即受到《出版法》的控制。评论认为：依据《出版法》，一切文书图画虽须于出版前禀报警厅，却不须经由警厅认可即能出版。在曹锟时代，警厅往往仍以经由警厅认可作为报纸出版的条件。曹锟倒台，在宣称与民更始的现政府之下，警厅的态度亦然如此，这显然是逾越《出版法》而摧残言论了。评论认为《出版法》已经是一种较苛刻的法律，倘若连这种法律所给予人民的一点自由，实际上也要被警厅剥夺，那么北京的报纸业怎能发展？"所以凡遇时局稍形紧张的时候，北京这个都会，除了受西洋人或日本人庇护的一二种报纸尚能勉强存立外，其他的报纸，简直可以说是全不存在，因为其他的报纸就简直没有言论，也没有消息——这真是北京的耻辱。"[①] 作者认为如果要减少这种耻辱，一方面就得修改或废止《出版法》；另一方面就是警察总监的位置，也得设定资格，即警察总监不能由军人充任，应该由一个了解法律的非军人充任。

1926年2月21日，北京《大同晚报》龚德柏、编辑胡春冰以及《北京晚报》经理刘仰乾被警方拘捕，《大同晚报》被查封。高一涵就此事件，在《现代评论》上发表《革命军与言论自由》的评论。高一涵指出，我们并不是说言论不当受法律的制裁，而只是说言论不当受势力的压迫；我们并不是说本党或友党的报纸不应当有自由，只说异派的报纸应当与本派的报纸享受同等的自由。"我们并不是袒护那造谣生事或受人利用的言论界，但不能因为言论界目中无法，我亦可以无法之法去压迫他们"。[②] 《大同晚报》与《北京晚报》被封的理由，未经明白宣布，局外人不能详知，但无论如何，皆当依从必经的手续："我们希望以革命军自命的国民军，以后不要以势力压迫言论自由，应当以法律保护言论自由；并希望以后不单是尊重本派报纸的言论自由，并应当尊重异派甚至于敌派报纸的言论自由。"[③] 因为自冯玉祥北京政变以后，军事当局对报纸的压迫虽比较张作霖、吴佩孚时代好一点，但这只是对于本党或友党所办的报纸而言，而对于异党或超党派的报纸，其压迫的程度，并未比张作霖、吴佩孚时代好多

---

① 雪：《北京的言论自由》，《现代评论》1925年第1卷第6期。
② 高一涵：《革命军与言论自由》，《现代评论》1926年第3卷第64期。
③ 高一涵：《革命军与言论自由》，《现代评论》1926年第3卷第64期。

少。如此下去，又与张作霖、吴佩孚之流有什么区别？

二

陈源（西滢）是《现代评论》周刊"闲话"专栏的主持人，在20世纪20年代，就有人称之为现代评论派的主将。他16岁时赴英国留学，先后入爱丁堡大学和伦敦大学，攻读政治经济学，1922年获博士学位后回国，在北京大学任教。在中国现代文学史上，陈西滢是一位争议颇大的人物，曾经长期与鲁迅进行笔战。陈西滢是一个较为标准的英国传统自由主义理论的信奉者。他曾有言："我向来就不信多数人的意思总是对的。我可以说多数人的意思是常常错的。可是，少数人的意思并不因此就没有错的了。我们主张什么人都应当有言论的自由，不论多数少数都应当有发表意见的机会。可是，我们固然反对多数因为是多数就压制少数，我们也不承认少数因为少数就有鄙夷多数的权利。"[①] 即人数的多与少并不是真理的衡量标准。对于报刊来说，要有容许异己言论发表的机会，有容人争辩的气量。陈西滢还曾就中国报纸上的国际新闻进行专题批评。他指出国内新闻界有一个很奇怪的现象，大约要算各家报纸上的国外新闻，占篇幅极多而又最少得到读者的注意。"这在一般青年方高唱打倒帝国主义，而且把种种黑暗腐败的事实都归罪于列强的侵略政策的时候，未免叫人感着可叹而又可笑。同时我们也实在难怪一般人对于平常报纸的外闻不感兴趣，因为中国报简直不给读者以感觉兴趣的机会。我们自信对于国外的形势尚有部分之了解，然而每读各报的外事记载，常常摸不到诸事的头绪，不得不求助于西报。"[②] 他批评中国报纸的外国新闻，每天都有一些低级的笑话或谬误出现。随后他列举了以下几个实例予以佐证。

有一次我们在报纸上读到意大利的大文豪某某死了，我们自惭谫陋，实在没有听见过这样一位大文豪的名字，同名的音乐家倒有一个。后来看了西报，才知道所谓的大文豪某某果然是 great composer Puecini，原来我国的报纸把谱乐者弄成文豪了。又一天某报外国新闻的标题是"德上院外相之演说"，而演说者的名字，又是英外相 Lord Curzon，我们便觉得奇怪，

---

① 西滢：《闲话》，《现代评论》1925年第2卷第29期。
② 西滢：《中国报纸的外闻》，《现代评论》1925年第1卷第11期。

英国外相怎样到德国的上院去演说呢？原来英外相在英上院演说，不过这条报道是由柏林发出的罢了。还有一次我们读到美国上院选举议长，觉得很奇怪。美国上院的议长是副总统的当然任务，副总统既由民选，为什么上院又选举议长呢？原来选举的不是议长，而是 Floor leader。有一天一家半中文、半西文的报纸说美国现银增加了，可是看他的英文，增加的不是什么现金现银，却是国家的财富 National Werlth。德国 Luther 博士组阁的时候，许多报纸报道"罗素博士"组阁，以至一般不认识洋字的先生感到很奇怪：怎么前几年来中国的英国学者罗素会跑到德国去组阁呢？陈西滢指出：编报者不知道德国人把 Luther 读成路德是可以原谅的事，但硬把 Luther 与 Rossell 混为一家，就似乎太没有常识了。他说这些不过是随便举的几个例子。读者若稍微留心一下，随时随地可以发现许多同样的笑话。而一个人读了这种新闻，自然无从弄清楚国外的时事大势，又哪里能够感觉到有什么兴味呢？

陈西滢也认为，并不能指望在短时期内，中国报纸的外国新闻能够像欧美各报那样的清楚详尽，因为英美大报不但外国新闻编辑多是富有经验、深明世界大事的专家，并且在世界各大城市都有长驻久居与名流学者相接近的特派记者。这自然不是我国报纸一朝一夕所能做到，而且如果真的在今日做到了，未免会与报纸其余部分太不相称。"我们非但不敢希望这一层，我们并且不敢希望各报馆能有一位对于世界的事情有些充分的常识的外事编辑，因为我们知道目下各报之中，能够出二三十元雇一位认识洋字的先生帮一帮忙，选译一两段点缀点缀场面，已经是凤毛麟角，非常难得。"① 至于其余的报馆，更只不过是把通信社的来稿，依样抄录一遍罢了。"可是世界的大通信社似乎用不着同样的节俭，尽可以请一两位有些世界常识的看一看他们的稿件。他们供给的是新闻，无论传实也罢，宣传也罢，新闻与古文的性质不同，不待大家看不懂才算得好也。"② 陈西滢对中国报纸的批评固然显得有些刻薄，令人难以接受甚至会招致反感，但话糙理不糙，还是击中了中国报纸的弱点。

不满意报纸报道现状的并不仅有王世杰、高一涵、陈西滢等人，当时《现代评论》的读者群体中，也有人通过来函的方式对报纸进行批评。在

---

① 西滢：《中国报纸的外闻》，《现代评论》1925 年第 1 卷第 11 期。
② 西滢：《中国报纸的外闻》，《现代评论》1925 年第 1 卷第 11 期。

《现代评论》第 1 卷第 15 期上就曾刊登了叶元龙的《上海报纸真有自任为舆论机关之诚意否》来信，批评上海报纸在反映舆论方面未尽到责任。叶元龙认为，报纸为舆论机关，责任綦重。遇有特别事故发生，宜先披露事实，使社会明其真相，然后为持平之论，使社会知其是非。此乃报纸应尽的天职，各家报纸理应以此自勉。"即令不足以语此，亦应将披露事实一步做到。若并此而不能，则报纸尽失其责，难乎其为报纸矣。"① 叶元龙说上海报纸是否有以舆论机关自任的诚意，人们虽然不得而知，却不能不心生怀疑。1924 年夏天，《申报》广告栏，江苏省教育会会长袁观澜先生登有启事，辩改会期为合法及他种声明，同时并有对方面之启事。"当时读者皆以为江苏教育界内幕已起极大风潮，甚欲先知此事之真相然后判其是非。乃较著明之各报纸虽有教育新闻一栏而于此独不提一字。故至今外界尚不能悉其底蕴。"② 上海报纸不能满足读者的阅读需要，这是令人对其是否能够履行职责产生怀疑的一个例子。

叶元龙又以 1925 年 1 月，东南大学因为校长郭秉文被撤换而发生了一场风波为例。"护郭骂郭，各有人在。"③ 引起了社会各界的广泛关注。《申报》为此曾经披露郭秉文致汪精卫的一封信。"读此函者无不讶以汪精卫之为人而厚诬郭氏。以为汪氏必覆书以自辩，而急欲读其覆书焉。乃汪氏之覆书始终不见于该报，后仅于《民国日报》见之。"④ 叶元龙就此发生疑问：难道汪精卫没有将答书送致《申报》吗？假设《申报》仅登郭书而不登汪书，这又是什么道理呢？东大校长易人问题发生后，报纸曾报道说任鸿隽等人有联名通电，而实际上任鸿隽并不知道通电内容，所以任氏曾致函各报予以声明，但是各报并不理会。后来任鸿隽又托朋友到某家报馆询问此事，这家报馆则以"本报未登原电"（此报确实未登原电）为辞而拒绝登载任氏的声明。"夫曾载原电之各报，应纪任氏之更正，固无待言。而竟不纪，是为失实。即未登原电之报，此为新闻，亦应登载。而竟拒而不载，此又何以说耶？"⑤ 因为东大设有董事会尽人皆知，而董事会的设置是否有法律根据，这是留心该学府风潮的人所欲知道的内幕。东大教授柳

---

① 叶元龙：《上海报纸真有自任为舆论机关之诚意否》，《现代评论》1925 年第 1 卷第 15 期。
② 叶元龙：《上海报纸真有自任为舆论机关之诚意否》，《现代评论》1925 年第 1 卷第 15 期。
③ 叶元龙：《上海报纸真有自任为舆论机关之诚意否》，《现代评论》1925 年第 1 卷第 15 期。
④ 叶元龙：《上海报纸真有自任为舆论机关之诚意否》，《现代评论》1925 年第 1 卷第 15 期。
⑤ 叶元龙：《上海报纸真有自任为舆论机关之诚意否》，《现代评论》1925 年第 1 卷第 15 期。

翼谋曾发布校董会无法律根据一文,送交各家报馆,登载此文者仅有《时事新报》,而《申报》和《新闻报》则不见此文。不能有效去除读者阅读中的疑问,当然不能说报纸已很好地履行了其报道新闻的天职。叶元龙的批评颇有几分道理。

三

杨端六虽然不是北京大学的教授,但也于1913—1920年留学英国,在伦敦大学政治经济学院货币银行专业深造,亦是《现代评论》的主要撰述人之一。相对于"现代评论派"的其他撰述人员,杨端六具有更丰富的媒介实践经验,辛亥革命期间他从日本回国后,就曾回家乡在《长沙日报》社担任撰述,1912年春,任《汉口民国日报》总经理,熟悉报纸出版的各个环节。1920年回国后,他在《东方杂志》上发表《对于言论界之希望》的文章,指出新闻记者是对国家和社会能产生直接影响的人群,批评中国新闻界自民国以来,其改良之处不过是平板印刷改转轮印刷等技术、文字错误有所减少,"而编辑之无方针无条理与夙昔无大差异",[①] 他希望中国新闻界能发愤自振,担负起挽救国家民族于危亡的时代重任。《老报的老把戏》是他在《现代评论》上发表的一篇媒介批评专论。

杨端六批评中国报纸尤其是上海一些老牌报纸,故步自封,几十年如一日,进步十分缓慢。"比方上海的几家老日报,就免不了这种毛病。他们一成不变的见解,差不多也可以说几十年如一日;无论社会的进化激烈的甚么田地,他们总是保守他们的老办法。这种态度从一方面说起来,却也很可佩服,而从他一方面说起来,我们不能不替一般读者说几句愤慨的话。"[②] 他批评上海日报的编辑法向来陈腐不堪,几年以前他曾屡次发表意见,促使它们进行改良,但它们自以为是新闻界的前辈,不肯信从,后看见《商报》《时事新报》等改弦更张,面目焕然一新,才跟了上来,现在他们在编辑版面上面,因为加了几个题目,似乎清楚醒目一点,实际上还有许多应当改良之处,具体有如下几个方面。

一是八股式论说。杨端六认为,世界上报纸编辑本有两种流派:一是

---

① 端六:《对于言论界之希望》,《东方杂志》1921年1月25日第18卷第2号。
② 杨端六:《老报的老把戏》,《现代评论》1927年第6卷第146期。

注重论说，如英国的报纸；二是注重新闻，如美国的报纸，但这种分别并不纯然地绝对。英国的报纸虽然注重论说，然而新闻的编辑也非常的精彩，不过他们在编辑新闻之外，还要在论说上用一番刻苦的功夫。美国报纸虽然注重新闻，然而对于论说也不是完全空谈，不过因为他们对新闻太注重了一点，所以觉得他们的论说比较不重要。《申报》和《新闻报》可以说是上海报界的老前辈了，它们的论说究竟说些什么？杨端六批评这两家报纸的那种论说，好像一部供科举考试时夹带进入考场用来作弊的《小题文府》，无论什么人都可以抄写，无论什么时候都可以登载。编辑先生们尽可以在他们的家里，费一天的工夫做出几十篇，送到报馆去，逐日地登载出来。他们甚至可以将几年以前的旧论说拿出来再登一次，横竖读者都不记得。他们这样做还扬扬得意，以为是得了做论说的妙诀，实则是世界上最可笑的事情。现在中国的政局在一日万变，不可测度，既然是新闻记者，就应该出来对时事进行评论，发表不关痛痒的论说实在是多此一举，但是中国对这种文章却居然也还有大加恭维之人，实在令人不可思议。如两年以前澄衷学校出版的《智识》，就有一篇叙述上海新闻的文章，对这种论说很是崇拜，中国人的智识难道就是如此的程度吗？

二是买卖式新闻。杨端六批评在新闻编辑法未改良以前，要想从《申》《新》两报找一件特别新闻，差不多非从头至尾读过一遍不可。近来总算有了改进，把电报分类标题进行编排了。杨端六自述他有一天和那时候主笔《商报》的陈布雷谈起，为什么他们要把紧要新闻故意地藏在许多无关重要的新闻当中，而不显示于读者呢？陈布雷说，他们以为若是用大号字拟出题目，难免带有宣传的色彩，所以不如等读者自己去找，反而可以表示报纸的中立公允。现在这一观点渐渐被打破了，最为保守的《申报》也不得不于此改头换面，以迎合读者的心理，但是他们现在还有一种牢不可破的见解：就是把自己花钱最多的新闻看得特别贵重，花钱比较少些的次之，花钱最少的又次之，因此才有所谓本馆专电、各社电讯、国内新闻和本埠新闻等的排列方法，他们以为一个报纸若有自己特派记者打来的电报，总可以装装门面，所以无论如何，一到晚间将要截稿的时候，看看还没有专电到来，就不得不设法制造几个电报。这种办法如果做得很好倒也无关宏旨，因为通讯社的电报虽然被他们剿袭了去，终归以天下之材供天下之用，在读者是无可无不可。"有时不幸他们因为不是自己特派员打来的电报,虽则事情极为重要,也把它放在不重要的地方。"① 譬如近来国民政府的变动、中央党部的改组、军事人员的更置、外交事件的紧急,他们以为本埠得到的新闻总得归入本埠新闻之内,以至于许多毫不相干的本馆专电反而大书特书。"这种买卖式的新闻编辑法,——他们或者要藉口于地域的关系——不仅把新闻的轻重倒置,有时且把一个重要新闻分作几处登载,专电归专电,通信归通信,本埠访得的归本埠新闻。弄得一件整个的新闻四分五裂的登载出来。"② 这是报社编辑部内部组织极其散漫,所谓总主笔、总编辑彼此不相连属、缺乏沟通所致,编辑部内部结构缺少有机性,这样办起事来自然比较容易,却无法尽到一个新闻记者的应尽的责任。

三是鸡零狗碎式长篇文字。这是指报纸上的长篇纪事、公文、通讯或小说等,每每分作几次或者几十次登出。这是一般中国报纸都有的习惯,并不限于老报,但是由于老报的张数比较多,故而其问题就显得特别突出,"所以我们对于它要特别的责难"。③ 杨端六分析报纸上之所以有这种断碎的登载,大约原因有三。第一,篇幅太长,如果尽量登载,势必占领别项新闻的地位。这虽是正当理由,无可厚非,但是这种文字如果不得不分期登出,至少也要尽量每次多登一些,而且要章节分明,不可任意取舍,弄得上气不接下气。他认为新闻记者还有一个责任,就是把这种长篇文字提纲挈领,做一个简单导语,使一般读者尤其是时间匆忙者,不必细读遍原文即可略懂其意。第二,他们断碎登载的理由还有一个就是爱惜这篇长文,不肯一次登完。对于长篇小说,尤有这样的心理,因为好一点的小说,购买时不仅要付稿费,而且还不易购到,所以每次只登一小段就截止了。他们还想把重要的长篇文字,当作一种钓饵,用来钓读者的胃口。无论动机为何,都给读者带来了阅读不快。第三,还有一种不怀善意的想法存在,即故意把文字割裂开来。对于那些实在不想登载、无奈为事势所迫又不得不登的材料,他们便有意无意地用极小的题目,分作许多的回数,登在极不引人注目的角落里,通过编辑手段达到避重就轻的目的。杨端六主张,从阅读便利的角度,中国的日报除了长篇小说可以有限制地分

---

① 杨端六:《老报的老把戏》,《现代评论》1927 年第 6 卷第 146 期。
② 杨端六:《老报的老把戏》,《现代评论》1927 年第 6 卷第 146 期。
③ 杨端六:《老报的老把戏》,《现代评论》1927 年第 6 卷第 146 期。

日登载，以及实在有特殊情形的以外，其余文字纵然不能一日内登出，也应在两三日内登完，这才是正当的编辑办法。

作为中国现代史上的一个思想文化派别，"现代评论派"最为集中而典型地代表了欧美派知识分子的文化思想，他们的思想涉及政治、经济、文化、法律、教育、科学、新闻等诸多领域，他们坚守文化阵地，反对激烈的革命，追求价值观念的变革，尤其关注思想启蒙的意义，成为中国现代思想文化史上温和的自由主义代表，对现代中国的文化进步及社会发展起了推动作用并具深远的历史意义。"现代评论派"是一个以抨击时政而参与社会见长的思想文化团体。在 20 世纪 20 年代国民革命的时代激流中，曾经围绕"五卅运动""女师大事件"和"三·一八"惨案等，鲁迅先生等民主进步人士曾与之发生激烈的论争。鲁迅先生称"现代评论派"的某些人为"媚态的猫""叭儿狗""未叮人之前还要哼哼地发一通议论的蚊子""脖子上挂着一个小铃铛的山羊""嗡嗡地闹了半天，停下来舔一点油汗，还要拉上一点蝇矢的苍蝇"等。这种政治上的生动描述，在一定程度上固然较为深刻而形象地揭露了"现代评论派"某些做法的丑恶性以及其政治和阶级本质，但也具有把复杂的问题简单化处理的弊端。在中国现代政治和文化思想史上，"现代评论派"基本上作为一个失败者的悲剧形象而存在，但客观地说，他们的媒介批评，则以其强烈的社会责任感和直击当时报刊传播中种种问题的价值取向，构成其基本的媒介批评态度和样貌。他们把批评看作一种灵魂的冒险，"努力不因思想偏见或群体归属的不同而肆口谩骂，主张平等地批评与反批评"。[1] 这种主张和态度无疑是一种极为宝贵的媒介批评思想，丰富了中国现代媒介批评的内容，在中国现代媒介批评史上，无疑具有一定的时代进步意义。历史不应也不会因其政治上的失败而遗忘他们在媒介批评领域中有过的贡献与独特存在。

小　结

国民革命是中国 20 世纪内继辛亥革命后爆发的第二次全国规模的革命高潮。毛泽东同志在 1927 年 3 月撰写的《湖南农民运动考察报告》一文中曾用诗一般的语言描述其时的农民运动情形："很短的时间内，将有几

---

[1] 倪邦文：《自由者梦寻——"现代评论派"综论》，上海文艺出版社 1997 年版，第 193 页。

万万农民从中国中部、南部和北部各省起来,其势如暴风骤雨,迅猛异常,无论什么大的力量都将压抑不住。他们将冲决一切束缚他们的罗网,朝着解放的路上迅跑。一切帝国主义、军阀、贪官污吏、土豪劣绅,都将被他们葬入坟墓。一切革命的党派、革命的同志,都将在他们面前受他们的检验而决定弃取。"① 帝国主义列强在这段时间内没有像甲午战争和八国联军进攻时那样直接发动大规模的对华战争,而是着重采取间接的方式,即挟持北洋军阀来控制中国,因而显出其内部矛盾的特别尖锐性。这一时期国内形势风云鼓荡,国共合作、"五卅"运动、"三·一八"惨案、北伐战争、济南惨案、"四·一二"反革命政变,一系列重大历史事件接踵而至,纷至沓来。国民革命的宗旨与核心内容是推翻帝国主义和北洋军阀对中国的统治,谋求国家的独立和统一。这一时代主题在新闻传播领域也有着非常突出的表现。特别是五卅运动时期,不仅中外各种政治力量在激烈交锋,而且新闻传播在其中也异常活跃,成为社会生活中的最活跃因素,著名的"诚言事件"就是其中最为突出的以传播为主角的媒介批评事件。

在五卅运动开展得如火如荼的时候,帝国主义者胆战心惊,为了破坏运动的发展,在使用暴力镇压的同时,还开动新闻宣传机器,大肆进行造谣、诬蔑和挑拨离间,企图干扰和搅乱运动的发展方向。五卅惨案爆发第3天,帝国主义列强驻北京的公使团就密令各国在华新闻机构:"尽量宣传学生与俄人之关系,使世人不同情于学生。"② 不仅如此,租界工部局还连续亲手炮制了3期不署出版机关、篇幅不定、一种类似传单的印刷宣传品《诚言》,从6月30日起,在上海市内各条街道、电车以及公共场所到处张贴,第1号为《英外长张伯伦演说》,第2号为《沙面一役中国学生先放枪》,第3号为《苏联对于中国的野心》,以一种含沙射影的方式,企图将中国人民正当的爱国反帝运动污名化为由俄国人操纵的赤化、过激行为,2个月内共发出《诚言》110万份。《诚言》一出笼,即遭到了《血潮日刊》《上海工商学联合会日报》《向导》《东方杂志五卅事件临时增刊》等报刊的揭露和驳斥。广大群众愤怒地把张贴的"诚言"涂改为"谣言"

---

① 毛泽东:《湖南农民运动考察报告》,《毛泽东选集》第一卷,人民出版社1952年版、1966年改横排本,第13页。
② 转引自胡正强、周红莉《论媒介批评对传媒的政治规制——以〈申报〉"五卅"运动中的表现为例》,《今传媒》2011年第2期。

第八章 国民革命时期的媒介批评

"谎言""贼言",或打×和写上"不看"。不料在 1925 年 7 月 11 日,《申报》《新闻报》在广告栏内,竟然用大字刊发了租界工部局以克劳广告公司名义送交的《诚言》第 1 号。当天《申》《新》两报发行后,当即引发了广大群众的强烈愤怒。《血潮日刊》刊行《反对〈申〉〈新〉两报特号》,《上海工商学联合会日报》发表了题为《〈申〉〈新〉两报与〈诚言〉》的社论,《中国青年》周刊第 85 号刊登海员工人印制的"铲除妖报团"传单,列举两报"罪状"有三:(1)五卅惨案后始终刊登英日广告;(2)登载毫无事实而有利于敌方的空气;(3)登载满纸胡说的《诚言》。上海学生联合会当即取消在两报所登广告,并通电全国,号召各地以激烈手段制裁两报,并组织学生在租界以外地区拦截扣留这两家报纸。在强大的社会舆论压力下,两家报纸被迫于 7 月 17 日发表启事,向广大读者认错,并刊登《辟〈诚言〉——敬告张伯伦与刊行〈诚言〉之人》全文,又印发《〈诚言〉是英国人的谣言》的传单 20 万份进行张贴,始平息读者的愤怒。这一事件既标志着帝国主义在五卅运动中报刊欺骗宣传的破产,又显示了媒介批评的巨大作用。

1926 年 9 月 1 日,吴鼎昌、胡政之、张季鸾三人联手接盘了因政治靠山安福系倒台而停刊多时的《大公报》,组成新记《大公报》公司。这是国民革命时期中国北方新闻传播界一桩引人注目的大事。在《大公报》续刊第 1 号上,刊登了总编辑张季鸾以"记者"名义撰写的《本社同人之志趣》一文,这既是一篇论述其办报思想的文章,也是一篇具有媒介批评意义的专论。在这篇文章中,张季鸾首先论述了民国以来中国新闻事业发展失败的历史及其原因,认为报业的厄运,至今日而极。军权压力,重逾万钧;言论自由,不绝一线。战乱频兴致百业俱敝,报纸营业困难。通观国内新闻界,除少数几家媒体外,大多呻吟憔悴于权力和财力的两重压力之下,岌岌可危。作者认为清末以来国内言论的衰微亦至今日而极,民国以来我国新闻事业的失败,一半源于环境,另一半则源于自身。新闻业的天职本应是绝对拥护国民公共利益,随时为国民提供正确实用的知识,以裨益国家。业言论者应该既不媚强御,也不阿群众,但事实上这又有几个人能够做到呢?"况国事败坏,报纸实亦负有责任。是以特殊势力之压迫言论,固足彰少数人之罪,而不必即反映言论界之功;国民虽痛愤强权之非,而不必即谓报纸之是。"[①] 因

---

① 记者:《本社同人之志趣》,《大公报》(天津)1926 年 9 月 1 日。

此，作者提出了不党、不卖、不私、不盲的编辑方针，并呼吁南北同业团结一致，共同依次努力。新记《大公报》的"四不"编辑方针其实隐含针对此前新闻传播中党、卖、私、盲等四种不良倾向的批判和否定，故而有学者论断道："新记《大公报》提出'四不主义'，恰巧也在中国资产阶级报业的'堕落时期'。这正是资产阶级报业一般进程的必然性的表现。因而它一经提出，便受到一般读者的普遍欢迎。新记《大公报》也在这一方针的指导下获得了巨大的成功。"① 可见在中国新闻传播史上，"四不"编辑方针的提出，在一定的意义上可谓对另一个时代的告别，因而有着十分强烈的媒介批评意义。

无论是五卅运动中政治对新闻传播实践的强力规制，还是新记《大公报》"四不"编辑方针的提出，其所具有的新闻传播史意义，都可以从媒介批评的角度获得合理的解释。

叶落而知秋，见微而知著。媒介批评需要政治敏感。新闻媒体消息灵通，对政治的感知也比较敏锐。作为必然会受到政治因素影响的新闻媒体，识时务者为俊杰，在政治气候与环境变化之时，适时作出立场和态度上的转变，是一种必然的现象，也是政治影响新闻的明证。1927年4月6日，在第193期的《向导》周报"寸铁"专栏，发表了一篇题为《青天白日下之上海新闻界》的评述性文章。作者评述道："北伐军一到上海，《新申报》自动的停刊了，《民国日报》和《中南晚报》都自动的复刊了。最肉麻的是《新闻报》，他本是著名一家帮军阀反对革命政府帮陈炯明反对国民党的报，而于北伐军到上海之次日，在论前大登其中山先生的遗像与遗嘱。最识时势的是《时事新报》，他远在孙传芳从九江败退以来，就渐渐改变了论调，我们希望他将来不至于很快的回到他的旧路！"② 这种媒介观察和分析，充分显示此时的中国共产党人所具有的高度政治洞察力。

国民革命时期的毛泽东同志，已经不仅具有较为扎实的新闻专业理论知识，而且在国内的政治舞台上崭露头角，一向重视新闻宣传工作。1925年12月，在代理国民党中央宣传部部长期间，他以该部的名义创办了《政治周报》。为什么要办《政治周报》？毛泽东特地在该报创刊号上发表了《发刊理由》一文，对此作出了明确回答。该文不仅阐述了报纸的发刊

---

① 谢国明：《论新记〈大公报〉的"四不主义"》，《新闻研究资料》总第36期。
② 实：《青天白日下之上海新闻界》，《向导》1927年周报第193期。

理由，也阐述了如何办报，故具有媒介批评的意义。毛泽东指出，革命工作的发展和取得的实绩，使一切中外反动派发抖。"彼辈怨愤之余，凡所以咒诅诬蔑中伤我们者，无所不用其极。京津沪汉各地反革命派宣传机关，惶然起哄，肆其恶嘴毒舌，凡所以咒诅诬蔑中伤我们者，亦无所不用其极。"① 这导致了全国国民尤其是北方及长江各地各界人民被其迷惑，对于广东真相完全隔绝。乃至同志之间，亦不免发生疑虑。即无疑虑分子亦无由根据事实以为切实的辨正。致使"内哄""共产"等名词到处流传，好像广东真的变成了人间的地狱，因此，我们现在不能再放任了。我们要开始向他们反攻。向反革命派宣传反攻，以打破反革命派宣传，便是《政治周报》的责任。"我们反攻敌人的方法，并不多用辩论，只是忠实地报告我们革命工作的事实。"② 事实胜于雄辩，对一切的谎言和诬蔑也最有辩驳力："《政治周报》的体裁，十分之九是实际事实之叙述，只有十分之一是对于反革命派宣传的辩论。"③ 他希望通过这样事实性的报告，促使全国革命的民众团结起来，从而壮大革命的力量。请看事实，既是新闻宣传的方法，也是评价报刊是否有力的标准。这作为一个逻辑起点，贯彻和体现在此后毛泽东的新闻传播与媒介批评活动之中，对此后中共的媒介批评实践产生了极为深远的影响。

值得注意的是，在《人民周刊》1926年第8期，曾刊登了《言论自由与检查党报》一篇述评。《人民周刊》是国内革命战争时期中共广东区委的机关报，由张太雷主编。这篇《言论自由与检查党报》一文，批评在广东国民政府治下反而对中国共产党的宣言加以扣检，是一种"绝端违反革命的利益与剥削国民政府下人民应有的言论自由"④ 的行为，对露出端倪的国民党新闻检查制度提出了批评，从而表达了中共早期对于新闻和言论自由之间辩证关系的看法。

---

① 《毛泽东新闻工作文选》，新华出版社1983年版，第4页。
② 《毛泽东新闻工作文选》，新华出版社1983年版，第5页。
③ 《毛泽东新闻工作文选》，新华出版社1983年版，第5页。
④ 大：《言论自由与检查党报》，《人民周刊》1926年第8期。

第九章　十年内战时期共产党人的媒介批评

十年内战时期又称第二次国内革命战争时期，或称土地革命战争时期，一般来说这一阶段始于1927年8月1日的南昌起义，止于1937年7月7日卢沟桥事变，时间起迄基本上持续了10年。国民党中的蒋介石集团自1927年"四·一二"后开始清共，于4月18日成立南京国民政府，武汉的国民党中央党部亦于"七·一五"实行分共，同属国民党系的宁汉两地开始合流。1928年1月，蒋介石恢复国民革命军总司令之职，2月，在他的操纵下国民党召开二届四中全会，在这个会议上，蒋介石当上了中央政治会议主席和军事委员会主席。8月，国民党召开二届五中全会，宣告军政时期结束，训政时期开始。统治中国东北的奉军首领张学良于12月29日通电全国，宣布自即日起东北遵守三民主义，服从南京国民政府领导，将原来北洋政府的五色旗改换成国民政府的青天白日满地红旗，从而在形式上标志着国民党完成了全国统一。由于国民党反动派的背信弃义，曾经生气蓬勃的中国大革命形势被彻底葬送，国共合作中断了。"从此以后，内战代替了团结，独裁代替了民主，黑暗的中国代替了光明的中国。但是，中国共产党和中国人民并没有被吓到，被征服，被杀绝。他们从地下爬起来，揩干净身上的血迹，掩埋好同伴的尸首，他们又继续战斗了。"① 为了挽救中国革命，中国共产党人开始走上了独立自主武装斗争的道路，先后领导的武装起义多达100余次，范围遍及全国14个省140多个县市，参加起义的工农群众和士兵有数百万人。起义高举土地革命和武装斗争的伟大旗帜，相继建立了井冈山、鄂豫皖、琼崖等十多个红色武装革命根据地，给国民党反动派以有力的回击。在第一次国内革命战争失败之

---

① 毛泽东：《毛泽东选集》第三卷，人民出版社1953年版、1966年改横排本，第937页。

的时候，中国共产党的新闻事业几乎损失殆尽。在新的形势面前，中国共产党领导的革命力量及时转向广大的农村，创建了中国工农红军和一系列革命根据地。随着农村革命根据地的发展壮大和国统区有关地下工作的恢复，中国共产党的新闻事业无论是在农村还是在城市，都开始探索新的领导方式，摸索走向新的发展道路。中共新闻工作在此期间取得了正、反两个方面的丰富经验和教训，与之伴随的中共媒介批评活动，也因而拥有了更新的内容与形式。

第一节 十年内战时期中国共产党媒介批评的背景与特征

在十年内战时期，中国共产党最大的一个转变，就是不仅拥有了独立的武装队伍，学会了独立的战争艺术，建立了人民政权和革命根据地，而且有意识地把武装斗争与思想战线上的斗争在全国范围内直接或间接地配合起来，开始拥有了自己所领导的新闻传播事业。特别是在各个革命根据地内，在不断总结新闻传播工作经验，充分释放新闻传播工作的宣传和组织功能的同时，也围绕党争取群众、发展武装力量的中心任务，开始对我党新闻传播中的缺点进行反思、探讨和批评，形成了颇具特色的媒介批评实践方式，有效地帮助和促进了中国共产党新闻事业的发展。

一

十年内战时期中国共产党的媒介批评，是指以当时中国共产党创办的新闻媒体为认知对象，由共产党人为批评主体而开展的一种媒介价值判断与理性分析行为。十年内战时期中国共产党媒介批评的发生与发展具有深厚的时代和历史背景。

十年内战时期中国共产党的媒介批评源于中国共产党的批评与自我批评的传统，是中国共产党革命实践一个不可分割的有机组成部分。中国共产党是按照马克思列宁主义建立起来的政党，因此，无产阶级革命领袖关于批评与自我批评的思想也为中国共产党所继承并予以实践。马克思强调无产阶级革命和任何其他革命的一个不同的地方，就在于能够自己批评自己并靠批评自己而壮大起来。列宁曾说："革命无产阶级的政党有足够的力量来公开进行自我批评，开门见山地说出自己的错误是错误，弱点是弱点。"① 勇于批评和自我批评是共产党人有力量的表现："共产党人的责任不是隐讳自己运动的弱点，而是公开地批评这些弱点，以便更迅速更彻底地克服它们。"② 斯大林更明确地指出："我认为我们需要自我批评就像需要空气和水一样。我认为没有自我批评，我们的党就无法前进，就无法割开我们的脓疮，就无法消灭我们的缺点。"③ 在这种理论认识的指导之下，开展媒介批评自然成为中国共产党新闻实践中的有机组成部分。

中国共产党批评与自我批评思想的形成和发展的历史过程，也就是马列主义建党理论与中国共产党的建党实践相结合并得到发展和创新的过程。中国共产党从诞生之日起就非常重视新闻宣传工作，新闻事业是党的整体事业的一部分。不言而喻，批评与自我批评原则也适用于党的新闻传播工作。换言之，对党的新闻传播工作进行批评、反思，即开展媒介批评，是党的工作的题中应有之义。早在1925年1月，中国共产党第四次全国大会议决案中通过的《对于宣传工作之议决案》，就包含党开展媒介批评的萌芽："大会一方面承认因为我们党的宣传工作之努力，在全民族革命运动中，我们党的机关报《向导》竟得立在舆论的指导地位，我们许多同志亦得立在行动的指导地位；但同时大会亦承认因为党的幼稚，党的教育宣传还未切实，致使党的理论基础常常动摇不定。"④ 该议决案对党此前的宣传工作进行了审核，认为存在着党中政治教育做得极少、在职工运动中党的宣传和阶级教育未得输入工人群众、群众中的政治宣传常常不能深入等三个方面的缺点。该议决案在具体批评了宣传工作存在的缺点后，又有针对性地给出了12条改进新闻宣传的办法。

将开展媒介批评作为党员对党报的义务，更是中国共产党拥有独立的新闻事业以后一以贯之的思想。1928年，"中央党报的编者"将开展媒介批评作为党员对党报的义务加以强调："同志们对于中央刊物都有必不可少的两种义务：一种是积极发表对于中央党报之批评的言论；另一种是帮助他的发行，使我们的影响达到群众中去。但是这两种义务，我们很少在同志中看见。"⑤ 1929年1

---

① 《列宁全集》第21卷，人民出版社1959年版，第148页。
② 《列宁全集》第31卷，人民出版社1958年版，第162页。
③ 《斯大林全集》第11卷，人民出版社1955年版，第27页。
④ 《中国共产党新闻工作文件汇编》（上），新华出版社1980年版，第18页。
⑤ 《中国共产党新闻工作文件汇编》（下），新华出版社1980年版，第33页。

第九章　十年内战时期共产党人的媒介批评

月1日于上海创刊的中国共产党秘密机关刊《党的生活》，在创刊词《〈党的生活〉的任务》中明确指出："布尔塞维克的党，是要在不断的'自己批评'中锻炼出来。没有'自己批评'的精神，决不能成为一个布尔塞维克的党。"① 一个布尔塞维克的党员，不只是站在党的路线之下，积极参加党的一切工作，而且还要尽量发表个人对于一切问题的意见，贡献于党。"一个布尔塞维克的党员，要有公开的批评工作，批评同志的勇气，尤其要有自己批评和接受人家批评的勇气"②。将有没有批评与自我批评提高到党能否"布尔塞维克化"的高度进行论述，并将之作为《党的生活》的主要任务之一加以规定。

《党的生活》在创刊词中，还对右倾机会主义者抛弃批评与自我批评的行为表示了极大的不满和检讨："我们党过去完全是一种'家长制度'的精神，只要同志机械的服从，绝对不许同志发表对党的意见。党内生活只有传教式的训练，毫无活泼讨论的精神。于是党成了机器，党员成为木偶。"③ 为了在党内恢复和发扬批评与自我批评的精神，《党的生活》的编辑在该刊第二期上特别刊出了《本刊的启事》一文，率先垂范，鼓励广大读者开展对《党的生活》的批评："《党的生活》已经出了两期了。这两期中所谈到的问题，是否恰是党的生活所最需要的问题，是否是全体同志所迫切需要解决的问题，这一点我们不知道，希望同志们对这个刊物发表批评的意见，能向我们提出具体的题目——迫切需要解答的题目——最好。"④ 该刊编辑还将"积极发表对于中央党报之批评的言论"作为广大党员对于中央刊物必不可少的义务之一加以强调。

中国共产党从其诞生之日起，就严格限定了党的新闻出版事业与党的关系，"无论中央或地方的出版物均应由党员直接经办和编辑。任何中央地方的出版物均不能刊载违背的方针、政策和决定的文章"⑤。1921年党的一大通过的第一个决议中就初步包含无产阶级新闻事业党性原则的内容。党的新闻事业历来是党的耳目与喉舌，如果没有《党的生活》等中央党报的编辑率先垂范进行自上而下、自内而外的提倡，以党的新闻事业作为批

---

① 《中国共产党新闻工作文件汇编》（下），新华出版社1980年版，第18页。
② 《中国共产党新闻工作文件汇编》（下），新华出版社1980年版，第18页。
③ 《中国共产党新闻工作文件汇编》（下），新华出版社1980年版，第18页。
④ 《中国共产党新闻工作文件汇编》（下），新华出版社1980年版，第19页。
⑤ 《中国共产党新闻工作文件汇编》（上），新华出版社1980年版，第1页。

评客体的媒介批评要正常而健康地开展是难以想象的。《党的生活》是中共中央创办的党内秘密刊物，主要撰稿人有李立三、向忠发、刘少奇、邓颖超、胡锡奎、潘问友、余鸿泽等，均为党在当时各个领域的主要领导人员，他们直接参与和主持党的新闻宣传工作，不仅使新闻传播的质量得到保证，而且使党报言论具有很大的权威性和影响力。《党的生活》的编辑在《本刊的启事》一文中所表露的对批评和自我批评精神大力倡导、积极鼓励的态度，对于启动中国共产党的媒介批评实践，无疑具有奠基性的提示、玉成之力。

二

十年内战时期中国共产党的媒介批评是一种颇为特殊的媒介批评，其特殊性主要表现在其批评主体、批评客体的双重受限上，以及由此所带来的批评目的、批评方法、批评文体、批评模式、批评效果的发生及其路径等诸多方面，都与通常意义上的媒介批评有所区别。批评主体与批评客体的双重受限，使得批评主体和批评客体之间建立了一种相对特殊的认识和实践关系，决定了十年内战时期中国共产党的媒介批评是一种特殊的批评样式，具有解剖的价值。

通常意义上的"媒介批评的主体是由多种批评者构成的，他们分布在社会各个层面，同新闻媒体发生千丝万缕的联系"[①]，不仅有通过新闻市场获得新闻的普通批评者，也有具备专门传媒知识的高层次的批评家群体，还有分布在政府机关、媒体的管理部门及专业委员会的媒体监管者。分布广泛是通常意义上的媒介批评主体在社会身份方面的一个主要特征，职业、地位、经历、个性、思想倾向、价值观念各不相同，这导致通常意义上的媒介批评呈现"多声部合唱"的色彩。而十年内战时期中国共产党的媒介批评主体则是一个有着特定社会身份的人群，像瞿秋白、张闻天、博古（秦邦宪）、李卓然、李立三等人，以及某些隐去真实身份、仅以"中央党报编者"的署名为后人所知的批评主体，他们虽然在党内具体职务和分工不同，社会认识、经验阅历有别，甚至在从事媒介批评实践的时候其个人情绪、心境天地悬殊，不过他们都有着一个中国共产党党员的共同身

---

① 刘建明：《媒介批评通论》，中国人民大学出版社2001年版，第47页。

份。那些原本会对媒介批评造成影响的个体自然或经济因素,在他们的媒介批评实践中都相对淡化或退隐了,而其作为党员的社会政治身份,决定了他们的媒介批评具有更多的共性。媒介批评从本质上来说是批评主体的一种精神活动,而人类的精神活动是世界上最丰富多彩的东西,其表现形式本来应该像大自然一样的千变万化和无穷无尽。这只是问题的一个方面,问题的另一个方面是,个人总是社会中的人,批评主体都生活在一定的生产方式之中,受到一定社会关系和社会力量的主宰,"表现为不依赖于个人的、通过交往而形成的力量,从而个人的行为转化为社会关系,转化为某些力量,决定着和管制着个人"。① 从而使人们的行为显示出某些共性。决定人们行为的社会因素诸如阶级、民众、性别、年龄等固然不一而足,但政党因素则是这诸多因素中最为重要的因素。政党的根本属性是阶级性,任何政党都是代表一定的阶级、阶层或社会集团并为其利益而斗争的政治组织,都有自己的组织和纪律,这种组织和纪律对其成员的行为都有着相对有效的约束和控制作用。这种根源于政党组织和纪律约束的行为控制作用在媒介批评领域不仅表现在批评目的、批评态度的相似,甚至表现在使用的批评语言、语气等方面都显示某些惊人的类同。

十年内战时期中国共产党媒介批评的客体很大一部分是本党管控的党报党刊。中国共产党的党报党刊当然具有一般意义上的报刊属性,承担着一般社会性报刊都必须承担的社会职能,但党报党刊又是党得心应手的宣传工具,是党的耳目与喉舌,在某种程度上是党的代言人和形象大使。党报党刊的这种特殊角色和地位预制了在媒介批评活动中,党报党刊会享受到某种特殊的待遇或关照,即批评主体与批评客体之间的关系超越了一般意义上的批评与被批评的关系,而更具有自我批评的属性,批评主体与批评客体同属于一个阶级阵营,是一种内部批评。在媒介批评理论研究中,学界对批评主体给予了较多的理论关注,而作为与批评主体对举概念的批评客体,其在媒介批评中的功能一直未获应有的重视和阐释。其实,从认识论的角度看,批评主体和批评客体具有统一性。离开批评客体,无所谓批评主体。在批评实践关系中,批评客体对批评实践也具有不容忽略的制约作用。批评客体迫使批评主体的认识与改造活动遵循它的规律性,批评主体的实践目的、实践方式和实践结果都要受到批评客体的制约。具体到

---

① 《马克思恩格斯全集》第3卷,人民出版社1960年版,第273页。

以本党报刊作为认知对象的媒介批评领域，批评客体的这种特殊身份使得批评目的只能是一种善意的批评。批评目的的受限性，必然带来批评态度以及批评方法选择上的受限性。媒介批评是一柄双刃剑，使用得当，就会有利于党的事业；使用不当，就会对党的事业造成损害，所以，以党的报刊作为客体的媒介批评特别应当讲究原则和方法。中国共产党的报刊自诞生以来，一直作为党的事业的一部分而没有获得独立的存在，对党的报刊的批评，在一定意义上意味着对党的批评。批评客体的这种身份不能不使批评主体在选择批评方法时有所思量、斟酌，慎重为之。

毛泽东同志在1942年延安《解放日报》改版座谈会上说："批评应该是严正的、尖锐的，但又应该是诚恳的、坦白的、与人为善的。只有这种态度，才对团结有利。冷嘲暗箭，则是一种销蚀剂，是对团结不利的。"① 这个观点的明确提出虽然是在1942年，但其蕴含的精神则是从中国共产党诞生以来在其所有工作中就一直存在的，只是此前没有得到具体阐释和有效表述罢了。这虽然是针对报刊发表批评工作中缺点的报道而言，但其揭示的基本原理具有普遍性意义，无疑也适用于媒介批评实践，是对媒介批评主体的一种提醒和要求。这种提醒和要求在十年内战时期中国共产党媒介批评中有着非常鲜明而突出的显现，并在随后的抗日战争和解放战争的特殊环境中获得强大的动力，进一步凝聚、成形、体系化，发展成一种颇有影响力的批评模式。中国共产党成为执政党后，这种媒介批评模式更是自然地获得了存在的合法性，成为形塑20世纪中叶以后中国媒介批评生态的主导力量。

三

1930年5月10日，问友发表的《过去一百期的"红旗"》，典型地体现了十年内战时期中国共产党媒介批评的特点："在现在当全国各地都需要办理这样的报纸以领导全国各地之正在发展的革命浪潮的时候，我们需要将我们过去的工作给一个总的估计，根据这些过去的经验，来指出我们今后努力的方向，并给与全国各地办理地方党报做一点参考。"② 媒介批评

---

① 《毛泽东新闻工作文选》，新华出版社1983年版，第91页。
② 中国社会科学院新闻研究所编：《中国共产党新闻工作文件汇编》（下），新华出版社1980年版，第134页。

的本质属性是其强烈的否定性和批判性。与在国统区存在的以国民党报刊以及一般商业性报刊作为认知客体的媒介批评不同,十年内战时期中国共产党媒介批评则是自我批评和自我帮助式的建设性色调。

特殊的批评主体和特殊的批评客体,导致特殊的批评目的,其深层原因自然是特殊的时代环境和需要。十年内战时期,中国共产党的新闻事业存在于受到国民党层层包围和反复围剿的红色根据地,生存环境异常残酷,党的新闻事业的任务相对直接而单纯。正如《红色中华》发刊词所指出的那样:"它的任务是要发挥中央政府对于中国苏维埃运动的积极领导作用,达到建立巩固而广大的苏维埃根据地,创造大规模的红军,组织大规模的革命战争,以推翻帝国主义国民党的统治,使革命在一省或几省首先胜利,以达到全国的胜利。"[①] 一切为了前线,赢得战争的胜利是党当时面临的压倒一切的紧迫任务。新闻事业存在的根据决定了媒介批评存在的根据,所以,十年内战时期中国共产党媒介批评的任务也必须紧紧围绕赢得战争胜利这个目标而设定。虽然当时根据地有些媒体也已经注意到了媒介的娱乐功能,如《〈红星报〉见面话》中,将"会讲故事,会唱歌,会讲笑话,会讲苏联红军兄弟们的情形给大家听,会变把戏,会作游戏给大家看"[②] 作为《红星报》的使命之一加以规定,但这种娱乐功能并没有获得独立的价值,而只是作为提高士气、增强斗志的辅助手段。

任务的单纯排除了批评标准多元的可能,使得十年内战时期中国共产党媒介批评的标准走向单一,这可谓是一种历史的必然选择。虽然批评主体不一,但十年内战时期中国共产党媒介批评的批评标准却很同一。这个标准就是马克思主义媒介的宣传和组织功能观,衡量媒介优劣,主要看它是否完成和怎样完成了媒介的宣传和组织功能,看它是否通过新闻报道实现对党的工作的指导性。当然,这个标准的建立,与当时年轻的中国共产党对列宁新闻思想的学习直接相关。

"十月革命一声炮响,给我们送来了马克思列宁主义。"[③] 1949 年,毛泽东同志在总结中国共产党 28 年的光辉历程时,从中国的无产阶级及其

[①] 中国社会科学院新闻研究所编:《中国共产党新闻工作文件汇编》(下),新华出版社 1980 年版,第 23 页。

[②] 中国社会科学院新闻研究所编:《中国共产党新闻工作文件汇编》(下),新华出版社 1980 年版,第 25 页。

[③] 《毛泽东选集》第四卷,人民出版社 1960 年版,1966 年改横排本,第 1360 页。

先进分子真正理解、掌握以至运用马克思主义的意义上提出的这个著名判断，以形象化的说法揭示了十月革命与中国革命之间的关系。中国共产党真正了解马克思列宁主义并以它作为自己的理论基础和指导思想，无疑开始于1917年的十月革命之后。在十月革命以前，中国人不但不知道列宁、斯大林，也很少知道马克思、恩格斯。十月革命帮助了全世界的先进分子也帮助了中国的先进分子，用无产阶级的宇宙观作为观察国家命运的工具，重新考虑自己的问题。列宁的新闻思想，是马克思列宁主义的有机组成部分。列宁的新闻思想对走与俄国同样武装革命道路的中国共产党人来说，尤其具有现实性的前导和路标意义。中国共产党在探索办好中国无产阶级报刊的过程中，自然总是易于和乐于向列宁新闻思想的宝库中直接寻求可以借鉴的资源。而且紧张的现实斗争、繁重的宣传任务，使得早期中国共产党人也无暇对新闻实践作出理论沉思，提炼属于自己的新闻思想理论体系。

在早期中国共产党人的有关新闻论述中，几乎每一个方面都可以找到列宁新闻思想的影响因子，其中以列宁的报刊功能观最受中国共产党人的青睐。1901年5月，列宁在《从何着手?》一文中提出的"报纸不仅是集体的宣传员和集体的鼓动员，而且是集体的组织者"[①]的著名观点，成为早期中国共产党人构建新闻思想体系大厦的理论基石，1929年9月1日出版的《布尔塞维克》第2卷第10期刊载的《布尔塞维克党的组织路线——列宁论"党的组织"》一文，其中第一节题为"党报是一个集体的组织者"，1930年3月26日出版的《红旗》第87期社论，发表的《提高我们党报的作用》，该文第一部分的题目为《列宁论党报的作用》，对列宁这个观点作了具体的阐释。张闻天《怎样完成党报的领导作用》、博古《愿〈红色中华〉成为集体的宣传者和集体的组织者》、邓颖超《把"红中"活跃飞舞到全中国》等文章，也都将列宁这个观点作为自己立论的支点和根据进行阐述，或将其内容穿插到自己的文章中进行通俗的介绍。《红色中华》报社还把列宁这一名言印在毛巾上，作为奖品发给通讯员。这使列宁的报刊功能观成为十年内战时期中国共产党媒介批评活动中无须论证、不言自明的主要乃至唯一的标准。

批评主体和批评客体的特殊性，不仅使列宁的报刊功能观成为早期中

[①] 中共中央宣传部新闻局编：《马克思主义新闻工作文献选读》，人民出版社1990年版，第35页。

国共产党人表述报纸与组织关系时的权威话语，直接规制了该时期中国共产党人开展媒介批评的思维价值取向，而且对媒介批评的外在形式——批评文体也产生了不容小觑的影响。批评文体是文本构成的规格和模式，反映的是文本从内容到形式的整体特点，属于形式范畴。批评文体的构成包括表层的文本因素，如表达手法、题材性质、结构类型、语言体式、形态格式，以及深层的社会因素，如时代精神、民族传统、阶级印记、作家风格、交际境域、读者经验等。批评文体在某种意义上也可以说就是表达、选择，甚至可以说是一种强调和叙述方式。选择、运用哪种文体，取决于表现对象的特点以及作者反映的具体方式。任何批评文体都同其一定的表达内容相适应，外在形式的性质完全取决于借助它们得以表现的内容性质。十年内战时期中国共产党媒介批评的文本数量不丰，文体单纯，但多是容量较大、篇幅较长、论证严正的分析述评性批评文本。数量有限的批评文本具有较多的篇幅容量，这与惯常的媒介批评文本多为篇幅短小、感情充沛的杂感体，形成霄壤有别的话语言说景观。

第二节　十年内战时期中国共产党媒介批评的内容与不足

回溯中国共产党早期历史，可以发现中国共产党早期的很多领导人都从事过报刊宣传工作，如陈独秀、李大钊、毛泽东、周恩来、赵世炎、瞿秋白、博古、李立三、邓中夏、张闻天等人，不仅有着丰富的报刊宣传实践经历，而且他们中的一些人，对如何发展党的新闻事业，都有着相应的思考与理论归纳。在十年内战时期，中共在革命根据地和国统区都创办了很多报刊，不仅很多党的重要领导人对新闻传播事业亲躬力行，担任各种报刊的主编或编辑，给报刊撰稿，而且很多领导人曾撰写总结、回顾、反思和检讨新闻宣传工作的媒介批评文本，是土地革命战争时期中国共产党媒介批评的主要实践者，其中尤以瞿秋白、张闻天、博古撰写的媒介批评文本最为规范，最具有新闻理论性，对新闻传播中存在的问题的分析周详细密，是一种较为典型的通过概括新闻现象或解读新闻报道文本而进行的媒介批评样式。1933年8月10日，恰值《红色中华》出版100期，《红色中华》专门出了一期纪念刊，集中刊发了《愿红色中华成为集体的宣传者和组织者》（博古）、《使〈红中〉更变为群众的报纸》（洛甫）、《给〈红色中华〉百期纪念》（凯丰）、《自由的刊物》（克鲁斯卡娅）、《把〈红中〉活跃飞舞到全中国》(邓颖超)、《〈红中〉百期的战斗纪念》(李富春)、《论目前〈红中〉的任务》(氓)、《苏维埃的新闻事业》(阿伪)等8篇文章,除《自由的刊物》一文的作者克鲁斯卡娅是列宁的夫人外,其余文章的作者都是中共各个部门的领导人。他们的文章虽然是为《红色中华》百期纪念而作,但也集中体现了当时中共领导人对新闻事业的一些理论思考与设计,虽然每篇文章的着眼点各有侧重,但整体上形成互补互构,特别是一些文章通过对《红色中华》新闻实践的回顾和检讨加以结构,具有一定的媒介批评意义。

一

错误的行动往往来源于错误的观点。虽然中国共产党从建党伊始就注意党报体系的整饬与扩大,为建立覆盖全国行之有效的党报体系付出了很大的辛劳和努力,十年内战时期中国共产党的新闻事业还很弱小,由于各种主客观因素的影响和干扰,为数不菲的党员对党报地位的认识并不充分和到位,党内存在一种普遍忽视报刊的倾向。这种认识无疑削弱了党报作用的发挥,进而直接影响了党的各项工作。纠正对党内存在的关于报刊地位不正确的认识,是十年内战时期中国共产党媒介批评的一个重要内容。

《提高我们党报的作用》一文,在对党报作用给予了充分肯定的同时,亦坦率地指出党报宣传所存在的不足:"我们党报在过去虽然有不少的积极作用,但是他依然表示有许多严重的不可掩饰的缺点,这个缺点之最主要的来源是由于一般同志对党报作用的忽视。"[1] 对党报作用的忽视,必然导致党报无法履行指导实际斗争的功能:"过去中央党报并不能反映着全国范围内的政治事变,并没有充分传播全国革命斗争的具体消息,这表示中央党报与各地群众并没有密切的联系。党报不仅要传播各地斗争的消息,并且要具体的指导各地的斗争,在这个问题上我们党报过去所表现的作用是非常微弱的。这一方面由于各地没有具体的灵活的关于斗争消息的通讯,另一方面却是一般同志还不能明了党报在策略上的指导作用。"[2] 应

---

[1] 中国社会科学院新闻研究所编:《中国共产党新闻工作文件汇编》(下),新华出版社1980年版,第36页。
[2] 中国社会科学院新闻研究所编:《中国共产党新闻工作文件汇编》(下),新华出版社1980年版,第36页。

该说，这一分析符合当时的实际情况，因为此前时常有这样的事实，一个在党报上已经回答了的问题，但各地党部仍然要书面地向中央要求解释，并不注意在中央党报上所正式发表的言论。中央委员会因为一般同志不注意党报的作用，便不得不继续不断地发表通告。这种现象便使党报的作用逐渐降低，而同时使许多政治问题依然不能有普遍的、充分的解答，因为中央通告终是有限制的范围。这对于全党的策略认识及政治教育，有非常严重的消极影响。《提高我们党报的作用》作者提醒全党对此予以充分的注意，"要全体共产党的同志，要所有同情于共产党的群众，一律起来动员他的力量，扩大党报的影响，更提高党报的作用。这不只是帮助了党报，而是健全了全国革命斗争中之一个重要指导机关，这对于推动革命发展是有非常伟大作用的"。① 该文要求今后上自中央委员会，下至支部的各级组织，都必须将党报看成一个强有力的政治领导机关。

轻视报刊的作用，实是当时社会上一种普遍的现象，不独共产党人中存在。这反映了当时新闻事业与社会生活的关系还不紧密，社会上普通人还没有生成利用现代媒介指导现实生活需要的意识，但是，在生存环境异常严酷艰苦的武装斗争中，由于缺少其他更现代化的信息传送工具，利用报刊进行指导工作，充分释放报刊的组织和指导性功能，就成为当时共产党人的不二选择。在特殊的环境中，传统的观念势必成为媒介批评的对象。张闻天批评当时有些党的负责同志，"一直到现在还觉得党报只是'空谈理论'的刊物，党报文章的供给是'党报编辑者的事'，同他们没有关系的。这种态度的结果，就是党报的文章，不能不由编辑者自己去关在房间内写，不能不由编辑者自己到处的跑，用'拉夫式'的方法请求不肯写文章的同志去'随便写点东西'。结果党报的文章不能不是空泛的，一般理论与策略的。当然这类文章不能完成党报对于实际工作的领导作用"。② 李卓然在《怎样建立健全的党报》一文中，则引用中央政治局关于党报的"在立三路线之下，党报形成一个单纯的对外宣传品"决议，从另一个角度描述了这一错误观念在党内的表现：轻视党报，造成了报纸与实

---

① 中国社会科学院新闻研究所编：《中国共产党新闻工作文件汇编》（下），新华出版社1980年版，第37页。
② 中国社会科学院新闻研究所编：《中国共产党新闻工作文件汇编》（下），新华出版社1980年版，第140页。

际工作缺少紧密的联系，因为直接参加实际工作的同志，通常不替党报作文章，不把在实际工作中的经验和教训在党报上发表，来教育党员与群众。"结果党报的文章，是党报编辑者的专门工作。同时不会做实际工作的同志，甚至在实际工作中犯有错误的同志，可以要他做党报编辑的工作，如立三路线时代，还常遇着不好分配实际领导工作的学生同志，总是说，'让他做点文字工作罢'，党报的编辑，自然也是那时所谓'文字工作'的一种。"① 这显然是建立和健全党报过程中的一大观念障碍，必然成为十年内战时期中国共产党媒介批评实践中反复出现的一大主题。党报，是党的生命和灵魂的寄托，没有党报，便不能有党的存在。李立三在《党报》一文中也严正指出："许多同志把党报看做一个极普通的刊物，几乎不是在闲了没有事做的时候便不看党报，至于发行党报的义务，更完全没有注意。这是一个严重的病候，如果不迅速的纠正，有使党疯瘫化的危险！"② 这样的批评，尖锐犀利而又一针见血，切中肯綮。

轻视报刊的作用，还表现在报刊发行问题上。报刊发行是一项具有很强政治性和实践性的工作，因为发行是报纸产生传播效果的前提。十年内战时期中国共产党的党报是党与群众联系的重要纽带，报刊发行尤具重大现实意义。只有党报的广大发行，才能有效建立党与群众之非常密切的联系，才能扩大党报在一般劳苦群众中的政治领导，但是，当时党内对于发行问题是普遍存在重视不够的倾向，为数不少的同志，都只将发行看成纯粹的技术性工作，完全没有从政治上，从党与群众的关系上，去认识这一工作的意义。李立三多次批评党内存在的轻视党报发行的现象，强调发行党报是党员对党应尽的义务之一。其他中央党报的负责同志在有关评述党的新闻宣传工作时也都曾触及这个话题，希图通过强调党报发行与工作的重要关系，来扭转人们在发行工作方面的不正确观点和做法。

二

瞿秋白1933年8月7日发表在中国共产党苏区中央局机关报《斗争》

---

① 中国社会科学院新闻研究所编：《中国共产党新闻工作文件汇编》（下），新华出版社1980年版，第145页。
② 中国社会科学院新闻研究所编：《中国共产党新闻工作文件汇编》（下），新华出版社1980年版，第127页。

(油印)第 50 期上的《关于〈红色中华〉报的意见》(署名狄康)一文,可以说是他撰写的一篇以《红色中华》为审视对象的媒介批评专论。当时,瞿秋白遭到王明等人的打击,已经离开了中央领导岗位,在上海从事左翼文艺运动的领导工作。他看到的《红色中华》报是从第 1 号起到第 72 号(中间缺少第 14 号到第 30 几号),基本上能够反映出该报的整体情况。《关于〈红色中华〉报的意见》就是对这一时期内《红色中华》报的总体分析和评价。这是一篇能充分体现十年内战时期中共媒介批评政治和专业水平的典型文本。

瞿秋白首先肯定了《红色中华》报的优点和长处,然后又从六个方面重点分析了《红色中华》报所存在的缺点。

第一,瞿秋白认为,《红色中华》并没有充分全面地履行好自己的职责。因为从 1933 年 2 月 4 日起,《红色中华》报已经改组为中国共产党苏区中央局、中华苏维埃临时中央政府、中华全国总工会、中国共产主义青年团的联合机关报,"但是,报上所反映的党部在一切政策和群众之中的领导作用是非常之模糊的。'党的建设'——各级党部的情形,各级党部在苏维埃地方政府之中的作用,各级党部的发展,各级党部的优点和错误等等,必须反映在这个报纸上。照现在的几期看来,却只有'苏维埃建设',而没有'党的建设'。同样,工会的作用更看不见"。[①] 显然《红色中华》还没有真正地完成角色的转型。

第二,自我批评在《红色中华》报上虽然有了相当的发展,但也还很不够,而且存在如下的缺点。一是比例失衡。"就是一些坏的现象倒是具体的指出来的(这当然很好),而群众的积极性,各种伟大的运动,总之,苏区一般的社会改革,从政治经济的大问题直到种种人情风俗、日常生活上的问题,却只有笼统的叙述。"[②] 对阴暗面揭露得较具体,而光明面则没有充分进行报道。阴暗面与光明面在给人的感觉比例上,失去了应有的平衡。在报刊上开展批评和自我批评一定要注意控制社会传播效果,否则,不但会歪曲生活现实,而且易给敌人以造谣中伤的借口。二是在报道方法上存在缺陷:"'铁锤'栏暴露一切坏现象和缺点的时候,往往不提起党的纠正政策,例如读到'乡苏维埃主席剥削民众'的标题之后,找不到当地党部对于这个主席怎样处置的消息。"[③] 报刊在具体报道

[①] 《瞿秋白选集》,人民出版社 1985 年版,第 564—565 页。
[②] 《瞿秋白选集》,人民出版社 1985 年版,第 565 页。
[③] 《瞿秋白选集》,人民出版社 1985 年版,第 565 页。

某些坏的现象时，也要及时具体地报道党的纠正政策。暴露缺点和错误很重要，但不能仅流于揭露和批判，也要相应地报道党和政府在如何地克服缺点和错误，这样，才会使人们对党充满信心和信任。三是缺乏具体的事实，新闻感染力小。在《红色中华》上"往往可以读到这样的报道，说某某乡、区春耕运动'胜利了'，'田野都是一片绿色'，而没有具体的描写，没有'有名有姓的'叙述。这是应当改正的。关于优点和胜利的记载要更具体些"。① 瞿秋白认为新闻报道的特点就是通过叙述事实来反映、干预和影响社会生活，新闻对事实的叙述必须是具体、生动的描绘，否则干巴巴的笼统、抽象的概括，无法给人以深刻的阅读印象，新闻就失去了存在的独特价值。

第三，消息的编辑方面缺乏连续性。瞿秋白认为《红色中华》报虽然只是三日刊，而照性质说，已经应当可以担负起日报的任务，因此，必须使当前最主要的事实和运动都有明晰的叙述，一期一期地继续下去，给读者以极清楚明了的概念，使他们认识革命的各种战线上的具体情形。"而现在的《红色中华》报，却偏重于鼓动性的报告胜利的标题（这当然也是必要的）。"② 自然，在有些方面，尤其是军事方面，有些消息应当秘密，但是，这不过为着作战的利益。同样为着作战的利益，应当使红军和工农群众每天明了战斗的总阵势——军事方面是这样（常登载地图等），其他方面也应是这样。

第四，社论和一般论文的指导作用还有待加强，且存在一定的命令主义倾向。《红色中华》报上对于有些问题的报道和解决往往较机械，至少说服性质太缺乏些。例如对于婚姻问题，对于红军士兵和家属之间通信的问题，报纸上的答复就太机械，不能够针对群众之中一些人的怀疑而作有力的解释。对于一些新的问题，例如帮助本籍红军士兵家属耕田的问题，调动耕田队耕种红军公田的问题，扩大红军的问题，等等，"还需要时常有指导性的解释论文。单是指出某某地方用强迫手段的错误是不够的，还要指导各级政府和党部怎样去解释，这就是说用这中央机关报的名义直接对一般民众说明某种政策的意义和具体的办法，这样可以大大的帮助简单的法令，可以领导民众反对官僚主义的恶习"。③ 这样才能真正发挥报刊对

---

① 《瞿秋白选集》，人民出版社1985年版，第565页。
② 《瞿秋白选集》，人民出版社1985年版，第565页。
③ 《瞿秋白选集》，人民出版社1985年版，第566页。

实际工作的具体指导作用。

第五，《红色中华》报的群众通联工作还必须进一步改善。瞿秋白认为工农兵通信运动对于中央机关报以及一切军营、城市、作坊的小报都可以有很大的帮助，可以使苏维埃的新闻事业发展到更高一个阶段。从报上就可以看出，《红色中华》报的特约通信现在已经有一点，然而看来还是偶然的外来的投稿，不是《红色中华》自己组织的稿件。扩大报纸的报道面可以通过增加特派记者到各个重要战线、各个重要区域来达到，但这还不是工农兵通信运动的本身。重要的是要组织每个地方、每个战线的工农兵通信协会，"帮助能够开始写些通信（关于当地的事实和批评的通信）的士兵、贫农、工人组织起来，有系统的'发稿'给各种小报、壁报，而《红色中华》报可以利用这些稿子，加以编纂而使得自己的新闻栏更加丰富起来"。[1] 这样才有可能吸引更多的读者，团结在报纸的周围。

第六，除《红色中华》之外，瞿秋白主张还应当由中央局出版一种《工农报》（像联共中央的《工人报》和《贫农报》），就是真正通俗的、可以普及到能够勉强读得懂最浅近文字的读者群众之中。他认为这在苏区，尤其是在中央区，这种报纸现在是特别需要，而且已经是可能的了。

瞿秋白对《红色中华》的批评，非常全面、系统，不仅涉及了报纸的形式和内容的各个方面，而且涉及了具体的编排和队伍建设，既有宏观审视，又有微观解析，体现出极高的新闻专业素养，尤其是非常讲究批评的方式和方法，他用一种平等的视角、平和的口吻，以谈感想和提建议的方式，委婉地指出和批评《红色中华》所存在的各种不足，给人一种亲切随和、如沐春风的感觉。这与当时我党其他的一些媒介批评文本有着较大的不同。

三

十年内战时期中国共产党开展媒介批评的目的，主要不是彻底否定批评客体，将其驳倒，而是帮助批评客体尽快地发现并克服缺点，通过改善报道方式方法，提高新闻宣传效果。诚如瞿秋白在谈及写作《关于〈红色中华〉报的意见》目的时所说的那样："希望这对于《红色中华》能够有点帮助。"[2]

---

[1] 《瞿秋白选集》，人民出版社1985年版，第567页。
[2] 《瞿秋白选集》，人民出版社1985年版，第567页。

实际上，部分媒介批评实践本身就是由媒介自我启动的活动，属于自我批评的范畴。从整体上看，十年内战时期中国共产党的新闻事业在阶级属性方面是一种崭新的新闻事业，无论是中国共产党在国统区的地下报刊，还是在革命根据地的新闻事业，其历史都较短暂，虽然它拥有先进思想的培育，在实践中进步很快，但像其他任何事物一样，不可能即刻摆脱事物在发展初期所必然具有的形态粗糙与不完备。与之对应，十年内战时期中国共产党媒介批评也具有一些成长期的不足和缺陷。具体言之，这表现在如下几个方面。

第一，批评标准单一。中国共产党成立后，在确定党报的指导思想和基本原则方面，贯彻了列宁的思想，借鉴了俄国党报的经验。这固然使中国共产党报刊事业从一开始就立足于一个较高的政治理论起点上，但也存在对列宁党报思想与俄国党报经验生吞活剥、囫囵吞枣的现象，无暇结合中国的实际情况进行理论思考、沉淀，在指导、评判新闻事业时存在以俄国党报理论为唯一标准的弊端，进而压抑、排斥了新闻事业其他发展方向的可能性。在戎马倥偬、艰难百战的环境中，要求新闻事业紧密配合党政军中心任务，推进政权建设，直接服务革命战争，自然有其现实性与必要性，但若一味扩大、强调新闻事业的某一功能，必然会在一定程度上造成新闻事业功能失调、结构紊乱。沪东《前线》报第12期曾有如下一篇受到博古称赞的报道："中国工农红军第三军最近在汉水北岸一带活动，占领潜江、京山等县城，吓得国民党屁滚尿流，说要封锁汉水并派飞机七架去轰炸，但是这是枉然的，红军正在配合当地群众着着向武汉逼近发展。我们要大家起来拥护红军，组织'红军之友'社，派人到红军中打炮［仗］去，派代表团到苏区参观去。"① 这条新闻在今天看来很不规范，实不足为训，但其之所以受到博古的称赞，显然不是从新闻本体的角度考量的结果，而是把新闻的鼓动和组织功能扩张为首要功能所致。如此批评可以理解，但有对列宁党报功能观误读之嫌。十年内战时期中国共产党媒介批评以列宁的党报功能观作为衡量报刊与党政工作关系的准绳，并有将其扩大为唯一标准的倾向。

第二，批评方法单调。十年内战时期中国共产党媒介批评以列宁党报理论来观照当时我党的新闻实践，初步形成了先阐释理论，然后将新闻实

---

① 吴葆朴、李志英、朱昱鹏编：《博古文选·年谱》，当代中国出版社1997年版，第70页。

践与理论对照的批评模式。批评方法基本上带有某种工作总结、回顾的色彩，属于媒介管理型的批评，具有很强的指导性，对于提高新闻事业的党性原则能起到立竿见影的作用，但是，任何一种研究范式都有可能将复杂的问题简单化，将复线的历史过程单线化，理论阐释加例子说明，定性与定量结合，固然不失为一种简洁有效的批评方法，却不应该是唯一的媒介批评方法。这是因为，这种方法有一定的适用范围，不能用它解决一切问题。面对丰富鲜活的新闻实践，任何一种批评方法都有将生动的新闻实践扁平化的危险。十年内战时期中国共产党媒介批评过于依赖此种方法，虽然还没有发展到千篇一律的境地，但已有形成某种固定批评模式的苗头，批评过程显得单调。特别是面对国统区、革命根据地的不同媒体，采用同一的批评方法，多少有些不分青红皂白、削足适履之嫌，削弱了媒介批评应有的丰富性和实践力度。

第三，受"左"倾影响，一部分评价不尽符合客观实际。在十年内战时期，中国共产党党内出现过三次"左"倾错误。十年内战时期中国共产党媒介批评诞生之日，恰逢"左"倾思潮在党内占统治地位之时，难免不受到"左"倾思潮的影响，而我党当时主要的媒介批评者，如瞿秋白、李立三、博古、张闻天等人，都是当时"左"倾思潮的代表人物，他们在媒介批评实践中也显露了一些"左"倾色彩。1930年9月7日以前，《红旗日报》在上海外国租界内的订户与代派处有四五十处被搜查，五六十人被捕。而9月15日《红旗日报》在头版上发表红旗日报委员会的决议，"坚决反对这一种观点，以为这些搜查与破坏的教训，是要告诉我们在现在白色恐怖的条件之下，不能办这样大的日报，或者不能到各工厂中建立代派处"，[1] 认定这种观念是对全国政治机关报的取消观念，这是白色恐怖的投降者。这种不顾严酷的环境现实，不讲条件一味蛮干的行为，只能给党的新闻事业招来损失。"左"倾路线在争论中往往采取否定一切、武断绝对的态度，这在当时的媒介批评中也有所表现。李一氓曾批评我党所创办的地方报纸道："现在的地方报纸办得实在坏，不是长篇大论的论说，就是干燥无味的公牍，既不象'公报'，更不是'群众的报纸'。"[2] 这样的评

---

[1] 方汉奇主编：《中国新闻事业通史》第2卷，中国人民大学出版社1996年版，第287页。
[2] 中国社会科学院新闻研究所编：《中国共产党新闻工作文件汇编》（下），新华出版社1980年版，第149页。

价与实际不完全相符,有失公允。

第四,媒介批评尚未彻底独立。十年内战时期中国共产党媒介批评还很稚嫩,媒介批评的本质没有充分展示,还没有完全形成自己的批评理论体系。这一方面表现为比较规范的媒介批评文本数量比较少,只有博古、张闻天、瞿秋白等为数不多的几篇,而且即便这几篇还留有工作总结和指导的痕迹,更多的批评性文字则散见于一些党团决议、工作总结、指导文件之中。借助党团决议、工作总结、指导文件开展媒介批评,有利于媒介批评功能的发挥,但也表明独立的媒介批评意识还没有正式形成,阻滞了媒介批评自我形态的凝结,从长远观点看并不利于媒介批评的进步。另一方面表现为反批评缺席。媒介批评本是民主的体现,话语的交流,批评的常态应该是在批评与反批评的互动之中,媒介走向完善和成熟。媒介批评虽然以媒介、媒介产品为批评客体,但这种批评最终都会指向媒介或媒介产品的生产者,十年内战时期中国共产党媒介批评有简单化、片面化和绝对化的倾向,在党的报刊上我们无法窥见被批评者反驳声音的存在,致使媒介批评变成了单声道的霸权话语。

在中国近现代媒介批评史上,十年内战时期中国共产党的媒介批评是一种有着全新内涵的批评种类,它反映了一种全新的新闻理念诞生以后,人们对新闻事业与社会关系进行的重新思考和设计,对媒介功能新的认识和期待。在特定时空环境中所形成的这一政党性媒介批评模式,中华人民共和国成立以后作为重要的历史资源,自然被纳入了主流意识形态话语体系,对20世纪中国的新闻传播生态产生了极为深远而重大的影响。中国新闻传播政治宣传色彩浓郁,新闻特性不足,在一定程度上也与这种媒介批评传统相关。在事物永续发展的逻辑链条中,这种批评模式自有其不可移易的必然性与正当性。在着力构建中国媒介批评理论体系的今天,它仍然能给我们提供诸多有益的借鉴和启示。

第三节 张闻天的媒介批评

张闻天(1900—1976),原名应皋(也作"荫皋"),字闻天,江苏省南汇县(今上海浦东新区)人,1915年毕业于南汇县立第一高等小学,同年秋天,入位于吴淞的江苏省水产学校就读,后因不适海上作业,于1917年秋转赴南京河海工程专门学校就读。1919年五四运动爆发后,于1919

年6月23日参与创办了以"开通民智，增进民德，发扬爱国精神"为宗旨的《南京学生联合会日刊》，张闻天任该刊编辑科科员，1920年7月，赴日本，入东京一所专为中国人学习日文而开办的学校学习日语，同时自学哲学及其他社会科学书籍，并于1921年1月返国，半年后进入中华书局，任新文化丛书编辑。1922年8月，赴美国加利福尼亚大学伯克利分校勤工俭学，1924年1月，张闻天回沪，续任中华书局编辑之职。1924年11月，任川东师范国文教员，主编《南鸿》周刊。1925年5月，因宣传进步思想而被当地军阀勒令离境。1925年6月在上海加入中国共产党，同年10月，被党选送苏联，进入莫斯科中山大学学习。1928年9月，张闻天由共产国际东方部与联共中央选送，进入红色教授学院深造，并兼任共产国际执委会中国分部编辑委员会委员，其经常性的任务之一就是阅读中国报纸，然后撰写有关情况和评论。1931年2月，张闻天秘密回到上海，接替沈泽民担任中共中央宣传部部长职务，后又兼任党报委员会书记和苏区委员会负责人。接任后，即调整党报，将原来的《红旗日报》停刊，改出内部秘密刊物《红旗周报》和半公开报纸《群众日报》，并领导创办了中国工人通讯社（CWC）。1933年初，张闻天随上海临时中央撤离到中央苏区江西瑞金。鉴于原来苏区中央局的《实话》和《党的建设》出版周期较长，内容上也有缺点，张闻天遂将两刊物合并，改名为《斗争》，作为中共苏区中央局机关报出版。1935年2月5日，张闻天代替博古担任党中央书记，在党内负总责。8月19日，张闻天在毛儿盖主持召开中央政治局常委会，决定加强对宣传工作的领导，《干部必读》和《斗争》分别成立编委会，张闻天兼任《干部必读》主编。1937年4月24日，中央机关刊物《解放》周刊在延安创办，张闻天任主编。1939年10月4日，《共产党人》杂志创刊，是当时中央对党内的唯一刊物，张闻天任主编。作为中共早期著名的领导人之一，张闻天曾长期主管或负责过我党的理论宣传工作，在具体指导报刊的理论宣传工作实践中，他把马列主义的科学理论同新闻工作实践相结合，对新闻宣传工作进行许多独到的分析和批评，为丰富中国共产党的新闻理论宝库和媒介批评实践，做出了具有创造性的贡献。

一

意识形态是新闻媒体的基本属性，所有的新闻媒体无不具有一定的政治倾向性。1864年7月1日由英国人在中国上海创刊的《字林西报》以消息灵通、重视言论著称，实质上反映着英、美资产阶级的在华利益，故一向敌视中国红色革命。在20世纪30年代初期，该报的发行量约为8000份，读者多为在华外人与社会层次较高的中国人。《字林西报》于1932年4月18日刊登了一篇4月8日的安徽通信，上面报道安徽红军有了惊人的发展。消息说红军现在已经到了六安的城下，虽是河南湖北的新的军队派去援救，但是那里的形势仍然是十二万分的危急。该报记者在报道了这一事实之后，接着评析道：

> 红军在政府军队这样包围之下，能够不管一切法律与现在的政府，统治这样大的区域，对于我们实是不能了解的。既然政府方面有这样善于作战的上海的十九路军，那末为什么不派遣这些军队到那边去消灭对于现政府有这样危险的共产党的中心地呢？……而且现在共产党所占领的长江以北的区域，是汽车道直达的地方，这对于政府派遣军队非常顺利，如若政府军队不能消灭处在这样地方的共产党组织，那他们怎能消灭在江西的大批共产党呢？更怎能去反抗日本呢？况且共产军的武装听说非常坏，六个人只有一支枪，没有大炮。他们只是依赖抢夺剿赤军的辎重，但是单靠这些，就可知道他们是决不能持久作战的。[①]

在发表这篇通讯的同时，《字林西报》当天还发表了一篇题为《安徽的赤党》的社论。在这篇社论中，说什么安徽红军的进展，不能不使他们注意到中国各地扰乱的严重性，以及中国政府的无能。其中有云：

> 这一政府虽是表面上是代表这样一个庞大的国家，实际上在政府的门口头这样大的区域内，还不能造成像样的秩序。这不能不是南京政府在世界公意前面的弱点，不能不使人相信日本在日内瓦所说的"中国也者不过是一个地理上的名词"这句话，因为这实是近乎真理的事实。
> 有这样善于作战的十九路军，使我们不能不发生这样的意见，即

---

① 转引自平江《〈字林西报〉记者口中的"剿赤"》，《斗争》（上海版）1932年第10期。

在中国能够有效的进攻红军的军队是有的。过去的失败，是由于政府方面还没有能够利用最好的力量去对付红军。不能消灭危害中国的和平与秩序的这一咬着中国的心脏的毒虫，中国在世界舆论前面要得到好评，当然是完全不可能的。①

从上面《字林西报》社论的几段话语中，十分清楚地暴露了该报敌视中国红色革命的政治立场及其全部意见。该报编者认为过去"剿赤"失败的主要原因，在于中国政府还没有利用最好的力量去对付红军。在他们看来这当然是完全不能也不应允许的事情！所以他们认为中国政府目前最急迫的第一等任务，即是集中现有最精锐的军队，比如像十九路军那样的军队去进行"剿赤"，以图根本肃清"赤匪"。因为只有这样，中国政府才能够得到世界各国的同情，否则，那只有让世界列强来共管瓜分，以维持中国的"和平"和"秩序"了！

1932年4月19日，即《字林西报》该篇通讯和社论发表的第二天，张闻天就撰写了一篇题为《〈字林西报〉记者口中的"剿赤"》的短评，发表在4月20日出版的中共中央机关刊《斗争》第10期上。在分别引述了《字林西报》上述通讯和社论中的几段文字后，张闻天据此对其政治立场和用心进行了分析和评论。张闻天指出：这些"帝国主义记者"对于国民党政府"剿赤"的贡献，看上去似乎有"新"的地方，然而实际上却已经非常陈腐。因为国民党此前早已在帝国主义者的指导与帮助之下，几乎用尽了他手头所有的最好力量去围剿苏区红军，然而最后的结果都无一例外地失败了。就是《字林西报》记者所再三称赞的十九路军，也在江西尝过了"剿赤"的味道！

张闻天认为，国民党政府并不会就此罢手，甘于失败，他们现在还是在帝国主义的直接指导与帮助之下，正在动员他所有的一切力量进行围剿江西、湖南、湖北、安徽、河南等地的苏区，然而，这一围剿注定还要继续遭到很大的惨败。例如在湘鄂西徐源泉的惨败，已经是使这些帝国主义记者们惊慌失措。在鄂豫皖地区，李鸣钟、萧之楚等率领的部队被消灭也是人所共知的事。就是这些帝国主义记者们十分担心的六安城，现在也已经不在国民党军阀的手里了，因为在那里早已飘扬着镰刀与锤头的旗帜。

---

① 转引自平江《〈字林西报〉记者口中的"剿赤"》，《斗争》（上海版）1932年第10期。

可见，问题并不在于国民党政府没有拼老命，也不在于帝国主义列强没有出大力，问题更不在于国民党当局有机关枪、有大炮以至有飞机、有毒瓦斯，问题的关键在于国民党政府没有民众，国民党政府反对民众，而苏维埃与红军有民众，民众拥护苏维埃与红军。民众是在为了苏维埃而进行决死的斗争，民心向背才是决定事物发展走向的关键。

张闻天以嘲讽的口吻批评道：帝国主义的记者先生们不要弄错，以为在上海抗日战争中表现英勇的十九路军士兵，去围剿苏区与红军的时候还是会同样英勇。事实将告诉这些先生们，如果国民党现在调动这些军队去围剿红军，那么这些军队的士兵们将会成群结队地自动投入红军，共同反对国民党与帝国主义，因为他们已经在抗日战争的切身经验中了解到只有红军才是真正革命、反对帝国主义到底的军队。张闻天质问道："帝国主义的记者先生们，交通便利，枪械精良固然是进攻苏区与红军的有利条件，然而民众呢？"然后他再自然地得出结论说：这当然是这些帝国主义记者先生们所不能了解和正确回答的问题。"对不起得很，《字林西报》的通讯记者，以后请你们到别的地方作威作福，去刊发你们的稿件吧！六安城已经不是你们的了！"[①] 因为在你们看来，那里是没有和平、没有秩序的六安城，然而在中国的工农兵民众看来，只有破坏你们所谓的和平与秩序的苏维埃六安城，才是真正属于中国人民大众的六安城！

张闻天对英国《字林西报》上述通讯和社论进行的嘲讽和驳斥，不仅从侧面反映了红军在反围剿斗争中所取得的胜利，而且利用马克思主义历史唯物主义的观点，一针见血地指出了两个政权的不同阶级本质，评论言简意赅，具有很大的说服力。

二

新闻宣传历来是中国共产党的一种十分重要的战斗形式，回顾和检讨新闻宣传在内容和形式上的成败利钝，自然是中共媒介批评的重要内容之一。张闻天1932年11月18撰写的题为《论我们的宣传鼓动工作》一文，较早地对中共当时在新闻宣传方面的"左"倾主义现象及其危害进行了较为系统的剖析和批评，体现了其尊重实践的马列主义精神品质。

[①] 平江：《〈字林西报〉记者口中的"剿赤"》，《斗争》1932年第10期。

张闻天在文中首先强调了新闻宣传工作的极端重要性，指出争取广大的工农群众到我们党的领导之下，同我们对群众的宣传鼓动工作分不开，但是关于这一点，我们的党一直到现在还没有给以充分的注意。"大家都还以为宣传鼓动工作决没有象组织工作那样重要。然而事实上，没有群众的宣传鼓动工作，就不能有群众的组织与群众的行动。"① 具体地说就是我们还没有很好地把宣传鼓动工作的转变提到全党的前面，还没有充分了解到宣传鼓动工作的转变，是转变我们党的群众工作，是使我们党深入群众中去的最主要条件之一。他认为从总体上来看，目前我们所做的宣传鼓动工作还完全不能令人满意。随后，他具体分析了新闻宣传工作中所存在的缺点和不足。

一是宣传形式单调："我们所采取的宣传鼓动的形式大都不外是传单与标语，所以每一次我们检查某一运动节中我们所做的宣传鼓动工作时，我们总是说我们发了多少传单，多少标语。这差不多是我们宣传鼓动工作的全部。"② 虽然在上海党的各区委下面，现在也出版了各种小报，在个别的工厂内，我们还有工厂壁报，但这些工作还不过是刚刚开始，而且这些宣传鼓动大都限制于文字。由于中国一般文化程度的落后，工人识字率非常低，因此这种宣传鼓动的形式，常常限制于少数人，而不能成为群众性的活动。张闻天认为党的新闻宣传还没有能够打破传统的樊篱，没有尽量地去采取与创造新的宣传鼓动方式。关于宣传鼓动队的组织与作用，党早已提出了，然而并没有得到应有的充分注意。利用图画、唱歌、戏剧等方法向广大群众进行宣传鼓动，还没有系统地开始。左翼文艺家正在热烈讨论如何使文艺大众化的问题，主张用通俗的白话文著作、连环图画、报告文学、说部与唱本之类的东西，然而这还不过是在讨论罢了，真正大众文艺的著作，我们还没有看见。即便是传单，其文字也大都不通俗，缺乏煽动性与群众性。我们的宣传员实际上不过是照例写传单，至于传单如何写才能动人，他们却很少注意。

二是宣传内容死板、千篇一律、笼统武断，也就是说，缺乏具体性和时间性，缺乏细致解释与具体证明的工作。张闻天严正指出："我们同志在这一方面的特点，就是'党八股'（又名'十八套'）。无论什么问题来

---

① 歌特：《论我们的宣传鼓动工作》，《斗争》（上海版）1932年第31期。
② 歌特：《论我们的宣传鼓动工作》，《斗争》（上海版）1932年第31期。

的时候，我们就有那么一套话来应付，从拥护苏联、拥护苏维埃与红军起，一直到加紧两条战线的斗争止。"① 也就是不管群众能否接受我们的主张，都必须把所有的"十八套"完全吐露出来，方才痛快。他认为像这样的宣传鼓动，当然不能够动员广大群众到我们的领导之下。张闻天指出，要动员广大群众到我们的领导之下，首先必须提出群众在具体问题上的迫切要求，抓住这些具体要求来动员群众参加斗争，因此这里所需要的是带有时间性、具体性、适合于群众目前斗争要求的宣传鼓动，而不是不看对象和问题、千篇一律的"党八股"。这种"党八股"式的宣传鼓动，由于脱离了群众，不知道宣传鼓动的对象是什么，自然也只能是一种死板的、千篇一律式的、学院式的、没有生命、缺乏群众性与煽动性的宣传鼓动。这种"党八股"式的宣传鼓动，常常也都是笼统武断的宣传。例如对一切反革命派别或者黄色工会的各种把戏，我们只是说这是"反革命派别的欺骗"，笼统地提出"打倒一切反革命派别""打倒黄色工会"等口号。宣传鼓动者总觉得，我们所了解的群众也了解，所以只要呼喊"打倒"或是说一句"这是欺骗"，就什么都完成了。

　　张闻天指出：其实问题决没有这么简单！人们的认识和思想觉悟各不相同，许多在无产阶级先锋队看来没有问题的事情，在群众中可能就会发生问题。"比如黄色工会的调解仲裁，我们知道这是欺骗，然而在工人群众中会发生相当的幻想，甚至在某一企业或工厂中，大多数工人会认真相信这种欺骗。"② 所以，张闻天指出，笼统地说"这是欺骗"或是高喊"打倒"之类的口号，不但不能使群众相信我们主张的正确，而且会使群众对我们产生反感。因为"这里需要我们忍耐的解释与具体的证明工作。我们必须根据一切事实，在群众的面前揭破黄色工会出卖工人的行为，使群众在他们自身的经验中，了解到黄色工会的欺骗，而起来反对黄色工会。"③ 只是笼统的一百零一次地背诵"右倾是主要危险，但是不要忘记'左'倾"这一套党八股，丝毫不能帮助我们去同"左"、右倾机会主义作斗争，只有细心地解释这些倾向的机会主义内容何在，这样才能真正地打击机会主义和教育我们的同志。

---

① 歌特：《论我们的宣传鼓动工作》，《斗争》（上海版）1932年第31期。
② 歌特：《论我们的宣传鼓动工作》，《斗争》（上海版）1932年第31期。
③ 歌特：《论我们的宣传鼓动工作》，《斗争》（上海版）1932年第31期。

三是缺乏必需的公开性。张闻天批评说，"党八股式"的宣传鼓动只能是秘密与狭窄的形式，它不想法利用公开可能与争取公开。"我们党八股的宣传家无论到那里，从不想用另外一种方式，用许多具体的事实来说出我们所要说的话。他们必须把他们的'十八套'完全拿出来，方才痛快"。① 好像不如此，就不足以表示他们的革命。一种公开的刊物如不许我们投稿则已，假使我们能够投稿，那他就非把"十八套"完全拿出来不成，"非使这一公开刊物不能继续出版不成。因为在他们脑筋中，只有秘密的东西，才是革命的东西"。② 事实上虽然帝国主义与国民党白色恐怖很严重，但是如果我们能彻底转变我们的宣传鼓动方法，那就可看到我们还有许多公开的可能没有利用，还有许多地方能够争取公开。比如反日反帝和拥护东北义勇军的报纸，都不是完全不可能地公开，反对国联报告书的演讲队、蓝衫团等也还可以公开地去进行工作。张闻天认为，只要我们能够活泼地利用每一具体的事变，利用公开的可能去开展群众宣传鼓动工作，我们的活动范围，一定可以十倍百倍地扩大。他号召新闻宣传工作者充分利用革命形势的发展和广大群众"左"倾化的有利条件，重新审查我们的宣传鼓动工作，更进一步地为了这一工作的转变而斗争。

三

张闻天1933年1月随上海临时中央撤离到中央苏区江西瑞金后，在新成立的中共中央局中仍然担任常委兼中央局宣传部部长、中央党报委员会书记之职。像1931年3月接任中共中央宣传部部长一样，他上任的第一件事就是"整顿和改造党的机关报"。③ 鉴于原来苏区中央局的《实话》和《党的建设》两种刊物出版周期都比较长，内容上也有缺点，张闻天遂将两个刊物合并，改名为《斗争》，作为中共苏区中央局机关刊出版。苏区版《斗争》第1期在1933年2月4日就同读者见面了。同一天，《红色中华》发表1月27日拟就的特别通知，决定将原为政府机关报的《红色中华》

---

① 歌特：《论我们的宣传鼓动工作》，《斗争》（上海版）1932年第31期。
② 歌特：《论我们的宣传鼓动工作》，《斗争》（上海版）1932年第31期。
③ 程中原：《张闻天传》，当代中国出版社1993年版，第152页。

改为党、团、政府与工会合办的中央机关报,刊期由周刊改为三日刊,并要求改善内容和形式,建立良好的通信与发行网,以使《红色中华》"真真能成为苏维埃运动的南针,并加强其在战争动员中的领导作用"。① 为了办好《斗争》以及《红色中华》等报刊,张闻天花了不少心血。虽然以博古为首的中央局继续推行的"左"倾冒险主义当时仍然大行其道,报刊在新闻宣传方面还无法整体摆脱其不良影响,但张闻天从党在上海白色区域的斗争失败中,已经吸取了一些教训,所以这一时期他在对根据地报刊宣传工作的指导中,已经开始认识到"左"倾关门主义的危害,从而能较正确地进行媒介批评。这在他1933年12月1日撰写的《关于我们的报纸》一文中,有着较为明显的体现。

张闻天在《关于我们的报纸》文章中,首先肯定中央苏区报刊自从改组之后,已经得到了一些进步:开始组织了一些通讯员在它的周围,登载了各地各种动员的消息,相当程度地提高了群众的积极性,在各种工作中起到了部分的推动作用。在编辑方面,也比之前更为活泼更有生气,因此读者的数量有了很大的增加,报纸销路从不到一万增加到了四万。随后他话锋一转,对报纸进行批评道:"一般的说来,我们的报纸在为了党的与苏维埃政府的中心任务而坚决斗争方面,还是非常薄弱。我们所登载的新闻,常常是一些当地组织所要完成的赤裸裸的数目字,或者是它们的计划与工作布置"。② 比如关于扩大红军工作的报道,我们的报纸照例都是某某地方的"光荣的动员"、某某地方"正在积极动员中"及某某地方"扩大红军的热潮"等等好听的标题,然而关于这些动员的下文,关于这些工作计划具体执行的程度和结果,与在这一动员中所发生的许多问题,报纸多没有记载。"我们常常满足于一些赤裸裸的动人的数目字,一些一般工作计划与工作布置"。③ 但是对于这些新闻报道的进一步考察与检查,对于工作的布尔什维克式的自我批评,因工作计划的流产或工作中发生严重现象而敲起警钟,来引起全党与整个苏维埃政府的注意和警惕,来采取紧急的办法等,在我们的报纸上却没有或者鲜有

---

① 中共苏区中央局、少共苏区中央局、中华苏维埃中央政府、全总苏区执行局:《特别通知》,《红色中华》1933年第49期。
② 洛甫:《关于我们的报纸》,《斗争》(苏区版)1933年第38期。
③ 洛甫:《关于我们的报纸》,《斗争》(苏区版)1933年第38期。

看到。

张闻天随后举出事实来佐证自己的批评。他举的例子就是关于江西省扩大红军的突击运动报道。江西省委在十月革命节前，曾经决定扩大红军35000名，后来把这一计划的完成推迟到广暴节。然而依照最近得到的军委的报告，在11月15日以前，江西集中的新战士还不到5000人。广暴节前扩大红军35000人计划的流产危险，已经摆在我们的面前，但这种危险在报纸上人们却没有看到，报纸上还照例到处是"光荣的模范动员"。比如在《红色中华》第116期上，报道博生县9月底10天内扩大红军1800名，第124期上又报道博生县从10月11日起至17日止，在梅江、流南等五区，7天共动员了1583人。如果只依照该报这两次关于博生县的报道，它单在17天内就扩大了红军3383人，不但在17天内完成了该县原定的计划，而且超过了计划。该报关于江西其他各县的报道，大体也是如此。所以依照《红色中华》的记载，人们可以得出非常乐观的结论，就是我们不但完成而且超过了计划。"然而实际上却完全不是这么一回事。"① 实际情况同该报所描写的动人图画，完全不相符合。张闻天严厉批评道："实际给了《红中》的乐观的记者以冷酷的嘲弄。"② 他认为造成这种新闻严重失实的主要原因，是报纸没有真正去了解下面的实际情形，检查我们的实际工作，揭发在我们实际工作中所发生的一切严重问题以及所必然产生的结果。显然，这种报纸及其报道绝不能起到为实现党与苏维埃政府中心工作服务的指导作用。

张闻天批评我们的新闻报道缺乏具体事实、缺乏细节。"大部分我们报纸上的新闻，都是空洞的浮面的记载。在我们报纸上不容易找到关于一个村，一个乡，一个机关，一个企业某一部分工作的比较有始有终的记载"。③ 比如关于合作社的记载，我们只看到大批群众踊跃加入合作社的一般记载，但是我们从来没有看到关于一个合作社的比较有头有尾的记载，我们的合作社到底怎样工作，群众同合作社的联系等许多具体的问题，我们从报纸上都无从知道，报纸也不注意这许多实际的问题，也不提出值得党与政府注意的问题，也不提出对于一些问题的具体意见与具体办法。他

---

① 洛甫：《关于我们的报纸》，《斗争》1933年第38期。
② 洛甫：《关于我们的报纸》，《斗争》1933年第38期。
③ 洛甫：《关于我们的报纸》，《斗争》1933年第38期。

颇为愤怒地质问道:"这种流水帐式的记载,请问在为了开展合作社运动而斗争中,到底有什么用处。"① 张闻天提出,把党与苏维埃政府的任务,最清楚地放在报纸的面前,继续不断地为这些任务的实现而斗争,应该是我们报纸的基本工作。他建议在报道扩红运动时,不但要记载各机关突击队下乡,而且要记载他们怎样工作,他们工作的成功与失败,以及成功与失败的原因;不但要记载某区某乡有了多少人报名当红军,而且要记载这些报了名的是否真正集中,与不能集中的具体原因,以及集中时动员情形,真正赞扬能够完成计划的某一突击队,把一定数量真正送到了补充师的突击队,在毫无成绩的突击队前面提出警告以引起党与军事机关对于这一突击队的注意与及时的补救办法等。他认为报纸只有这样去做,才算是真正起到了为党与政府任务实现而斗争的作用。

张闻天在文章最后指出:即便把"报纸不仅是集体的宣传员和集体的鼓动员,而且是集体的组织者"的这句革命导师列宁的名言,拿来一千零一遍地背诵,也并不能在实际上真正地转变我们的工作。在党的新闻宣传工作中,空洞、浮夸的现象要不得,只有把苏区的报纸能够办成有真实内容的革命报纸,它才能真正地成为阶级斗争的有力武器!

1931年1月,在中国共产党召开的六届四中全会上,王明等人在共产国际及其代表米夫的支持下,取得了在中共中央的领导地位,随后推行了一整套不切合当时实际的"左"倾错误路线。在政治上的主要表现就是夸大资本主义在中国经济中的比重,混淆民主革命和社会主义革命的界限,把反资产阶级和反帝反封建并列;否认"九·一八"事变后国内阶级关系的明显变化,把国民党统治集团看成铁板一块,把中间势力看作是最危险的敌人,主张以主要力量打击那些所谓妥协的反革命派;继续推行城市中心论,不适当地夸大城市工人在运动中的地位和作用;要求红军占领城市,以实现一省数省首先胜利进而形成全国的胜利。作为这一时期中共主管新闻宣传工作的领导人,在贯彻和执行党的路线、方针和政策等方面,张闻天也难以避免地犯有"左"倾主义的错误,在他当时撰写的媒介批评文本中,尤其是对我们党自己的报刊进行批评时,有些批评也有不尽科学、合理之处,特别是一些用词还带有当时党内流行的"残酷斗争、无情打击"口号的痕迹,语气中也有一些伤人之处,无法令被批评者完全心悦

---

① 洛甫:《关于我们的报纸》,《斗争》1933年第38期。

诚服。但是，作为一个具有较高马列主义理论素养的共产党人，张闻天较早地发现和认识到了当时党的"左"倾主义倾向及其严重危害，因而在进行媒介批评时，不仅基本上能够做到实事求是，而且思想十分深刻。比如他对宣传工作中种种脱离群众、脱离实际的教条主义的批评，在中共党史上第一次使用了"党八股"这个概念，详细地分析了它在新闻宣传中的表现形式、产生原因及其不良后果，不仅切中了当时中共新闻宣传的要害，而且使这种思想实际上已经越出了新闻宣传范畴，在更广的范围内和更高的层次上实现了对"左"倾主义的批判，因而在今天具有更加不可忽视的理论和思想价值。

第四节　李求实的媒介批评

李求实（1903—1931），原名国玮，字北平，乳名伟生，求实是他后来从事革命活动时自取的名字，常用笔名有伟森、求实、秋士等。出生于湖北武昌一个破落的书香门第，父亲为前清秀才，在武昌大陈楼孔庙半日学校教书。李求实五岁时即随父亲识字，不久进入洋务派后期重镇张之洞创办的武昌高等小学读书，课余常到商务印书馆、中华书局的武昌出售部免费阅览群书，深受社会新思潮的影响。小学毕业后，考入武昌高等商业学校，同时在外语专科学校学习英文，并开始翻译外国文学作品向报刊投稿。五四运动爆发后，与恽代英等人组织利群书社、共存社。1922年加入中国社会主义青年团，不久转为中共党员。1922年在武汉曾编辑《日日新闻》。1923年去安源从事工人和青年团工作，编辑《安源月刊》。1923年底到上海参加《中国青年》的编辑工作，并在该刊发表了数十篇各类文章，成为中共最早的政治理论工作者之一。1926年初，奉调赴广州，任两广团区委宣传部部长。1926年9月，创刊并主编广东团区委机关刊《少年先锋》杂志。1927年1月，奉命调到湖南长沙，任团省委书记。1927年5月，李求实出席在武汉举行的共青团第四次全国代表大会，并当选为团中央委员，任团中央宣传部部长。1927年8月，李求实随团中央撤往上海，为使团的宣传教育工作继续下去，他创办了《飞沙》杂志。1927年9月，李求实奉命前往广州，担任团中央南方局书记。广州起义失败后，李求实受到"左"倾盲动主义者的处分，被取消了团中央执行委员资格。1927年11月，他因病回沪，在严重的白色恐怖下，他以笔为武器，从事文学翻译和创作工作。先后翻译发表了几十万字俄国进步作家文学作品，跻身"左联"著名作家行列。1928年夏，李求实的处分被撤销，并再次出任团中央宣传部部长，同时在中共中央宣传部和中央党报委员会工作。1929年4月17日，李求实筹备和主编了中共中央宣传部主办的秘密通俗性报纸《上海报》。1930年8月14日，中共中央决定《上海报》与中共中央机关报《红旗》合并，改出《红旗日报》，李求实负责主编该报的《实话》副刊。1931年1月18日，李求实不幸被捕，同年2月7日，与林育南、何孟雄等23人被国民党反动当局秘密杀害于上海，是著名的"左联"五烈士之一。作为中共早期著名的作家和报人，李求实不仅主编过多种报刊，而且也是当时我党著名的报刊政论家，曾经发表过许多"针砭时弊、宣传马克思主义的政论文章"，① 在广大读者中产生过重要的影响。在他的政论作品中，有一部分是以报刊及其传播为论述的对象，具有媒介批评的性质，在主题内容与言说姿态方面既有早期中国共产党人媒介批评的共性话语特征，又有他本人的鲜明个性色彩。

一

思想的科学性和先进性是中国共产党得以战胜各种非无产阶级思想、赢得广大民众支持和自身发展的关键因素之一。中国共产党的诞生，本身就是五四时期新旧思潮激荡和冲突的结果。五四以后，在中国共产党人深入宣传马克思主义的同时，代表封建地主买办阶级和资产阶级右翼的各种没落势力，也在政治上和思想上顽强地表现着自己，继续通过各种巧妙的手段，宣扬着唯心主义的世界观，来抵制和瓦解马克思主义的哲学基础，展开同共产党人争夺民众的思想斗争。特别是1925年以后，由于全国工农运动的迅速恢复，革命形势继续高涨，尤其是中国共产党在五卅运动中所表现的巨大动员力量，使得各种政治派别之间的矛盾和冲突也日益尖锐与激烈起来。在一定的意义上可以说，中国共产党的发展和壮大史，就是中国共产党同各种非无产阶级思想斗争和交锋的历程。报刊媒介是现代思想和理论的依托，意识和观点之间的斗争与交锋，在形式上往往表现为对媒

---

① 王润泽、杨奇光：《李求实：从青年运动领袖到中共宣传战士》，《新闻界》2018年第3期。

介及其传播行为的某种褒举或者贬斥,即转化为一种具有专业色彩的媒介批评活动。

胡适在五四运动前期曾经是李大钊、陈独秀等后来一些共产党人的战友,但是随着运动的深入发展,政治思想和认识上的分歧,却使他们渐行渐远。早在 1919 年 7 月,胡适曾主动挑起"问题与主义"之争,以否认马克思主义的真理普遍性。1925 年 6 月底,帝国主义指使奉系军阀封闭了全国工商学联合会与全国总工会,工人运动受挫,在青年中一时间产生了种种糊涂或悲观的看法。胡适此时在《现代评论》上发表了《爱国运动与求学》一文,以青年的导师自命,宣称五卅运动中表现的民气已是强弩之末,群众运动不能持久,他据此提出青年人不要跟着大家盲目呐喊,认为这不过是发发牢骚,出出恶气,算不上真正的救国活动,他主张"救国须从救出你自己下手",① 要求青年人闭门读书。《现代评论》在当时的发行量较大,加之胡适在社会上具有很强的号召力,因而胡适的这一观点在青年中一度颇为流行,从而对当时的爱国主义运动产生了一定的腐蚀和消解作用。中国共产党人立即对胡适的观点进行了批判。李求实当时为此撰写了《评胡适之的"新花样"》一文,对胡适以及《现代评论》观点的错误本质及其危害进行了深入的分析和驳斥。

李求实在文章中开宗明义地指出:"曾作为文学革命的先驱而为一般青年所敬仰景从的胡适之先生,现在已经为大家所鄙视唾弃了。"② 随之历数胡适在离开文学革命队伍之后的表现事实,如推动整理国故、倡导好人政府、与清废帝溥仪往还、接受段祺瑞政府的御用善后会议代表头衔等,断言胡适在五四运动以后,已经落伍于时代,失去了其指导爱国青年的资格,再逐条地列举出胡适这篇文章中的主要观点,归纳出其实质就是要求广大青年应该关着门读书,而不应该投入群众爱国运动的洪流中。然后剖析胡适的错误在于:一是没有真正了解民众运动的本质;二是在对民气与政府关系的认识上,前后逻辑混乱,不清楚现代民主的要义。李求实认为,"民众运动是反抗帝国主义和军阀的最大力量,青年绝对有努力参加民众运动的必要"。③ 胡适以"救国千万事,何一不当为"④ 为理据,要求广大青年回校闭门读

---

① 胡适:《爱国运动与求学》,《现代评论》1925 年第 2 卷第 39 期。
② 求实:《评胡适之的"新花样"》,《中国青年》1925 年第 98 期。
③ 求实:《评胡适之的"新花样"》,《中国青年》1925 年第 98 期。
④ 胡适:《爱国运动与求学》,《现代评论》1925 年第 2 卷第 39 期。

书，其效果"简直是帮助军阀和帝国主义者来分散民众革命的势力",① 实质上是军阀政府布告中"学生不应干预政治"的另一"新花样"而已。这种要求学生去研究什么绝不关系时局的学问,实在是一种"最该指斥的言论"。② 李求实指出,中国今天所最需要的是那些真正能够到民间去"宣传民众,组织民众,并能领导民众的革命者",③ 而绝不是胡适所希望和倡导的那些不问世事闭门读书的书呆子。

轰轰烈烈的五卅运动虽然没有取得预期的胜利,但它对中国社会产生了十分深远的影响。在随后的几年中,五卅运动一直是人们讨论的热点话题,特别是在五卅运动一周年之际,不同立场的人和报刊纷纷发表意见,总结和反思五卅运动的得失。国家主义派的《醒狮》杂志当时发表《五卅案失败的原因》一文,将五卅运动的失败归之于中国共产党。该文列举了五卅运动失败的五大原因,其中三条都与共产党有关:一是由于共产党将此爱国运动涂以种种不相干的色彩,致帝国主义者得以信口雌黄,既破坏了国际对我国的同情,又离间了国民的团结;二是由于共产党把持各地学生运动,国人害怕和厌恶学生赤化,故冷淡和疏远运动;三是由于共产党的"暴行",致一部分学者、政客、商人以及不相干的留学生等都去勾结军阀和帝国主义者。④ 针对《醒狮》及该文作者艮生对中国共产党的这种攻击,李求实在《五卅杂话一束》一文中予以讽刺道:这样看来,共产党真是致五卅案失败的罪魁了!其实艮生何必不顺便加上一句,吴佩孚之打张作霖,乃是陈独秀到汉口去怂恿的结果。"这样,四大罪名都可以由共产党一齐担下去了,不更好吗?只可惜事实完全推翻了艮生的立场!"⑤ 李求实分析说:五卅事件本身便有"不相干"色彩,本身就是红色运动。学生日趋于革命,实际上是使民众更清楚地认识了五卅事件的意义。国内有些人本来就植基于帝国主义与军阀的怀中,在还没有中国共产党的时候,他们早就与帝国主义和军阀勾结在一起。"这些明显的事实艮生若是还没有见及,便请不要再胡言乱道,糟蹋白纸黑字,枉费了印刷工的精力!"⑥

---

① 求实:《评胡适之的"新花样"》(续),《中国青年》1925年第99期。
② 求实:《评胡适之的"新花样"》(续),《中国青年》1925年第99期。
③ 求实:《评胡适之的"新花样"》(续),《中国青年》1925年第99期。
④ 艮生:《五卅案失败的原因》,《醒狮》1926年5月30日第58号。
⑤ 求实:《五卅杂话一束》,《中国青年》1926年第122期。
⑥ 求实:《五卅杂话一束》,《中国青年》1926年第122期。

李求实一针见血地指出，信口雌黄与造谣抹黑不过是国内反动势力对付革命民众所惯用的造谣和抹黑手段罢了。

在重大政治事件面前，每一媒体总要表达自己的观点。如何评价五卅运动自然也成为检验媒体政治立场和态度的试金石。当时沪上的《申报》《新闻报》《时事新报》等著名大报纷纷在五卅运动一周年之际发表评论，回顾和总结五卅案的经验和教训，发表对此事件的看法。《申报》在评论中有"下旗，静默，素餐，鸣钟以及设祭追悼等为五卅纪念最正常之表示"之语，《新闻报》的评论则言：吾人应使"五卅纪念日非复彼此（按指外国人与中国人，下同）误会纪念日，而当为彼此合力所由起始之纪念日，互相提携，以期上海之昌盛，更盛于今日焉"。这两家报纸的评论不仅言不及义，而且缺乏应有的爱国主义立场和情怀。李求实在《上海〈申报〉与〈新闻报〉之"五卅"纪念观》的短评中，转述它们的观点之后进行引申分析道："照《申报》的意见，五卅诸烈士之死，竟和许多身染不治之症因而寿终正寝的先生老爷之死一样；照《新闻报》的意见，五卅诸烈士之流血，为的只是促使中外互相提携以期上海之昌盛，换一句话，便是使外人在上海的权力更大，使我同胞流血死难之机会更多！咳，诸烈士死而有知，如何能瞑目！全国民众果尽受此种舆论之指导，那真会'国亡无日'，人民亦不知命在何时啊！"① 比较而言，上海另一家著名大报《时事新报》在这次"五卅"周年纪念社评里，倒有"青年之举动，辄受压迫，唾骂，厌恶，非笑，故其能力大都消耗于对付压迫，唾骂，厌恶，非笑之中"之论，李求实认为这算是说了"一句良心话"②，显示该报对青年们当时的现实处境抱有相当的同情和理解，因此该报的这一观点具有一定的可取和称道之处。

二

中共中央宣传部于1929年在上海出版的通俗报纸《上海报》是李求实报刊活动中的一个重要内容，该报于1929年4月17日创刊时名《白话日报》，后改名《上海报》，李求实一直担任该报的主编。《上海报》是第

---

① 求实：《五卅杂话一束》，《中国青年》1926年第122期。
② 求实：《五卅杂话一束》，《中国青年》1926年第122期。

二次国内革命战争期间中国共产党用来指导上海乃至江苏地区工人运动的报纸，在当时国民党当局严酷的白色恐怖统治下，该报屡遭查抄禁售和封闭通缉，故先后曾使用多种化名伪装出版。该报以上海的工人为主要读者对象，主要报道广大工人的具体劳动与生活状况，及时地反映并指导工人运动，同时介绍红色革命根据地和工农红军的发展情况，报道苏联社会主义建设和国际共产主义运动等新闻，是当时中国共产党在国统区坚持出版的一份重要报纸。1930年4月17日，时值报纸问世一周年之际，该报编辑出版了一本《〈上海报〉周年纪念册》以志庆。在这本纪念册中，收入了李求实的《本报一年工作之回顾》和《编辑工作之过去与未来》两篇文章，从文章的标题和内容来看，都具有一定的媒介批评属性，是能体现他媒介批评实践的重要文本。

李求实在《本报一年工作之回顾》一文中，系统地回顾了《上海报》一年来艰苦卓绝的出版历程，特别是较详细地总结了该报在出版过程中所遇到的各种磨难，其中寄寓着他的媒介理想。李求实诚恳地指出，在《上海报》过去的一年间，虽然我们犯了许多错误，感到有万分的缺点，然而该报终究是取得了我们所未曾料想到且不敢盼望的巨大成绩。他透露在出版《上海报》之初，他们几乎考虑了两三个月之久。"群众斗争的发展，使得自己工人的一个日报成了绝对的必要"。① 可是，在这样压迫的环境中，困难的经济，短少的人手，特别是没有办工人自己日报的经验的种种限制下，要出版一个工人的日报，真是谈何容易！但客观的需要不容他们有更多迟疑，最后靠了几位热心有余而经验不足的朋友的协力，他们在仓促之间出版了该报。他们当时唯一的信念是：我们是为工人大众出版的日报，自然工人大众会利用他们的全部力量来支持该报："果然，我们的信念没有错，靠了工人大众的力量，使这小小的日报不仅能够存在，而且还在发展。"② 他们当初只希望在上海能有三十个固定性的工人通信员，每天有五百个订户经常阅读该报，就可以满足了。一年过去了，《上海报》竟有将近一百名的经常通信员，报纸经常送给订户的竟达一千

---

① 求实：《本报一年工作之回顾》，《〈上海报〉周年纪念册》，《上海报》1930年4月17日社印行。
② 求实：《本报一年工作之回顾》，《〈上海报〉周年纪念册》，《上海报》1930年4月17日社印行。

八百乃至两千份之多。这在当时的环境之下,确实是一个非常了不起的成绩。"我们当初只希望在工人斗争中呐喊几声,为战士们助威势,并不敢希望立时能够在斗争中起多少领导作用",① 然而该报发刊不久,就通过连续报道工人活动,对工人运动起到了重要推动和引领作用,"小小的一张报竟立刻被工人大众承认是他们的一枝先锋军,竟立刻被统治阶级认作是斗争爆发的导火线"!② 李求实谦虚地说这种成绩的取得,自然都应当归荣于工人大众,他们不仅维持并发展了本报,同时也教育了我们这些原来没有办报经验的知识分子。在白色恐怖下办报不是一件悠闲的工作,不是书房里的惬意之事。无产阶级的新闻记者每天每月都要在紧张中、在前进的路上过生活,要经历无数的苦难以及财力和人力上的付出与牺牲。

李求实在《编辑工作之过去与未来》一文中,从编辑内容和技术的角度系统地回顾和评述了一年来《上海报》的得与失。他将该报的发展历程大体上分为三个时期:第一时期是从 1929 年的 4 月到 7 月,该报的新闻多半抄自别家的报纸或者通信社的电报稿,不过改一改题目,把文字从文言翻为白话,头尾略加删改罢了,所以除了工厂新闻,这时期该报的新闻一般都没有什么特色;第二时期是八一前后两个月间,可以说是自己做文章时期,这时期的特色是"空文章多,常有长篇大论的文章式的新闻,以致一般人都觉得太空洞,缺乏新闻的趣味";③ 第三时期是从 1929 年的 9 月末至 1930 年 4 月,"这时期中我们比较算有了正确的编辑方法"。④ 就是该报已经能够利用一切材料,来完全彻底地改造为我们自己的新闻,能够抓住某一时期中比较重要的问题来做集中的宣传,能够用简明通俗的文字叙述更多的新闻。李求实明确指出:这种编辑方法应是我们报纸今后努力持续下去的方向。

勇于批评和自我批评是共产党人一贯的优良品质与传统。李求实毫不讳言,"因为我们还是开始学习创造阶级的新闻纸,所以在工作的过程中

---

① 求实:《本报一年工作之回顾》,《〈上海报〉周年纪念册》,《上海报》1930 年 4 月 17 日社印行。
② 求实:《本报一年工作之回顾》,《〈上海报〉周年纪念册》,《上海报》1930 年 4 月 17 日社印行。
③ 求实:《编辑工作之过去与未来》,《〈上海报〉周年纪念册》,《上海报》1930 年 4 月 17 日社印行。
④ 求实:《编辑工作之过去与未来》,《〈上海报〉周年纪念册》,《上海报》1930 年 4 月 17 日社印行。

缺点极多"。① 他认为《上海报》此前在编辑工作中还具体存在如下几个方面的缺点：一是材料分配不够均衡，有时政治新闻过多，有时工厂消息过多，报纸多半是靠每天收集来的若干材料应付着填满篇幅；二是缺乏中心宣传，不能有计划地登载我们认为是中心的消息，特别是关于一些重要产业的新闻登载缺乏计划性；三是在新闻的具体编辑中，不正确的观念与记载亦时有出现；四是文字仍欠简短通俗；五是记载态度未能始终一贯，有时立在超然地位，有时又过于主观，新闻与社论或传单、宣言在体裁上未能分开；六是插图不能经常刊登，致使报纸的趣味性不足；七是报纸的《俱乐部》副刊未能有计划地根据读者的需要进行编辑；八是排版上的美观和艺术性不够。

李求实接着分析了上述缺点的产生原因。第一，编辑工作者的素养不健全。无产阶级的记者比资产阶级的记者更难做，因为他除一般的政治经济社会的常识而外，还需要具备多量的有关工人生活、劳动状况以及工人习语等工农阶级群众的知识；由于编辑部与一般群众生活的联系还不十分密切，所以我们的记者在后一方面的知识还很感缺乏。第二，编辑的力量不足，最初除画工及编俱乐部（还兼任校对）的一人而外，只有一人专任编辑，所谓编辑主任实际上还兼任采访和发行的全部工作，在编辑部工作的时间极短，后来人手虽然有所增加，但因内容的不断改进，仍旧感觉人手非常不够。李求实认为，编小报实际上比编大报困难，而编我们的小报又比编其他的任何小报都更加困难。第三，通信员的工作基础不够扎实，特别是在铁路、海员、市政、兵工等重要产业与南京、天津、武汉、广州等中心城市和地区，大多没有得力的甚至是完全没有通信员。第四，与各革命团体缺乏密切联系，不能够及时地了解各种运动各种斗争当前的策略和状况。第五，没有公开通讯处，与一般群众的联系太少。第六，照相绘画的人时有更换，制版地方常受限制。第七，因印刷的困难，无法根据报道的内容和需要扩充报纸篇幅。

针对该报编辑工作中的缺点，李求实提出，该报今后的编辑方针，需遵照如下三条原则和方向进行：一是新闻的敏捷、正确和充实；二是材料的适当分配；三是文字的通俗和简短明白。要实现这个目标，又需要在如

---

① 求实：《编辑工作之过去与未来》，《〈上海报〉周年纪念册》，《上海报》1930年4月17日社印行。

下三个方面作出切实而具体的努力：一是大力发展并巩固通信员的工作基础，建立编辑部与各革命团体经常而直接的关系；二是除尽可能地扩充新闻的来源之外，编辑部要准备充裕的时间，以便能有效选择必需的材料；三是编辑需了解工人生活情形，学习工人习语，并随时征求广大读者对于文字技术方面的批评。最主要的是"必须依赖着一切本报的读者，要依靠着各工厂及各产业的工人群众，要依靠一切革命的团体，你们要供给我们稿件，批评我们的内容，我们的希望，就是要将一切读者的精神，对本报的意见，都不断的交给我们。"① 因为只靠本报编辑部内部的人，报纸编辑工作势必无法充分地得到改善和提高，而来自读者的媒介批评，恰是报纸质量得以提高的必要前提和有力保证。

三

媒介批评是规制媒介发展方向、促进媒介质量提升的重要社会力量。李求实对媒介批评的这种功用始终有着清醒的认识。1930年6月，他在《北新》半月刊上发表文章，号召大力开展"书报批评"的工作，以提高书报出版的整体社会水平。李求实感叹："想读书的人生在今天的中国，真是大幸而又大不幸！你看，市上出版的新书何等的多，特别是最为大家所渴求的社会科学书籍，然而，你又可以看见，实在不堪一读的书又是多少！"② 他认为当时一些学者努力于译作，这当然值得人们的崇敬与感激。可是他们实在至少应该接受大众的劝告，因为在金钱与时间两个方面，有些译作对于大众都是太贵了！译作之中最应该受到指责的是，译者选材上既不慎重，且外文与中文又两欠通顺，但是译者贸然提笔直书，倚马而就；书店方面则只要书名新奇可喜或有熟人介绍，内容并不校阅，即行付印。"像这样急色儿般的荒唐，如何不闹出满纸笑话，误尽天下苍生"！③ 而更为不幸的是，当时除偶尔有骂骂"硬译"之类对少数个人的故意非难

---

① 求实：《编辑工作之过去与未来》，《〈上海报〉周年纪念册》，《上海报》1930年4月17日社印行。
② 伟森：《建立出版界的水平，为低能的穷苦读者请愿》，《北新》1930年6月16日半月刊第4卷第12号。
③ 伟森：《建立出版界的水平，为低能的穷苦读者请愿》，《北新》1930年6月16日半月刊第4卷第12号。

以外，人们很少看见有精通中外常识的学者出来做些书报批评的工作，以使出版界有一个至低的水平线。李求实指出，如能有人出来进行书报批评，那么，"对于我们这些低能的穷读者便无异造上七级浮图了"！① 他说之所以提出开展书报批评工作的问题，并不是自忖当然有做书报批评的资格，而是意在引起大家对书报批评工作的充分关注。在这篇文章之中，他对甘大新译、上海联合书店于1930年出版的《苏俄革命与宗教》一书进行了专门的批评，其意即是引导书报批评的开展。

1927年7月，宁汉合流，有些人因为蒋介石下野，为时局的纷纭表象所惑，误以为是南京投降了武汉。时任中国共青团中央宣传部部长的李求实，为了澄清误解，教育群众，宣传正确的革命思想，筹办了《飞沙》杂志。李求实在该刊的文章中，揭露南京政府勾结日本和奉系的真相，揭露武汉政府汪精卫、孙科、唐生智的反共言行与蒋介石相差无几，指出他们的本质与北洋军阀毫无二致。在《飞沙》第2期，他发表了《编完以后》一文，抒发自己的心境与豪情，他把报刊比喻为一座灯塔、一种武器、黑暗中照耀前途的萤火。这无异于一篇具有浓郁文学色彩和隐喻性的媒介批评之作。

李求实对读者以及广大革命青年们说：革命洪流如浩海大洋中美观的浪潮，如高山峻岭间穿行的清溪，曲折起伏。现在，骄阳已被乌云蔽住，大地上笼罩着黑色的帷幕，阴惨之气在我们四周流荡，呼呼的暴风在向我们阵阵奔扑，无情的骤雨不住地向我们扫射。不知名的恐怖，袭了我们一身，我们如处身一叶小舟中，在惊风骇浪里飘流，寻不出一线光明，只见黑黝黝的浪花在飞溅。我们又如处身深山孤岭上，望不着一点人烟，只见青面孔的恶魔张牙舞爪地在我们四周攒动！这时我们不能活动，一动，凶涛恶浪要浸入我们的小舟。我们也不能呐喊，一喊，恶魔的爪要抓去我们的头颅。现在的我们，只有渴求一座灯塔的出现，急需一种武器来与恶魔斗争。荒冢间的魔鬼往往变幻成绝世美女来迷惑行人；山野里的狐狸常常花言巧语以欺骗众禽群兽。现在真是魔鬼的世界，是狐狸的统治！虽然我们听见过许多呼声和许多理论，也看见许多书报和许多刊物，但是我们要知道充塞了我们四周的都是些狐狸的花言巧语！"这小小的刊物，虽然没

---

① 伟森：《建立出版界的水平，为低能的穷苦读者请愿》，《北新》1930年6月16日半月刊第4卷第12号。

有皓月的明光；但是一点萤火，也足以使我们隐约的辨别路径。虽然没有宝剑的锋刃；但是一片铜皮，也可以使我们的敌人滴血。"① 因此，在李求实的眼里，报刊必须是革命者用来打碎魔鬼世界和推翻狐狸统治的一种锐利武器，是指引革命者在黑夜中奋勇前行的灯塔。

报刊发刊词一般用来说明报刊的宗旨和性质，它是编辑创办该报刊的宣言，是编者在读者面前的首次亮相，因而有助于读者对报刊的了解，能帮助报刊迅速扩大影响。1929 年 5 月 29 日，李求实在《上海报》第 1 期上发表了一篇《请看起码货》的文章，以第一人称和人物对话的方式向读者描述了"我"与"他们"的不同：天下国家，穿衣吃饭，不管大事还是小事，我都预备报告给读者，只要你高兴听。上海报界虽然交关多，黑幕重重，但我与他们有本质的不同：他们专给大人先生们看，我则准备给起码社会中的朋友看；他们是长篇大作，我是简短俗话；他们身价很贵，每月起码一元几角，而我每月只要两毛钱；他们只说大人先生要说的话，我则只是想说起码社会中的朋友要说的话。"总之，他们只是大人先生的喉舌，我是想做起码社会中朋友的朋友！呵！你这样真好，我要请我们一般起码社会中的朋友，都来看看你这起码货！"② 语言通俗诙谐，语气轻松活泼，既具有文学的生动色彩，又以比较的方式巧妙地将两种性质不同的报纸有效地区别开来，可谓一篇别开生面、文学性浓郁的媒介批评文本。

1930 年 8 月 15 日，《红旗日报》正式创刊，李求实主编该报的《实话》副刊。他在该报发表了题为《〈实话〉五日刊的任务》一文，对《红旗日报》创刊几个月来的成绩和缺点进行了评述。他首先肯定该报自创办以来，"虽然遭受了帝国主义和国民党的极端压迫遇见了许多阻碍，可是无产阶级以及革命群众的热烈拥护和欢迎，不但报纸仍旧是继续不断的按日出版，而且是推销的更广泛，影响也更深入群众了"。③ 这可以看成对帝国主义和国民党最好的回答。不过《红旗日报》自出版以来，尽管能不断地给革命斗争以正确指示，对于党的路线也有所传达，"可是对革命策略

---

① 何定华主编：《李求实文集》，中国文史出版社1991年版，第132页。
② 转引自丁景唐、瞿光熙编《左联五烈士研究资料编目》，上海文艺出版社1961年版，第163页。
③ 何定华主编：《李求实文集》，中国文史出版社1991年版，第133页。

的进一步讨论和党的路线的更深刻研究和认识的方面是太少了,这尤其不能满足革命群众中的先进分子,以及党的干部的所需要"。[①] 而且李求实认为这也不是排满了革命斗争消息的《红旗日报》所能完成的任务,所以实在有另出副刊专门容纳这类稿件以担负起这一使命的必要。

李求实为此主张《实话》副刊的主要内容应包括以下几点。一是正确传达党的路线,尤其是关于最近中共中央三中全会的路线和精神,要详细地加以传达和解释,以供给各级党部以及革命团体的运用。这是本刊的重要使命。二是详细地研究党的策略和战术,对于工作方法更深切地探求,从中得出具体的方案,以供给同志们的实际需要。三是对当前一般政治上的问题进行详细的讨论,以更了解党的路线和策略应当如何正确灵活地应用,取得更大进步。四是实行自我批评,站在党的正确立场举行无情的自我批评,是布尔什维克化的有力武器,这样才能肃清一切不正确的倾向,帮助同志们改正错误。五是收集各地的工作经验和教训,加以适当的估计,将经验和教训及时地传达给各个地方。六是介绍联邦共产党目前重要的策略和过去宝贵的经验,以及其他国家无产阶级斗争的教训。七是设置讨论专栏,广泛包括一般革命干部所不能解答的有关党的路线、方针、策略、理论、工作方法及日常生活中的各种难题,在问题讨论结束之时,副刊要给予明确的答复。"总之本刊所负的使命是帮助革命的先进分子所必需要的武装,由革命的中坚干部更具体明了的向着广大群众传达和解释,才能更扩大党的政治影响"。[②] 李求实号召每一个革命工作者,都应该计划着如何来帮助该刊实现这一伟大的任务。因为这不仅是办好报刊的需要,也是党和革命在目前形势之下的迫切需要。

四

新闻是社会的反映,也是社会前进的推动力量,从对社会生活反映的角度认知媒介,重视报刊宣传的革命作用,是李求实一以贯之的媒介批评思路。1925年10月,李求实在《十四年之回顾》一文中,通过回顾历史,指出报刊宣传的重要性。他在总结辛亥革命失败的原因时,就

---

① 何定华主编:《李求实文集》,中国文史出版社1991年版,第133页。
② 何定华主编:《李求实文集》,中国文史出版社1991年版,第134页。

明确指出，同盟会的一些人只注意对新军和会党的工作，而忽视了对一般民众的宣传和组织，这是辛亥革命最终失败的根本原因。真正彻底的革命是要经过宣传、组织与训练然后才谈得上武装暴动，并最终夺取政权、实现社会制度的转换。他举例1915年袁世凯利用报刊紧锣密鼓地大造帝制舆论的历史事实指出：民国4年上半年，袁世凯悍然答应日本的二十一条，明令禁止排斥日货，都是为了求得日本帝国主义的援手。是年八月，筹安会诸人便开始帝制鼓吹；九月，所谓全国请愿联合会在北京发起；十二月，所谓国民代表会议决定推戴大总统为皇帝了。于是策封、特封、策令、申令之类字句，"时常从新闻纸上跳到我们的眼中了"。① 他说看着报刊上这些新闻，不禁引起了他儿时的回忆，仿佛看见封建时代的浩荡"皇恩"正在天空中翱翔，所以，从民国5年开始，"新闻纸便用'洪宪'的年月向我们报告消息了"。② 不断从报上看见"策令孔令贻仍袭封衍圣公并加郡王衔""特封吴佩孚为三等男"等一类的专电。当然，同时人们也陆续从报刊上看见，蔡锷、唐继尧在云南独立，党人谋攻惠州，黔军入湘进占麻阳，滇军攻袭泸州进逼渝边，湖北军队暴动以及党人密谋在长沙起义，等等。于是，在这一系列的事件之后，袁世凯终因众叛亲离在忧愤中死去，其残民窃国的活剧也就此告终谢幕。在历史的发展过程中，新闻媒介始终是一个不可或缺的参与角色，要认识社会，就要理解媒介的功用。

在阶级斗争异常激烈的20世纪30年代前后，作为意义的承载体和生产者，报刊工具属性的凸显和强化是一种社会必然。1930年8月10日，中共中央机关报《红旗日报》在发刊词中明确提出："在现在阶级社会里，报纸是一种阶级斗争的工具。统治阶级利用一切新闻报纸的机关，来散布各种欺骗群众的论调。在目前国民党的白色恐怖的统治之下，一切公开发行的报纸，都是帝国主义豪绅资产阶级的拥护者，都是帝国主义忠实的奴仆。"③ 它们不仅发表反革命理论，粉饰统治者投降帝国主义、剥削和屠杀工农的罪恶，而且极尽欺骗和造谣之能事，企图掩尽全国人民的耳目。中

---

① 求实：《十四年之回顾》，《中国青年》1925年第100期。
② 求实：《十四年之回顾》，《中国青年》1925年第100期。
③ 复旦大学新闻系新闻史教研室编：《中国新闻史文集》，上海人民出版社1987年版，第166页。

国工农群众既受国民党的暴力压迫，也受他们新闻政策的封锁，因此，全国工农群众不仅要大力反对国民党的政治压迫，而且要建立自己的革命报纸，宣传革命理论，传达真实的革命斗争消息，建立推翻国民党统治的言论机关。报纸是阶级斗争的工具，这是当时中国共产党关于报纸性质认识的基本观念之一，也必然成为当时党的新闻工作者开展媒介批评的理论出发点和落脚点。1927年12月广州起义之后，李求实曾经针对我党当时新闻报道和宣传不足的问题提出批评："广州起义这样伟大的斗争，日本作家写过一篇叫'震撼支那三日间'，我们自己连一篇有力量的报道也没写出来。象海陆丰苏维埃这样英勇的斗争，香港报纸上倒有连篇累牍的记载，我们只能从参加斗争的同志口头上听到些真实情况。我们对文艺工作重视得太不够了。对于文艺这个武器，我们好象秀才用枪一样不灵。我们必须要学会既能用枪又能用笔，我们才配称为有共产主义思想的文武全材的革命家。不然革命的胜利无法取得，其他一切更说不上了。"[①] 显然，武器的批判与批判的武器相统一，是李求实进行媒介批评时的一个主动性追求，而这也是20世纪30年代初期中国共产党人开展媒介批评活动时所共同表现的整体政治价值取向。

李求实是当时著名的青年作家，中国左翼作家联盟在"为国民党屠杀同志致各国革命文学和文化团体及一切为人类进步而工作的著作家思想家书"中，特别称赞他是一位"富于文学天才"并"兼及于社会问题的著述家"，[②] 有多种著译书籍。作为一位文学家，李求实的媒介批评也具有很强的文学色彩，其重要的表现之一，就是他对媒介的评述常常使用文学的语言和修辞，感染力强。例如上面述及的《编完以后》一文中，就大量地使用了文学写作中的比喻修辞手法：浪潮、乌云、流荡、暴风、骤雨、奔扑、恶魔、萤火、深山孤岭、狐狸美女等语词，既巧妙而准确地传达了某种社会意象，具有强烈的思想张力，又令人读后产生一种强烈的美感，留下深刻的印象，使论理与抒情实现了较完美的统一，给后人进行媒介批评提供了另一种文本路径和结构模式。他的媒介批评语言大多简洁而生动，

[①] 丁景唐、瞿光熙编：《左联五烈士研究资料编目》，上海文艺出版社1961年版，第155—156页。
[②] 转引自丁景唐、瞿光熙编《左联五烈士研究资料编目》，上海文艺出版社1961年版，第138页。

要言不烦，能够在不多的言辞中直抵事物的本质，使批评对象无处闪躲。1926年6、7月间，国内很多报刊针对共产党与群众运动的关系等问题纷纷发表评论，如国家主义派的《自强》杂志、东南大学一些学者创办的《东南论衡》杂志、胡适派文人创办的《独立评论》杂志等，对共产党与群众运动的关系问题有诸多不实和诬蔑之辞，刻意攻击、抹黑共产党人的社会形象，在广大读者中产生了十分不良的影响。李求实为此撰写了《近来颇有些妄言家》一文，发表在1926年7月10日出版的《中国青年》上。该文标题中的"妄言"一词，即充分概括和揭露了上述报刊有关论说的荒谬性所在，随后列举其言论并与事实相对照，使得文章具有强大的逻辑说服力量，起到了澄清是非、驱除谬误的作用。

在20世纪30年代初期，我党的报刊宣传工作者受到"左"倾主义的影响，在部分媒介批评中常具有武断和片面的倾向。比较而言，李求实在批评我党报刊有关工作的时候，则能够秉持相对客观的态度和分析视角，既对报刊工作中的优点和成绩予以充分肯定，也对其中的不足和问题毫不遮掩与避讳，体现一个共产党人襟怀坦白的气度。如他对《上海报》编辑工作的总结和分析，就是有一说一，有二说二，具备了全面系统的批评色彩。这些批评作为发给该报通讯员的参考资料，对他们形成正确的媒介认知，更好地履行报刊工作职责，无疑具有很好的启发、引导和示范作用。李求实的媒介批评，往往具有直接诉诸读者潜在视角，甚至具有某种聊天式的平和色彩，较容易让读者接受其中所表达的观点。他在《编完以后》一文中向读者交代说："我们很早就有这个计划，要出版一个刊物。但是着手筹备以后，许多实际的困难，使我们几次陷于束手的地步。我们固料到在目下这豺狼当道的时期，稍带些'人气'的事，要一帆风顺的做去，是没有这可能的。可是，这小小的'飞沙'，会一再受阻挠，一再受磨难，屡次三番，几濒于'流产'，实也出乎我们的意料之外。现在，第二期已经编竣，说起来亦属不幸中之大幸。虽然这小小的东西，有些'三不像'，但是有此结果，我们觉得也非易事了。不客气些说，我们也该庆幸这些成就。"[①] 这段话表面上好像是叙述刊物的编办经过，但其中"不幸中之大幸"的描述，"庆幸""成就"等语词的使用，与前面的"屡次三番""磨难""豺狼当道"等形成意义的呼应，既清楚说明了该刊编办过程中的困

---

① 何定华主编：《李求实文集》，中国文史出版社1991年版，第131—132页。

难和不易，又对其成绩给予了充分肯定，很能争取读者对其所办报刊的理解和认同。

李求实是中国共产党早期的优秀党员，中国共产党第六届中央委员会扩大的第七次全体会议通过的《关于若干历史问题的决议》评价他"为党和人民做过很多有益的工作，同群众有很好的联系"。[①] 作为中国现代著名的进步文学作家、"左联"五烈士之一，李求实曾被鲁迅先生自豪地引为"很好的朋友"，称他为当时中国"很好的青年"。[②] 李求实是中国共产党早期集作家、报人和青年运动领导者三种身份于一身的革命先驱，作为无产阶级革命家，他首先是一个中国共产党党员，然后才是一个文学家和报人。他在党的教育和指引下，沿着自己的生活与斗争道路发展成一个无产阶级革命新闻工作者后，其媒介批评活动从此就都成为他从自己的水平出发、自觉宣传无产阶级革命思想的斗争实践的一部分，努力地为反对各种非无产阶级政治和文化思想的斗争服务。在李求实的媒介批评活动中，报刊是否能够和在多大程度上为革命斗争服务，是他评价媒介及其传播活动的一个重要标准和观察点。报纸是阶级斗争工具的媒介观念认知，始终成为他开展媒介批评的主要理论姿态和言说倾向，这构成了他媒介批评活动的一个鲜明特色。毋庸讳言，由于时代和个人认识上的局限，在李求实的一些媒介批评言说中，也有不妥或不周之处，如他在评析胡适的有关报刊言论时，使用过一些过于激烈和情绪化的言辞，他说自己本来已不想批评胡适，是因为胡适已落伍于时代前进的脚步，"犹如路旁的一条死狗之不待叱咤一样"，但终于又撰文批驳胡适，乃是"这条死狗今天发出了一股妨害公共卫生的臭气，我们都不能不理会了"。[③] 这样的话语言说充满了愤激之情，明显偏离了媒介批评的正常之道，实有不足为训之处。

第五节　鲁迅的媒介批评

鲁迅（1881—1936），姓周，名樟寿，字豫山，后改字豫才，改名周

[①] 陈洪主编：《"中国近现代史纲要"阅读文献汇编与导读》，重庆大学出版社2014年版，第179页。
[②] 《鲁迅全集》第4卷，人民文学出版社1981年版，第488页。
[③] 求实：《评胡适之的"新花样"》，《中国青年》1925年第98期。

树人，鲁迅是他后来发表文学作品时所使用的笔名，也是他后来影响最为广泛的笔名，浙江绍兴人。祖父周福清进士出身，父亲周伯宜中过秀才。1886年入家塾开蒙，1892年入绍兴三味书屋从寿镜吾先生读书。1893年，祖父周福清因为科场舞弊案而被革职下狱，家道遂由小康坠入困顿。1898年3月，往南京考入江南水师学堂，1899年初，改入江南陆师学堂附设的矿路学堂，1901年底毕业后，由江南督练公所派赴日本留学，1902年3月入东京弘文学院，1904年8月往仙台医学专门学校学习，一年后弃医从文，希望用文学对国民进行思想改造和启蒙。1909年6月返国，任浙江两级师范学堂生化教员，1910年8月任绍兴中学堂监学。1911年9月绍兴光复，任绍兴师范学校校长。1912年1月1日，南京中华民国临时政府成立，应教育总长蔡元培之召，任教育部社会教育司第一科科长，8月改任教育部佥事，此后还兼任北京大学、北京高等师范学校、北京女子高等师范学校、世界语专门学校等校讲师，公余研究古代碑拓与佛经。1918年4月开始文学创作，第一篇白话小说《狂人日记》，以鲁迅为笔名发表在《新青年》第4卷第5号上，此后即创作不断，显示了文学革命的实绩。1926年8月赴任厦门大学任文科教授。1927年1月至广州任中山大学文学系主任兼教务主任。10月抵上海。12月应大学院院长蔡元培之聘，任特约著作员。1936年10月19日，因病在上海寓所逝世。鲁迅不仅是中国现代著名的文学家、思想家、民主战士、五四新文化运动的重要参与者、中国现代文学的奠基人，而且是中国现代杰出的报刊活动家。鲁迅的一生和报刊接触非常紧密，报刊是他进行战斗的主要阵地。据有关专家统计，鲁迅在103家报刊上发表过742篇文章，参加过18种报刊的编辑工作，不仅担任过《莽原》《语丝》《国民新报副刊》《奔流》《北新》等刊物的主编，还担任过《新青年》《文学》等刊物的编委，指导过《未名》《波艇》《鼓浪》《译文》和不少左联刊物的编辑工作，并对一些革命进步报刊（如《越铎日报》《晨报副刊》《民报副刊》等）的编辑和出版工作给予过热情支持，还与不少进步的中外新闻工作者（如邵飘萍、邹韬奋、斯诺、史沫特莱、山上正义等人）有过密切的交往和联系。[①] 报刊是构成鲁迅文化生活环境的主要元素，"他不仅密切关注着革命的和进步的报刊宣传工作，也对当时形形色色的各种反动报刊作过无情的揭露和辛辣的讽刺，对当时

---

① 方汉奇：《报史与报人》，新华出版社1991年版，第310—311页。

各种新闻现象进行过独具特色的解读和评价"。① 他不愧是中国现代文化思想上首屈一指的媒介批评大师。

一

早在五四新文化运动时期,鲁迅即开始了媒介批评活动。1922年1月,吴宓、梅光迪和胡先骕等人创办了《学衡》月刊,倡导文化复古主义和折中主义。他们都是美国哈佛大学的留学生,深受该校比较文学系新人文主义代表人物白璧德教授的影响,回国后都执教于南京东南大学。该刊宣称其宗旨是:"论究学术,阐求真理,昌明国粹,融化新知;以中正之眼光,行批评之职事。"② 《学衡》在介绍西方文学方面,做过一些努力,不过主要倾向和办刊目的则是对新文化运动的反动。该刊以"无偏无党,不激不随"③ 相标榜,但在创刊伊始即极力指责新文化运动的领袖人物是一些诡辩家和功名之士,肆意攻击五四新文化运动是模仿西人而仅得其糟粕,表现出鲜明的复古主义倾向。在《学衡》创刊号上,胡先骕发表了《评〈尝试集〉》一文,其中充满了"大名鼎鼎之文学革命家""似诗非诗似词非词""于中国诗之造就,本未升堂。不知名家精粹之所在,但见斗方名士哺糟啜醨之可厌"④ 等嘲讽和蔑视性评价语言,这自然招来了新文化阵营的反击。1922年2月4日,式芬(周作人)在北京《晨报副镌》上发表的《〈评尝试集〉匡谬》一文,列举了胡先骕文中的四个论点,逐一加以批驳。鲁迅先生以此为由头,将批判的矛头上升到整个"学衡派"的高度,并首先提出《学衡》杂志的"弁言"作为批评的靶子,因为"弁言"是一本杂志的序言,犹如杂志所树立的一面旗帜一样,将旗帜批倒,则杂志也随之而倒。"我在二月四日的《晨报副刊》上看见式芬先生的杂感,很诧异天下竟有这样拘迂的老先生,竟不知世故到这地步,还来同《学衡》诸公谈学理。夫所谓《学衡》者,据我看来,实不过聚在'聚宝之门'左近的几个假古董所放的假毫光;虽然自称为'衡',而本身的称

---

① 胡正强:《鲁迅的新闻批评实践及其思想论略》,《新闻界》2004年第4期。
② 《学衡杂志简章》,《学衡》1922年第1期。
③ 《学衡杂志简章》,《学衡》1922年第1期。
④ 胡先骕:《评〈尝试集〉》,《学衡》1922年第1期。

星尚且未曾钉好，更何论于他所衡的轻重的是非。所以，决用不着较准，只要估一估就明白了。"① 鲁迅批评《学衡》的深度，就不再是式芬式的理论辩驳，而是戳穿其主张与作文实践之间的深刻矛盾，从而实现以子之矛攻子之盾的批评效果。

鲁迅这篇批评文本的切入角度，举重若轻，十分精巧，开篇以批评式芬下笔，当然不是真的批评式芬，而是言在此而意在彼，指桑骂槐，然后以鄙弃的语气说：对《学衡》议论的斤量，也不值认真称量，只值一估。这是何等的鄙弃和不屑！在指出《学衡》第1期几篇文章文义不通后，鲁迅辛辣讥刺道："以上不过随手拾来的事，毛举起来，更要费笔费墨费时费力，犯不上，中止了。因此诸公的说理，便没有指正的必要，文且未亨，理将安托，穷乡僻壤的中学生的成绩，恐怕也不至于此的了。"② 十分有力地揭穿了"学衡派"所谓"学贯中西"的假面具，使其无法再觍颜贩卖其复古主义的主张以毒害广大读者。妙的是鲁迅并未就此罢笔，而是继续嘲讽道："总之，诸公掊击新文化而张皇旧学问，倘不自相矛盾，倒也不失其为一种主张。可惜的是于旧学并无门径，并主张也还不配。倘使字句未通的人也算国粹的知己，则国粹更要惭惶煞人！'衡'了一顿，仅仅'衡'出了自己的铢两来，于新文化无伤，于国粹也差得远。"③ 嘲弄挖苦"学衡派"竟然把到处不通的文字公之于众，而且堂而皇之地要冒充国粹的知己，真是不知人间有羞耻二字！在文章的结尾处，一句"我所佩服诸公的只有一点，是这种东西也居然会有发表的勇气"，④ 正话反说，使《学衡》阻碍新文化运动的企图，在冷嘲热讽中顿时化为一片乌有，给《学衡》及"学衡派"以极为沉重的一击。

二

媒介行为的复杂性要求媒介批评必须以整体性的眼光进行观照。媒介批评的整体性意味着观察和评价媒介不为媒介的一时一处、一言一语

---

① 鲁迅：《估〈学衡〉》，《鲁迅全集》第1卷，人民文学出版社1981年版，第377页。
② 鲁迅：《估〈学衡〉》，《鲁迅全集》第1卷，人民文学出版社1981年版，第379页。
③ 鲁迅：《估〈学衡〉》，《鲁迅全集》第1卷，人民文学出版社1981年版，第379页。
④ 鲁迅：《估〈学衡〉》，《鲁迅全集》第1卷，人民文学出版社1981年版，第379页。

所左右，而应该对媒介作长期的系统性观察和分析，如此才可以不为暂时的现象所迷惑，抵达事物的内在本质。鲁迅1930年3月1日发表在《萌芽月刊》上的《非革命的急进革命论者》一文，就是这方面的代表。报纸是由新闻、通讯、文艺、广告等多种元素组合而成的一个系统工程，每一种报纸元素都有其内在的质的规定性和自足性，从而在报纸的系统里表现为相对的独立性。中国近代报纸在19世纪中期诞生后不久就有了副刊。不言而喻，副刊依附于正刊，不能脱离正刊而存在，但又不同于正刊。报纸在长期的演变过程中，副刊尤其是文艺副刊具有相对的独立性。这种独立性在多个方面都有着充分表现，如副刊有稳定的版面和固定的出版日期，有着自身独立的文体选择和倾向，有自身稳定的撰稿人队伍和读者群体，甚至在篇幅方面完全独立，读者可以单独订阅，或每月装订成册后单独销售。在编辑形态方面，主编者甚至可以根据自己的意向来决定文艺副刊的特色，制定编辑方针和宗旨，编排栏目、组织稿源和发排稿件等。如《字林沪报》的《消闲报》，《民国日报》的《觉悟》，北京《晨报》的《晨报副镌》，上海《时事新报》的《学灯》，等等，都是如此。副刊的独立性至此可谓已经达到了临界状态，但它仍然只能是作为报纸的一个附属部分而存在，每天随报附送。如果超出了这一限度，完全独立发行，与报纸不再有连带性的关系，那么，报纸副刊的角色就要发生性质上的变化，或者变为另一张面目迥异的报纸，或者变为一本与之不相关联的杂志。

叶永蓁是第一次国内革命战争时期黄埔军校第五期的一名学生，后来加入国民党军队并成为一个低层军官。大革命失败后，脱离国民党部队浪迹上海，在位于亚士培路的滨海中学任教。《小小十年》是他的一部自传体长篇小说，初稿原名《茵茵》，在出版前曾经寄鲁迅听取意见。在鲁迅的修改意见下，原来满是情爱的稿子成为小小青年社会苦闷的呈现，改名为《小小十年》，由鲁迅写《小引》，叶永蓁自绘封面和12幅插图，1929年9月由上海春潮书局出版发行，风行一时。从艺术上看，《小小十年》并不成熟，语言叙述上大段的独白式说教，单一的描写手段，显得粗糙而生硬，很少生动细腻的人物刻画，不过从中却流露一种心灵坦然、直言不讳的真实可爱。叶永蓁特殊的个人生活经历，使他笔下的革命呈现某种复杂而更为真实的形态，对当时新文学创作中出现的以辞害意的不良倾向具有一种矫正意义和独特价值。正因如此，鲁迅在看了小说的初稿后，专门撰写了《叶永蓁作〈小小十年〉小引》一文："我极欣幸能绍介这真实的作品于中国,还渴望看见'重上征途'以后之作的新吐的光芒。"① 热情地向读者予以推介。

1929年11月19日,《申报》副刊《艺术界》"新书月评"专栏,发表了偶然的评叶永蓁长篇小说《小小十年》的书评,其中云:"我们的主人翁和许多革命青年一样,最初只是把革命当作一种无法可想之中的办法,至于那些冠冕堂皇的革命理由,差不多都是事后才知道,事后才说";"书中很强烈的暗示着,现在革命青年心目中的'革命',目的不是求民族复兴而是在个人求得出路而已"。甚至还断定:"《小小十年》这样的作品就不算是可贵的了。"② 述评在貌似很革命的面貌下,对小说提出了出于情理之外的苛求。鲁迅敏锐地看出了书评背后所隐藏着的祸心,随即撰写了《非革命的急进革命论者》予以揭露。鲁迅一针见血地指出:"倘说,凡大队的革命军,必须一切战士的意识,都十分正确,分明,这才是真的革命军,否则不值一哂。这言论,初看固然是很正当,彻底似的,然而这是不可能的难题,是空洞的高谈,是毒害革命的甜药。"③ 因为鲁迅清醒地知道,革命是一个大浪淘沙的漫长过程。投身革命的人,其终极目的可能极为复杂而歧异,而且在行进中,也时时会有人退伍,有人落荒,有人颓唐,甚而至于有人叛变,走向革命的反面。这是被历史和现实一再证明的事实。然而这对于革命来说,未必就不是好事。所以对世事洞明的鲁迅,十分乐观地说:"只要无碍于进行,则愈到后来,这队伍也就愈成为纯粹,精锐的队伍了。"④ 革命队伍当然是越纯粹越好,但这不能一厢情愿,而是要经过火与血的淬炼始能达到。如果按照偶然的批评逻辑,因为革命队伍不纯粹,那么就"还是现状最好",⑤ 最后自然是导

---

① 鲁迅:《叶永蓁作〈小小十年〉小引》,《鲁迅全集》第4卷,人民文学出版社1981年版,第148页。
② 转引自鲁迅《非革命的急进革命论者》一文第四条注释文字,《鲁迅全集》第4卷,人民文学出版社1981年版,第229页。
③ 鲁迅:《非革命的急进革命论者》,《鲁迅全集》第4卷,人民文学出版社1981年版,第226页。
④ 鲁迅:《非革命的急进革命论者》,《鲁迅全集》第4卷,人民文学出版社1981年版,第226页。
⑤ 鲁迅:《非革命的急进革命论者》,《鲁迅全集》第4卷,人民文学出版社1981年版,第228页。

致取消革命的结论。所以,偶然批评背后所暴露的本质就是:非革命的急进革命论者。

鲁迅这篇文章的媒介批评价值在于,他将偶然的这种貌似急进革命的言辞,放置到发表其言辞的《申报》背景下,从二者看似矛盾而实则统一的关系之中,对书评进行意识形态性的动机分析。鲁迅指出:"但后来在《申报》上,却看见了更严厉,更彻底的批评,因为书中的主角的从军,动机是为了自己,所以深加不满。《申报》是最求和平,最不鼓动革命的报纸,初看仿佛是很不相称似的,我在这里要指出貌似彻底的革命者,而其实是极不革命或有害革命的个人主义的论客来,使那批评的灵魂和报纸的躯壳正相适合。"① 从不相称的表象中剖露其"正相适合"的媒介意识形态、本质,从而将媒介批评提升到了一个十分成熟而高明的辩证唯物主义认识论的哲学高度。

三

真实性是新闻传播的首要原则,是新闻的最基本要求,但在现实的生活中,新闻传播并不真实的现象又比比皆是,特别是在政治并不清明的社会环境中,基于政治上的需要,操弄媒体造谣更是一种常见而普遍的阴谋诡计,这就使新闻传播变得有些扑朔迷离。鲁迅在长期的资产阶级报纸的阅读实践中,逐渐得出了对某些报纸新闻报道只能反面看的经验。1933年4月6日,他在《申报》副刊《自由谈》上发表了《推背图》一文,就是对资产阶级报纸新闻真实性问题的一种批评。所谓"推背图",相传是由唐代李淳风所撰的一种能够预测历代兴亡变乱、具有妄诞迷信色彩的谶纬图册。鲁迅的《推背图》是一篇杂文,主旨是揭露和批判国民党当局为掩盖其投降卖国罪行而进行的一些欺骗性宣传,号召读者不要上当。

文章一开头就点明题旨,说明用"推背图"作为文章的题目,只是对"推背"词语语义的借用:"我这里所用的'推背'的意思,是说:从反面来推测未来的情形。"② 而之所以如此,是因为在1933年3月13日的《申

---

① 鲁迅:《非革命的急进革命论者》,《鲁迅全集》第4卷,人民文学出版社1981年版,第227页。
② 鲁迅:《推背图》,《鲁迅全集》第5卷,人民文学出版社1981年版,第91页。

报·自由谈》里,有陈子展发表的一篇文章,题目为《正面文章反面看》。其中大意是说,当时国民党报纸大喊大叫什么"航空救国",其实没有看见一架飞机敢还日本一个炸弹,而只是炸"匪"(红军);"长期抵抗"等于"长期不抵抗","收回失地"也等于"不收回失地",诸如此类。陈子展由是提出了"正面文章反看法"的结论。实践是人们获得认识的来源,鲁迅因此据而指出:"这是令人毛骨悚然的文字。"① 因为这一个结论有悖于常理,"得到这一个结论的时候,先前一定经过许多苦楚的经验,见过许多可怜的牺牲"。② 作者以人类认识砒霜有毒为例说明这一点。人类在认识砒霜有毒之前,一定有过被它毒死过若干生命的经验。因此,"正面文章反看法"的结论如同砒霜有毒的结论一样,其间凝聚着血的教训。所以鲁迅才说他令人"毛骨悚然",是一个以失去生命为代价而换来的痛苦结论。

在说明了"正面文章反看法"的结论来之不易后,鲁迅又以"此地无银三百两,隔壁阿二不曾偷"的民间笑话,再进一步坐实和加深这一结论在国民党当局统治之下的普遍性和有效性。然后在此基础上,笔锋回到对国民党报纸的具体分析,揭露国民党报纸上各种各样的宣传花招,其复杂性远不是"正面文章反面看"那样简单:"但我们日日所见的文章,却不能这么简单。有明说要做,其实不做的;有明说不做,其实要做的;有明说做这样,其实做那样的;有其实自己要这么做,倒说别人要这么做的;有一声不响,而其实倒做了的。然而也有说这样,竟这样的。难就在这地方。"③ 意在说明国民党官方报纸宣传的狡猾,及其手法的多样性。鲁迅随后摘引了当时报刊上发表的若干条政治要闻,启发读者运用各种不同的反看法,去做出正确推测和判断,以免上当受骗。这几条新闻分别是:

一,××军在××血战,杀敌××××人。
二,××谈话:决不与日本直接交涉,仍然不改初衷,抵抗到底。
三,芳泽来华,据云系私人事件。

---

① 鲁迅:《推背图》,《鲁迅全集》第5卷,人民文学出版社1981年版,第91页。
② 鲁迅:《推背图》,《鲁迅全集》第5卷,人民文学出版社1981年版,第91页。
③ 鲁迅:《推背图》,《鲁迅全集》第5卷,人民文学出版社1981年版,第91页。

四，共党联日，该伪中央已派干部××赴日接洽。

五，××××……①

这5条新闻，内容各不相同，但有其共同之处，即都需要运用某一种反看法，方能得其真义。读者如果将这些"新闻"与上述作者所提出的种种反看法对号入座，就会明白，第1条和第3条属于"明说做这样，其实做那样的"之类。血战杀敌是假，逃跑投降是真；对外宣传芳泽来华"系私人事件"，其实是为了掩饰其来华的险恶目的，意在掩耳盗铃。第2条是属于"明说不做，其实要做的"。明说"决不与日本直接交涉"，实际上正在暗中与日本勾结，做着投降日本的准备。第4条则是无疑地属于"其实自己要这么做，倒说别人要这么做"的一类：国民党当局自己准备要投降日本，反倒煞有介事地诬蔑中国共产党投降日本，从而既揭露了国民党报纸各种骗人的鬼蜮伎俩，同时也说明了"正面文章反面看"方法的种种复杂情形，更揭露了国民党当局言行不一的丑态和投降卖国的罪行，充分地显示了鲁迅后期媒介批评中观察的深入细致和唯物辩证法运用的纯熟精湛。

鲁迅摘引的政治要闻都是正面文章反面看的实例。国民党反动派卖国投敌的罪行，国民党报纸的骗人伎俩，原本已经骇人听闻了。然而鲁迅在摘引上述政治要闻后，却说："倘使都当反面文章看，可就太骇人了。"②运用反讽手法，对国民党及其舆论载体作了辛辣而有力的嘲讽。作者的愤怒之情，也跃然纸上。当然，报纸毕竟是报纸，国民党系统的报纸对于一般的社会新闻以及商业行情，也有一些真实的报道。读这些新闻，则无须如读其政治要闻那样采用"推背"的方法。"于是乎我们就又胡涂起来"③之说，则是一种反语，但它在语言表达上增加了文章的幽默感，使之具有更强的艺术性与可读性。文章最后由《推背图》的被假造，结果弄得人们不能预知，因而也不再被人们相信，"必待事实证明之后，人们这才恍然大悟。我们也只好等着看事实，幸而大概是不很久的，总出不了今年"。④

---

① 鲁迅：《推背图》，《鲁迅全集》第5卷，人民文学出版社1981年版，第92页。
② 鲁迅：《推背图》，《鲁迅全集》第5卷，人民文学出版社1981年版，第92页。
③ 鲁迅：《推背图》，《鲁迅全集》第5卷，人民文学出版社1981年版，第92页。
④ 鲁迅：《推背图》，《鲁迅全集》第5卷，人民文学出版社1981年版，第92页。

说明事实终究是胜于雄辩,事实不久将无情地揭穿国民党报纸政治要闻的欺骗性。报纸靠造谣和欺骗过日子,终归不能长久,无法避免最后要被人们抛弃的可耻命运。

四

鲁迅发表在1933年6月18日《申报·自由谈》上的《二丑艺术》杂文,则是对帮闲一类报纸嘴脸的揭穿。在中国现代报刊史上,存在《新月》《现代》《人言》《现代评论》《大晚报》等一类在政治光谱上偏重于为国民党统治当局服务的报刊。鲁迅在很多文章中曾借机揭穿他们帮闲者的媒介本质,《二丑艺术》是其中较为重要的一篇。在我国传统戏曲中,有生、旦、净、末、丑等类角色。它们有着各自特殊的脸谱和服饰,以此显示其地位、身份和性格。在丑角中有一种"二丑"角色,其性格类型属于狡猾奸诈、两面三刀之类,所以面目特别可憎。《二丑艺术》一文,表面上是在向读者介绍舞台上的二丑这种角色,其实是在为一些活跃于报刊界为统治阶级帮闲的人的画像,以此揭穿他们小骂大帮忙的险恶用心与丑恶嘴脸。

在文章开头,鲁迅就采取比较的手法,先将小丑和二丑对比,指出二者的不同:"浙东的有一处的戏班中,有一种脚色叫作'二花脸',译得雅一点,那么,'二丑'就是。他和小丑的不同,是不扮横行无忌的花花公子,也不扮一味仗势的宰相家丁,他所扮演的是保护公子的拳师,或是趋奉公子的清客。总之:身份比小丑高,而性格却比小丑坏。"[①] 就是说小丑扮演的是横行无忌的花花公子或一味仗势的宰相家丁,是张牙舞爪容易被人一眼识别的坏蛋,后者则或是以保护公子不受侵犯的拳师面目出现,或者以陪主人读书作画、消闲凑趣的清雅之客身份现身,似乎都是并不直接作恶的门客,但本质与小丑并无二致。二丑由于有一技之长,所以其身份比小丑要高,但又由于他容易迷惑人,所以性格比小丑坏。

然后又将二丑与义仆、恶仆进行对比,也指出他们的不同点:"义仆是老生扮的,先以谏诤,终以殉主;恶仆是小丑扮的,只会作恶,到底灭亡。而二丑的本领却不同,他有点上等人模样,也懂些琴棋书画,也来得行令猜谜,但倚靠的是权门,凌蔑的是百姓,有谁被压迫了,他就来冷笑

---

① 鲁迅:《二丑艺术》,《鲁迅全集》第5卷,人民文学出版社1981年版,第197页。

几声，畅快一下，有谁被陷害了，他又去吓唬一下，吆喝几声。不过他的态度又并不常常如此的，大抵一面又回过脸来，向台下的看客指出他公子的缺点，摇着头装起鬼脸道：你看这家伙，这回可要倒楣哩！"① 义仆愚笨，恶仆简单，而二丑则是在主子清闲的时候帮闲，在主子行凶的时候帮凶，从而显示"二丑"之流长袖善舞、游刃有余的混世本领和高明手段。但伪装再高明，也有被识破的时候。鲁迅指出："这最末的一手，是二丑的特色。"② 他何以会有这一特色呢？因为他是"智识阶级"。作者笔锋一转，从舞台上的二丑艺术指向报刊界的帮闲报人，他们是这样巧妙地来为其主子帮闲："我们只要取一种刊物，看他一个星期，就会发现他忽而怨恨春天，忽而颂扬战争，忽而译萧伯纳演说，忽而讲婚姻问题；但其间一定有时要慷慨激昂的表示对于国事的不满。"③ 极力地在受众面前不停地切换着面孔，希望隐藏自己的真面目。"这就是用出末一手来了。"④ 他们为何如此费心地表演呢？这就显出他们的狡猾和高明来了。他们深知在动荡不安的社会里，自己依靠的只是一座冰山，并不能长久，所以在受主子豢养，分着一点余焰的时候，又要装着与其主子并非一伙，从而营造出与主子保持距离的表象，以便将来气候不佳时能够抽身而去，另就乞食之所。不过，群众的眼睛是雪亮的，尽管二丑们心劳日拙地掩盖和表演，其真实的面目最终仍然被人们识破了："小百姓是明白的，早已使他的类型在戏台上出现了。"⑤ 鲁迅认为只要社会上还有权门，有恶势力，就会有二丑类报刊的存在，但是百姓早就看透了这一种人的本质，当人民起来整理山河的时候，他们也就必将和所靠的冰山一起消亡。鲁迅从而深刻地揭示出二丑报刊所产生的社会和政治根源，并预示了其必然灭亡的历史命运。

1932 年 9 月，著名作家林语堂创办了《论语》半月刊，极力提倡闲适和幽默，鼓吹无关社会学意识形态，亦不关兴国亡国，大写特写风花雪月、鸟兽虫鱼一类的小品文，甚至说一篇小品文胜过一百本反日救国的宣言和一千张打倒倭奴的标语。虽然《论语》也对社会的时弊有过讥刺，但无论刊物主办者的主观意图如何，该刊在客观上适应了国民党反动派愚民

---

① 鲁迅：《二丑艺术》，《鲁迅全集》第5卷，人民文学出版社1981年版，第197页。
② 鲁迅：《二丑艺术》，《鲁迅全集》第5卷，人民文学出版社1981年版，第197页。
③ 鲁迅：《二丑艺术》，《鲁迅全集》第5卷，人民文学出版社1981年版，第198页。
④ 鲁迅：《二丑艺术》，《鲁迅全集》第5卷，人民文学出版社1981年版，第198页。
⑤ 鲁迅：《二丑艺术》，《鲁迅全集》第5卷，人民文学出版社1981年版，第198页。

政策的需要，具有为国民党反动统治粉饰太平、麻痹人民抗日反蒋革命斗志的效果。这其实也是一种帮闲之法。所以鲁迅在《"论语一年"——借此又谈萧伯纳》一文里，一针见血地指出，在那种时代环境里提倡幽默，只能够起到"将屠户的凶残，使大家化为一笑，收场大吉"① 的传播效果。鲁迅的《帮闲法发隐》一文，在题旨上与《"论语一年"——借此又谈萧伯纳》《二丑艺术》颇为一致，但侧重不同。鲁迅在该文中愤怒地揭露了报刊的另一种帮闲之法："当没有这样的事件时，那就七日一报，十日一谈，收罗废料，装进读者的脑子里去，看过一年半载，就满脑都是某阔人如何摸牌，某明星如何打嚏的典故。开心是自然也开心的。但是，人世却也要完结在这些欢迎开心的开心的人们之中的罢。"② 指出无重要事件和在无人告警的情况下，帮闲法的精义和具体实施情况，最后深刻地揭示帮闲报刊及其传播所将带来的严重社会后果。

鲁迅是中国现代报刊史上的媒介批评大师，其思想的深刻、逻辑的严密、论证的巧妙和笔锋的犀利，几乎都无与伦比。他曾总结自己批评的特点是："论时事不留面子，砭锢弊常取类型，而后者尤与时宜不合。"③ 所以，他的媒介批评表面上看往往是一事一议，但并不是就事论事，而是注意挖掘事情背后的政治意识形态和深层的社会根本原因，从而以其燃犀下照的洞察力而抵达事物的本质。作为中国现代文化战线上的旗手，报刊是他进行战斗的重要阵地，也是他的主要文化生活环境。阅读报刊，为报刊撰稿，可谓他日常生活中的基本内容。正如他曾经说的那样："其时讳言时事而我的文字却常不免涉及时事。"④ 在他数量庞大的杂文中，很大一部分是针对当时的新闻媒体及其传播有感而发，无论是报刊的出版发行、新闻审查制度，还是具体的新闻报道，甚而至于报纸的广告，几乎所有的新闻元素都在他如炬的目光照耀下和锋利无比的解剖刀下，现出其应有的本相来。他不仅密切关注着革命和进步报刊的新闻与宣传工作，而且对当时形形色色的各种反动报刊做过无情的揭露和辛辣的讽刺，对当时社会上光怪陆离的各种新闻现象进行过独具特色的解读和评价。"鲁迅是在文化战线上，

---

① 鲁迅：《"论语一年"——借此又谈萧伯纳》，《鲁迅全集》第4卷，人民文学出版社1981年版，第567页。
② 鲁迅：《帮闲法发隐》，《鲁迅全集》第5卷，人民文学出版社1981年版，第273页。
③ 鲁迅：《伪自由书·前记》，《鲁迅全集》第5卷，人民文学出版社1981年版，第4页。
④ 鲁迅：《伪自由书·前记》，《鲁迅全集》第5卷，人民文学出版社1981年版，第5页。

代表全民族的大多数,向着敌人冲锋陷阵的最正确、最勇敢、最坚决、最忠实、最热忱的空前的民族英雄。鲁迅的方向,就是中华民族新文化的方向。"①毛泽东在1940年对鲁迅在中国文化史上所做出的高度评价,如果移用来评价鲁迅在中国现代媒介批评史上的贡献和地位,亦庶几近之。

第六节 《萧伯纳在上海》的媒介批评意义

媒介批评发展成熟与否的一个标志,就是看有没有专门性的媒介批评著述出现。比起单篇的文章来说,以书籍形式推出的具有媒介批评品质的著作,不仅分量更为厚重,而且容易引起更多更大的社会关注和反响,既体现社会媒介批评意识的某种觉醒,又能极大地整体推动社会性的媒介批评的前行。1933年上海野草书屋出版过一部《萧伯纳在上海》,在浩瀚的中国现代出版文献中,该书并不特别引人注目,中国现代文学研究者在梳理鲁迅、瞿秋白生平事迹之时会偶尔及之,但对其应有的出版和传播意义则不置一词,付之阙如,即便现今专治中国出版史、新闻史者也由于思维的惯性和视角的局囿,而很少提及它。拂去岁月的尘封,这部曾经浸润着鲁迅、瞿秋白这两位中国现代文坛双璧的汗水与心血的著作,实乃中国媒介批评史上较早的一部专门性编著,在中国媒介批评史上具有某种开拓性和标志性的意义。

一

《萧伯纳在上海》一书印于1933年3月,毛边道林纸,封面设计为剪贴当时各报有关报道的报影拼贴而成,白底红色。这本书今已绝版,不复可得。1983年3月,四川人民出版社予以再版。新版封面的构图以及色彩、封内版式,均系仿原版设计,扉页与原版也完全相同,原版中译名不统一的地方和当时的用字习惯一仍其旧,只是将原版版式中某些体例不统一的地方予以统一,特别是将原版中目录与内里文章标题一些不相符合的地方,新版以文章标题为准加以修改,因此,新版基本上反映了

---

① 毛泽东:《新民主主义论》,《毛泽东选集》第二卷,人民出版社1952年版重排本,1966年改横排本,第658页。

第九章 十年内战时期共产党人的媒介批评

该书原貌。

1933年2月17日,英国著名作家萧伯纳来到上海。萧伯纳先生是自17世纪以来英国的最为重要的剧作家,写过《恺撒和克娄巴特拉》《人与超人》《巴巴拉少校》《皮格马利翁》《伤心之家》《圣女贞德》等杰出的剧作。他的《圣女贞德》写人类害怕自己心目中的圣贤和英雄,在阴暗灵魂的驱动下往往加以杀害,此剧为萧伯纳赢得了世界性的荣誉并使之成为1925年度诺贝尔文学奖得主。1914年爆发的第一次世界大战曾使萧伯纳对西方民主政治失望,因而把人类的希望寄托于社会主义的苏联,萧伯纳在生活上是素食主义并不拘小节,始终以高度活跃的机智和幽默在西方世界保持着公众注目中心的地位。

一位名人的声望往往会成为政治利用的工具,萧伯纳的巨大成就使他的东方之行牵动了中国现代文化人的心,也使他成为媒介关注的焦点。萧伯纳的上海之旅尽管只有短短的半天,但日文报纸、英方报纸和白俄报纸以及国民党官方御用喉舌对萧氏讲话的种种歪曲,却镜子似地照出了各家媒体的相貌。瞿秋白夫妇当天正好寄寓鲁迅家中,鲁迅出席宋庆龄为萧伯纳举行的午餐会后回到家中,与瞿秋白谈起此事。两人都觉得,萧到中国来,别的人一概谢绝,见到的人不多,仅史沫特莱、杨杏佛、林语堂、蔡元培、鲁迅、梅兰芳等寥寥数人。据鲁迅夫人许广平回忆:"他们痛感中国报刊报导太慢,萧又离去太快,可能转瞬即使这伟大讽刺作家来华情况从报刊上消失,为此,最好有人收集当天报刊的捧与骂,冷与热,把各方态度的文章剪辑下来,出成一书,以见同是一人,因立场不同则好坏随之而异地写照一番,对出版事业也可以刺激一下。说到这里,兴趣也起来了,当时就说:我们何不亲手来搞一下?"[1] 于是说干就干,当即由许广平跑到北四川路一带,将各大小报摊都细细搜罗一番,果然,当天的报纸各式各样的论调不一而足。鲁迅和瞿秋白随即交换了一下意见,把需要的材料当即圈定,由许广平和瞿秋白的夫人杨之华共同剪贴下来,再由鲁迅和瞿秋白安排妥帖,连夜编辑,署"乐雯剪贴翻译并编校",鲁迅写序,在二月里交野草书屋,三月即出版问世。乐雯原是鲁迅的笔名,所以,《萧伯纳在上海》一书,是由鲁迅倡议编辑,由许广平负责收集内容材料,由鲁迅和瞿秋白商定该书的编辑框架,鲁迅与瞿秋白两家共同完成的一部编著。

---

[1] 《忆秋白》编辑小组编:《忆秋白》,人民文学出版社1981年版,第277页。

出版《萧伯纳在上海》的野草书屋的前身为1931年成立于上海的三闲书屋。鲁迅曾为野草书屋版的《文艺连丛》撰写广告云："投机的风气使出版界消失了有几分真为文艺尽力的人。三闲书屋曾经想来抵抗这种颓运，而出了三本书，也就倒灶了。我们只是几个能力未足的青年，可是要再来试一试，看看中国的出版界是否永远是这么没出息。"① 野草书屋成立于1933年，鲁迅资助，费慎祥经营，不设编辑部和门市部。据中国现代文学史专家唐弢先生的回忆，该书店仅仅出版过这两本书，除了《萧伯纳在上海》这一本书外，还出过一本《不走正路的安德伦》。该书店后来不久又再改为联华书局。

鲁迅先生对《萧伯纳在上海》这一部书是非常重视的，在出版前后曾多次在日记和给友人的通信中提及此书。他1933年3月3日在日记中记道："校《萧伯纳在上海》起。"② 3月24日又记道："《萧伯纳在上海》出版，由野草书店赠二十部，又自购卅部，其价九元，以六折计也。"③ 1933年3月11日致台静农信："《萧伯纳在上海》及《新俄小说二十人集》下本，月末亦均可出，出即寄奉也。"④ 1933年3月25日又给台静农的信："今日寄上《萧伯纳在上海》六本，请分送霁、常、魏、沈，还有一本，那时是拟送马珏的，此刻才想到她已结婚，别人常去送书，似乎不大好，由兄自由处置送给别人罢。"⑤ 这说明鲁迅对该书也较为重视。

斗转星移，岁月尘封，《萧伯纳在上海》一书出版的意义在学术界长期以来很少受到正确充分的衡估，无论是鲁迅研究还是瞿秋白研究，大多在叙述他们的生平活动时讲故事一般地提到此事而已，原因就在于人们一向不从媒介批评学的角度来审查该书的出版。关于《萧伯纳在上海》一书的编辑目的，学界一向认为有二：当时瞿秋白住在上海，个人生活奇穷，鲁迅劝其编辑此书，一来可以换点钱，二来亦可以保存各方面因萧的到来而自曝其本来面目的事实。应该说，这两方面的原因也都确实存在，却说不上最重要、最本质的原因。笔者以为，许广平在《鲁迅回忆录》中所说的"最好有人收集当天报刊的捧与骂，冷与热，把各方态度的文章剪辑下

---

① 范用：《爱看书的广告》，生活·读书·新知三联书店2004年版，第9页。
② 《鲁迅全集》第15卷，人民文学出版社1981年版，第68页。
③ 《鲁迅全集》第15卷，人民文学出版社1981年版，第71页。
④ 《鲁迅全集》第12卷，人民文学出版社1981年版，第161页。
⑤ 《鲁迅全集》第12卷，人民文学出版社1981年版，第164页。

来，出成一书，以见同是一人，因立场不同则好坏随之而异地写照一番，对出版事业也可以刺激一下"。① 这才真正道出了他们编辑并出版该书的真正目的和原因。也就是说，鲁迅和瞿秋白编辑和出版该书的真正目的乃是为了推动新闻出版事业的反省和进步。这种编撰操作方式与手段，与我们今天所说的媒介批评实无二致。换言之，《萧伯纳在上海》是由鲁迅和瞿秋白共同编著的一本具有媒介批评性质的专门性书籍。

二

过去学术界一向把《萧伯纳在上海》视为"剪报"性质的书籍，多从史料的价值对该书加以利用，也多从这一角度评价该书的出版价值。不可否认，该书确实具有重要的史料价值，鲁迅和瞿秋白也有某种保存史料的目的，但如果我们仅仅把该书认定为一种"剪报"，就未免低估了该书的传播学意义，也与该书的实际情形及体例相背。全书分五部分，第一部分为"Welcome"，收"不顾生命"及"只求幽默"两栏，全是诸家媒体的欢迎或痛骂的文章；第二部分为"呸萧的国际联合战线"，收上海中外各报的社评，并对各家的社评逐一进行批评、分析；第三部分为"政治的凹凸镜"，收瞿秋白撰写的批评性文字一篇，并附录日文报上的记载两种；第四部分为"萧伯纳的真话"，收录萧在香港、上海、北平三地所做的片段谈话；第五部分为"萧伯纳及其批评"，收黄河清作《萧伯纳》及德国特甫格作《萧伯纳是丑角》两篇介绍性的文章。虽然该书以新闻媒介上有关报道和评论为骨架，但我们只要仔细研究该书的内容和结构、体例，就会发现该书绝不只是一本剪报。

该书编辑的主体意识非常鲜明而强烈，全书卷首有鲁迅《序言》："萧在上海不到一整天，而故事竟有这么多，倘是别的文人，恐怕不见得会这样的，这不是一件小事情，所以这一本书，也确是重要的文献。在前三个部门之中，就将文人，政客，军阀，流氓，叭儿的各式各样的相貌，都在一个平面镜里映出来了。"② 总括全书五部分的意见，有编者之一的瞿秋白执笔的《写在前面——他并非西洋唐伯虎》："我们收集'萧伯纳在上海'

---

① 《忆秋白》编辑小组编：《忆秋白》，人民文学出版社1981年版，第277页。
② 《鲁迅全集》第4卷，人民文学出版社1981年版，第501页。

的文件，并不要代表什么全中国来对他'致敬'——'代表'全中国和全上海的，自有那些九四老人，白俄公主，洋文的和汉文的当局机关报；我们只不过要把萧的真话，和欢迎真正的萧的或者欢迎西洋唐伯虎的萧，以及借重或者歪曲这个'萧伯虎'的种种文件，收罗一些在这里，当做一面平面的镜子，在这里，可以看看真的萧伯纳和各种人物自己的原形。"[1] 瞿秋白在此书中所写文字共18篇，除上述的《写在前面》一文外，还有为该书第一部分撰写的具有按语性质的文字："Welcome"，为第二部分撰写的《吓萧的国际联合战线》、《〈字林西报〉的"幽默"》、《〈大陆报〉和萧伯纳的"不诚恳"——中西会串的双簧》、《〈大晚报〉的不凡和难堪》、《日文上海〈每日新闻〉的卑污》、《俄国公主论萧伯纳》、《白俄报的义愤》、附录《胡适博士的词令》等七篇对新闻媒体报道与社论进行剖析批评的文章。这都是针对当时新闻媒体对萧伯纳上海之行的有关报道、言论进行的评析，属于严格意义上的媒介批评范畴。为该书第三部分撰写的专门批评性文字《政治的凹凸镜》，构成该部分的主体，日文《上海日报》和《每日新闻》的两篇报道仅为附录。第四部分"萧伯纳的真话"，第五部分为"萧伯纳及其批评"，没有剖析性的文字，当然具有存史的意味，但这些史料性的材料，恰恰构成对前面的批评性文字的极好注脚，因此，《萧伯纳在上海》一书明显大大地突破了一般以保存资料为目的的剪报范畴，其性质完全无法用"剪报"名目来概括或统属。

鲁迅先生为该书亲自撰写的广告也更好地揭示了该书的性质："萧伯纳一到上海，就给了中国一个冲击。定期出版物上几乎都有记载或批评，称赞的也有，嘲骂的也有。编者用了剪刀和笔墨，将这些择要汇集起来，又一一加以解剖和比较，说明了萧是一面平面镜子，而一向在凹凸镜里见得平正的脸相的人物，这一回却露出了他们的歪脸来。是一部未曾有过的书籍。编者乐雯，鲁迅作序。"[2] 作为中国文学史上的大师，鲁迅撰写过很多书籍报刊广告，实事求是、以诚示人，是人们公认的鲁迅所撰写的书籍报刊广告的共同特点。这篇为《萧伯纳在上海》所撰写的广告也是如此。文字虽系广告，但绝非推销滞销商品的溢美言辞，也非出售个人私货的瞒天告白，而是向读者介绍书籍出版的真诚可信的文章，写得朴实别致，足

---

[1] 乐雯剪贴翻译并编校：《萧伯纳在上海》，四川人民出版社1983年版，第2—3页。
[2] 范用：《爱看书的广告》，生活·读书·新知三联书店2004年版，第11页。

见鲁迅的风格。

在这篇广告中,鲁迅明确地指出以下几点。(1)"编者用了剪刀和笔墨,将这些择要汇集起来,又一一加以解剖和比较。"也就是说,"剪报"只是一种辅助手段,该书的重点是"一一加以解剖和比较",即对新闻媒体上的材料进行批评、分析。(2)"说明了萧是一面平面镜子,而一向在凹凸镜里见得平正的脸相的人物,这一回却露出了他们的歪脸来。"编辑该书是为了暴露某些新闻媒体及其所发表的文字的虚伪性,以便揭破他们的真实嘴脸。"真实嘴脸"这里自然只能理解为是政治意识形态或立场的另一种表达。(3)"是一部未曾有过的书籍。"明示该书在体例上具有很大的创新性。鲁迅做出这样的评价非常耐人寻味。

从明代开始,中国的士大夫知识分子当中,有不少人有抄录邸报的习惯,目的在于了解朝政和积累修史材料,明末顾炎武的嗣祖顾绍芾就是其中的一个。从万历四十八年(1620)到崇祯七年(1634),他一共抄了14年邸报,后来分订成25册,留存在家中。当时抄录邸报一般都是按照时间的先后,经过筛选抄录而成,抄录者只是在抄录的时候做了一些删节、增加摘由(标题)的工作,或加一些补充和说明,目的是方便查阅,没有对邸报内容进行评价的文字。像现在流传下来的《万历邸钞》《天变邸钞》等都属此类。鲁迅自己1916年前后在治中国小说史时也有抄录古碑经录的习惯,他对剪报一类的材料甚为熟悉。如果《萧伯纳在上海》属于剪报一类,鲁迅绝不会自诩为"是一部未曾有过的书籍"。可见,在鲁迅和瞿秋白的心目中,他们也不是按照过去的剪报体例来操作这本书,所以鲁迅在这则广告中的语言,应该被视为真切而诚实的评价,并非故弄玄虚。由于当时并没有出现媒介批评这样的专有术语,因此,鲁迅也只能说该书"是一部未曾有过的书籍",以提醒广大读者注意该书在"揭破他们的真实嘴脸"方面所具有的不同寻常之处。

三

综上言之,我们评价《萧伯纳在上海》这本书的传播学意义时,只有从媒介批评的视角加以度量,才可能得其真义。否则,要么熟视无睹,予以忽略,要么隔靴搔痒,不着边际。根据现有的资料,我们可以初步认定:《萧伯纳在上海》是中国20世纪30年代初问世的一部具有媒介批评性质的专书，值得治中国媒介批评史者珍视并加以研究。

由于此书评析性文字的主体部分由瞿秋白撰写，因此，该书所体现的主要也就是瞿秋白的媒介批评思想。瞿秋白1920年冬应北京《晨报》的聘请，以该报特派记者的身份，到莫斯科采访，发回许多消息、通信，是当时有影响的驻外记者。回国以后，他长期负责指导党的新闻宣传工作的重任，具有较高的马克思主义新闻理论素养，撰写过《关于〈红色中华〉报的意见》《糊涂的〈民国日报〉》《万恶的上海报界》《〈申报〉的武断宣传》等媒介批评专文。《萧伯纳在上海》一书中的主要评析性文字由瞿秋白撰写，因此，该书颇能体现瞿秋白有关媒介批评的思想及其艺术特色。

新闻是一种选择的艺术，属于一种社会意识形态，具有强烈的主观倾向性，但中国资产阶级新闻媒体有一个历史悠久、可以上溯到前清时期的口头禅，即"有闻必录"。这个口号具有极大的虚伪性，即用貌似超然客观的不负责任的态度和自然主义的手法来掩盖报刊及其记者的倾向性，从而起到欺骗和麻痹受众的作用。凡是新闻报道，总有选择，绝对的客观公正或自然主义并不存在。新闻报道作为客观见之于主观的东西，无法彻底摆脱新闻媒体和记者的主观烙印，但中外资产阶级报刊却喜欢以客观、公正相标榜，以不偏不倚美化自己，以掩盖他们的真实面目和本质。鲁迅和瞿秋白是思想方面非常接近的一对战友，鲁迅为该书撰写的序以及围绕萧伯纳在上海这一主题所撰写的《谁的矛盾》和瞿秋白的《写在前面——他并非西洋唐伯虎》所传达的思想与倾向也高度一致。遵循阶级分析的方法对复杂的新闻现象进行观察和批评，即着重暴露各家新闻媒体针对同一新闻事实进行报道和评论时，是如何表现他们的不同政治立场和主观倾向，是该书对各家新闻媒体进行媒介批评时的最主要内容和思维特色。这种媒介批评的理论取向和分析方法，与西方传播学批判学派可谓异曲同工，殊途同归。

日文上海《每日新闻》对萧伯纳实在找不出什么攻击的地方，只好发表通讯《萧的念念不忘者——太太的"娇羞病"出诊记》，把萧伯纳描绘成一个害怕老婆、猥琐可笑的形象。瞿秋白在《日文上海〈每日新闻〉的卑污》文中，在转引该通讯原文后，直截了当地论道："这种'文章'真正是村妇骂街，无聊之至。日本新闻记者想不出什么别的话来骂萧伯纳，就乱造一大篇谣言，说离不了女人，怕老婆之类。这难道还不是卑污无能吗？"[①] 因为日

[①] 乐雯剪贴翻译并编校：《萧伯纳在上海》，四川人民出版社1983年版，第80页。

第九章　十年内战时期共产党人的媒介批评

文报纸的表演最为拙劣,因此,瞿秋白对其的批评也就快人快语,直指要害。瞿秋白的批评立场自然十分的鲜明而坚定,但他在进行媒介批评时所使用的方法,却并非一味的疾言厉色,更多的时候是通过在这些原始报道之前或之后,以加引言、按语或以评点的方式,使用类比、对照、夸张、反语、讽刺等手法,寥寥几句,即洞穿媒体报道的真实意图。以杂文的形式和风骨,取得媒介批评的暴露和批判效果,虽然与现今某些媒介批评文章的学究式的套式有别,但我们不能不承认他们使用的方式和方法,别成一体,自有高妙之处。如《吓萧的国际联合战线》:

> 萧伯纳到中国来,在香港就放了一个大炮——"宣传共产";在上海也没有说什么好话——很有鼓动民众推翻戏子统治的嫌疑;在北平又骂"中国过于酷爱和平,反受和平之累"(二十二日《申报》)。这老头儿最爱说人的坏话,自然是讨厌而可恶得很。他既然处处得罪人,难怪引起了国际的联合战线来反对他。
> 英国的上海政府半官报,《字林西报》,骂他想做鲍罗廷。
> 中国的上海当局半官报,《大陆报》和《大晚报》,骂他"不诚恳",骂他"卖狗肉"。
> 日本的上海殖民地机关报,《每日新闻》,骂他怕老婆。
> 白俄的上海移民机关报,《上海霞报》,骂他"挂羊头"(下半句和《大晚报》同)。①

只是把各家新闻媒体不同的报道,朴素地罗列在一起,不需多费口舌进行过细分析,事实的真实面貌就昭然若揭了,特别是反语的使用异常巧妙,取得了让读者会心一笑的批评效果。再如上海俄文报《上海霞报》发表了《我们和萧》一文,借所谓的"上海人""有一位体面的先生""另外一位先生"等查无实据的消息来源之口,对萧伯纳的文学成就进行恶意的攻击和诋毁。瞿秋白在《俄国公主论萧伯纳》一文中,将《我们和萧》全文摘引,然后进行如下分析:

> 这位公主还害羞(《我们和萧》作者署名 Mery Devid,故瞿秋白

---

① 乐雯剪贴翻译并编校:《萧伯纳在上海》,四川人民出版社1983年版,第63页。

戏谑地称其为公主——笔者注），自己声明不是造谣专家。但是，她居然代表上海市的二三百万市民说："上海人"怎么怎么对待萧，又是凉淡，又说萧是山羊式的老头儿，又说"那些剧本，萧当然是写不出来的"等等。她自己说"无论同什么人都很少谈起萧"，但是，她立刻就跑遍了上海市，而且调查得清清楚楚：仿佛上海人已经把一句拉丁成语改写成了"俄国俗话"，而且"传遍了全城"。这位公主的"并不造谣"的本领实在不小。①

用被批评者自己的原话，寥寥几句，紧紧抓住其写作逻辑上存在的矛盾剖析，使其不能自圆其说，被批评者的伪装就被彻底撕破了。用语幽默而意图鲜明，短小精悍而淋漓尽致，其批评艺术确实臻于化境，令人不禁为之击节赞叹。

我国是世界上媒介批评活动开展最早的国家。毋庸讳言，完整而自足的现代独立学科意义上的媒介批评理论却诞生于西方，我国当代的媒介批评理论起步较晚，是受西方媒介批评理论的影响和启发下的产物。新闻活动与新闻媒介批评具有同源性，我国是世界报纸最悠远的故乡，在漫长的新闻事业发展过程中，积累了丰厚的媒介批评的历史资源，但由于媒介批评很长时期以来始终无法摆脱新闻传播实践的附庸和新闻理论的婢女的地位，加之这一方面历史理论资源的挖掘和整理极为薄弱。因此，在人们的印象中，一直以为中国近现代媒介批评实践及其理论建设是零星断爪，不成体系，不仅无以媒介批评为职业的专门家，也缺少这方面的专文或专著。这实在是一个不应有的偏颇！所以，正确评估《萧伯纳在上海》在中国媒介批评史上的地位和贡献，就具有极强的理论和媒介批评史意义。

第七节　茅盾的媒介批评

茅盾（1896—1981），原名沈德鸿，字雁冰，笔名茅盾、郎损、玄珠、方璧等，浙江省嘉兴市桐乡市人，出生在一个思想观念颇为新颖的家庭，从小接受新式教育。1913年考入北京大学预科第一类。1916年预科毕业后，进入商务印书馆编译所工作。1917年8月，茅盾担任商务印书馆的《学生杂

---

① 乐雯剪贴翻译并编校：《萧伯纳在上海》，四川人民出版社1983年版，第85页。

志》助理编辑，1919年11月，协助该馆《小说月报》主编王莼农改革该刊"小说新潮"专栏。1920年11月，正式接任《小说月报》主编，并于1921年1月主持了在中国现代文学史上著名的《小说月报》改革。1920年10月，经李汉俊介绍参加上海共产主义小组的活动。1921年7月中国共产党成立后，茅盾即由上海共产主义小组成员转为正式党员，1923年，辞《小说月报》主编之职，转该馆国文部工作。茅盾在党内的主要任务是"负责党的领导与统战、宣传工作"，[①] 1926年1月，茅盾赴广州任国民党中央宣传部秘书，接替代理部长毛泽东主编《政治周报》，直至1926年3月返沪。年底，党中央派茅盾赴武汉中央军事政治学校武汉分校任政治教官。1927年4月，为加强宣传攻势，调茅盾任汉口《民国日报》总主笔。在汉口《民国日报》期间，他不仅每天要选编、审定编辑们送来的稿件，还要执笔撰写千把字的社论。1931年4月，茅盾与鲁迅、冯雪峰创办了左联机关刊《前哨》（后更名《文艺导报》）。1933年7月，茅盾与郑振铎联手策划了"三十年代上海大型文艺刊物中寿命最长、影响也最大的一个刊物"[②]——《文学》月刊，实际上茅盾是该刊的"隐形主编"。1937年7月全面抗战爆发后，茅盾相继参与创办或主编了《救亡日报》、《呐喊》（后改名为《烽火》）、《文艺阵地》、香港《立报·言林》副刊以及《笔谈》半月刊等。1946年1月，茅盾协助叶以群在上海创办了文联社的机关刊《文联》，1948年9月，主编《文汇报·文艺周刊》。中华人民共和国成立以后，茅盾于1949年10月开始担任中央人民政府文化部部长职务，并主编《人民文学》杂志。茅盾不仅是中国现代著名的作家、文艺评论家、翻译家和社会活动家，更是一位功勋卓著的报刊编辑家，其报刊编辑活动前后长达41年，涵盖了报刊编辑、图书编辑和出版评论三大方面，时间上跨越了五四运动至中华人民共和国成立以后的数个时代。在茅盾的报刊活动中，明显地贯穿着一条力图把握思潮动态、指示正确方向的媒介批评红线。

一

善于从芜杂的表象背后发现事物的趋势，是茅盾媒介批评的一个特

[①] 丁尔纲：《茅盾评传》，重庆出版社1998年版，第128页。
[②] 李频：《编辑家茅盾评传》，河南大学出版社1995年版，第87页。

点。这在其《最近出版界的大活跃》一文中,有着十分突出的表现。该文发表在1933年1月25日《申报》的著名副刊《自由谈》上,对在百业萧条背景下出版业反而活跃的现象进行了精当点评。茅盾在文中分析说,"一·二八"上海血战的当时,百业恐慌,出版行业自是也不例外。当时的商务印书馆因总厂被战火焚毁,被迫停业,其他出版书局也都厉行紧缩政策,一时间每个人的心里都充满悲观和迷惘,都对未来发出将会怎样的疑问。淞沪停战协定签订后,大家虽然从悲痛中松过一口气来,但市场遭受重大破坏,不景气笼罩各行各业。当时国联调停与李顿调查团的双簧滑稽戏还蒙蔽着很多国人的眼睛,尤其一般的小市民也还有几丝幻想,可是这种肥皂泡形式的幻想终究不敌残酷的现实,因而人们普遍陷入迷惑、焦灼与苦闷中,看不见又焦急探寻未来的出路。茅盾认为,"这苦闷状态的反应就是出版界的大活跃!一时创刊的定期刊物多到不可胜数。因为一方面果然有很多人要说话,而另一方面有更多的人要听听人家说的怎样"。① 于是在市场一片肃杀的氛围中,独有出版界显示了空前的大活跃!茅盾认为这是出版界的景气时代,是一九三〇年以后仅见的第一次蓬蓬勃勃。虽然在这景气的现象里面是山河破碎的辛酸,前途黑暗的苦闷,可是人心未死的灵光也在这里闪耀着,其社会意义要比各团体发一些应景似的电报呼号更见重要。

出版界的大活跃,自然表现出形形色色,议论庞杂,但茅盾以为这不足为病,因为在这风云鼓荡的时代,正是各党各派的主张在民众面前接受审判被抉择的时期。"除了悲观颓废玩世游戏的态度以至媚外欺内的荒谬言论,此外都应得站到民众法庭的堂上去!"② 在这样一个特殊的时代,主张的庞杂混乱正是历史进展不可避免的阶段,时代的车轮将碾出一道笔直的正轨,人为的取缔一定会是徒劳之举!正是在这个意义上,茅盾期盼人们对当时出版界的这种大活跃,给予由衷的礼赞。

在20世纪30年代中期,一种文字与图画并重的期刊,蔚然成为当时文化出版界一道令人瞩目的景观。文字与图画并重,看似只是一种刊物的形式,但茅盾在这种刊物兴盛的背后不仅看到了其中隐隐散发的奢侈消闲气息,而且看到了这种奢侈消闲气息的社会腐蚀性。1930年曾经被时人称为杂志年,而在1934年底至1935年初这段时间内,新出最多的则属文字

---

① 玄:《最近出版界的大活跃》,《申报·自由谈》1933年1月25日。
② 玄:《最近出版界的大活跃》,《申报·自由谈》1933年1月25日。

与图画并重的期刊。当时还有人推测，这一类期刊在不久的将来还会更多。如何看待这一新的社会出版现象呢？见仁见智，其说不一。茅盾认为："客观上是因为美术印刷术之发达，但主观上却也因为软性读物的需要近来是逐渐旺盛。"① 当时这种一半文字一半图画的刊物，大半是软性刊物中最为软性的读物。它们被阅读的时间，大半是在轮船、火车、电车中，或是影戏院里等候开映以前，或者竟是如厕出恭之时。软性的读物，并不一定是消闲品。"不过颓废的醉生梦死的小市民所要求的软性读物却常常是奢侈性质的消闲品。一方面有这需要，一方面又有迎合这需要的人，于是就造成了文学与图画的混合儿的空前的兴盛。"② 茅盾指出，有闲的小市民对于奢侈的艺术品的需要也不常常一律，那些还能够安居乐业并且自觉得福星高照的小市民们，他们喜欢优雅的、轻松的、奢侈、消闲的艺术品。他们一方面感到了今日不知明日事那样的危惧，也唯其如此，索性就来个今朝有酒今朝醉了。

茅盾分析说，没落中的小市民，特别喜欢那些狂乱刺激低级趣味的奢侈艺术品，支撑这要求的完全是一种变态心理。他们中间又有一部分人则走到了变态心理的另一端，即要求冲淡隐逸风味的奢侈艺术品。前者是自愿麻醉，后者是企图逃避。在这动乱的社会中，两种人都有。所以小品文而外，文艺画报的盛起不是偶然。这不是说刊物都须拉长面孔，讨论一些专门的问题。事实上，给一般人读的刊物也切忌内容太过专门。虽然是世界的、国家的危机重重叠叠压在我们头上，每天愁眉泪眼、长吁短叹也是白费。咬紧牙关后的露齿一笑，并非要不得，不过却不应是肉麻、得过且过、空虚无聊的笑。五六种文字和图画各半的软性读物并不嫌多，只是狂乱的刺激的低级趣味的奢侈的艺术品却嫌太多了。他认为"在点心式的软性读物中加些辣椒，加些补血的铁质，加些补脑的磷质"，③ 才是当下办刊应取的方向。

二

电影是一种艺术，也是一种大众传播媒介，所以电影批评固然属于艺

---

① 恺：《奢侈的消闲的文艺刊物》，《文学》1935 年第 4 卷第 3 号。
② 恺：《奢侈的消闲的文艺读物》，《文学》1935 年第 4 卷第 3 号。
③ 恺：《奢侈的消闲的文艺读物》，《文学》1935 年第 4 卷第 3 号。

术批评，但也属于媒介批评的范畴。电影自1896年传入上海之后，一度发展缓慢，"直到1908年上海第一家电影院建成，电影才在上海真正拉开了它面向大众的影院电影放映的历史"。① 随着电影院的发展与电影文化的普及，使得看电影成为20世纪二三十年代上海市民社会追捧的文化消费模式，被认为是一种时髦、现代与进步的象征，上海的电影业也在迅速地发育中，影业公司的勃兴与国产影片的迅速兴起，昭示这个产业的雏形正逐渐清晰，意味着中国电影市场的主体性正在逐步建立。但是，由于技术、人才、资金等诸多方面的先天不足，导致有一大批的武侠神怪影片充斥其间，不仅给国产电影市场制造了很大的经济泡沫，带来国产电影业繁荣的假象，而且影响了电影文化的健康发展，与"九·一八"事变、"一·二八"松沪抗战后国破家亡的惨烈现实所激发出来的时代需要显得格格不入。作为"左联"的领导，茅盾多次对当时电影生产中的不健康现象予以批评，希望导正年轻的中国电影发展的方向。

1933年初，《大陆报》曾对前一年上海影院上映的电影进行统计，结果上座率最佳的影片是《同心结》《人猿泰山》《红楼艳史》《科学怪人》《龙虎斗》等五部影片。1933年元旦南京大戏院开始上映《蛮女天堂》，第一场开映前一小时，连第二场的票子都已经卖完。《人猿泰山》《科学怪人》《龙虎斗》以及《蛮女天堂》，内容题材上属于神怪蛮荒野兽影片，都不是现实人生的题材。此种非现实人生的神怪蛮荒野兽影片，两年前盛行于欧美各地，迄今未见衰歇，而上海此时正被波及之中。茅盾认为，这其中所蕴藏着的社会意义，就是一般市民在渴望和幻想着能逃避现实！

那么，他们为什么要逃避现实呢？茅盾分析说，一方面，这是人们在残酷斗争的社会中感到幻灭和没有出路的表现，正像欧洲许多社会主义学者所悲痛自白的那样，其最终根源是日渐没落的资本主义社会在精神上已经破产。也正是从这种对现实的刻意逃避中，我们看见了没落阶级的颓唐、彷徨、悲观。这是他们下意识的流露！另一方面，因为电影是普遍的大众艺术，统治阶级势必要加以利用。他们企图通过银幕来欺骗民众，例如1929—1930年所出的许多所谓未来世界理想的影片，他们又曾企图为第二次世界大战进行意识和心理准备，例如近年来层出不穷的尚武战事影

---

① 胡霁荣：《中国早期电影史（1896—1937）》，上海人民出版社2010年版，第9页。

片。在这两者之外，可以巧妙地回避现实，把一般市民的眼光引导到神怪与野兽、蛮荒之上。这是在麻醉看客！一方面是统治者在有意回避现实，另一方面则是一般市民下意识地逃避现实，结果就是神怪野兽蛮荒的影片卖座极佳了！"然而也就在这上头，我们看出了世界统治阶级的手忙脚乱，以及在他们'教育'下一般小市民的迷惑彷徨，颓唐悲观。"① 茅盾对该类影片风行现象的分析，确具有传媒批判主义的色彩。

20世纪30年代初的民族救亡运动，唤醒了中国文化工作者的民族意识，左翼电影运动开始崛起，前所未有的社会责任意识与爱国激情激发了电影工作者强烈的时代使命感，促使他们从虚幻的光影中走出来，将目光投注到对民族命运和国家未来的关注上，《桃李劫》《风云儿女》等一批现实题材的影片开始出现并受到社会的热烈欢迎，但是，此前弥漫影坛的一些玉腿酥胸为卖点的影片仍有很大的卖点，还在与左翼电影激烈地争夺着观众市场。左翼电影虽然取得了一定的成绩，但毕竟阵容不够盛壮，要想获得更大的发展，还必须百尺竿头更进一步，拿出更多具有深刻社会内容的影片。左翼电影下一步如何发展，茅盾在《玉腿酥胸以外》一文中对此予以了分析。茅盾指出，淞沪停战协定签订后不久，救国不忘娱乐，或者娱乐不忘救国之类的论调，就开始出笼并流行起来了。其表现之一，就是在战火中一度受到沉重打击的影戏院也都恢复了战前的旧观，但时代和环境毕竟发生了重要的转换，那些专以玉腿酥胸为号召的影片颇受抨击！因为这些荒淫肉感的片子，能够消磨抗日救国的壮志。同时，武侠迷信的影片，也不受人待见了！因为这些封建思想的片子能够麻醉人心。在舆论界，电影为民众教育利器的声浪，十分的响亮起来。"一时大家都要求着发扬民族精神的影片，提出国货的影片，或是什么提出努力生产的影片了。"② 于是，影片公司也在忙着转换生产方向，虽然有些姗姗来迟，但是"一·二八"周年以后，人们到底看见了《狂流》和《城市之光》《三个摩登女性》等崭新的片子，不过茅盾认为仅有这些还很不够，因为我们正在进行着的抗日战争，还必须编制更多的反映抗日战争的影片，以鼓励民众为抗日前线踊跃输将。

---

① 玄：《神怪野兽影片》，《申报·自由谈》1933年2月12日。
② 玄：《玉腿酥胸以外》，《申报·自由谈》1933年4月28日。

三

儿童是国家的未来。儿童文学的教育作用在于帮助儿童健康成长，使儿童在阅读和欣赏文学作品过程中，潜移默化地受到思想、品德方面的启发和教育，在情感、情操、精神境界等方面受到感染和影响。作为中国现代文学巨匠，茅盾也是中国现代儿童文学的开拓者和创建者之一，他不仅编写和创作过童话，热心地为中国小读者反映和介绍大量优秀的外国儿童文学作品，还高度关注儿童文学的理论建设，在20世纪二三十年代发表过多达十六篇的儿童文学文论，其中即有一些"批评当时国内流行的儿童书刊"的媒介批评，为中国现代儿童文学的理论建设奠定了基础。

在《孩子们要求新鲜》一文中，茅盾从此前报上儿童书局的一则声明说起，儿童书局之所以发此声明，乃是发现有人以"新儿童书局"的名义"影戤侵害法益"。茅盾以此为论说的由头，引导人们关注儿童读物之间的竞争，以及在这一现象背后存在着的儿童刊物内容创新性的问题。茅盾批评刊物在营业方面竞争的结果，"理应是出品改良，然而我们往往只看见影戤，只看见粗制滥造"。[①] 因为比起30年前中国儿童读物只有《无猫国》等数种，现在虽然除了有专门出版儿童读物的机构，大大小小的书店也都印行大批的儿童读物，在量的一方面确有进步，但在质的一方面却不能令人满意。从前仅有《大拇指》《无猫国》等童话的时候，还没有连环图画小说，少数的童话确有独占的地位。现在儿童读物的数量比之多了几千倍，却反而不能防止连环图画小说的无孔不入。他认为在这点上，出版机构以及儿童读物的作者应该痛自反省！因为现在程度不等的儿童读物约有一万种，而连环图画小说至多不过百数十种，可是后者流通之广，吸引力之大，远非前者所能及。原因是儿童"读物数量虽多，而质料却很单薄；不论是西洋故事或本国故事，同是那么一点来源，大家采用，结果就成为内容雷同。所以即使是七八岁的孩子也感到读物的缺乏。"[②] 内容抄来抄去就那么几个故事，自然孩子也会感到不满意了。儿童书局出书不多，但它们出版的一百〇一册《儿童科学丛书》却很有特色。"在文艺性儿童读物

---

① 玄：《孩子们要求新鲜》，《申报·自由谈》1933年5月16日。
② 玄：《孩子们要求新鲜》，《申报·自由谈》1933年5月16日。

充斥市场的现今，区区一百〇一册的《儿童科学丛书》可算是九牛一毛，如果有人学样，也从这方面来竞争，未始不是好事；只要他肯认真请人编撰，而不是粗制滥造，影射渔利。"① 内容创新是报刊竞争的王道，也是茅盾批评儿童报刊所持的一个主要标准。

因为1934年4月21日至1935年7月31日被定为民国首个"儿童年"，所以在1935年初，茅盾撰写了《几本儿童杂志》一文，从当时正在发行的儿童杂志中，专门选择了6家进行批评。这6家儿童杂志分别是商务印书馆的《儿童世界》、中华书局的《小朋友》、儿童书局的《中级儿童杂志》与《高级儿童杂志》、新中国书局的《儿童科学杂志》以及龙文书店的《童年月刊》。每家杂志都是选取最近出版的两期进行分析，以便见出这些杂志"现在以及最近将来的面目"。② 这篇文章完成于1935年1月24日，全文共约8000字，在茅盾的媒介批评文章中，算得上篇幅较长的一篇，发表在他主编的《文学》第4卷第3号"书报述评"栏中。茅盾在文中交代，因为是儿童年，故"赶热闹也来谈谈儿童的读物"，③ 足见他撰写这篇批评文章，具有明确的在时间上的配合意识。

茅盾批评《童年月刊》不仅"科学新闻"和"学校生活"之类内容太少，童话太多，与其征稿条例不符，而且各专栏内容比例上不均衡，尤其不妥的是科学新闻栏中只有新兵器常识介绍，内容和叙述专业术语太多。这样的文章儿童未必看得懂，也未必有兴味。童话是该刊的主体内容，但都是翻译之作，教训味十足，且意识不正确，编者的本意是要养成儿童的坚强意志，但童话中所流露的则是奸诈。关于《儿童科学杂志》，茅盾称赞"刊物的内容颇能注重时间性"，④ 但在叙述上有"讲义式"之嫌，文艺性与活泼性不足。他认为给儿童读的科学常识类文章应该比别的文章更加活泼有趣，要竭力避免平淡的讲义式的叙述。对《儿童杂志》，茅盾首先分析了"刊物的性质"，他认为贯穿该刊所有栏目中的是"教训"儿童怎样做一个"四平八稳的好人"这样一个宗旨，这也使得该刊在精神上成为一个四平八稳的中庸刊物，没有体现儿童刊物所应具有的那种幻想

---

① 玄：《孩子们要求新鲜》，《申报·自由谈》1933年5月16日。
② 子渔：《几本儿童杂志》，《文学》1935年3月1日第4卷第3号。
③ 子渔：《几本儿童杂志》，《文学》1935年3月1日第4卷第3号。
④ 子渔：《几本儿童杂志》，《文学》1935年3月1日第4卷第3号。

与趣味。茅盾认为《小朋友》的特点是内容注重儿童的学校生活和日常家庭生活，而《儿童世界》特色则是零碎的杂文很多。如果说《小朋友》是一碗青菜豆腐汤，那么《儿童世界》便是一碗杂碎，形式上不同，但两者在实质上都存在营养不够丰富的缺点。

四

20世纪30年代，国民党统治当局对报刊出版的控制日益严酷，使报刊的内容受到很大的限制，从而严重影响了报刊的正常发展。读报是茅盾的日常生活内容之一，通过读报感之类的随笔和杂文对国民党的报刊检查制度进行讽刺、调侃与抨击，是他进行媒介批评时的另一种重要的方式和内容。茅盾发表在1937年3月10日《工作与学习丛刊》之《二三事》上的《杂记一则》就是这样一篇运用曲笔手法而写就的媒介批评文本。该文表面上看是在记述他的一个朋友在阅读报纸时，因发现报上没有需要的新闻、尽是广告而忿忿不已的故事，但其实意在言外，针对的是国民党的报刊审查制度。

茅盾在《杂记一则》中，首先从读报的习惯说起。他说人们一有了读报习惯，便觉得不可一日无此君了，可是旧年关中各报皆停刊数日，虽有号外，然张数既已缩减，看了总觉得不过瘾，因想要知道的本报上都没有，便疑心到休刊期内的号外到底消息不全。有一位朋友也是每天读报成癖者，好不容易等候情人似地到了正月初四，报纸都照常出版了，五大张六大张地，如果订成小册子，也是很厚一帙了。这位朋友如饥似渴地一张一张翻过，最后却叹气道："全是广告！"可是他还私心盼望着第二天、第三天的报上会有点广告以外的消息。不用说他的盼望是落空了，于是他又忿忿然地将报纸一掷，仍旧是那一句话："全是广告！"这位朋友的一位朋友不以为然，说他太偏了，并且告诉他说："新闻诚然无可看，但不是有许多煌煌大文么？"他的回答则是："广告，广告，广告而已！"他的朋友则调侃地说："我给老兄去宣传，说老兄给报纸发明了一个绰号，就是广告大全。""那又不然！并非大全！"这位朋友摇手急呼："你知道我常喜看看各种刊物，见登出广告来时就去买一册来，然而近来有几种久无广告了，我以为也是在过年或者无疾而终，不料今日走过书店街，见玻璃窗橱中赫然有最近刊在焉，然而我翻遍近数日的报纸，确无广告，——可知广告也还是不全"!① 茅盾的这篇文章，基本以人物的对话结构而成，看似是对因报上广告太多、缺少真正的新闻而进行的批评，其实是在揭露国民党当局查禁进步刊物的卑鄙手段。因为当时一些进步刊物具有合法登记的身份，国民党检查机关无法在程序上找到不许出版的理由，于是就暗地里施压一些报纸，迫使它们不给这些刊物刊登广告，以达到限制这些进步刊物的社会影响的目的。《杂记一则》文末所言"你知道我常喜看看各种刊物，见登出广告来时就去买一册来，然而近来有几种久无广告了，我以为也是在过年或者无疾而终，不料今日走过书店街，见玻璃窗橱中赫然有最近刊在焉，然而我翻遍近数日的报纸，确无广告，——可知广告也还是不全"！就是指的这件事情。

他的《读报有感》也是主题与此类似的一篇媒介批评文本。1937年3月，"中国文艺协会上海本会"成立，报纸在报道该会成立新闻中述及被邀出席的国民党中宣部部长邵力子等人的致辞。邵氏致辞说："文以载道这句话，近年以来颇有些文艺作家反对它，尤其是为文艺而文艺的人特别反对。"但是"许多人反对文以载道的原因，就在误解了道字……如果拿走路的道来解释文以载道，就是文艺可以指示人生以及国家民族所应该走的路。"② 茅盾以邵力子的这段话为由头展开评析说：近年来文坛上载道和言志之争，原因相当深刻而复杂。反对载道者之中，有些是先天的言志家，这个可以姑且置而不论。但也有不少本来是在载道与言志之间或是更倾向于载道的人，徒因恭逢了这个尴尬的时代，虽欲载国家民族以及人生应走之"道"，然而××满天飞，搞得检查官神经衰弱以至于见了"狗"字就犯忌起疑，除了歌功颂德，几于啼笑皆非，于是只得徘徊于叛徒与顺民之间，结果只好朝风花雪月乃至幽闲里一躲了事。历史昭示我们：凡属风月之谈，大都在那样尴尬时期兴行。不过现时我们这里是风花雪月的作家们，既对××与检查官低首，却又反向在野的载道派怒目而至于恶声，所以不免稍近于阿Q相而已。邵力子说只要作家信奉三民主义，就有相当的自由。尤其是"在不妨碍国家统一，不阻碍民族复兴的前提之下，都可以自由的走他的路。"③ 茅盾语带讽刺地提醒他：

---

① 茅盾：《杂记一则》，《工作与学习丛刊》之《二三事》1937年3月10日。
② 茅盾：《读报有感》，《工作与学习丛刊》之《收获》1937年5月10日。
③ 茅盾：《读报有感》，《工作与学习丛刊》之《收获》1937年5月10日。

凡是中国人对此都不反对。"然而我希望邵力子先生注意几件事实：最近有几种期刊虽然能出版，却不许登广告，其中之一是《中流》。"① 还有若干文艺书遭禁扣，其中就有鲁迅先生的译著。这些出版物如确有"妨碍国家统一，阻碍民族复兴"的言论，党政机关大可以明令宣布，否则，它们也应得到相当的自由！

茅盾是中国共产党最早的党员之一，长期从事党的文化宣传工作，对媒介批评及其功能有着深刻的认识，所以他在自己的报刊编辑实践中，主动地把当时西方期刊上常见的"书报述评"作为文学和文化的生产形式加以引入，并精心浇灌和栽培，使之发扬光大。② 早在五四运动时期，他就给当时"很流行的批评"③ 进行过分类：根据甲学理以驳乙学理；根据自己主观的见解以批评别人的议论；就同一学说而讨论其介绍之正确与否。十年内战时期茅盾已能纯熟地运用辩证唯物主义和历史唯物主义这一马克思主义哲学观与方法论统率自己的媒介批评。在这期间，他还曾就"批评和谩骂"的界限发表自己的看法道：批评是论事，而谩骂只对人。有人以为即使是论事，也得不失绅士风度，这主张自然可以成立，但要是都为了爱真理，即使涨红了脸对嚷一场也无妨。"尤其是在感觉迟钝的社会里，尤其是对肉麻当有趣的人们，辛辣和尖锐应当是批评的必要条件。"④ 基于对批评如上的认识，茅盾的媒介批评具有这样一些特点：一是具有意识形态批判的色彩，他常把社会批评、历史批评、文化批评和审美批评渗透到媒介批评之中，分析媒介现象及其原因时，能将媒介置于时代历史环境中进行审视，揭示出媒介现象背后的阶级和意识形态逻辑；二是感觉十分敏锐，善于把握报刊发展过程中的动态，尤其是对报刊发展中的一些逆流，通过细微而又鞭辟入里的分析，及时予以剖露和纠正，以指示报刊前进的正确方向；三是客观辩证，评论报刊总能顾及刊物内容与形式的各个方面并将其置于时代历史环境中作整体观照，而不是一棍子打死，这在《几本儿童杂志》一文中有着充分的体现；四是语言生动，可读性强。茅盾进行媒介批评时不仅关注刊物的语言是否具有文艺性，自己的媒介批评文本也

---

① 茅盾：《读报有感》，《工作与学习丛刊》之《收获》1937年5月10日。
② 李频：《编辑家茅盾评传》，河南大学出版社1995年版，第242页。
③ 韦韬、陈小曼编：《茅盾杂文集》，生活·读书·新知三联书店1996年版，第11页。
④ 韦韬、陈小曼编：《茅盾杂文集》，生活·读书·新知三联书店1996年版，第425页。

多是如此。他的一些媒介批评文本采杂文形式，兼具战斗性和艺术性，丝毫没有板着面孔说话的生硬之态，显示了一个文学大师所具有的高超语言驾驭功力和水准。

第八节　张友渔的媒介批评[①]

张友渔（1898—1992），原名张象鼎，字友彝，山西省灵石县人，出生于一个旧知识分子家庭。幼年跟随父亲念私塾，自学英文、数学，对政治时事和报纸有很大兴趣。1918年考入山西省立第一师范学校。五四运动爆发后，担任山西省学生联合会执行委员，写了很多反映当地学生运动的报道，颇为山西新闻界重视。1923年从师范学校毕业后，考入北京法政大学，一边读书，一边任山西的《并州新报》驻京记者，还同时担任《东方时报》《世界日报》《世界晚报》《申报》《中山日报》等多家报刊驻京记者或特约撰稿人。1927年6月加入中国共产党，任中共北京市委秘书长，公开身份仍是法政大学学生，同时兼任《世界日报》《世界晚报》《大同晚报》的编辑，他还与别人合办《国民晚报》。不久，中共北京市委机关被破坏，张友渔被张作霖政府逮捕，《国民晚报》亦因此停刊。1928年3月，张友渔被保释出狱，随后到天津党的军委系统特科工作，遵照组织指示，他打入国民党阎锡山派掌握的天津市政府，任新闻科科长，以此为掩护从事上层人士的统战、情报工作，并掩护和救济共产党员。1930年冬，他的有关活动被国民党当局发觉，遂奉组织指令去日本，进入私立日本大学当研究生，主攻新闻学，并给国内一些报纸写日本通讯及有关日本新闻事业的研究和调查。1931年"九·一八"事变后，他因参加反日活动，被日本政府驱逐回国，公开身份是当时倾向进步的《世界日报》主笔及燕京大学新闻系教授，继续在党的特科系统从事抗日、民主和上层人士的统战活动。由于不久又受到国民党当局的注意，1932年再次奉命赴日本，公开身份是《世界日报》驻东京特派记者，了解和研究日本的政治经济情况和革命发展形势，经常撰写日本通讯。1933年回到北平，担任《世界日报》总主笔，同时担任北平大学商学院、中国大学、民国大学教授。党内任务仍

[①] 本节文字参见胡正强《张友渔的媒介批评实践与思想论略》，《淮阴师范学院学报》（哲学社会科学版）2016年第4期。

是秘密做上层文化界人士的统战工作。这一时期，他与人合办了一个进步的同人刊物《世界论坛》。1934年冬，他又奉组织之命第三次去日本，对日本进行社会调查，同时继续研究新闻学理论，用日文写了《日本新闻发达史》一书。1935年7月"何梅协定"后，他从日本回到北平，负责党的华北联络局北平小组的工作，参加华北救国会的领导活动。全面抗战爆发后，去济南、开封等地，先后任中共山东联络局书记、中共豫鲁联络局书记等职，以左翼教授身份从事统战活动。1939年9月奉命以左派文化人士身份到《时事新报》当总主笔，扩大抗战宣传。1941年春皖南事变后去香港，担任《华商报》的总主笔。1943年在重庆，先后任《新华日报》社论委员、代总编辑等职。1946年全面抗战胜利后，他留在重庆，担任中共四川省委副书记兼宣传部部长、《新华日报》（重庆版）社长。中华人民共和国成立以后，历任中共北京市委副书记、书记处书记、北京市人民政府常务副市长、中国社会科学院副院长、全国人大常务委员会法制委员会副主任等职。张友渔是中国现代著名的马克思主义新闻理论家，更是运用马克思主义新闻理论分析新闻传播现象的媒介批评家。他的新闻著述大多以观照新闻实践、提高社会媒介素养为依归，具有媒介批评的属性，在中国现代媒介批评史上具有十分重要的地位。

一

马克思主义关于新闻的基本观念是，新闻是一种社会意识形态，新闻是对新近发生的事实的报道，新闻来源于事实，是对社会生活的一种反映。在阶级社会里，新闻是一种社会控制力量，是阶级斗争的工具。张友渔早年也曾认同新闻是超然、中立的社会公器的资产阶级新闻学观念。1927年6月，他加入了中国共产党后，仍以左翼文化知识分子的身份作报纸工作，曾几次入狱或陷入可能被捕的窘境，残酷的现实，彻底粉碎了他早年认为新闻媒介是超阶级的社会公器的思想。特别是1931年"九·一八"事变后，他因参加中国学生的反日活动被日本政府驱逐回国，又回到北平，主要职务是《世界日报》主笔，同时在燕京大学新闻系担任教授，"这时，我对报纸性质的认识，已经坚定地树立了报纸是阶级斗争的工具的观点。我采用合法斗争的手段，利用《世界日报》社论这块阵地，用含蓄的笔法，或借用国民党的'语言'借题发挥，揭露国民党的反动、腐朽，宣传共产党、共产主义思想是不可战胜的"。① 也就是说，从此之后他自觉地以马克思主义新闻理论为武器，从唯物主义反映论的角度去开展媒介批评，以宣传和普及马克思主义新闻学的理论观点。

关于媒介性质的认识是媒介观念构成的核心部分，它直接制约和影响着人们媒介批评的开展。张友渔后来回忆："由于我对报纸性质的理论有了清楚的认识，对报纸副刊的性质和方针，也有了些新的看法。过去的报纸副刊，长期被称为'报屁股'，登些黄色庸俗或无病呻吟的东西，只供人们茶余酒后消遣。1931年12月我就在《世界日报》副刊'明珠'发表了一篇文章《真个别来有恙!》②，指出再不应让副刊处于一种病态，要振作起来，登载振作人们精神的内容。我认为副刊也是革命的或反革命的宣传阵地，我们应当争取副刊这块阵地进行革命的宣传。"③ 可见这篇文章留给他很深的印象。《真个别来有恙!》是他成为马克思主义者之后，自觉地运用马克思主义理论开展媒介批评的早期之作，针对当时报纸副刊强调趣味、缺乏现实指导性的缺陷，有感而发，主张在全世界"有恙"的时代，人类应速谋有实效的自救之策，"近来'报尾巴'文字之不为人所重视，甚而被看作下品的东西，其原因便在不切实用，没有内容"。④ 他认为副刊应该肩负起指导读者走向生活坦途的责任，不应该只求迎合读者的劣等趣味。副刊虽是小道，但在这全世界"有恙"的时代，"也应该一变平常时候的状态，而努力于自身和环境以及一切读者之病的治疗与死的预防。如果，仍旧死气沉沉地表现着病的状态，反不如速死之为愈了"!⑤ 这透露了，张友渔在其早期的媒介批评活动中，就已存在强调媒介社会责任的批评价值取向。

1934年1月7日，天津《大公报》刊出星期论文，首篇即是著名学者胡适的《报纸文字应该完全用白话》。文章末尾，胡适倡议道："报纸应该领导全国，所以我借《大公报》的新年第一次的星期论文的机会，很诚恳的提议，中国的报纸应该完全用白话。"⑥ 原则上，胡适的观点无可非议，

---

① 张友渔：《报人生涯三十年》，重庆出版社1982年版，第11页。
② 张友渔这篇文章发表在《世界日报》时的标题是《真个是别来有恙!》，此处回忆时，误忆为标题是《真个别来有恙!》。
③ 张友渔：《报人生涯三十年》，重庆出版社1982年版，第13页。
④ 张友渔：《报刊杂文 通讯和社论》，重庆出版社1987年版，第125页。
⑤ 张友渔：《报刊杂文 通讯和社论》，重庆出版社1987年版，第125页。
⑥ 胡适：《报纸文字应该完全用白话》，《大公报》1934年1月7日。

只是他在文中并未对整个社会已经逐渐走向白话时代，而报纸何以还未彻底使用白话的原因，进行深究。张友渔以此起笔，以对胡适的论点加以补充的形式，就"报纸何以不完全用白话"这一媒介现象，进行了深刻的社会学分析。张友渔指出，"人类的社会的存在，决定人类的意识；人类意识中所发生起来的问题，都是产生这种问题的社会条件已经具备了，而后产生的结果"。① 胡适提出"报纸文字应该完全用白话"这一问题，除却少数抱残守缺，像林琴南一流的保守派外，恐怕已经没人会反对使用白话写社论和编新闻了。"然而今日国内报纸何以还不肯完全用白话做社论写新闻呢？"张友渔分析说，其实，这不是一个"应该""不应该"的问题，而是"可能""不可能"的问题。"现在中国的报纸，所以不能完全用白话的根本原因，在它本身的性质，为营利的；而社会的客观环境，又不是绝对需要白话，甚或反是需要文言的这两点。假使报纸像苏联那样不是营利的，并且报纸的读者是全社会的劳农大众，自然可以完全用白话，并且必须用白话了"。② 因此，只有从这个角度考察报纸，才能真正彻底地认清现代中国报纸不用白话的真正原因，才能对症下药。

二

20世纪30年代初期，国民党为了巩固其反动统治，把很多报刊书籍都诬蔑为"反动出版物"加以查禁，并将散发和阅读这些报刊书籍的人予以逮捕、杀害，在文化思想领域大肆实行白色恐怖。1933年12月9日，张友渔在《世界日报》上发表了以《如何取缔"反动出版物"》为题的社论，"采取可以发表得出去的手段"，对之进行马克思主义的分析。张友渔在文中明确指出："思想，无论为善为恶，莫不有其所以产生之社会的原因。即如世所认为洪水猛兽之马克思主义，非在产业革命后之发展期的资本主义社会，决不能产生，即使产生亦决不能流传于世界，故欲消灭某种思想，必先消灭产生此种思想之社会的原因，否则徒劳无益也。"③ 首先，从历史上看，出版物并非思想的唯一载体，查禁出版物未必能有效遏制思

---

① 张友渔：《报人生涯三十年》，重庆出版社1982年版，第133页。
② 张友渔：《报人生涯三十年》，重庆出版社1982年版，第139—140页。
③ 张友渔：《报刊杂文　通讯和社论》，重庆出版社1987年版，第337页。

想的流传，反而会出现取缔越严传播越广的现象。其次，即使取缔出版物为必要，亦要先认清何为"反动出版物"，不然，就会出现"某省查禁反动书籍，《马氏文通》亦被没收！至于社会学，社会科学，社会史等类涉及社会二字之书籍，其为社会主义所株连"① 的荒谬和滑稽现象。最后，依出版法有关条文，只有出版物"意图"被确定时，才能予以查禁，"非有所'意图'之学问的研究，应不在取缔之列"。② 否则即有文字狱之嫌。从题目上看，这是在替国民党出谋划策，文字上也似乎模棱两可，但字里行间向读者分析了马克思主义产生和发展的必然原因，暗示读者：国民党要消灭共产党及其思想，注定徒劳无功！

以学理探讨的方式来间接地进行马克思主义媒介批评，是张友渔20世纪30年代进行媒介批评的主要方式。发表在1934年3月1日及8日北平《世界日报》新闻学周刊第11、12期上的《论统制新闻》一文，是其代表之作。该文开宗明义提出，"我相信，新闻是阶级斗争的武器，即支配阶级对于被支配阶级，在暴力的统制外，又借新闻，来实行一种思想的统制；同时，被支配阶级，也在暴力的反抗外，常拿新闻来作一种反抗的工具。因而在阶级社会里，支配阶级和被支配阶级之间，必然地发生新闻的斗争（即思想言论的斗争的一形态），像必然地发生暴力的斗争一样。在革命的过程中，这种斗争，更显著地暴露着"。③ 学理探讨的批评方式使国民党当局虽心存忌讳，却又无可奈何。张友渔指出"统制新闻"的方法和实行的程度，并不绝对，而是适用于某一特定时期，各有不同。他分析了英、德等国新闻统制的不同方式和特征后，绵里藏针地批判国民党当局法西斯式的新闻统制："严厉'统制新闻'，不一定是有利的事情。尤其在现在的中国，外国的侦探，布满了'要津'，一切军事上政治上的机密，早为外国人所洞悉无遗，实行德国式的'统制新闻'，除以欺罔国民为唯一目的外，还有什么作用？更是大可不必的。对外问题如此，对内问题亦然，统制本国新闻的结果，不过使外国新闻，增加几份销路，有什么用处呢？"④ 使国民党当局如芒刺在背而又难以发作。《论机关报》一文与《论

---

① 张友渔：《报刊杂文　通讯和社论》，重庆出版社1987年版，第338页。
② 张友渔：《报刊杂文　通讯和社论》，重庆出版社1987年版，第339页。
③ 张友渔：《张友渔新闻学论文选》，新华出版社1988年版，第36页。
④ 张友渔：《张友渔新闻学论文选》，新华出版社1988年版，第42页。

统制新闻》异曲同工，表面上看也是一篇学术气息很浓之作，作者通过推演"报纸原为政治斗争（即阶级斗争）的武器，严格讲起来，没有一个报纸，不是'机关报'"[1]的基本原理，指出机关报之所以受到社会鄙视，并不是因为它是机关报，而是因为它所代表的那种背后势力。批评的锋芒直指国民党及其御用媒体。

媒介批评总是根据一定的标准来进行。1926年夏天，梁启超在为北京协和医院声辩的一篇文章里称，《晨报》副刊和《现代评论》代表北京社会中"最流行"的读物。显然，这是一种源于知识精英主义立场上的媒介评价，与实际情况有很大出入。张友渔撰写《梁贤人取下有色眼镜吧》一文予以批驳。他认为这是一种典型的以偏概全、戴着知识分子有色眼镜的媒介批评，判断媒介的流行程度要从大多数读者的视角出发。否则，"真带颜色的东西，是决不合于普通社会心理的"。[2]得不到社会的认同，当然也就无法达到媒介批评的预期目的。

三

新闻失实是新闻传播的痼疾和顽症，因此，新闻失实也是引发媒介批评的最重要社会动因之一。作为马克思主义新闻理论家，张友渔的媒介批评往往超越对新闻失实本身就事论事的简单层面，而指向深层的社会政治意识形态。1933年12月14日，在《世界日报》新闻学周刊创刊号上，他发表了《由消息的真伪谈到天津〈益世报〉的失败》一文，通过解剖天津《益世报》一条失实新闻，从政治和阶级立场表达的角度对新闻失实加以批评。值得一提和注意的是，张友渔在该文中有两处起承转合的话，一处是："现在我们且来举一个实例看看，但这决不是对于同业下恶意的批评。"[3] 另一处是："然而天津《益世报》这一条新闻失败，并不是每条新闻都失败，白璧微瑕，不算可耻。我的意思，是在研究编辑技术，并不含一些攻击同业的意味。"[4] 采取如此小心翼翼的表达策略，自然有客气、谦

---

[1] 张友渔：《张友渔新闻学论文选》，新华出版社1988年版，第52页。
[2] 张友渔：《报刊杂文 通讯和社论》，重庆出版社1987年版，第121页。
[3] 张友渔：《张友渔新闻学论文选》，新华出版社1988年版，第13页。
[4] 张友渔：《张友渔新闻学论文选》，新华出版社1988年版，第16—17页。

逊之意，但更多是出于对批评效果的考量。这恰恰显示了他为文时具有明确而自觉的媒介批评意识。

事情的起因是，1933年11月13日，北平各报都曾登载，日本军用飞机六架及军舰二艘被苏俄军队击毁的消息。各报在登载时大抵都表示怀疑的态度，有的在标题上加以"据传"二字，有的在标题下附以"疑问号"。有些读报的人们，不注意这"据传"二字或"疑问号"，便大高其兴，谓苏俄已给日本苦头吃了。不料午后，负有盛名的天津《益世报》到平，关于同一消息，竟和平市各报的态度，大不相同。它的见解和这般高兴的读者一样：把这一消息作为"要闻版"头条新闻用"大字标题"登出。其原文如下：

日军显然示弱于俄！

飞机六架，军舰二艘，被俄军击毁；飞行家二十人，或捕或杀，真象尚在秘密中。凌弱甚矣！何竟不闻膺惩声？

莫斯科十一日合众社电：莫斯科今日得一最惊人之消息，日本军用飞机六架及海船两只，被俄军击毁，日本飞行家二十名，或被俄军拘禁，或被杀死。据可靠之灵通方面消息，在十一月三日，有日飞机多架，在海参崴附近，越俄界约三十基罗米达，其中六架飞机，被俄军击落。又据该方面消息，日本海军补助舰二艘，在两星期前违反命令，驶入堪察加海滨，亦被俄军击毁。此地官方对此报告，绝对拒绝讨论。莫斯科的多数观察者，及其他消息灵通方面，均坚持此种事件不能长久隐瞒世界。无论如何，莫斯科对此消息，为之震惊。多数外国人士及俄人，相信最近为俄军所杀戮拘禁之日本飞行家，至少有二十人。此事之全体真像，尚在神秘中，此消息虽日渐流传，但官方拒绝讨论。

莫斯科十一日电通社电：某方电讯，传日海军补助舰军舰二艘，约于两星期前，侵入勘察加苏俄领海时，苏俄海岸警备队，虽曾迭加警告，均置诸不理，因是，该项军舰，遂被俄方击沉。惟此说来源，现尚不明。①

张友渔这篇文章从读者的阅读经验出发，以开门见山自问自答的方式

---

① 张友渔：《张友渔新闻学论文选》，新华出版社1988年版，第14—15页。

开头:"报纸上所登载的消息,都是可靠的嘛?不!决不是的。有的消息可靠,有的消息不可靠。"① 这就自然引出"不可靠的消息,为什么登在报纸上呢"的另一个问题,为下面对新闻失实进行原因分析提供了足够的文气铺垫。张友渔对新闻失实原因的分析,显示了一个马克思主义新闻工作者所具有的宏观视野和理论高度:

> 第一,我们知道报纸本身是阶级社会中的一种阶级斗争的武器,在它的背后,常站着一种阶级的势力,至少也站着党派的势力;因而它所登载的消息,不能不渗透过这种阶级意识和党派意识的作用,隐蔽了或改变了它的真像。尤其在国家这东西没有死灭的今日,国际间的消息,受国家思想的影响,十有八九是靠不住的。第二,报纸本身纵然不愿登载不可靠的消息,但因为受政治的或社会的各种力量的压迫,常使你不得登载可靠的消息。第三,纵然没有以上二种原因,而要使所登载的消息完全正确,也不容易。人类的知识有限,世间的事象无穷,自非全知全能,谁能把所有的消息,都一见便断定为真为假呢?②

他分析说:在阶级社会中,前两种原因所造成的新闻失实可能无法完全避免,但第三种原因所造成的新闻失实,则是能够和应该避免的。编者虽不能断定一切消息可靠或不可靠,但应在尽可能范围内,力求能够判断消息的真伪,发表自己认为是可靠的消息。登载可靠消息的报纸,可以博得社会的信任,不但对社会有所贡献,对报纸自身也很有利。纵然是某一阶级或某一党派的机关报,在和它的阶级或党派利益没有妨碍的范围内,也应该注意及此。至于阶级性或党派性不明显的营业性报纸,则就更要警惕了。"可惜中国的报纸,很少能够注意到这点,因而中国的报纸所登载的消息,其可靠的程度,也就极有限了"。③ 从而就顺理成章地引出了这条天津《益世报》的失实新闻例子,具体分析政治立场和态度、情感等主观要素,是如何令编辑失却了冷静头脑,未仔细推敲,终于导致失实

---

① 张友渔:《张友渔新闻学论文选》,新华出版社1988年版,第12页。
② 张友渔:《张友渔新闻学论文选》,新华出版社1988年版,第12页。
③ 张友渔:《张友渔新闻学论文选》,新华出版社1988年版,第13页。

新闻的产生。

张友渔仔细地分析道:"天津《益世报》的所以失败,完全由于一时的感情作用。我们受日本的欺凌,自己不能抵抗,很希望别人能给日本一种教训。因而一听到苏俄击毁日本的飞机和军舰,便很高兴地说:'日本显然示弱于俄';且奚落他,为什么'凌辱甚矣!何竟不闻膺惩声?'感情用事,在新闻记者,是最大的忌避。假使天津《益世报》的记者,能够平心静气,加以思索,则决不至得到这种失败的结果。"① 这条新闻其实有诸多疑点。第一,日本军用飞机,飞入苏俄领空,苏俄击落它,并不违反普通国际惯例与国际法,苏俄原无严守秘密的必要,且日机飞入苏俄领空,苏俄曾向日政府抗议,而日政府不但不承认有其事,反以苏俄前后所说日本飞机的数目不符,作为反证。这时候,如果苏俄击落日机,真凭实据,为何不反唇相讥?所以,只要一留心到过去日俄之间的交涉情形,明眼人便可知这一消息的不可靠了。第二,这一消息,为莫斯科电讯,而苏俄政府对于驻俄外国记者,向外发电,又加以检查,从消息的来源说,好像没有什么不可靠,但我们同时要知道苏俄对于驻俄外国记者的限制,只是不许你故意造谣,中伤苏俄,并不是所发电报,都须替苏俄鼓吹。这一消息对于苏俄无所谓利,无所谓不利,故检查电报的人没有扣留的必要,因而从莫斯科来的消息不一定都可靠。另外,如果真有此回事的话,苏俄政府势不能不发表,至少,不能不使塔斯社发表。塔斯社既未发表这一消息,则虽然是从莫斯科来的消息,也不能绝对地、无条件地认为确实可靠。第三,在原电报的文字中,本来便表示半信半疑的态度。根据这种电报来编新闻,更不该武断地自加确定,除非你从其他方面,也证明了该消息的可靠。张友渔的批评既高屋建瓴,又举一反三,显示了马克思主义理论在媒介批评中所具有的优势。

马克思曾经指出:"理论一经掌握群众,也会变成物质力量。理论只要说服人(ad hominem),就能掌握群众,而理论只要彻底,就能说服人(ad hominem)。所谓彻底,就是抓住事物的根本。而人的根本就是人本身。"② 20 世纪 30 年代初,大革命的失败使中国革命暂时处于低潮,但中国的思想文化界此时出现了一个马克思主义传播的高潮。"唯物辩证法风

---

① 张友渔:《张友渔新闻学论文选》,新华出版社 1988 年版,第 15 页。
② 《马克思恩格斯文集》第 1 卷,人民出版社 2009 年版,第 11 页。

靡了全国"①，张友渔的媒介批评很多撰写于 20 世纪 30 年代。他在很长时间内曾以左翼文化人的身份先后供职于《世界日报》《时事新报》《华商报》《新华日报》等知名媒体，具体的工作环境以及他从事写作时的社会身份，使张友渔此间的媒介批评文本在写作艺术上比较多地使用侧笔表现的手法，既态度鲜明，又委婉迂曲，态度平和，很少剑拔弩张、锋芒毕露地直接叫阵，即便是后来在《新华日报》工作时，他已经公开了共产党员的身份，也是如此。不过，其媒介批评由于以马克思主义新闻理论为统领，因此，其间闪耀着科学的理论光芒，很多分析和论述即便在几十年之后的今天看来，仍然如晶如莹，耀眼夺目，动人心魄。

第九节　袁殊的媒介批评

袁殊（1911—1987），本名袁学易、学艺，又名军光，化名曾达斋，笔名碧泉，湖北蕲春人，父亲袁晓岚是老同盟会员，为革命几乎倾尽家资。袁学易 11 岁时到上海，进印刷厂当学徒工，后经父亲友人介绍进上海立达学园，免费入读。立达学园是一所主张个性发展的艺术性学校，夏丏尊、丰子恺等人都在该校任教。在立达学园读书时，袁学易一度信奉无政府主义。1925 年五卅运动期间，袁学易参加学生的罢课游行，并改名袁殊。1927 年北伐期间，袁殊加入北伐军，曾任国民革命军第 6 军第 18 师政治部连指导员。蒋介石"四·一二"反革命政变后脱离军队，回到上海，进入高长虹主办的狂飙社出版部工作，并与一批爱好艺术的同行成立狂飙演剧部，排演《娜拉》《从人间来》《上海之夜》等名剧。1929 年筹款自费赴日留学，在早稻田大学和日本大学攻读新闻学。1930 年夏返回上海，1931 年 3 月创办并主编《文艺新闻》周刊，不久接受"左联"的领导，在《文艺新闻》上辟中国新闻学研究会专刊《集纳》，曾以读者来信询问形式率先披露左联五烈士遇害的消息。同年 10 月加入中国共产党，但仍以新闻工作为公开职业，并遵照党的指示由左派褪为灰色，为中共中央特科工作。1932 年 2 月，《文艺新闻》曾因"一·二八"抗战爆发，改出《烽火》抗战特刊 13 期。《文艺新闻》最后出至 1932 年 6 月 20 日第 60 期后停刊，此后袁殊先后任新声通讯社记者、外论编译社副社长、中国联合

---

① 艾思奇：《艾思奇文集》第 1 卷，人民出版社 1981 年版，第 66 页。

通讯社副社长等职。1937年参加创立中国青年新闻记者学会,被推举为总干事。在抗日战争上海"孤岛"时期,参加创办《译报》《中国评论》,担任《华美日报》记者。太平洋战争爆发后,受党的委派打入敌伪内部,以办报和担任伪职作为掩护,从事情报活动,成为具有日、伪、国、共、青(帮)等5重身份的红色谍报员。全面抗战后进入解放区,1946年任中共华东局联络部第一工委书记。1947年由华东局派往大连从事解放区城市建设工作,1948年在大连办《海燕报》。1949年初调中央情报部门工作。1955年因潘汉年、杨帆一案同时被捕入狱。1982年平反。1987年病逝。袁殊先后出版过《学校新闻讲话》《记者道》《新闻大王赫斯特》《新闻法制论》等新闻论著和译著,很多文字属于媒介批评范畴,在中国现代媒介批评史上具有一定的影响。

一

袁殊之所以从事新闻工作,一个重要的原因是对当时新闻传播现状的不满。在当时的新闻记者队伍中,充斥着各种地痞无赖:"上海的报纸记者,不是流氓的徒弟,就是同资本家或富豪有关系,有政治背景的人。上海的黄金荣和杜月笙,在新闻界很有影响。"① 袁殊在日本学习新闻学的时间虽然不是很长,但他接触了不少日文书籍报刊中转译的苏联无产阶级新闻学理论及其观点,"觉得这是新兴阶级的新闻学理论"。② 因此,回国以后,他就提出建立新兴阶级新闻理论的口号,并为此积极地进行努力。无论是写文章向报刊投稿,还是到大学演讲,乃至在主办《文艺新闻》的具体新闻实践中,"强烈的媒介批评意识始终如一条红线贯串其中"。③《上海报纸之批评》就是他进行媒介批评的一篇代表作。该文正文写作于1930年12月22日,最初发表在1931年3月1日光华书局出版的《新学生》杂志第1卷第3期上,后被收入1932年7月由上海湖风书局出版的

---

① 丁淦林:《袁殊对〈文艺新闻〉及〈记者座谈〉的回忆》,《丁淦林文集》,复旦大学出版社2005年版,第38页。
② 丁淦林:《袁殊对〈文艺新闻〉及〈记者座谈〉的回忆》,《丁淦林文集》,复旦大学出版社2005年版,第40页。
③ 胡正强:《袁殊的媒介批评实践及其贡献》,《河北师范大学学报》(哲学社会科学版)2011年第2期。

《学校新闻讲话》一书中。这篇文章有如下几个特点。(1) 文章标题中即有"批评"二字,体现了作者在撰写该文时具有着明确的媒介批评意识,这在中国20世纪30年代众多的媒介批评文本中,虽不能说是绝无仅有,但也确实并不多见,因而其媒介批评的文本属性及其标志颇引人注目。(2) 文本篇幅较长,体例完整,论述全面。全文长达12000余字,共分为6个部分:①引言;②上海报纸现势概观;③社评与电讯新闻;④教育栏、运动记事、副刊、图画;⑤上海小报——附外文报报目;⑥最后附尾。可见其体系的完整和论述的全面。值得注意的是,本文还有一个"由学生读者的地位出发"的副标题,说明其文章阅读对象以学生为主,这与当时作者在极力提倡"学生新闻"有关。另外,作者还特地在文章引言前对写作旨意进行说明:"作者怀着对新闻的热忱,敢以直率的态度写出这篇文字。愿读者能由此得着对中国新闻纸之部分的认识。若是能得着志趣的投好,我希望能有个公同的学生的新闻研究的结合。至于,本文取材发言如有错误之处,除了文责自负外;并诚恳的接受上海报界诸公与辩白与指示。企求中国新闻纸的未来光明。"[1] 刻意通过对批评公益性旨意的交代和强调,以争取被批评者的认同,透露了袁殊对媒介批评效果的一种预期和掌控。

在引言中,袁殊强调了学生与新闻的关系。他认为以学生的社会存在地位,与新闻的社会存在价值,新闻之于学生读者有着它们特殊的关系及意义。他要站在学生读者的立场对上海新闻纸作一番检查,根据事实"以作客观的批判;由此而映证出上海报纸经营的现象及经营的程度",[2] 使学生读者由此找出自己阅读报纸的路线。他通过对上海报纸"现势"的概括分析,即报纸的数量、发行时间、发行量、读者对象、报纸张数等"报纸外形"方面分门别类的统计,得出了"中国新闻事业还滞留在幼稚的状态中"[3] 的初步结论,然后再进一步深入地分析上海报纸何以发展缓慢的原因。袁殊指出,中国当下的经济,居在国际帝国主义的统制之下,上海新闻事业也同样对帝国主义有着很强的依附性。"上海的报馆,都是设在租界区域,有着利用帝国主义庇护的方便,可以免掉统治者的摧残和迫害;

---

[1] 袁殊:《上海报纸之批评》,《新学生》1931年第1卷第3期。
[2] 袁殊:《上海报纸之批评》,《新学生》1931年第1卷第3期。
[3] 袁殊:《上海报纸之批评》,《新学生》1931年第1卷第3期。

但是它却从来不表示大众对统治者的抗议。"① 而是唯诚唯谨以稳健妥协的态度应付着各种变化的政治环境,绝不会自动地刊登大众所要求的言论与新闻。这使上海报纸自我更新、改革的动力严重不足。如在"编辑法则"上说,只要是具有新闻价值的事实,就可以测度其价值的轻重而序列前后,并分别其性质以作类别的辑集,即进行综合编辑,但上海的报纸大多是分栏编辑。因为分栏的关系,一条新闻常使读者既见之于电讯栏,又见之于要闻通讯,或甚至更见之于本埠新闻,而其时间则为一天。如《时事新报》1930年12月21日第2版有条新闻《穷苦和尚出路,戴夫人主张根本救济,利用庙产办教办实业,使此辈有教有养》,而同一天该报第4版教育界专栏亦载有《利用庙产,兴办实业教育,钮有恒之主张》的新闻,内容与第2版的新闻完全相同。《时事新报》电讯编辑在上海以先进精良著称,该报如此,其他各报如何,那就更加可想而知了。这就是由于分栏编辑方法所造成的不通。

二

新闻队伍人才建设是新闻事业发展的要件。袁殊指出:"新闻记者之生活的改善,及地位的保障,此种种问题,确为保障新闻事业之社会的发展与向上,有密切的关系。"② 1931年10—11月,上海《时事新报》馆无故解聘记者、工人16人,编辑部同人为此举行集会表示抗议,馆方随之又将出席会议的10多名编辑记者一并解职。未被解职的同人联合发表宣言,指出馆方裁员绝非经济支绌,而是蓄意摧残,呼吁社会各界给予同情和帮助。上海新闻记者联欢会、上海报界工会等团体闻讯纷起声援,最终迫使《时事新报》收回成命。袁殊在这场《时事新报》馆解职风潮中,不仅在《文艺新闻》上发表了《新闻学研究会宣言勖〈时事新报〉被辞同人》的消息,从维护新闻工作者职业保障的角度对事情进行报道,以形成舆论压力外,还撰写了《〈时事新报〉编辑同人解职风潮》一文进行评析。

袁殊指出,上海新闻界所发生的这一事件,值得加以注意。《时事新

---

① 袁殊:《上海报纸之批评》,《新学生》1931年第1卷第3期。
② 袁殊:《记者道》,中国传媒大学出版社2018年版,第33页。

报》馆不公开申明其理由,就将共休戚、同患难关系达十数年之久的编辑全体9/10的同人无故解职,这事件不能单纯地认为是《时事新报》一家报馆的大事。由报纸与社会的关系言,这应当是在社会上"被重大化"①的一件事,局外人仅就报纸登载的消息及个人所闻的传言,知道该报经营者的态度和被辞同人的抗争情形:该报编辑部被解职者及因事件发生后而自动辞职者,占全体9/10;馆方已另聘新职员每日照常出报;被解职而失业者已发宣言吁求社会援助;此时援助被解职者只有报界工会与通讯社等仍属于新闻界同业内的团体。他认为,仅在事实的表面上看这一事件绝不简单。第一,一个记者与其报馆既有十数年休戚相关的历史,如果不是有了绝对不能协调而继续维持原来关系的可能时,馆方对职方绝不至于如此决裂。第二,馆方敢断然出此手段,必定有其可以不怕的把握,不但事先早有另聘新职员的准备,而且一定还有别的更有力准备。编辑部是维持报纸生命的肺腑,《时事新报》骤然辞去大批编辑,但对社会和读者无只言片语表白,甚至关于此事件的新闻都不刊载。隶属共同托拉斯管理之下的其他报纸,也没有对此事件起因和经过的真实记载,由此足见新闻界对此事实是竭力避免形成风潮以至扩大,竭力设法使其和平解决。编辑部同人首次开会时,集议请馆方收回解职成命被拒绝,遂退而请给已解职者以3—6个月的退职金,也被拒绝接受。被退职者才发表宣言吁求社会各界援助,但是宣言中并没有提出任何具体的要求条件,亦未说明当如何解决方为圆满。第三,现在新闻界同业的报界工会和通讯社出来援助,新闻记者联合会亦派员进行调解。第四,事件发生后没有见到其他社会团体有过表示。

袁殊认为从此次风潮中可以得到的认识是:首先,上海报界自所谓托拉斯化后,"我们以为有钱者即有权,宜乎是一本万利的向前发展;此次事件不发生于三数月前,也不发生于以后,而正置此内乱外侮方殷的目前爆发;这不能不使我们要作其他的怀疑,——怀疑到这是他们内部利益分配的冲突;爆发则是双方相互执着了可以藉口的弱点。这就是某种迫不得已的事实之谓。然而,内丑不可外扬,争虽在争,措词却甚温顺含糊"。②所以当同情与援助都来了的时候,大家也都各自略有让步,为了面子而相

---

① 袁殊:《〈时事新报〉编辑同人解职风潮》,《文艺新闻》1931年第35期。
② 袁殊:《〈时事新报〉编辑同人解职风潮》,《文艺新闻》1931年第35期。

互妥协，事件可和平解决。这是现在所能料到的风潮不至扩大的结果。其次，倘使这些昕夕焦劳、晨昏勤作的被辞编辑们平日对读者对社会具有大贡献的话，那么现在突然去职，换来新手工作，在报纸的版面上必然会表现出来，无论如何总有异样之感，读者对这异样能无所感吗？有所感而又能在报纸的销路上无所表示吗？假定此事为劳资纠纷，那么在馆方新添职员薪金较旧职员相去倍蓰时，何以不提出抗议而要等待馆方有了准备且先下手解职才来反对？馆方固然为资本家，但编辑也不仅是单纯出售劳力或智力的劳动者！

袁殊认为，在今日的处境之下，虽然其他的话此时尚不宜说，但无论如何，对于《时事新报》馆方在处理此事的时候，采取雇用大批探捕把守、胁迫签字等毒辣手段，终要表示坚决的反对。对那些被解职的编辑同人，对其失业除了要予以同情和声援外，尚希望他们能够觉悟到，这是自己执役报界服务社会之清算过去功罪的机会！要从此根本认清新闻记者在现代社会里应有的生存价值。袁殊最后指出：这次事件"是中国新闻企业'托辣司'化内在的矛盾之自动向外暴露；这是资本主义走向尖锐化的之一端的表现。所以，在事理上看，实在是简单而且必然。"① 从而对该风潮做出了具有政治经济学性质的批评。

三

袁殊发表在1932年5月1日《世界与中国》第2卷第4、5号合刊的《日本对华的新闻政策》一文，是他针对"九·一八"事变后日本对华新闻侵略的新形势而撰写的一篇媒介批评专论。袁殊与新闻学者任白涛是好朋友，两人对新闻学都有理论研究兴趣，他的《学校新闻讲话》一书即由任白涛为之作序。给任白涛《应用新闻学》一书作序的王拱璧，在序中曾提到五四时期他关于日本对华新闻政策的揭露。袁殊的《日本对华的新闻政策》一文中也提到该序文，可见袁殊的这篇文章，在某些方面受到了王拱璧研究成果的一些启发。袁殊在文中指出，日本帝国主义侵略我东三省的枪炮声，惊醒了中国人民。我们不仅要认识到日本有形的侵略，还要注意到日本对华的新闻政策是甚于枪炮的杀人利器。他认为

---

① 袁殊：《〈时事新报〉编辑同人解职风潮》，《文艺新闻》1931年第35期。

所谓的新闻政策就是以新闻为工具，利用新闻的反映机能，实现一种政治的图谋。因此，新闻政策从根本上看，实是对新闻的愚弄，违背了新闻的本质，是一种攻心政策。

袁殊认为，日本新闻事业的发展，是明治维新以后。在明治维新时期，日本还谈不到对中国有什么新闻政策。1895年甲午战争以后，日本开始积极侵略中国，开始对华实施新闻政策。"新闻政策之被用于帝国主义，多半是协助其外交政策"。① 所以这种策略的内幕多严守秘密，不但对他国人民，即对本国国民也是一样地受其蒙蔽和愚弄。这种策略规划始终操在国家统治阶级者的手中。日本对华新闻政策在日本政友会所发表的对支政策中，即有设立对华宣传机关的筹划。日本通过在中国各地设立汉文报馆、通讯社，来引导和控制中国人民的思想与认识。袁殊指出，日本对华实施新闻政策，给予中国政治上的毒害甚烈。其主要方法"即每一小事，常作夸大报道，极尽造谣之能事"，② 混淆是非，颠倒黑白，企图搞乱中国人的视听。这方面最为典型的就是《顺天时报》，这是一份日本人学中国人口气主办的供中国人阅读的中文报纸，发行量曾达到17000多份，一度成为我国华北地区第一大报。

1917年9月25日，该报报道中国对欧战的一则消息说："关于欧洲出兵说山东军队间发生强制出兵谣传，已惹起大恐慌消息，本埠人士对于中国出兵之效果颇疑虑云。"10月1日报道中国的内政消息云："昨日所发表通缉孙中山及国会议员等命令，咸以政府对西南诸省已表决心，实为一种哀的美敦书，多数人士均疑惧将来的纷乱不可收拾云。"10月25日的一则报道为："此间谣言颇盛，山东省内民党激烈派，将来乘南方风云紧急之机会，有不稳之举动，因此当局严行警备，而对于新军尤分外注意，所有重要将校多被更调。而且加以监视。"③ 袁殊指出，类此记载断乎不是新闻，而是明显的宣传。中国十数年以来，全国各地报纸刊载的消息，由于不察而不自觉地替其义务宣传，或被收买为其宣传，"几乎是无报无日无之！甚且有的专以日本新闻政策的宣传材料，为主要的新闻来源"。④ 中国

---

① 袁殊：《日本对华的新闻政策》，《世界与中国》1932年5月1日第2卷第4—5号合刊。
② 袁殊：《日本对华的新闻政策》，《世界与中国》1932年5月1日第2卷第4—5号合刊。
③ 转引自袁殊《日本对华的新闻政策》，《世界与中国》1932年5月1日第2卷第4—5号合刊。
④ 袁殊：《日本对华的新闻政策》，《世界与中国》1932年5月1日第2卷第4—5号合刊。

很多政治事件（如孙中山辛亥革命、梁启超主张立宪、徐树铮政变等），"莫不受其政策之捣乱"。① 尤其是五卅事件发生后，日本新闻政策执行机关的东方通讯社，竟向全世界发出完全与事实相反的逆宣传，谓上海的中国民众为暴力团，而中国一些报纸竟然不加改动地刊登出来。试想这将会使中国陷入多么不利的舆论境地！

日本对华新闻政策的直接施加对象无疑是中国新闻界。各个帝国主义实施于中国的新闻政策，"以日本为最厉害。它不但直接在中国创办报馆，经营通讯社，而且更用了种种泼辣的手段，买贿中国的新闻界，或投资于中国的新闻企业，或勾结中国的新闻记者，总之在欲图得中国的新闻纸，作为变相的被御用于日本的机关；有的即不直接被御用，而间接做出利于它的种种方便。"② 特别是在收买中国新闻界方面可谓不遗余力，最典型的就是1917年10月由日本东方通讯社社长波多博率领的上海记者赴日考察团，以及1918年4月由《顺天时报》社长所率领的北京记者赴日考察团。这两个赴日中国记者团赴日的费用，完全由日方买单。这些中国记者回来后自然投桃报李，就常常在报上发出对日"亲善"之声，其所在媒体上就听不到中国人民的反日声音了。"这种种新闻政策的网线，就如一束铁链一般，把中国之行动，中国之言语思想，紧执得丝毫不得动弹。"③ 袁殊认为日本的新闻政策，与沈阳的"九·一八"枪炮声相互呼应，都是一种杀人的利器。

四

20世纪30年代既是中国新闻事业发展较快、社会影响增强的时期，也是中国现代新闻史上新闻道德问题比较突出的一个阶段，部分新闻从业人员的道德堕落行为已经严重冲击到社会的观感。1935年2月，电影《新女性》中就塑造了一个媚俗、投机的记者形象。影片讲述的是一位年轻知识女性韦明在遭遇婚姻失败的打击后，期望依靠自身力量和女儿的支持生活下去，最后却在生活苦难、感情波折和流言蜚语的多重打击下，又走上

---

① 袁殊：《日本对华的新闻政策》，《世界与中国》1932年5月1日第2卷第4—5号合刊。
② 袁殊：《日本对华的新闻政策》，《世界与中国》1932年5月1日第2卷第4—5号合刊。
③ 袁殊：《日本对华的新闻政策》，《世界与中国》1932年5月1日第2卷第4—5号合刊。

自杀之路的悲剧故事。影片中出现了一名记者的故事情节设计，这名记者曾与韦明有私人嫌隙，在她被送入医院抢救期间，迫不及待地将她服毒自杀的消息当作独家新闻发表在当天晚报上。当韦明被抢救醒来，看到报上造谣侮辱她的消息时，再次受到情感打击，最终含恨离开人世。影片的故事情节和记者角色虽为虚构，但也从一个侧面反映了当时新闻道德问题的某些真实情状。

袁殊认为，报纸刊载社会新闻，固然能使我们知道社会上的形形色色，尤其报纸为了吸引读者、扩大销路起见，往往把能够引起社会一般人的趣味或者注意的事件，用特大的字号作标题和在触目的位置登出，也是事有必至、理有固然之事，本无可厚非。"可是除了大号标题和触目地位之外，或竟花样翻新，别具肝肠的登法，影响所及，超越道德范围，甚至间接杀人；那就使人不敢赞同，毋容缄默了。"[①] 他举例说，譬如类似这样的题目："□□控告○○○行为不端"。有的报纸在刊登时，把"□□控告"四字缩得很小，而把"○○○行为不端"七字则用特大号登出，于是随意一看便成为"○○○行为不端"了。给那些看报只看题目的读者一个肯定的事实信息，或竟信以为真，到处乱说，碰巧这位○○○是社会上的面子人物，那□□的控告，实际仅欲敲他竹杠，或挟仇报怨，那么这样的标题至少已帮了那位原告破坏被告名誉的几分忙了。"在这种情形下，社会人士将视报纸为蛇蝎，随时怀一种恐惧戒备的心，而报纸也将成为一种伤人利己的器具了。"[②] 如此标题就不仅仅只是一个生意经的问题，而是一个事关新闻道德问题的大问题了。倘若为了生意经而逞意伤人，无异于挟私报仇，流于恶意的宣传，那么新闻价值的原义也就丧失了。

袁殊还在媒介批评中，创造性地提出了"Jazz主义"概念，对新闻报道的低俗化倾向予以强烈的否定和批判。新闻报道的Jazz主义是他从爵士音乐中借用来的概念。袁殊认为烂熟了的资本主义文明发展到某一阶段，在文化思想上必然酝酿出两个不同的趋向：一种是鼓动野蛮人性的复古运动；一种是毁灭人性残杀生活的都会享乐主义风向的盛行。"所谓爵士音乐（Jazz）就是后一种堕落风向的产物"，[③] 这种音乐曲调完全以醇酒妇人

---

① 袁殊：《记者道》，中国传媒大学出版社2018年版，第43页。
② 袁殊：《记者道》，中国传媒大学出版社2018年版，第45页。
③ 袁殊：《记者道》，中国传媒大学出版社2018年版，第45页。

为背景，奏着靡靡之音，消弭人们向上的意志。黄色新闻流行的社会原因与爵士音乐如出一辙。黄色新闻的制造家们，"倾全力于搜求奸、淫、烧、杀等日常社会事变，并作着夸大的报道，制造出一种商品文化供给于社会大众，刺激他们的神经，使他们对于生活不求理解与认识，陷于无自信的境遇，这就是黄色新闻所发生的社会作用。尽情的下流与卑俗，正和爵士音乐之使人疯狂乱舞一样"。① 袁殊认为尽管中国新闻报道幼稚与落后有其客观的原因。但是，"在黄色新闻的流俗报道上，则表现得更为卑恶与拙劣"。② 他说上海的小报，可以说就是爵士主义流俗报道的代表，甚且有时比流俗更为卑劣地趋于堕落。

袁殊归纳了爵士主义流俗报道有如下一些表现：最普遍的就是色情的宣泄。每家小报上至少连载着一个长篇小说，无一篇不以性欲的描写为主要的内容。如《××秘密》《××三部曲》《××公馆》《××外史》等。长篇以外还有许多杂文散记之类，除了给读者以性的诱惑，往往还含有许多隐隐约约的副作用，如替妓女作广告、摘发某人性行为以达到借此敲诈等。袁殊承认，上海小报也不是完全没有可看的文字或意见，部分文字也具有一定的社会认识价值，但大多只是正义感的表示，对事物的评论很少肯寻求透彻的正确的认识，而再做透彻与正确的论断。总之，小报是黄色新闻的真正尖端的代表，在今日的社会生活文化环境下，虽有其必然存在的理由，但它毕竟是"殖民地文化灭落的现象"，③ 是新闻传播中的一种逆流，必须对之予以唾弃和批判。可以说，袁殊对新闻"Jazz 主义"的命名行为，就鲜明地体现了他的一种媒介批评态度。

袁殊真正的新闻从业经历虽然为时并不很长，但他在中国现代新闻史上有着诸多值得称道的地方：他是中国 20 世纪 30 年代初首先提出报告文学概念并开展研究的新闻工作者；第一个参照日文和英文对新闻学的释义，在新闻有学的理论框架下，对"新闻学"的概念提出疑问和辨析。④ "尤其重要的是，袁殊对中国现代媒介批评的开展有提倡和推助之功。只是由于他'东方佐尔格'五重间谍的情报经历过于诡谲迷离、惊险传奇，

---

① 袁殊：《记者道》，中国传媒大学出版社 2018 年版，第 46 页。
② 袁殊：《记者道》，中国传媒大学出版社 2018 年版，第 47 页。
③ 袁殊：《记者道》，中国传媒大学出版社 2018 年版，第 51 页。
④ 吴迪：《袁殊与集纳主义》，《品牌》2014 年 6 月（上）。

以至他在中国现代媒介批评领域的建树相应不为常人所知。"① 在袁殊的主持下，《文艺新闻》发起组织了中国新闻学研究会。1931年10月21日该会成立，该会在宣言中明确宣布，将"以全力致力于以社会主义为根据的科学的新闻学之理论的阐扬"。② 在中国现代媒介批评史上，袁殊的另一重大的贡献是，他首次将媒介批评作为新闻学的分支学科加以提出。1934年9月21日，袁殊在《集纳学术研究的发端》一文中，曾开列了新闻学研究的八大任务，作为新闻学术研究的纲要，其第四项研究任务是："提高新闻批判的任务：（一）如黄色新闻的检讨；（二）如新闻责任与信用的估价；（三）如不当商业广告的检举；（四）如外勤采访竞争问题；（五）如编辑理论与技术的检讨与发挥；（六）如通讯社复杂存在的问题，以及通讯社工作的评价；（七）如小报之存在及其趋势的考察。"③ 这说明他已经从某种学科建设的角度构建媒介批评学的学科地位，初步具有了媒介批评的学科意识。虽然这一设想后来因为各种原因而没有得到实现，但它所具有的先驱者意义则毋庸置疑。

第十节　邹韬奋的媒介批评

邹韬奋（1895—1944），原名恩润，乳名荫书，韬奋是其笔名，祖籍江西余江县，出生于福建永安。1900年由父亲发蒙，1909年春考入福州工业学校，1912年进入上海南洋公学附小读书，1914年升入南洋公学附中，1917年入南洋公学上院（大学）电机工程科，1919年9月转入圣约翰大学，主修西洋文学，副修教育。1921年大学毕业后，任上海纱布交易所英文秘书。1922年任中华职业教育社编辑股主任，主编《教育与职业》月刊。1926年10月接任《生活》周刊主编，并兼任《时事新报》秘书主任之职。邹韬奋接编《生活》周刊后即开辟《读者》信箱专栏，热心为读者服务，使之由职业教育刊物转变为讨论社会和政治问题的新闻评论刊物。1931年"九·一八"事变后，他的思想发生了重要的变化，逐步走向革命

---

① 胡正强：《袁殊的媒介批评实践及其贡献》，《河北师范大学学报》（哲学社会科学版）2011年第2期。
② 《中国新闻学研究会宣言》，《文艺新闻》1931年10月26日第33号。
③ 怀云：《集纳学术研究的发端》，《大美晚报》1934年9月21日。

道路，《生活》日益成为抗日救亡、反对不抵抗政策的宣传阵地。1932年7月，他创立生活书店，次年创办生活出版合作社，并与中华职教社脱离关系。1933年1月，参加中国民权保障同盟，当选为执行委员。7月，为躲避国民党当局的迫害，他出国流亡，历时两年先后考察了法、英、比、荷、德、俄、美等多个国家。1935年8月回国，11月创办《大众生活》周刊，投入抗日救亡宣传。1936年2月《大众生活》被封，6月，在香港创办《生活日报》和《生活日报星期增刊》（后改名《生活日报周刊》）。8月返回上海，改出《生活星期刊》，同时参加救国会活动，被选为执行委员。同年11月，与救国会领导人沈钧儒等6人被南京政府逮捕，监禁长达8个月之久。他在狱中坚持著述达30余万字。1937年7月31日获释。出狱20天即创办《抗战》三日刊，为全面抗战呐喊。1938年7月，该刊与李公朴的《全民周刊》合并，改名《全民抗战》，仍任主编，后迁重庆出版。1941年2月皖南事变后《全民抗战》被迫停刊，他流亡香港，同年5月在香港复刊《大众生活》周刊，1941年底香港沦陷后撤离香港，1942年11月进入苏北抗日民主根据地，1944年7月24日在上海病逝。邹韬奋一生先后在几十种报刊上发表过大量时评和言论，很多是针对当时新闻媒介及其活动与新闻作品、新闻现象等进行分析和解读的文字，属于媒介批评的范畴。

一

言之有物，能对读者认识事物提供启发和帮助，是报纸新闻评论的基本要求。评论是报纸的灵魂和旗帜，代表着媒体的立场和声音。中国近现代由于统治者的高压和钳制，一些媒体不敢旗帜鲜明地表达观点，有些评论往往避实就虚，或模棱两可，言不及义，对读者理解新闻事实或现象不能起到拨云见日的指引作用。邹韬奋对此极不满意，认为这是一种放弃媒体责任的表现。1930年4月19日，上海日报中号称销量最大的《新闻报》在"新评"栏发表了该报总编辑李浩然的题为《英埃谈判》的短评，全文如下：

英埃谈判现已停顿，吾人但闻其言有难题，而内容如何，则局中人相戒不言，是以无从知其原委，惟知其所争者为苏丹问题耳。

英埃争执之详虽不得知，但观埃及代表发表之公报，谓彼等关于苏丹问题之提案至为温和，不意仍难通过，于是意中以为已经成立之协定，遂至停搁。寥寥数语颇耐人寻味也。

英埃谈判初开时，气象颇佳，良以工党内阁之主张向近于和平，其应付埃及之态度，屡为保守党所抨击，谓其损失英之权利，是以世人观察此事者以为进行必可顺利，孰意其仍不免隔阂。可知强者自利之心无论如何终不能免，一方以为已极尽扢谦之能事者，去正义与公道殆仍甚远，盖习非成是之风已久，断非一朝一夕所能挽回也。①

邹韬奋指出，上海新闻业与欧美乃至日本相比虽不免仍很落后，但在国内可算是龙头老大。故上海报纸上的言论常为国人注意，而国人对上海报纸的言论也有着殷切期待。而且上海中外人士会聚，中外意见冲突、国际问题复杂为他处所不及，故上海报纸的言论不但为本国人注意，也为想探悉中国舆论趋势的外国人所注意。此可足见上海报纸在言论方面责任的重大，不应常以无关痛痒的文章敷衍篇幅。销量多的日报读者多，言论影响范围广，责任也就更为重大，"但就实际情形观察，还是在营业上不甚发达的日报常能说出几句切中时弊的话，而营业比较发达的日报则反而令人失望"。② 随后他引述了《新闻报》的上述评论为例进行评析道："我觉得读完了这篇'寥寥数语'的'新评'，虽加以'寻味'，对于'英埃谈判'这个问题还是莫名其妙。"③ 评论作者先告诉读者英埃谈判内容无从知其原委，然后又说此事内容不得而知，就是说读者对此事内容不知，评论作者对此事内容也不知。最后作者根据"无从知其原委"与"不得知"的此事内容慨然断道："习非成是之风已久，断非一朝一夕所能挽回也。"这使读者在未读评论前不过知道英埃谈判停顿，读了评论后所知道的仍不过是英埃谈判停顿。"作者不知道此事内容，我们不能怪他，不过不知道一事之内容而却提起笔来批评此事给我们看，似乎不能不有一些诧异！"④ 邹韬奋认为，报纸评论一方面要代表舆论，另一方面要指导民

---

① 浩然：《英埃谈判》，《新闻报》1930年4月19日。
② 编者：《可以不必做的文章》，《生活》周刊1930年第5卷第21期。
③ 编者：《可以不必做的文章》，《生活》周刊1930年第5卷第21期。
④ 编者：《可以不必做的文章》，《生活》周刊1930年第5卷第21期。

意，至少要让读者对某问题获得一些知识或卓见。难道国内或国际方面与本国有关的都没有需要评论的具体问题，只能拣一项内容无从知其原委与不得而知的别国问题，来做使人摸不清头脑的评论吗？

邹韬奋在文章末尾指出："我常觉得有许多人立于可为的地位，对于国家社会可有较大贡献的地位，却辜负了那个地位，未免可惜。"① 鉴于《新闻报》和《申报》都是上海报界资格老、发行量大的报纸，两报的时评都让读者有类似的感觉。因此，他认为自己的这篇评论就"不仅是记者一人的私言，就平日见闻所及，似乎是社会上一般人的意见，所以我敢说这篇出于善意的批评可以算是'舆论的舆论'，想主持舆论的大主笔先生见了不至吹着胡子勃然大怒吧？"② 邹韬奋所言的"舆论的舆论"，也就是媒介批评。可见他当时已经对媒介批评的功能和作用有了一定认识，并主动地开展媒介批评，力图引起报界的注意，以整体上促进国内报纸新闻评论质量的提高。

客观公正是新闻报道的基本品质，媒体的主观倾向只能通过对事实的选择有限度地予以表达，过于明显的情感流露往往会让读者心生反感。1933年4月，著名雕塑家江小鹣与其妻朱湘娥离婚，再与其亡友陈小江之妻徐芝音结婚一事，在社会上轰传一时，广受大小媒体关注。4月14日《时事新报》新闻中有云："书据（指离婚书）既经确立，七载相安之夫妇，遽告仳离，朱女士怀书归校，芳心忐忑，如失魂魄，夜卧宿舍，时适凄风阵起，冷雨敲窗，女士怀念爱人，不觉黯然饮泣，出书重读，血泪俱下，然度小鹣此时，必呈书于某夫人之前，方欣然乐道其家庭革命之成功也。有与江朱审者言，若小鹣之亡友陈某者死而有知，亦正大可自负其有先见之明，而甚幸其妻儿之得所，盖非知己之友，岂能以妻儿重托之，且终托之哉！言下慨然！记者握管至此，亦为之凄怆搁笔也。"③ 邹韬奋批评该报的新闻报道虽貌似以客观态度叙事，但字里行间，亦可明显看出为朱女士抱不平的意思，对江小鹣"尤尽挖苦之能事"，④ 严重偏离了新闻报道应客观公正的基本原则。

---

① 编者：《可以不必做的文章》，《生活》周刊1930年第5卷第21期。
② 编者：《可以不必做的文章》，《生活》周刊1930年第5卷第21期。
③ 韬奋：《漫笔》，《生活》周刊1933年第8卷第17期。
④ 韬奋：《漫笔》，《生活》周刊1933年第8卷第17期。

二

新闻应客观公正,不代表没有立场。对于一家报纸来说,维护国家和民族尊严,应是基本的政治原则。1930年10月,中国旅客萧信庵在搭乘荷兰籍渣华公司的轮船时,险遭船员的强暴,而渣华公司事后却一再推诿狡辩。对渣华船员兽行的报道,报纸中以《申报》登得最早,而且该报在登出此项消息时,加有"令人发指""愤慨万状"的标题,可见该报也深知此事于我国关系重要。不料在华侨联合会宣布援助萧案、吁请全国同胞抵制渣华轮船公司所有船只的通电后,10月21日,《申报》忽然以大字刊登了如下广告:"四川路四十一号渣华公司芝加冷号(S. S. Tjikarang)准于十月廿二号晚开往厦门香港小吕宋爪哇。"广告的作用不外乎劝中国人在该轮多载货多搭客,邹韬奋愤怒责问道:"《申报》肯把封面让此包庇兽类以侮辱中国人的公司登广告,请问是何居心?过去未远的《申报》二万号纪念特刊上明明写着'《申报》是中国民众的喉舌!'明明写着'舆论代表!'请问这种死要钱不要脸的勾当是否顾到'中国民众'?是否顾到'舆论'?"① 这一严词责问,对《申报》认钱不认人的行为无异于一记响亮的耳光。

1932年3②月6日《新闻报》在《昨日华租界之情形》报道中有如下文字:"我军退出第一道防线,闸北已完全入日军之手,战地附近之公共租界,因炮声已远,市民且认为战事暂告一小段落,前晚英法租界内爆竹声震天,同时各大小商店悬旗庆祝,沉寂恐怖之上海似稍有生气。"③ 邹韬奋感叹说:"我看了这一段奇文,最初以为我的眼睛出了毛病,仔细再读一遍,才知道纸上确是这样印着,并未看错。"④ 因为依这位编辑先生的高见及其文中所体现的逻辑,前晚本市所以爆竹声震天,所以同时各大小商店悬旗庆祝,唯一的原因就是因为我军退出第一道防线,闸北已完全入日军之手!这种匪夷所思的逻辑,真是令人闻之咋舌!"据记者所知,那夜市民是误闻白川阵亡,我军恢复闸北,已打到麦根路车站,所以放爆竹悬

---

① 韬奋:《请问〈申报〉》,《生活》周刊1930年第5卷第47期。
② 1932年3月12日《生活》周刊"漫笔"专栏在排版中,手民将邹韬奋评论中的"三月六日"误排为"七月六日"。
③ 《昨日华界之情形》,《新闻报》1932年3月6日。
④ 记者:《漫笔》,《生活》周刊1932年第7卷第10期。

旗庆祝,虽属传闻之误,但究是爱国心的表示,如依《新闻报》所述,简直是中国人庆祝'闸北已完全入日军之手',一变而为亡国奴心理的表现了!这虽是素以'死硬'之西报所想不出的因果关系,而《新闻报》竟能独出心裁,可谓富有创造力者矣!"① 有力的反讽式批评,让《新闻报》为之哭笑不得,也令读者大感痛快。

邹韬奋自投身新闻工作以后,就一直盼望着能"创办一种合于大众需要的日报"。② 1936年3月,邹韬奋因受国民党当局的迫害,被迫流亡香港。抵达香港后,他即着手筹办久已理想中的《生活日报》。经过多方筹措,《生活日报》终于在1936年6月7日创刊。他后来回忆自己拿到第一张报纸的心情时说:"那天夜里我一夜没有睡,自己跑到印刷所里的工场上去看着。我亲眼看着铸版完毕,看着铸版装上卷筒机,看着发动机拨动,机声隆隆,——怎样震动我的心弦的机声啊!"③ 他说当第一份《生活日报》刚在印机房的接报机上溜下来的时候,他赶紧跑过去接收下来,独自拿着微笑。那一种说不出的快慰的心境,真的不是笔墨所能描述!《生活日报》办起来后,他在《生活星期刊》上发表了《我们要怎样办〈生活日报〉?》系列文章,向读者交代他对《生活日报》的设想。鉴于《生活日报》是他一个理想报纸的实践,因此,这些文章也就具有了以应然观照实然的媒介批评意义。

首先,邹韬奋认为报纸要具有广博的言论。日报是民众的喉舌,为大多数民众的利益说话是当然的任务,在社论方面就应完全站在民众的立场上。说得具体些,就是"每天除了正确精警的一篇社论外,还要有两篇以上的很有精彩的有关各种专门问题的论文"。④ 论文的范围要广,凡是政治、经济、财政、外交、军事、教育、交通、工业、农业、矿业、卫生、医药、体育、学术、思想、文艺,以及一切和一般民众生活有关的问题,无所不包。这种办法的优点很多:一是可以反映全国各方面对于各种问题的意见;二是可使学术专家根据他们的研究,或是事业家根据他们的经验,发表对于各种问题的心得;三是可以把种种学识经验借此传播于大

---

① 记者:《漫笔》,《生活》周刊1932年第7卷第10期。
② 韬奋:《在香港的经历(一)》,《生活星期刊》(上海)第1卷第12号,1936年8月23日。
③ 韬奋:《在香港的经历(一)》,《生活星期刊》(上海)第1卷第12号,1936年8月23日。
④ 韬奋:《我们要怎样办〈生活日报〉?——广博的言论》,《生活星期刊》(上海)第1卷第14号,1936年9月6日。

众，大众每天看报，就好像每天在求学切磋；四是能增加学术家和事业家努力的兴趣。这类文字要注意短小精悍、通俗。他认为极力使专门的学术通俗化，实在是专家对于大众教育应负的责任。论题要切合于当前大家所注意所要解决的各种实际问题，不要有公式化的空论文章。

其次，要具有统一性。他认为一个理想的日报，编制要统一，内容却又要广泛。他批评此前的中国在政治、经济、文化、思想等方面，都显露分裂和不平衡的现象。"这分裂和不平衡的现象往往在报纸上面反映出来：在编制方面，往往分成国内新闻，地方新闻，本埠新闻，教育新闻，体育新闻，附刊等等无数栏目。"[①] 结果导致同是一条新闻，往往在各栏中重复互见，甚至互相抵触。有的时候在附刊里鼓吹新文字，而社论里却主张读经复古。他批评说这种编制方式，会让读者头昏脑涨，莫名其妙。理想的日报在编制方式上要尽力避免这种分裂和不平衡倾向。言论、新闻和附刊要打成一片，态度一致。新闻选材上，硬性和软性文字要分配均匀，以使读者不感到繁复、纷乱、干枯和轻薄。

三

20世纪30年代，蒋介石集团取得国民党中央领导权后，开始推行新闻统制政策，逐渐强化对新闻舆论的控制。在这一方面，蒋介石集团吸取和汇集了中外专制统治者的新闻统制经验，软硬兼施，公开法律制裁与暗中特务迫害并举，政治、经济和新闻手段结合，力图将全国新闻事业纳入其一党专政的轨道。这种独断专行的舆论统治政策及行为，受到邹韬奋的多次抨击。1932年3月7日，汉口国民党警备部勒令《正义报》自本日起停刊3天，听候查核。其理由是该报3月5日社评中有"谓中央政府幸勿误国殃民"之语，所以警备部认定该报"言论荒谬，意存蛊惑，显系别有用心，亟应严加取缔，以正观听"。[②] 邹韬奋遂愤而批驳道：《正义报》平日言论如何，记者向未知道，但就电讯所述，该报被勒令停刊是因为言论荒谬；言论所以被视为荒谬，乃是因劝"中央政府幸勿误国殃民"。如果

[①] 韬奋：《我们要怎样办〈生活日报〉？——统一性》，《生活星期刊》（上海）第1卷第15号，1936年9月13日。
[②] 韬奋：《谁荒谬？》，《生活》周刊1932年第7卷第11期。

劝 "中央政府幸勿误国殃民" 而为 "言论荒谬"，则劝中央政府实行误国殃民，当为言论公正？如此究竟谁为 "荒谬"？"记者不必下转语，任何人都可心照不宣——除了 '亟应严加取缔以正观听' 的摧残言论及民意的当道。我们痛念尚在暴敌铁蹄下之东北三千万同胞，及最近淞沪惨死流离的民众，是否 '误国殃民'，大可 '心照不宣'！"① 对国民党当局对日妥协卖国的罪恶行径进行了沉痛而愤怒的控诉和声讨。

1932 年 7 月 26 日，江苏省镇江《江声日报》经理兼主笔刘煜生因揭载政府官吏公卖鸦片及吸毒罪行，被国民党江苏省政府主席顾祝同命令江苏省公安局秘密逮捕，后又诬指其在该报副刊中蓄意煽动阶级斗争，鼓动红色恐怖，于 1933 年 1 月 21 日依据《危害民国紧急治罪法》将其枪杀。刘煜生死前曾于狱中上书国民党监察院，申诉自己无辜，国民党监察院亦派员前去调查，结果被蛮横拒绝。刘煜生案爆发后，激起社会各界的强烈抗议。中国民权保障同盟于 2 月 1 日召开执委会，发表宣言抗议国民党当局擅自枪杀报人的罪恶行径。邹韬奋亦于 2 月 4 日在《生活》周刊第 8 卷第 5 期的 "小言论" 栏中，集中发表了《〈江声日报〉经理刘煜生被枪决案》和《新闻记者》两篇评论对此事进行批评。邹韬奋据《申报》1 月 30 日的相关报道指出：监察院呈文中认为此举显属破坏法治精神，监察院职司所在，当然不能漠视；全国律师协会决呈请司法部指定审判机关，即将提起控诉，以维法律；首都新闻记者协会亦决议呈政府依法严惩苏省当局，以保人权。可见各方对此事已予严重注意。"此事是非所在，不仅是刘君一人的冤死问题，也不仅是《江声日报》一个报馆的存亡问题，也不仅是新闻界的言论自由问题"，② 而是与中山先生所揭橥的民权问题直接相关。

邹韬奋继续评析道：听说刘煜生的罪状为宣传共产，但据本月 25 日《时报》所载江苏省主席顾祝同在纪念周报告此事，谓其最显著的证据乃在该报副刊《铁犁》中所登的几篇文字。监察院的呈文则谓该副刊中所登载的各篇小说，仅为描写社会生活状况的作品，这一类文字京沪各报时有揭登。退一步说，即假定刘煜生果有共产嫌疑，但如牛兰、陈独秀各案尚且移送法院依法审查办理，刘氏为何独被糊里糊涂地枪决？此案仅就法律手续和罪名内容言，政府都有彻底根究以昭示于全国民众的必要。民众的

---

① 韬奋：《谁荒谬?》，《生活》周刊 1932 年第 7 卷第 11 期。
② 韬奋：《〈江声日报〉经理刘煜生被枪决案》，《生活》周刊 1933 年第 8 卷第 5 期。

信任要用守法事实获得。遇着这种事实的问题，结果如何，又是政府能否获得民众信任的一种试金石。最近常听到起草宪法的谈话，如果有法而不能行，起草又有何用？又何能引起民众的信任？

他又以前几天报上登载的电讯为例，该电讯说波斯京城《古希士报》总主笔，日前以波斯王将其侍卫大臣某免职，特致电于波斯王，称贺其处置之得宜，满拟得王之嘉许，不意波斯王接电后，大为震怒，以一区区报馆主笔竟敢与一国君主谈论国事，遂罚该报总主笔为宫前清道夫。邹韬奋讽刺地说：以报馆总主笔罚充宫前清道夫，这位波斯王也许是善于提倡幽默的一位人物。虽然那位总主笔满以为会得到国王的嘉许，一肚子怀着不高明的念头，辱不足恤，但是以为一个区区报馆的主笔竟敢与一国君主谈论国事一句话，却颇足以代表一般所谓统治者的心理。他因而严厉警告统治者道："他们以为只须新闻记者能受操纵，能驯伏如绵羊，便可水波不兴，清风徐来，多么舒服。其实新闻纸上的议论，不过是社会心理的一种反映，它的力量就在乎能代表当前大众的意志和要求。社会何以有如此这般的心理？大众何以有如此这般的意志和要求？这后面的原因如不寻觅出来，作根本的解决，尽管把全国的言论都变成千篇一律的应声虫，'水波不兴'的下面必将有狂澜怒涛奔临，'清风徐来'的后面必将有暴风疾雨到来！"① 他同时也告诫新闻工作者说，各种事业有光明的方面，往往也难免有黑暗的方面，如上面所引的满拟得王之嘉许的那位总主笔，便是咎由自取。报纸的权威全在能够代表人民大众的意志和要求，脱离人民大众的立场而图私利的报纸，即等于自杀报纸所以能得到权威的唯一生命。如果这样，那么报纸也就不打而自倒了。

四

1933年7月，一方面鉴于来自国民党当局日益严重的压迫，另一方面也想准确地了解世界各国的发展动态，邹韬奋决定出国考察。7月14日，邹韬奋乘坐佛尔第号邮轮，离开上海，开始其赴外国考察学习之行。他这次在国外之行两年多，萍踪所至，遍及亚、欧和北美三大洲，留下了大量的文字记录。这些文字后来汇集成《萍踪寄语》和《萍踪忆语》出版发

---

① 韬奋：《新闻记者》，《生活》周刊1933年第8卷第5期。

行。通过周游列国,身临其境地观察、比较、思考和研究,邹韬奋真切地感受到世界资本主义即将油干灯草尽的灰暗未来和世界社会主义如日东升的光明前程。考察期间,邹韬奋心中时刻萦绕着两大问题:"第一是世界的大势怎样?第二是中华民族的出路怎样?"[①] 作为一名新闻工作者,这些国家的新闻传播情况自然成为他考察中关注的一个重点。他几乎每到一个国家,都要设法去该国的报馆,观察其设备、人员、管理、运营、销售等情况,考察该国的新闻自由状况,观察该国媒体对中国的报道态度等。更为重要的是,在考察过程中,他时时将外国的情形与国内的新闻实际进行比较,从中找出两者的差距,确定国内新闻业追赶的方向和目标,从而使得这些文字闪烁着媒介批评的色彩。

1933年3月间,邹韬奋在法国考察了巴黎报界。在《巴黎报界》一文中,他指出巴黎是世界政治的一个中心,它的报纸不但执法国报坛之牛耳,好像上海报纸之于中国一样,受到国际的重视,但是巴黎的重要报纸全在资产集团的掌握之中,这个集团就是法国特有势力的资本家所组织的铁业委员会。巴黎报纸有1600种之多,其中有60种含有政治意味。在这许多报纸里面,最重要的也不过20家左右。巴黎《时报》的最大特点就在能做法国外交部的先声,每当遇法国外交部方面将有什么举动时,它就先在外面制造空气,但是它又不是法国外交部的正式机关报。法国报纸除左派(如社会党及共产党)的机关报对中国不说坏话外,其余对中国的态度都很坏,尤其是在"九·一八"之后受了日本的收买。像《时报》虽偏助日本,还不怎样明目张胆,《雄辩报》就公开地骂中国而袒护日本。《巴黎回音》对中国更坏,在中日事件发生后,"该报天天骂中国"。[②] 由于把中国骂得太坏,骂得太不像样了,以致引起一般读者的怀疑,最后甚至不再相信他们的话!

在《再谈巴黎报界》一文中,他指出《巴黎晚报》偏重刊登下午的社会新闻,不仅内容十分详细,而且插图佳妙,编排法又能引人入胜。他还特别地指出:"在法国的报纸,有一点却也值得注意,那就是尽管偏重社会新闻,而诲淫的描写却没有,即有讲到男女发生关系的事情,不过说到开房间,成爱人,并不像在中国有些报上简直天天不忘处女膜,时刻想到生殖器!在这里有位朋友因看到中国的这样的报,很滑稽而却沉痛

---

① 韬奋:《〈萍踪寄语〉弁言》,《韬奋全集》第5卷,上海人民出版社1995年版,第614页。
② 韬奋:《巴黎报界》(法国通讯),《新生》周刊1934年第1卷第15期。

地对记者说道：'这样不如效法张竞生博士编行《性史》更为干脆，何必办什么报？'"①赞扬《巴黎晚报》内容上比较干净，对中国一些报纸的低级趣味给以顺手一击。

在游历德国时，邹韬奋考察了德国当时规模最大的乌尔施泰因报团。他在《德国新闻业的今昔》一文中谈到德国法西斯的新闻专制时说："不管是非，只顾一致，新闻既是'一鼻孔出气'，言论也须'一鼻孔出气'，结果当然不免单调，这不仅是一般读者的感觉，就是等于德国报界的顶头上司宣传部长葛伯尔斯博士，最近对于德国报纸的单调也表示不满意。有个星期日报名叫'Grune Post'（德国著名的报纸之一，亦为乌斯太音所有）的主笔在社论里，对这位宣传部长的不满意，略为报界辩护了几句，致被罚停刊三个月（此为本年五月初的事情），罪名是'不负责的曲解'，这在我们中国话说来，是'只许州官放火，不准百姓点灯'。"②这自然很容易让读者联想到当时中国国内同样的新闻现实。

邹韬奋其实一直都很注意以中外比较的视角向国人介绍外国新闻界的动态。早在1927年10月，他在《生活》周刊上发表《日本新闻界的惊人事绩》一文，在介绍日本新闻业的情况后说：反观我们中华民国，一面觉得惭愧，一面觉得大需努力。讲到日报的销数，我国最著名的有三家。一是《新闻报》，据说每日销数近12万份；二是《申报》，据说每日销数近10万份；三是《时事新报》，据说每日销数近4万份。再加上些其他各报销数，大概每日全国的总销数，拢总加起来也不超出40万份。"我独自瞎想，倘若我国也发达到六人里面总有一人购报，四万万人应有六千六百余万人购报，就是每日要有六千余万份的报，那末像每日十二万份的报馆，至少要有五百余家！只要国家统一，政治修明，教育发达，这并不是不可能的事绩。"③对本国新闻事业发展的拳拳之意、殷殷之情，溢于言表。

邹韬奋之所以重视媒介批评，与他对媒介批评功用的理解有关。他给批评下过一个简明的定义说："什么是批评？简单说起来，批评就是鉴别一件事情（一物或一人）的优点或劣点。"④他认为抉出优点的本旨，是要

---

① 韬奋：《再谈巴黎报界》（法国通讯），《新生》周刊1934年第1卷第18期。
② 韬奋：《德国新闻业的今昔》（下），《新生》周刊1934年第1卷第39期。
③ 心水：《日本新闻界的惊人事绩》，《生活》1927年周刊第2卷第25期。
④ 邹恩润：《批评的真精神》，《约翰声》1920年12月20日第31卷第9号。

使得这个优点能够永久保存，并且使得别人能够知所观感。抉出劣点的本旨，是要使得这个劣点不至无改良的觉悟和机会，并且使得别人不至于蹈其覆辙。批评是要顾着所批评的题目，鉴别它的优劣，不可东拉西扯，溢出范围，作无谓的啰嗦。批评的本旨无论是在积极或者在消极方面，都应是心存好意，欲求存善去恶，不可藉为攻讦之工具，以泄私人的仇恨。"明白了这个道理，才够得上说批评的真精神。"① 他批评某些批评文字往往于题外生枝，大骂而特骂。譬如有一个人批评一件事情，他不专在这件事情上考虑考虑，却牵及对手私人的本身而大肆攻击，教看的人实在觉得这种人根本没有批评的真精神。并且凡是遇着这种谩骂人的批评文字，满纸都是虚骄恶毒之气，好像专为骂人而来，并不对所欲批评的事情平心论断，使人明白什么优点当存，什么劣点当去。他认为失了批评的真精神，便失了批评的真价值，反使是非混淆。正当的媒介批评，"可以说是进步之母，最无进步希望的是讳疾忌医，不愿人批评，甚至不许人批评"。② 批评者一要动机须纯正，二要是非须清楚；被批评者则保持虚怀若谷的精神，趋善改过，不以人废言。批评者与被批评者如能似此友善互动，那么新闻事业就可不断获得改进和提高。

小 结

十年内战时期可谓中国共产党发展过程中浴火重生的关键阶段。诚如加拿大多伦多约克大学陈志让教授曾论断，这一时期对于中国共产主义运动来说，"是一个充满灾祸、痛苦和磨难的时代，它使共产主义运动濒于毁灭。然而从这个时期出现了一个经验丰富并经受过考验的领导层，他们不仅有能力生存，而且有能力获得权力"。③ 在这十年之间，中国共产党的新闻事业虽然也遭受了巨大的摧残和损失，但仍越挫越勇，不断发展，为中国共产主义运动的重生做出了巨大贡献。学界甚至有些人把中国共产党的复苏，归因于中共所掌握的报刊宣传系统对"共同心态"的不断灌

---

① 邹恩润：《批评的真精神》，《约翰声》1920 年 12 月 20 日第 31 卷第 9 号。
② 心水：《洋顾问赤裸裸的批评》，《生活》周刊 1930 年第 5 卷第 13 期。
③ [美] 费正清、费维恺编：《剑桥中华民国史（1912—1949 年）》下卷，刘敬坤等译，谢亮生校订，中国社会科学出版社 1994 年版，第 166 页。

输,"归因于党的机关刊物——主要是《向导周刊》和理论性杂志《新青年》——所传布的意识形态的力量。由于这种意识形态已深深扎根于知识分子的头脑之中,他们面对反共高潮坚定不移,继续高举革命火炬"。① 虽然中国共产党自成立起,就非常注重新闻宣传工作,但在中共六大所形成的决议案中,对刊物的重要意义无疑有了更为深刻的认识和强调。中共六大在《宣传工作的目前任务》决议案中明确指出:"在残酷恐怖阻碍口头宣传与煽动的条件之下,各种形式的刊物宣传(报纸、传单、小册子、宣言等),便获得极重大的意义了。"② 虽然该决议案尚有一些不切实际的"左"倾冒险主义色彩,但对报刊宣传与鼓动功能和意义的重视,特别是对党报组织功能的强调适时且切中肯綮,为下一阶段中国共产党新闻事业的发展指明了实践方向。不断反思宣传工作,及时指出宣传工作中所存在的不足和缺陷,通过媒介批评的方式,以使党的新闻事业能够与时俱进,这是中国共产党批评与自我批评作风在新闻传播领域的生动体现。

1936年1月27日,中共中央在为转变目前宣传工作给各级党部的信中,就曾根据目前形势与党的策略路线,较为系统地检查了党过去的宣传工作,指出其中暴露着以下较为严重的弱点。第一,"没有能够迅速抓紧每一新的事变去进行宣传鼓动工作"。③ 例如抗日反蒋的宣传工作显然赶不上日本侵略与蒋介石卖国的迅速,反对日本强盗开展民族革命战争的宣传并没有摆在宣传工作的第一位,同时在抗日反蒋的宣传中,每每没有能够与土地革命和群众的当前实际生活实际问题,紧密地联系起来。第二,很多宣传口号已经过时,不能适用当前新形势的需要。如"进攻富农、反对富农""没收富农好土地及剩余农具"等,有些错误口号需要根本的纠正,如"杀尽地主富农""杀尽反革命、杀尽团保甲"等,这些口号一方面缺乏明确的阶级路线,另一方面还足以吓退小资产阶级及那些在民族革命高潮中动摇着的与有参加可能的中间势力,同时还会动摇革命的基本群众,从而妨碍了民族革命统一战线的建立和运用。第三,不善于依据群众的阶

---

① [美]费正清、费维恺编:《剑桥中华民国史(1912—1949年)》下卷,刘敬坤等译,谢亮生校订,中国社会科学出版社1994年版,第167页。
② 中共中央宣传部办公厅、中央档案馆编研部编:《中国共产党宣传工作文献选编(1915—1937)》,学习出版社1996年版,第826页。
③ 中共中央宣传部办公厅、中央档案馆编研部编:《中国共产党宣传工作文献选编(1915—1937)》,学习出版社1996年版,第1200页。

级觉悟程度和分别对象去进行宣传，存在平均主义的工作倾向。有些宣传将苏区群众和老赤区的群众一样看待，更有甚者，把学生当作农民一样看待去宣传。决议认为这种现象的存在，必将使宣传工作脱离群众。第四，在报刊宣传上还存在似乎极"清高"和极其"革命"的口吻与内容，"譬如我们抗日救国会的报纸与宣传品，常常将党的主张党的口号都囫囵的吞下去"。① 这样就失去了抗日救国会在联合战线中的作用，使抗日救国会不能更广泛地去动员与团结群众。这封指示信对党此前一个阶段新闻宣传的反思和批评非常细致具体，对适时改变党的宣传实践、促进党新闻事业的发展，无疑有着十分重大的指导作用。

总起来看，十年内战时期中国共产党媒介批评具有如下几个方面值得称道的优点。

第一，坦率直接。无论是在红色革命根据地，还是在白区，中国共产党的新闻事业都比较年轻，缺点在所难免，但与其所取得的成绩比较而言，缺点毕竟是次要的。土地革命战争时期中国共产党人对此有比较清醒的认识，批评者基本没有采取绝对化的批评方式，而是有好说好，有坏说坏，即便是以批评为论证主轴，也是先对优点和成绩予以充分的肯定。这一点在瞿秋白《关于〈红色中华〉报的意见》一文中表现最为典型："这里，我们看见苏维埃政府和民众之间的联系日益密切起来（虽然还是非常不够），我们看见工业群众的热烈斗争的各种运动，看见土地分配问题，司法和肃反问题，经济政策问题，反富农和反投机商的斗争的开展和种种进步。最主要的是：《红色中华》一般的说来，的确是一个斗争的机关报。在赞助红军和革命战争的发展方面，这个报虽然还不能够充分的执行自己的任务，然而总路线是没有错误的。这里，我们只说一说《红色中华》的几点缺点。"② 这样的评价在态度上虽然较为严厉，但直白坦率，容易使被批评者心悦诚服，收到积极的批评效果。博古、张闻天等人的媒介批评也都有这个特点。

第二，破立结合。早期从事媒介批评的中国共产党人，多是学养兼备的宣传大师，如博古、张闻天、瞿秋白、李富春等人，都有在国外留学的

---

① 中共中央宣传部办公厅，中央档案馆编研部编：《中国共产党宣传工作文献选编（1915—1937）》，学习出版社1996年版，第1200页。

② 《瞿秋白选集》，人民出版社1985年版，第564页。

经历,马克思主义理论修养很高,对列宁的有关党报理论比较熟悉,而且大革命失败的教训,使得革命者重新重视理论,1929年开始,中国思想界再度出现介绍马克思主义的热潮。"同以往相比较,在第二次国内革命战争时期,传播列宁办报思想和俄国党报经验的文章与书籍,数量增多,内容也较为系统、较为全面了。"[1] 十年内战时期,中国共产党的新闻事业处于创始摸索阶段,急需先进科学的理论来进行指导。因此,十年内战时期中国共产党的媒介批评具有将理论介绍与媒介批评融会贯通、互为一体的叙述倾向。通常的文本展开模式都是以列宁或者党中央关于某一问题的决议文字领起,为具体的批评实践寻找合法性的理论根据,从而增强论述的权威性。很多批评既是针对某一具体问题,又是对新闻报道原则和艺术所作的一般阐发。如张闻天、瞿秋白对报纸缺少具体的记载,新闻只揭露阴暗面而不报道纠正措施等批评,更是触摸到了新闻传播的内在规律,达到了很强的专业批评水准。张闻天《关于我们的报纸》中三次引用列宁《论我们的报纸的性质》有关论述,并以此为理论框架展开批评叙述,给人以不容置疑的逻辑力量。有破有立,破立结合,加之批评主体多身处党的领导岗位,具有更多的话语权力,他们的评判也容易得到贯彻和执行,化为新闻事业的推动力量。

第三,视野宽阔。十年内战时期中国共产党媒介批评活动的批评主体多是党的领导人,他们身处领导岗位,信息灵确,阅读、指导报刊是他们日常工作的一部分。他们不仅对我党报刊的实际情况了解透彻,而且对当时国统区的新闻传播生态也耳熟能详,了然于心,这使他们在观察我党报刊时能有一个相对宽广的媒介视野。1932年4月18日,上海《字林西报》登载该报记者发自安徽的通讯,报道了安徽红军有惊人的发展、红军已直逼六安城下的消息,并配发社论,为国民党围剿红军出谋献策。张闻天4月19日即撰写了《〈字林西报〉记者口中的"剿赤"》予以评述。博古在《我们应该怎样拥护红军的胜利——评我们对于拥护红军的宣传鼓动工作》中也曾提到《字林西报》的这篇报道和社论。凯丰《给〈红色中华〉百期纪念》中,将世界性的新闻自由与新闻控制状况的背景置入媒介批评的叙述之中。李一氓在《论目前"红中"的任务》中,批评《红色中华》对完成党的中心工作方面还欠缺组织力量的时候,建议该报学习国统区一些

---

[1] 方汉奇主编:《中国新闻事业通史》第2卷,中国人民大学出版社1996年版,第331页。

报纸的做法:"在白区的抗日捐款给东北义勇军和十九路军上,资产阶级报纸的组织作用,可以给我们作参考。"① 与国统区报刊互相参照,以比较的眼光来评判,使媒介批评叙事避免了武断和偏执。

第四,关注原因。十年内战时期中国共产党媒介批评另一个显著的特点不是为批评而批评,而是常常在指出不足的同时,对造成不足的原因给予了寻根究底的分析和追索。例如张闻天在《关于我们的报纸》中批评报纸上尽是空洞数字与脱离实际口号后,明确指出:"这是因为我们报纸没有真正的去了解下面实际情形,检查我们的实际工作,揭发在我们实际工作中所发生的一切严重问题所必然产生的结果。这种报纸当然决不能起为了党与苏维埃所提出的中心任务的实现而坚决斗争的作用。"② 指出缺点后点出原因,这就可以让被批评者看清以后努力和改正的方向。难能可贵的是,张闻天在进行批评媒介时并没有把所有的原因都清算在媒介头上,而是同时点出相关领导机关应负的责任:"各级机关对于自己报纸的注意,领导与帮助是极端不够的。"③ 并以《选举运动》在无形中夭折的命运来佐证自己的观点,很是公允,颇有说服力。瞿秋白的《关于〈红色中华〉报的意见》文本框架更是以"应该"建构叙事模式,通过"应该"一词的反复使用,语气平和,批评语汇的杀伤力相应地得以节制,并赋予了媒介批评以建设性话语的品格。

毋庸讳言,十年内战时期,中国共产党的一个重大错误就是"左"倾冒险主义。这种"左"倾冒险主义往往一度表现为关门主义和盲动主义,这在党的新闻宣传工作中亦在所多有。对新闻宣传中"左"倾错误进行检讨,不断强调根据党的中心工作适时转变新闻宣传,构成了十年内战时期特别是这一阶段后期中国共产党媒介批评的重要内容。这在张闻天的《文艺战线上的关门主义》、杨尚昆的《转变我们的宣传鼓动工作》和刘少奇的《肃清立三路线的残余——关门主义冒险主义》等文章中,都有非常明确的阐述。如果说张闻天的《文艺战线上的关门主义》与杨尚昆的《转变我们的宣传鼓动工作》等文章,还只是重点批评了新闻宣传中的千篇一律与僵化以外,而刘少奇的《肃清立三路线的残余——关门主义冒险主义》

---

① 《中国共产党新闻工作文件汇编》(下),新华出版社1980年版,第148页。
② 《张闻天文集》(一),中共党史资料出版社1990年版,第420页。
③ 《张闻天文集》(一),中共党史资料出版社1990年版,第427页。

一文，则是将关门主义和冒险主义提到了"党的主要危险"[①]的思想和路线高度，其视野和立意就显得更为高远与深刻了。随着中国共产党的逐渐成熟，以及抗日战争新形势的来临，中国共产党的新闻事业和媒介批评活动也即将进入下一个崭新的、更加成熟的历史阶段。

[①] 中共中央宣传部办公厅，中央档案馆编研部编：《中国共产党宣传工作文献选编（1915—1937）》，学习出版社1996年版，第1203页。

第十章　十年内战时期国统区的媒介批评

如果从另一个叙事视角观察，十年内战时期亦是国民党南京政府在大陆政治统治较为稳固的一个历史阶段。从阶级斗争激烈程度看，这一时期亦是中国现代国内阶级斗争最为激烈的时期之一，国民党及其反动政权为了巩固其统治，对中国共产党进行了铺天盖地的扫荡和疯狂屠杀，凡是国民党及其政权统治力量所能覆盖的地方，中国共产党的组织及其一切活动都被取缔了，中国共产党报刊及与之有关系的报刊或被查封，或被迫宣布自动停刊，或转入地下秘密发行。也正是在这一时期，"新闻业界本身是政党、民营、外国在华等多种业态的并存，自由主义理念、新闻业的经济基础、舆论影响力、传媒业的社会地位与名望均获得社会成员的广泛认同"。[①] 国民党自成立以来，其内部就一直派系林立，报刊成为各派系争权夺利的一种重要斗争工具，国民党新闻事业作为政党的附属物，也一直陷于深刻的矛盾之中，国民党各派系之间、中央政府与地方实力派之间，在新闻战线上的舆论斗争、控制与反控制的较量，始终是时弛时紧，未有断绝。这成为十年内战时期国民党统治区中国新闻界的一大特色。当然，十年内战期间，由于军阀混战渐次结束，国内城市资本主义和社会事业均有明显发展，与之相伴随的是私营新闻事业也呈现出相对繁荣的景象。尤其需要指出的是，当时的南京国民党当局在内外政策的制定方面，不但对新闻教育并无严格的限制，而且出台了一些发展新闻教育事业的政策，这使得中国的新闻教育在这一时期有了一个较为宽松的发展环境。在这一时期的中国新闻教育和新闻学研究领域，虽然资产阶级新闻理论仍占据统治地位，但新闻观念仍相对多元，甚至某些具有马克思主义新闻学色彩的观点

[①] 刘继忠：《国民党新闻事业研究（1927—1937）》，光明日报出版社2019年版，第4页。

和提法亦颇为流行。媒介批评任何时候都与新闻事业的发展状况密切相关。在国民党统治区，国民党当局凭借执政地位，建立了较为庞大的党营新闻业和绝对的新闻统制体制，国民党党政要员中，有一大批熟稔新闻宣传机制和有着丰富新闻宣传工作经验的人才，随着全国政治经济形势趋于稳定，虽然国民党当局厉行文化"围剿"政策，但随着中共和民主进步文化工作者不断转换斗争方式，在国民党统治区，以鲁迅为旗手的左翼民主进步人士主办的报刊此起彼伏，在意识形态领域开展了规模庞大且具韧性的反文化"围剿"思想斗争，从而有力地促进了马克思主义理论和革命思想文化的传播，把中国现代媒介批评推向了一个新闻专业话语相对多元开放的新的思想和专业高度。

第一节　金仲华的媒介批评[①]

金仲华（1907—1968），乳名翰如，笔名孟如、仰山等，浙江省桐乡县人，出生于一个小学教师家庭。1913 年在桐乡县立崇实小学读书；1919 年小学毕业后，于 1920 年考入浙江省立第二中学；1923 年考进杭州之江大学读文科；1927 年夏于之江大学毕业后，应聘进入上海张竞生主持的美的书店担任编辑，不久发现该书店不是一个优良读物的出版机构，旋即离职回家；1928 年春应聘为上海商务印书馆《妇女杂志》助理编辑；1930 年接任该刊主编；1932 年"一·二八"淞沪抗战期间，商务印书馆和东方图书馆毁于日军炮火，馆中所有编辑业务被迫停顿，职工均被遣散。是年夏，金仲华经人介绍去苏联塔斯社上海分社做编译工作。金仲华英文甚佳，他是国内最早把"TASS"译成"塔斯"的人。金仲华在塔斯社接触到了大量国际问题资料，开始深入研究国际问题。10 月，商务印书馆复业，《东方杂志》随之复刊，原来的《小说月报》《教育杂志》《妇女杂志》等不再复刊，而由《东方杂志》的"文艺"、"教育"和"妇女与家庭"等栏目代替。金仲华任《东方杂志》"妇女与家庭"专栏主编，并兼任是年创刊的《申报年鉴》国际部分的编辑工作。1933 年，他参加中国社会科学家联盟，任《中华劳工》英文编辑，与胡愈之等人发起成

[①] 本节文字参见胡正强、张龙《金仲华媒介批评实践及其艺术特色论略》，《南昌大学学报》（人文社会科学版）2015 年第 2 期。

立了"苏联之友社",并协助叶圣陶编辑《中学生》杂志。1935 年 9 月,与邹韬奋结识并受聘为生活书店编辑部主任,参与《大众生活》的编辑工作。1936 年 3 月,由生活书店主办的《永生》周刊创刊,金仲华担任主编。1936 年 6 月,邹韬奋在香港创办《生活日报》,金仲华担任"国际新闻"版编辑。1937 年初,代理《世界知识》主编。1938 年 8 月,金仲华在香港担任南洋华侨胡文虎创办的《星岛日报》总编辑。1944 年底,经友人介绍,进入美国新闻署译报部工作,担任译报部主任之职。1948 年 4 月,辞去美国新闻署工作,7 月间抵达香港,接受中国共产党的委托,主编新华社香港分社出版的对外宣传刊物《远东通讯》(Far Eastern Communications),同时,他还担任《新生晚报》"国际知识"副刊编辑。1948 年底,参加《文汇报》在港的复刊工作并担任总主笔。中华人民共和国成立后历任上海市副市长、《文汇报》社长等职。"文革"中被加上"国际间谍嫌疑"等莫须有的罪名,受到肆意诬陷和残酷打击,1968 年 4 月 3 日含冤去世。金仲华一生中编办过大量的报刊,他不仅通过报刊编辑实践来影响广大读者,而且主动开展媒介批评,向读者灌输和传播媒介知识,提高读者的媒介素养,积极引导读者如何正确地阅读新闻,从而实现对新闻传播实践的干预和影响,显示出高昂的媒介批评意识。

一

1933 年底,金仲华担任《中学生杂志》的编辑,以协助主编叶圣陶编辑该刊。《中学生杂志》是当时深受广大青年学生喜爱的刊物,它不仅以通俗的文字介绍自然科学和社会科学知识,也登载一些文学作品。叶圣陶告诉金仲华:这份杂志的读者是青少年,所以我们的工作是教育工作的一部分;我们做的工作,就是老师做的工作;我们跟老师一样,待人接物都得以身作则,我们要诚恳地以平等的态度对待读者,让他们成长为有益于社会的人。金仲华衷心赞同叶圣陶的主张,决心为贯彻这样的主张而努力。1934 年 1 月 1 日,他在《中学生杂志》第 41 期上发表的《中国新闻事业的现状》一文,就是他以媒介批评的方式进行这种努力的体现。

金仲华认为,报纸和通讯社是现代新闻事业的核心部分。新闻媒体的基本功用是传递消息,当媒体和社会产生关系时,其功用就扩展为"教育民众"和"舆论的喉舌"①。在社会承平时期，报纸的常态作用就是教育民众，使民众知道世界上事物的演进和变化。但在变动的时代，则报纸的"非常使命就是为舆论的喉舌，传达民众的意见"②。金仲华评说道，现在正是变动的时代，但报纸却没有负起舆论的喉舌这个责任。如果仅从数量上看，中国媒体的数量颇为可观，全国约有几百家报纸，一些报纸如《申报》《新闻报》等，发行量亦达十数万份，对社会的影响很大，但中国报纸登载新闻既不准确，发表言论更是偏颇，"目前中国的许多报纸都不能脱去经济上以至政治上的牵制，所以虽然有着这样大小的数百个'舆论的喉舌'，而这种'喉舌'的不易喊出真正的声音，乃是无可讳言的"③。原因何在呢？金仲华认为主要还是经济不独立和政治控制过于严酷所致。

报纸新闻在很大程度上来源于新闻通讯社的供给。据有关部门不完全统计的数据，中国当时已有163家规模大小不等的通讯社。金仲华据此分析说，163个通讯社，若照数目看是不算少的了，但这许多通讯社中有几个能够真正尽力于采访新闻的工作，却是大可疑问的事。以中国这样广大的土地，各地的民情又异常复杂，如果这一百几十家通讯社能够密切合作，忠于采访新闻的本分，则对于报纸方面一定有很多的便利。"但实际的情形并不能如此。我国报纸中对于内地情形的记载，尤其以关于人民生活方面的，真是既贫乏而又难得切要和准确的。天津的《大公报》对于西北各省的地方情形算有比较真切的记载，上海虽有大规模的报纸，但只有在偶然的情形下，会给人读到一二则关于内省的民生情形的切实记载。关于各地的政治情形的消息，我国的报纸有时反有重视路透社的新闻的倾向，这真是反常的情形了。"④ 通过媒介数量与传播质量的反差，来批评新闻通讯社未能尽到采访新闻的本分，具有一语破的、不容否定的说服力量。

黄色新闻是19世纪在美国新闻界产生并流行的一种新闻报道和媒体编辑取向，是一种采用极度夸张及捏造情节的手法来渲染新闻事件，尤其是津津乐道于色情、暴力、犯罪方面的事件，以达到耸人听闻，进而扩大媒体发行量的新闻报道。黄色新闻是一种没有灵魂的低俗新闻，它不但不能

---

① 金仲华：《中国新闻事业的现状》，《中学生杂志》1934年第41期。
② 金仲华：《中国新闻事业的现状》，《中学生杂志》1934年第41期。
③ 金仲华：《中国新闻事业的现状》，《中学生杂志》1934年第41期。
④ 金仲华：《中国新闻事业的现状》，《中学生杂志》1934年第41期。

准确地报道新闻，反而对不甚重要的新闻加以渲染、夸张，使媒体报道流于肤浅。虽然黄色新闻颇为流行，但正直的人也一直对之大加挞伐、鄙夷唾弃。金仲华在该文中也对黄色新闻进行了专门批评。他没有一味地指责黄色新闻的劣俗，而是冷静地从社会环境制约的角度分析我国报纸黄色新闻流行的理由，与其是为了迎合俗流趣味，不如说是由于政治环境的关系。许多重要的消息报纸即使知道了也难以登载，则登载无足轻重而具有诱惑性的社会新闻，自然是唯一可以发展的道路了："现在读报者所感关于国家大事和人民生计的消息的沉闷，便是由于这样的理由。留意于我国新闻事业的趋向的人，都会感觉到这种'黄色新闻'的特殊发展，与重要国政和真正具有社会性的新闻的愈趋于灰暗。从新闻事业所应负的责任讲，这样的趋向乃是病态的，而绝不是有益的。"① 他希望社会各界能担负起各自的责任，共同想办法来扭转黄色新闻蔓延的趋势。应该说，金仲华对我国黄色新闻产生的社会政治根源的揭示，确实具有某种不同凡响的新颖和深刻之处。

金仲华还对当时我国报纸的副刊与广告进行了批评。他认为年来报纸副刊有所扩充和发展，其原因固然有副刊文字轻松有趣可以调剂读者阅读趣味的原因，但也与重要新闻报道桎梏太多有关。他将当时的报纸副刊分为两大类：一类是专门研究一门学术或一种问题的研究类副刊，如上海几家报纸的医药、无线电副刊，《大公报》文学副刊；另一类是刊载随笔、小品、小说等作品的副刊，如《申报》的《自由谈》、《新闻报》的《快活林》，《时事新报》的《青光》、《大公报》的《小公园》等。他批评说："第一类具有研究性质的专栏，以《大公报》的成绩为最好。第二类的情形很复杂，有几种报纸办得好的，可以给人读到一些辛辣的或轻松的文字，办得不好的则辛辣的变为漫骂诬谤，轻松的流于油滑无聊。"② 他认为读者只要把几种流行的报纸副刊比较一下，就不难辨别出它们的高下优劣来。

在旧中国，记者"无冕皇帝"的称号曾颇为流行。金仲华认为"无冕皇帝"的称号彰显出新闻记者地位的崇高。他承认在一般情况下，记者确实享有相当的自由，如在公共场合可以自由出入，可列席一些会议，可以

---

① 金仲华：《中国新闻事业的现状》，《中学生杂志》1934 年第 41 期。
② 金仲华：《中国新闻事业的现状》，《中学生杂志》1934 年第 41 期。

凭着名片上的职衔会见重要的社会政治人物，但他同时设身处地从记者的角度指出："如果要请目前充任新闻记者的人回答这问题，我想那答案是不会乐观的。在目前，新闻事业必须受检查制度的束缚，这是新闻记者们常常诉苦的一点。这种束缚或者可以用目前政治不安的情形来解释；但是另有一些情形却不是何种理由所可解释的，那就是有几个新闻记者为了新闻的工作而牺牲生命。"① 也正因此，1933年9月1日，国民政府行政院特别行文以保障新闻记者的合法权益。金仲华就此批评道："目前我国的新闻事业实际还没有走上常态发展的道路。报纸的销行数额有限，新闻通讯网的布置不全，新闻事业的进行受着经济状况与政治势力的重重牵制，结果，从事新闻事者还是很难完尽他们所负的重要使命。"② 他在文章的最后点出自己批评的主旨，就是希望新闻业界看了他的有关分析之后，"我们应觉悟到从根本方面的彻底努力的需要了"。③ 媒介批评的最终目的仍然是媒介实践，这应该是他积极主动开展媒介批评的最重要的目的之一。

媒介号称社会的公器，因此，媒介理应是大众的工具。但媒介自诞生以后，就一直受到资本的控制，异化为资本的奴仆，无法满足大众的收受需要。衡量一个社会媒介所处的地位和功用，一个重要的指标就是看它与大众的关系，看它是否能够满足大众的需要。金仲华1935年在《大众生活》上发表《谈报纸和大众》一文，对当时报纸与大众隔离的情形进行了批判。他指出，在消息的传递方面，"近几年来，我们在帝国主义铁蹄践踏之下，痛苦危难，已达到极点，民众都渴望得到一点真实消息，使自己能认识清楚，为国家民族努力；但结果除了一些轻描淡写的消息和不痛不痒的宣言之外，竟是毫无所得"。④ 这对新闻事业来说，是一种十分危险的不良现象，是新闻事业与时代需求脱节突出而明显的表现！

二

为了帮助广大读者学习时事，金仲华精心编撰了《国际新闻读法》一

---

① 金仲华：《中国新闻事业的现状》，《中学生》1934年第41期。
② 金仲华：《中国新闻事业的现状》，《中学生》1934年第41期。
③ 金仲华：《中国新闻事业的现状》，《中学生》1934年第41期。
④ 金仲华：《谈报纸和大众》，《大众生活》1935年第1卷第4期。

书，由生活书店于 1934 年 10 月出版。该书很快受到了青年读者的普遍欢迎，于 1936 年 3 月再版，被认为是引导读者学习国际时事的工具书。具备国际知识，被视为现代中国国民应该具备的基本素养，让读者从国际新闻中获取国际知识实际上是媒介批评的基本任务，所以《国际新闻读法》在一定意义上是一部具媒介批评性质的著作。金仲华在《国际新闻读法》中首先指出，中国报纸由于一般规模较小，经济上不能派遣驻外记者，而国内又没有一个能提供国际新闻的通讯社，所以国际新闻的来源多仰赖于外国的通讯社。这些外国通讯社所供给的国际新闻，不仅因为时间和经济的关系，无法做到特派记者那样的具体而有系统，更为重要的是，这些通讯社所代表国家的立场各不相同，以致同一件事情所发的消息很不一致，甚至互相矛盾。"对于这种情形，我国报纸的习惯办法是把几个通讯社所供给的不同消息都登出来，让读者自己去辨味。自然，这样登载的新闻，在不习惯的读者要觉得很琐碎，而且不易明了。"① 不过这样办从版面上看很不经济，但金仲华认为这也带来了一个好处或补偿，即"从几个通讯社所发出的不同的消息中，读者能够看出它们的政府间的关系"②。因为在外交关系上，一个国家通讯社的态度常常是这个国家政策的晴雨表。自然，要从各国通讯社的消息中推测它们政府的态度，是一件费心思之事，但也是很有趣的一件事情。"就因为这缘故，怎样阅读国际新闻，在我国也成为特别有意义的问题。"③ 这也是金仲华为什么要花力气培养读者去学会阅读国际新闻的重要原因。

在介绍几个外国通讯社的文字中，金仲华非常强调并提醒读者注意该通讯社与这个国家政策之间的关系。例如他在介绍日本新闻联合社与电报通讯社的情况时，就点评说："在根本上，新闻联合社和电报通讯社的主要政策，都是把日本的新闻在我国作宣传；它们二者一样是为日本的政治经济利益服务的。"④ 但仅有如此粗线条的认识还不够，金仲华认为要结合具体的新闻报道进行具体分析，如日本的电报通讯社和日联社就有细微的区别。电报通讯社在我国发稿较日联社早，发出的新闻在性质和范围上大

---

① 金仲华：《国际新闻读法》，生活书店 1934 年版，第 4 页。
② 金仲华：《国际新闻读法》，生活书店 1934 年版，第 4 页。
③ 金仲华：《国际新闻读法》，生活书店 1934 年版，第 5 页。
④ 金仲华：《国际新闻读法》，生活书店 1934 年版，第 21 页。

都和日联社相同,不过它并不是日本政府的半官方机关。"事实上,电报通讯社的新闻较日联社的更偏于日本方面,宣传态度更为显著。"① 金仲华认为,明确新闻由何者发出,是正确理解新闻的前提。这种批评方法颇有后来媒介批评理论中机构批评的理论味道。

金仲华批评了"我国报纸对于国际新闻,向来是很不注意"② 的不良现象。他概括指出,在内地的报纸,差不多完全不载国际新闻,只有在沿江沿海的几个大都市,因为容易受到国际情势变化的影响,所以报纸能够多载一些国际新闻。他使用比较的方法,分析和批评以下几个大都市报纸在国际新闻登载方面的差异:"现在《时事新报》刊载国际新闻的地位,算扩充得最多。《时事新报》现在每日出版外埠三张半,本埠另加一张,而刊载国际新闻的地位则自一版半到二版,重要的国际新闻都集中于一版,阅读时也很便利。《晨报》和《中华日报》所载的国际新闻有时也达一全版,但《晨报》常因广告的关系,而把国际新闻减少些。这两报的国际新闻都是集中于一版的,阅时也很便利,《申报》所载国际新闻年来很有扩充,已有一整版的地位,不过就它每日所出版的张数来说,一版所占的比例是不算多的。《申报》上的国际新闻不集中于一版,有时几则新闻占住二三排的地位,夹在国内要闻和地方消息之间,而余下的国际新闻又须到另一张去寻找,这在读者很感不便,是应当加以改良的。"③ 金仲华还深入比较了各家报纸在登载国际新闻时具体编辑方法的异同,他称道《大公报》"常译登外国报纸中或杂志中的评述国际情势的文字;这很类似外国报纸的 Special Feature 版上的材料,足以帮助读者对于国际情势的了解,也值得提倡的"。④《时事新报》常把较长的新闻分成许多段,冠以小标题的做法也应该发扬光大。上海《中华日报》对重要新闻,常能以特别大号的标题吸引读者注意,而对于重要的新闻,又在总标题之下,附以一排提示纲要的小标题。这对于需要在短时间内探知新闻内容的读者很有帮助。他称赏这种编辑方法也很有价值,值得推广。

在具体批评我国报纸上的国际新闻时,金仲华认为国际新闻中充满着

---

① 金仲华:《国际新闻读法》,生活书店 1934 年版,第 35 页。
② 金仲华:《国际新闻读法》,生活书店 1934 年版,第 37 页。
③ 金仲华:《国际新闻读法》,生活书店 1934 年版,第 41—42 页。
④ 金仲华:《国际新闻读法》,生活书店 1934 年版,第 44 页。

国际各种政治力量的角力，读者要注意文字背后的内容。他要求读者要格外的注意，这是由哪一个通讯社所发出的新闻。因为任何通讯社所发出的新闻，都必然要和它们本国政府的政策互相呼应。"忽略了这种政治的背景，我们阅读国际新闻时，便会失去一个主要的线索。"① 国际通讯社受本国政府政治势力的庇护和经济上的补助，必然要为本国政府执行国际宣传的使命，而且还不仅仅是单纯的宣传，它们的新闻尤其要和本国政府的外交政策做相互的微妙的联络。金仲华随后深入分析其中的奥妙，剖露了国际新闻与本国政府政策之间的联系有如下几种方式。

第一，所发出的新闻，处处要显示出本国政府的立场。"路透社始终是以英帝国的立场为自己的立场的，所以当保守党主持的哇太华会议开幕时，虽然各自治领域与英政府间有着种种的隔膜，路透社的新闻始终能为会议布成一种乐观的空气。"② 金仲华指出，英国极不愿意它殖民地的不安定消息透漏于外，所以虽然一边人们读到甘地被捕以至英军用飞机征服叛变部落的消息，一边路透社又自伦敦发出这样的消息（一九三三年八月十八日）："最近印度因不服从英国而致被捕之人数，截至七月底止之统计，与一九三二年四月最高纪录一二、四五八人比较，已减少四六八人。故由此可表示印度全境之情形，已有显著之进步。"③ 如果不明白路透社与英国政府之间的关系，那么确实无法真正理解这些新闻的真假程度。

第二，不仅要在新闻中显出本国政府的立场，宣传本国的政策，还要对敌对体系或利益相冲突的国家的政策，进行反宣传。这种反宣传有时根据事实，如哈瓦斯社和塔斯社传播的德国国社党虐待犹太人与摧残政敌的消息，是实在的情形，但有时也可能会完全是出于虚构和捏造。这种反宣传有时含有消极作用，即毁坏敌对国家在国际上的信誉，有时则抱有积极之目的，如用以引起对方国家外交上的困难，或者作为一种挑衅的行动的先兆。日本侵入中国北满后，哈尔滨成为一个对苏联造谣的中心，日本的通讯社就常常播发这类谣言。

第三，国际新闻显示的另一个政治背景，就是与本国政府的外交政策作密切呼应。在外交犹豫期间，国际通讯社的新闻常为本国政府试探各方

---

① 金仲华：《国际新闻读法》，生活书店 1934 年版，第 49 页。
② 金仲华：《国际新闻读法》，生活书店 1934 年版，第 50 页。
③ 金仲华：《国际新闻读法》，生活书店 1934 年版，第 51 页。

的态度,在外交遇到重大危机时候,国际通讯社的新闻常故意散布一种乐观的氛围,使危机得以缓和下来。金仲华认为一个国家的外交政策的趋向强硬或是让步,"也都是以新闻作先声的"。[①] 所以,国际新闻就成为观察国际关系的绝佳素材,但这一切都以学会"阅读"国际新闻为前提。

三

具体的媒介批评总会因批评主体的不同而五彩缤纷。金仲华是一个著述丰富的人,在他大量的著述中,分量最大的是在各种报刊上发表的大小评论和时事分析文章。他的媒介批评文字是他这些评论和时事分析文章的一部分,也体现出他为文的某种风格。其媒介批评的特点在于他是一个国际问题专家,能把错综复杂的国际形势叙述、解剖得引人入胜,深深印入读者的脑海中。具体言之,金仲华的媒介批评具有如下几个方面的特点。

第一,具有较为明确的媒介批评意识。伴随着中国现代新闻事业的发展,中国现代媒介批评也有了长足的进步,但与新闻事业相对繁荣的局面相比,中国现代媒介批评还很幼弱,重要的表现就是整个社会的媒介批评意识并不强烈,虽然在各家报刊上零零散散不时出现各种各样的媒介批评文本,但总体来看尚缺乏体系性,很多报刊工作者进行媒介批评,常常是种客串性质,其媒介批评文字在其著述中多是昙花一现,吉光片羽。相比而言,金仲华则具有明确的媒介批评意识。他的《国际新闻读法》虽然具有较为浓郁的媒介批评色彩,但初看起来,更像是一本新闻基础知识介绍性的专著,这是他追求文字通俗易懂性的结果。他在该书《尾言》中吐露写作目的道:"在本书中,真正讲到国际新闻'读法'的,只有最后的两章。我的意思以为我国报纸中所载国际新闻的特殊性质,是应当使读者先有一番了解的;而本书倘使完全写成一篇新闻读法的讲义,或许要使读者失去兴趣的。"[②] 他写《国际新闻读法》,也是感到自己的有关阅读经验能够在对于新闻判别的工作方面,给读者提供一定的帮助,故而才进行专题讨论。这些都是他媒介批评意识明确的具体表现。

第二,知识性强。媒介批评的基本模式当然是分析、说理,以严密的

---

① 金仲华:《国际新闻读法》,生活书店1934年版,第62页。
② 金仲华:《国际新闻读法》,生活书店1934年版,第79页。

第十章 十年内战时期国统区的媒介批评

逻辑思维取胜。这种严密的推论说理如果辅以丰富的知识，就会更加地吸引人，让人感到富有教益。金仲华是一个知识丰富的人，他在进行媒介批评时，无论是解剖具体的新闻报道，还是宏观综论进行整体概括，都包含着大量的知识介绍，用知识打开读者的思维视野，引导读者去进行深入的思考，得出结论。他在《中国新闻事业的现状》中对中国各大城市的各家报纸的历史和现状，每一家媒体何时创办，创办时有什么背景，都能如数家珍，娓娓道来。他的《谈报纸和大众》一文主要批评中国媒体与大众的隔离，要求打破这种不应有的状况，但他在其中穿插了欧美各国最初有报纸的时候，报纸即落在封建统治者手中、随后又被资产阶级所把持的有关媒介历史知识的介绍。这样，他对中国媒介现状的分析和批评，由于有中外媒介发展历史维度的映照，就显得顺理成章，平易自然，很有说服的力量，使人读来丝毫不感到枯燥乏味。

第三，注重从政治、经济制度的视角去分析，具有机构批评的某种理论色彩。传媒从来都不只是封闭的文本，它还是一个社会机构，并与外部世界的政治、经济、文化等体制结成多角的关系。大众传媒生来便与权力结下不解之缘，它既参与编织一张社会权力的大网，同时又被其他权力编织进这个大网之中。这种观察传媒的视角对于理解传播现象及其文本背后的意义很有帮助。金仲华在其媒介批评文本中多次强调人们在阅读国际新闻时，首先要注意媒介的机构背景，即明白该媒介是属于哪个国家、什么性质的机构。他在《国际新闻与国际政治》一文中，要求读者注意电讯下面的电头，是路透社、哈瓦斯社、塔斯社，还是电通社、德新社。"各个通讯社都代表他们国家的政治立场和经济利益，发出的新闻不免偏袒和掩饰，这是有人认为'骗人'的理由了。然而为研究国际政治起见，这样情形却也有着特殊的方便处的：因为各国的立场不同，它们的利益互相冲突，所以一国的通讯社所要掩饰的新闻，和他对立的国家的通讯社便会故意揭露出来；有时固然会揭露得过分，成为造谣性质的反宣传，但把这种新闻打一折扣，便近于事实了。"[①] 他认为只要明确了这种情形，对于报纸上的国际新闻，我们非但不能嫌它们"沉闷"，或单纯地认为它们"骗人"，而是可以将其作为细细玩味、辨察出种种政治气象和策略的"真实"而有用的具体材料。他引导读者注重从政治、经济制度的视角去分析传媒

---

① 金仲华：《国际新闻与国际政治》，《新生》1935年第2卷第1期。

及其报道，机构批评的色彩较为明显。

第四，注重数据和实例，言必有据。媒介批评是一种评判和鉴别，因此，无论是批评媒体具体行为还是传播现象，都需有理有据，才能令人心悦诚服。金仲华在对媒介进行批评时，总是将论断建立在坚实的数据和实例的基础上，通过无可辩驳的数据和具体例子来印证自己的分析和推断。在《中国新闻事业的现状》一文中，他引用了民国21年内政部警政司的全国报纸登记数目，并使用民国20年国民党中央宣传部日报登记的数目加以补充，对全国新闻媒体生存状态的估计和概括，就显得证据甚是确凿。他在论析如何"阅读"新闻时，总是如他自己所说的那样，力避"讲义体的文字"，通常通过对具体新闻报道进行个案式的文本分析，或者将几个相关的例子并举，引导读者如何思考和分析新闻真相和背后的社会意义。例如他提醒读者注意新闻媒体反宣传的常见手法之一，就是"利用他国报纸的记载，以揭发他国邦交上的裂痕者"，[①] 随后他举了法国哈瓦斯社的一个电讯稿的例子："哈瓦斯六月二十八日维也纳电：希特勒总理著书标题为《我之奋斗》，奥京《时间报》逐日予以披露。本日所发表之一段，特别应时，其扼要语云，'欲求日耳曼主义之充实，当先将奥国毁灭'云云。"[②] 金仲华对之批评道："法国最不愿德奥的联合，尤其是在德国法西斯势力抬头之后，德奥的联合不啻把德意的法西斯势力呵成一气，而对法列成一大包围的形势。哈瓦斯的新闻虽然只是简短的几句，却有力地提示一种德奥不能合作的印象。"[③] 如此分析洞幽烛微，鞭辟入里，有令人豁然开朗的效果。

第五，从媒体的实然和应然状态之间的差距去分析，具有一定的专业色彩。媒介批评可以有很多视角，但建立在对新闻本质和社会职能的把握上去批评媒介的实然状态，常常会使媒介批评带有一种专业气势。金仲华受过完整的高等教育，又是一个编辑过多种报刊实践丰富的新闻工作者，对新闻传播本质和运作流程了然于心，因此，他建立在经验基础之上的媒介批评无形中就具有一种强烈的专业色彩。例如他对中国新闻事业现状的批评，是从"舆论的喉舌""黄色新闻""'无冕皇帝'的尊严"等几个人

---

① 金仲华：《国际新闻读法》，生活书店1934年版，第59页。
② 金仲华：《国际新闻读法》，生活书店1934年版，第59页。
③ 金仲华：《国际新闻读法》，生活书店1934年版，第59页。

们惯常的认知角度切入。这几个人们耳熟能详的常见语词，充分反映出社会对新闻业的一般认知和期待。但中国新闻事业的实际情况与此一般认知和期待相差甚远。他并没有罗列过多的例证，而是要言不烦地通过几个新闻工作者牺牲生命、国民政府政务院明令保护新闻记者一事，就把中国新闻事业的现状与应然状态之间的差距表述得非常清楚了。对差距的表述建立在对新闻反映社会基本职能的理解上，就显得既很平易，又具有一种令人折服的专业力量。

新闻问题或者新闻现象之所以能够引起人们的关注与评价，一般来说，要么它切肤于现实社会的变化或者需要，唤起人们探索时代发展与人生价值的责任感，要么它触及人们自身思想的苦痛或焦虑，激发起他们追求真善美的强烈欲望。媒介批评总是根据一定的标准，对大众传播活动做出是非、优劣等的理论鉴别，以观念生产和价值评判的方式推动或制约着新闻事业的发展与变化。主体自觉是媒介批评实践现实而有效展开的条件与根据，作为一种反思性的认识活动，媒介批评总是以一定的新闻观念或知识体系作为思维逻辑的前提。报刊工作者往往会因职业的习惯审视新闻传播的现状，通过媒介批评的实践方式发现和指出新闻传播中所存在的缺陷和不足，启示新闻传播未来的发展方向。金仲华在长期的报刊工作中，逐渐体悟和积累了丰富的新闻学知识，并自觉地以训练和培养读者的"新闻眼"的方式，卓有成效地开展媒介批评活动。金仲华认为，"新闻眼"就是在阅读和观察新闻时的眼光。阅读新闻需要一双尖锐而准确的"新闻眼"，能够刺破一切虚伪宣传的表层，把握各国实际政策的内容，看清每一种特殊动向的指标，认识整个局势发展的前途。具备一双训练成功的锐利的"新闻眼"，是新闻阅读的基本条件。有了新闻头脑的基本武装，再配合以新闻眼光的技术训练，则每一天的新闻电讯以及相关言论都如琳琅满目的宝库，为读者提供取之不尽用之不竭的各种知识。尽管世界变幻莫测，但在训练有素的"新闻眼"面前，总可以看出相当系统的线索，媒介及信息的意义都会显露出来，成为我们认识和把握世界的工具。金仲华的媒介批评大多建立在以阅读为视点、培养读者"新闻眼"[1]的价值目标上，体现出一种近乎教育者的责任意识和殉道者的虔诚信念，这正是值得后来的媒介批评者学习和借鉴的地方。

---

[1] 金仲华：《怎样训练"新闻眼"》，《大众生活》1941年第22期。

第二节 郑振铎的媒介批评

郑振铎（1898—1958），字警民（一作铎民），① 笔名郭源新、落雪、西谛等，祖籍福建省长乐县，出生于浙江温州一个诗书人家。幼年时在私塾读书，后转入永嘉高等小学，1911 年春考入温州官立中等农业学校，1913 年转考进入温州第十中学。在校期间，他经常看上海商务印书馆出版的《学生杂志》等报刊，1915 年陈独秀主办的《青年杂志》甫一问世，他就是该刊的读者了。② 1918 年初考入北京铁路管理学校，在该校读书期间，他常去北京基督教青年会看书，因为那里有一个小小的图书馆，并因而结识了也来此处看书的俄文专修学校的学生瞿秋白和耿济之。1919 年五四运动爆发后，他参加了学生运动。是年 6 月，他返回家乡参加当地的爱国运动，除了出席各种会议、发表演讲和介绍北京学生运动情况，他还参与了《救国讲演周刊》的编办工作。1919 年 10 月，郑振铎返回北京后，与瞿秋白、耿济之和瞿菊农在基督教青年会的支持下创办了《新社会》旬刊，他在《〈新社会〉出版宣言》中宣布该刊的目标是进行社会改造，以期创造一个自由平等、没有一切阶级一切战争的和平幸福的新社会。1920 年 11 月，郑振铎与沈雁冰、叶圣陶等人发起成立了文学研究会，1921 年 3 月从北京铁路管理学校毕业后，被分配到上海的沪杭甬铁路管理局，但不久他自动放弃了这一待遇优厚的岗位，进入商务印书馆编译所，工作任务是编小学教科书。1921 年 5 月他创办并主编了文学研究会的《文学旬刊》，并编辑文学研究会丛书。7 月，他受张东荪的邀请，主编《时事新报》的《学灯》副刊，新辟"儿童文学"专栏，是为我国现代报刊史上第一个儿童文学副刊。1922 年 1 月，创办并主编了《儿童世界》周刊，很快刊物就大获成功，发行至国内的 31 个城市，甚至远销日本、新加坡及其他东南亚国家。1923 年 1 月他接编《小说月报》，倡导为人生的写实主义文学。五卅运动期间，目睹上海各大报对该事件的沉默和冷漠，在商务印书馆的暗中支持下，郑振铎、胡愈之等人以"上海学术团体对外联合会"的名义创办了《公理日报》，大力揭露事实真相，疾呼人民奋起反抗。该报的编辑

---

① 陈福康：《郑振铎传》，北京十月文艺出版社 1994 年版，第 9 页。
② 陈福康：《郑振铎传》，北京十月文艺出版社 1994 年版，第 23 页。

部和发行处就设在郑振铎的家里。1927年5月，郑振铎旅居英、法，回国以后历任北京燕京大学、清华大学、上海暨南大学教授。中华人民共和国成立后历任中央文化部文物局局长、中国科学院考古研究所所长、文化部副部长等职，1958年因公殉职。郑振铎是一个在政治、思想、文学创作、文学研究、美术、翻译、历史、考古、民族文化遗产整理、社会活动等多个方面都做出了"平常一个人所很少能作到的那么多的贡献"① 的人，作为资深报刊工作者，他在媒介批评方面也多有实践并有所建树。

一

早在北京铁路管理学校读书期间，郑振铎就开始关注媒体并对其进行评析了。1920年1月11日，他在《新社会》第8期发表了一篇题为《报纸的休息》的随感，就是一种较典型的媒介批评活动。郑振铎在文中指出，报纸是对人类活动的记载。世界是人类的行动，川流不息，一刻都不停止，因此报纸也不应该有休息时间。"但是中国的报纸，却有些特别。无论什么纪念日，它总有休息。奇怪！纪念日的人类，不做事吗？"② 难道在纪念日世界上就没有一件事发生吗？显然不是！纪念日发生的事情其实是格外的多。报纸为什么竟然自动放弃了报道的责任？他批评北京报纸在这方面尤其显得突出，每逢新年都停刊四五天。真是令人为之郁闷不已！日本东京的报纸因印刷工人罢工停刊三天，全国都觉不安。法国巴黎的报纸也因为罢工停刊一星期，结果他们编辑经理人员立刻自己动手印刷新闻出版。相比之下，中国的报纸怎么样？他希望报纸有关人员能够着力矫正这一弊端。

新闻媒体是观念和思想的生产者。对于社会改造事业来说，批判的武器并不能全然代替武器的批判，理论只有掌握了群众，才会变成实践的力量。郑振铎在《纸上的改造事业》随感录中，对媒介的功能及其局限进行了分析。因为有一位朋友对他说：现在改造、解放等各种口号，各处都说得很响很热闹，可是他们都是在做纸上的文章，而真正遵照实行的究竟能够有几个人？不信你看现在各地产生的大大小小团体，他们到底办了什么

---

① 胡愈之：《哭振铎》，《光明日报》1958年11月1日。
② 郑振铎：《报纸的休息》，《新社会》1920年第8期。

具体的事情？他们首先筹划的就是出版报纸或杂志。团体的力量，差不多都集中到这一方面来了，好像他们的团体是专为出版报刊而组建的一样。某处有一个机关，发起的时候，宣称以改造平民思想、实施平民教育为宗旨，到后来什么具体的事情都没有做，只办了一张报纸就算了事。又有一个学会说是以实行工学为目标，其实他们不过每月拿出几十块钱出版了一个杂志而已。其他一些团体大体也如此而已。这难道不是因为纸上文章较容易做吗？郑振铎承认这些话虽说得未免过偏，"但是我想大家也应该反省一下。我们决不可专注重于纸上的事业吓！"① 他认为编办报刊进行思想和观念的传播固然重要，但也不可只专注于此，还要将理论与实践结合起来，毕竟实践才是改造世界的物质力量。

1919年在中国历史上是极不平凡的一年。近百年来，中国历史上还没有其他的历史运动能像五四运动那样，对中国社会的发展产生如此巨大而深远的影响。五四新文化运动的表征之一就是其时雨后春笋一般在全国各地涌现的报刊，媒体的力量在五四运动的时代大潮中再一次得到了淋漓尽致的体现，成为社会生活中一道亮丽的文化景观，引人注目。春江水暖鸭先知，时代嗅觉敏锐的郑振铎，在1919年最后一页将翻未翻的时候，即开始对这一年里的出版界进行回望和分析了，于是就有了发表在1920年1月1日出版的《新社会》第7期上的《一九一九年的中国出版界》一文。亲身经历过1919年的郑振铎认为，在过去一年的中国灰色社会中，出版界却呈现出了足供人们研究的光明和色彩。总体上看，1919年的中国出版界既有值得乐观的一面，又有令人悲观的一面。"乐观的是定期出版物的发达，悲观的是大多数的文人，还是如此没有觉悟；中国的思想界，还是如此不长进。"② 他认为新旧杂陈中孕育着未来的希望，值得进行批评。

郑振铎断言，中国出版界有史以来最热闹的恐怕就是1919年了！其热闹程度虽不能说绝后，而空前则可定论！它的精神就在定期出版物。五四运动以前受欧洲停战影响，出产了好些定期出版物。五四运动以后受爱国主义运动的影响，新思想传播得更快，定期出版物出现得更多。仅1919年11月一个月，据悉已经有20多种月刊、旬刊、周刊出现。它们的倾向虽并不一致，但大体有一个确定的方向，就是向着平民主义而走，劳工神

---

① 郑振铎：《纸上的改造事业》，《新社会》1920年第8期。
② 郑振铎：《一九一九年的中国出版界》，《新社会》1920年第7期。

圣、妇女解放、社会改造的思想,这是极值得乐观的事情。与此相对的是谈神论鬼、占卜算卦书籍也很发达,如上海老牌的《新闻报》第4版书刊广告,满眼都是有关以黑幕相标榜的各种书籍。郑振铎认为在实验主义、社会改造思想昌明的现代,居然还有人去出版这一类书,也居然有许多人来买这一类书,这岂不是一般知识分子还没有真正觉悟的确证吗?另外,他还指出在书籍出版中模仿之风甚嚣尘上:你出一本《家庭万宝全书》,我便出一本《日用百科全书》,紧接着他再出一本《国民百科全书》,而哲学和科学方面的书却门庭冷落,问津乏人。郑振铎从出版物数量和类型的繁芜表象出发,剖析出版物内在思想和意识的单调,拈出弥漫在出版界中的某种投机心理和倾向,从而使媒介批评具有一种高屋建瓴的大局观和深刻性。

二

郑振铎可谓文学研究会机关刊《文学周报》的第一个保姆。这份刊物创办于1921年5月10日,初名《文学旬刊》,附在上海《时事新报》上发行。创刊一周年后,即1922年5月11日,在第37期上刊登启事,公开声明刊物为文学研究会机关刊。从1923年7月30日的第81期,改名为《文学》(周刊),仍附在《时事新报》上发行。1925年5月10日出到第172期时,再更名为《文学周报》,并脱离《时事新报》独立发行。1929年12月出至第9卷第5期休刊,前后共出380期。作为文学研究会的机关刊,《文学周报》记录着20世纪20年代中国一批文学家在黑暗的社会里所作的斗争,反映了他们当时的心声,留下了他们在摸索新文艺道路时的足迹。[①] 虽然在《文学周报》存世的时间里,负责编辑的人几经更换,但郑振铎始终是《文学周报》的核心人员。在较长的时期内,刊物的"编辑,发稿,往报馆校对排样,经常由郑振铎担任"。[②] 更重要的是,郑振铎是《文学周报》编辑方针的主要确定者,这在他为该刊撰写的创刊词《宣言》《本刊改革宣言》和《本刊的回顾与我们今后的希望》等一系列具有宣示性的文章中有着充分的体现。毫无疑问,这些文章都

---

① 赵景深:《〈文学周报〉影印本前言》,《文学周报》(影印本),上海书店1984年版。
② 叶圣陶:《略述文学研究会》,《文学评论》1959年第2期。

是一种办刊态度的宣示,有着很强的现实指涉性,因而具有媒介批评的意义。

在《文学旬刊》的创刊《宣言》中,郑振铎指出,文学不仅是一个时代、一个地方或者一个人的反映,而且具有现实超越性,能够立在时代的前面,为社会的改造提供动力。文学可以实现人类之间最高精神的联系。"我们狠惭愧;惟有我们说中国话的人们,与世界的文学界相隔得最穹远;不惟无所与,而且也无所取。因此,不惟我们的最高精神不能使世界上说别种语言的人的了解,而我们也完全不能了解他们。与世界的文学界断绝关系,就是与人们的最高精神断绝关系了。这实在是我们的非常大的羞辱,与损失——我们全体的非常大的羞辱与损失。"[1] 郑振铎指出,以前在世界文学界中相对弱势的民族,现在都渐渐复兴。只有我们中国还在酣睡,毫无贡献。我们实是不胜惭愧!现在虽有一班人努力创作、介绍,但究竟是非常寂寞而且难闻回响的。不要说创作之林没有永久普遍地表现我们最高精神的作品,就是介绍也是挂一漏万,如泰山之一石。"在此寂寞的文学墟坟中,我们愿意加入当代作者译者之林,为中国文学的再生而奋斗。"[2] 一面努力介绍世界文学到中国,一面努力创造中国的文学以贡献于世界。故而旬刊虽小,但其目标却不能不辽远而雄大。显然,《文学旬刊》的创办是以当时文学报刊界的普遍"寂寞"作为生态的参照。

从第81期开始,《文学旬刊》改名《文学》周报。改名其实是对刊物改革的宣示。郑振铎特地发表《本刊改革宣言》一文加以明确。他在文中首先交代改革的原因有二:一是该刊特约撰稿者逐渐增多,外来稿件日益拥挤,必须扩充篇幅以容纳更多的稿件;二是许多稿件带有时间性,时效一过便有丧失趣味或价值之虞,旬刊改周刊可以减少这种弊端。他郑重宣布刊物的态度与精神仍与从前一样,即低着头一步一步地踏实向前走,同时认清敌和友。有些人以文艺为消遣品,以卑劣思想与游戏态度来侮蔑文艺、熏染青年的头脑,是我们的敌人,我们将以自己的力量,努力把他们扫出文艺界;抱着传统的文艺观,欲闭塞文艺界的前进之路或者想向后退去者,则是我们的敌人。我们将努力与他们斗争。至于其他和我们在相同道路上的人,即使他们的主张和态度与我们不同,我们则认其为友军。对于敌人,我们保持着严正的批评态度,对于友军,我们则保持友谊的批评态度。

---

[1] 本刊同人:《宣言》,《时事新报·文学旬刊》1921年第1期。
[2] 本刊同人:《宣言》,《时事新报·文学旬刊》1921年第1期。

"我们竭力避免一切轻薄的非批评的态度。"① 绝对不蹈以批评为工具，以之作为发泄私愤或嫉妒之心的卑鄙恶习。他宣布改革后的《文学》周刊在内容上除批评文字以外，将更努力介绍文艺创作与世界作品，尤为注意对文学常识的介绍。刊物将成为一个公共园地，对于一切不同的主张，只要有价值都愿意容纳，对一切在相同道路上走着的作家，都愿意与之合作。

郑振铎在《文学》周刊第 100 号上发表的《本刊的回顾与我们今后的希望》一文，回顾该刊的过去，展望未来，并以此自勉，因而更具媒介批评的意义。"当本刊的第一号在民国十年五月十日出版时，中国文艺界里尚未曾发现过与本刊同性质的出版物。到了现在，不满二年的时间，文艺的刊物，已至少有百余种在各城镇的书店里陈列着了。文艺界能如此的显示长足的进步，实为我们所最足引以自慰者。"② 因为刊物的编辑与外形虽时有变迁，但精神则始终如一。"本刊的出版，正当《礼拜六》复活之时，本刊以孤军与他们奋斗，自最初至现在，未曾一刻自懈。虽然当最初时并没有什么同性质的刊物与我们相为呼应，而许多的读者则常为我们的帮助者与鼓励者。"③ 后来南京的学衡派宣传复古，《文学》周报又与他们进行过多次的辩论。他很欣慰地说：现在的情形与前不同了。同性质的刊物已很多，有许多责任已不必我们单独肩担了。他希望这许多同性质的刊物能够互相合作，沿着共同的方向去努力，"不可因细故而互相倾轧。我们固不望大家都走上一条路，但至少总愿意在各路上同向文艺的园林走去的人，不要中途打起架来，为亲者所痛而为仇者所快"。④ 显然，郑振铎所言并非无的放矢，这在当时的文艺报刊界确是一种客观存在的现象。

三

主编《文学周报》时的郑振铎，随着报刊编辑工作经历的增加，以及身处上海发达的报刊环境，其媒介批评更为犀利和泼辣。这在他的《评上海各日报的编辑法》一文中有充分的表现。这篇文章发表在 1929 年 4 月

---

① 西谛：《本刊改革宣言》，《时事新报·文学》1923 年第 81 期。
② 西谛：《本刊的回顾与我们今后的希望》，《时事新报·文学》1923 年第 100 期。
③ 西谛：《本刊的回顾与我们今后的希望》，《时事新报·文学》1923 年第 100 期。
④ 西谛：《本刊的回顾与我们今后的希望》，《时事新报·文学》1923 年第 100 期。

23日的《文学周报》第8卷第13号上，该文的写作受到《文学周报》第8卷第8期东生的《封建势力在报纸上》一文的影响。东生在其文章中主要从意识形态的角度，"将上海的许多日报的真相完全露布出来了——自编辑先生以至派报公会"。① 但该文对上海各日报编辑方法的批评却着笔不多，因此，郑振铎在钱东生文章的基础上，从编辑方法的角度对上海各日报进行批评，他希望上海各日报的主持者能够因其批评而认识到报纸编辑方法方面所存在的问题，从而有所改革。

与郑振铎此前在《新社会》上发表的一些随感随笔性的媒介批评文本不同，《评上海各日报的编辑法》是一篇形式整饬、逻辑和结构细密的文本。全文共分为五个部分：第一部分介绍写作的缘起；第二部分讨论当时上海各家日报在新闻栏目划分上的不当；第三部分论述各报编辑态度中所存在着的游戏化及其低级趣味的表现；第四部分则是进一步延伸到对报纸副刊的编辑方法与态度的讨论；第五部分又折回对报纸正张的分析，从版面混乱的表层抵达到内在新闻价值观念的错乱和倒置。该文以编辑方法作为批评主轴，从新闻内容类别划分、编辑态度轻薄、新闻报道缺乏人文关怀、新闻价值判断颠倒等几个方面分别加以论述，既有事实例证，又有逻辑推理，既有阅读感受，又有理论分析，系统呈现了其时上海日报编辑方法上存在着的种种缺陷，有理有据，论证层次清晰。"与同时代大多数媒介批评文本相比，该文无论在结构形式上，还是思想内容的深度上，都显得鹤立鸡群，一枝独秀。"② 充分体现了郑振铎对此问题的理性思维深度，堪称他这一时期媒介批评的代表之作。

郑振铎对上海各日报编辑方法的动态有着非常仔细的观察。他归纳上海各报版面的大致分类是，每张报纸版面约有四张，每张各有一个编辑。第一张最重要，是专电及要闻，这一张也有因内容较多而扩充为二张乃至以上，如《新闻报》《申报》就是如此；第二张是各省各埠新闻；第三张是本埠新闻，也有扩充为二张以上或另加本埠增刊者；第四张是附张，读者俗称为报屁股，也有另立的专门名目，如《学灯》《青光》《学海》《快活林》《自由谈》之类。"这四位编辑，各尽其责，不相为谋。"③ 每夜，

---

① 郑振铎：《评上海各日报的编辑法》，《文学周报》1929年第8卷第13期。
② 胡正强：《〈评上海各日报的编辑法〉的媒介批评价值》，《当代传播》2008年第2期。
③ 西源：《评上海各日报的编辑法》，《文学周报》1929年第8卷第13期。

总是编附张的先编好，然后先印先走；编各省及本埠新闻的继之；最重要也是最后的是专电要闻编辑，他们总要等到最后一批专电来到，有时还要担负看大样的责任，所以，专电要闻编辑动身回家或就寝时，大约总已要东方微明了。这种以新闻来源地进行内容归类的编辑方法确实具有很大的原始性和幼稚性，给读者阅读带来了诸多不便。当时上海已经有一些报纸，开始尝试对编辑方法进行改革了，如《大陆报》的新闻编辑就是以新闻价值为导向，凡是重要的事件，不分本外埠都列于第一张，登不下时再续见于第二、第三张。郑振铎还注意到："从前《时事新报》仿佛曾这样的办过一时，不知后来为什么忽然的又变更了。《时报》只有两张，本埠一张，专电及各省要闻一张，在本埠的一张，又有全报的总标题，比较得算是最醒目些。"① 他呼吁报馆老板和编辑勇敢地彻底抛弃这种地方主义的编辑方法。

郑振铎认为，近年上海报纸已出现了一个好的倾向，就是"本埠新闻的着重"。② 在这个地方，能够看出近一二年来的日报与从前的日报不同的编辑方法。无论如何，这不能不说是一种进步。至于有人诟病它们之中充满了奸盗杀人以及自杀的新闻，他认为那些并不是它们的过失，乃是这个可诟病的社会供给了它们这许多的事实，而使它们不能不照实地登载出来。因为任何这种事件，例如绑票，或者在闹市上因抄把子而与盗匪开火，致几个平民被无辜枪杀之类，假定发生在伦敦或纽约等大城市，当地的报纸不但也会报道，甚至还会在要闻版中刊登出来。因此，郑振铎指出，报道这一类新闻本身无可厚非，重要的是如何进行报道。"我见了这些新闻，总觉得有些痛心。这种痛心却不在于事实上，而在新闻记者的叙述态度上。"③ 他举例批评道：1929年4月12日，在《时报》本埠新闻栏里有一个新闻标题是"救火忙，五处报警"，一个"忙"字用得如何的俏刻可恶！《时事新报》第三张里有一个标题是"嗜彼小星，悔已无及"，内容是叙述妇人陶周氏诉其夫将其遗弃事。这样一件足可引起整个社会反思的案件，编辑如隔岸观火一般拟用一个轻薄的标题。郑振铎痛斥该报编辑缺少最起码的同情心，真不知是何心肝！总之，"编次的不得法，大事小

---

① 西源：《评上海各日报的编辑法》，《文学周报》1929年第8卷第13期。
② 西源：《评上海各日报的编辑法》，《文学周报》1929年第8卷第13期。
③ 西源：《评上海各日报的编辑法》，《文学周报》1929年第8卷第13期。

事的不分，或竟大小颠倒，将大事作为小事，含糊过去"。① 在当时的报纸上可谓比比皆是，实在是已经到了非进行根本改革不可的地步了。

四

报刊是社会的晴雨表。1931年6月15日出版的《编辑者》月刊亦是如此。1930年10月，商务印书馆总经理王云五从国外考察回来后，即推出所谓的科学管理法，首先拿编译所开刀，于1931年1月9日公布了《编译所编译工作报酬标准施行章程》，并限于第二天即予施行。"这个章程试图以一种资本家压榨、控制体力劳动者的拙劣方法，来对付从事高级脑力劳动的编译工作者。"② 所以这个颇为荒唐的章程一经公布，立即引起了编译所同人的强烈反对。他们紧密地团结在郑振铎的周围，经过商议决定于职工会之外，另组特别委员会，专门与王氏交涉此事。1月14日，编译所职工会召开全体大会，通过《商务印书馆编译所职工会宣言》，表示一致反对这种绝对不符合科学方法的章程，终于酿成了一场引起社会注目的劳资风波。此事后来在有关当局的协调下，最后以王云五收回该章程而告结束，编译所职工会也按照国民党上海市党部社会局的要求，根据《工会法》的有关条文进行重置改组，并改名为"上海市出版业工会商务印书馆事务所编译处办事处"。2月14日办事处开会时，大家一致推举郑振铎和周予同两人担任宣传干事一职，并兼办内部刊物。这份我国编辑出版界的第一份工会刊物《编辑者》月刊，就这样诞生了。

郑振铎在《发刊词》中首先指出：在这个急骤变动的大时代里，编辑者的责任并不很轻微。"我们既醒悟了以前一切的错误，我们要策划着我们将来的正当的轨辙。"③ 在中国传统社会里，拿笔杆子的人向来被视为士大夫阶层，很长时间里一直是一个特殊阶级，享受着一般民众所不曾享受到的政治与经济特权。一般民众都只有义务而无权利，而觍然自居于四民之首的知识分子，却往往只有权利而无义务，他们一旦由农工商中被选拔出来，立即就成了一个特殊阶级。他们不纳税，不服工役，是统治者的候

---

① 西源：《评上海各日报的编辑法》，《文学周报》1929年第8卷第13期。
② 陈福康：《郑振铎传》，北京十月文艺出版社1994年版，第234页。
③ 《发刊词》，《编辑者》1931年第1期。

补队伍，在朝为官，居乡为绅。这样的一个阶级在往古时代是贵族，在两千年来便是士。他们不仅掌握政治经济特权，而且还独占着人间的知识与学问。自诗人到经师，自医士到幕客，自治河到救荒，知识分子占据着社会上的宾师地位。清末以降，大转变的时代来到了，知识分子的社会地位骤然下降，曾经享受着的种种特权被逐渐剥夺，曾经独占的东西被迫让出。"他们由傲然自命的社会的柱石，一变而成为大社会中随波逐浪的平凡份子。"① 他们由一个具有特权的统治阶级，一变而为民众的一部分。他们由崇高的宾师，跌落为普通的被雇用者与自由职业者。

郑振铎指出：塞翁失马，焉知非福。时代的前进，除使拿笔杆子的人们在失去了原来崇高地位的同时，又因新兴资本势力的高压，迫使他们失去了传统的傲慢外，又产生了一种新的自觉。拿笔杆子的人们开始明白，笔杆子与算盘、犁耙、斧尺等，都只是谋生的工具，没有谁比谁更高尚之说。他们明白传统地位与特权的失去，不仅不足以惋惜，反而更使他们认识到了社会的真实地位，从而确证了人类生存的本真意义，以及共同努力的方向与轨道。知识分子因此从两千年来羞耻的地位中解放出来了，恢复了属于人的正当生活。但一个更严重的问题又开始摆在他们面前，即新兴资本势力的压迫，使拿笔杆子的人们遇到厄运。这个厄运如今正在开始，将来如何发展和演变，一时还无法预料，但有一点可以明确："这种新的压迫，只能增加了他们向前奋斗的勇气，与更清楚的认识了自己的真实的力量与责任，并不能丝毫摇撼到他们的自信与生存。"② 郑振铎指出，拿笔杆子的人们，实在并不曾忘却他们的力量与责任。因为他们相信人类社会需要智慧也正和他们需要食粮一样的迫切。特别是在文化落后、知识未开的今日中国，拿笔杆子的人们的责任，似乎就显得更为重要了。

郑振铎十分自信地说：编辑虽只是知识分子群体里很少的一部分，为力虽微，我们却也并不愿放弃那些重要的责任，更不敢忽视自己所担负的职务与力量。我们，作为编辑者的一部分，在全国最大的一个出版机关里服务。我们明白这个出版机关，由它的伟巨的印刷机上所播散出去的东西具有不能自知的伟巨影响。它可以产生很大的良好的影响，也可以产生无限量的有毒的丑类。过去，它一直战战兢兢，小心谨慎。动作虽不很快，

---

① 《发刊词》，《编辑者》1931 年第 1 期。
② 《发刊词》，《编辑者》1931 年第 1 期。

却时时都不愿意将最小量的有毒之物传播给社会；现在，社会迫切需要知识，我们更要使它充分发挥可能的力量，传播输入重要的科学、文化和知识。我们更要力所能及督促监视，使它善用其力而不利令智昏，印刷任何有毒东西。为此，我们或许要不客气批评当事者的举措，但将始终站在善意督责的地位上立论。当然，"若有任何无理的新的压迫，凭藉了资本势力而加到我们的身上，则我们更将不惜任何牺牲与之周旋；决不退却，决不反顾。而本刊便是我们的力量之一"。① 郑振铎对广大编辑工作者可谓寄予了殷切的厚望。

传播是一切知识和思想的本质。文学和文化研究是郑振铎人生的基本底色，在郑振铎的一生中，报刊编辑活动是非常重要的一部分。他先后主编或参与编辑的报刊、丛书达53种之多。② 早在年轻的时候，他就立下了通过"切实的述写批评旧社会的坏处"③ 以改造社会的宏伟愿望。鉴于报刊与文学和文化之间所具有的承载及连带关系，报刊必然也是他予以关注和批评的对象。他编办报刊的目的之一就是要改革报刊，使之能够更好地为发展文学和文化服务。他批评报刊，更是希望报刊能够在正确的道路上迅速发展。在郑振铎浩繁的著述中，媒介批评文字在数量比例上虽然并不是很多，却很有特点，也很有影响。特别是《评上海各日报的编辑法》一文，虽然是发表在《文学周报》上，但发表之后很快也引起了新闻学界的注意，被收入由上海汉文正楷印书局出版、管照微编的《新闻学论集》一书中，该书作为复旦新闻学会丛书的一种，1933年出版时复旦大学新闻系主任谢六逸曾为之作序，在新闻学界具有较大的影响。郑振铎的媒介批评虽然观点鲜明，语言犀利，但大多客观中肯，具有很强的建设性，容易让被批评者接受。这无疑是一种具有普适性的媒介批评态度和方法。

第三节　谢六逸的媒介批评

谢六逸（1898—1945），名光燊，字麓逸，后改六逸，以字行，贵州

---

① 《发刊词》，《编辑者》1931年第1期。
② 胡正强、李娜：《郑振铎媒介批评思想论略》，《淮北煤炭师范学院学报》（哲学社会科学版）2008年第1期。
③ 郑振铎：《郑振铎全集》第3卷，花山文艺出版社1998年版，第4页。

贵阳人，出生于一个清朝官宦家庭。幼时未如一般学童那样进私塾，而是由父母课读。1909 年在贵阳达德小学念书，1911 年进入贵州省立模范中学就读。1917 年秋中学毕业，是年冬考取公费留学。1918 年春，与王若飞等人由黄齐生率领东渡日本，于 1919 年 4 月入日本早稻田大学专门部政治经济科学习，课余研究西方和日本文学，留学期间即发表了不少文学研究的文章。1921 年，还在日本的谢六逸即加入了由周作人、郑振铎、沈雁冰等发起的在北京成立的文学研究会，为该会读书会小说组成员，从此投身于中国的新文学运动。1922 年 3 月，谢六逸从早稻田大学毕业，于 4 月上旬回国，进入商务印书馆编译所工作，在实用字典部任职。该年 12 月，单独主编文学研究会机关刊物《文学旬刊》（后改名《文学》，又改名《文学周报》），从第 57 期起到 72 期止。从 1923 年 5 月 12 日第 73 期起，与沈雁冰、王伯祥、周予同、俞平伯等 12 人轮流主编该刊。1924 年 4 月 15 日，主编上海中华书局出版的《儿童文学》月刊。1926 年 2 月，进入复旦大学中文系任教，向系主任刘大白建议在复旦大学设立新闻学系。1926 年 9 月复旦大学在中文系内设立新闻学组，聘请谢六逸为主任，该月招收 3 名学生，并于 1930 年毕业，成为复旦大学新闻学系的首届毕业生。复旦通讯社亦于 1926 年成立。1926 年 9 月，谢六逸在朋友协助下独立创办《趣味》半月刊。1928 年，曾兼职主编上海《时报》副刊《小春秋》。1929 年 9 月，复旦大学新闻系正式创办，谢六逸为首任系主任，直至 1939 年回故乡贵阳。1931 年，国民政府教育部聘请他编定大学新闻系课程及设备标准，作为国内各大学新闻系的准绳。1933 年 2 月，担任上海《申报》新闻函授学校教授。新闻函授学校的校长为史量才，由该校出版的谢六逸编著的教材有《实用新闻学》《新闻资料储藏研究》《国外新闻事业》等。1935 年 9 月 20 日，开始主编《立报》副刊《言林》，直到 1937 年 11 月 24 日因日寇侵占上海，《立报》被迫停刊。1937 年 5 月，主编由上海生活书店出版的《国民》周刊，直至 11 月 9 日该刊停刊。1939 年春，主编《抗建》半月刊。1941 年 10 月 10 日，主编贵阳文通书局创办的综合性文化刊物《文讯》月刊。1945 年 8 月 8 日，因病去世。谢六逸向以"新闻家"[①] 闻名于世，不仅主编过多种报刊，而且对中国现代新闻教育贡献尤多，在其有关

---

① 陈江、陈庚初：《谢六逸年谱》，陈江、陈庚初编：《谢六逸文集》，商务印书馆 1995 年版，第 474 页。

新闻工作的论述中，很大一部分属于严格意义上的媒介批评。

一

国内有学者曾经提出，我国虽然是世界上媒介批评活动开展最早的国家之一，但作为媒介批评活动逻辑发展结果的媒介批评学，是到了 20 世纪末才在华夏大地上抽出嫩芽，即直到 1995 年吴迪先生在《北京广播学院学报》第五期上发表《媒介批评：特性与职责》一文，明确提出媒介批评就是对媒介产品以及媒介自身作用的理性思考这一概念后，中国的媒介批评学才正式宣告诞生。在该学者的著作里，媒介批评与新闻批评是同一概念。尽管他在下这个论断之前，采取了十分谨慎而小心的态度："在近、现代中国，媒介批评的发展是否孕育了媒介批评学的萌芽，尚没发现有关论著加以证实。因此，只能把媒介批评学的产生暂定为 20 世纪 90 年代的事情，即当代中国是新闻批评学产生的历史时期。"① 这一观点从某种角度看有一定道理，但若论在中国正式提出媒介批评学这个概念并付诸教学实践者，当推复旦大学新闻系第一任主任谢六逸先生。换言之，谢六逸可以说是中国媒介批评学的首创者。

媒介批评学是否产生，应以当时的人们是否正式提出了媒介批评或新闻批评这一概念作为主要标志。在我们现在所能接触到的中国近现代文献中，正式提出"新闻批评"这一概念的著作，应为谢六逸 1930 年在上海《教育杂志》上发表的《新闻教育的重要及其设施》一文。他在这篇文章中明确指出当时中国的报业现状令人很不满意，无论是办报的人还是看报的人都颇因循守旧，不思进取："办报的人是十数年如一日的办下去，看报的人是永远的看'报屁股'下去，所以我国报纸的改善是遥遥无期的，而报纸的好坏也没有一个人出来说一句有批评价值的话了。如此这般，近代的报纸在中国是早已失掉了它的功能，埋没了它的使命了。"② 如果不戴有色眼镜的话，应该承认谢六逸在这里已经正式而明确地提出和使用了新闻批评——媒介批评的这个概念了。

不仅如此，谢六逸还提出了与媒介批评活动有着紧密联系的另一个概

---

① 刘建明：《媒介批评通论》，中国人民大学出版社 2001 年版，第 32 页。
② 陈江、陈庚初编：《谢六逸文集》，商务印书馆 1995 年版，第 273 页。

念：媒介批评主体或媒介批评家。媒介批评的过程，其实也就是媒介批评主体对报刊及其新闻作品的解读过程。批评主体通过对媒介和新闻作品的解读，从而现实地展开一系列的媒介评价活动。当批评主体为广大读者的时候，批评方法在很大意义上就是一种阅读方法。普通受众是新闻传播的落脚点，他们在收受新闻的过程中，会依据新闻是否符合自己的兴趣和利益提出批评见解，他们的存在构成了媒介批评主体的大众部分。从受众的角度来讲，阅读过程就是对新闻媒介及其作品进行品鉴和接受的过程，他总是根据一定的方法展开活动，具有媒介批评的某种形式。谢六逸1934年9月在《青年界》第6卷第2期上发表的《青年与新闻》一文中，建议青年人要善于利用报纸来学习，从报纸上汲取大量鲜活的各种知识和观念。他指出，为了提高报纸的利用率，报纸的阅读不应该只是一种随意的消闲行为，也就是说："看报不能不有一种方法，办报更是一种专门的学问。"[①]只有按照一定方法去进行阅读，才是有效的阅读。所谓看报的方法，在这里谢六逸当然不是指那种漫不经心地浏览和消遣，而是指一种积极寻找所需信息、主动辨别新闻质量高低的能动思维过程。十多年后，著名新闻学家张友渔才重提这个话题："读报也是一门学问。"[②] 这无疑加深了作为媒介批评先行者的谢六逸身上的悲剧色彩。

　　谢六逸一再强调读者阅读方法的重要性，有着直接的现实目的，因为积极有效的阅读同时意味着批评，批评方法亦规定着批评的质量。媒介消费对媒介生产具有重大导向性功能。在新闻传播过程中，广大读者的反响和评价具有积极的意义。读者是媒介的服务对象，也是媒介的衣食父母。来自普通读者的批评必然对新闻媒介及传播者产生一定的压力，促使他们对传播行为进行调整和改进，以满足读者的阅读需要，从而获得媒介自己的生存和发展的可能与空间。由于普通读者多是分散的、匿名的各种职业的人，不具有特殊的媒介专业生活背景，也缺乏相关的媒介知识，他们的批评更多带有朴素、自发的性质，因而教会普通读者进行正确、科学地阅读，是提高媒介批评质量的必由之路，也是媒介批评的基础工程。谢六逸非常关注读者的阅读方法问题，循循善诱地启发读者学会阅读，主要的目的就是尽快提高媒介批评主体对新闻媒介和作品的鉴审质量。探索如何帮

[①] 陈江、陈庚初编：《谢六逸文集》，商务印书馆1995年版，第296页。
[②] 张友渔：《张友渔新闻学论文选》，新华出版社1988年版，第84页。

助广大读者寻找和掌握解读新闻作品的原则和方法，启发和培养他们正确的新闻理念，正是媒介批评学研究中的重要课题。

来自大众的媒介批评毕竟在质量上受到批评主体本身先天素质不足的限制，因此，只有自觉的媒介批评主体的存在，才能表征媒介批评学真正的诞生和媒介批评的成熟与独立。当时的读者批评群体由于受到整个社会文化水准和教育环境的限制，不可能在短时间内提升阅读质量，这就需要有专业的媒介批评工作者来开展媒介批评，充当媒介批评的领头羊与指导者，他们的存在是提升媒介批评质量的重要保证。谢六逸感叹当时的中国虽然媒介的数量和种类都很可观，新闻业的历史也很悠久，但自觉的以媒介批评为自己职业方向的队伍还异常弱小，特别是缺少一支高素质的专业性媒介批评工作者队伍，从而极大地限制了中国新闻业的发展，这需要辛勤的园丁精心地浇灌施肥和剪枝除草："就中国目前的情况说起来，理想的报纸的制作，自然是不容易的，可是能够鉴别报纸好坏的人——就是善于看报的人，也是不常有的。"[①] 这一观点的提出，无可置疑地证明谢六逸已经意识到媒介批评主体在媒介批评学的建构中所占据的重要地位。中国媒介批评学的不发达，一定程度上是因为媒介批评主体的稀缺和不足所致。

1931年6月1日，谢六逸在《文艺新闻》第12号上发表《最近的感想》，更是具体而明确地使用了新闻批评、新闻批评家等概念，实际上反映出他清醒地意识到自己正在从事的工作的性质就是媒介批评，并按照个人的理解自觉地从事着这方面的工作。在这篇文章中，他指出当时我国报纸进步缓慢的四个主要原因："其一是缺乏新闻批评家。我国报纸的读者，对于报纸的好坏完全没有辨别能力，对于报纸本身的构成，更是茫然，他们只消每天有报可看便行，对于报纸的编辑发行等全不在意。在目前我们希望有力的批评出来，如像日本的长谷川如是闲、大宅壮一之流，将国内的报纸痛快地批评一下，一方面促进各报的改善，一方面使阅者知道辨别报纸的好坏。"[②] 这里，实际上还透露出他对媒介批评所具有的功能的认识。谢六逸先生是我国媒介批评学的首倡者，这个结论应该成为定谳。

---

① 陈江、陈庚初编：《谢六逸文集》，商务印书馆1995年版，第272页。
② 陈江、陈庚初编：《谢六逸文集》，商务印书馆1995年版，第293页。

二

谢六逸在后人的眼中是一个复杂的多面体。他往往首先是以一个文学家的形象出现，他是我国二三十年代系统介绍日本文学的第一人，他的随笔文字隽永，自成一家，他的杂感因既有蜜也有刺而被称为"言林体"；作为我国现代著名的报刊编辑和现代新闻教育的开拓者之一，谢六逸的实际劳绩，也不时受到称赞；人们更是念念不忘他是我国新闻教育的开拓者之一，在中国新闻学发展史上理应占据一席之地。客观地说，这些评价虽有道理也都中肯，但笔者以为似乎都还没有真正搔到痒处。谢六逸的文学成就虽然可观，但还没有进入现代文学大家的行列。在报刊编辑的实际工作岗位上，他的贡献与邹韬奋、胡愈之、茅盾、叶圣陶等相比，也还有一些距离。作为新闻学家，他在新闻理论建设方面的成就既不能与同时代的徐宝璜、邵飘萍、戈公振等比肩，也无法与毕生从事新闻学研究的任白涛和黄天鹏齐观。倒是他那些充满睿智、形式活泼的品评新闻现象、指点传播得失的批评文字，是他有异于同时代人也是高于同时代人的地方，尽管他在这方面的耕耘并没有获得同时代人足够的认同，但毕竟给后人成功塑造了一个媒介批评先行者的侧面形象。

中国20世纪20年代以后，各种报刊和新闻学术刊物大量涌现，为媒介批评的生长创造了有利条件，媒介批评可谓应运而生，但以此闻名的批评家却极为鲜见。由于当时"新闻无学"的观点颇有市场，所以人们并不看重媒介批评工作。在谢六逸留给我们的精神财富中，最珍贵也最能体现他超迈时人之处，却恰恰是他在媒介批评方面的一些建树。报刊编辑和新闻教育家的双重身份，以及强烈的时代敏感性，使他非常关注当时中国的新闻现状，神圣的职业使命感催促他不时命笔，去从事同侪不屑、不愿或实际上是不能的媒介批评。谢六逸固然并没有像现在的媒介批评学者那样提出一套科学而严整的媒介批评学理论体系，但他是一个身体力行的媒介批评实践家。他力图运用西方先进的资产阶级新闻学理论来分析中国的新闻实际，以实现他心目中的新闻理想。在后人搜罗并不完备的《谢六逸文集》中，有一大部分内容称得上是纯正意义上的媒介批评文字，如《上海报纸的社会记事》《新闻价值》《编辑者的态度》《最近的感想》《上海各报社会栏记者养成所学则》《文墨余谈》等。

即便在他的一些学理性较强的新闻学论文中,如《新时代的新闻记者》《青年与新闻》《报章文学琐谈》《新闻标题研究》等,也都是针对中国新闻界的现实问题有感而发之言,具有一定的批判性,其中有部分文字也可归于媒介批评。

谢六逸之所以对媒介批评情有独钟,首先与他对新闻事业功能的认识分不开。他在日本留学期间,发达的日本新闻业给了他很深的印象,特别是日本新闻媒介在社会文化建设和教育方面所发挥的作用,尤使他感慨良多。他明确指出,报纸、杂志等出版物是社会的前驱,是民族文化的重要载体,在社会的发展进程中,担任着引领国民前进的重任,"报纸对于社会的各阶级,成为重要的食粮,在今日已用不着饶舌了"。[①] 要提高国家竞争力,就须从最根本的文化着手。"欲增高吾国的文化,非从介绍研究及出版业入手不可。"[②] 他回国以后,国内新闻出版业的状况引起他深深的忧虑。放眼国内新闻出版业,差强人意的新闻媒介寥若晨星,与应该承担的文化建设重任极不相称。他在早稻田大学本来学习政治经济学,但强烈的社会责任感和历史使命感促使他投身到媒介批评中来。他认为我国新闻业落后的关键还在于新闻工作人才的匮乏和新闻工作者观念的落后,新闻教育与媒介批评在我国是甚为切要和亟须发展的一件大事。

新闻业的落后现状是激发谢六逸从事新闻批评的最直接动因:"中国现在著名的报馆里,有许多记者连新闻价值(News value)是什么还弄不清楚。例如在九十度的暑天,数十万的上海闸北的住户,不知什么原故,忽然有两天没有一滴自来水,但是报纸上却没有只字的记载。但是某姓(并非记者心目中的要人)有姊氏死亡而妹往填房的新闻,却很有力地登载出来。"[③] 连什么是新闻价值都搞不清楚,更不用谈什么编辑方针、科学管理了。这样的新闻业当然无法起到向导国民、启迪民智的作用。新闻落后的现实使谢六逸为之痛心疾首:"恶劣的报纸,正如毒物一般,在每天的早晚,残杀最有为的青年,颓唐健全的国民。看报纸的人的头脑浸润在战争、奸杀、盗窃、娼寮、酒食、冠盖往来、买办暴富里面。一切受苦受难之声音,被虐被榨的实况,国际情势的变迁,近代学术的趋向,是永远

[①] 陈江、陈庚初编:《谢六逸文集》,商务印书馆1995年版,第271页。
[②] 陈江、陈庚初编:《谢六逸文集》,商务印书馆1995年版,第331页。
[③] 陈江、陈庚初编:《谢六逸文集》,商务印书馆1995年版,第272页。

和中国的阅报者绝缘的。"① 他希望通过公布新闻业病症的诊断书，引起世人对它的关注和疗救。他开出的一剂重要的药方就是希望通过普及新闻学基本知识，来大幅度地提高广大读者鉴别新闻质量高低和优劣的水平与眼光，发挥读者对新闻业的监督功能，以起到净化新闻传播环境和新闻传播内容的最终目的。

新闻学知识的普及表面上看属于新闻教育的范畴，但更可以看作是为了开展媒介批评而营造的先决条件。如果只是通过新闻教育来培养高素质的新闻人才，进而改革新闻事业，未免有点远水难解近渴。当时的新闻业现状令谢六逸难以容忍，新闻报道不仅枯燥干巴，味同嚼蜡，而且品位极其低下，堕落人心。为尽快扭转这种局面，他拿起了能够对新闻实践做出最快速反应的媒介批评武器。他在日本学习期间，经常接触日本的新闻媒介，当时，日本新闻界有一批非常活跃的媒介批评家，如长谷川如是闲、大宅壮一等，乃是日本著名的媒介批评早稻田派。他们经常在报纸和杂志上发表媒介批评文章，对规范和引导日本新闻业的健康发展，起到了很好的作用。谢六逸由此受到启发，认为媒介批评能够对新闻现象进行快速的跟踪，在推动新闻业的进步方面可以发挥非常积极的作用。媒介批评家由于具有较系统的新闻专业知识，熟悉新闻界的发展动态，掌握媒介批评的方法，对新闻现象的认识常常能够一针见血，直指要害，关于新闻的分析和评论能够获得广大受众的首肯，起到引导广大公众正确认识新闻现象的作用。正是因为有这样的认识，他在归纳我国新闻业落后的原因时，才将媒介批评家的缺乏作为四个主要原因之首，并愤而挥动如椽之笔，写下一篇又一篇即使在今天看来仍有现实意义的媒介批评文本。

三

谢六逸的媒介批评涉及新闻业的很多方面，几乎所有的新闻传播环节和传播要素，如新闻的报道内容和质量，报纸版面的编排技巧，广告的经营与管理，新闻工作者的素质和修养等，都在他批评的范围之内，甚至他当时已经使用了地方报和都市报等后来人们才熟悉的类型批评概念，以便揭示出版物的类型特征和属性。他的媒介批评种类繁多，既有宏观的印象

---

① 陈江、陈庚初编：《谢六逸文集》，商务印书馆1995年版，第277页。

扫描，又有微观的个案分析；既有对新闻媒介编辑宗旨偏颇和报道倾向不当的指谬，又有对新闻社会效果和影响的预测；既严厉鞭挞和揭露新闻工作者队伍中无行败类的丑行与伎俩，又苦口婆心地为一些媒介和新闻工作者出谋划策与指点迷津。

评论新闻活动中的非理性现象，是谢六逸进行媒介批评的主要努力方向。20世纪初叶，一些以低文化的群众和小市民为读者对象的报纸热衷于刊载奇闻异事，随着这些小报的一纸风行，社会新闻在报纸的版面上显得异常繁荣和热闹。有人据此得出上海报纸已经有了很大进步的结论，发出一阵阵叫好声。谢六逸在《上海报纸的社会记事》一文中，使用数据统计的方法，指出这类新闻表面上的繁荣和热闹实际并不值得称道。因为仔细分析记事的材料，其报道范围不出抢、奸、杀、自杀四类。谢六逸主张这类新闻报道要适度，即要进行量的控制，尤其不应以一种猎奇的方式进行报道："有几家报纸的社会栏，除开记载死者的家庭与遗书，致死的原因之外，更将自杀者死后的姿态照相制版，恭而且敬的印在报纸上，仿佛开什么成绩展览会。此种举动实在使阅者十二分的不快，对于死者却是最大的侮辱。老实说，这是最野蛮的办法，只有毫无人心的记者才干得出的玩意。"[①] 谢六逸从一片喧哗的叫好声中，指出其中折射的是媒介及其从业人员职业道德的沦丧和对读者口袋中金钱的贪婪追逐。这些非理性的现象由于已经为人们所司空见惯，因而对新闻事业发展造成的负面影响不易为人知晓，现在一经道破，人们就会决绝地与之告别。

通过具体的媒介批评，力图匡正人们头脑中原来存在的不正确的新闻价值观念，进而规范新闻发展的方向和轨道，是谢六逸从事媒介批评的主要目的。在人们的新闻理念体系中，新闻价值观念居于核心的地位，对具体的新闻传播行为发挥着指导作用。真实性、重要性、显著性、趣味性、接近性等构成了新闻价值的要素体系，只是这些要素在新闻价值体系中的地位并不相同。20世纪30年代前后，国内报纸在新闻报道范围和内容上存在着许多值得诟病的地方，表现之一就是对显著性、趣味性过分强调和追求导致在新闻选择上出现严重偏差。谢六逸在《素描》一文中，曾以1929年8月15日的《申报》为例进行分析。当天的《申报》在第二版国内要电栏中，排在《美国记者团在日言论的感想》社评下面第二条的是这

[①] 陈江、陈庚初编：《谢六逸文集》，商务印书馆1995年版，第34页。

样一条新闻:"南京　阎××秘书许××女士,由平来京,连日游览各名胜,定十五早乘飞机赴沪,转杭参观西湖博览会。"而排在这一要电下面的却是"永定河又溃百卅丈"的新闻。① 两条新闻先后次序颠倒的实质是新闻价值观念的颠覆。简短的几句分析,对于帮助新闻界确立正确的新闻价值观念显然具有指导性意义。

敦促新闻从业人员全方位的改变观念,是谢六逸媒介批评中用功甚夥之处。他有一次与上海某大报经理谈道:贵报已经有 50 多年历史了,为什么老是不进步,不想改革呢?这位经理说:我们何必改革呢,因为照老样子已能够赚钱。万一改革之后,看报的人减少了,登载的广告业势必要减少,那岂不是自找倒霉吗?所以留学回来的新闻学者,我们不敢聘请。纵然聘用一两个,最高的限度也是让他们在广告部办事,至于编辑部则绝对不敢任用一个学新闻学的人,怕他们一个不小心,要给报馆闯祸。谢六逸告诉他道:即便仅仅从赚钱的角度看,目前你们的报纸也很有改革的必要。那些细而长像蛔虫似的广告,可改排为长方形或正方形,以增加美感,那些某人将要出国留学、如何告别亲友的新闻,以及用来登载他一方玉照的铜版版面,在金贵银贱的时代,也完全应该节约下来,这也是增加报馆收入的另一个好方法啊!② 缺乏创造性几乎是当时很多报纸的通病,表现在新闻写作上就是大量的新闻陈陈相因、千篇一律。1929 年谢六逸在《文学周报》第 8 卷第 22 期发表了《上海各报社会栏记者养成所学则》一文,以幽默而辛辣的笔法,将当时报纸上流行的各种社会新闻纳入 7 种固定套式中,一一进行展览示众,让读者在发出会心的微笑时,彻底认清了这些俗套新闻可憎、可笑的面目。

将批评的锋芒直指新闻腐败现象的制造者,对他们痛加鞭挞,显示出谢六逸媒介批评的强烈战斗性。"我们只看见恶俗趣味主义的小报日愈增加,有数的几家大报的内容日渐开倒车。'地方报'是如凤毛麟角。归根结局,在多数人的脑筋里,以为新闻记者是任何人都可以做的。"③ 谢六逸在他的新闻批评中,曾为我们生动地勾画了一幅新闻界的群丑图:"办报的人常是无聊的政客,报纸的企业是政客官僚们刮地皮余剩余下来的残

---

① 陈江、陈庚初编:《谢六逸文集》,商务印书馆 1995 年版,第 45 页。
② 陈江、陈庚初编:《谢六逸文集》,商务印书馆 1995 年版,第 284—285 页。
③ 陈江、陈庚初编:《谢六逸文集》,商务印书馆 1995 年版,第 276—277 页。

看。于是新闻记者有'老枪',有'敲竹杠'的流氓,有公然索诈津贴的,有专门叨扰商家酒食的,有奔走权门以图一官半职的,种种丑态,罄笔难书。"① 这些新闻界的败类不清除出新闻队伍,新闻事业要发展只能是一句空话。针对当时新闻界的一些不道德行为,谢六逸一再呼吁加强新闻队伍的道德建设。

以读者为起点开展批评,追求新闻传播健康有益的社会效果,是谢六逸媒介批评的重要艺术特色。读者意识是他作为媒介批评家的主体意识的一个重要组成部分,在他的媒介批评中,时时表露出对社会文化的关怀,具有鲜明的文化建设品格。他认为新闻纸在道德方面应该宣扬善良的人生,培养读者对于社会认识的正确性,应做到善良观念的启发与反省,向上意志的养成。新闻报道当然要揭露社会的腐败和罪恶,但是更要注意揭露和批判的方式:"在大都市中,每日制造出无数的变态的罪恶,编辑者当明白自身的职责是宣扬善良,并非是暴露罪恶,读者看了之后所发生的影响若何,必须注意。"② 但当时很多编辑为了进行市场竞争不惜牺牲报纸的质量,"为了迎合低级趣味,极力的描摹刻划,欺骗夸张,报纸的功用,变成罪恶的课本"。③ 结果新闻报道不但不能够去奸除凶,反而使为非者得到参考。他希望读报者远离那些津津乐道某妇人裤子如何被扒掉细节的新闻,从而倒逼新闻媒介约束自己,以净化新闻传播的环境和内容。

中华人民共和国成立以后,在相当长的一段时间里,只重新闻实践经验,轻视理论发展的倾向相当严重,理论思维成了现实生活中可有可无的装饰品。在新闻体制方面,单一的机关报体制也使轻视新闻理论的倾向得到了强化。在"新闻无学"论者的眼里,谢六逸的媒介批评自然算不得什么学问。人们习惯于把他卓有成绩的媒介批评实践淡化,或杂糅在创作与文化活动中。本体与视角的错位,使谢六逸在媒介批评方面的贡献,长期得不到人们的重视和理解,也就成为自然而然之事,这也许是此前学界在扫描中国媒介批评发展史时没有注意到谢六逸的重要原因之一。美国传播学家说过:"当一个新学科处于创立阶段时,通常并不清楚以往的著作曾注重过一些看起来属于当代的问题。直到一定时候,人们才意识到早先的

---

① 陈江、陈庚初编:《谢六逸文集》,商务印书馆1995年版,第277页。
② 陈江、陈庚初编:《谢六逸文集》,商务印书馆1995年版,第325页。
③ 陈江、陈庚初编:《谢六逸文集》,商务印书馆1995年版,第325页。

学者实际上已在普遍的知识文化中置入了某些必然成为新学科一部分原理的概念和结论。所以,需要透彻研究这些观念,把它当作该学科知识遗产的一部分。"① 在大力发展和完善中国媒介批评学的今天,我们实在不应忘记谢六逸当年的提倡之功。

第四节 樊仲云的媒介批评

樊仲云(1901—1989),字德一,又字从予,笔名独逸,化名潘德一、陈叔平,浙江省嵊县人,中学毕业于嵊州一中,大学毕业于日本东京大学政治经济系,1923年参加文学研究会,后来"他还加入中国共产党"。② 1927年春,在黄埔军校武汉分校任政治教官。1927年国共分裂后,他即投入了国民党阵营,1928年初,参与周佛海主编的《新生命》月刊的编辑工作,并在上海劳动大学任教,讲授《国际问题》等课程,1928年,又担任复旦大学教授,讲授《现代政治》课程,也曾到复旦大学新闻系作专题演讲,并兼商务印书馆、新生命书局的编辑等。1931年8月,樊仲云担任上海中国公学教授兼教务长,1932年又兼光华大学、暨南大学教授。1935年初,主编国民党CC派"中国文化建设协会"的机关刊《文化建设》月刊,在该刊1935年1月10日出版的第1卷第4期上,樊仲云、陶希圣、萨孟武、王新命等10人联合署名发表了《中国本位的文化建设宣言》一文,在当时文化界产生了较大的影响,曾经引起一场全国文化学术界关于中国文化出路的大讨论。1937年7月全面抗战爆发后,国共两党合作创办了《救亡日报》,由郭沫若担任社长,国共双方各派一个总编辑。共产党派的总编辑是夏衍,国民党派的总编辑即樊仲云。樊仲云虽列名总编辑,但不太负责任,"只是在出版后几天,每晚八九点到大陆商场的编辑部来走一走,就算完成了他的任务。很显然,他对抗战没有信心"。③ 樊仲云此后成为"低调俱乐部"的成员。1938年去香港担任《国际周报》的主编,并担任国民党在香港主办的《国民日报》主笔、胡文虎主办的《星岛日

---

① [美]梅尔文·德弗勒、桑德拉·鲍尔—洛基奇:《大众传播学诸论》,杜力平译,新华出版社1990年版,第258页。
② 黄恽:《古香异色》,海豚出版社2012年版,第73页。
③ 夏衍:《懒寻旧梦录》,生活·读书·新知三联书店2006年版,第271页。

报》的编辑。1939年追随汪精卫叛国投敌，历任汪伪教育部政务次长、伪中央大学校长、伪文物保管委员会委员、伪新国民运动促进委员会委员、伪国民政府政务参赞等职。抗战胜利前夕，樊仲云自知难容于世，遂隐姓埋名潜至香港报馆担任编辑。1984年回到已经改革开放的内地探亲，于1989年去世。在20世纪30年代，樊仲云不仅是国民党系统的知名学者，主编过多家报刊，而且发表了很多以新闻界为批判对象的文章，对当时新闻学的理论建设与积累产生过一定的影响。

一

20世纪20年代末，樊仲云就不断地开展媒介批评，特别是针对当时上海新闻界发表过很多批评性的言论。发表在《新生命》第2卷第11期上的《上海报纸的改造》就是其中很有代表性的一篇文章。他之所以批评上海的报纸，是因为他认为上海报纸在中国居于领导者地位，批评上海的报纸也就等于了批评中国的报纸，故而他的媒介批评往往都是以上海的报纸及其新闻报道作为批判和分析的对象。《上海报纸的改造》一文9000余字，在20世纪30年代前后的中国媒介批评文本中，是为数不多的长文。全文共包括知识的鸦片、不论主义、地方主义的编辑法、取材问题、营利主义的发展、大报的小报化、封建意识的表现以及我们的责任等8个部分的内容，对上海报纸及其传播中存在的缺陷和问题进行了较为系统的分析与批评，其话语的媒介批评性质十分明显。后来他应邀到复旦大学新闻系作演讲的时候，其研究的题目就是《中国报纸的批评》，其记录稿被收入黄天鹏先生主编的《新闻学演讲集》中，由上海现代书局于1931年10月出版。

樊仲云在《上海报纸的改造》一文中首先指出，在现代社会里，报纸之于人就像一日三餐一样须臾不可缺少，一个正常的人，每天都有阅读报纸的需要，不过上海的报纸，却不尽如人意，虽然纸上印满了字，看过之后却所得甚少，甚至有时候等于没看。"这好像抽鸦片烟一样，心中明知道是不行，应该戒绝，但是每天有瘾，还是想吸，等到吸了之后，于是觉得不好，又想动手来戒。"[①] 鸦片毒害人的身体，不良的报纸则是麻醉人的头脑，腐化人们的思想和心灵，必须予以大力批判。媒介批评就像戒烟宣

---

① 樊仲云：《上海报纸的改造》，《新生命》1929年第2卷第11期。

传一样，十分必要。樊仲云认为上海的报纸尽管各自都以消息灵通、议论公正为标榜，但"不论主义"① 才是它们真实的表现。发表评论以反映和指导舆论，是现代报纸的基本功能，也是报纸的天职，但上海有的报纸竟然没有时评，有的则是把格言或者成语咬文嚼字地再播弄一番，毫无时新性，还有的随手拈题，用八股式的起承转合发挥一阵，没有任何实际内容和意义。总体来看，上海报纸根本没有鲜明表示其主张的评论，他们所谓的议论公正，其实就是置而不论。

樊仲云认为上海报纸的第二个缺点，就是"地方主义的编辑法"②。报道新闻是报纸最基本的功能，报纸新闻报道如果能具有眼光，编辑醒目，取材适当，即便没有时评也还可以忍受，上海报纸的新闻编辑方法，既不是以性质分类的英国式编辑法，也不是以新闻价值为根据的美国式编辑法，更不是二者结合的日本式编辑法，而是一种原始并最幼稚的以新闻发生地为分类根据的编辑方法。这种编辑方法只看新闻发生地在何处，其他俱非所问。其结果就是同一个消息可见于多个栏目中。这样散漫无系统的地方主义的编辑方法，对编辑来说诚然很省事，却给读者阅读造成了很多麻烦和时间的浪费。"所贵于报纸的编辑者，以其能从繁复的事件中，分别其大小重要，加以适当的排列，使人看了，一见即能引起注意，并有深确的印象，若是像现在那样地方主义的分类，则排字工人亦优为之，又何劳我们的编辑先生呢？"③ 上海报纸编辑上的另一个缺陷是稿源的择取问题。上海报纸很大一部分稿件来源于外国的通讯社，特别是国际新闻，几乎全部依赖于外国通讯社提供。樊仲云指出，在这种现实情况下，编辑若没有鉴别取裁的眼光，"实最易把中国的报纸，成为帝国主义国家的通信社的喉舌，为帝国主义的新闻政策所利用"。④ 很不幸的是，樊仲云认为上海的报纸几乎就是这样！不仅如此，上海报纸编辑因为缺乏国际政治知识，根本不知分别去取，他们所知的便是以新闻的篇幅为标准，照样登载。"路透社每天送英皇的病讯，于是上海报上也每天有脉搏若干，热度若干，病势如何的记载。"⑤ 其实这样的新闻，与中国的读者几乎都没有什

---

① 樊仲云：《上海报纸的改造》，《新生命》1929年第2卷第11期。
② 樊仲云：《上海报纸的改造》，《新生命》1929年第2卷第11期。
③ 樊仲云：《上海报纸的改造》，《新生命》1929年第2卷第11期。
④ 樊仲云：《上海报纸的改造》，《新生命》1929年第2卷第11期。
⑤ 樊仲云：《上海报纸的改造》，《新生命》1929年第2卷第11期。

么关系。这无形中就是做了外国通讯社的传声筒。

樊仲云指斥上海报纸已经忘记或丢弃了报纸作为社会言论机关的公共性，而在谋利的冲动支配下，一切以营利为转移，"报纸完全堕落为营利的机关"。① 当报纸以营利作为最高目标的时候，就造成了一种反客为主的现象。广告是现代报纸最大宗的经济收入来源，报馆不但出卖报纸的广告版面，"因为营利主义的发展，不但出卖其广告地位与人，甚至把新闻消息及批评议论，也当作商品以出卖"。② 为了维持广告来源的稳定，报馆小心翼翼地伺候着广告主，丝毫不敢得罪他们。报纸刊登商店送登的新闻，就是一种变相的广告，其实质就是在出卖新闻。而更令人气愤的是，报纸在营利至上理念的支配下，有时竟至于出卖报纸最权威的社论。樊仲云举例说五卅运动期间，英美烟草公司在送登中国报馆广告的合同中，就有报馆不能批评公司所属国家的规定，这显然就是一种对社论的出卖。樊仲云指出，报纸的权威很大程度上来自社论，而英美烟草公司现在竟然能依靠广告控制中国报纸的社论，这是一种多么可怕而又危险的现象！

大报的小报化，也是上海报纸与营利主义有关的一种现象。因为要营利，所以要通过提高报纸的发行量来拉住广告主，"但要扩充销数，则第一须迎合社会上读者的心理。这样，造成了广告主人，报纸与读者的三角关系，而本义在主持舆论的报纸，则以此故，一方面成为广告主人的宣传机关，一方面但求迎合读者的趣味，不恤自堕其地位"。③ 上海小报利用人类心理上的弱点与不良趣味，专门揭载他人阴私，假造种种奇异事故，颇得一般人欢迎，但其社会地位究竟卑下，大家都视其为无聊文人之所为。"然而近年以来，所谓大报也者，因小报的盛销，竟不恤尤而效之。这是大报的小报化，也是上海报纸的堕落。"④ 樊仲云认为报纸不应登载星、腥、性类新闻，此类新闻对于社会的公序良俗，会产生莫大的冲击。上海报纸的社会新闻栏中，常常刊登淫、劫、杀事件以及死尸照片，他指责这样做如同是在训练社会一般人残忍卑劣的心理。

败坏上海报纸的社会根源究竟是什么？樊仲云认为根源在于封建意识

---

① 樊仲云：《上海报纸的改造》，《新生命》1929 年第 2 卷第 11 期。
② 樊仲云：《上海报纸的改造》，《新生命》1929 年第 2 卷第 11 期。
③ 樊仲云：《上海报纸的改造》，《新生命》1929 年第 2 卷第 11 期。
④ 樊仲云：《上海报纸的改造》，《新生命》1929 年第 2 卷第 11 期。

的作祟。封建社会等级制培养人们对帝王英雄等上流人物的崇拜，现代社会则强调人人平等。"上海报纸的多关于个人的记载，而极少注意于一般社会，说起来到底是此种封建意识的表现。"① 上海报纸的地方主义的编辑法也是封建时代意识的遗留，因为封建时代以地方区划为主体，而现代国家形态则由封建而进为统一的国民国家，统一是其基本的特征，不再容许地区分割的现象存于国家的统一体中。地方主义编辑法是封建意识形态在报纸版面编辑形式上的表现，也就是说这种编辑形式的内在精神未脱封建的意识。在建设现代民主国家的过程中，一切封建意识形态都必须予以扫除，报纸是进行这项思想革命工作的有力武器，改造上海报纸，求得国民思想的健康，是时代赋予我们的重要责任。

二

中国新闻事业正处在危机中，这是樊仲云在20世纪30年代初对中国新闻事业所做出的一个判断。在1930年7月1日的《新生命》第3卷第7期上，樊仲云发表了《中国新闻事业的危机》一文，具体阐释了他对这个问题的认识。樊仲云在文中仍然以上海报纸作为解剖和分析的对象，他认为就我国的新闻而言，上海报可以说是全国报。各个地方的读者不仅愿意看上海报纸，而且由于国内通讯社的不发达，各地报纸的消息来源，很大一部分依赖剪裁上海报纸。也就是说，上海报纸实际上是各地报纸的新闻供给者。如此一来，上海的报纸就具有了左右全国的思想言论、统治中国人头脑的作用。窥一斑而知全豹，解剖上海报纸，即可知悉中国新闻事业的基本病症。那么，中国新闻事业的危机具体表现在哪些方面呢？

樊仲云认为上海报纸有一种很强的"殖民地资本的奴性"②。上海报纸之所以能在全国具有纲举目张的领导地位，是与上海报纸的特殊地理位置密切相关，也就是和租界的存在有着不可分的联系。支持上海报界经济基础的是一种具有买办性质的奴隶化资本，它和帝国主义的金融资本结合在一起，源源不断地为上海报界进行着输血活动。经济基础必然决定着上层

---

① 樊仲云：《上海报纸的改造》，《新生命》1929年第2卷第11期。
② 樊仲云：《中国新闻事业的危机》，《新生命》1930年第3卷第71期。

建筑。既然其资本来源是这样的一种奴隶化的资本,所以此等资本家的意识也是帝国主义奴隶的意识。"而上海的报纸则为其意识的表现。"① 上海报馆的经理董事,大体上不是银行资本家便是买办资本家,都依赖着帝国主义的资本而存在。受这种资本豢养的上海报界每天向社会所传播着的信息都浸透了这些资本的精神,以此麻痹中国的人心,使我们至死而不知其故。帝国主义者就是这样以上海为中心,向我国各地伸出触手,对中国人民敲骨吸髓,进行经济和精神上的奴役。

上海报界另一个危机是已经走上了独占化,即垄断的道路。垄断是资本主义发展到帝国主义阶段的一种现象,中国的资本主义经济虽然与这一阶段相去甚远,在上海却因为我国商业资本和外国金融资本的结合而显露出根苗,呈现出资本吞并和产业独占的现象,如大型百货商店和一些连锁产业的相继出现等。上海报馆作为一种企业,同样面临着这个局势。上海报馆数年前尚有七八家,但近年随着《中华新报》《新申报》《商报》的相继关停,现在所存者不过《申报》《新闻报》《时事新报》《时报》和《民国日报》五家。其中的《民国日报》为党报,《时报》则依赖刊登女生照片的画报而存在;这样现在上海独立的报纸实际上也就是申、新、时事三家,而且还只是外表上属于三家,申、新两报实际受同一资本操纵,现在同隶于一种银行资本的支配。从产业发展的进程上看,这也可谓是一种进步,但若从舆论多元和新闻自由的角度看,实际上反而是一种倒退和反动。报纸若在少数资本家独占之下,所谓言论自由便成为空谈,资本家决不许有与其利益相反的言论存在,要么是取消评论,完全成为一种商业机关,以示所谓的中正公平;要么是借着独占地位左右一切,鼓其如簧之舌,为帝国主义和资本家服务,"一般读者虽明知其非,但以没有其他报纸可以为代,于是只得屈服于其独占势力之下,忍著气看他所不愿看的报纸"。② 上海小报之所以能盛行一时,实际上是因为小报开办资本较少,容易着手之故。

以不真实或偏颇的新闻报道和言论,发挥着欺骗民众的作用,被樊仲云认为是上海报纸另一个巨大的危机。获取利润和意识形态统治,在上海报业资本家那里,实际上是一体两面兼而有之。例如当时的报纸上,常有

---

① 樊仲云:《中国新闻事业的危机》,《新生命》1930 年第 3 卷第 71 期。
② 樊仲云:《中国新闻事业的危机》,《新生命》1930 年第 3 卷第 71 期。

所谓"某国"的字样。樊仲云就此质问道：中国的报纸为什么要对外国避讳？"这意义不是要想消灭我对帝国主义的反抗意义而何！"① 这执行的正是帝国主义走狗的使命。在上海的报纸上，凡遇和帝国主义者、资本家利益相反的事情，新闻报道莫不使用这样的笔法。例如此前上海发生的公共汽车与电车司机大罢工事件，前后差不多持续近一个月，给市民出行造成了极大困难，单就这一点而论，其新闻价值比那些奸杀绑票的社会新闻不知重要多少倍。"然而我们却只见报纸角上有六号字的记载，并且寥寥数语还完全是资本家的语气。"② 是报馆记者不知道此事的重大吗？这一因素或许有之，因为那些记者先生根本不知道新闻的真正意义与价值。不过最大的动因还是此事对洋大人资本家有所不利，于是报纸就尽量地淡化它，让人们不去注意。这样时间一长，罢工也就云淡风轻而不了了之啦。

上海报纸与此现象相类的另一危机是"麻醉剂的注射"③，即欺骗民众以维护帝国主义的利益。上面那种遮眼法是用于有事的时候；若在平时则用移转法或注射麻醉剂的方法，使一般人的注意力不知不觉间被转到另外方面，那就是设置副刊与刊登社会新闻的意义所在。副刊是供读者消遣之物，本来消遣资料必须具有学术性始有意义，如若只是无聊的记述，广告以及与之相似的吹捧个人，那么则除麻醉人心外，其意义何在？上海报纸社会新闻近年大盛，其中所载多是奸、杀、拐、卖等犯罪新闻，这些对社会的不良心理都具有一定的刺激。报纸为了迎合读者的意旨，设置这一栏目，并在描写至凶残秽亵之处，极尽渲染之能事，唯恐其不能动人观听。这样一可以使销数增加，二可以转移一般人对社会问题的注意力。樊仲云认为当社会琐事成为民众流行话题的时候，人们的民族意识就无形地被消灭了。至于上海报纸近来流行的画报，专登女子的相片，其内里的用意与广告无别，也不过是为了迎合读者，增加销数而已；这对一般读者来说，无异于在注射慢性麻醉剂，使之渐离社会生活实相，而只知男女之间的享乐、无聊的丛谈与消遣。

如何克服中国新闻事业的危机？樊仲云认为新闻的社会化，是重要的途径和方法。首先要打破报纸的垄断化趋势，重新布置报纸。"在上海曾

---

① 樊仲云：《中国新闻事业的危机》，《新生命》1930 年第 3 卷第 71 期。
② 樊仲云：《中国新闻事业的危机》，《新生命》1930 年第 3 卷第 71 期。
③ 樊仲云：《中国新闻事业的危机》，《新生命》1930 年第 3 卷第 71 期。

有过一种《中央日报》，报纸的编辑方法，虽不无可以非议的地方，但无论如何，是比其他的上海报纸远过。上海报纸之注重国际新闻，老实的说一句，还是《中央日报》开始。但是卒因处独占势力的压迫下，不能有所发展。由此，可知在现今是非摧毁此反动势力的集体，不能有新的建立。"① 在资本主义发展到垄断阶段的时候，解决社会化生产与私人占有间的矛盾，唯一的救济方法，就是生产机关的社会化。这对新闻事业尤有重要意义，因为报纸除营利之外，还具有文化建设的使命。如果置之不顾加以放任，那么就会谬种流传，贻害国家和社会，将给中华民族的社会和文化发展带来巨大的危机！新闻事业社会化，是克服此危机的不二法门，必须引起国人的注意！

三

鉴于图书和杂志与新闻在社会功能方面的近似性，樊仲云对当时以图书和杂志出版为主要活动内容的出版界也保持着十分密切的注意。1931年4月，他在《社会与教育》第21期上就特地发表了《最近出版界的变迁》一文，对当时出版界的变化趋势进行了分析。樊仲云在文中指出，在目前的出版界有一个颇为突出的现象，最能引起人们的注目——"是社会科学的书籍一时衰落，而画报及学生杂志之类，成为当世的流行。"② 上海的一些资金和编辑实力雄厚的大报，如《新闻报》《申报》及《时事新报》，都从1930年下半年相继增加了画报，不久之后，则是几乎每个书局都办有一种学生杂志。除商务和开明两家书店原有此类刊物以外，如光华书局《新学生》，大东书局《现代学生》，北新书局《青年界》，等等，不一而足。他认为这种社会一般现象的出现，很值得人们思考。

出版界何以会产生这样的转变呢？当时有人说这是一种追赶时髦的流行，犹如现在女子所穿的服饰一样：裤脚慢慢地向上升，旗袍逐渐地降下来，只是观念上喜新厌旧的变动，没有什么高深和根本的理由。樊仲云对这种说法很不以为然。他认为即便是女人的服饰，也受到社会环境和条件的制约。现代社会文明的一个特质是一般人追求刺激，颜色务求鲜艳夺

---

① 樊仲云：《中国新闻事业的危机》，《新生命》1930年第3卷第7期。
② 樊仲云：《最近出版界的变迁》，《社会与教育》1931年第21期。

目，式样力求新奇，如女子的胸、臂、腿的部分呈露，则蕴含着某种性的意义，而这在过去的时代则是不被允许的行为。图书报刊书籍犹如社会的一面镜子，映照着社会中的一切，既有上方蔚蓝的天空，也有下面街头的泥土。出版物犹如寒暑表，社会恰如天气，因天气的变化，寒暑表的温度乃有高低的不同。不过，出版物虽然是社会的产儿，却又反作用于社会，这与温度和天气不一样，因为寒暑表并不能影响天气。不过若认为出版物能根本决定社会风尚，那却也是错了。如黄浦江上的投水自杀就绝不能说是由于报纸的宣传，那个真正的原因还是由于社会生活不安所造成的痛苦，所以樊仲云认为，单是禁止报纸登载，而不去设法消灭造成这种情况的社会原因，则仍是不能免于人之投江自杀的出现。

樊仲云认为社会科学书籍的出版状况趋势的变化也是如此，有其一定的社会基础，流行如此，衰落也如此，根本的原因还是由于社会的不安所致，政治经济法制和伦理各方面都现出动摇崩溃的形势，于是为了别求新路，出版界遂相率而集。樊仲云指出，当此之时，社会科学方面思想本有多端，但其中论理明白透彻、自己具有整体系统者则无过于马克思主义。加以青年心理最喜寻根究底，渐求改进、温和改良的说理，遂不为热情奔放的青年所喜。他认为这应该是马克思主义的"唯物论所以能独霸我国社会科学界的缘故"。① 毕竟社会存在决定着社会意识，社会需要始终是出版物流行的终极性原因。

樊仲云分析，自1929年以来，国民政府在军事上的胜利，使政局渐趋安定，青年们看到现状的转变，一时急切之间，也没有什么太大的希望，加以当局对于社会科学书籍的取缔禁止，备极严厉，一不得当，往往有家破人亡之祸，结果所至，这一类读物的社会需求量不免日趋减少，书局自然也就必然要减少这类书的出版。还有一个原因，就是如其他事物一样，盛极而衰。社会科学读物全盛时代，小书店一时风起云涌，但求迅速出书，不免有粗制滥造之弊，令读者生厌，所以到了1930年，因为经济不景气的到来，银价低落，于是各书局遂不得不暂时偃旗息鼓，再看变化，故降至1930年下半年，无论是出版界，还是读书界，都在转换方向。读书界方面有两个倾向：一是因前途一时无望感到幻灭，为消除心头的悲哀，乃群向书报中以求慰安，于是登载学校女高才生、影剧明星照片的刊物虽然

---

① 樊仲云：《最近出版界的变迁》，《社会与教育》1931年第21期。

售价不菲，却也风行一时，甚至最保守的《申报》和《新闻报》两家，也步《时报》的后尘而添置图画增刊；二是教科书发达，因为在这个时候既感到前途无望，而打破现状又觉甚是困难，遂觉得还是求点实际的知识技能，以适应社会为生活作准备为好，而恰在此时出版界方面正值无书可出之际，为吸收现金推销旧书，因此而有所谓读书会的出现。人们看到几家出版教科书的书局，在1930年这样的艰难处境中并未受到多大影响，于是相率而至教科书的出版领域，并且通过出版和发行学生杂志进行延伸，以利宣传。

樊仲云指出，20世纪30年代初的中国出版界还有一种现象值得注意和警惕，就是在五四运动时期曾受到打击和排斥的黑幕与武侠小说，不仅又死灰复燃，而且在很长的一段时间内其势不衰。他从社会根源的角度分析说："一般人因为求享乐，于是才子佳人的姻缘小说盛行于世，而因对于现社会的不平，颇望有奇才异能之士，能够拯民水火，济危扶困，于是述剑仙侠客等的武侠小说及戏剧，亦成为当世的流行。"① 从其本质上来说，就是有什么样社会背景，就会有什么样的出版物与之相应。

樊仲云告诫出版界说，现在出版界主要倾向于学术性读物。有一点需要注意，就是各书局都群集一处，致其所出的教科书及学生杂志等，都不免互相抄袭，粗制滥造，就量的方面而言虽有所增加，但就质的方面而言却有很大的退步。试观现在的杂志，拿到手时虽是厚厚的一本，但作者多是些老面孔，而其内容更是常常令人失望。所以出版界将来的发展甚是前途堪虞，最根本的是缺少创新性。樊仲云认为在社会科学书籍出版的衰落中，出版界所显出的新趋势，虽然出版物仍然很多，但统观全体，大抵只有知识而无一点新思想。他认为一种新思想的产生，多由于社会基础的变动。当时的中国社会，是当着封建组织日趋崩坏资本主义又濒没落之际。在这大转变的期间，新兴思想势必无法完全遏止。思想在这方面不能表现，就会在其他方面以不同的方法表现出来。例如革命未成功前的俄国，对于思想的抑止是何等的严酷，一般作家因为不能讨论政治经济等实际问题，于是就有很多人转向通过描写恋爱小说来宣传其主张。"思想犹如浪潮，随着社会变动的暴风以俱来，愈加压抑，只有使其势愈激。"② 历史常

---

① 樊仲云：《最近出版界的变迁》，《社会与教育》1931年第21期。
② 樊仲云：《最近出版界的变迁》，《社会与教育》1931年第21期。

常惊人的相似，虽然一再重复，而从古到今，从东到西，重蹈覆辙者却不知凡几，这是后人需要从中吸取的重要教训。可以说，樊仲云当时是看到了国民党当局文化出版政策的某种局限性，但囿于身份的限制，又无法予以明说，因而只能以这种比较隐晦的方式向他们提出劝诫和忠告，并且点到即止。

在十年内战时期，国民党居于全国的统治地位，樊仲云作为其时国民党文化系统中的一名学者，这决定了他进行媒介批评时可能具有的立场及其阶级性质。在当时国民党的文化宣传活动中，鼓吹国民党统治的合理性和重要性，宣言三民主义是治国之本，攻击和妖魔化中国共产党和苏联，在新闻出版界是司空见惯之事。樊仲云作为体制中人，自然无法摆脱这种体制带来的思想和认识局限，但樊仲云毕竟是一个有特点的人，他曾加入过中国共产党，虽然后来转向国民党的阵营，但他在反共方面并不坚决，所以夏衍说他"不是有经验的反共分子"。[①] 在他的媒介批评中，虽然也偶尔提到共产党的问题，但并不严词厉色，相反倒是保持着一定的客观与平和的态度，如他对马克思主义在中国20世纪30年代知识界流行的分析和评价，就不仅没有口出恶言，相反还流露出某种程度的赞赏，显得颇为中肯。这在当时国民党当局正在致力在前线"围剿"红军、在后方实行文化高压政策的情况下，实为难能可贵。樊仲云的媒介批评，隐约具有某些马克思主义政治经济学意识形态分析的影子，这大约与他在日本东京大学政治经济学的专业学习和熏陶有关。虽然他的有些分析，在今天看来还显得有些肤浅和武断，存在着宏大叙事多而具体细致分析少，甚至主题先行的毛病，不少地方缺乏应有的说服力量，但在当时的环境下能够做到这样，也已经是很难能可贵的了。

第五节　林语堂的媒介批评

林语堂（1895—1976），谱名和乐，学名玉堂，字语堂，福建漳州平和县人，中国现代著名作家、语言学家、翻译家。1904年入厦门鼓浪屿教会小学读书，1911年入上海圣约翰大学就读，自此几乎中断中文学习，全力以赴研习英文。1913年，以凤阳花鼓为素材创作了他的第一部英文爱情

---

① 夏衍：《懒寻旧梦录》，生活·读书·新知三联书店2006年版，第269页。

小说，并获学校金牌奖。1916年大学毕业后，应邀前往北京清华学校任教，工作之余，开始花费大量精力充实国学基础知识。1919年，林语堂申请到每月四十美元的半官费留学费用，启程赴美，入哈佛大学比较文学研究所深造。1921年，因留学费用被无故取消，遂前往法国中国劳工青年会，教华工读书识字。1921年2月，由法赴德，入殷内大学就读，9月转入莱比锡大学深造，同年获得哈佛大学硕士学位。1922年，他继续攻读博士学位，除学习西方语言学理论外，同时钻研国学书籍，并于该年获得博士学位。1923年9月受胡适引荐，任北京大学英文系语言学教授。1926年，任厦门大学文学院院长。1932年9月16日，创办并主编《论语》半月刊。1934年4月5日，又创办并主编《人间世》半月刊。1935年9月16日，再创办并主编了《宇宙风》（初为半月刊，后改旬刊）杂志。1936年8月，举家赴美。同年，芝加哥大学出版社出版其英文论著《中国新闻舆论史》。在抗日战争期间，林语堂曾经两次携全家返回重庆，1944年再度举家迁返美国。1966年1月，林语堂赴台湾参观，6月，卜居于台湾阳明山。在20世纪三四十年代，林语堂是中国现代文化界的知名人物，他主编的几本杂志因大力提倡小品文和幽默写作，在当时曾获得很大的反响与争议。林语堂作为一个深受西方文化浸润的中国知识分子，在其文化活动中不仅编辑工作是一项重要的内容，而且以对报刊的观察、分析和评价为本体的媒介批评文字也所在多有。林氏曾写过一副"两脚踏东西文化，一心评宇宙文章"①的对联以自期和自评，他的媒介批评也确实以其特有的纵贯中西的视角和叙述而自成一格，在中国现代媒介批评史上占有一席之地。

一

在20世纪30年代的中国报坛，1872年问世的《申报》可谓大名鼎鼎，但是自1934年11月13日史量才遇刺后，"《申报》原来所具有的那种反抗精神有所缓退"。②不但评论的态度缓和持重，在一些重大问题上所表示的观点也没有此前阶段那样明确，甚至又变得模棱两可了。《申报》曾是中国报界的领袖，该报的这种变化让林语堂大失所望，常常发文对该

---

① 子通主编：《林语堂评说七十年》，中国华侨出版社2003年版，第9页。
② 宋军：《申报的兴衰》，上海社会科学院出版社1996年版，第184页。

报进行批评和表示期待。1935年10月16日,他发表的《所望于申报》一文就是这样一篇融批评与期待为一体的媒介批评文本。

林语堂在该文中首先回顾了《申报》的辉煌过去。他指出《申报》在中国已经有六十余年的历史了,已有了十余万的销量,在中国可谓资格最老实力最厚的一家大报,这实在值得国人珍视。他接着指出,因为报纸的内容总是随着时代的转变以及读者的好恶而时时不断地演化,是一个国家文化精神和面貌的直接反映,所以,"在一国的大报中,我们就常可看见其国时下文化之程度及读者之精神上需要"。① 在国家建设时期,不希望阔论高谈,只希望大家将手头的事情做好,社会上的各种事业有改进现象。若能如此,则其功当在千篇救国策之上。中国将来的进步,需要在各种普通的社会事物上努力。站在这个角度上看,林语堂认为《申报》有些令人们失望:一是因为对它的期望大,所以对它的督责要严;二是因为他报办不到的事情,《申报》因资本雄厚可以办到。林语堂批评《申报》存在着如下几个方面非常明显的缺点或问题。

第一,以广告为本位,广告挤占了新闻应有的版面。"申报编法对于广告地位似乎无一不可退让,而对于新闻地位,则悉可通融。"② 例如该报去年第一张第三版让出一页的紧要新闻地位,本来该报这个地方,过去除两旁几行外,绝对不会让广告侵犯,但也因此成了广告刊登者所激烈争夺的对象:"近间渐见其阵势动摇,壁垒不完了。且查各版排法,亦纯以广告为本位,以新闻为补白。"③ 林语堂认为,报纸本来在编辑上自有系统做法,广告与新闻地位截然划开,或居上,或居下,只要不自乱其例,完全可以有办法对付广告刊登者,广告收入也不会受影响。此是孟子之所谓不为而非不能之类,但该报竟不能为之。第二,小品副刊二三种,自相重复,虽然各有不同,而在一报之编制上,似太说不过去,使人疑心该报有因为缺乏材料,而以小品文字做广告的陪嫁丫头之嫌。第三,专栏设置地位不固定,如该报著名副刊《自由谈》,今天见于第四张,明天又见于第五张,或前或后,或上或下,且第五张自身的叠法,也不确定,从而增加了寻找难度,未免太不为读者着想了。第四,太不注意特约通讯,即使偶

---

① 语堂:《所望于申报》,《宇宙风》1935年第3期。
② 语堂:《所望于申报》,《宇宙风》1935年第3期。
③ 语堂:《所望于申报》,《宇宙风》1935年第3期。

尔有之也不精彩。林语堂认为报纸特约通讯应由有名记者确定题目,出发各地搜访材料,然后成篇,可有议论,有记述,有严肃,有幽默,只要文字优美,读来有味有益,能够引人入胜即可。对小规模的日报,我们不便责备,"而以资本雄厚之《申报》,不在这方着想,未免有对不住国民,对不住读者的地方。"① 第五,国外大报皆有书评,良以今日出版最形活跃,读者必赖报纸的介绍与指导,而《申报》竟然对此付之阙如。对该报最近设立的"出版界"专栏,林语堂认为只是一个开端,此后应全力扩充,以符读者之望。第六,在国外或本国外文报上,读者论坛占有极重要的地位,是给本市市民发表意见的地盘,其范围多注重本市市政改良,或临时发生的问题,以供大家公共讨论,如削减房租、弄堂厕所、汽车半夜鸣号吵人清眠、租界华人教育、何处巡警虐打车夫、何路司机对乘客无礼、何处机关职员对人怠慢、公共图书馆缺书等,这都是关于本市人民生活的问题。林语堂认为报纸这个栏目若做得好,可使本市生活时时改良,也有时可以得到十分活泼的争辩,是一般文明社会国民应有的言路反映,更可以在此栏中看出一般市民的知识程度。他希望《申报》能够在这些方面多多努力,争取成为符合读者期待的一份大报。

  副刊常常是报纸拓展读者、服务社会、塑造报纸文化面貌和氛围的有效手段,在社会媒介资源比较紧张的情况下,副刊还可以提高报纸的独家性、耐读性,具有媒介竞争的意义。中国报纸副刊起源很早,有学者认为:"我国报纸的副刊,最早出现于19世纪末期。"② 但中文报刊上刊登诗词、小说、杂文、小品、游记等文艺性材料的时间要更早,几乎与近代报刊同时出现。随着报纸读者群体的不断扩大,报纸上渐渐出现了一些以特定人群为读者对象的专门性副刊,如针对学界的教育周刊,针对商界的商业周刊,针对不同对象的妇女周刊、青年周刊、儿童周刊,针对不同学科的文学周刊、历史周刊、戏剧周刊,以适应读者对不同类型知识的需求。在商业气息浓郁的上海,一些报刊也就打起了通过副刊谋利的主意,最为典型的就是各种各样的医药附刊,打着传播医学知识、治病救人的幌子,大肆收取版面费或广告费以聚敛钱财,不仅误导和欺骗社会公众,而且严重毒化社会道德风气。《申报》虽是一家历史悠久的大报,但从美查时代

---

① 语堂:《所望于申报》,《宇宙风》1935年第3期。
② 宁树藩:《宁树藩文集》,汕头大学出版社2004年版,第201页。

起就传承下来了精明的商业头脑，在日益残酷的同行竞争和现实金钱诱惑面前，自然也不遑多让，先后办起了多种以医药为名号的附刊。林语堂对此感到十分惋惜，特地发表了《〈申报〉的医药附刊》一文予以批评。

林语堂在文中开宗明义地指出《申报》的医药附刊"是为滩浪医生之利益而设"[①]的本质事实，认为其所灌输于读者的所谓"健康常识"，最注重什么白浊白带、遗精早泄、淋病及其他与便药销路有关的疾病，明眼的读者早已心知肚明，有所鉴别。而他之所以还写这样批评性的文章，原因有三：一是还看得起《申报》，看它这六十多年资格的报界先进似应负起报界先驱的责任，不可自甘堕落；二是因为要看出版广告，不得不订阅《申报》，天天看到这种附刊，替该报难受；三是该报近来越闹越不成话，一家报馆出了四种同类附刊，"这在一个报的编例，太讲不过去了"。[②] 他统计1936年5月《申报》这类的附刊共有四种：即星期日的《青春生活》、星期一的《健康之路》、星期二的《申报医药专刊》以及星期三的《现代医药专刊》。他认为若仔细论其内容，唯有《申报医药专刊》还稍微成样，其余的都只是变相的广告而已。从真正服务社会、提高医师职业道德的角度，林语堂对《申报》提出了两个方面的要求："一方面，极希望中国医学会出来担任这医学卫生常识的附刊，真正贯输康健卫生常识及无所为的宣传，一面排斥欺人的便药，一面纠正庸医恃以恐吓青年之瞎说，而灭除这种瞎说所引起心理上之遗害。"[③]《申报》上的这种便药广告，到底是利益读者，还是贻害读者？他希望主持报务者能够详慎思之。

二

林语堂甚为注重报刊的可读性，强调报刊格局与文化气质。1935年9月20日，著名报人成舍我与萧同兹、严谔声、吴中一等新闻界人士，在报纸林立的上海滩，集资兴办了一张小型报纸《立报》，不久即大获成功。在如潮的好评声中，独有林语堂发出异声。1935年10月16日，他给《立报》副刊主编谢六逸写了一封短笺，后被标题为《要看〈中

[①] 语堂：《〈申报〉的医药附刊》，《宇宙风》1936年第18期。
[②] 语堂：《〈申报〉的医药附刊》，《宇宙风》1936年第18期。
[③] 语堂：《〈申报〉的医药附刊》，《宇宙风》1936年第18期。

报〉》，公开发表在 1935 年 10 月 12 日的《立报》上。在这封短笺中，林语堂首先描述了中国恶劣的社会环境："中国国中像煞有啥幽灵，黑旋风，阴翳，祟气，也无形，也无影，我也不知其为何物。只是与此团阴气相撞，必不吉利。"[①] 他并没有明白说出这种环绕和充塞中国社会间的东西到底是什么，但人们从其言辞之间，不难体会出，这其实就是来自政治方面的高压统治所形成的一种白色恐怖。在 20 世纪 30 年代，国民党当局实行文化"围剿"，对新闻出版的控制日益严酷，导致报刊无论是在新闻还是在评论方面都动辄得咎，步履维艰。林语堂对此心知肚明，但在那个背景之下也只能隐晦地表达不满。他不无抱怨地说："原来大报社论可读，阴气一来，社论也不可读了。后来大报新闻可读，又撞上这团祟气，大报也无精打彩，不值一读了。"[②] 大报萎靡，小报于是应运而生。小报由于运作较灵活，所以开始时颇为精彩，但后来不知道"撞了什么邪，着了什么魔，也渐渐没有东西可读了"[③]。虽然也有办得较有声色的小报，但那毕竟属于个别现象，整体上看小报发展亦属停滞不前。即便是过去比较活泼的《申报》副刊《自由谈》，现在也慢慢被弄到"可读可不读"的状态了。林语堂不由得惊呼："你想这可怕不可怕？"[④] 言语间充满了愤懑和批评之意。

　　林语堂对《立报》等小型报的崛起感到快意。"到了现在，小型报纸又应运而生，将报纸趣味化，将大报小品化，将小报严肃化，适可而止。不大不小，我都赞成。"《立报》的成功固然令人欣慰，但在林语堂看来，《立报》仍然不脱小型报的轨道和形式，不是他所理想的那种中国报业状态。为此，他提出了创建一个名为《中报》的理想方案，他认为这家报纸应该"新闻要精也要富，小品要略放长，至少有大报副刊篇幅"。也就是在《立报》副刊现有基础上，篇幅加倍。他恨恨地说："今日读物少矣，《生活》死，《新生》不幸又死。有心人莫不哭之恸。你看马路上文字刊物除了三四种文字刊物以外，都只剩画报而已。"[⑤] 所以，他希望谢六逸在编辑《立报》副刊时，能向这个方向努力，同时期望中国能够多有几种此类

---

① 林语堂：《要看〈中报〉》，《立报》1935 年 10 月 22 日。
② 林语堂：《要看〈中报〉》，《立报》1935 年 10 月 22 日。
③ 林语堂：《要看〈中报〉》，《立报》1935 年 10 月 22 日。
④ 林语堂：《要看〈中报〉》，《立报》1935 年 10 月 22 日。
⑤ 林语堂：《要看〈中报〉》，《立报》1935 年 10 月 22 日。

"比较成样的文字刊物出来",① 以使中国的报刊界摆脱单调、呆板的灰色和萎靡状态,为发展中国的文化事业、开拓国人的国际视野与胸襟做出应有的贡献。

林语堂创办并主编了多种刊发小品文的杂志,他之所以热心编办这类杂志,固然与其文学观点有关,当然也与他对当时中国杂志界进行了较为细致的观察,洞悉了中国杂志所存在的一些缺点有关。在他的编辑工作中,他时常通过撰写发刊词、编后语等方式,发抒自己的期刊观念,指出杂志应努力的方向。这虽然可能只是他的一家之言,但其中确也有切中肯綮的洞见和高明之处。1936年9月1日,他为《西风》杂志撰写的发刊词就直接题为《中国杂志的缺点》。在该文中,他以批评的方式,较为系统地阐释了自己的杂志观。

林语堂在《中国杂志的缺点》一文中,首先以比较的方式,表述了自己阅读中外杂志的不同感受:"我每读西洋杂志文章,而感其取材之丰富,文体之活泼,与范围之广大,皆足为吾国杂志模范。又回读我国杂志,而叹其取材之单调,文体之刻板,及范围之拘束,因每愤而有起办《西风》之志。"② 随后他便一一述及自己"所愤者"的具体理由有三。

一是"愤吾国文人与书本太接近,与人生太疏远"。③ 几乎除书本之外,不知还有所谓的学问。敷陈事理多,观察现实少;发挥空谈多,叙述经验少。时或标榜什么主义,以为争名角胜的场所,虽一时热热闹闹,满城风雨,但与社会人生没有什么实际帮助。至于宇宙大学堂,社会大典籍,全然不看。林语堂自己曾经听说有一位在外留学的经济学博士,学成以后回国,有人向他询问西方国家经济现状。他回答说:我念书太忙,未暇研究;又向他询问中国经济问题,他又回答说:吾刚刚回国,尚未留心。林语堂推论道:"文人如此,杂志何能脱离抄书窠臼?故中国杂志长于理论而拙于写实,其弊在于空浮,而杂志反映人生之功遂失。"④ 他认为空疏浮泛,是当时中国很多杂志存在的一大缺点。

二是"愤文人之架子十足,学者之气味冲天"。行文者摘翰濡墨之

---

① 林语堂:《要看〈中报〉》,《立报》1935年10月22日。
② 林语堂:《中国杂志的缺点》,《西风》1936年第1期。
③ 林语堂:《中国杂志的缺点》,《西风》1936年第1期。
④ 林语堂:《中国杂志的缺点》,《西风》1936年第1期。

际，摇头挠腮，吟哦自得。加以文字习惯的束缚，道学传统的压迫，所做出的文章完全没有自然的神趣，大多好高骛远，不着边际，难得有由衷之言和心得之见，据笔直书者。文字既然呆直，思想自然更加因袭贫困，少有突破重围，发为独特清新之论者。"故中国杂志格调高而神趣失，其弊在于板重。"① 新闻工作者是报刊的雕塑师，新闻工作者的水平、视野、气质和品格，一定程度上决定了报刊的质量、风格和境界，一个浑身散发着方巾气和铜臭气的人，势必不可能办出一家质量上乘、品位高雅的报刊。林语堂在文学艺术上推崇性灵派，"提倡一种浪漫的骑士风度与闲适的士大夫情趣"。② 这种文学艺术观，必然使他对板重失神的报刊风格持批判和否定的态度，这应是他所编办的几家报刊为什么都是小品文杂志的原因。

三是"愤文字成为读书阶级之专技"。③ 林语堂指出，在西方国家为报刊写作的各色人等都有，银行家有之，陆军大将有之，探险家有之，狱吏狱犯亦有之。藉是西方报刊范围亦随之十分广大。在中国既然以一切写作委之文人，于是写作也就成了"一艺无成之文人之逃荒地"。④ 这就无怪社会始则以写作委之文人，继则以此鄙视文人写作。林语堂编辑《人间世》时曾大力提倡特写，他当时认为"非另办杂志，专译西洋杂志文字，不足以见中西杂志文字与内容相差之巨，而为将来中国杂志辟一蹊径"。⑤ 所以，当他听闻黄嘉德、黄嘉音兄弟准备创办一个以翻译西方报刊文章为主旨的杂志时，十分赞成，并答应担任共同主编。他批评报章上登载的一些译自西方报刊的文章，"皆犯格调太高之病，不曰介绍西洋文学名著，便讲西洋政治经济，而对于西洋人生社会家庭风俗，不屑谈亦不能谈也。长此下去，文学何能通俗，杂志何能普及，终成文人之玩意，你读我的我读你的而已"。⑥ 结果是造成中国知识和文学界的闭目塞听，而不知西方文学为何物，无法借鉴域外的优秀文学，以滋养中国文学的成长和壮大。

---

① 林语堂：《中国杂志的缺点》，《西风》1936年第1期。
② 子通主编：《林语堂评说七十年》，中国华侨出版社2003年版，第311页。
③ 林语堂：《中国杂志的缺点》，《西风》1936年第1期。
④ 林语堂：《中国杂志的缺点》，《西风》1936年第1期。
⑤ 林语堂：《中国杂志的缺点》，《西风》1936年第1期。
⑥ 林语堂：《中国杂志的缺点》，《西风》1936年第1期。

三

　　林语堂不是一个坐而论道者，而是一个起而实行者。对当时的中国报刊界不满，促使他自己动手创办并主编报刊，希图以此作为国内报刊界的示范。其留学欧美的教育背景使他能够较为从容地游走于中外两种文化之间，将西方报刊界的优点和长处向国内介绍，历数国外的报刊有多么的优秀，难免会有言过其实之处，但平心静气地想，若抱着他山之石，可以攻玉的包容、谦虚和借鉴态度，避免我们曾经有过的抱残守缺、故步自封的毛病，自然会使中国的报刊有所获益。在这个意义上，林语堂对西方报刊各种优点的介绍，也就有了较强的比较意义上的媒介批评价值。林语堂对西方报刊优点的介绍，常常是通过向读者交代或宣布自己所编办刊物的规划和说明而出，文笔上给人一种温和与随意之感。

　　1934年10月，林语堂在《人间世》第14期发表的《关于本刊》一文，就是这样一篇通过介绍西方杂志的优点，以凸显和说明自己办刊理想和具体设计方案的批评文本。在这篇文章中，林语堂首先指出，一本杂志风格和面貌的形成，既非一蹴而就，也不可能是某单一因素所促成，而是经过不断修正、改进、锤炼和打磨，经过编辑、作者和读者等各方面的共同努力，甚至可能还要经过反复与试错才能最终成型。"凡创作的理想，必经过相当的试验，误会，坚持然后成功。本刊出版以来，经各方投稿者的赞助，始有今日，近来外稿越来越多而越好，更能接近原来的理想。"[①] 1934年4月5日，林语堂创办并主编了小品文半月刊《人间世》，出至1935年12月的第42期后停刊。在《关于本刊》文中，林语堂对刊物格调再次进行了宣示曰："本刊宗旨在提倡小品文笔调，即娓语式笔调，亦曰个人笔调，闲适笔调，即西洋之 Familiar Style，而范围却非如古人之所谓小品。要点在扩充此娓语笔调之用途，使谈情说理叙事纪实皆足以当之。"[②] 其办刊宗旨、风格与形式概括说就是开卷有益、掩卷有味。林语堂认为要实现此目标，"非走上西洋杂志之路不可"。[③] 因为西方杂志的优点

---

① 语堂：《关于本刊》，《人间世》1934年第14期。
② 语堂：《半于本刊》，《人间世》1934年第14期。
③ 语堂：《关于本刊》，《人间世》1934年第14期。

就是能让人开卷有益,掩卷有味。

林语堂批评此前中国杂志的缺点是:"轻者过轻,重者过重,内容有益便无味,有味便无益。"① 例如某些杂志,翻开目录,满眼都是××之鸟瞰、展望、检讨、动向等。这些文章老实说,少有人读,所以说是有益而无味。而如小品之风花雪月之类,味有之矣,但其益则无,虽然可读却非不可不读,读了也毫无所得,所以说是有味而无益。林语堂认为在西方杂志里,却常见既有味又有益的作品,读读这些文章,可以增加我们的知识,启迪我们的灵机,属于非但可读,或者不可不读之类。他将中外杂志进行了比较,分析后认为二者至少有如下三个方面明显的不同之处。

第一,"意见比中国自由"。② 西方杂志因为用个人笔调,所以篇篇是有独特见解、得自经验、出自胸襟的话,刊登的文章多是直抒胸臆之作,所以能够较为自由充分地反映人们的所思所想。例如牧师叙述为何不叫他的儿子做牧师,教科书的编辑叙述教科书编纂黑幕,某人赞成纳妾,某人反对蜜月旅行,等等。表面上看去,都不是什么重大主题,但从集合与整体的角度看去,则是真实、全面地反映了生活的方方面面。林语堂认为这种大家能自由而大胆地写作,才是诚实的文字,也才是有价值的文字。"中国所以如此大家依样画葫芦,因为中国人善骂,怕骂便不能说出心中的话,而结果流为白茅千里世界。口未开已先知其卫道,笔未下已可断其投机。故必有人敢挨骂,吊诡谲奇,才能打破这个伪道学的局面。"③ 刊登这样文字的杂志,也才是有真价值、有自己灵魂和意志的杂志。

第二,"文字比中国通俗"。④ 通俗是报刊语言的基本要求,但报刊文章的作者又多是具有较高文化修养的知识分子,因此,真正的通俗有时又很难做到。这其中的原因很多,但作者在写作时胸中没有明确的阅读对象则是一个重要的原因。报刊文章要做到通俗,要求写作者时时刻刻想到笔下是写给普通读者阅读的文章,而不是藏之名山的个人作品。"西洋杂志撰文者,并不把文字看成宝贝,就是用笔说话而已。"⑤ 而且因为西方杂志的办刊定位一直是给千家万户的妇孺阅看,已经演化成了极通俗的杂志文

---

① 语堂:《关于本刊》,《人间世》1934 年第 14 期。
② 语堂:《关于本刊》,《人间世》1934 年第 14 期。
③ 语堂:《关于本刊》,《人间世》1934 年第 14 期。
④ 语堂:《关于本刊》,《人间世》1934 年第 14 期。
⑤ 语堂:《关于本刊》,《人间世》1934 年第 14 期。

体，使人人都能看得下去。

第三，"作者比中国普遍"。① 林语堂认为，中国文字几乎成了知识阶级的专利，报上投稿者都是靠笔吃饭的人。他说这些人中三成是书呆子，七成未曾好好读书。"叫我写一篇番薯种法我是写不来的。因为你也是文人，我也是文人，说来说去还是我们的玩意儿，看谁书袋掉的利害，笔锋炼的尖利，谁便是高手。但是这种文字有什么价值？"② 他认为西方人并没有过分尊重这样的文字，向杂志投稿的各种各式的人都有。例如卖汽车的人讲买旧汽车的秘诀，救火队长叙述救火的内行话，"我读了也有味也有益"。③ 但中国教科书的黑幕，有书局老板肯写出来吗？中国银行界怎样靠公债维持，写来岂非有味又有益的文章，但是银行经理和交易所伙计敢执笔写吗？西方杂志反映社会批评社会，推进人生改良人生，所以读了让人们增加知识和生趣。"中国杂志是文人在亭子间制造出来的玩意，是读书人互相慰藉无聊的消遣品而已。"④ 呆板、滞重、缺乏实用性，是中国杂志文章的一大缺点。

鉴于中国杂志具有如上不尽如人意之处，林语堂誓要为《人间世》打开一条生路，为此他提出两个具体的办刊思路。

第一，提倡特写。"特写是西洋杂志所谓 Features。特写之特征是材料须直接由现实社会去调查搜寻，然后组织成篇，或加以批评意见。"⑤ 西洋记者都受过这种训练，要深入社会中去访问收集材料，不容你随便拿起笔来抄抄书乱放屁。他举例说：从前美国有一位女记者住在上海，她虽然不会说中国话，但是不到几个月，已写成上海工厂生活的大文章，其中有许多是我们文人都不知道的事实。她就是跑，不轻视外勤工作，文章的材料具有生活气息。文笔好见解好的人，写出来自然好，因为他能抓到重要问题，而不失于琐碎，又能运用轻松自如的笔调，写来叫人喜欢。林语堂认为只要记者有一副好脚腿，肯跑，便有文章可做。

第二，是取消原来的"译丛"，另辟"西洋杂志文"专栏，每期四五千字。目的是让许多不懂外文的人也可看到西方杂志文章，让人看西方杂

---

① 语堂：《关于本刊》，《人间世》1934 年第 14 期。
② 语堂：《关于本刊》，《人间世》1934 年第 14 期。
③ 语堂：《关于本刊》，《人间世》1934 年第 14 期。
④ 语堂：《关于本刊》，《人间世》1934 年第 14 期。
⑤ 语堂：《关于本刊》，《人间世》1934 年第 14 期。

志文章的体裁、笔调及材料是个什么样式。"我们不管文学不文学,此栏并不要介绍西洋文学,只是叫人见识见识西洋杂志是怎样有益而且有味与社会人生有关之文字。要来投稿的也可以来。"① 林语堂认为,这个目标要达到并不容易,必须真正破除文人阶级思想才能实现。

林语堂文末作结是:"今日杂志文一大毛病就是:文人笔力太好而脚腿太坏。"② 这个结论现在看或未必确当,但确实在一定层面上点出了当时中国某些杂志所存在的问题及其原因。

在中国现代文学史上,林语堂的声名与其编辑工作密切相关。诚如著名现代文学史家唐弢先生在《林语堂论》中所论:"在号称'杂志年'的一九三四年,林语堂先生继提倡幽默的《论语》之后,又创办了'以自我为中心,以闲适为格调'的小品文刊物《人间世》,同时还赞扬语录体,大捧袁中郎,所编《开明英文读本》又成为畅销书。从林先生那边说,可谓声势煊赫,名重一时,达到了光辉灿烂的人生的顶点。"③ 编辑工作自然离不开对报刊以及稿件的审鉴和评价,媒介批评自是题中应有之义。林语堂在《论语社同人戒条》中,曾对此有过系统的宣示:不反革命;不评论我们看不起的人,但对我们所爱护的要尽量批评;不破口骂人,要谑而不虐,例如尊国贼为父固然不可,名之为王八也不必;不拿别人的钱,不说他人的话,不为任何方作有津贴的宣传,但可做义务的宣传,甚至反宣传;不附庸风雅,更不附庸权贵,决不捧旧剧、电影、交际、文艺、政治以及其他任何明星;不互相标榜,反对肉麻主义;不做痰迷调;不登香艳词;不主张公道,只谈老实的私见;不戒癖好,如吸烟,啜茗,看梅,读书等,并不劝人戒烟;不说自己的文章不好。虽然戒条的内容和表述都具有某种他所刻意追求的幽默,但仍然十分清晰而坚定地表达了其媒介批评标准。这个标准或许与当时现实环境有一定距离,甚至有"将屠户的凶残,使大家化为一笑"④ 之嫌,但仍然有一定的合理性。无论是在现实针对性上,还是在话语表达的丰富性上,林语堂当时的媒介批评活动及其有关文本,都具有值得我们珍视的媒介批评史意义。

---

① 语堂:《关于本刊》,《人间世》1934 年第 14 期。
② 语堂:《关于本刊》,《人间世》1934 年第 14 期。
③ 唐弢:《林语堂论》,子通主编:《林语堂评说七十年》,中国华侨出版社 2003 年版,第 261 页。
④ 鲁迅:《"论语一年"》,《鲁迅全集》第 4 卷,人民文学出版社 1981 年版,第 567 页。

第六节　郭步陶的媒介批评

　　郭步陶（1879—1962），原名成爽，后改名惜，字景庐，祖籍四川隆昌，1879年生于河南祥符县一个仕宦之家。少时祖父为其延师课读，并常常督学至深夜。15岁时随父宦游旅居河南颖川，师从潘冠曹先生习文章写作。1901年郭步陶回到故乡参加县学考试，中秀才，后又参加叙府科考和成都省试，但均未获功名。1903年，进入隆昌知耻中学，接触科学知识，始悟过去所习八股策论与时代相悖。翌年，毅然向亲友告贷路费，只身赴沪，入南洋中学求学。1909年，郭步陶从南洋中学毕业，在校长王培孙的推荐下，于1910年进入上海一家文摘式报纸《通信晚报》任助理编辑，因常常发表评论时局文章而引起新闻界注意。1912年，经陈冷介绍，郭步陶被《申报》聘为编辑。在《申报》工作期间，郭步陶注意从工作中归纳和研究新闻学理，时时留意有关新闻学研究动态，与自己的工作实践参稽互证。1917年郭步陶离开《申报》，不久进入《新闻报》工作，先后任编辑主任、主笔之职。1929年9月，郭步陶应政府赈灾委员会之约，前往旱灾严重的中国西北采访，前后在途49日，往返近万里，除给报社发回大量通讯外，后又以编次纪年的方式连缀旅行途中的见闻、诗歌，结集出版了《西北旅行日记》一书，在当时产生了一定的社会影响。从1930年起，郭步陶在复旦大学新闻系任教，担任"评论练习"教授。1937年12月淞沪之战后上海沦陷，租界当局通知各华文报纸一律接受日军新闻检查，《新闻报》屈从日人继续出版，郭步陶愤而辞职，离沪赴港，被《申报》香港版和《星岛日报》聘为主笔，并兼任岭南大学新闻系教授。1938年8月，著名华侨企业家胡文虎创刊了《星岛晚报》，又聘郭步陶担任主编。1939年4月，在香港爱国人士支持下，中国青年新闻记者学会香港分会创办了中国新闻学院，聘郭步陶为院长，该校直至太平洋战争爆发后方才停办。抗战胜利以后，当局通知他回上海恢复《新闻报》，同时任教于复旦大学、新中国学院。郭步陶不仅是中国现代著名新闻工作者，他的《编辑与评论》《时事评论作法》等被认为是中国新闻编辑学和评论学的开创性著作，[1] 而

---

[1] 胡正强：《郭步陶新闻实践及其思想初探》，《中国传媒报告》2009年第4期；胡正强：《郭步陶生平行止与新闻实践考述》，《阅江学刊》2011年第1期。

且他在媒介批评方面也颇有建树,特别是 20 世纪 30 年代他对新闻界进行的批评,以其观察的独具只眼和论证的尖锐深刻,在当时的学界和业界都一度产生过较大的影响。

一

在中国的语汇中,"觉悟"一词不仅指一种由迷惑而明白、由模糊而清晰的认识过程,更指对道理的认识进入一种清醒或有知觉的状态。虽然它是对当下一种认识或知觉状态的肯定性描述,但该词的语义中无疑隐含着对此前一种认识状态的否定,因此,觉悟往往具有某种针对现实的批判意义。郭步陶《今日中国报界应有的觉悟》一文,就是这样一篇具有强烈否定意义的媒介批评文本。该文最初发表在 1930 年 6 月的《复旦大学新闻学系纪念刊》上,后来又收入 1933 年由上海汉文正楷印书局印行、管照微主编的《新闻学论集》一书中。

郭步陶写作《今日中国报界应有的觉悟》一文时,已有了 18 年新闻工作经验,不仅对报界的各种弊端深有体认,而且对造成弊端的原因也多有心会,因此,他的批判往往可以深入至报业的内在精神中。郭步陶在文中指称近十余年来,中国报纸好像有些进步,如外形方面张数加多,广告拥挤;内容方面,新闻门类日增,编辑方法有所改进;尤其是报纸革新的呼声日渐高涨,但细究起来,"现今中国报纸,不但没有进步,恐怕还正在开倒车咧!"[①] 其根据就是现在京津沪的各大报纸,无论是在精神上还是价值上,都与清末的《苏报》《民呼日报》《民吁日报》相差甚远。

是什么原因导致我国报纸在精神、价值上倒退了呢?郭步陶认为既非财力短缺,也非人才和专业知识匮乏,这些都是新闻事业的枝叶而不是本质:"第一个根本错误,就是从事新闻事业的人,把报馆当作终南捷径,没有真正了解报馆的使命应当怎么。"[②] 这好像只是关系到新闻工作者个人修养和品格上的问题,怎么就能使全国的报纸都为之退步呢?况且现在从事新闻工作的人很多,难道其中就没有一个洁身自好、想要振作有为的人吗?郭步陶对这个问题的解释是:问题的本质就在于社会事业中,常有劣

[①] 郭步陶:《今日中国报界应有的觉悟》,《复旦大学新闻学系纪念刊》1930 年 6 月。
[②] 郭步陶:《今日中国报界应有的觉悟》,《复旦大学新闻学系纪念刊》1930 年 6 月。

币驱逐良币的现象,少数害群之马往往败坏了社会事业的整体形象:"大多数人的事业,往往因少数人误解,或偶入歧途,而竟得意外奇获,于是大多数人为之意夺,不免亦入于彷徨莫主的途径。同时社会恶魔,见少数人可以利用,遂假以威权,使自制服其同类,大多数人至此,虽其中尚有若干人,未尽泯没其本心,亦心余力绌,不能不束手以待毙。"① 郭步陶认为中国新闻界病状就是这样,中国报纸进步困难,在于从业者的勇于自杀,不过假刀于他人之手而已。

郭步陶认为今日中国新闻界的弊病,就像中国过去的科举考试,固然是考试内容的空虚不切实用,而流毒最大的则是借科名为做官的阶梯。"现在办报的人,教他赞成科举,当然没有人相信。然因为办报的成绩便出去升官发财的,却大有其人。"② 一般青年在求学时,看见朝中的高官厚禄,因为办报而可到手,于是到了大学,便想学新闻学,毕了业就争着找报馆的工作。到了报馆,若笔下发皇、口才敏捷者,便想在外活动,能谋到厅长或者秘书等职务,固然快乐;万一机缘不巧,就是科员书记等位置,也要试一试,或者能稍微过过官瘾,因之身在报馆而心逐官场,哪里还有心思去研究报纸的内容呢?甚至因为要讨好官场,应发表的新闻不敢登,应评论的事件不敢评,遇到了问题发生,只说一些不关痛痒的话来敷衍。按照这个样子去办报,报纸怎么可能有改进的希望?郭步陶指出,国民党当局中有几位高官显要,曾经都是新闻工作者出身,可以说都是现在新闻业的前辈,他们现在之所以位居先要,"或者有比新闻事业更大的责任,要他们负担;但就事实论,总觉有这样情势,影响于新闻社会"。③ 富贵不能淫的古训,在现实的诱惑面前,往往显得十分的苍白无力。郭步陶对造成当时新闻事业弊端原因的揭示和分析,确实是别具只眼,启人深思。

人民的信任是报纸得以成长的关键。郭步陶从报纸与舆论表达的关系入手,分析报纸何以得不到人们的信任。他认为"报纸的天职,是要代表舆论,或创造舆论"。④ 那么舆论又是什么呢?在一定意义上,舆论就是群

---

① 郭步陶:《今日中国报界应有的觉悟》,《复旦大学新闻学系纪念刊》1930年6月。
② 郭步陶:《今日中国报界应有的觉悟》,《复旦大学新闻学系纪念刊》1930年6月。
③ 郭步陶:《今日中国报界应有的觉悟》,《复旦大学新闻学系纪念刊》1930年6月。
④ 郭步陶:《今日中国报界应有的觉悟》,《复旦大学新闻学系纪念刊》1930年6月。

众所要讲的话，它与国家政治、社会事业的改进，都有很大的关系。群众已觉到者，报纸要做他们的代表；群众应说而还没有觉得到者，报纸要引导他们使之晓得。报纸和社会的关系如此密切，办报的人，怎么会不被社会尊重？"但是在最近几年来，中国人对于报纸，往往不大信任。起初我很诧异，后来详细调查，知道其中也大有道理。"① 原因就在于，报纸上有的记载不尽确实；有的已是大众都晓得之事，报纸还一字不载，于是报纸的信用，遂为之而一落千丈。报纸之所以致此的缘故，报纸本身固然不能说完全没有错处，但另一大半，则是有他种势力从旁压迫，使之不能自由行使其天职。此种势力，国事经一番变迁，便增加一次。延至今日，几乎已使中国所有的报纸都失去了其生命的自由。换言之，"就是报纸的形体虽具，报纸的精魂早已消归乌有。所以行使这种势力的方法，前清时代想不出，袁皇帝时代也想不出，现在一切进步了，舆论都已用不着了，所以安然行之，没有人敢起来说一个不字"。② 郭步陶认为有关当局对新闻媒体的威胁和收买，正是戕害新闻媒体生命的罪魁祸首。

从媒体自身言，郭步陶认为，报纸只有报道真实新闻和主持公道才是尽职。办报的人本该应有不怕牺牲的精神、百折不回的志气，新闻工作才有成功的希望。其实人世间随便做什么事，外来的阻力一定不可避免。报纸处于第三者的客观地位，断不能常常对社会某个方面只说好话。只要自己无所偏私，不管外力如何压迫，总当自行心安。万一遇有挫折，则当尽力所能，以为应付。"宁使吾报形体与精神同归消灭，决不使其形存而神亡。"③ 但这种要求和办法不能专责于一报，郭步陶建议全国同业团结起来，发挥组织的力量。他最后希望"我国从事报业的人从此觉悟，永永不再做官"。④ 只有获得了相对的专业独立性和自立性，新闻事业才能真正让从业人员倍感荣耀，才能具有真正的生机与活力。

二

第一次世界大战以后，中国的资本主义经济有所发展，给私营报业的

---

① 郭步陶：《今日中国报界应有的觉悟》，《复旦大学新闻学系纪念刊》1930年6月。
② 郭步陶：《今日中国报界应有的觉悟》，《复旦大学新闻学系纪念刊》1930年6月。
③ 郭步陶：《今日中国报界应有的觉悟》，《复旦大学新闻学系纪念刊》1930年6月。
④ 郭步陶：《今日中国报界应有的觉悟》，《复旦大学新闻学系纪念刊》1930年6月。

成长提供了较有利的基础和条件。特别是在上海,由于工商业和经济的发达,以《申报》《新闻报》为代表的一些私营新闻媒体,"趋于活跃,在报纸企业化、现代化方面,迈开重要步伐"。① 20 世纪 30 年代以降,中国报纸企业化的这种趋势不仅更为明显,而且出现了对报纸企业化趋势进行合理化论证的理论阐释,其中典型的代表,如著名报人成舍我,于 1933 年 4 月 29 日在燕京大学新闻学系进行的题为《中国报纸之将来》的演讲中,就明确提出了今后三五十年内中国报纸将必然走上一条商业化、资本化道路的观点。他所说的报纸商业化、资本化,也就是郭步陶在《今日中国报界唯一的制命伤》中所批判的报纸营业化。在这篇文章中,郭步陶直指正是报纸的营业化,将使中国的新闻事业误入歧途,走上一条不归的死路。

在这篇文章中,郭步陶首先用"暮气沉沉""奄奄待毙"这八个字来形容当日中国新闻业的不堪现状。他尖锐地指出:这种状况不仅读者不愿意目睹,就是办报的人,自己也十分清楚,若按照这个样子继续办下去一定没有什么好的结果。但是,若要他换个模样和方式去办报,或者能抖擞精神,痛痛快快地评论,真真实实地报道,他却总觉得为难。这到底又是什么道理呢?难道办报的人都是没有良心的吗?难道办报的人都是没有一些新闻学常识的吗?为什么他明明知道这是一条死路,却还心甘情愿地睁着眼睛向万丈悬崖下跳?显然这里一定还有更深层次的原因!

郭步陶随之列出了时人对此疑问给出的一些答案:有人说这是时局不宁,环境恶劣,所以办报的人装满一肚皮话却不敢轻易发表;也有人对此说不以为然,认为其病根还是在于报界的自身,即现在新闻界还有不少的守旧势力,凡事只晓得循规蹈矩,安守本分,不肯稍微地向着改革的方面去思考,所以搞得新闻业没有生气。郭步陶认为,如果仔细推敲,上面两说虽然也都有几分理由,但都不能算是今日报界唯一的致命伤。因为外界的压迫结果,全视自身抵御能力的强弱为转移。譬如两人相拒,你进一步,他必退一步;你若退一步,则他必进一步。"报界的对付外来压迫,自然也是这样。"② 因为压迫严重就不敢说话,这还是你自己力量不够,没有真正奋斗的精神,决不能找借口归罪于环境。所以郭步陶认为,第一说不能合于办报的原理,至于第二说,这对于几家较守旧的报馆来说,似乎

---

① 方汉奇主编:《中国新闻事业通史》(第二卷),中国人民大学出版社 1996 年版,第 75 页。
② 郭步陶:《今日中国报界唯一的制命伤》,《南洋中学校友会会刊》1930 年第 2 卷第 1 期。

有些切合，但现在的中国报馆，并非清一色地守旧，也有许多报馆，不断地延纳有学识的新人入馆工作，更有公然大声疾呼以革新二字作为号召。如此怎么可以一笔抹杀，将他们一股脑儿地都归入守旧者之列呢？然而，如果把他们办的报纸拿来研究一下，除了形式上有些小小不同之外，"一讲到关于全国的重要问题上，便仍旧是千篇一律；好像有个甚么东西，罩了他们的眼睛，教他们不能看，好像有个甚么东西，拉着他们的舌头，教他们不能说"。① 所以，郭步陶认为，报界的最关键症结并不仅仅只在于外力压迫和内部守旧势力阻挠这两个方面。

郭步陶不同凡响地提出：现时中国报界唯一的致命伤，就是正风靡一世、至今还没有人站出来加以否定的"报纸营业化"这五个字。他对报纸"营业化"的否定和批判，在大家都认为营业化是报纸发展的一大必然趋势时，真有些石破天惊的意味，郭步陶先借他人之口进行设问修辞，以强调和论证自己的观点，因为一般的人在听了他这个说法后，必然会感到十分诧异而提出这样的问题："营业是报馆所以维持生命的源泉，他要不向那边趋重，怎样维持他的生命？生命不能维持，又怎样给公众说话？"② 郭步陶也承认此问有理，不过随后他话锋一转，指出自己真实的意思不是说报馆不要营业，而只是说报纸不该营业化："报纸若抛掉了他的天职，凡事都听命于营业，那便失却灵魂，不能成其为报纸了。"③ 他认为营业二字并不含有什么不好的意思。"要是办得好，还可以经济独立。办报而能经济独立，外面的津贴，可以不拿，万恶的竹杠，可以不敲，在任何方面可以不致被人收买，难道说这不是洁身自好的一个好办法吗？为甚么我还说他能够伤害今日中国报纸的进步？"④ 郭步陶对这个问题的回答是：中国人的特质富于保守，而自私自利之心又为人类所不能尽免，两种心性合并起来，便是患得患失，贪求无厌。商人营业的基本取向是牟利，对牟利的分析，便是上面两种心理的代表，所以商人追求营业，就总难和他谈到公共的利益上去。经商心理驱使他们营业总是把自己能否赚钱作为出发点和唯一目的。

---

① 郭步陶：《今日中国报界唯一的制命伤》，《南洋中学校友会会刊》1930年第2卷第1期。
② 郭步陶：《今日中国报界唯一的制命伤》，《南洋中学校友会会刊》1930年第2卷第1期。
③ 郭步陶：《今日中国报界唯一的制命伤》，《南洋中学校友会会刊》1930年第2卷第1期。
④ 郭步陶：《今日中国报界唯一的制命伤》，《南洋中学校友会会刊》1930年第2卷第1期。

在郭步陶看来，办报而归于营业化，就是以商人地位自居，就是以报纸为商标，于是报馆中所有的电报新闻，以及纸张文具，等等，都是店中的货物；馆中任何部门的职员，也都是店中的伙计。"我们想想，负绝大的使命，要给全国人民说话的新闻记者，仅仅像一个店中的小伙计，凡在报纸上说一句话，发一件新闻，都要听店铺老板或掌柜的命令，这宗木头人戏和留声机器似的空名记者，怎样能够尽他办报的天职？"[1] 假使做老板或掌柜者真正有些新闻学识，可以成为报界的指导者还可说得过去，但是全国报界的大老板大掌柜，除那些党报之外，现实情况恐怕一大半都是经济专家。在经济专家的大老板大掌柜权力支配下的小小新闻记者，耳濡目染久了，自然也要专心致志把全副精神和功夫都用在考虑自己的饭碗问题上了。办报而专心于自己的饭碗，还能指望他拼命与万恶社会相斗，用公正的态度把事情的真相一一登载出来吗？报纸不能说公道话，不能记载事情真相，这样的报纸，还会有人看吗？没有人看的报纸，自然也就只有死路一条。正是在这个意义上，郭步陶所以才指营业化这三个字，足以致今日中国报界的死命。为中国新闻事业的长久发展计，他认为首先必须破除报纸要走营业化道路的迷思。

三

国民党统一全国之后，对新闻媒体的管理逐渐收紧，相继制定和颁布了一系列新闻出版法规，给新闻媒体的发展套上了一道又一道枷锁，特别是"九·一八"事变以后，相关管理日益严苛，新闻媒体动辄得咎，步履维艰。1935年11月27日，著名报人赵超构先生在南京《朝报》上发表了题为《请从速开放新闻》的评论，要求国民党尽速改善现行统制新闻的方法，建议除应保守秘密外，希望政府尽可能容许报纸登载。第二天，就连国民党的中央机关报《中央日报》也发表题为《一个初步的根本办法》的社评进行质问道："谁使我们的报纸，弄到这步田地？这是不合理的新闻政策，及不合理的新闻检查制度所造成。"[2] 由此可见国民党当局的新闻控制是多么的不得人心，已经到了天怒人怨的地步。郭步陶以这两家报纸的

---

[1] 郭步陶：《今日中国报界唯一的制命伤》，《南洋中学校友会会刊》1930年第2卷第1期。
[2] 《一个初步的根本办法》，《中央日报》1935年11月28日。

社评为由头，发表了题为《统制新闻方法有改善之必要》的文章，也加入对国民党当局新闻统治政策的批评浪潮之中。

郭步陶首先指明《朝报》与《中央日报》"两者皆著名党报"，[①] 其立论尚且如此，可见现行新闻统制政策，不惟于新闻事业有至大影响，且于党国前途亦甚多不利。随后他从报纸职能的角度，阐释报纸对于国家的帮助作用。郭步陶指出：报纸的天职，在于准确记载真实的新闻，以充当人民的耳目与喉舌。国家遇有危难，执政者可以通过报纸，将有关政策和意图向全国人民传达；全国人民对于国家有所尽力，也可通过报纸来贡献给当局，并且向全世界公告。这是真正民意的表现。在国际交往上，可以充当政府的坚强后盾，尤其是可以使那些对我国有所嫉恨和与我国敌对的国家没有办法行使诬陷诽谤或挑拨离间的政策。但是近年来中国报纸在这方面表现如何呢？1935年11月25日，殷汝耕在日本政府的策动下，成立了所谓的"冀东防共自治政府"，中华民族危机已经到了空前严重的程度，而在此之前的中国报纸上却是一片华北形势趋稳之声。故当"冀东防共自治政府"成立的消息传出后，被国民党当局压制的事实终于真相大白，国内舆论哗然，检讨国民党当局新闻统制政策的声浪，一浪高过一浪。郭步陶对国民党当局新闻统制政策的抨击，由于他具有的复旦大学新闻学教授的身份和较强的理论专业性，而显得格外引人注目。

郭步陶在文中质问：近年来之中国报纸则何如乎？当前国难不为不严重，报纸应负责任不为不重大，但国人对报纸的信任，却是一年不如一年，个中原因何在？郭步陶对此揭露国民党当局试图欺瞒民众的鸵鸟心态道："诚以现在之中国报纸，全在重重封锁之中。往往一新事发生，外报已早传遍，而中国报纸犹无一字登载。迨事过一二日，究以其为事实，不能不补载，或用新修辞法以文饰之，使国人不甚注意。然而国人能看外报者已日多，岂能终于瞒过？惟徒增益其轻视中国报纸之信念而已。"[②] 这种心理分析，确实道出了国民党当局不足为外人道也的阴暗心理。更为深刻的是，郭步陶继续指出这种新闻统制政策的恶果，实际上是使我国在国际

[①] 郭步陶：《统制新闻方法有改善之必要》，上海复旦大学三十周年世界报纸展览会筹备会：《报展》纪念刊，上海复旦大学新闻学会发行，1936年1月，第117页。
[②] 郭步陶：《统制新闻方法有改善之必要》，上海复旦大学三十周年世界报纸展览会筹备会：《报展》纪念刊，上海复旦大学新闻学会发行，1936年1月，第117页。

交往中进一步陷入被动和不利境地。"外报见此弱点,乃愈大施其国际新闻政策,一方以无理之事实,加之于我,一方以虚伪之文电,纷驰于世界。而我国报纸,则方以禁令所在,无从公告其事实。世人虽欲为我鸣不平,而见报纸无一言,亦视为默认,而无从对我援手。迨事过境迁,我方弛禁而登载,世人早以外报所喧传为先入之主,尚何暇对我所言,一加考虑。"① 郭步陶认为,这种新闻统制政策,是我国自近代以来屡屡在对外交往中遭致失败的原因之一,故而他强烈建议道,"凡为真确之事实,如谋我者有何行动,我土地政权有何真实之损害,应一律容许报纸登载,并为法理适当之批评"。② 这样可以一方面使外国人对我无从造谣,一方面使外人中对我表示同情者,因有所根据而可作公正评论。如此则我国家将在无形之中,从新闻报道中获益不少。而新闻媒体对于国家,亦可以有办法尽其服务国家的天职。郭步陶认为,国民党当局若改善统制新闻方法,国家可以在国际交往和对外斗争中,至少可以收获如上的益处。

郭步陶认为在对内的国家治理层面,改善新闻统制方法,也有诸多益处,特别是在国事日非的局面下,尤为如此。因为这时候报纸上所载者,多为增益国人忧虑烦闷的消息,性情急躁的人,遂争看外报,而轻信谋我者之造谣。性情和缓的人,误认报纸消息不多,认为形势已真的发生好转,而结果则终大失所望,"于是对国事乃更消极。为外报所迷惑者,对自己国家之措置,必多怨望;意念消极者,对于国人应尽之职分,必多懈惰。怨望与懈惰,皆足敦促国家灭亡之益加迅速"。③ 对此如果想要进行补救的话,郭步陶认为只有让报纸多报道真确的事实,使国人对国家的现实处境,能有真确的认识。例如外报常常报道,某方对我当局有什么要求,提什么条件,并有如何决定,等等。而我国的报纸,对此则一概秘而不宣。国人对此不免大为疑惑不解。倘若根本就无此条件,则当局应迅速向外报要求更正,以正视听。如有之,则也应当开诚布公,交我国报纸如实登载,并征询全国舆论,以作应付标准和办法。新闻统制如果能够这样去

---

① 郭步陶:《统制新闻方法有改善之必要》,上海复旦大学三十周年世界报纸展览会筹备会:《报展》纪念刊,上海复旦大学新闻学会发行,1936年1月,第117页。
② 郭步陶:《统制新闻方法有改善之必要》,上海复旦大学三十周年世界报纸展览会筹备会:《报展》纪念刊,上海复旦大学新闻学会发行,1936年1月,第117页。
③ 郭步陶:《统制新闻方法有改善之必要》,上海复旦大学三十周年世界报纸展览会筹备会:《报展》纪念刊,上海复旦大学新闻学会发行,1936年1月,第117页。

做，则全国报纸，就可以成为政府与人民交换意见的机构和平台。无论国事前途如何困难，国人皆可在自己的报纸中逐一亲自看到。外交斗争的胜利，固然为国人所欢欣而乐道，即使不幸而失败，国人也都知道这是因为实力所限，而对政府当局有所谅解，且将兴起共同努力之志，以求后面再加以补救，而不至于对当局产生怨尤，因此，从对内社会治理的角度言，改善统制新闻方法也有如上莫大的益处。总之，无论是从新闻学原理言，还是从国家实际利益言，改善新闻统制方法，郭步陶认为都已到了刻不容缓之际。

郭步陶的新闻著述多问世于20世纪30年代前期，这时他不仅已经有了二十多年的新闻从业经验，对报纸的编辑和新闻采访等环节，都有着深入的实践体会，而且他还结合自己的实践经验与观察，进行理论归纳与总结，撰写了《编辑与评论》《时事评论作法》等具有开创性的论著，在实践与新闻理论研究方面都很当行本色。也正因此，他被聘为复旦大学新闻学系的教授，并且确实是实至名归。敢出惊人之语，是郭步陶媒介批评的一个特点，他对新闻"营业化"这个当时流行观点的否定和批判，固然现在看来有偏颇之处，但在当时的新闻实践与理论语境下，确实需要具有一定的理论勇气。郭步陶的这一观点与看法，在当时也得到了人们的关注，产生了一定的影响。如1930年的《邮声》第4卷第11期，就以《中国现在有两大害》为题，摘编了他在《今日中国报界唯一的制命伤》中的这一论点。这种摘编行为本身就充分说明了郭步陶对"新闻营业化"的批评具有其中肯之处。不仅如此，郭步陶还在复旦大学新闻学的教学中，也将这个观点进行了讲授，其有关论点后来基本上都被复旦大学新闻学系的学生郭箴一收入了由复旦大学新闻学会印行的《上海报纸改革论》一书中。与同时期其他人的媒介批评相比，郭步陶的媒介批评有着鲜明的特点，就是他对新闻传播中的某种不足或者缺陷的批判，常常能够超越新闻现象本身，抵达新闻现象背后的新闻观念，从对新闻现象的描述和叙述中，追索造成该种新闻现象的新闻观念，可以使批判进入一个较高的理论思维层次。20世纪80年代后期，在第二次改革开放和市场经济的大潮中，中国新闻媒体的经济属性再一次得到了人们的重视，与新闻营业化内涵近似的新闻媒体企业化运作等提法又再次浮出水面，并一度成为新闻事业发展的指导性观念。而这个观念中所包含着的某些消极因素在当时并没有受到业界充分的重视，以致给其后一段时间的新闻发展带来了某些不良的影响。

如果当时的人们能对郭步陶半个世纪之前发出的批评之声给予关注的话，这些不应有的失误或许可以避免。

第七节　成舍我的媒介批评

成舍我（1898—1991），原名成勋，1916年在上海时改用单名平，笔名舍我，后即以舍我行世。祖籍湖南湘乡。出生于南京下关。青年时代因父亲赴安徽候缺，而随之迁居并就学于安徽省安庆第九中学，课余为当地《岩报》《长江报》写稿。1915年到沈阳，在《健报》任校对、编辑。1916年入上海《民国日报》，任要闻及副刊编辑。1917年发起筹办上海记者俱乐部，并参加柳亚子、陈去病等主持的进步文学社团南社，任《太平洋》杂志助力编辑。1918年考入北京大学中文系，课余在《益世报》北京版先后任主笔、采访主任、总编辑，并试办小型报纸《真报》。1924年在北京创办《世界晚报》，受到读者的欢迎，1925年增出《世界日报》《世界画报》，并创办世界新闻专科学校。1927年在南京创办《民生报》。1935年在上海创办小型日报《立报》。1942年，被国民党当局聘为国民参政员，1949年移居香港，1952年去台湾。成舍我先生是中国现代著名报人、新闻教育家，他一生参与和创办了近20家各种新闻媒体，既是其时参与和创办新闻媒体最多的人，也是旧中国发行量最大的报纸的创办人，不仅在报业经营管理、新闻教育方面贡献卓著，而且在新闻采、写、编、评等方面也颇擅胜场，堪称中国现代新闻领域少见的全才。更值得称道的是，成舍我在新闻学研究尤其是媒介批评方面，也有很多过人之处。早在五四运动时期，已投身新闻业多年并正在北京大学中文系读书的成舍我，就发文对新闻事业的现状及未来进行评析和设计，开展媒介批评活动。20世纪30年代初，他赴欧美游历考察，更是不断发表对中外新闻事业及其活动的各种见闻、观感和意见，其中很多文字都带有强烈的媒介批评色彩。回国以后他对新闻学理论研究的兴趣日渐浓厚，1933年12月14日，他在《世界日报》上专门开辟了《新闻学周刊》，进行新闻学理论研究，其目的之一就是通过联合报业同人，"打倒那些漠视公众利益，轻率狂悖，对社会不负责任的传统谬见"，[①] 致力于新时代报业的建立。在一定的意义上，媒介批

[①] 舍我：《我们的两个目的》，《世界日报》1933年12月14日。

评不仅是他建构自己报业理念的有效手段，也是他实现自己宏大新闻理想的重要工具。对成舍我在报业经营管理、新闻教育、新闻学术研究方面的实绩，学术界已经多有论定，但对他在媒介批评方面的建树，至今却一直未见有人予以关注。有鉴于此，我们在梳理成舍我有关媒介批评实践的基础上，在此对其媒介批评艺术特色略作管窥，以期能更全面而准确地评价成舍我在中国现代新闻事业上的历史地位与贡献。

一

批判性往往是事物获得发展的前提与基础，它是基于充分的理性和客观事实，对当前事物状态进行观察、分析和评估时所持有的一种思维倾向和态度。早在1912年夏天，成舍我还在读初中时，就开始向报刊投稿，至1930年春游历欧美考察世界新闻事业时，他已经浸淫于国内新闻界多年，对新闻界的各种运作及其内幕可谓了然于心，作为一个志在终身从事新闻工作、具有远大职业理想和抱负的人，成舍我对当时国内新闻事业的现状十分不满，多次从不同角度和侧面对新闻事业的现状进行指责和批评。

1920年8月，成舍我就向《新人》杂志投稿，就文化运动的意义和如何发展文化运动提出自己的看法和方案。他认为组织和创办规模宏大的报馆，应是推动当前文化运动发展的当务之急。他从担当文化运动先驱的职责角度说："中国现在，若是严格的说起来，简直可以说一个报馆也没有。为什么呢？因为现在的报馆太简陋了。"① 中国报馆的简陋具体表现在什么地方呢？成舍我分析指出：就以被称为全国最大的两家报纸来说，试观其内容，他们报上所发表的国际新闻，除了英国半官方背景的路透社电讯之外，其他几乎没有。即便是路透社电讯，他们也不肯花钱购买，而是每天转译英文报纸上的有关消息，作为他们唯一的国外新闻来源。至于国内的新闻，"除了在内地拿五块八块钱薪水一个月的流氓访员，每天造几条敲竹杠的新闻，和那边远地方，三个月才寄到的交换报以外，还有什么消息"？② 消息来源如此简陋的报纸，与英国《泰晤士报》和美国《纽约时

---

① 成平：《文化运动的意义与今后大规模的文化运动》，《新人》1920年第1卷第5期。
② 成平：《文化运动的意义与今后大规模的文化运动》，《新人》1920年第1卷第5期。

报》比固然霄壤悬殊，就连英美国家的小报，也还比不上。地大物博的中国却没有一家完备的报馆，实在不能不说是一件最令人感到遗憾的事情，这哪里还谈得到做文化运动的先驱呢？

当时新闻事业现状的不堪，首先表现在报馆的物质构成上。具体言之也就是报馆的资本、设备、销路、收入等领域，突出地表现于报馆的规模和人员组织构成方面。成舍我常将当时的报馆形象地比喻为烟纸店："中国大部分报馆，实际和开烟纸店相似，前面是柜台，后面住家眷，很小机器，用几个人，一天到晚的摇去，若叫欧美的记者来看，真要笑掉了他们的牙齿。"① 这种比喻之词，当然包含着戏谑性，但正是这种戏谑性比喻体现出了成舍我对新闻事业现状的不满和指责，人们从中又可以读出他对新闻事业的关切和希望。

新闻价值理念决定着新闻媒体对新闻的选择，决定着新闻媒体的品位和状貌。成舍我多次批评当时的报纸只注意满足少部分读者需要，缺乏大众化品格："现在国内的报纸，大半可以说，只是特殊阶级的读物，而不是劳动大众的读物。"② 他进一步解析说，国内报纸所报道的消息，大都偏重于政治方面，对要人的来去，宦海的升沉，每每花很多篇幅、占很重要的位置去进行登载。而社会上许多严重事件，反而被忽略。他为此举例：几年前，上海一家报纸有一天将一个要人开园游会的消息，刊登在本埠新闻栏头条，并占去了很大篇幅，甚至对来宾中一位太太的钻石项圈，亦不惜用数百字篇幅，描写她如何华贵，令人羡慕。就在该报同日同栏的末尾处，也登有一段大学毕业生投黄浦江自尽的消息。这个自杀者，大学毕业后很长一段时间找不到一点事做，后来好不容易找到了一个小学教员的工作，不料小学因经济困难不能发薪。他实在没法维持生活，就把自己的妻女都送入妓馆。后来他的妻子因羞愤而自杀，女儿也跟人跑掉了。小学终因不能维持而关门，他完全失业，最后只好带着一个三岁的孩子同投黄浦江自杀。成舍我愤怒责问道："这是多么悲惨而复杂的社会问题！可是反而被列入在几个自杀消息的内面，标了一个'自杀消息一束'的题目，用六号字排在小角落里。试问这两条新闻，影响于社会生活的，哪个轻，哪个重？而报纸的眼光，却将他这样的倒置起来。这种现象，不仅一家

---

① 成舍我：《世界新闻事业的发达与中国报纸的前途》，《民众周报》1931年第182期。
② 成舍我讲，原景信记：《如何使报纸向民间去》，《世界日报》1933年4月11日。

报纸如此，一般报纸均很少避免。"① 这样的报纸，难道还能够继续存在下去吗？

新闻报道方式是反映新闻事业现状的重要方面。新闻是正在发生的历史。社会生活具有不间断性，从这个角度看，报纸对社会生活的反映也应与之同步，具有一定连续性。具体到对某一事件的新闻报道来说，就是报纸对某一事件的报道应有始有终。但是，在20世纪二三十年代，中国一些报纸对此认识不够，新闻报道呈现出断片、零碎的特点，从而削弱了报纸的社会记录功能。对报纸这个缺点，很多人习焉不察，甚至见惯不惊，但成舍我却对此提出了专门批评。他认为新闻虽然不是严格意义上的历史，但现代很大一部分史料，后人要到报纸中寻觅，"除夸大、误传，是报纸的通病，使寻觅史料者，在选择上，极感苦痛外，而报纸纪载之缺乏继续性，实亦现代报纸最普遍的一重大缺陷"。② 譬如某一要人被刺，从新闻报道角度看，常常都是很受读者注意的重要新闻。当该人被刺之日，报馆一般会多派记者前往现场进行调查，并配置新闻图片，连篇累牍，报道详尽细致。但一至次日，则被刺者的生死如何、凶手是否捕获等后续关节，报上竟或不再提及。仿佛此一凶案，已成过去，无再行报道的价值了。成舍我指出："实则读者所最需要之消息，即在此等重要关键。若报纸截然而止，其足使读者失望，自不待言。此种缺乏连续性之弊害，最足引起读者对报纸之不满。国内报纸，犯此种通病者，逐目皆是。"③ 从读者阅读印象出发，对新闻报道中某些"神龙见首不见尾"的现象提出批评，很是符合新闻价值规律，体现出其媒介批评的专业性。

社会需要是新闻事业发展的动力和前提，新闻系统对社会需要体认得越强烈，则其活动就越具有方向感，对社会需要的满足也就越有力和有效，新闻事业的社会发展空间也就越有可能被及时地发现并开垦出来，因此，新闻活动与社会需要的对接程度，是衡量新闻传播事业发展水准的一个重要尺度。中国现代新闻事业发展缓慢，原因固然不一而足，但新闻工作者对社会需要体认不清，无法切合社会需要进行具体的谋划和展开新闻传播活动，应是一个不容忽视的重要原因。新闻活动与社会需要的脱节，

---

① 成舍我讲，原景信记：《如何使报纸向民间去》，《世界日报》1933年4月11日。
② 舍我：《报纸其"神龙"乎——续"报学琐谈"》，《世界日报》1933年12月28日。
③ 舍我：《报纸其"神龙"乎——续"报学琐谈"》，《世界日报》1933年12月28日。

必然会以各种形式体现在新闻事业发展的现状上。多年的新闻经营和管理活动实践,锻炼出成舍我对中国社会的新闻需要有着超乎同人的感知和把握能力,这自然也会体现在他的媒介批评言说之中。他常常直言不讳地批评新闻媒体脱离了社会需要,认为这是造成中国新闻业落后的一个重要原因:"中国报纸之不能发达,固然有种种原因。但最重要的一点,就是太不切合一般社会的需要。"[1] 他结合中国城市工人的工资收入情况,指出新闻报道太注重政治、文字不通俗、报纸篇幅过多、售价昂贵等问题,都是脱离当时中国社会经济和教育发展实际的表现。他严正指出:"若新闻界不能从此点注意,中国报纸的前途,势必异常困难了。"[2] 语重而心长,确实点出了造成中国现代新闻事业落后的一部分社会症结和原因。

二

新闻工作者的从业动机对新闻事业的发展有着某种决定性的影响。一般来说,由某种特定需要而引起的动机,是直接推动个体进行活动的内部动因或动力。作为满足人们某种需要的特殊心理状态和意愿,动机似乎很是抽象而复杂,有时甚至颇为隐秘,难以清晰地揭示和言传,但无论如何,人们的活动都受到动机的调节和支配,很多时候,动机规定了人们从事行动时的思维途径,规约了行动的目标与结果。人类行动总是在社会关系中展开,并导致某种社会性的后果。新闻传播是一种社会性活动,对人类的发展有着重大影响。从引起可预期的社会后果角度看,动机也必然会被人们纳入某种准则和规范予以观察与评判。通过新闻媒体引领国家和民族文化的建设与发展,一直是成舍我从业后孜孜以求的新闻理想,而报纸大众化则是他为实现新闻理想所设计的道路。虽然报纸大众化在不同国家的不同阶段,有着大相径庭的表现,但关注和强调媒体动机的合道德性,则是成舍我进行媒介批评时一以贯之的价值取向,体现出其媒介批评的道德关怀和社会关切。

早在五四运动时期,成舍我就从舆论家的应有风范角度立论,对国内报纸上常见的攻讦私人的新闻和评论颇为不满:"近来中国报章上,每每

---

[1] 成舍我:《世界新闻事业的发达与中国报纸的前途》,《民众周刊》1931 年第 182 期。
[2] 成舍我:《世界新闻事业的发达与中国报纸的前途》,《民众周刊》1931 年第 182 期。

发见攻人隐私底新闻和言论，足见中国民族道德底堕落，说来不仅令人心痛而且令人心悸。"① 他认为，新闻工作者既然在某种程度上充当着社会舆论家的角色，就必须切实体认到一个社会舆论家的道德要求。新闻工作者既然要做一个舆论家，就不仅要对个人负道德上的责任，更要对社会负道德上的责任。如果我们听见了人家有一桩有失名誉的行为而须加以忠告，那么也只可以想他无则加勉，而不必想他有则改之。例如金钱和男女之事一般都较为隐秘，除非有显在的实物证据，不然谁又能亲自看见呢？对这样的传言，轻信已经不对了，更何况存心制造谣言呢？

成舍我认为新闻事业是社会文化的一部分，新闻工作者的职业动机应该以文化建设为主要指向。1930年他考察欧美新闻事业以后，固然为欧美资本主义发达国家新闻事业的现代化所惊叹和钦羡，但也看出了其中所充溢着的对经济利益的疯狂追逐，以及对社会健康文化的反动与侵蚀。面对资本主义国家发达的新闻事业，他不禁发出质疑，认为欧美资本主义国家的新闻事业在物质上，"诚然已发达到不可思议，究竟这样的发达，于一个国家或整个世界的道德或文化，是否绝对有利，这却很成疑问"。② 成舍我作为一个报业经营和管理者，当然意识到资金、技术和设备等物质性因素对新闻事业的基础性意义和促进其发展的一面，但他也很清醒地意识到了其中所存在的某种陷阱和弊端，认为其中的流弊也甚是不少。"因为现在的报纸，完全成了资本主义下的产物，所以在主张方面，只顾到资产阶级的利益，所谓公众福利，实际上全是空话。又因为他们的目的，只在赚钱，他们对于一个新闻的记载，大部分只求怎样可以迎合社会病态的心理，海淫海盗的消息，尽可以长篇累牍，触目皆是。所以这种报纸，对于世界文化，或公共福利，多半是有损无益。"③ 成舍我认为这就是资本主义国家因现代报纸发达所带来的一种不幸结果，值得警惕。

英国报人北岩（Lord Northcliffe）是现代大众化报纸的先驱，自1896年起，他先后成功创办了《每日邮报》《每日镜报》和《观察家报》等著名报纸，1908年又取得了《泰晤士报》的控制权，加上众多的地方报纸、杂志，从而建立了英国最早的私人报团。北岩所创办的《每日邮

---

① 舍我：《舆论家底态度》，《时事新报》1920年4月15日。
② 成舍我：《世界新闻事业的发达与中国报纸的前途》，《民众周刊》1931年第182期。
③ 成舍我：《世界新闻事业的发达与中国报纸的前途》，《民众周刊》1931年第182期。

报》，被认为是英国大众化报纸的典型，它的出版使英国报业进入了一个划分大众化报纸与高级报纸的新时期。有人曾高度评价北岩对于当时英国人的影响，与整个教育部相比，有过之而无不及。鉴于北岩在新闻事业上的贡献，1905年，他受封为勋爵。有志于建立中国新闻托拉斯的成舍我，也视北岩为"近四十年来世界新闻事业中之一怪杰"[①]而对其钦佩有加，但他对北岩从事报业时所持有的谋利动机却是颇有微词，不以为然。1930年，成舍我在英国游历期间，恰逢北岩谢世八周年，英国新闻界为追念其对英国报业的贡献，特地在伦敦舰队街树立了一尊北岩铜像。英国报界公会会长李德（Riddell）致开幕词，历数北岩的生平和业绩，对北岩经营报业的成功经验和政策颇多赞誉。成舍我认同北岩经营报业所采取的廉价和文字通俗等政策，但同时也批评说："所惜者，即此种政策，有时行之过当，且其大部分动机，多半出于资本家获利之一念，而非欲供给一般平民以何种善良之知识。此则吾人所不能为北岩讳也。"[②] 在成舍我看来，北岩经营报业之所以走大众化的道路，并不是从为大众谋福利的角度着眼，而是瞄准了大众的口袋，是薄利多销的生意经使然，其报业经营固然可谓成功，有可借鉴和学习之处，但其以文化之名而谋私利的动机实不足取法。

成舍我坚决主张，报业"要以社会福利为前提，因为办报而忘记了社会福利，那么，就失去了办报的意义，也就是失去了报纸的生命"。[③] 所以那些违背了社会福利，充当私人政治或者发财工具的报纸，即便有着十分巨大的发行量，但也仍然只是拥有大众化报纸的躯壳，根本算不上是正当的报纸。他谴责报业资本家，利用大众化的动人口号，而谋取个人私利，"报纸大众化，已被许多资本主义者，利用做了种种的罪恶。他们错将个人的利益，超过了大众的利益，所以他们的大众化，只是使报馆变成一个私人牟利的机关"。[④] 其愤慨和批判之情，溢于言表。他揭示报纸大众化的真正内涵，应是始终坚持大众利益超越个人利益之上，把报馆办成一个不具形式的大众乐园、大众学校。

---

① 舍我：《在伦敦所见——英国报界之新活动（续）》，《世界日报》1931年1月14日。
② 舍我：《在伦敦所见——英国报界之新活动（续）》，《世界日报》1931年1月14日。
③ 成舍我：《三种报纸的出路》，复旦大学新闻学会编：《报展》1936年版，第52页。
④ 《我们的宣言》，《立报》1935年9月20日创刊号。

超越党派利益，站在社会大众的立场上报道新闻，发言立论，既是大众化报纸的一个显著特征，也是报纸大众化的题中应有之义。成舍我强调报纸应走大众化的道路，要站在百姓立场发言，但他并未因此而反对机关报和党报的存在价值，反而认为报纸可以也应该具有鲜明的政治立场，不然就无法发言立论。他考察英国报纸时曾对其加以批评说，"英国报纸虽比较的能守平允谨严之原则，然事实上每一报纸几均有一政党为背景。即如《泰晤士报》，彼于其报纸之政策，虽有种种如何力求公正之信条，第吾人一加披览，则固无处不有保守主义之色彩"。① 他认为这是由于英国人民对政治大多数均有一定的倾向，在保守、自由、劳动等党派之间，非彼即此。读者可以自我选择立场上相近和心仪的报纸进行阅读，那些标榜中立或者不党的报纸，在英国反而没有什么市场。社会并不以报纸之盛谈政治为可憎，在总统选举或某重大问题发生时，任何报纸，反而例须鲜明恳切地标示其立场和见解。他由此联系到中国一些报纸好为模棱两可之言的现象："初不似吾国报纸，一方面环境压迫，不能为自由之表白；一方面报纸自身，亦乐以模棱游移之说，博'中立'、'不党'之美名也。"② 在成舍我看来，此类报纸并不是真正的中立，更谈不上什么客观公正，所以也不具有存在的正当性，因为它并不具备为大众利益而奋斗的内在动机。

三

新闻检查制度是国家权力机构或其他权力主体对新闻采访、报道和发布所做的各种审阅以预防某种被视为危险或反政府内容的一种社会结构。17世纪以来，欧美资产阶级在反对封建王权的斗争过程中，提出了言论、新闻和出版自由的口号，并对新闻检查制度进行了猛烈的抨击。资产阶级革命成功以后，开始从法律上规定了新闻和出版自由，同时为了防止新闻自由的滥用，各国实际上又都制定了相应的新闻检查制度，并不断从法律上规定了新闻检查的方式、程序、范围和标准等，以防止新闻检查行为的随意性和检查者的武断。虽然各国对新闻检查制度的认识和执行上有所差

---

① 舍我：《在伦敦所见——英国报界之新活动》，《世界日报》1930年11月17日。
② 舍我：《在伦敦所见——英国报界之新活动》，《世界日报》1930年11月17日。

异，但控制新闻事业发展则是近代以来新闻检查制度的基本功能。新闻检查制度的本质是对新闻事业与社会关系的规范，从为新闻事业提供社会环境支持的角度，成舍我对新闻检查制度基本上是持一种较消极的否定性态度，特别是20世纪20年代以来，历届北洋军阀政府和随后的国民党当局为了维护自己的统治地位，对新闻事业的钳制变本加厉。作为业界中人，成舍我创办的报刊屡经磨难，他个人也多次被有关当局施以莫须有的罪名逮捕下狱，九死一生，使其对新闻检查制度更心生恶感，屡屡为文从不同角度对新闻专制统治进行抨击和否定，从而构成了其媒介批评的一个重要内容。

毋庸讳言，由于历史文化传统和政体设计的差异，欧美一些资本主义发达国家，有着比北洋政府和国民党当局治下宽松很多的新闻事业社会环境，成舍我对此羡慕不已。他在欧美考察新闻事业时，多次巧借时机向国人推介西方发达资本主义国家的新闻传播制度。如他在1930年初在英国游历时，就对英国报纸"在政治上，具有特殊势力，此则任何国家，所不能与之颉颃并论者"[1] 大发景慕之辞。他在称赏欧美资本主义国家媒体享有较充分的新闻自由的同时，时常对中国当时缺少新闻自由的状况发出批判。"惟愚所乐为称道英国新闻事业者，报纸对任何政治问题均有迅速明确之批评。而政府当局，及各党领袖，亦能虚心考量，不至以'反动'或'废话'目之。吾人固不欲赞美英国之报界巨头，然此种符离街（报馆）支配唐宁街（政府）之精神，在词典上无'言论自由'之吾辈中国记者视之，自不能不悠然神往耳。"[2] 言语之间不由自主地传达出了浓重的媒介批评意味。

南京国民政府时期的新闻检查制度，确实大大阻碍了新闻事业的正常发展，成舍我对之感触尤深。他认为正是新闻检查制度导致了国家新闻事业的萎靡。1937年4月，国民党中央宣传部部长邵力子在上海曾对记者畅谈他对于新闻界的见解。邵力子是一个新闻从业经历很长的老报人，此时又是国民党当局中对新闻事业管理的最高主持人，其关于新闻界言论自然会受到注意："邵氏第一句话就说目下报人不看报，而以'多看报'为报人罪，这当然是'慨乎言之'。报人不看报，似乎是一件奇怪的事，但事

---

[1] 舍我：《在伦敦所见——英国报界之新活动》，《世界日报》1930年11月17日。
[2] 舍我：《在伦敦所见——英国报界之新活动（续昨）》，《世界日报》1930年11月18日。

实上的确有此现象。"① 成舍我进而提出"为什么有此现象"的疑问，并自问自答地分析说有两种表面原因：一是报人不信任自己所从事采访编辑的报纸；二是现在报人生活不安定，但求敷衍了事。而造成这种现象的深层次原因，则是"现在新闻事业所受的束缚太重，弄得恹恹无生气"。② 邵力子当时还谈到新闻检查制度不能撤销的原因，是因为报人缺乏判断力和社会无制裁力量，并举出报纸有关人事更动的新闻作为例证。对邵力子的说辞，成舍我反驳说："其实邵氏所举人事更动消息的例子，似乎和判断力没有多大关系，在报人的经验上——邵氏所没有的经验——知道新闻经过检查之后，检扣的标准，和真伪绝无关系，甚至一个去职的官吏不愿听到报纸登载他的病状，就不许报纸载他的有病。"③ 成舍我的结论是："愈检查，报人就愈难判断，而谣言也愈多。"④ 他说在邵力子担任国民党中宣部部长期间，新闻检查工作有所放宽，但他认为这些放宽还很不够，还不足以使中国的新闻事业获得多大进步。

成舍我认为国民党的新闻专制统治使国家的文化陷入衰弱之中，也使国家的有关经济发展和开发流于空谈。1934年2月，南京国民政府内政部公布有关统计数据显示：截至1933年底，全国新闻纸及杂志，经向该部核准登记者，共有三千三百三十一种。除上海、南京和北平等地，报纸杂志数量尚差强人意外，一些边远省区竟至只有一二种者。报刊既是文化发展的载体和象征，也是文化发展的推动者。成舍我由此发文批评说："这个数字，三三三一，以我国面积，和人口来计算，当然是小到万分可怜。尤其以青海宁夏那样广大的区域，青海只有一种，宁夏两种，更使我们伤感文化衰弱，无泪可掉。政府天天在那里高唱开发西北，但像这样文化闭塞，试问高唱开发，有何用处？倘统制新闻的高潮，再流入这些省区，恐怕连这一两种出版品，也要寿终正寝了！"⑤ 在成舍我看来，只有彻底地取消新闻检查制度，才是治理中国新闻和文化事业衰颓的对症良药。1948年8月11日，在《大公报》上海馆召开的有关"出版法问题"的座谈会上，成舍我十分决绝地表示：用不着出版法！他一针见血地指出：

---

① 《报人为什么有人不看报》，《立报》1937年4月30日。
② 《报人为什么有人不看报》，《立报》1937年4月30日。
③ 《报人为什么有人不看报》，《立报》1937年4月30日。
④ 《报人为什么有人不看报》，《立报》1937年4月30日。
⑤ 百忧：《新闻史料述评》，《世界日报》1934年3月1日。

"现在的出版法的精神和几十年前的互相比较,并没有两样。"① 鲜明地表达了对新闻专制统治的否定,他认为用行政处分来限制新闻自由的做法应立即改变。

一个社会中新闻自由的有无、多寡,固然主要决定于政治体制,但有时候也与最高统治者的思想境界和个人修养有关。1934 年初,成舍我在读报时,看到一则有关美国时任总统罗斯福的报道,说罗斯福日前在招待记者会上发表演说云:自他就任总统之职以来,所最引为遗憾者,就是美国报纸对他所提出的复兴计划,赞美之声多,指责之音少。在美国经济困难异常的当下,如果说个人所见毫无纰缪,不仅欺人,实亦自欺。政府总揽全局,所要处理的事情千头万绪,不知凡几,偶有不慎,影响及于全国。因此,报纸一味赞美,甚至对政府的错误也随同附和,就不仅严重地辜负了国人的期望,也非政府所愿意之事。政府固然希望得到报界的拥护,但也更愿意得到报界的尽情批评。成舍我借此有感而发道:"罗氏以报纸不能陈其过失为憾,以视吾国当局,唯钳制报纸,不使有所非议者。人之度量相越,何一至此极耶?"② 精于人情世故的成舍我自然明白,政治有很大的表演成分,"罗氏为一狡狯之政治家,所言未必出自至诚,然较之专以压迫异己求言论统制之效者,究属彼善于此"。③ 但即便就是这样的政治表演,对当时中国的新闻界来说,也有一定的积极意义,因为国民党当局有时候连这种表演都懒得去做,所以成舍我怒不可遏地说:"钳制舆论,在专制时代,其必为统治阶级之主要信条,固不待言。乃二十余年来之中华民国,无论为'北洋军阀'抑'南洋军阀',其力谋钳制舆论也,亦复殊途同归。甚且较专制时代,有过之无不及。"④ 民元以来,新闻专制统治的罪恶,罄竹难书,枪戮记者,封闭报馆,几若司空见惯,无足惊奇。成舍我对此愤怒地批判说:"昔人讲袁世凯统制报纸之方略,为左手执刀,右手执支票。袁世凯虽逝,彼袁世凯之精神,固依然充满活跃于此二十余年来之中华民国。而报纸厄运,所以至今未已,或尤变本加厉也。"⑤ 严词厉

---

① 成舍我:《用不着出版法》,《大公报》(天津) 1948 年 8 月 11 日。
② 舍我:《罗斯福欢迎报纸指责政府——报学琐谈之六》,《世界日报》1934 年 1 月 11 日。
③ 舍我:《国难期间政府与报纸(欧战时鲁意乔治新闻政策之回忆)——报学琐谈之八》,《世界日报》1934 年 1 月 25 日。
④ 舍我:《罗斯福欢迎报纸指责政府——报学琐谈之六》,《世界日报》1934 年 1 月 11 日。
⑤ 舍我:《罗斯福欢迎报纸指责政府——报学琐谈之六》,《世界日报》1934 年 1 月 11 日。

色，其对国民党当局新闻专制统治的批评，力道可谓大矣！

四

作为一种主体性话语表达，媒介批评无疑受到批评主体知识素养、言说风格乃至人生态度等诸多因素的影响，媒介批评话语必然烙上鲜明的个人色彩。成舍我是一个有着特立独行个性的人，凡事有自己的独立见解，不与时俯仰，苟且随俗，尤其是他对新闻事业有着异于常人的热爱和抱负，为了寻求新闻事业的正确发展，曾专门远赴欧美进行实地考察。与同时代人相比，成舍我的媒介批评话语别具一格，自有风采。简言之，成舍我的媒介批评实践有着如下几个方面的艺术特色。

第一，视野开阔。成舍我早在五四运动时期，就已经对新闻工作进行评说，但这一时期他的媒介批评文字数量不多，只是偶尔为之，而且从属于他对文化运动工作的思考。1930年春赴欧美考察新闻事业后，每到一地，他不仅撰写文章，对当地的新闻事业进行"有系统的介绍"[1]，而且在这些对国外新闻事业的介绍性文字中，他开始有意识地进行析评，在开阔国人眼界、促进人们了解国外新闻事业发展有关现状的同时，还引导人们对国外新闻事业何以能如此发展进行更深入的理性思考。成舍我在赴欧美考察新闻事业之前，已经在新闻领域摸爬滚打多年，成绩斐然，在国内新闻界名气不小，但他不为所囿，而是清醒地认识到中外新闻业的巨大差距。特别是他意识到自己的报业经营虽日渐巩固，但基本上是沿袭中国"文人办报"的路数，不仅内部组织简陋，而且人员队伍不整，机器设备因陋就简，成本核算方式陈旧落后，要百尺竿头更进一步，已经难以为继。他赴欧美考察的目的非常明确，就是学习域外发展新闻事业的先进技术、方法和理念。故在此期间，他的媒介批评多以考察记的形式出之，借助履痕所及，将欧美新闻业的繁荣景象和发展现状生动地记述下来，一一贡献在国人面前，其观察之认真仔细，描写之具体细腻，视野之宏观开阔，在同时代的媒介批评文本中，绝少有能与之比肩者。即便是回国以后，成舍我仍然十分注意利用所在报社信息灵便的优势，源源不断地向国人介绍国外新闻事业的发展情况。内容选择方面的有意为之，不仅使成舍我的媒介批评

---

[1] 舍我：《在伦敦所见——英国报界之新活动》，《世界日报》1930年11月17日。

对国人来说具有一种来自异域的新鲜感和知识性，而且视野开阔的艺术特色也得到了延续和凸显，从而有效地提升了其媒介批评的品格。

第二，擅长比较。他山之石，可以攻玉。媒介批评本质上是一种价值判断，而价值判断只有在关系中才能获得存在，比较是显示关系的有效方式。成舍我媒介批评的另一个重要艺术特色，就是非常注重使用比较的方法，在同一个话语叙述中并置中外新闻事业，利用多种形式从多个方面显示和突出两者的差别，从而起到某种批判和否定的意义。其具体的话语叙述策略，是经常使用"反观""以视""不似"等具有转折和连接意义的语词，以一种看似不经意的语调，举重若轻地实现了两者的连接，有效地利用比较的方法，达到预期的批评效果。例如，他的《在伦敦所见——英国报界之新活动》一文，在介绍英国报界两个巨头与最近政潮的关系时，以介绍"英国报纸，在政治上具有特殊势力"传闻引入评述道：我们固然经常听说，英国选举的胜负，与其内阁的成败，常常操于重要报纸的手里。这种说法此处虽稍有夸大之嫌，但事实上确具有一些可能性。因为对报纸而言，不管其主张如何，如果它的动机是着眼于公众福利，那么就必然会有部分公民对其主张表示支持。成舍我接下来又继续对此加以解释："在相当限度内，英国国民之意志，确可以支配政治，亦即英国报纸之态度，在相当限度内，确足使英国政治，资以转移。初不如吾国报纸，其控制之形势，适与此成一反比也。"[1] 从英国报纸可以对政治产生巨大的影响力，仅使用"初不如"一词进行话语转折，在云淡风轻之际，就把话语转移到了对中国报纸社会影响力缺乏的批评上来，论证逻辑衔接得甚为自然顺畅，有水到渠成、轻松自如之感。

第三，积极乐观。成舍我是一个有着远大新闻理想的人，其新闻理想之所以远大，自然是建立在对新闻事业现状有着诸多不满、抱怨甚至责难的基础上，建立在理想与现实有着巨大落差的前提下。这种不满、抱怨和责难，在他关于新闻事业的论述中，屡见不鲜，在他很多新闻理论文字的文章结尾处，落点往往都归结到对新闻现状的否定。但是，这种负面性评价在其媒介批评中并没有凝聚为无法化解的沮丧和悲观情绪，相反，成舍我的媒介批评始终传达出一种对新闻事业前途的希望和乐观情绪。在他的媒介批评文字中，不满、抱怨和责难等，都只具有工具性，是帮助人们建

---

[1] 舍我：《在伦敦所见——英国报界之新活动》，《世界日报》1930年11月17日。

立对新闻事业前景希望和乐观的手段。这既是成舍我自己对新闻事业抱有信心的一种必然投射，更是成舍我进行媒介批评时所希望达成的一种批评效果。1932年4月29日，他在燕京大学新闻学系"新闻讨论周"上发表题为《中国报纸之将来》的演讲，针对有人说"中国报纸，近来简直没有什么进步可言"①之论，他用自己的亲身经历予以反驳道：民国初期，即便是号称报业最发达的上海，那时销数占第一位的报馆，也最多不过日销两三万份，而现在一天最多时已有十四五万份了。那时报纸上报道的新闻异常陈腐，尤以本埠新闻为最。该栏所有消息，大多是依靠所谓跑马路的访员，拉杂撰写，用复写纸一字不改地分投数家报馆。而现在报上的本埠新闻，竞争却最为激烈，每一报馆动辄有外勤十余人，一旦有什么事情发生，立刻就会出动。沐浴过五四运动急风暴雨洗礼的成舍我，始终坚信科学的力量，认为科学是推动人类社会进步的最大因素。由科学进步推动社会向前发展的逻辑，推导出报业也将随着社会发展而进步，是人类社会向前发展的一个必然规律性的结果，由此而对新闻业的前途和未来生出巨大的乐观。成舍我对新闻业前途的这种乐观情绪，使他的媒介批评始终具有指向未来的价值取向。

第四，客观中肯。成舍我做事一向认真细致，其媒介批评也是有好说好，有坏说坏。据当年陪同他去考察欧美报业的张作韶介绍说："舍我之看，并不是走马看花之看，而是细细的看，从排字开始，而编辑而发行，无一不看；不但看，且研究，而且比较，他们彼此间之比较，他们同中国报纸之比较。有点不明了的，他必问，反复的问，不厌求详的问。"②成舍我甚为羡慕欧美新闻业对社会的巨大影响和其所享有的自由，尤赞叹其政府与新闻业间的良好互动关系。"然而，他并不是全盘地接受西方新闻业的发展模式，而是对欧美报业的一些不好的发展势头进行了批判，进而较深入地思考了中国报业的发展道路。"③小报历史悠久，形象向来不佳，成舍我却认为："我觉得北平所谓'小报'，我们真有提倡的必要。虽然大家在那里鄙弃'小报'，但是若把他的短处，加以改革，在将来的中国新闻事业，'小报'一定要占很重要的地位。因为他篇幅小，所以定价比一般所谓

---

① 成舍我：《中国报纸之将来》，《江苏月报》1934年第1卷第3期。
② 转引自黄志辉《追梦与幻灭：报人成舍我研究》，中国社会科学出版社2017年版，第153页。
③ 黄志辉：《追梦与幻灭：报人成舍我研究》，中国社会科学出版社2017年版，第152页。

'大报'也者便宜,因定价便宜,所以士大夫不齿的引车卖浆之徒,也还可以勉强买得起。未来的真正民众化的报纸,是要将这种'小报''提倡''改良'而发达起来。"① 他对小报的这种批评,或许与小报与其报纸大众化理念存在合拍之处有关,但也是成舍我媒介批评客观中肯特点的一种必然体现。

在中国新闻事业史上,成舍我以成功的报业经营管理家而著称,他一手创办和经营的北平《世界晚报》《世界日报》《世界画报》系列、南京《民生报》和上海《立报》,都因在中国现代报业史上具有某些开创性的贡献而令人称道,可圈可点。没有理论指导的实践是盲目的实践,而任何盲目的实践最终都不会取得成功。成舍我报业经营的成功,固然主要是其个人精明周到、辛勤经营的回报,但也与他拥有一整套顺应和体现世界新闻传播发展潮流和趋势的先进理论,并自觉地以这套理论指导自己的报业实践有关。成舍我之所以拥有这套至今仍具有一定合理性的报业理论,一方面是他总结自己报业实践的结果,另一方面也是他注意观察和分析报业现状,通过媒介批评的反思而获得的理论收获。在成舍我构筑其新闻理论体系过程中,媒介批评一直是其中不可或缺的因素和手段。有学者指出,成舍我游历欧美考察的目的之一,是希望"洞察世界报业发展潮流,甄别欧美各国报业得失,探寻中国报业的发展方向"。② 甄别欧美各国报业得失的过程,就是鉴别选择、价值判断的活动,也即媒介批评的话语实践。成舍我对报刊上新闻批评的巨大作用深有心会,他不仅是个撰写新闻评论的行家里手,而且对新闻评论写作态度也有着十分独到的要求。他曾有言:"主观的批评还算是批评底一种,但已经没有甚么价值了;我们固不应当以己度人。即使偶一为之,又宁可失之忠厚;我们更不应当以小人度君子。批评到个人身上去,已经是舆论家之羞了;何况更作无聊的推测呢?"③ 媒介批评本质上与新闻评论相通,是新闻评论的一个品类。成舍我对新闻评论写作态度的要求如此之高,如果移用这段话来评价成舍我的媒介批评实践,倒也颇能够为人们充分地理解和认识其时代价值跟历史地位提供某种助益。

---

① 成舍我:《中国报纸之将来》,《江苏月报》1934年第1卷第3期。
② 黄志辉:《追梦与幻灭:报人成舍我研究》,中国社会科学出版社2017年版,第152页。
③ 舍我:《舆论家底态度》,《时事新报》1920年4月15日。

第八节　张季鸾的媒介批评

张季鸾（1888—1941），名炽章。中国近现代著名新闻工作者，以政论闻名于世，祖籍陕西榆林，1888年3月20日出生于山东邹平一个没落的官僚地主家庭。1901年，其父病殁于任上，张季鸾随母扶柩返回榆林，后就读于烟霞草堂，师从关学大儒刘古愚，并得到陕西学台的赏识和器重，1905年官费留学日本，先入东京经纬学堂，不久又升入东京第一高等学校攻读政治经济学，在革命派与改良派论战过程中，被推举编辑陕西留日学生创办的具有反对清廷统治的《夏声》杂志，开启从事新闻工作的起点。回国后，于1910年应邀赴上海帮助于右任编办《民立报》，曾从南京向该报拍发孙中山就任临时大总统的消息，是为民国成立后的第一条新闻专电。[①] 1913年，张季鸾和曹成甫北上，创办了北京《民立报》，同时兼任上海的《民立报》驻北京记者。因在报端披露袁世凯非法签订《善后借款合同》消息而被捕下狱，经营救出狱后回到上海，任《大共和日报》国际版主编。1915年，在上海创办《民信日报》，任总编辑，该报后因经费不足停刊。袁世凯死后，张季鸾再返北京，担任政学会北京机关报《中华新报》总编辑，兼任《新闻报》驻北京记者，因发表段祺瑞非法签订《满蒙五路中日借款合同》消息而再次被捕，后经多方营救始出狱。1919年，他担任政学会上海机关报《中华新报》的总编辑，该报因经营不善于1924年停刊。1926年9月，张季鸾与吴鼎昌、胡政之三人合组"新记公司大公报"，接办此前已停刊的《大公报》，张季鸾担任该报总编辑兼副总经理。复刊后的《大公报》消息灵通、内容丰富、版面活泼，逐渐成为中国北方的舆论重镇，张季鸾的社评也以情理兼备、流丽潇洒而风靡一时。1930年以后，张季鸾与蒋介石关系逐渐走近，实际上成为蒋所倚重的幕僚与诤友之一，《大公报》也因屡屡在各种政策上为国民党政府解围而有了"小骂大帮忙"[②]之名。抗日战争期间，张季鸾始

[①] 夏晓林：《张季鸾》，《新闻界人物》编辑委员会编：《新闻界人物》（一），新华出版社1983年版，第107页。
[②] 夏晓林：《张季鸾》，《新闻界人物》编辑委员会编：《新闻界人物》（一），新华出版社1983年版，第125页。

终坚持抗战,撰写了大量控诉日本帝国主义屠杀中国人民残暴罪行的社评,对敌我双方各方面情况进行正确分析,有力地鼓舞了人心士气。1941年9月6日,张季鸾因积劳成疾在重庆去世,当时国共两党及其他各界都对其贡献给予了极高评价。张季鸾是中国近现代新闻史上的一位标志性人物,他不仅以撰写社评著名,而且也以其稳固明确的新闻理念而为人称道。人以文显,文以名传。作为一个以新闻为终身志业的报人,他多次在社评和其他场合发表对新闻及其活动的评价性看法,对当时一些新闻工作者产生过很大影响。他的这些言说,自然也成为中国现代媒介批评活动的重要组成部分。

一

新记《大公报》公司的"四不"办报方针,是张季鸾新闻思想的集中体现。张季鸾自涉入新闻业以后,其资产阶级报人的新闻观念虽有所变化,但其核心则一直比较稳定。1926年9月1日,他在《大公报》续刊第一号上执笔撰写的《本社同人之志趣》一文,提出了著名的以"不党、不卖、不私、不盲"为中心的"四不"办报方针,社会影响十分深远。有学者曾经评价道:"新记《大公报》的'四不'办报方针,不仅从根本上否定了为党派私利争吵不休的堕落的资产阶级政党报纸,否定了以金钱为向背的奴才报纸,同时也以其具体的积极的内涵区别于商业性报纸的'经济独立'、'无偏无党'的八字办报方针。所以'四不'方针的提出不仅在实践中促进了中国新闻事业的发展,而且是中国资产阶级新闻理论的一个重大发展,是中国报界走向成熟的标志。"[①] 虽然该方针正式提出于1926年9月1日,但鉴于此后张季鸾一直在不同场合、利用各种机会一再阐释和宣扬该新闻理念,所以将之体现作为十年内战时期张季鸾媒介批评活动及其思想的文本进行叙述和分析,亦有一定的道理。

张季鸾在《本社同人之志趣》一文中具体解释"四不"办报方针之前,曾就其社会和媒介背景进行了评述:"报界之厄运,至今日而极矣!军权压力,重逾万钧;言论自由,不绝一线。而全国战兴,百业俱敝,报纸营业,遂亦大难。通观国中,除三数社外,大抵呻吟憔悴于权力财力两

---

① 吴廷俊:《新记〈大公报〉史稿》,武汉出版社2002年版,第104页。

重压制之下,岌岌不可终日。"① 通过这样的因果分析和情景描述,张季鸾得出了"清末以来,言论衰微,未有今日之甚者也。然察民国以来新闻事业失败之历史,其原于环境者半,原于己身者亦半"②的结论。这不仅为"四不"办报方针的出场进行了必要的社会背景铺垫,而且其本身也是对当时媒介生存环境和自身状况的强烈否定。因为有了"报纸天职,应绝对拥护国民公共之利益,随时为国民贡献正确实用之智识,以裨益国家"③的新闻理论前提,从而为"四不"办报方针的提出建构了极大的理论和现实正当性。

何为"不党"?新闻传播为什么要不党?张季鸾对此进行了比较详细的阐释。他认为党即党派,并非可鄙之辞,各国都有政党,也都有党报。所谓不党,就是媒体与各个党阀派系均没有连带关系。不党并不是中立的意思,也不是敌视党派,因为各党派也都是中国人,"吾人既不党,故原则上等视各党,纯以公民之地位发表意见,此外无成见,无背景。凡其行为利于国者,吾人拥护之;其害国者,纠弹之。勉附清议之末,以彰是非之公"。④ 质言之,就是媒体与各党派没有任何利益上的关联,面对党派争斗,媒体既不中立,也不回避,更不袖手旁观,而是独立地站在国家民族的立场发表意见和看法,同支持者不与之结亲,同反对者也不与之结仇,而是纯以国家利益为发言立论的标准。何为"不卖"?张季鸾认为,不卖就是不将言论权作为谋取经济利益的工具,言论独立的前提是经济自立。媒体既不接受带有政治性质的金钱补助,也不接受来自政治系统的入股投资。媒体言论虽然会受到立言者知识和感情的局囿,但不会被金钱所左右。媒体和全国人民的关系,除了同胞这一点,其他都如白纸一张。只是希望通过社会公众的同情,而获得成长和发展的机会。何为"不私"?张季鸾指出,新闻工作者除忠于专业本身固有的职责之外,不应该有利用媒体以谋取个人私利的打算和愿望。也就是说,媒体是公器,不可专擅私用。媒体阵地应向全国开放,使之成为公众的喉舌。何为"不盲"?张季鸾认为,不盲并不是自诩高明,而是一种自勉之语。盲本来是对人视力的

---

① 记者:《本社同人之志趣》,《大公报》(天津)1926年9月1日。
② 记者:《本社同人之志趣》,《大公报》(天津)1926年9月1日。
③ 记者:《本社同人之志趣》,《大公报》(天津)1926年9月1日。
④ 记者:《本社同人之志趣》,《大公报》(天津)1926年9月1日。

一种表述，后引申为抽象的观察和辨别能力。张季鸾这里将"盲"进行了多方面的阐释：随声附和是一种盲从；一知半解是一种盲信；感情一时冲动而不进行详细地搜求推研，是一种盲动；昧于事实地激烈批评，甚至流于詈骂，是一种盲争。新闻工作者要尽量摆脱这种"盲"的状态，进入不受蒙蔽的明察之境。

张季鸾从不党、不卖、不私、不盲四个方面阐释了《大公报》的办报方针，虽然这四个方面各有其具体的内容与指向，但显而易见的是，这四个方面又具有高度一致的精神要求与价值内涵，表面上是讲的办报方针，实质上是对新闻工作者的修养或素质要求，更可以理解为对新闻传播中存在着的党、卖、私、盲四种新闻现象或行为的批判与否定，其价值倾向性不仅异常鲜明突出，而且极具有现实针对性。所以，它的提出以及实践也就具有了明确的媒介批评意义。1931年5月22日，张季鸾在《本报一万号纪念辞》一文中，在重新申述了"四不"办报方针之后，明确地对读者交代："以上四端，为在当时环境下所能表示之最大限，亦同人自守自励之最小限。"① 虽然"四不"提出时仅是该报的一种自我明志，但既然揭载于报端，自然也是公开的宣示。尽管张季鸾也承认由于环境等条件的限制，"四不"办报方针在实践中"其效则微"，不过他仍然认定"其志是矣"。② 1946年9月1日，国内形势虽然已发生了天翻地覆的变化，但《大公报》（上海版）又重新发表了《本社同人之志趣》这篇文章，足见其对"四不"办报方针的一种精神坚守和继承，也说明"四不"当年所指涉的媒介现象和问题，至今仍未根除，所以其文仍然具有强烈而现实的媒介批评意义，这大概也是上海版《大公报》在多年之后又重新发表该文的一个重要原因吧。

二

张季鸾身上有着较为浓重的中国传统士人的性格特质和习惯。躬自厚而薄责于人、三省吾身反求诸己是中国传统知识分子一贯推崇的修身养性的信条。作为一个报人，观察和品评媒体自是本分之事，但张季鸾"于同

---

① 《本报一万号纪念辞》，《大公报》（天津）1931年5月22日。
② 《本报一万号纪念辞》，《大公报》（天津）1931年5月22日。

业人物，从不轻于评议"。① 外圆内方，是他一个十分突出的性格特点，这使其媒介批评常带有强烈的自我检讨倾向，即他对同业的缺点和不足常常是缄口不言，而对其优点则不吝赞词。他的媒介批评较多的是对自己及其从业媒体的检讨，特别是每到报刊纪念的特殊日期，他常会借此机会进行回顾、总结和检讨。1931年5月22日，适逢《大公报》出版发行一万号之际，这对《大公报》而言，当然是一个具有纪念意义的时日，所以张季鸾就在该报发表了《本报一万号纪念辞》一文，对该报创刊以来的成绩与不足进行批评，其中不仅透露出他对报刊社会使命和责任的寄托与希望，也透露出他进行媒介批评时所持有的某些标准、视角和分析高度。

张季鸾认为，"近代中国改革之先驱者，为报纸"。②《大公报》就是其中之一。1895年甲午战争失败，中国衰弱到了极点，1900年甚至已濒临亡国。国内俊杰发愤呼号，希望找到自强救国之路，他们的主要工具就是日报与丛刊。这就是《大公报》诞生的时代背景。进入近代以来，报纸负有重要的国家使命，这在处于改革过渡时代的国家中，尤为明显。中国有志之士深谙个中道理，故言论报国之风，至甲午之后大兴，至庚子后趋于极盛。"然清末南北著名报纸，民国后多受压迫而夭折。新兴报纸，处高压之下，亦鲜能发展。报狱叠兴，殉者无数。其规模宏阔之报，或庇外力以营业，或藉缄默以图全，近十余年来，除革命机关报之非商业性质者外，求如清末报纸之慨然论天下事者，反不多见。"③ 张季鸾结合亲身经历回顾近代以来中国报纸的艰辛发展过程，不由得感慨良多："现在同人等之投身报界也，早者始于辛亥之役，其晚者，亦多逾十年以上，浪迹南北，株守徒劳。故于十五年天津反动政治最高潮之时，更毅然接办本报，再为铅刀之试，期挽狂澜之倒。岁月忽忽，又数年矣！而所谓言论报国者如何？"④ 应该说，新记公司《大公报》成立以来，无论在新闻革新还是在经营管理方面，都成绩卓著，这是有目共睹的事实。但张季鸾从报业救国的理想高度检讨该报的时候，却得出了"悲愧交并"⑤ 的结论，虽有自谦

---

① 徐铸成：《报人张季鸾传》，《徐铸成传记三种》，学林出版社1999年版，第47页。
② 《本报一万号纪念辞》，《大公报》（天津）1931年5月22日。
③ 《本报一万号纪念辞》，《大公报》（天津）1931年5月22日。
④ 《本报一万号纪念辞》，《大公报》（天津）1931年5月22日。
⑤ 《本报一万号纪念辞》，《大公报》（天津）1931年5月22日。

成分，但无疑也为同人建立了又一个衡量媒介质量和效果的新标准与新高度。至于他在文中吐露的由于国内政治局势的剧变，致使报纸"虽依时立言，勉效清议，然常有时不能言所欲言，或竟不免言所不欲言"①的衷曲，导致报纸很多改革计划不得不中断或搁浅，生动而真实地描画出了当时中国新闻媒体的普遍境遇。

值得赞许和难能可贵的是，张季鸾对此并未气馁，反而在文中流露出对中国报业发展前途的乐观态度。他指出，一方面，国内自国民革命运动开展以来，国人在精神上有了显著的进步；另一方面，世界经济潮流正逼使中国必须走工业化和科学化之路，政治上必须趋于民主化及社会主义化的方向。"此时代的必然之事实，非无因而至者也。"② 中国将来政制的演进与政治人物的浮沉，虽无法预知，但可以断言的则是必随时代的发展而前进，其前进的目标必将是全民的乐利进步与国家的自由平等。在追随时代演进的途程中，"报纸任务更趋于重大，而其经营方法，乃更趋于复杂及繁密"。③ 国家的发展有轻重缓急之序，社会舆论对国家的发展方向具有重大的引导作用，而正当舆论的养成，并非偶然。"必也集全国最高智识之权威，而辩论，而研究之；最后锻炼而成之结晶体，始为舆论。"④ 只有养成了这种高品质的舆论，才能保证国家免生内乱，不断排除障碍而向前迈进。张季鸾认为报纸与舆论的关系应是："报纸者，表现舆论之工具，其本身不得为舆论。"⑤ 新闻工作者所具有的不过是经验和常识，对于建国大业这样的全局之事，何知何能！唯有将新闻媒体作为一个公共平台，呼请全国国民和各界有识之士予以充分的指导、督责、援助与合作，"凡所欲言，可在本报言之！其互辩者，在本报辩之！凡在法律所许范围以内，同人必忠实介绍，听国民为最后之批判"。⑥ 他期望经过五年十年这样的努力，中国或将能形成真正的舆论。

张季鸾在文中也向读者呼吁：由于中国现状是百分之九十以上的人口为农民，在今日工业幼稚时代，农为国本。都市之人对乡间状况并不了

---

① 《本报一万号纪念辞》，《大公报》（天津）1931年5月22日。
② 《本报一万号纪念辞》，《大公报》（天津）1931年5月22日。
③ 《本报一万号纪念辞》，《大公报》（天津）1931年5月22日。
④ 《本报一万号纪念辞》，《大公报》（天津）1931年5月22日。
⑤ 《本报一万号纪念辞》，《大公报》（天津）1931年5月22日。
⑥ 《本报一万号纪念辞》，《大公报》（天津）1931年5月22日。

解,"是以中国革命之第一要务,为普遍调查民生疾苦而宣扬之"。① 这本来是报纸的天职,现在却力有不逮。"故必须望全国读者之努力合作;凡有真确见闻,随时不吝相告!期使本报成为全国人民生活之缩图,俾政治教育各界随时得到研究参考之资料。倘以为本报言论有谬误,或同人之志趣有疑点,以及对于报纸一般内容有不满意,凡所批评,竭诚接受。随时改进,惟力是视!"② 读者在一定的意义上是媒体的上帝。张季鸾是一个有清高倾向的知识分子,但他在评价国家发展计划、擘画媒体发展方略之时,常常将读者视为其中的一个重要因素而进行分析,甚至将读者视为媒介批评的结构环境而进行设计,无疑显露出他作为一个杰出报人的不凡心胸和眼界。

三

就一般意义上说,自由是对外在限制的摆脱。马克思主义认为,自由还是一个主体性的范畴,是人的主体性的最充分的表现。"人不是由于有逃避某种事物的消极力量,而是由于有表现本身的真正个性的积极力量才得到自由。"③ 对新闻自由的追求和关切,体现着新闻工作者的实践及其主体力量。张季鸾是一个与国民党最高统治者走得很近的报人,但在从事新闻工作时又基本上坚守住了在野者的身份,这使他能够在政治与专业之间对当时的新闻自由问题和现象进行观察与评价,力图在服务政治和坚守专业之间,寻找到某一种立场的妥协与价值的平衡。因此,他关于新闻自由问题的一些话语言说,也就必然地带有某种张季鸾个人所特有的情感色彩和立场倾向。

1929年12月27日,蒋介石以国民政府主席身份通电全国报馆,希望各报自1930年元旦之日起,于国事宜具灼见,抒发谠言,对国民党当局的党务、政治、军事、财政、外交及司法等各方面的情况,作真实的报道,对各方面弊病,"亦请尽情批评"。④ 第二天全国各大报纸都纷纷在要闻版对此予以报道,张季鸾还专门在《大公报》上发表了《国府当局开放言论

---

① 《本报一万号纪念辞》,《大公报》(天津)1931年5月22日。
② 《本报一万号纪念辞》,《大公报》(天津)1931年5月22日。
③ 《马克思恩格斯全集》第2卷,人民出版社1957年版,第167页。
④ 方汉奇主编:《中国新闻事业编年史》(中),福建人民出版社2000年版,第1148页。

之表示》的社评对其进行分析。张季鸾在社评中节引勘电部分文字后，高度评价道："此国府当局开放言论之诚恳表示，而为政治前途之一种良好的趋向，殊可特称。"① 随后他进一步解释了做出这一评价的历史背景和原因在于，"查党国对于言论界之过去，多少有承袭苏联式或法西式理论之趋势，将完全置全国言论界于党部指导管理之下，而绝对统一之"。② 而且国民党当局所希望的统一，并非仅指言论方面，也包括新闻报道。国民党当局所理想的国内新闻状态，"为全国报纸言论一律，纪事亦一律，当局谓黑，则俱黑之，谓白则俱白之，其所是否者是否之。是以此种制度下之报纸，其职责乃完全为当局作政策之宣传，不复含自由宣达民隐之意也"。③ 张季鸾认为国民党的这种新闻统制制度，性质上与苏联和意大利属同一类型。苏俄与意大利的这种新闻政策，固可暂时收到舆论整齐划一之效，"然觇国者实为之危"。④ 因为它存在着两大流弊：一是宣传过于统一严整，时间长了人民神经麻痹，反使宣传失效；二是报纸专为政府作宣传机关，全国言论界势必会单调化和平凡化，将会使人民从根本上失去阅读报纸的兴味，最后的结果，只是使报纸失其信用。前者对政府不利，后者对报纸不利。此诚可谓两失的不智之举，实不可取。

张季鸾认为若政府强固有能，加之官吏清廉，标准一致，法出必守令出必行，人民一方面既畏惧其威，一方面又有所期待，所以纵然缄口，犹可暂安。若既钳制民口，政府本身尚未巩固，施政尚未收效，则人民仅承受独裁带来的不便，而得不到专政带来的利益，于是就会"初则怨望，浸假而愤怒，而爆发矣"。⑤ 此诚至危之道。他从战争需要的角度，对国民党当局此前的新闻统制表示体谅，认为国民党自北伐以来，其间多在战争时期。而战争是一种危事，胜负往往在存亡呼吸之间。"一切政论，皆须搁置，先顾军事利益，是以当局过去之新闻政策，以常理言，固不合，以环境言，则亦有不可概加责备者在。"⑥ 因此，张季鸾对蒋介石勘电中所表现出来的那种求言姿态，深感欣慰。他认为现在北伐告竣，国家即将进入建

---

① 《国府当局开放言论之表示》，《大公报》（天津）1929年12月29日。
② 《国府当局开放言论之表示》，《大公报》（天津）1929年12月29日。
③ 《国府当局开放言论之表示》，《大公报》（天津）1929年12月29日。
④ 《国府当局开放言论之表示》，《大公报》（天津）1929年12月29日。
⑤ 《国府当局开放言论之表示》，《大公报》（天津）1929年12月29日。
⑥ 《国府当局开放言论之表示》，《大公报》（天津）1929年12月29日。

设阶段，此后政府正需各界人民拥戴，奖励言论自由越早，所减除社会的危机越多，于党国利益则越大。"蒋氏此次通电，慨乎言之，盖深知其中得失者也。"① 他认为蒋介石的勘电是一种顺乎历史发展方向的明智之举，所以给予了"深切之同情"的高度评价。作为一个专业新闻工作者，张季鸾对新闻自由之于新闻业发展的重要性，自然心知肚明，所以他对蒋介石勘电所做出的这种评价，虽不无为蒋氏涂脂抹粉之嫌，但也包含了他为新闻业的发展争取一定空间和条件、借此为之推波助澜的努力与期待。

进入1930年后，国民党新闻检查的罗网越织越密，致使新闻事业步履维艰，反对和检讨新闻检查的声浪日益高涨。1935年1月24日，国民党中央常会经讨论确定的新闻检查的原则是："凡对于党政设施有事实之根据，而为善意之言论者，除涉及军事或外交秘密或妨害党国大计者外，均得自由刊布之，但不得宣传与三民主义不相容之主义。"② 张季鸾立即在报端发表社评，除对该决议表示"赞佩"之外，也提醒国民党当局："原则之适用，视遇事之解释，故此次中央原则之适用如何，尤在军政检查机关之态度。"③ 原则的执行尤其不能太过随意。例如军事外交秘密，何者为秘密范围？例如党国大计，何者在大计之列？"业报者固亦自有衡量，然若军政机关吹毛求疵，附会周内，则中央爱护言论自由之盛意，将实际不能表现。"④ 随后他又分析说："盖察近年军政机关对报界纠纷之多，首由一般官吏自始存苛责挑剔之念，或不明保障言论自由为各级政府本身固有之职责，仿佛以严重取缔为当然，以缓和对待为宽大，遂至有时抹杀报界合法之立场，甚者则滥用权限，凭喜怒以为处分。"⑤ 张季鸾认为这种状况若不加以改变，新闻业要想获得长足发展，实无异于缘木求鱼，故其言辞之间对国民党关于言论自由的决议能否真能实施表示出几许怀疑。

张季鸾早在20世纪20年代中期就已经蜚声报界。1924年，著名记者邵飘萍在《新闻学总论》一书中曾评价他道："《中华新报》为政学会之机关，近亦注意于营业。其执笔之张一苇君，头脑极为明晰，评论亦多中

---

① 《国府当局开放言论之表示》，《大公报》（天津）1929年12月29日。
② 转引自方汉奇主编《中国新闻事业编年史》（中），福建人民出版社2000年版，第1284—1285页。
③ 《关于言论自由》，《大公报》（天津）1935年1月25日。
④ 《关于言论自由》，《大公报》（天津）1935年1月25日。
⑤ 《关于言论自由》，《大公报》（天津）1935年1月25日。

肯；勤勤恳恳，忠于其职，不失为贤明之记者，且自身殊少党派之偏见。惟该报营业方面，似未得法，故销数仍未大增。"① 张季鸾对报人的社会角色和功能有着清醒的认识和定位，他认为"成熟的记者应该是第一等的政治家"。② 徐铸成曾回忆过他与张季鸾交往时的一个生活细节："我们边吃，也时常边议论报纸。他对其他报纸不多谈，只注意金仲华兄主编的《星岛日报》，有时《星岛日报》有一篇好社论，一个好标题，他会赞不绝口。对羊枣写的时事评论，也十分注意。曾说：'这样的分析，对海外人士的抗战热情，会发生极大的鼓舞作用。'"③ 1923年，他在《新闻报三十年纪念祝词》中就曾经十分痛心地批评报界道："且中国报界之沦落甚矣。自怀党见而拥护其党者，品犹为上；其次依资本为转移；最下者朝秦暮楚，割售零卖。并无言论，遑言独立；并不主张，遑言是非。"④ 作为一个有着远大理想和职业抱负的新闻工作者，媒介批评必然会是其日常工作与生活中的一项重要内容。张季鸾在20世纪20年代后期，政治立场逐渐靠近国民党当局，特别是对蒋介石有一种"士为知己者死"的知遇之感。1931年"九·一八"事变后，他收到蒋介石希望支持其不抵抗政策的请托，受宠若惊，即不惜以牺牲《大公报》销路为代价，发表多篇文章力主对日"缓抗"。不过在抗日战争爆发后，张季鸾对抗日战争的前途却一直充满信心，撰写了大量社评，愤怒控诉日本帝国主义屠杀中国人民的残暴罪行，反复强调中国抗战是为正义而战，必将赢得最后的胜利。终其一生，其爱国之情始终未泯。也正因此，当他1941年9月6日因病溘然长逝时，国共双方都对其做出了极高的评价。这是我们在梳理张季鸾十年内战时期媒介批评的内容和贡献时，所不能忘记的时代背景和历史细节。

第九节 《上海报纸改革论》的媒介批评意义

在中国现代媒介批评史上，有一部学术专著的历史地位和学术意义曾一直长时期地被学术界所忽视，它就是1931年5月出版的《上海报纸改革

---

① 邵飘萍：《新闻学总论》，肖东发、邓绍根编：《邵飘萍新闻学论集》，北京大学出版社2008年版，第193页。
② 徐铸成：《报人张季鸾传》，《徐铸成传记三种》，学林出版社1999年版，第129页。
③ 徐铸成：《报人张季鸾传》，《徐铸成传记三种》，学林出版社1999年版，第5页。
④ 张季鸾：《新闻报三十年纪念祝词》，《新闻报馆三十年纪念册》，1923年2月。

论》。该书是上海复旦大学新闻系 1931 届毕业生郭箴一的学士毕业论文，由复旦大学新闻学会印行，封面以《申报》《新闻报》《时事新报》《时报》《民国日报》报头为底影，中间竖压贯通整版的"上海报纸改革论"红色书名，异常醒目。该书目前已经绝版，中华人民共和国成立后也未再版。上海图书馆有藏，但目前因为该书过于破旧而不再外借，北京中国国家图书馆有该书微缩品可供阅览。近年来随着中国新闻学研究的不断推进，一些长期被湮没的现代新闻学人，如黄天鹏、任白涛、周孝庵等人的学术贡献不断被重新发现，其历史地位也重新衡估，但郭箴一及《上海报纸改革论》却一直没有受到应有的注意。李秀云 2004 年出版的《中国新闻学术史》第五章"中国近代新闻学的研究主体"第三目"学生群体"中触及该书，惜在评述"学生群体的新闻学术研究特征"时，仅仅以"郭箴一在回顾上海新闻事业发展历史的基础上重点分析上海新闻事业改革的途径，其理论视角也可谓独特"[①] 一语带过，至于其理论视角的独特性何在，并未具体阐释。后来宋素红的《女性媒介：历史与传统》一书的第三章"妇女报刊与女新闻工作者的转型"中，其第七节为"郭箴一和《上海报纸改革论》"，虽独立成节立论，但只是将散见于李秀云《中国新闻学术史》中有关《上海报纸改革论》的几处内容加以综合而成，并未提供更新的材料和进一步的论述。改革意味着对已有的否定，仅从这个意义上看，《上海报纸改革论》的媒介批评性质就无可置疑，值得中国媒介批评史者予以注意和深究。

一

郭箴一，女，湖北黄陂人，1931 年夏毕业于复旦大学新闻系，任上海市政府科员，是中华人民共和国成立前我国为数不多受过正规新闻本科教育并对新闻学有研究的女性之一。郭箴一曾参加 1935 年初冬成立的抗日救亡组织上海"青年妇女俱乐部"活动，上海沦陷后，该组织的主要成员大部分撤离上海，仅留胡毓秀、郭箴一等人在上海分头联系会员。1938 年 10 月中旬，郭箴一曾与留在上海"孤岛"的许广平、罗稷南、潘蕙田、胡曲园、陈珪如、吴清友、孙冶方、王绍文、吴大琨、旅冈、平心等人，以"关于鲁迅思

[①] 李秀云：《中国新闻学术史（1834—1949）》，新华出版社 2004 年版，第 408 页。

想的研究"为题举行学术研讨活动,后不久与其丈夫潘芳(原名潘蕙田,中共党员)从重庆转赴延安,在延安中央研究院任职。1942 年延安整风期间,郭箴一、潘芳夫妇和成全(陈传纲)、王里夫妇与王实味一起被错误打成"五人反党集团",长期蒙冤,受屈落寞,直到 1982 年中央有关部门才做出了《关于潘芳、宗铮、陈传纲(即成全)、王汝琪(即王里)四同志所谓"五人反党集团"问题的平反决定》,冤案始得昭雪。

郭箴一兴趣广泛,著名新闻学者郭步陶曾经评价道:"他的为人,沉着而机警,长于言词,勇于任事,平日除新闻学科外,并不时拿诗歌文词,和我商榷。他的词令的敏妙,思想的透彻,都可在那里看见一二。"①黄天鹏亦盛赞其"为女同学中之铮铮者,天资卓越,雄辩无碍"②。同学田蕴兰更是佩服她"勤于学问,终岁契[锲]而不舍。且长于口才,每参与竞赛,必获奖荣归"。③ 1932 上海现代书局曾以"新文学女作家"为号召出版其小说集《少女之春》,谢六逸先生曾为之作序加以品评推介,上海商务印书馆于 1937 年还曾出版她的学术性论著《中国妇女问题》,其材料丰富、论述精当,至今仍然常为人引用和称道。1939 年长沙商务印书馆出版她的《中国小说史》一书,虽然其中内容多借鉴前人,但是在刊印版次和数量上仅次于鲁迅的《中国小说史略》,在相关学术研究领域有较大影响。

郭箴一《上海报纸改革论》在当时就获得较高评价:该书前面有复旦大学新闻系教授、著名新闻学者黄天鹏、樊仲云、谢六逸、郭步陶等人所作四篇序言。黄天鹏评价该书"言简意赅,不同凡响,足为吾业他山之助。……凡余十余年来业报之所感所怀,君皆缕述靡遗;且有较予平日持论为详尽透辟者"。④ 樊仲云评价该书"由开端目录而至最后结论,条分缕析,纲举目张,凡所叙述,可说已无余蕴,不容我再赘一辞"。⑤ 郭步陶称赞该书篇中

---

① 郭步陶:《郭序》,郭箴一:《上海报纸改革论》,上海复旦大学新闻学会 1931 年印行,第 20 页。
② 黄天鹏:《黄序》,郭箴一:《上海报纸改革论》,上海复旦大学新闻学会 1931 年印行,第 2 页。
③ 田蕴兰:《田跋》,郭箴一:《上海报纸改革论》,上海复旦大学新闻学会 1931 年印行,第 131 页。
④ 黄天鹏:《黄序》,郭箴一:《上海报纸改革论》,上海复旦大学新闻学会 1931 年印行,第 1 页。
⑤ 樊仲云:《樊序》,郭箴一:《上海报纸改革论》,上海复旦大学新闻学会 1931 年印行,第 5 页。

所论列的内容,"颇能从事实上着想,和泛泛的新闻学说,迥不相同。其关于改革的部分,多有和我十几年来所默默企望的,不谋而合"。① 这四位学者都是当时我国新闻学界的一时之选,与郭箴一有师生之谊。他们的评价固然有提携后学、嘉许勉励的成分,但从某种程度看,也大体符合该书的实际情况。

如果从新闻学理论建设的角度审视郭箴一《上海报纸改革论》,该书好像确实无多卓特标新之处,李秀云《中国新闻学术史》在第二章中摘引了该书中关于反对报纸"营业化"的观点。郭箴一认为:"'营业'二字,如能办好,还可经济独立,办报而能经济独立,外面之津贴,可以不拿,万恶之竹杠,可以不敲,在任何方面,可以不致被人收买。"② 但是,"营业"二字如果变为"营业化"的主张,则将使中国报业堕入万劫不复的深渊,因为营业化就是将报纸作为商品来经营,将利润作为最高目标,报人就蜕变为商人:"故商人营业,总难与其谈到公共利益,因其经商心理之出发点,以自己赚钱为唯一目的,办馆而归化于营业,即于商人地位自居,即以报纸为商标,馆中之电报新闻,以及纸张印具等等,皆为店中之货物,馆中任何部分之职员,皆为店中之伙计。凡在报纸上发表一言,登载一新闻,皆须听命于店老板,或掌柜之明令。苟此老板或掌柜真正有新闻学识,真可为报界之指导者,尚有可原,但全国之大老板大掌柜,除党报外,多系经济专家,在经济专家之大老板,大掌柜支配下之小小新闻记者,久之耳濡目染,自亦专心致志用全付精神于自己饭碗问题,还能盼其冒死为群众说公道话乎,拼命和万恶社会奋斗?将事之真相,公正之态度一一记载乎?办报而不能说公道话,不能记事之真相,此宗报纸,自无人阅,无人阅之报纸,其生命纵一时还能挣扎,亦不过如垂死之病人。"③ 所以郭箴一断言:营业化这三个字,即足以致当日中国报界之死命了。

应该说,郭箴一对"营业"与"营业化"观念的辨析,确实点出了影响中国报业发展的一个症结,该观点不仅具有强烈的现实针对性,而且借

---

① 郭步陶:《郭序》,郭箴一:《上海报纸改革论》,上海复旦大学新闻学会1931年印行,第21页。
② 郭箴一:《上海报纸改革论》,上海复旦大学新闻学会1931年印行,第30页。
③ 郭箴一:《上海报纸改革论》,上海复旦大学新闻学会1931年印行,第30—31页。

助步步为营的严密逻辑推理，使观点的表述具有无可辩驳的说服力。平心而论，像这类的新闻观点该书中虽也还有一些，但并不很多，而且在同时代人的相关论述中，这一观点也并非郭箴一所首创或单独持有。特别是这一观点，在其业师郭步陶的文章中已经论述清楚。从理论内容和叙述理路上看，应该是对郭步陶有关论点的祖述或重述。显然，仅仅如此的新闻理论建构还不足以托举《上海报纸改革论》在中国新闻理论学术上占有多么崇高的历史地位。这或许也是《上海报纸改革论》长时期以来难入一般中国现代新闻学术史研究者法眼的重要缘故。

二

事实上，新闻理论建设并不是《上海报纸改革论》作者撰写此书的主要目的，从一般的新闻理论建设的角度审视《上海报纸改革论》，必然无法对其价值做出较准确的衡估，甚至必然会误解性地得出该书无足轻重的结论。笔者认为，评价《上海报纸改革论》这样的专题性论著，要想对其学术史地位做出符合实际的拿捏和把握，必须转换观察视角，将作者撰写的目的与该书的框架结构、实际内容等因素综合起来进行整体分析，方能入其堂奥，窥其端倪，否则就会郢书燕说，不着边际。

从内容和结构上看，《上海报纸改革论》全书共五章。第一章为"绪论"，简要介绍和阐释报纸的定义、特质与使命。第二章是"上海报纸之沿革"，主要介绍上海《申报》《新闻报》《时报》《时事新报》《民国日报》等五家大报的历史。第三章为"上海报纸之现状"，共有十二节内容，分别为引言、今日我国报界之窘状、中国报纸之统治者、中国资本之"奴隶化"、报馆之独占化、报纸对于民众之欺骗、编辑上之缺点、采访上之缺点、新闻记者之缺点、报纸内容之缺点、一般人对于新闻事业之误解、上海报纸近年来之进步等，是对报纸在内容、形式、编采业务、报纸与社会关系等各个方面的现存弊端，进行的一次全面性的展示和批判。第四章"上海报纸应有之改革"，共四节内容，第一节阐述"改革上海报纸应注意之点"，对报纸编辑业务上的"地方主义"、取材问题、大报的小报化倾向、封建主义意识的表现等，进行了比较详尽的剖析；第二节是"改革上海报纸之具体计划"，提出报纸"须有公平而爽快之论述与批评"、需有确实而简明之记载、副刊材料需求有实用而含隽永之意味、画报需有新闻之价值、广告需真实而有益、编法宜求统一、文字务使其大众化等;第三节是"改革报纸应突破新闻政策之束缚",力主提倡新闻教育、组织能代表国家之通讯社;第四节是"改革报纸应促进新闻事业社会化"。第五章是"结论",分报纸与人生、报纸改革之责任、报纸发展之正鹄、报纸之礼赞等四节内容。

从《上海报纸改革论》全书的框架设计与结构安排看,该书主体在第三、四两章,全书共125页,三、四两章就占了86页篇幅,约占全书69%之多,由此可见三、四两章内容在全书中所占的分量。第一、二两章无论是从篇幅上看,还是从内容的结构上看,都是为第三、四两章的具体展开进行铺垫,即为三、四两章提供理论准备和分析的根据。第五章作为结论,不仅具有行文结构上的形式呼应功能,使全书具有一种整体感,而且也在某种程度上向读者暗示作者的著述主旨,达到提升作品理论色彩的目的,这种著述目的恰恰是为了照顾第三、四两章的内容而进行的专门设计,显示出作者某种写作结构上的匠心,因此,三、四两章的内容决定了该书的主体色调,也是我们评价该书价值的着眼点。第三章"上海报纸之现状",将上海报纸各个方面的缺点予以示众,否定性评判异常色彩浓烈。第四章"上海报纸应有之改革",仍然是在暴露上海报纸缺点的基础上,给出改革的建议,基调仍然是批判。总而言之,对上海报纸做出否定性的价值评判,予以抨击,并提出改革设计方案,是《上海报纸改革论》一书的主脑和主体部分。由此我们可以得出结论:郭箴一的《上海报纸改革论》是一部媒介批评性的著作,其学术史上的价值与地位,应该从中国媒介批评发展史的角度加以考量。

第三章开头部分的一句起承转合,作者在不经意之间也向我们透露出了她的目的是进行媒介批评:"前章报纸之沿革内已将上海各报之小史及概况述其大要。故此节惟以观察所得:凡讨论其未善处,俾吾人注意而求精益求精也。"① 同时代人对该书的评价也能从侧面证明这是一本媒介批评性的著作。该书在樊仲云序后有一页"上海复旦大学新闻学会丛书"的广告,丛书分别为谢六逸《新闻教育之重要及其设施》、黄天鹏《复旦大学新闻学研究史概况》、陶良鹤《最新应用新闻学》、杜超彬《新闻政策》《最近百年中日两国新闻事业之比较观》、郭箴一《上海报纸改革论》以及

---

① 郭箴一:《上海报纸改革论》,上海复旦大学新闻学会1931年印行,第27页。

未署名的《新闻学系纪念刊》《新闻世界》等八本。广告语为"用科学方法探讨新闻学理、以忠实态度批评时下报章、作唯一向导应付现代环境"①。从广告语看,其中也只有《上海报纸改革论》一书能当得起"以忠实态度批评时下报章"的宣传。李秀云教授在评述中国新闻学术发展史时,注意到了该书在内容上的不同一般之处与视角的独特性,但因受困于媒介批评研究视角的缺失和疏忽,而无法对该书的价值和地位做出进一步的分析和恰如其分的评价。

三

《上海报纸改革论》虽然是对上海报纸进行的媒介批评,但却具有全国性的媒介批评意义。这是由上海报业在当时全国报业中的特殊地位所决定的必然结果。中国近代,上海在逐渐成为中国的经济、贸易和金融中心的过程中,新闻事业也一直走在全国的前列。诸如报刊从舶来品向中国化的发展,从政论报刊向政党报刊的转变,通讯社、完整意义的新闻教育等,都首创于上海;吸收和借鉴外国报刊业务和经营管理经验,引进国外的先进技术,更新设备,上海都走在全国的前头;上海新闻界与各国同行的交往最为频繁,成为中国对外交流的重要窗口;上海新闻学的研究也开展得最早,成绩最为丰硕;等等。上海报纸在全国新闻界的这种地位,决定了其成为当时人们观察中国新闻业发展水平的主要尺度。而人们开展媒介批评,希图通过媒介批评这种观念性精神生产,来制衡新闻业发展的方向,上海报纸也就必然成为轰击的靶标,成为媒介批评活动中最重要的媒介批评客体。如著名"集纳运动"的提倡者袁殊,就曾有《上海报纸之批评》专文,1929 年,在社会上有很大影响的《文学周刊》第 8 卷第 8 号发表署名东生的《封建势力在报纸上》、第 8 卷第 13 期上郑振铎的《评上海各日报的编辑法》等,也都是以"将上海的许多日报的真相完全露布出来"作为开展媒介批评的手段与目的。

《上海报纸改革论》的学术史意义,在于它是目前我们能够发现的中国媒介批评史上最早的一部媒介批评专著。笔者 2006 年曾撰有《论〈萧伯纳在上海〉在中国媒介批评史的地位》一文,认为 1933 年上海野草书屋出版

---

① 郭箴一:《上海报纸改革论》序,上海复旦大学新闻学会 1931 年印行,第 10 页。

的由鲁迅、瞿秋白共同编著的《萧伯纳在上海》一书为中国媒介批评史上的第一部著作,现在看来这个论点有再加以讨论和更新的必要。应该说,《上海报纸改革论》与《萧伯纳在上海》在中国媒介批评史上都具有某种开创性的意义。《上海报纸改革论》以理论阐释为主,对上海报纸的缺点和不足,往往是通过抽象的概括而达到,并不在具体的文本上多费笔墨,因为这些缺点和不足是显而易见、不证自明的,作者旨在对上海报纸的缺点和不足进行指陈和批判,提出改进的意见和建议,具体文本的展示往往也就成为多余。而《萧伯纳在上海》的编撰目的,则意在揭露出媒体背后的立场与倾向,即如许广平在《鲁迅回忆录》中所说:"最好有人收集当天报刊的捧与骂,冷与热,把各方态度的文章剪辑下来,出成一书,以见同是一人,因立场不同则好坏随之而异地写照一番,对出版事业也可以刺激一下。"[①] 显然,鲁迅和瞿秋白编辑和出版该书具有明显的意识形态批评目的。如此也就决定了其操作方式与手段,必然要借助通过大量不同的原始媒介文本的比对,将不同媒体对同一事件的不同报道文本置于同一空间,辅以对不同媒介文本的言语不多然而却一针见血的解读,充分调动和利用媒介文本自身所具有的阐释和意义生产张力,以暴露客观传播背后的主观痕迹和倾向,从而达到冷峻的媒介批评效果。从产生时间的先后上看,《上海报纸改革论》在先,更具有学术史上的创新性价值。中国现代媒介批评史上的第一部专著的称誉,似应非《上海报纸改革论》莫属。

中国现代媒介批评从五四新文化运动中开始起步,但因受到诸多社会因素的制约而一直步履维艰,发展缓慢,很长时间内都是处于批评者偶尔为之的自发性零散状态,虽然媒介的表现始终不尽如人意,社会舆论对媒介亦多有烦言,但媒介批评实践的规模和声势、广度和深度都还有限,媒介批评的社会效果也没有得到充分的展现。但尽管如此,中国现代媒介批评仍然在缓慢而顽强地生长着。到了20世纪30年代前后,中国现代媒介批评开始进入独立生长时期,一个重要的表现就是经过近十年的学术和实践积累,五四前后从西方输入的新闻理论经过国人的吸收和消化,开始内化为开展媒介批评的理论根据,批评的标准和范式也由五四新文化运动时期的文化批评向新闻本体论批评转变,批评主体中具有新闻专业色彩的人士增多,他们的批评开始成为媒介批评实践的主流话语。虽然人们还不时

[①] 许广平:《鲁迅回忆录》,作家出版社1961年版,第125页。

关注传播中的意识形态背景，但媒介批评客体开始向新闻传播业务诸如编辑方法、标题、栏目设置、新闻语言大众化、板式设计、经营管理模式等新闻传播的本体论方面倾斜或聚焦，媒介批评的目的更多集中于指示改革的途径，而不是仅仅作为意识形态斗争的手段与工具。特别是开始出现对前人的媒介批评实践与经验进行总结、归纳的继承性成果，媒介批评实践所表现出来的有意识的继承性，显示了媒介批评某种程度上的自觉和积累，正是媒介批评日益走向成熟的标志之一。郭箴一《上海报纸改革论》就是在这一层次上拥有了中国现代媒介批评史上的一定地位和独特的学术史意义。

四

应该说，《上海报纸改革论》的出现不是偶然的个体性事件，而更多地体现出了一种时代累积的历史必然性，是中国媒介批评通过较长时期的量变积累而获得的一种质变成果。20世纪30年代，是国民党在全国实施统治的一个相对比较稳定时期，中国新闻事业也因之获得了相对安定的外部生存环境，进入了一个相对快速的发展时期，新闻传播业对生活各个领域无远弗届、无孔不入的强大影响力，这时得到了充分释放和显现，新闻传播业中偏离社会发展方向、背弃社会主流价值的一些现象引起人们的焦虑和不安，越来越多的社会人士开始以不同的方式思考新闻传播业与社会其他子系统的关系问题。《晨报副镌》1922年4月18日，开始连载现代著名剧作家熊佛西创作的独幕剧《新闻记者》；通俗小说大师张恨水1924年4月12日在北京《世界日报》副刊《夜光》连载的长篇小说《春明外史》，全书以报馆记者杨杏园与几个女子的爱情故事为线索。这些都意味着在20世纪20年代以后，在从无足轻重的生活边缘向社会中心地带切入的过程中，新闻传播事业一定程度上的无序发展与功能的失度扩张，为媒介批评的开展提供了社会基础和主体动力，"大多数的读者，却因种种原因，对于各日报，总有几分的不满意。大家闲谈的时候，常常说道，'现在的各日报实在没有什么可看'。甚至有人骂日报的评论，不是敷衍塞责的言论，即是苟且平凡的主张；恍惚读来，倒还成句，仔细研究，实无意义。还有人笑日报记事的政策失宜，把应记的不记，不应记的大记而特记；对于国家社会的重大问题，只有不成段落的电信，对于街头巷尾的琐屑新闻，倒有前因后果的记录"。① 可见开展媒介批评以匡正新闻传播事业的发展方向，已经成为一种时代的内在要求和急切呼唤。

无独有偶，与郭箴一写作《上海报纸改革论》几乎同时，谢六逸先生1931年6月1日在很有社会影响力的《文艺新闻》上，发表了题为《最近的感想》随笔，归纳了四条造成中国新闻业进步迟缓的原因。其中第一条就是"缺乏新闻批评家。我国报纸的读者，对于报纸的好坏完全没有辨别能力，对于报纸本身的构成，更是茫然，他们只消每天有报可看就行，对于报纸的编辑发行等全不在意。在目前我们希望有力的批评出来，如像日本的长谷川如是闲、大宅壮一之流，将国内的报纸痛快地批评一下，一方面促进各报的改善，一方面使阅者知道辨别报纸的好坏"。② 郭箴一在撰写《上海报纸改革论》一书时，在资料储备上花费了大量的时间和精力，"搜各国之精华，尽力推究，罗固有之经验，悉心校正"。③ 搜集并参考了当时能够找到的几乎所有媒介批评的相关材料。谢六逸当时是复旦大学新闻系主任，作为郭箴一的业师，他对新闻业以及媒介批评的某些观点，不可能不对郭箴一产生某种影响，甚至该选题的确定都有可能直接受到谢六逸的某种启发或点拨。

当然，过分地推崇《上海报纸改革论》的学术地位并不恰当，因为该书的完成是大量地吸收与综合了此前有关媒介批评的成果，该书对上海报纸某些弊端的分析，其理路和观点都有借鉴前人的明显痕迹，某些词句甚至大同小异。如她关于上海报纸在全国报纸的领头羊地位的阐释，即是完全套用了姚公鹤1917年在商务印书馆出版的《上海报纸小史》中的相关说法；关于报纸编辑上的标题欠缺艺术、批评式之记事、矛盾之新闻、编辑方针不统一、编辑法之守旧、思想陈旧、不客观公正等缺失的论述，与此前郑振铎《评上海各日报的编辑法》、袁殊《上海报纸之批评》、周鲠生《对于国内的报纸几个希望》、郭步陶《今日中国报界唯一的制命伤》、樊仲云《中国报纸的批评》等单篇文章中的论点和叙述，都让人有诸多似曾相识之感，甚至因袭的痕迹很重。因此，如果从当代研究专著成书的角度

---

① 张原絜：《张跋》，郭箴一：《上海报纸改革论》，上海复旦大学新闻学会1931年印行，第127—128页。
② 陈江、陈庚初编：《谢六逸文集》，商务印书馆1995年版，第293页。
③ 薛祺：《薛跋》，郭箴一：《上海报纸改革论》，上海复旦大学新闻学会1931年印行，第129页。

看，《上海报纸改革论》在学术上可能有着更多的"编辑"痕迹，这反映出20世纪前半叶中国媒介批评乃至新闻学研究还很不成熟的一面。

这些对前人精神劳动成果的沿袭并没有湮灭掉《上海报纸改革论》的创造性光芒，因为无论是体例的宏大、内容的丰富、视野的开阔、论域的全面等，《上海报纸改革论》都有其超迈前人之处。在某种意义上，《上海报纸改革论》的出现，是中国现代媒介批评历经十多年来的发展，在20世纪30年代初所进行的一个总结与回顾，为下一阶段中国媒介批评实践提供了另一个新的起点。媒介批评需要以对媒介实际情况的精准观察、对媒介内部运作机制的洞悉为前提，但在当时的中国，这些情况的获得是非常困难的。黄天鹏曾在一篇媒介批评文章中述及个中甘苦："十年以还，新闻论著，岁有所见，而纪实之作，则未之觏。盖通论之篇章，易于命意，若实际之状况，非调查无从捉笔也。吾业向清壁垒，讳言报馆内事，世有举以相询者，或大事铺张；载之典籍，亦复如是。"① 作为一种对媒介的否定性评判，媒介批评的开展需要相应的勇气和胆识，黄天鹏在为《上海报纸改革论》所作的序中，也表达了媒介批评实践对批评主体的一些特殊限制："盖予入世既深，言多讳忌，役报日久，壮怀问天。此中甘苦，固三折肱，而应兴应革者万端，亦殊未易尽抒所见。"② 这种情感状态其实不是黄天鹏一人所有。应该说，现代中国新闻业中不乏责任感强烈的忧国忧民之士，他们对新闻业的弊端非常清楚，但各种因素使他们在进行媒介批评时缩手缩脚，甚至干脆放弃。考虑到当时这种实际状况，我们对《上海报纸改革论》就不能不给予较高的推崇和钦佩。

为什么长期以来，人们对《上海报纸改革论》一书在中国新闻学术史上的贡献会视而不见呢？笔者以为，这一方面与此前新闻学术史研究资料搜集困难有关，另一方面在很大程度上还是受到研究视角所限。在中国新闻史研究中，人们比较关注事业发展史和新闻理论的演进变迁，对新闻学术史的梳理也长期受到阶级分析法的拘囿，对《上海报纸改革论》这样针砭时弊之作的意义估计不足。其实，新闻事业史的发展受到多种因素的制

---

① 黄天鹏：《中国新闻界之鸟瞰》，《民国丛书》第二编第48册《新闻学刊全集、新闻学名论集》，上海书店1990年版，第69页。
② 黄天鹏：《黄序》，郭箴一：《上海报纸改革论》，上海复旦大学新闻学会1931年印行，第2页。

约，社会进步、经济发展、政治安定、技术突破、观念更新等，都会给新闻事业的发展带来影响，在研究新闻事业发展史时，这些因素受到了人们较多的关注，但作为一种观念性精神生产的媒介批评对新闻事业发展的制衡作用，却一直为人们所忽视。随着媒介批评理论研究的崛起与繁荣，媒介批评作为一种新闻事业的观念性建构力量，也逐渐进入人们考察新闻事业发展动因的理论视野。当我们转换视角，从媒介批评的角度观察中国新闻事业史与新闻学术史时，很多过去一直被忽略了的新闻思想史、新闻理论史的细节，就可以重新被发现和挖掘出来，新闻事业史也将显露出更加丰富和复杂的意识形态景观。这也应是《上海报纸改革论》给予我们的另一个有益的启示。

第十节　中国现代媒介批评学科化的萌芽

评价是人类认识活动的重要形式之一。媒介既是人们表达社会评价的基本载体和渠道，同时也必然成为被评价的对象。作为一种意见生产和表达的方式，以大众传播媒介作为评说对象的媒介批评是社会评价和政治、思想、文化等冲突在新闻传播领域内的必然表现。在大众传播媒介诞生以后，媒介批评就逐渐发展成一门学科，成为规制新闻传播活动的一种重要力量。20世纪30年代是中国现代新闻业的繁荣时期。新闻业的繁荣促进了媒介批评的活跃，中国现代媒介批评在30年代出现了某种学科化的发展趋势，即媒介批评成为一门"课程"被确定下来，进入大学课堂，作为一种媒介知识和技能进行传授。它是中国现代新闻教育和媒介批评由器而道、走向学理的一个重要标志。

一

学科是与人类知识系统相关的一个学术概念，它是人类社会在自然科学与社会科学两大知识系统内的一个子系统。学科是不断发展并分化着的科学研究领域的表征，即一种相对独立的知识体系。学校是知识传授的最集中之地，而学科是学校组织的细胞，学校尤其是高等学校的各种功能活动都以学科为依据而具体展开，离开了具体的学科，也就不存在人才的培养和学术研究，也不会有所谓的社会服务。世界上几乎不存在没有学科的高校。

民国初期，中国现代新闻教育即已萌芽："民国元年，全国报界俱进会，曾提议设立新闻学校，是为我国知有报业教育之始。民国9年，全国报界联合会，已进一步议决新闻大学组织大纲。惜两会均不久瓦解，未能见诸实行。"[①] 1918年，北京大学开风气之先，开设新闻学选修课，是为中国新闻教育之发端。在1918年7月6日刊登于《北京大学日刊》第178号的《新闻研究会之简章》中，公布了北大新闻学研究会的"课程"，分别研究新闻的范围（内容）、采集、编辑、造题（标题）、新闻通信法、新闻纸与通讯社之组织等六大部类。这可谓中国现代知识界对新闻学学科内涵的第一次定义和表达。

北大新闻学研究会的主讲教师是徐宝璜和邵飘萍。徐宝璜的授课内容后来汇集成《新闻学大意》，邵飘萍的授课内容后来汇集成《实际应用新闻学》和《新闻学总论》。在徐、邵二人的著作中，虽也不时出现属于媒介批评范畴的内容，但多为吉光片羽，不成体系，只是有关新闻理论和新闻实务知识体系中的从属性文字。可见，在中国现代新闻教育初始，媒介批评并未得到充分的重视。

自北大新闻学研究会成立之后，中国新闻研究团体和新闻教育遂逐渐发展起来。从1918年到1937年抗日战争爆发时，先后有十多个新闻学研究团体成立，有26个新闻教育机构先后招收学生，从事新闻人才的培养工作。

1924年，燕京大学正式设立新闻系，但学系建置、设施等还都不甚完备，开始是在文学院内开设用英文讲授的新闻学有关课程，因缺少这一应用学科必需的中外报纸、通讯社、电台、图书资料和实习园地等，该课程时断时续，直到1929年才正式建系，走上较正规的新闻教育之路。复旦大学新闻教育虽也在1924年发轫，倡设"新闻学讲座"，于1926年在中国文学科中设立新闻学组，于当年9月招收了第一批专攻新闻学的本科生，但也延宕到1929年新闻专业才从中文系中正式独立出来。随着新闻教育的发展，20世纪30年代前后，媒介批评作为专门性的"新闻知识和技能"越来越受到重视，其标志之一就是媒介批评进入了大学课堂。

在燕京大学新闻学系所开设的课程中，有"比较新闻学"一门。这门课程就是"用批评态度，研究国内各报纸之缺点，同时将国内著名报纸与

---

① 戈公振：《中国报业教育之近况》，龙伟、任羽中、王晓安、何林、吴浩编：《民国新闻教育史料选辑》，北京大学出版社2010年版，第2页。

国外如欧美日等新闻事业，研究其报馆组织，编辑方针言论倾向，及日本新闻事业发达之经过与特质，考其主义，明其优劣，以促进本国报纸之改善"①。燕京大学新闻学系所开设的"比较新闻学"与我们现在所理解和定义的"比较新闻学"有很大的差别。他们所说的"比较新闻学"，其课程的重点与核心是"用批评的态度，研究国内各报纸之缺点"，即通过对报纸缺点的分析来获得新闻发展的目标，以谋求新闻事业的进步。无独有偶，在复旦大学新闻学系的课程设置中，同样有一门"一学期修完，共一学分"的"比较报学"，课程设置目的亦为"研究国内各报纸的缺点，同时将国内著名报纸与国外报纸作比较的研究，明其优劣，促进本国报纸的改善"②。此外，为加强学校与新闻界的交流和联系，燕京大学新闻系设立了"新闻讨论周"，复旦大学新闻系设立了"报学讲演"。无论是在"新闻讨论周"中，还是在"报学讲演"中，他们都将"媒介批评"的有关内容以制度化的形式加以确立和固定。如复旦大学明确规定"报学讲演"的内容之一是"批评国内各报纸的得失，发抒改良本国报纸的意见"。无论是正式的"比较新闻学"，还是补充性的"新闻讨论周""报学讲演"的设置，都是一种新闻教育理念的体现，属于高等新闻教育的内容。它充分反映出中国现代媒介批评在20世纪30年代确实出现了一种学科化的发展趋势，而且这种学科化对新闻实践产生了扎扎实实的指导作用。如北京《晨报》的编辑林仲易，就曾经与张琴南等人在该报创办《新闻纸问题号》专刊，重点分析和批评北京各家报纸在编辑方面存在的问题，并将之作为在燕京大学"新闻讨论周"的演讲内容，"大家见说，也感着以前不对，渐渐改过来了"。③ 新闻教育是培养新闻工作者的主要阵地，学科化是媒介批评发挥社会作用的一条有效路径。

二

学科化是知识进入教育领域的有效途径与方法，是科学发展过程中在

---

① 黄宪昭：《燕京大学新闻学系概况》，燕京大学新闻学系编：《新闻学研究》，良友公司1932年版。
② 陈江、陈庚初编：《谢六逸文集》，商务印书馆1995年版，第280页。
③ 林仲易：《谈谈几个报业改良的实际问题》，燕京大学新闻学系编：《新闻学研究》，良友公司1932年版。

某一个方向或领域的研究相对成熟之后的一种体制化进步。有研究者指出，"学科化是一个过程。首先，它表现为在一定研究基础之上的一定研究方向和领域的确定；其次，继续进行的科学研究在取得丰富的研究成果，特别是在一系列标志性成果的基础上，而形成科学发展中的一定学科，并且这一学科在科学领域获得共识，得到认可；第三，成熟起来的科学研究的一定学科实际成为一定的教育学科，即以一定制度、体制的形式被确定下来的研究方向和领域"。[1] 20 世纪 30 年代燕京大学、复旦大学不约而同地将媒介批评纳入教学课程设计之中，将之作为一门新闻学"知识和技能"加以传授，目的之一是培养人们"知道报纸的正当读法"，[2] 这既是媒介批评发展到一定程度知识积累的结果，也是新闻教育关怀现实、推动新闻改革的学科本性使然。

1928 年，国民党基本上完成了国家统一，从全国性的角度看，国家处于相对稳定的发展时期。特别是在国统区，私营新闻事业呈现相对繁荣的景象，私营报刊数量、规模、设备和业务都有较快的扩张与改进，少数中心城市出现报业集团化的趋向。如当时工商业发达程度在中国堪称翘楚的上海，全国性大报有《申报》《新闻报》《时报》《民国日报》和《时事新报》等，申、新二报的发行量都超过 10 万份。1932 年，《申报》的日发行量曾高达 15 万份，《新闻报》更是达到创纪录的 20 万份，是当时国内发行量、影响最大的两家商业性媒体。此外，20 世纪 20 年代后期，上海还出现了数百种以刊载消遣趣味文字为主的小报。报业的繁荣，使新闻媒体对社会生活的介入越来越深，新闻传播不断增长的社会影响使新闻媒体日益成为生活中的一种宰制性力量而受到社会各方面的关注和重视。媒介批评由此获得了强大的社会动力和资源。来自不同阶层的人们，站在各自不同的立场和角度，对媒介评头品足。特别是在《立报》迅速崛起的示范下，大众化新闻思想成为一股潮流，报业经营中的受众本位观念为业界和学界普遍接受，读者调查成为报业经营中的一种经常性工作。设置读者信箱，解答读者问题，此前在中国新闻界已经存在，如 1924 年在上海《民国日报》的综合性副刊《觉悟》上出现的"通信"栏，但在 20 世纪 20 年代的中国新闻界，将这种公共性交流领

---

[1] 梁树发：《学科化——马克思主义与科学发展的互动》，《党政干部学刊》2010 年第 2 期。
[2] 戈公振：《复旦大学新闻学会成立演讲词》，龙伟、任羽中、王晓安、何林、吴浩编：《民国新闻教育史料选辑》，北京大学出版社 2010 年版，第 16 页。

域作为媒介内容的制度性版块建构，尚不多见，而到了 30 年代，在大众化报业思想的推动下，报刊就大量采用"读者来信"专栏的方式，发表读者意见、希望和编者答复，以加强与读者的联系，如邹韬奋在《生活》周刊上开辟的"读者信箱"，即影响广远。1931 年 5 月 22 日，《大公报》出版"一万号"，增刊 3 大张登载纪念文章，在《读者批评与希望》的标题下，用近 7 个版的篇幅选登读者的来信约 250 篇，其中有很多属于"媒介批评"的文字。在中国现代媒介批评的形成期，媒介批评主要由一些有责任心的新闻工作者或一些有使命感的学者操刀。20 世纪 30 年代以后，由于读者参与意识逐渐高涨，一般读者作为媒介批评主体大量出现，对媒介现象和媒介行为敢于说"不"，是中国现代媒介批评活动走向繁荣的一个新现象。媒介批评的繁荣，为媒介批评的学科化提供了知识积累和社会氛围。20 世纪 30 年代，中国媒介批评中存在的为数不少的学理式、讲章式批评文本，极大地提升了中国现代媒介批评的学术品格。

中国现代媒介批评的学科化也与这一时期中国高等新闻教育的发展密切相关，甚至就是这一时期新闻教育实践倾向的一种学科发展必然。从 20 世纪 20 年代后期起，中国新闻教育进入了一个相对快速发展的时期，如 1928 年有中国新闻学院、民治新闻专科学校创办，1929 年则有复旦大学新闻系、燕京大学新闻系（恢复）诞生，而后济南新闻函授学校（1931）、沪江大学商学院新闻科（1932）接踵而起。1933 年，更有《申报》新闻大学函授科、民国大学新闻专修科、北平新闻专科学校、上海商学院新闻专修科相继创建。虽然各校实力和基础不同，但在教育宗旨与课程安排方面，均较为明显地体现出注重新闻实践和批判性思维的学科趋向，强调新闻观念、常识的传播。强调学生要能够鉴别报纸的好坏。燕京大学与复旦大学两校可谓代表了当时我国新闻教育的最高水平，两个学校都将"媒介批评"的内容不约而同地纳入教学课程的制度性安排中，显然并非巧合。这两个学校创办的《新闻学研究》《新闻学期刊》等刊物中，有很多媒介批评范畴的专论，与其说是他们新闻学研究的成果，毋宁说是他们教学的结晶，某种程度上显示着中国现代媒介批评学科化发展的实绩。

三

进入 20 世纪 30 年代以后，中国新闻高等教育开始进入国家制度设置层面。1931年，南京国民政府教育部聘请复旦大学新闻系主任谢六逸制定国家大学新闻系课程及设备标准，以此作为评价国内高等新闻教育教学质量的准则。1937年，复旦大学新闻系又修订了课程设置大纲，进一步明确以灌输新闻学基本知识、培养编辑和采访技能、养成本国新闻媒体的编辑和经营人才为该系的办学目标。该大纲除明定本系的必修课程外，还要求该系学生要以该校的政治系或经济系为辅修系，必须在其中某一个辅修系共修满12个学分的课程。这表明，中国新闻专业培养人才的方案在抗战前已经趋于完备，新闻教育日益走向正规化。令人遗憾的是，20世纪30年代中国现代媒介批评的学科化趋向，犹如昙花一现，为时甚短，并没有得到进一步发展。在随后的抗日战争和解放战争中，中国新闻教育事业虽然续有进展，但战争的爆发无疑骤然间打乱了中国新闻教育的原有发展计划和步骤，中国现代媒介批评的学科化发展趋向也被迫中断。

首先，战争使媒介批评学科化的物质实践基础受到了巨大破坏。正当中国新闻教育蓬勃发展、大步迈向正规化之路的时候，战争恶魔却不期而至了。1937年8月13日，复旦大学校舍被炸，11月12日上海沦入日寇的铁蹄之下，复旦大学新闻系不得不随同校部西迁重庆，原来历经辛苦经营得来的图书资料和教学设备毁于战火。新闻教育是一个实践性很强的学科，其中的媒介批评尤其如此。媒介批评要建立在"比较"的基础上，在抗战期间，复旦大学一路辗转流离，学校很长一段时间都处于动荡不安之中，虽然师生尽力恢复教学秩序，但教学只能维持住最低标准，原来设置的课程很多无法开出，实际执行的课程设置中基本上取消了有媒介批评属性的学科。从1945年9月起，复旦大学新闻系本科生课程中，就取消了曾经存在的"比较新闻学"课程。

其次，战争使人们的兴趣和关注重点发生转移。从1943年秋天开始，复旦大学新闻系出现了一项新的有教学性质的活动——"新闻晚会"。这一活动与此前的"报学讲演"形同实异。新闻晚会每周六一次，这是研究时事讨论学术的新形式，有报告、讨论、争鸣，气氛热烈。每次晚会通常有一个主题，如"新闻与政治""中国将向何处去""我们的出路何在"等。这是中共复旦地下支部以复旦大学新闻学会名义组织的活动，不仅有新闻系的师生参加，而且还吸引了许多外系师生，从1943年秋至1946年6月，前后共组织110次，成为新闻系一项具有建制性的活动。新闻虽然与政治有密切的联系，但"新闻晚会"的关注重心是"时事"而不再是

"报学"。这种仿佛不经意间的学术兴趣转移，意味深长，说明学理纯粹的媒介批评已经在人们的政治热情不断高涨中无形地被取消或者边缘化了。

最后，中华人民共和国成立以后很长一段时间内，媒介批评学科化的前提已经消失，媒介批评势必无法也不可能获得存在。媒介批评的前提是媒介可以"被批评"，即被批评者与批评者具有相对同等的社会地位。20世纪30年代中国现代媒介批评学科化发展趋向的出现，一个重要的原因是当时民营报纸的存在。民国时期政党报纸虽然大量存在，而且在宣传革命思想、启蒙民众、舆论动员等方面，都曾经产生过积极而重要的作用，但从整个报业结构上看，政党报刊一直没有占据主流位置。民国时期影响最大的媒体还是非《申报》《新闻报》《世界日报》《时事新报》《时报》《新民报》《立报》《文汇报》《大公报》等民营报纸莫属。民营报纸没有政党的庇护，与读者处于相对平等的地位，这为媒介批评的发展提供了主体生产的可能性和条件。1948年以后，全国许多大中城市特别是旧中国报业相对集中的大都市陆续解放，中国共产党的新闻政策得到了彻底的贯彻和全面执行。1948年11月8日，中共中央明令规定："报纸刊物与通讯社是一定的阶级、党派与社会团体进行阶级斗争的一种工具，不是生产事业，故对于私营报纸、刊物与通讯社，一般地不能采取对私营工商业同样的政策。"[①] 新闻媒体被定位为党的耳目与喉舌，媒介批评与对党的批评往往很难区分。故中华人民共和国成立以后，中国大陆在改革开放以前，学理意义上的媒介批评很长一段时间内始终没有存在的空间。

媒介批评的学科化至少需要以下诸种因素的大力促成。一是新闻事业的发展及其与人们生活的日益紧密，人们明确地意识到新闻媒体的作用以及与自己的关系，这时才会关注和关心媒介的存在，才会思考媒介应该如何发展，并以媒介应然来比照和要求实然。二是社会政治环境是否能够提供一个正常开展媒介批评的文化和舆论环境。媒介批评需要话语平台才能成为一种现实的存在，相比于新闻媒体，开展媒介批评的个体往往在话语平台的掌握和使用方面处于弱势地位，无法与批评客体形成平等性的交流和民主性的对话，这种双方不对等的社会地位关系，无法确保批评主体能够畅所欲言。三是新闻常识的普及程度。虽然人们可以从不同视角、采用

[①] 中国社会科学院新闻研究所编：《中国共产党新闻工作文件汇编》（上），新华出版社1980年版，第189页。

不同的话语方式对新闻媒体评头品足，但不可否认的是，是否掌握一定的新闻专业常识，是避免批评话语沦为外行的重要条件，也只有具备了一定的新闻专业知识，批评话语才能具有一定的专业性，才能使被批评者心悦诚服。如此，媒介批评才能得到发展并繁荣起来。而只有媒介批评繁荣到一定程度，媒介批评的学科化才能真正地水到渠成，才能进入社会和大学讲堂，获得某种学科化的资格和条件。

小　结

十年内战时期也是国民党南京政府统治比较稳定的阶段，因此又有人称其为南京政府的黄金十年。在此期间，中华民国在政治、经济、文化、教育、外交、军事等方面的施政都取得了一定成就，整体上看为现代中国发展的较高水平。新闻是社会的反映。综合起来看，十年内战时期的中国新闻事业整体上也相应获得了较大较快的发展，出现了与前一阶段不同的崭新内容和特点。这至少体现在如下两个方面。一是国民党的新闻事业基本上确立了在全国的垄断地位。因应巩固全国统治秩序的政治需要，中国国民党在此期间建立起了覆盖全国的新闻事业网络，其规模之大、分布之广和体制之完备，使此前中国历史上任何统治者所拥有的新闻事业都相形见绌。国民党的新闻事业依托国民党的政权，以专制主义的政党理论及其新闻政策和法规为指导原则与行为规范，大力党化新闻事业，在齐一社会舆论方面发挥了一定的作用。二是新闻领域的阶级和思想斗争随着国共两党的武装对抗而呈现了新局面。中国共产党在这一历史时期，建立了属于自己完全领导的红色根据地，拥有了政治环境和条件都完全独立的新闻传播事业。

媒介批评作为次生性的新闻思想生产，在十年内战时期呈现出了新的局面，即媒介批评空前繁荣，不仅媒介批评文本数量增长很快，而且媒介批评文本的专业水准和学术质量也有了迅速的提高，文本形式趋于多样，不仅有众多随感式的短评、新闻，而且有很多结构齐整、逻辑严密的学理性论文，特别是出现了一批以新闻事业整体为批评对象的鸟瞰类媒介批评文本，如江肇基的《一九三四年我国新闻事业鸟瞰》（1935）、马星野的《世界无线电广播事业之鸟瞰》（1936）、张致中的《世界通信的鸟瞰》（1936）等。这些媒介批评文本的出现并非偶然，而是在中国现代媒介批评史上具有某种指标性的意义，是中国现代媒介批评发展到一定历史阶段才能出现的产物。特别是由鲁迅和瞿秋白二人共同编辑完成的《萧伯纳在上海》一书的出现，是以媒介批评为内容和特征的专门性著作，在中国现代媒介发展史上无疑具有某种指标性的知识意义。至于郭箴一的《上海报纸改革论》一书，则更是媒介批评发展的一种累积型成果。可以说，没有此前的媒介批评实践，就不可能有该书的出现。

在十年内战时期的媒介批评中，一批青年批评者呈现出了后生可畏的积极态势。钱东生就是其中的一员，他对报纸上"封建势力"的批评就颇有力度，锐气十足，所体现出来的战斗姿态和勇气尤其值得称道。钱东生是浙江嘉兴人，当时是一个年轻的美术工作者，最早在商务印书馆画教科书插图，和沈雁冰、叶绍钧等人是前后同事，尔后又做过报刊美术编辑、电影公司的编导、中学美术代课教师等，常有漫画作品见诸报端。1929年，他在《文学周报》第8卷第8期发表了《封建势力在报纸上》一文，后来他感到言犹未尽，在该刊第9卷第2期上又发表了《再论封建势力在报纸上》一文。他没有纠缠于报纸业务上的细枝末节就事论事，而是将报纸发行置放于精神生产的宏大背景中，挖掘蕴藏在发行工作中的社会意识形态问题。他对派报工会垄断报纸发行问题的分析，尤其独具只眼。他指出：在欧美国家，日报的发行在天明就可以投递到读者手中；而中国报纸即便是在上海这样的中心都市，都要到上午九、十点钟才能由派报人送到读者手中，阅报时间只能放到午饭后或晚间回家后，所以，上海的报纸只能算是午报或是晚报。何以如此呢？原来这里面有一个派报工会机构在作祟。以内地报刊来说，即便报纸在清晨四五时上机印刷，到七八时，有一两千份出来也可以分给本地的读者，但因为有派报工会，报纸不能由报社自己分送，须等全部印好后交给工会，由工会汇齐各报的报纸，分送给小贩和派报人。由于报纸的发行权垄断在工会手中，于是每天非至两三点才出版。上海也是这样，虽然报纸很早就出版了，六七点时已经有人在马路上零星售卖，但因为须经过独占的派报人的分配，常年订阅的读者非至九十点钟看不到报纸；假如读者是直接向报馆去订阅，那么由邮局寄交，更要延至下午不可，有时还只能够看隔日报。他指出："派报工会，由其字面看，这是资本主义发达后的团结，然而就其性质与组织言，却完全是封建社会的一种基尔特。这借着工会的名义，代表封建势力，阻止报纸的自由发展。所以新闻事业如欲图谋发展，第一应当打破此封建势力的组织，由各报馆自己雇人或设立派报所分派报纸。"① 他认为只有这样的日报，才真正配称为日报！

中国现代媒介批评的学术积累在十年内战时期已经到了初步学科化发展的阶段，即媒介批评成为一门课程而被确定下来，作为一种知识、技能进行传授。它是中国现代新闻教育和媒介批评由器而道、走向学理的一个重要标志，也是中国新闻事业与当时政治、文化环境综合跟互动作用的结果。特别是随着新闻学教育的发展，在 20 世纪 30 年代前后，媒介批评作为专门性的"新闻知识和技能"越来越受重视，媒介批评开始逐步进入大学课堂。燕京大学新闻学系的"比较新闻学"、复旦大学新闻系的"比较报学"，就是媒介批评学科化重要而生动的体现。没有比较，就没有鉴别，也就无法进行价值判断。比较既是他们进行媒介批评教学的基本方法，也是媒介批评行之有效的话语方法。他们两家对比较教学方法不约而同的选择，其实是触及或暗合了媒介批评话语实践的基本思维逻辑。如果不是此后抗战的爆发，打乱了中国新闻教育事业原本正常的发展节奏与安排，破坏了媒介批评发展的新闻业发展进程，完全可以想象，若假以时日，中国现代媒介批评的学科化之路，将会延续下去并得到进一步发展。虽然由于环境和条件的改变，中国现代媒介批评的学科化发展趋向后来不幸中断了，但历史也将因此而具有更丰富复杂的内容和令后人反思、借鉴的价值。

---

① 东生：《封建势力在报纸上》，《文学周报》1929 年第 8 卷第 8 期。

第十一章　抗日战争时期中国共产党的媒介批评

　　1937年7月7日卢沟桥的枪声，开启了中华民族全面抗战的伟大序幕。抗日战争是中国人民洗雪百年耻辱的全民族总体战，是中华民族经过凤凰涅槃、浴火重生后走向复兴的关键枢纽。全面抗日战争的爆发，使中国人民长期被压抑的团结抗日的渴望得到了实现，极大地释放了全民族的激情与活力，民族的觉醒达到了前所未有的地步。著名报刊编辑黎烈文当时这样倾吐："期待了六年了，这伟大的抗战现在毕竟展开在我们的眼前！看着飞机在天空翱翔，听着大炮在耳边轰响，我满身的血液都沸腾起来，我的喜悦使我快要发狂。"① 在亡国灭种的严重威胁面前，个人的遭际已经同整个国家民族的命运紧紧联系在一起了。如果国家民族没有前途，个人也就毫无希望可言。中国历史上曾经爆发过很多次大规模的战争，中国近代也有过多次反对外国侵略的战争，而像抗日战争这样的规模、性质和结局的战争却为洪荒所未有。抗日战争取得最后胜利的关键之一，是以中国共产党为中心的人民力量的发展壮大与满负荷的发挥，砥柱中流。中国共产党中央委员会在卢沟桥事变的第二天，即向全国发出了号召全面抗战的通电："全国同胞们！平津危急！华北危急！中华民族危急！只有全民族实行抗战，才是我们的出路。"② 经过抗日战争时代大熔炉的淬炼，至抗日战争发展到第二阶段的1940年初，共产党领导的武装力量和民众已成了抗日战争中的关键性存在因素，中国共产党已经锻炼和成长为代表中国社会发展方向的政治力量。党领导的抗日民主根据地的广大新闻工作者不怕流

---

① 黎烈文：《伟大的抗战》，《呐喊》1937年8月25日创刊号。
② 转引自毛泽东《反对日本进攻的方针、办法和前途》，《毛泽东选集》第二卷，人民出版社1952年第1版重排本，1966年改横排本，第315页。

血牺牲，克服了各种难以想象的困难，一手拿枪，一手握笔，为传播中国共产党的声音，宣传中国共产党的抗日路线、方针和政策做出了重大的贡献。在学习和借鉴苏共党报理论与实践经验、批判资产阶级新闻理论的基础上，中国共产党的新闻思想由此得以发展成熟并形成体系。在这一过程中，抗日战争时期中国共产党的媒介批评也因此而具有了一种全新内涵和风貌。它生动地反映出了当一种全新的新闻理念诞生后，人们必将对新闻事业与社会关系进行重新设计，对媒介功能产生新的认识和理解。

第一节 毛泽东的媒介批评

毛泽东（1893—1976），字润之（原字咏芝，后改），湖南省湘潭县人，出生于一个富裕的农民家庭。1902年入私塾读书，1910年秋考入湘乡县立东山高等小学堂，开始阅读梁启超所办的《新民丛报》及其他维新报刊。1911年春，考入长沙湘乡驻省中学，期间读到同盟会主办的《民立报》，深受其革命思想影响。1913年入长沙湖南第一师范学校读书，期间开始为报刊撰稿，主动参加进步和革命的报刊活动。1918年8月，为组织赴法勤工俭学之事到北京活动，并经杨昌济介绍，在北京大学图书馆担任助理员，开始接触马克思主义。在北大期间他还参加了北大新闻学研究会的活动，并获听讲半年证书。"毛泽东是我国系统地学习研究新闻学理论的先行者之一。"[①] 五四运动爆发后，他创办的《湘江评论》在社会上产生了重大影响。中国共产党成立之后，毛泽东成为一个职业革命者，但他不论在党内外担任什么职务，都始终关注新闻工作，并积极投入革命的新闻活动。国共第一次合作期间，他亲自担任了《政治周报》的主编。土地革命时期，毛泽东经常为苏区的报刊撰稿，发表了很多评论和调查研究的文章。抗日战争时期，他不仅指导了《新中华报》和《解放日报》等报刊的出版，而且还经常为新华社和《解放日报》撰写社论与重要文章。他直接领导了1942年3月的《解放日报》改版工作，亲自为该报筹组编撰队伍，推荐和修改稿件。中华人民共和国成立以后，在日理万机之中，他仍十分关注党的新闻工作，为推动党的新闻事业健康发展发表了很多高屋建瓴的讲话和文章。毛泽东不仅是伟大的马克思主义者、中华人民共和国的缔造

[①] 谭一：《毛泽东新闻活动》（增订本），当代中国出版社1999年版，第13页。

者，也是中国共产党和社会主义新闻事业的开创者。他在几十年的漫长革命生涯中，从事过大量的报刊编辑出版活动，积累了丰富的新闻工作经验，形成了有中国特色和气派的新闻工作理论。他的报刊实践及思想是马克思主义新闻学中国化的典型代表，极大地丰富和发展了马克思主义新闻理论宝库。在毛泽东新闻思想的形成过程中，媒介批评是一种重要的建构手段。他往往针对或结合具体的新闻工作实际，从马克思主义哲学的高度分析其中的利弊得失，从而为中国现代媒介批评的发展提供了马克思主义中国化的具体样板。

一

人们的报刊实践往往蕴含着媒介批评的意义。1919年7月创办《湘江评论》，可谓毛泽东正式从事报刊工作的开始，建基于对当时媒介功能与社会需要之间关系的认识。他明确揭橥《湘江评论》的宗旨就是宣传最新思潮，在《湘江评论》第1号临时增刊上，毛泽东就批评那些鼓吹变法的出版物"内面多是空空洞洞，很少踏着人生社会的实际说话"。[①] 这不仅切中了这些鼓吹变法出版物的要害，而且也切中了相当多的既趋求逐新又思想平庸的报刊的要害，立足生活，不务空言，能否对社会实践和具体工作产生推动作用，无疑是他观察和评价报刊的一个基本理论视角。进入抗日战争时期以后，随着毛泽东同志在中国共产党内为首地位的确立和巩固，他的新闻思想这时也相应进入了成熟时期，成为中国共产党新闻工作中的指导思想，发挥着越来越重要的主体性作用。

红军到达陕北后不久，即于1935年11月25日恢复了因长征而于1934年10月3日停刊的《红色中华》报的出版。这时距红军胜利到达陕北的10月19日，仅有37天。由于环境十分艰苦，这时还不具备铅印报纸的条件，该报因陋就简，采用当地的杂色土纸和油印方式出版，以尽快地把党和红军的声音传播到广大群众中去。西安事变后，为了顺应国内新的形势发展需要，《红色中华》于1937年1月29日改名为《新中华报》继续出版。1939年初，党中央决定将《新中华报》改为中共中央和陕甘宁边区政府机关报，并于2月7日出版了新刊第1号。毛泽东始终关心着《新中华

---

① 转引自谭一《毛泽东新闻活动》（增订本），当代中国出版社1999年版，第24页。

报》的发展。1939年2月10日,他为该报题词:"把新中华报造成一支抗战的生力军!"1940年2月7日,值《新中华报》新刊创办一周年之际,他特地为该报撰写了一篇题为《强调团结和进步》的文章,他在文章中首先对该报创刊以来予以了很高的评价:"延安《新中华报》自改为共产党机关报以来,已一年了。这个小型报,依我看,是全国报纸中最好的一个。"① 该报为什么会成为全国最好的报纸?毛泽东还进一步分析了其主要原因:一是该报是由共产党主办;二是在民主政治的环境下;三是报馆工作人员积极和创造性的直接努力。他还勉励该报说,报纸好的程度没有止境,该报今后报道的政治方向就是在抗战的旗帜下,强调团结和进步,大力反对一切危害抗战的乌烟瘴气,以期抗日事业取得进一步的更大胜利。

1940年2月,中共中央职工运动委员会创办了《中国工人》月刊,毛泽东也在2月7日为该刊撰写了发刊词。他首先肯定《中国工人》出版的必要性,随后指出该刊当前的任务是团结自己和人民,反对帝国主义和封建主义,为建立新民主主义新中国奋斗,并就一些具体的办刊问题进行了阐释。第一,增强刊物的教育性和指导性,《中国工人》应该成为教育工人、训练工人干部的学校,读《中国工人》的人就是这个学校的学生。应该从工人中间教育出大批的干部。他们应该有知识,有能力,不务空名,会干实事。没有一大批这样的干部,工人阶级就不能真正求得解放。工人阶级应该热烈欢迎革命知识分子的帮助而不是拒绝他们的帮助。因为没有革命知识分子的帮助,工人阶级就不能进步,革命也就不能够取得成功。第二,刊物"将以通俗的言语解释许多道理给工人群众听,报道工人阶级抗日斗争的实际"。② 以此总结工作经验,指导工人阶级为完成自己的任务而努力。他希望刊物多载些生动的文字,"切忌死板、老套,令人看不懂,没味道,不起劲"。③ 这显然是一种针对报刊宣传中的缺点而进行的委婉批评。

尤其值得指出的是,毛泽东在《中国工人》发刊词中,还从读者参与办刊的角度提出了新闻传播中的媒介批评及其作用的问题。他认为一张报

---

① 《毛泽东新闻工作文选》,新华出版社1983年版,第49页。
② 《毛泽东新闻工作文选》,新华出版社1983年版,第48页。
③ 《毛泽东新闻工作文选》,新华出版社1983年版,第48页。

纸既然已经办了起来,就要把它当作一件事来办,就一定要把它办好。这不但是办的人的责任,也是看的人的责任。"看的人提出意见,写短信短文寄去,表示欢喜什么,不欢喜什么,这是很重要的,这样才能使这个报办得好。"① 读者既是任何报刊传播的起始,也是其传播的归宿。没有读者的积极参与,传播就没有真正的意义和价值。读者意见及其反馈和接受,是媒介批评的一种有机形式,是否重视读者意见并根据读者意见对传播做出调整,确实是衡量报刊是否"办得好"的最终评价标准。

1941年9月14、15日,延安《解放日报》发表了一篇题为《鲁忠才长征记》的调查报告,记述了鲁忠才带领运输队到陕甘宁边区所属的"三边"(盐边、靖边、定边)地区长途运盐的情况。文章是当时在陕甘宁边区政府工作的高克林同志于1941年8月13日找鄜县城关区副区长鲁忠才等人了解了运输队驮盐的情况后,根据访谈材料整理而成的。全文仅3000字左右,却叙述了7个方面近40个小内容,多数小内容都只是一两句话的表述,通篇没有形容词和排比句,简明扼要,语言质朴,基本上都是实实在在、直截了当的干货。人们读后对鲁忠才的运盐经过就知道得一清二楚。毛泽东看到调查报告后专门写下了一则按语,高度评价道:"这是一个用简洁文字反映实际情况的报告。"② 值得大家学习。他明确提出现在必须把那些下笔千言、离题万里的作风扫掉,把那些夸夸其谈扫掉,把那些主观主义和形式主义扫掉。高克林是在一个晚上开了一个三人调查会后写出的报告。"他的调查会开得很好,他的报告也写得很好。我们需要的是这类东西,而不是那些千篇一律的'夸夸其谈',而不是那些党八股。"③ 把报刊写作中的文风问题提高到从群众路线和群众工作作风的高度来加以分析和强调,表现出一个马克思主义革命领导者高瞻远瞩、洞隐烛微的理论眼光和认识水平。

毛泽东十分重视发挥报刊对具体工作的指导作用。1944年3月22日,他在陕甘宁边区文化教育工作座谈会上的讲话中指出,报纸是组织和教育群众的武器,各级领导都应学会利用报纸来指导工作。他还具体评述了如下一个例子:"昨天报上登了一个消息,是关于一个完小的消息。这是一条很好的新闻,有这样一条新闻,比我们讲好多话还起作用。因为这个完

---

① 《毛泽东新闻工作文选》,新华出版社1983年版,第48页。
② 《毛泽东新闻工作文选》,新华出版社1983年版,第58页。
③ 《毛泽东新闻工作文选》,新华出版社1983年版,第58页。

小已经做出了实际成绩,应该把它广播到全国去。"① 1945 年 2 月 12 日,他在给《解放日报》社长博古的信中,特别称赞该报当天第 2 版上刊登的晋察冀军区政治部生产民运部长张平凯写的《晋察冀机关部队大生产的第一年》一文"写得生动,又带原则性"。② 他同时认为该报 2 月 9 日发表的《贯彻减租》社论和第 3 版《太行平顺路家口检查减租的经验》新闻写得也很好,认为我们的报纸能写出这样水平的社论,已经是一个大进步。显然,他之所以欣赏这些社论和新闻,就是因为它们内容充实,能够为具体的工作提供某种示范作用,掌握社会运动的发展方向,可以使报纸的指导作用得到了切实的体现和发挥。

二

发端于1941 年 5 月的延安整风运动,是中国共产党建设史上的一个伟大创举。整风运动前后持续了 3 年多时间。1941 年 5 月 19 日,毛泽东在延安高级干部会议上作《改造我们的学习》的报告,拉开了延安整风运动的序幕。1942 年 2 月 1 日,毛泽东出席中央党校开学典礼并作了《整顿党的作风》的报告,2 月 8 日,毛泽东在延安干部会议上又作了《反对党八股》的报告,号召全党反对主观主义以整顿学风、反对宗派主义以整顿党风、反对党八股以整顿文风,整风运动由此进入在各级干部和党员中普遍开展的深化阶段。1945 年 4 月 20 日,党在六届七中全会上通过了《关于若干历史问题的决议》,标志着整风运动的胜利结束。整风运动的开展使全党确立了一条实事求是的辩证唯物主义的思想路线,整体上大大提高了全党干部和党员的思想与认识,党因而达到了空前的团结。

整风运动的持续推动和开展,都与报刊宣传有着密切的关系。以《解放日报》改版为中心内容的媒介批评,可以说是延安整风运动中一个有机组成部分。毛泽东在《改造我们的学习》的报告中说,研究理论有两种互相对立的态度:一种是马克思列宁主义的态度,就是有目的地去研究马克思列宁主义的理论,为着解决中国革命的理论问题和策略问题而去从中找立场、观点和方法;另一种态度是主观主义的态度,就是抽象地无目的地

---

① 《毛泽东新闻工作文选》,新华出版社 1983 年版,第 115 页。
② 《毛泽东新闻工作文选》,新华出版社 1983 年版,第 121 页。

去研究马克思列宁主义的理论,而对于研究今天和昨天的中国一概没有兴趣,做实际工作往往单凭热情,把感想当政策。毛泽东说后一种态度是党性不纯的表现,是共产党人的大敌。毛泽东在报告中对实事求是的内涵做出了精辟的阐释,突出强调了实事求是的重要性。毛泽东这篇观点鲜明、措辞尖锐的重要讲话,是为整风运动作的思想准备,《解放日报》竟然对此没有报道。毛泽东《整顿党的作风》的讲演,标志着整风运动的普遍开始,是中共中央做出的一个重大决策和重要活动,而《解放日报》第2天竟然只在第3版右下角发了一个3栏题的简讯。至于在社论和新闻报道的写作文风上,《解放日报》更是存在着诸多主观主义、教条主义和党八股的流毒。可以说《反对党八股》批判的文风问题,矛头所向就是《解放日报》等报刊及其传播问题,因为文风毕竟主要通过报刊发表的文章而体现出来,所以《反对党八股》既是一篇整风运动的光辉文献,也是一篇媒介批评的重要文本。人们之所以将此文收入《毛泽东新闻工作文选》一书,也是因为意识到该文所具有的报刊针对性。

毛泽东明确指出,党八股是主观主义和宗派主义的宣传工具或表现形式,要反对主观主义和宗派主义,就要清算党八股,不然它们就还有一个藏身之处,"一个人写党八股,如果只给自己看,那倒还不要紧。如果送给第二个人看,人数多了一倍,已属害人不浅。如果还要贴在墙上,或付油印,或登上报纸,或印成一本书,那问题可就大了,它就可以影响许多的人"。[①] 而党八股的写作者,却总是想写给许多的人看,这就有非加以揭穿把它打倒不可的必要。毛泽东分析党八股的渊源说,党八股既是古代八股文在新环境下的发展,也是一种盲目崇外的洋八股,在党内已经存在了很长一段时间,土地革命时期表现得特别严重。党八股是对五四运动的一种反动,与主观主义和宗派主义一样,都是小资产阶级思想在党内的一种反映,它与生动活泼、新鲜有力的马克思主义文风相对立。

毛泽东在文中具体分析了党八股的表现和危害:空话连篇,言之无物;装腔作势,借以吓人;无的放矢,不看对象;语言无味,像个瘪三;甲乙丙丁,开中药铺;不负责任,到处害人;流毒全党,妨害革命;传播出去,祸国殃民。这些毛病在当时的报刊传播中都有较为突出的表现。如他批评党八股不但在文章和演说里有,在开会中也存在。开会每次都是按

[①] 《毛泽东选集》第三卷,人民出版社1953年第1版重排本,1966年改横排本,第787页。

照一开会、二报告、三讨论、四结论、五散会的死板程序进行一遍。做报告则常常是一国际、二国内、三边区、四本部等，死守着呆板的旧形式不放，不能根据实际情况进行灵活的处理。这种不知变通的教条主义严重存在于《解放日报》初期。当时《解放日报》在社论写作上，有一个沿袭上海等大城市报纸的不成文的规定，即每天必须有一篇社论。结果导致报社负责人每天为写社论而绞尽脑汁，常常对着外国通讯社的电讯和地图苦思冥想。有时事物正在发展中，情况还不太明朗，为了赶写社论，就只能硬着头皮，对没有把握的事情发表评论，以致造成不应有的政治上的失误。1941年6月20日《解放日报》发表的《评德土友好协定》就是一个典型的例子。

1941年6月18日，德国与土耳其签订了"德土友好协定"。这本是德国用来掩盖其侵略苏联行动的骗局。德国的目的是在发动侵苏战争时，利用土耳其的中立国地位，保证自己侧翼的安全。"可是社论却把这个协定当做和平力量挫败英国谋取土耳其主权的胜利而加以肯定。"[1] 结果仅仅几天之后，德国即大举进攻苏联，从而彻底暴露了德国签订德土协定的真实意图。《解放日报》这篇社论犯了主观主义的错误。8月30日，《解放日报》又发表了题为《土耳其何去何从》的社论，以纠正此前社论的错误。

报纸的版面编排表面上看是一个技术或者形式的问题，其实不然，个中有着很强的意识形态性，因为它体现了一张报纸对新闻的评价。在版面安排上，《解放日报》初期有一个固定模式，即一国际，二国内，三边区，四本市（延安市）。国际报道在数量和篇幅上占据着绝对的优势，一些新闻价值不大或者不应该上头条的国际新闻，也被安排在头条位置予以突出刊出，而一些有关边区军民活动的有价值和涉及边区群众生活的重大决策、抗日战况和大生产运动等内容，却受限于版面的固定编排，不能上一版头条，使报纸在一定程度上脱离了读者的阅读需要。这也是党八股影响新闻传播的一种表现。

毛泽东深刻地指出，党八股这些文章写作形式，"不但不便于表现革命精神，而且非常容易使革命精神窒息。要使革命精神获得发展，必须抛弃党八股，采取生动活泼新鲜有力的马克思列宁主义的文风。这种文风，早已存在，但尚未充实，尚未得到普遍的发展。我们破坏了洋八股和党八

---

[1] 王敬主编：《延安〈解放日报〉史》，新华出版社1998年版，第23页。

股之后，新的文风就可以获得充实，获得普遍的发展，党的革命事业，也就可以向前推进了"。① 克服党八股的方法，就是提倡民族化、科学化、大众化，虚心向人民群众学习语言，联系中国革命的实际来研究马克思主义，把国际主义的内容和民族的表达形式紧密地结合起来，代之以新鲜活泼的、为中国老百姓所喜闻乐见的中国作风和中国气派。唯有如此，马克思主义才能得到广泛的传播和发展。

三

纪律是执行路线的保证。而对于无产阶级新闻传播事业来说，所有的纪律都凝聚或者升华为党性原则。在中国共产党的新闻活动中，党性原则有着具体而又丰富的内涵，它通常体现为对党的政策和路线的正确宣传与执行，体现为对党的纪律和组织的遵守与服从，以马克思主义的世界观对现实世界的变化做出科学而合理的解释与描述。党性原则是毛泽东用来要求和评价报刊的一条基本原则，因为有无党性与党性高低是报刊政治性的集中体现。

党性原则要求新闻传播必须为党的当前政策服务。随着形势的变化，党的政策必然也会不断变化和调整，新闻传播绝不可胶柱鼓瑟、墨守成规，而应该因时因地随之做出相应的变化和调整。1942年8月，著名记者范长江穿过日伪多道封锁线，到达苏北阜宁县境内的新四军军部。苏北根据地全新的人物和环境，给予范长江思想上极大的兴奋和震动。当时由于敌伪的层层封锁，苏北根据地的情况鲜为国人所知，范长江立刻根据他初到苏北根据地的观感，执笔撰写了三篇新闻通讯，热情颂扬苏北根据地建设突飞猛进、人民踊跃参加抗战的成绩和动人情景。其中两篇通讯由延安的新华社向全国做了播发，《解放日报》也于9月6日以《名记者范长江报道苏北根据地观感》为题予以发表，其中第三篇由于与党当前的政策不吻合而没有发表。毛泽东特地向陈毅拍发了电报，对此予以解释。他说目前已经到了促成国共关系好转，恢复两党谈判，使新四军恢复合法地位，以便坚持抗战的时期。我军今后一段时间应极力避免与国民党军打摩擦

---

① 《毛泽东选集》第三卷，人民出版社1953年第1版重排本，1966年改横排本，第797—798页。

仗，设法与周围友军改善关系。报刊宣传方面，也需注意极力避免谈国民党的坏处以及做国共好坏的比较。"范长江头两篇通讯很好，已载解放及广播，第三篇不适当，故未发表，请向他说明目前政策，并代我向他致慰问。苏北报纸刊物请你抓紧，务使它们的宣传服从于党的当前政策。"① 否则就会损害党的利益。

1942年10月，我党领导的各抗日根据地在宣传工作方面曾发生若干不适合目前党的政策的事件。如新华社太行分社发表参政会通电主张召集国是会议；山东分社发表东北军111师反对国民党人员的通电；苏北分社发表反对国民党的新闻；晋西北分社发表某友军致新军五周年纪念贺电，该电足以影响友军的地位。上述新闻均不适合我党目前的政策。毛泽东为此起草了中共中央给各中央局、中央分局的指示，指出各地中央局、中央分局对当地通讯社和报纸工作注意甚少，对宣传人员和宣传工作缺乏指导，没有真正认识到通讯社同报纸是革命政策和革命工作的宣传者与组织者的作用，尚不懂得领导人员的很多工作应该通过报纸去做。他在指示中要求各地仿照此前西北局发表的关于报纸工作的决定，"改正过去不讨论新闻政策及社论方针的习惯，抓紧对通讯社及报纸的领导，务使通讯社及报纸的宣传完全符合于党的政策，务使我们的宣传增强党性"。② 他还要求各地拿《解放日报》所发表的关于如何使报纸增强党性的文件去教育报刊宣传工作者，纠正在一些新闻工作人员中存在着的某种闹独立性的错误倾向，要求各中央局、中央分局对整个通讯社及报社的新闻政策和社论方针必须经常注意，加以掌握，使我们的宣传完全符合党的政策。

新闻的党性原则不是排斥党外人士的声音，恰恰相反，无论是在哪个历史阶段，统一战线都是中国共产党赢得胜利的一大重要法宝。统一战线在广义上是指在一定条件下，不同的社会政治力量为了一定的共同目标而建立的政治联盟或联合。在狭义上则是指无产阶级及其政党的战略策略，主要是无产阶级自身团结和广泛建立同盟军的问题。统一战线作为中国共产党开展社会运动的法宝之一，自然在新闻传播中也会有所体现。1942年1月11日，适值重庆《新华日报》创刊四周年，著名民主人士张申府在该报上发表了《新华，新华，我看着你生长，长大——新华日报创刊四周年

---

① 《毛泽东新闻工作文选》，新华出版社1983年版，第96页。
② 《毛泽东新闻工作文选》，新华出版社1983年版，第97页。

纪念祝辞》一文，对中国共产党表示满腔热情，他希望把党报变为容许一切反法西斯的人说话的地方。《解放日报》专门转载了这篇文章，毛泽东在给周恩来的电报中明确指出，张申府的观点很对，"新华、解放都应实行。关于改进《解放日报》已有讨论，使之增强党性与反映群众。《新华日报》亦宜有所改进"。①他主张党报应容纳党外人员说话，成为开放的舆论园地。我党报纸及各抗日根据地的报纸刊物，应尽可能广泛地吸收广大党外人员发表的言论，"使一切反法西斯反日本帝国主义的人都有机会在我党党报上说话，并尽可能吸收党外人员参加编辑委员会，使报纸刊物办得更好"。②某些党报工作者的主观主义与宗派主义态度，必须受到批评。

1945年夏，日本败局已定。为了加快反法西斯战争的胜利，1945年8月6日，美国飞机在日本广岛投掷了一枚原子弹。8月8日，苏联对日宣战。《解放日报》于8月9日对这两项重大事件同时进行了报道，头版头条虽然刊登的是四栏题《苏联对日宣战》消息，而且在一版左上角还配发了两栏题的《杜鲁门及阿特里／庆幸苏联对日宣战》的消息，但这两条消息所占的版面都比较小，宣传声势都显得不够大。而第一版刊登的另一条四栏题的《战争技术上的革命／原子弹首袭敌国广岛》的消息，第一版还配发了一条三栏题的《传盟国将发出新公告／促使日寇迅速投降／否则即将以原子弹摧毁日本》的消息。此外，在该报第三版上还配发了四条消息，分别是：《杜鲁门宣布／使用原子弹攻日》《阿特里及史汀生／谈原子弹发明经过》《英报评原子弹》《美报评原子炸弹的发明是科学与战争的革命》。对原子弹问题宣传的规模之大为该报所罕见，大大地压倒了苏联对日宣战问题的宣传规模。

毛泽东看到这一张《解放日报》后，即于1945年8月10日早晨，找他当时的秘书胡乔木和《解放日报》总编辑余光生、副总编辑陈克寒到他的住处谈话，对该报的相关报道进行了整整一个多小时的严厉批评。批评大意是苏联对日宣战并出兵中国东北，这是震撼世界特别是对日本军国主义的致命打击，而当时美国和蒋介石的宣传机关，想用原子弹来抵消苏联红军的政治影响。《解放日报》的报道分辨不清大是大非，照用人家的电讯稿，为他人制造舆论，似乎促使日寇投降的是原子弹，而不是苏联红军

---

① 《毛泽东新闻工作文选》，新华出版社1983年版，第93页。
② 《毛泽东新闻工作文选》，新华出版社1983年版，第94页。

的参战。毛泽东认为这是新闻报道受了资产阶级思想影响的结果,必须予以扫除。为此,《解放日报》在 8 月 13 日第四版上刊登了《关于原子弹》的"答读者问",文中着重指出:不能单纯靠原子弹解决战争任务。在波茨坦会议召开的时候,美国已经制造好了原子弹,仍不得不要求苏联参加太平洋战争,从这一点也可以证明原子弹在战争中的效用有一定限度。绝不能夸大原子弹的作用。

政治家办报是毛泽东的一贯主张。从政治的角度观察和评价媒体及其新闻传播,是毛泽东媒介批评的主要理论视角和特色。虽然毛泽东的新闻思想博大精深,内容丰富全面,但政治标准始终被置于媒介批评标准中的第一位。在具体的媒介批评活动中,政治家办报理论通常具体化为考察新闻传播是否科学准确地宣传了党的方针和政策,新闻报道是否具有高度的政治敏感和政治意识,是否符合马克思主义辩证唯物论和历史唯物论的世界观与认识方法。所以他的媒介视点具有居高临下的特点,既高屋建瓴、大气磅礴,又切中肯綮、一针见血。这种批评方式直到今天对我们观察和分析新闻传播仍然十分有效。毛泽东是中国最典型、最有代表性的语言大师之一,他的媒介批评语言既继承了祖国的语言传统,有着鲜明的中国特色和中国气派,又有着独出机杼、不拘一格的大胆创造,简洁、生动、通俗、风趣。他的媒介批评形式灵活多样,常常根据具体情况和需要采取多种形式,既有《反对党八股》那样论点鲜明逻辑严密的长篇大论,又有指示、按语、批语、报告、演讲、文件、谈话,还有写给相关负责报刊宣传工作领导的书信等。这些形式的文本似乎并不具有一般媒介批评文本所具有的公开性和传播性,但由于他当时在我党中最高领导人的身份和地位,使得这些批评文本所表达的观点和意见能够得到有效的贯彻与执行,并成为中国共产党新闻理论体系中的最基础部分,至今仍然对中国的新闻实践发挥着重要的指导作用。

第二节 周恩来的媒介批评

周恩来(1898—1976),幼名大鸾,字翔宇,原籍浙江绍兴,出生于江苏淮安,5 岁时进私塾读书,1910 年春赴东北沈阳伯父处,是年秋入读沈阳第六两等小学堂,在该校读书期间,他就养成了坚持读报的习惯。1913 年 8 月,考入天津南开学校。1914 年 3 月他和同学筹组学生团体敬业乐群会，主编会报《敬业》半年刊。1915年8月，参加由学生主办的《校风》周刊的编辑工作，他不仅是该刊1916—1917年的编辑代表，还担任该刊的总经理之职，管理印刷出版发行等繁重而琐碎的事务。五四运动爆发后，周恩来任天津学生联合会创办的《天津学生联合会报》主编。1919年9月16日，周恩来和邓颖超等人组成学生进步团体觉悟社，并主编觉悟社不定期《觉悟》社刊。1920年8月，周恩来加入留法勤工俭学会，行前他和天津的《益世报》商定当他们的旅欧通讯员，为该报撰写通讯。从1921年2月到1922年3月一年多时间里，他采写了57篇的署名通讯，约24万字，函寄该报每周发表一次。1922年6月，周恩来与赵世炎、李维汉等在巴黎正式成立了"旅欧中国少年共产党"，为了传播共产主义理论，他们创办了《少年》月刊。前期《少年》由赵世炎负责编辑，1923年3月以后，周恩来接任编辑，该刊成为我党当时在欧洲宣传马克思主义的一个重要阵地。1924年2月，《少年》改组为《赤光》半月刊，周恩来在《赤光》上共发表政论、时评30多篇。1924年7月，《赤光》出至第10期后，周恩来受党的指示回国工作。此后，他虽然没有再直接主编过有关报刊，但在实际工作中仍然与新闻宣传保持着十分紧密的联系，经常指导或参与宣传工作的领导事务。1924年10月，中共中央决定重新建立广东区委，由周恩来担任委员长，并兼任宣传部部长。同年11月，他出任黄埔军官学校政治部主任时，指导出版了《士兵之友》，油印发给学生和士兵。1925年11月国民革命军东征军进入汕头后，周恩来兼任东江各属行政委员，他派人接管了汕头《平报》，将其改名为《岭东民国日报》，并为该报副刊"革命"题写了刊头。1930年1月15日，在周恩来的主持下，中央军委创刊了《军事通讯》，用以传播和交流红军的作战和工作经验。在抗日战争时期，他作为中共中央代表团、南方局和《新华日报》董事会负责人，直接领导着《新华日报》和《群众》周刊的工作。中华人民共和国成立后，他是中央新闻工作领导小组的成员，直接参与和指导了我国很多次重大新闻宣传活动。周恩来长期领导党的宣传工作，在新闻和宣传工作中始终保持着无产阶级革命家的高度职业敏感，撰写过很多具有媒介批评性质的新闻理论和时政评论性专题文章，在指导和规范党的新闻宣传工作、揭露和打击敌人的造谣污蔑等方面做出了不可磨灭的贡献，在中国现代媒介批评史上具有一定的历史地位。

第十一章 抗日战争时期中国共产党的媒介批评

一

1937年12月南京失陷后，武汉成为国民党统治区的政治中心。12月18日，作为中共中央长江局副书记、中共中央代表团负责人的周恩来到达了武汉。1938年初，国民政府改组军事委员会，由周恩来担任政治部副部长。1938年4月，在政治部下成立了由郭沫若担任厅长、掌管文化和宣传工作的第三厅。第三厅成立后的第一件大事，就是计划在4月7日—12日举行抗战扩大宣传周。这是中国共产党在国民党统治区所领导的第一次大规模的抗日宣传活动。该怎样搞好这次宣传呢？周恩来在4月7日的扩大宣传周开幕式上发表演说，号召抗战宣传第一要深入，第二要扩大。这一天他特地为《新华日报》撰写了题为《怎样进行二期抗战宣传周工作》的专论，对该问题进行了深入而详细的论述。

周恩来首先指出抗战扩大宣传周的任务，"是在宣布二期抗战的初期经过，揭露敌寇的残暴和弱点，庆祝我们在二期抗战中的初步胜利，鼓励和慰劳前方抗战将士，尊敬和优待抗战受伤军人及抗战将士家属，动员全国民众实行参战和拥护抗战建国纲领，巩固国民党与共产党及其他抗日党派的团结，以保证和争取更大的胜利，来粉碎敌人的二期进攻计划。为要达到这一任务，宣传周的实际工作，应该力求深入与扩大"。[①] 宣传怎样才能深入？周恩来指出，宣传周的发动地点既然是在武汉，所以首先就应要求在武汉的宣传和动员工作要做得扩大而深入。为此他特地提出了以下一些具体的办法。

一是在文字宣传上要力求具体、通俗和生动。具体就是要多宣传敌人的残暴及我军英勇作战的具体事实，多列举敌我兵力对比与我军胜利的具体统计数字，多叙述伤残战士的英勇与难民难童的惨状，以唤醒和激发武汉民众同仇敌忾之心。通俗方能传远。通俗就是要注意各阶层民众觉醒和了解程度的不同、情绪的差异，写出易打动他们的有特色的口号标语、歌曲和小型传单，特别是要注意使用易于为他们理解的文字。生动就是形式上有所创新，要改变一成不变的出专刊、请题词的老办法，改变文字宣传的传统格式。"在报纸杂志传单上，要尽可能地使文字与插画配合，统计

[①] 中共中央文献研究室编：《周恩来文化文选》，中央文献出版社1998年版，第5页。

与图表配合，战况与标图配合，胜利与照像配合。"① 在街头墙壁刷写招贴标语，要多使用方便人记忆、朗朗上口的语句，使用冲击眼球、引人注目的颜色，并放在容易被人看见的地方。

二是在口头宣讲上要力求普遍、通俗和扼要。普遍就是多多动员武汉的各个团体学校和部队组织若干个宣讲队，分片包干，将武汉三镇及其近郊划分为同等数目的宣传区域，使每个宣讲队在其所负责的区域间，可以在宣传周内向每条街道、每个工厂、每所学校和每个村庄都宣讲一次。通俗就是使每个宣讲队都能做到本地人与外省人联合组织，每次宣讲的时候要分别根据演讲的不同对象，讲他们可以知晓的情况，说他们能够听懂的话语，提出他们可以接受并能做到的方法。扼要是使每个宣讲队都能根据宣传大纲，确定自己宣传的题目和讲演大纲，每次每人最好只讲一两个问题，"时间要短，内容要精彩，说话要干脆而有鼓动性"。② 务必收获预期的宣传效果。

三是在艺术宣传上要更加普遍、深刻和激越感人。要使各剧团、各电影放映队能任劳任怨不计报酬地分配到各伤兵医院、难民难童收容所、近郊兵营学校中去演映，要使各歌咏团体能出动到、漫画能张挂到各个公共场所及交通要点。不论演剧、漫画、放电影，都要能够使人过目不忘。要使看戏、听唱的人能够感动得当场落泪，兴奋得誓言报仇，有钱者慷慨解囊当场应捐，有力者踊跃报名从军杀敌。如果宣传能够做到这样深入，那么最后一天的游行就能够动员起武汉三镇多数的民众，有组织地参加进来，以保障宣传周中的一切工作获得持续发展，从而保证每一项任务的顺利而圆满的完成。

周恩来指出此前的宣传，虽然发动了武汉市内各界，但工作对象有些局限，还应扩大到前线去。因为那里有我们浴血奋战的广大将士，有受敌人蹂躏摧残的无数同胞，有成千上万的伤病员，要把慰问的敬意、鼓励的热情和救护的实惠真实地传达给他们。第一，利用每日广播演讲，敦请最高统帅及其他领袖发出勉励前线将士的训词，使前线将领能够亲耳聆听到这些激励他们的话，并印发和诵读给全体将士们听，以激发广大指战员的士气。第二，印发小型的宣传刊物及画报，迅速地输送到前方。对交通不

---

① 中共中央文献研究室编：《周恩来文化文选》，中央文献出版社1998年版，第6页。
② 中共中央文献研究室编：《周恩来文化文选》，中央文献出版社1998年版，第6页。

便和留在敌人后方作战的部队，想法使用飞机传递，以丰富他们的精神食粮。第三，动员参加这次宣传周的各团体推出代表，会同各剧团和各歌咏队、电影放映队，分赴前线慰劳慰问。第四，利用宣传周募集救助负伤战士的药品和经费，并联合各种救助团体，成立联合统一组织，协助政府救护前线将士。第五，拥护和援助儿童保育及救济会工作，推动他们联合起来开展行动，号召青年到前线去参加救助难民和救济儿童的慈善工作，并进行防空和防毒等活动。

周恩来还要求将这次抗战宣传深入扩大到敌人占领区和敌人的队伍中去。他说在那里有我们饮泣吞声受尽折磨的同胞，有疯狂绝望欲归不得的敌军，要编印慰藉和勉励我们自己同胞的宣传品，编制动摇和瓦解敌伪官兵的印刷宣传品，通过各种隐蔽渠道，或飞机、战场宣传队、喊话队等，以及顺着江河流水，把刻了字的木板木片散布到敌占区域或敌人部队中去，并及时总结这次抗战宣传周的经验，更扩大到各城市、乡村中去，既扩大又深入，直到实现中华民族的全体动员。

1944年7月14日，周恩来在向外国记者介绍边区情况时，专门谈到我党的出版政策问题。他指出在新闻出版方面，延安只有《解放日报》一家报纸，这是客观物质条件的限制以致如此。过去根本没有印报纸的印刷机和工具，都是我们自己从外面搬进来。自己所造的纸，政府的东西都印不完。但我们思想上要有这样的准备，将来到天津、北平，有很多私人印刷厂和书店，要允许他们存在，就算是《大公报》，只要不违反我们的政策，服从我们的法令也可以复版，不会没有人看，过去的影响还在。只有一个党报不行。"可以批评，但不能干涉这种出版自由。将来到了城市，私人有出版书籍、开书店的自由，那时就更可以看出我们的政策。"① 由于边区现在主要是农村，还比较落后，有人总爱固定地看问题，应当以发展的观点来谈民主和自由，我们应把这个道理讲给这些人听。

二

1940年8月，周恩来从重庆返回延安后，在中共中央政治局做了关于南方局和统一战线工作的报告，在报告中他谈到了抗战中的文化工作和文

---

① 中共中央文献研究室编：《周恩来文化文选》，中央文献出版社1998年版，第321页。

化运动问题。他认为自 1927 大革命失败以后，中国革命实际上依靠了武装和文化这两支队伍，文化运动对中国革命具有特别的意义。现在新民主主义革命的文化运动还没有彻底完成任务，地位也未完全巩固，它还有一个很大的缺点，就是还没有深入旧的封建文化占主要地位的乡村，没有深入到广大工农群众中。抗战三年来，形势发生了变化：一是文化由集中而分散，由城市而乡村；二是由统一而斗争。抗战初期趋向统一的组织、行动和思想，现在因为顽固派的反共活动而发生了冲突。由于 20 年来在新文化界我们相对占优势，迫使顽固派采取封锁新文化、发展他们自己文化的策略，并且打入和分化新文化阵线，造成短兵相接的状况。在这种形势之下，我们应更加紧开展新文化运动，以压倒文化界反动的复古运动。

他认为要开展新文化运动，需加强对它的领导，重视和巩固延安在今日中国的文化中心领导地位。延安文化界需要加强努力，以便能够成为名副其实的实际领导。如毛泽东同志在六中全会提出的民族形式问题，后来在重庆和桂林等地引起热烈反应。于是，顽固派中的某些人使用了很巧妙的夹带私货的方法，来曲解毛泽东的观点，妄图达到否定五四以来新文化运动的成果和否定文化运动中外来影响的作用，实现提倡复古的企图。南方的一些同志反击这种曲解，但各自为战，力量分散，这需要延安文化界进行有计划的领导。具体的领导应采取以下措施。一是每月制定宣传要点。二是统一广播，现在技术上已可解决，但是"现在广播稿太长，外面不可能整天收"。[①] 需要精简，限在一个半小时以内。三是做刊物摘要。他认为现在延安刊物太多，起不到领导全国的作用。主张各刊物编辑注意每期中有一两篇带全国性的文章，以便选集发行，实现对全国的领导。四是建立各地的报纸，不仅延安，在大后方和海外还需增加。五是主持文化运动的机关要派人到大后方、华中甚至华北去巡视，传达中央的文化政策。六是要有书面的指示。七是派人到大后方去做文化上的见习，在后方做工作久了的人需调回来，加强流动，以免见解狭隘。

针对文化运动的具体布置问题，周恩来认为在报纸方面要做到以下三点。一是报纸要分散，因为现在的环境不可能集中。比较起来看，重庆是一个中心，有很多记者可以将新闻信息反映到外面去。二是要向一些立场中性的报纸投寄稿件。因为现在还不可能把它们都变成我们自己的报纸杂

[①] 中共中央文献研究室编：《周恩来文化文选》，中央文献出版社 1998 年版，第 20 页。

志，但每个报纸在国际问题和文艺副刊方面，一般都要刊登进步的稿件。三是接近各种报纸，即使是顽固派的报纸，他们的编辑也不都顽固，也有利用的价值和空间。海外的报纸影响特别大，因此特别需要接近。

在期刊方面，周恩来指出：现在重庆有五十多种，进步的也有二十多种，各个地方多少也都有一些。现在办刊物的困难是要赔钱，《中国文化》那样的刊物每期三千份就要两千多块钱。顽固派有钱，他们能多出刊物。我们现在要尽量封锁顽固派的刊物，不看不投稿，但同时要大力帮助进步的刊物，多买多销多寄稿，希望延安能够多多寄发稿件。文委或文协应该订出各方面对投稿的需要和标准来，组织和领导投稿活动。对中间性刊物也要帮助推销，以便尽可能地打击和缩小顽固派报刊的影响。

在通讯社方面，周恩来分析说，除中央社外，青年记者学会主办的国际新闻社的稿子可以寄到国内外各地区去。李公朴主持的全民通讯社较为局部，仅限于向重庆、成都和海外某些报纸发稿。当然，我们还没有可能做到像国新社那样，希望以后也能向同样方向发展。在顽固派中，中央社还算进步，他们就发表了毛主席1939年9月16日的谈话。我们自己的通讯社应该做到：（1）争取合法化；（2）稿件要多样，不要老是几个宣传口号，延安的生产学习情况，《大众》刊物上的有些文章也该发表并附上照片；（3）态度不要完全党内化，有时要用人民的口吻，不必标明新中华社字样，以便更多报刊能够采用。

对于书店和印刷厂，周恩来指出，国民党现在对我们的进步书店采取打击的态度，不许新华日报馆出丛书，生活书店也有一半已被封闭，同时他自己倒是大开书店，除了过去就存在的拔提、正中书店，现在又开了青年书店，仅国民党主办的中国文化服务社在全国的分社就达三百余处，有些省有七八十处，用了极大的人力物力。"可见开办书店也在短兵相接。书店斗争主要是在后方城市，但边区、华北亦应注意。"① 我们还应该尽量扶持自由主义的、非党的书店，以显出我们一切是向着民主的方向。在南方，一切进步的书籍只在进步的书店才出，顽固派的书店现在只出反共的和复古的书籍，连自然科学和民主主义的书籍也不出版。今天在南方的书店虽然受到了很多限制，但它的出版范围却是更加宽了，因此不应该只出版马列主义的书籍。在书店这部分，除顽固派之外，还有职教派、乡建

---

① 中共中央文献研究室编：《周恩来文化文选》，中央文献出版社1998年版，第22页。

派、生活教育社、战时文化供应社等，也办了许多子店，都很分散。我们的策略应为：一是参加进去支持他们；二是独立作战；三是长期苦干埋伏，支持并训练相关文化干部。

文化工作一个很重要的对象是文化团体，文化工作很大程度上就是对人的工作。周恩来指出，我们要和国民党争夺文化人才。文艺界、音乐界、戏剧界的抗敌协会，都是武汉时期成立的全国性团体，同时在各地有分会，我们应无条件地支持，同时也应注意以下几点。一是会员要严格，因文化界有地位的以进步分子占多数，故未被顽固派抢去，所以入会要有资格限制，否则会变质；二是支持中间分子，这样便能实际领导而与顽固派形成尖锐对立，使进步分子能够占多数；三是多数分会要符合规定，以使他们在各地的活动能合法开展；四是坚持统一战线，顽固派只要不主张分裂，我们也让其参加，使统一战线能尽量长久存在下去。在宣传机关方面，国民党有中宣部、教育部与政治部第二所，我党亦有宣传部门。此间尚有些中间性的宣传机关。我们现在应该注意的是：一是分散力量到各方面去推动；二是隐蔽我们的工作，只要能减少和对抗反共作用的就应该做下去，以免工作范围日趋缩小。我们要优待文化工作者。国民党对作家一面压迫一面收买，其条件之一是没有异党思想，实际就是没有进步的思想。边区华北要形成优待作家的社会气氛，多给他们提供创作自由，不能要求他们与普通人一样。从各方面重视文化运动，使军事与文化两条战线并进。

三

1941 年 5 月 21 日，周恩来致《大公报》张季鸾、王芸生的信，是中条山战役爆发后周恩来的一篇重要的媒介批评文本。是年 5 月 7 日，日军在华北突然发动大规模的攻势，进攻重点是山西南部的中条山地区。日方出动的兵力有六个师团、三个旅团和伪军张岚峰等部共十余万人。中条山脉地处山西南部，绵延三百余里，抗战后国民党军在该处利用山石修建了很多防御工事，是国民党军在华北敌后的最重要的据点。结果，国民党政府的军队在中条山战役中遭受严重失利，损失 7 万多人，国内舆论一时汹汹。为掩饰自己失败的责任，国民党当局通过媒体大吵大嚷地指责八路军在华北不配合作战。5 月 12 日，国民党参政员许孝炎在宴会上公然向新闻记者造谣：中条山激战时第十八集团军抗不遵命，不配合对敌作战。周恩

第十一章 抗日战争时期中国共产党的媒介批评

来第二天即列举事实向中外记者予以驳斥。5月14日,周恩来又致信国民党与中共联络和谈判代表张冲,对许孝炎的造谣严词批驳:"顷悉许孝炎先生于十二日晚宴客席上,竟公开向在座之新闻记者宣称:现在中条山敌我激战,中央令第十八集团军配合作战,该军抗不遵命云云。此言现正在中外记者中传播,并纷纷以此相询,弟自当根据事实予以驳斥,惟念许先生身为参政员,且任贵党要职,① 何亦袭'谣言重于宣传'之技,大有类于《中国人》刊物所云,诚不胜其遗憾。"② 周恩来指出:作战行动属于军事秘密,许造此谣言,是否欲将晋谒委座经过公诸新闻记者之间,以证明其言之诬,抑故欲使之传播于外,俾敌寇据以为进攻之机邪?从而揭露了许孝炎的造谣何其荒谬。

不料5月21日,《大公报》上就发表了一篇题为《为晋南战事作一种呼吁》的社论,重复了上述谣言。该报先说:"晋南战役,业已经过半个月之久,我军苦战,全国关切,而十八集团军集中晋北,迄今尚未与友军协同作战,则系事实。"然后又说:"我们相信统帅部必然已有命令,要十八集团军参加战斗。"再以貌似客观公正的口吻道:"现当晋境敌军求逞之际,近在咫尺的十八集团军,岂能坐视敌军猖獗而不抗?岂能坐视国军苦战而不援?在国家民族的大义名分之下,十八集团军应该立即参加晋南战役;在其向所服膺的团结抗战精神之下,十八集团军更应该立即赴援中条山。"③ 虽然使用的是一些不很肯定的词汇,但言辞之间却隐约而明显地向读者暗示出与许孝炎所造谣言几乎相同的意义。由于《大公报》在国统区有较大的影响,因此,周恩来当夜即写信给主持该报编务的张季鸾和王芸生两人。

周恩来在信中首先对《大公报》社论所表现出溢于言表的爱国之情表示肯定,然后笔锋一转,指出该报社论所引相关传说,"既泰半为敌人谣言,一部又为《华盛顿明星报》之毫无根据的社评,不仅贵报'不愿相信',即全国同胞亦皆不能置信"。④ 再继续以实例来阐述为何连美国的报纸也不能完全相信的理由。他指出,美国虽然是帮助我们的国家,但美国

---

① 当时许孝炎任国民党中央宣传部主任秘书。
② 中共中央文献研究室编:《周恩来书信选集》,中央文献出版社1988年版,第196页。
③ 《为晋南战事作一种呼吁》,《大公报》(重庆版)1941年5月12日。
④ 中共中央文献研究室编:《周恩来书信选集》,中央文献出版社1988年版,第198页。

报纸评论通信社的消息,却不能尽据为信,例如华盛顿 19 日合众社电讯竟然根据拥护政府最力的参议员多玛斯对合众社记者谈话称,彼素即主张以逐渐的方法调解中日战事。我们能因此就相信美国政府已接受日本和平提议了吗?况且中共与汪逆久成汉贼不两立之势,国内某小部分人或可与汪逆重谈合作,中共及绝大多数中国军民,吾敢断言,虽战至死,亦决不会与汪逆同流合污,投降日寇。敌人所造的谣言不止一端,单就晋南战事而论,南京 20 日同盟社电说:当晋南、豫北战事发生前,胡宗南为奉命包围红军计,自晋南抽出所部五师调至陕甘宁三省,致晋南国军实力大减。《大公报》对此说法,当同样不愿相信。

周恩来在信中举出了《大公报》社论中所引以为据的"十八集团军集中晋北,迄今尚未与友军协同作战"和"我们相信统帅部必然已有命令,要十八集团军参加战斗"的这两件所谓事实,严肃地指出:"我可负责敬告贵报,贵报所据之事实,并非事实。"① 因为在该报社论发表一周前,晋南白晋公路一段即为第十八集团军部队所袭占,停止通车;其他地区战事正在发展,只是因为远在敌后,电讯联络困难,此间遂不得按时报道。而中枢及前线旬余之间的军事磋商,与夫配合作战等计划,皆因军机所限,既不便且不得公诸报端,亦不宜在此函告。"于是惯于造谣者流,曾公开向人指摘第十八集团军拒绝与友军配合作战。我曾为此事一再向中枢请求更正,不意市虎之言,竟亦影响于贵报,当自承同业联络之差。惟环境限人,贤者当能谅我等处境之苦。"② 既指出《大公报》社论以谣言为根据立论,又将其所以如此的原因解释为报馆之间信息不通所致,在批驳其论点的基础上,又给该报找一个台阶下,不至于使双方关系因此而僵滞。

周恩来随后在信中列举了八路军、新四军的战绩,巧妙暴露了国民党当局没有给他们任何补充的事实,并讥讽国民党为中条山战役失利而诿过于人的种种抱怨。根据《大公报》社论把事情说成好像整个华北战场只有一个中条山的错谬,周恩来在信中指出,山西高原并非只限于中条山一地,敌寇之所以无法渡过黄河,不仅因为中条山留有中央大军握此北方锁钥,而且因为西北所有高原都控制在我军手中,方使敌寇三年多来屡屡试图渡河而迭遭失败。周恩来在信末说:"敌所欲者我不为,敌所不欲者我

---

① 中共中央文献研究室编:《周恩来书信选集》,中央文献出版社 1988 年版,第 198 页。
② 中共中央文献研究室编:《周恩来书信选集》,中央文献出版社 1988 年版,第 198 页。

为之。四五年来，常持此语自励励人。"① 现在日本侵略者正欲于积极准备南进之际，先给我以重击，并以封锁各方困我。力不足则辅之以挑拨流言，故释放和平空气迷惑国人。考虑到友邦人士不察，易中敌谣，故曾向美国通讯社作负责声明，已蒙其19日在上海广播，不图今日在此复需做又一次声明。"我信贵报此文是善意的督责，但事实不容抹杀，贵报当能一本大公，将此信公诸读者，使贵报的希望得到回应，敌人的谣言从此揭穿。"② 使《大公报》无法拒绝将此信公开的要求。该报在5月23日全文刊登了这封信，从而在国统区产生了非常广泛的影响。毛泽东为此专门致电周恩来称赞该信，③ 并将该信在延安《解放日报》上公开发表。

抗战时期周恩来长期战斗在龙潭虎穴一般的国民党统治区，作为中共中央代表团、南方局和《新华日报》董事会的领导人，卓有成效地领导着我党在国统区的全面工作。他既有高水准的马克思列宁主义理论修养，善于把马列主义的一般原理同当时大后方的党的报刊工作实际相结合，又能因时因地制宜，根据具体问题具体分析之法，掌握灵活多变的战略战术，不断探寻报刊宣传如何更好地为抗日战争服务的新路子。他既常常将报刊工作置于全局的高度进行观察，从国家文化发展和建设的宏观角度统筹考虑报刊宣传的策略与方法，又具有高度的政治敏感，目光如炬，对国统区报刊发展的各个方面有着精致细微的观察和了解，对各类报刊的动态及其政治属性都有恰当的把握。他对《大公报》的批驳既坚持原则，以事实为基础据理力争，又能设身处地为对方着想，给对方留有转圜的余地。美国《纽约时报》曾在社论中推崇他是一位非常成功的"宣传家"，④ 这一赞誉他确实当之无愧！若从媒介批评的角度看，他也是中共领袖中一位高明的媒介批评家。

第三节 博古的媒介批评

博古（1907—1946），原名秦邦宪，乳名长林，字则民，江苏无锡人，出身于一个世代书香的望族，1915年入无锡第二高等小学就读，不久转入

---

① 中共中央文献研究室编：《周恩来书信选集》，中央文献出版社1988年版，第201页。
② 中共中央文献研究室编：《周恩来书信选集》，中央文献出版社1988年版，第201页。
③ 金冲及主编：《周恩来传（1898—1949）》，人民出版社、中央文献出版社1989年版，第544页。
④ 转引自裘之倬《举世敬仰的伟人周恩来》，中共中央党校出版社1992年版，第126页。

· 1155 ·

无锡省立第三师范附小，1921年9月考取苏州江苏省立第二工业学校预科，开始接触《新青年》《向导》等进步书刊。1925年9月考入以中国共产党人为骨干、国共两党共同创办的上海大学社会学系，不久即加入中国共产党。1926年赴莫斯科中山大学学习，1930年回国，在中华全国总工会宣传部任宣传干事，参加《劳动报》《中国工人》《工人报》《赤色海员》等报刊的编辑工作。1931年9月至1935年1月，主持中共中央工作。遵义会议后，博古保留中共中央政治局委员、军委委员之职，2月至7月代理红军总政治部主任期间，负责《红星报》的编辑工作。[①] 红中社于1937年1月随党中央迁到延安后，改名新华通讯社，博古任社长。1941年后，任中共中央机关报《解放日报》社长兼新华通讯社社长，为《解放日报》的创办及随后的改革、业务发展和解放区新闻队伍建设做出了贡献。1946年4月8日由重庆返回延安途中，因飞机失事不幸遇难。在抗日战争时期，博古不仅是中国共产党最重要的领导人之一，而且也是中国共产党著名的理论家、宣传家和社会活动家，中共新闻事业的开拓者和奠基人之一。在抗日战争时期，博古勇于探索，"在党中央的直接领导下，根据毛泽东的新闻思想，开拓出一条办党报的新路，并为新华通讯社的发展打下了良好基础。他的新闻实践，在党的新闻史上留下了光辉的篇章"。[②] 博古在主持《解放日报》与新华通讯社工作的过程中，针对各种具体新闻实践问题，撰写了大量具有媒介批评性质的评论文章，探索党的新闻事业发展的正确道路，对全党普及和提高马列主义新闻理论及其水平起了重要作用。

一

在战争时期或政治斗争中，谣言也是一种子弹，往往被宵小或无耻之徒利用。1941年5月，日军在发起中条山战役时，同时通过新闻机构大量散布"十八集团军集中晋北不与友军协同作战"等谣言，企图挑拨和破坏国共团结抗战的统一战线，而国民党的御用新闻机构中央社与《大公报》也予以附和，企图将中条山战役中国民党军大败的原因嫁祸于八路军，以

[①] 李志英：《博古传》，当代中国出版社1994年版，第193页。
[②] 王敬：《博古的新闻生涯》，《新闻研究资料》总第41辑，中国社会科学出版社1988年版，第1页。

第十一章 抗日战争时期中国共产党的媒介批评

转移自己因抗战不力和无能而导致全国人民强烈不满的视线。博古的《谣言与烟幕》一文，就是对这一谣言进行分析和批驳的文章。博古在文章中，首先对谁喜欢或善于捏造和传播谣言进行了论述。他说，"造谣惑众是市井无赖的惯技，而政治流氓就把这种卑劣的手段用之于政治斗争中，竟自称曰：'散布合理的流言。'"① 他们为什么会喜欢捏造和传播谣言呢？这是他们违反真理和不正义的立场所致。博古指出：在社会政治斗争中，先进的阶级和先进的政党手中握着正义和真理的旗帜，不害怕公开和坦白地向广大人民群众宣布自己的政纲和目的，表明自己的政治任务和行动的方向，进行公开和严肃的斗争来反对当前主要的敌人，他们用不着玩阴谋、耍手段、造谣言之类下流无耻的办法，他们自信真理在自己这边，前途光明，所以，他们的行动光明磊落，坦白严肃。而那些政治流氓们，因为要维护其违反真理和正义的私利，自知他们的主张、纲领、政治任务和政治目的得不到广大人民的欢迎，不敢堂堂正正地行动，只能鼠窃狗盗、鬼鬼祟祟，因而玩阴谋、耍手段、造谣言之类就成了他们的拿手好戏，造谣或者"散布合理流言"就为他们所偏爱。既然在公开坦白的政治斗争中不敌对手，那么只好乞援于造谣了。确实，有时候谣言的效力很大。

博古指出，在复杂的社会政治斗争中，谣言还具有着遮眼罩和烟幕弹的作用。政治上的没落人物在做亏心事的时候，常常贼喊捉贼，凭借谣言来转移视线，隐身自己。这种造谣术的最近例子，就是所谓"十八集团军集中晋北不与友军协同作战"广泛而有计划的散布。这个谣言最初散布者是专长此道的个中老手同盟社。日寇在发动中条山军事攻势的同时，还发动了一个大规模的谣言攻势。同盟社的广播连篇累牍地散布各种谣言，尤以八路军决不与中央军协同作战、八路军集中陕北准备乘机向西安出动、八路军乘机扩张势力收缴中央军枪械之类为多。日寇谣言攻势的目的很明显，一个字足以尽之，"曰：吓！或者说吓降！军事攻势在炫耀其兵力，其意若曰：你若不降，我将占你的故乡，占你的一切海口，歼灭你在中条山的几万军队，进占你的洛阳、西安、昆明、重庆，你怎么办？谣言攻势在挑拨国共关系，描画一幅黯淡的画图来吓你说，你看国共关系恶劣至此，自力更生，还有什么希望呢？快降吧！"② 所以，"八路军不打日本"

---

① 吴葆朴、李志英、朱昱鹏编：《博古文选·年谱》，当代中国出版社1997年版，第291页。
② 吴葆朴、李志英、朱昱鹏编：《博古文选·年谱》，当代中国出版社1997年版，第292页。

之类的谣言其实只是一种烟幕，吓降诱降是其目的。

虽然这类谣言其技至浅，其理至明，为何偏偏还有人附和？博古揭露道："奇怪的是某些中国人，不是汪精卫之类双料的汉奸，而是抗战营垒中统治阶层里的某些风云人物，居然亦一字一句地抄写同盟社的广播来代替它做一次义务的转播。"① 如《大公报》和中央社等居然一方面说，"敌方所传大部出乎捏造自不能信"，另一方面又重述"敌方所传"，称"十八路集团军集中晋北迄今尚未与友军协同作战则为事实"。于是，"日本人一个钱不花，就有中国人义务地替他的谣言当留声机和见证人。宁非怪事！"② 博古指出：怪事实际上没有，只要懂得我们上述故事中贼喊捉贼的急智就可以理解这次谣言唱和中的玄机了。重庆国民政府军委会发言人5月23日多少泄露了这个玄机。他说："上周寇军全面发动，总计达三十万人之多，其结果不过如此，以此种方式而侈谈解决'中国事变'，不但世无相信之人，即敌寇亦自知其不可能也。"③ 这就是说，既然军事进攻方式已不能解决，那么就换种方式吧！

果然，同盟社接着就纷纷报告说，在各战线军事当局均称第一期作战已结束。"谣言唱和，这次竟完成了红叶题诗式的媒介作用。可惜的是，香港的一部分参政员竟为这个小小手法所迷惑。"④ 所以博古一针见血地指出，造谣和传谣者，其实都是别有怀抱！"其怀抱为何？在造谣者为诱降，在传谣者为投降，而都想在共产党身上做文章，共产党成了他们题诗的红叶。"⑤ 最后，博古提醒全国同胞警惕说，以吓降为目的的军事攻势现在暂时过去了，继之而来的必然是诱降。这虽是日本人一打一拉、又打又拉的老把戏，却包含着一种新意义：这种谣言烟幕所遮盖下的投降危机，远东新慕尼黑的危险，正在一天天地增长！

二

在中国共产党新闻史上，1942年《解放日报》改版是一个里程碑的事

---

① 吴葆朴、李志英、朱昱鹏编：《博古文选·年谱》，当代中国出版社1997年版，第292页。
② 吴葆朴、李志英、朱昱鹏编：《博古文选·年谱》，当代中国出版社1997年版，第292页。
③ 吴葆朴、李志英、朱昱鹏编：《博古文选·年谱》，当代中国出版社1997年版，第293页。
④ 吴葆朴、李志英、朱昱鹏编：《博古文选·年谱》，当代中国出版社1997年版，第293页。
⑤ 吴葆朴、李志英、朱昱鹏编：《博古文选·年谱》，当代中国出版社1997年版，第293页。

件。博古是《解放日报》第一任社长，该报创办后，虽然有很多成绩，但在宣传党的政策和主张、反映党的军队和根据地群众的生活风貌上，未能充分发挥党报应有的作用。1942年3月16日，中宣部发出了《为改造党报的通知》；3月31日，毛泽东主持召开《解放日报》改版座谈会并发表讲话。4月1日，《解放日报》刊发社论《致读者》，宣告对报纸版面加以彻底改革，以加强报纸的党性、群众性、战斗性和组织性。实际上，《解放日报》改版是当时党的整风运动不可分割的一部分。因此，由博古起草的这篇《致读者》社论，意在借机"总结一下过去十个月来的工作及提出今后本报的方向"，[①] 具有很强的媒介批评性质。

在《致读者》文中，博古首先阐述了党报应有的理论内涵及其职能。他以列宁的"报纸不仅是集体的宣传员和鼓动员，而且还是集体的组织者"以及斯大林的"报纸是我们最锐利和最有力的武器"两句名言作为论述的出发点，然后就"报纸到底如何才能成为集体宣传者集体鼓动者集体组织者呢？究竟怎样才能成为党手中最锐利和最有力的武器呢？"两个问题进行正面论述，他认为党报必须做到以下四点。第一，贯彻坚强的党性。报纸不仅要在自己的一切篇幅上，在每篇论文、每条通讯、每个消息中，都能贯彻党的观点和见解，而且必须与整个党的方针、政策与动向密切相联，呼吸相通，使报纸成为实现党的一切政策与号召的尖兵和倡导者。第二，密切联系群众，反映群众情绪和要求，记载他们可歌可泣的英勇奋斗事迹，反映他们的苦难和惨痛，宣达他们的意见和呼声。不仅要充实群众的知识，扩大他们的眼界，启发他们的觉悟，教导和组织他们，而且要成为他们的反映者与喉舌，是与他们共患难的朋友。第三，洋溢着战斗性。党报必须是为党的革命方针和路线奋斗的战士，必须根据当前政治事变进行热忱的鼓动。而鼓动的成功，则极有赖于明朗锐利地揭露一切黑暗和腐败，抨击一切有害于抗日团结的阴谋和企图。尤其在思想战线上经常坚持思想斗争，宣传共产主义的民主主义思潮，反对一切反动、复古、黑暗和愚昧。同时，报纸还应是我们党手中有力的自我批评武器，对于自己队伍中的错误和弱点，党报应以实事求是的同志式态度加以批评，帮助其克服和改正。第四，响应党和政府的号召，或者根据党的方针倡导各种群众运动，经常注视和指导运动的展开，具体帮助各种群众运动和工农大

---

① 吴葆朴、李志英、朱昱鹏编：《博古文选·年谱》，当代中国出版社1997年版，第304页。

众的斗争。党报决不能是一个有闻必录的消极记载者，而应是各种运动的积极提倡者和组织者。

从对党报性质和职能的这种认识角度，博古深刻地检讨了《解放日报》过去10个月来的成绩，批评《解放日报》没能完成真正战斗的党的机关报的责任，"它尚未能成为党中央传播党的路线贯彻党的政策与宣传组织群众的锐利武器"。[①] 具体表现就是报纸以最大的篇幅报道国际新闻，而对全国人民和各抗日根据地的生活与奋斗缺乏系统的记载；孤立登载中央的决议指示和领导同志的论文，没有对其加以发挥和说明，对于政策和决议的执行情形经验检讨毫无反应；以巨大的篇幅登载枯燥乏味的论文译文，而未能以生动活泼通俗易懂的文字解释迫切的问题，对于敌对思想缺乏应有的批评，对于我们工作的缺点，没有严格地揭露和帮助其改正，对于边区进行的各种巨大的群众运动，至多只记载了一些论断，而没能全面地反映，更说不上推动与倡导。总之，还没有具备党报所必需的党性、群众性、战斗性和组织性的品质。

博古还检讨了《解放日报》存在的一个尤其重大的弱点，是在"最近中央号召全党反主观主义、反宗派主义、反党八股进行思想革命与改造全党工作的时候，党报没有能尽其应该的责任"。[②] 其具体表现是：一方面，党报在这个时期不具备应有地位，使其成为这个巨大的工作的鼓手和先锋；另一方面，党报本身还未能尽除主观主义、宗派主义和党八股的余毒。我们在党报上未能对整顿三风给予应有的重视与地位，蔚成风气，形成潮流，重要的党的新闻放在极不显著的位置，有些解释的论文评述，或浮泛空洞，词严意宽；或挂一漏万，损害原意；或夸夸其谈，以八股反八股。同时，要成为反对主观主义、宗派主义、党八股的先锋，本身首先应成为模范，但在《解放日报》版面上，主观主义、宗派主义及党八股却多有表现，也就不能在思想革命和党的改造工作中起到应有的作用。

通过检讨《解放日报》此前的缺点，博古提出：要使《解放日报》能够成为真正战斗的机关报，就要使报纸整个篇幅都贯彻党的路线，反映群众情况，加强思想斗争，帮助全党工作的改进，以此实现报纸的党性、群众性、战斗性和组织性，使它成为天下人的报，成为一切愿消灭民族敌

---

① 吴葆朴、李志英、朱昱鹏编：《博古文选·年谱》，当代中国出版社1997年版，第305页。
② 吴葆朴、李志英、朱昱鹏编：《博古文选·年谱》，当代中国出版社1997年版，第306页。

人、建立民族国家者的共同喉舌。

三

党与党报究竟应该建立一种什么样的关系，这个问题看似简单，但真正认识清楚并在实践中落实到位，却并非一件容易之事。改版之后的《解放日报》虽然有了很大进步，但在发展方面仍存在困难，其中一个重要的障碍就是人们不重视报纸的传统习惯，造成报纸与党和群众的联系不十分紧密。为了进一步加强党对《解放日报》的领导，加强报纸与地方党委的联系，中共中央做出决定，《解放日报》不仅是中共中央的机关报，同时也作为中共西北中央局的机关报。1942年9月9日，中共西北中央局做出了《中共西北中央局关于〈解放日报〉工作问题的决定》，对如何加强该报与各级党部的关系做出了明确的规定。为此，1942年9月22日，博古为《解放日报》撰写了题为《党与党报》的社论，就党与党报的关系问题进行了较为详尽而周到的阐述。

博古明确地指出："报纸是集体宣传者和集体组织者，这句名言我们已经背得烂熟。但是仔细想一想，我们真正懂得了这句话的意思没有？我们各地党的组织和党报工作者，真正照这句话去做了没有？如果仔细的一检查，就会知道，我们多少还有些以背诵名言为满足，多少还有些言行不一致。"[①] 所谓集体宣传者集体组织者的"集体"是什么意思呢？报馆的同人也算一个集体。如果说这个集体是指在报馆里工作的人员，那么报纸就不称其为党报，而成为报馆几个工作人员的同人报纸。在这个报纸上，报馆同人可以依照自己的好恶、兴趣来选择稿件，撰写评论，而不必顾及党的意志和党的影响。这样办报，那党性一定不强，一定会闹独立性、出乱子，对党的事业不但无益而且有害。

博古强调指出，从报馆工作人员方面看，所谓集体宣传者和集体组织者绝不是指报馆同人那样的集体，而是指整个党的组织。党通过报纸来宣传和组织广大人民进行活动，报纸是党的喉舌。在党报工作的同志只是党的组织的一部分，一切要依照党的意志办事，一言一行一字一句都要考虑党的影响。报馆里的同志应知道，自己是掌握党的新闻政策的人，自己在

---

① 吴葆朴、李志英、朱昱鹏编：《博古文选·年谱》，当代中国出版社1997年版，第312页。

党报上写的每一句话每一个字，选发的每一条消息和标的题目，甚至排字和校对，都要对全党负责。如果自己的工作发生了疏忽或错误，那并不仅仅是一个人或几个人的问题，而是关系全党工作和影响的大问题。党报的每一个人都需时时警惕，看重自己的责任。党报不但要忠实于党的总路线总方向，而且要与党的领导机关、党的集体呼吸相关、息息相通。这是党报工作人员的责任，也是办好党报的必要条件之一。

博古同时指出，要办好党报，要使党报成为集体的宣传者和集体的组织者，光有上述的一方面还不够，还必须全党和党员，都来参加报纸的工作。如果不这样做，党报也同样不会成为真正的集体宣传者和集体组织者。首先是党的领导机关要重视报纸，给报纸以宣传方针上的指导，而且对于每一个新的重要问题，都要随时指导党报如何进行宣传。党的领导机关与党报的关系，也应当很密切，也应当呼吸相关、息息相通。"我们各地党的领导者，对于自己的机关报，要非常关心，要如像毛泽东同志对于《解放日报》那样，密切地注意领导和培养党的机关报。"[①] 其次，我们的党已经是一个大的政党，党建立了各种机关来掌握各方面的政策，进行和研究各方面的工作。党的领导机关，既然依靠了这许多机构来领导和施行党的各种政策，就有必要利用党报来宣传和解释各种政策，推动和检查工作的进行。同时也有很大的责任来向党报供给消息，供给文章，提供意见。党报的工作人员，自然应当尊重党的领导机关和工作部门的意见。党的领导机关和工作部门同样也有责任使党报能充分反映党的该部门的工作情形，利用报纸给工作以正确指导，尊重报馆的要求与意见。

博古认为，如果依照上述的观念和认识来检查我们的党报工作，就会发现需要改进的地方还有很多，不论是在党报工作人员方面，还是在党的其他方面，都还有许多事情要做。我们对于"报纸是集体的宣传者和集体的组织者"这个有名定义的理解，还是不够深刻。那么究竟是什么东西阻碍着我们把党报办得更好？博古分析认为，除教条主义言行不一的余毒以外，还有手工业工作方式的落后习惯。报纸天天出版，是数量最多、读者最广的一种刊物，因而也是影响人们思想最有力的工具，暂时没有任何其他的出版物可以与之比拟。我们的同志并非不知道这一点，但是手工业工作方式的落后习惯，使我们有些同志醉心于油印机，醉心于个人谈话的方

[①] 吴葆朴、李志英、朱昱鹏编：《博古文选·年谱》，当代中国出版社1997年版，第314页。

式，醉心于办独立刊物，宁愿选择影响比较小的工具来传播他所要传播的东西，却不愿去使用报纸这个最有力的工具。要把任何工作做好，就总有些话要对大家说，既要说话，就总要使用什么工具。我们已经建立了大规模的党报，这时候再去留恋落后的方式，客观上就等于不想充分传播党的影响，不想把自己的工作做好。所以，在有党报的地方，改正这种落后的习惯是我们全党都要注意的问题。

四

如果说1942年4月1日的《致读者》社论拉开了《解放日报》的改版帷幕，那么1944年2月16日由博古撰写的《本报创刊一千期》社论，则是对《解放日报》的改版成果进行了总结。在总结成绩的同时，博古对《解放日报》仍然存在的问题与不足继续进行了较为深入细致的剖析和批评。博古首先从宏观与政治角度肯定了《解放日报》近3年来在中国共产党中央的直接领导下，"对于所赋予的神圣使命，信守不渝"。[①] 就这一点而言，该报足可告慰国人。他认为，在新闻业务方面，该报创刊一千期以来，既是一直处于学习和探索的过程中，也是一直处于创造的过程中。纵观我国现代报纸的发展历史，与欧美各国相比虽然较为短暂，但也有一百几十年了。然而属于人民大众的报纸仍寥寥可数，其中大半未到成熟即遭夭折，或横被摧残，或中途变质，广大中国人民要拥有作为自己喉舌的报纸，报道自己的活动，畅谈自己的意见，真是历尽了千辛万苦，求之而不可多得。本报是中国共产党的党报，当然义不容辞，坚持使本报成为抗日人民大众报纸的方针，坚持成为鼓吹抗战、民主和进步的号角。我们要把人民大众的生活，人民大众的抗战活动，人民大众的意见，在报纸上充分地反映出来。

博古进而总结了当时中共党报的特点。第一，在性质上是人民大众的报纸。我们的记者要为抗日的人民大众做事，首先是为工农兵做事。这就是说，我们与有些报纸不同，在于我们不是为少数人的利益，或者为着他们的趣味，而去卑躬屈节。我们决不容许对工农兵和抗日人民大众有所蔑视，对他们的行动有所曲解，我们要求很真实地报道他们的生活、活动与

[①] 吴葆朴、李志英、朱昱鹏编：《博古文选·年谱》，当代中国出版社1997年版，第326页。

意见。第二，是在农村里办报，这与在大城市里办报有很大的不同，所以在大城市里适用的一些办报方法，在我们这里不能照抄来用。这两个特点，决定了中共党报发展过程中会遭遇前所未有的困难。博古在重述了《解放日报》改版时在《致读者》社论中对报纸缺点的一些检讨内容后，指出报纸改版之后，依照中央确定的方向实行改革。从那时到现在，又过去了一年零十个月了。在这段时间里取得的重要经验，就是"全党办报"四个字。"由于实行了这个方针，报纸的脉搏就能与党的脉搏呼吸相关了，报纸就起了集体宣传者与集体组织者的作用，报纸就能经过党的组织组成了在边区的包含六百余人的广大的通讯网，并能改革了文风，改进了技术。对于农村的环境，我们也渐渐学会了怎样去适用。"① 这些进步，都应归功于党中央和西北局的领导，与全党以及全体工作人员、通讯员的努力。

回顾过去，瞻望未来。博古认为在既有基础上，报纸还有巨大的改进和提升空间。如果说两年前，报纸的问题是党性、群众性、战斗性和组织性的不足，那么，今天的问题也仍然在这些方面，不过具体的内容和工作重点有所不同了。具体言之，有如下一些方面。

第一，通讯工作问题。过去是着重在发动，即发动在职的工作干部与工农通讯员来为党报写稿。今天，光发动已经不够了。今天的工作是要把已有的通讯员统一组织起来，给以具体的领导。按照已有的经验，有组织和有具体指导的通讯员写来的稿子就好一些，而无组织无具体指导的通讯员写来的稿子往往会千篇一律。今后，要把有组织的和无组织的通讯员统统组织起来，党的各级宣传部，不但分区与县委要学会具体地指导自己的通讯员，而且通讯员较多的区和支部也要学会这种具体指导。经过这种精密的组织和具体的指导，通讯稿件的质量将会得到很大的提高。

第二，知识分子的思想和立场问题。在整风以前，知识分子中有许多尚未真正在思想上与工农兵结合起来，"有时则站在小资产阶级的立场上来讨厌工农兵，那时候，许多知识分子的通讯员与工作人员，成了报纸与工农兵之间的障碍"。② 经过整风运动的洗礼，情形已经有了很大的变化，他们中有很大一部分人经过教育在思想上已与工农兵结合起来了。从前是报纸与工农兵结合的障碍，现在则要成为报纸与工农兵之间的良好媒介。

---

① 吴葆朴、李志英、朱昱鹏编：《博古文选·年谱》，当代中国出版社 1997 年版，第 328 页。
② 吴葆朴、李志英、朱昱鹏编：《博古文选·年谱》，当代中国出版社 1997 年版，第 329 页。

经过思想改造之后知识分子的这种作用，我们必须注意到，并把它很好地发挥和利用起来。

第三，新闻的内容与形式问题。过去新闻的毛病在于没有内容或内容贫乏，那时不去注意充实内容，而是去讲技巧，去讲文艺性，等等，是个很大的错误，有些政治上很坏的东西和很不真实的东西，就混了进来。现在的情形已经有了很大不同。目前我们的报纸上充满了内容丰富的新闻，而且都很真实可靠，政治上也很好。因此，现在我们就需要来讲技巧，要来讲文艺性，要来讲新闻的表现形式了，以便把很丰富的内容表现得更好一些，表现得更简洁明了一些，更加突出一些，以便更能引人注意，更能影响读者。慢慢地我们要学会把平铺直叙的形式提到更高更精美的形式上去，使内容与形式实现更好更有机地结合。

在一定的意义上可以说，博古是延安《解放日报》的保姆。延安《解放日报》是中国共产党中央在革命根据地创办的第一张大型日报。无论是创刊，还是1942年的改版，博古都亲力亲为，躬逢其盛。特别是在《解放日报》改版期间，该报先后发表了一系列重要的社论和文章，对党的新闻工作的重大方针和基本原则进行了阐述，对无产阶级新闻学的一些根本问题进行了勇敢的探索和科学的论证，在新闻界产生了深远的影响，奠定了我国无产阶级新闻学理论的基石。作为《解放日报》的当家人，博古无疑为此做出了巨大贡献。批判性是新闻理论建构和创新的重要方式和路径，理论往往是通过颠覆成说、批判前人的想法而获得前进与突破。中国共产党新闻理论可谓在延安时期，尤其是在《解放日报》的改版过程中得以完成基本体系建构，在这一过程中，媒介批评是中国共产党新闻理论建构的主要手段和基本方法。根据现实政治斗争的需要和党的基本路线，既对资产阶级的新闻理论及其基本做法进行反思和批判，又对自己的历史实践和理论生成进行自省和检讨，贯穿博古抗战时期媒介批评及其新闻思想形成和发展的整个过程。在《解放日报》创办初期，博古基本上是以上海社会的综合性大报的新闻理念和苏联《真理报》的模式作为参照，在延安这块全新的政治与经济的文化土壤中从事着中共党报的实践探索，此前中国已有的办报模式在这里明显水土不服，不能满足一个坚强而纯粹的党报要求。《解放日报》改版在版面上一个突出而明显的变化是将原来的一国际、二国内、三边区、四本地的版面排序，改变为一边区、二国内、三国际、四副刊的大体顺序，这貌似仅仅是一个版面次序的调整，其实是新闻学基本理念尤其是新闻价值理念的重大转变。在这一重大转变过程中，博古撰写的《致读者》《党与党报》《本报创刊一千期》等一系列具有媒介批评性质的文本，在一定程度上可谓起到了既承前启后又定航引路的作用。

第四节　陆定一的媒介批评

陆定一（1906—1996），江苏无锡人，青年时期受到民主进步思想的影响，1925年秋在上海交通大学求学时加入中国共产主义青年团，同年冬转为中国共产党党员。1926年毕业后，任共青团南洋大学支部书记及上海法南区团委书记。是年秋，调团中央宣传部工作，编辑《中国青年》杂志。1927年5月在中国共产主义青年团第四次全国代表大会上当选为团中央候补委员，任团中央宣传部部长，共青团驻少共国际代表，并主编《中国青年》。长征时，在红军第一方面军"红章"纵队政治部宣传部工作。遵义会议后，陆定一担任中国工农红军总政治部宣传部部长，接替邓小平同志主编《红星》报。抗战爆发以后，陆定一任八路军总政治部宣传部部长，领导《新华日报》华北版的工作。1942年4月，他开始负责编辑《解放日报》的《学习》副刊，同年8月，担任《解放日报》总编辑。1945年以后，陆定一任中共中央宣传部部长，长期领导党的宣传工作。在报刊宣传和新闻领导工作中，陆定一始终保持着高度的职业敏感，时常对新闻传播活动进行细致的观察和分析，撰写过很多具有媒介批评性质的新闻理论和时政评论性专题文章，在指导和规范党的新闻工作、揭露和打击敌人的造谣污蔑等方面做出了卓越的贡献。

一

抗日战争开始之后，陆定一担任八路军总政治部宣传部部长，在他不断总结对敌作战的政治工作经验中就包含着很多媒介批评的内容。换言之，总结对敌作战政治工作经验的需要是他进行媒介批评的最直接动因，同时也是他这一时段内进行媒介批评的主要方式。1938年10月，晋察冀边区粉碎敌人的大举围攻，给日寇"扫荡华北"以沉重打击。这一伟大胜利对于在敌人后方坚持抗战有极其重大的典型示范意义。聂荣臻等同志总结了军事方面的经验教训，陆定一则利用有关文件和《抗敌报》的有关报道材料，撰写了《晋察冀边区粉碎敌人进攻中的几个重要经验》一文，系统总结了战时政权工作和民运工作的经验教训。在该文第四部分"战时宣传鼓动工作"中，他重点从形式、内容、记者队伍建设、文艺作品等几个方面，总结了《抗敌报》的成功经验，系统评价在"反扫荡"期间，《抗敌报》为适应战时的特殊环境，在形式、内容和其他方面都有很多创造性的做法，"确是做了模范"。[1] 值得其他抗日根据地借鉴和效法。

晋察冀边区的《抗敌报》原系同《新华日报》华北版一样大小的三日刊，主要新闻用四号字排印。在战时，篇幅上改成原版一半大小，仍为三日刊，用五号字排印，重要标题用木刻楷书。这样缩小篇幅，一方面可以节省纸，另一方面便于运送。在正常的《抗敌报》三日刊以外，他们还不定期另出一种号外性质的《抗敌外刊》，有时每天只出一版，大小只及《新华日报》华北版四分之一。陆定一高度评价该报形式上的这种改变："这种号外，在战时是非常必须的。"[2] 因为当敌人大举进攻的时候，报馆可能被敌人占去，报馆不能不随着军队打游击，平时组织好的发行网通讯网等也可能因战争而瓦解，所以，只有主动适应战时环境，适时改变形式，才能保持报馆工作在战时环境下的正常运行。

陆定一从与当前工作联系紧密与否的角度分析《抗敌报》的内容："《抗敌报》在战时每期有很威权的社论，极其具体而且切实，没有不着边际的空谈。有本区的作战消息，占新闻的主要地位。有国际和国内消息，各约占一版地位。第四版登载专论、宣言、地方消息和通讯、文艺作品。连文艺作品在内，都是针对着当前紧急任务的。"[3] 而《抗敌外刊》，虽然没有国际国内消息，但也非如大城市里所谓的只有几十个大字的那种"号外"，《抗敌外刊》有社论，有本区战局报道，有各地战时民运，有地方通讯，有时还登一首新诗，"这是一种模范的战时宣传鼓动刊物，看了令人满意"。[4]《抗敌报》之所以受到陆定一的高度肯定，显然在于其内容丰富

---

[1] 陆定一：《晋察冀边区粉碎敌人进攻中的几个重要经验》，《陆定一文集》上卷，人民出版社1992年版，第175页。

[2] 陆定一：《晋察冀边区粉碎敌人进攻中的几个重要经验》，《陆定一文集》上卷，人民出版社1992年版，第176页。

[3] 陆定一：《晋察冀边区粉碎敌人进攻中的几个重要经验》，《陆定一文集》上卷，人民出版社1992年版，第176页。

[4] 陆定一：《晋察冀边区粉碎敌人进攻中的几个重要经验》，《陆定一文集》上卷，人民出版社1992年版，第176页。

多样，具体实际，传播的各方面内容及其形式，都能够紧密围绕战时工作展开，能够起到推动当前工作进行的作用。

报纸质量的高低，在一定程度上取决于稿源的质量，而稿源的质量又取决于记者队伍建设和采写方式。陆定一对《抗敌报》战时记者队伍建设进行了详细介绍："《抗敌报》在战时派出了记者，巡视各地情况，并特约一些在实际工作中的人员做通讯员，写了些切实反映地方情形，针砭工作缺陷，正确发扬工作优点的通讯。"[①]《抗敌报》的通讯员，都没有记者的架子，每到一地，看见工作有什么不对，马上就动起手来干，有什么工作需要帮忙，马上就去参加，陆定一称赞道："这样的记者，真不愧为'战地报人'，他们所得到的影象也决不是浮面的了。"[②] 这些来自第一线的报道，散发着浓郁的战地气息，"他们的地方通讯，短小精悍，每则只有几十个字。特约的通讯则较长，但都切切实实，无一笔浪费"[③]。他特别举了该报来自阜平四区的一则"特讯"作例，该特讯"对于动员工作中的数目字，甚为注意。这一点亦是重要的，因为这种切实的数目字，是动员工作最实际的标准"[④]。除派出记者和特约记者从远地写稿以外，报社特别注重描写一个区的情形。例如阜平四区的通讯最多，差不多该区各方面工作皆有小小的通讯。陆定一充分肯定了这种报道方式的好处："这样抓住一个地方的报道办法，有其特殊的作用。因为一个地方的经验教训，动员数目等等，可以作为所有其他地方的参考和借鉴。能够把一个地方的各方面的工作都作出一定的结论，找出经验和教训，也就等于替各地方的工作人员解决了问题。"[⑤] 陆定一这种解剖《抗敌报》成功经验的媒介批评方式，也同样具有以个别典型指导一般工作的功效。

陆定一对《抗敌报》所刊登的文艺作品也给予了评述。"这种文艺作品

[①] 陆定一：《晋察冀边区粉碎敌人进攻中的几个重要经验》，《陆定一文集》上卷，人民出版社1992年版，第176页。

[②] 陆定一：《晋察冀边区粉碎敌人进攻中的几个重要经验》，《陆定一文集》上卷，人民出版社1992年版，第177页。

[③] 陆定一：《晋察冀边区粉碎敌人进攻中的几个重要经验》，《陆定一文集》上卷，人民出版社1992年版，第177页。

[④] 陆定一：《晋察冀边区粉碎敌人进攻中的几个重要经验》，《陆定一文集》上卷，人民出版社1992年版，第177页。

[⑤] 陆定一：《晋察冀边区粉碎敌人进攻中的几个重要经验》，《陆定一文集》上卷，人民出版社1992年版，第178页。

都是很短的，它的形式是诗和短篇小说；它的性质，不是作为一般的描写，遣兴，抒情，幽默，寓言等等，而是切切实实服务于当前的紧急任务的。"① 为了示范起见，他特别全文引述了该报登载的韦平同志的《不要背弃了人民》一诗，然后加以评述道："这样的诗，其价值等于一篇有韵的论文。其余的诗歌小说大率类此。这种作法是值得注意的。这样的文艺，真正成了大众战斗的武器。"② 是否能够发挥媒介的指导作用，是陆定一媒介批评的主要标准。

陆定一对《抗敌报》的介绍和评价主要是肯定与赞扬，意在总结和推广经验。他于1939年4月9日为《新华日报》华北版撰写的专论《目前宣传工作中的四个问题》，则是从建议的角度，就宣传工作中可能会发生的问题予以事先提醒。晋冀豫根据地粉碎敌人九路围攻一年以来，宣传工作有了很大进步，许多报纸、通信社的出现和太行山青年记者协会的创立就是明证。陆定一认为在此基础上，要更好地运用这些宣传机构，还要不断改进质量，以保证"动员一切生动力量"③ 这个巨大任务的完成。他提出要进一步加强宣传工作，"在地方上，做到每县有一个报纸；在军队中，每团有一个报纸，并且保证所有的报纸，在战时能经常出版，经常发行。尤其是几个重要报纸，如《战斗日报》（将改为《上党日报》）《新华日报》《胜利报》等，必须解决战时出版与发行的艰巨任务"。④ 他明确指出，报纸的出版与发行，绝不是一个报社自己的工作，而是每一个关心救亡事业的人，每一个救亡团体以及军队和政府机构应当关心的事。"展开一个广大的报纸读者联合会的运动，来具体解决帮助报纸平时战时发行与推销工作的任务，是必要的。"⑤ 陆定一分析说，在作战最紧张时候，铅印甚至石印都将没有可能，因此，一切报纸，应准备在最困难的时候，用油印来出版。他提议，现在就应预先准备这种环境的来到，青年记者协会，应预

---

① 陆定一：《晋察冀边区粉碎敌人进攻中的几个重要经验》，《陆定一文集》上卷，人民出版社1992年版，第178页。

② 陆定一：《晋察冀边区粉碎敌人进攻中的几个重要经验》，《陆定一文集》上卷，人民出版社1992年版，第180页。

③ 陆定一：《目前宣传工作中的四个问题》，《陆定一文集》上卷，人民出版社1992年版，第203页。

④ 陆定一：《目前宣传工作中的四个问题》，《陆定一文集》上卷，人民出版社1992年版，第203页。

⑤ 陆定一：《目前宣传工作中的四个问题》，《陆定一文集》上卷，人民出版社1992年版，第203页。

先计划好，在这种最严重的情况下，把整个晋冀豫区分成若干地区，在每一个区域中，几个报纸联合起来出版一个油印报纸，或者由某一报纸在该地分设一个临时地方版，其发行工作，则主要依靠于当地的读者联合会。这种明确而具有可操作性的提议，确实起到了指导报纸工作方向的重要作用。

二

陆定一的著名新闻学论文《我们对于新闻学的基本观点》，是1942年春天开始的延安整风运动的产物，也是以延安《解放日报》改版为标志的中国第一次新闻改革的产物。它用辩证唯物主义的哲学观点与方法，阐述了新闻学中最基本的问题，即新闻的本源问题，同时阐明了"新闻如何能真实"的问题。延安《解放日报》于1941年5月16日创刊，社长博古在主持《解放日报》工作初期，生搬硬套苏联《真理报》的经验，沿袭上海等资产阶级综合性大报的做法，如创刊号头版头条是综述性消息《苏联援华坚定不变》。当时恰好发生德国法西斯党的二把手赫斯出奔英国的突发事件，报纸的二条位置以三栏双行较大黑体字报道了这一重大新闻，并附有一个背景材料《赫斯小传》，位于头版的中心位置。而毛泽东写的《发刊词》则安排在不大显著的左侧下方，下半版是各国主要通讯社的电讯共17条。此后版面安排基本上是一版国际，二版国内，三版边区，四版本地（延安）或副刊。像《中共中央通过根据地土地政策》这样涉及数百万农民利益的新闻，被安排在三版头条，而当天的头版头条新闻是《英内阁局部改组》。毛泽东在中央党校开学典礼上发表《整顿党的作风》著名演讲的新闻，当时发表在三版右下角作为一般新闻处理，而当天的头版头条是苏德战场的一般战况《中路歼灭大量德寇/红军继续追击前进/路透社称南路苏军进展顺利》。总之，没有根据中国当时的实际情况需要，办出无产阶级党报的特点。1942年4月之后，《解放日报》经过改版，报纸的面貌大为改观，尤其是确立了无产阶级的新闻观念，标志之一就是1943年9月1日陆定一发表的《我们对于新闻学的基本观点》一文。从观点的表述过程看，"该文采取了以批判开路的论证方式"，[1] 因而该文也是一篇优秀的

---

[1] 陈力丹：《新启蒙与陆定一的〈我们对于新闻学的基本观点〉》，《陈力丹自选集——新闻观念：从传统到现代》，复旦大学出版社2004年版，第89页。

第十一章 抗日战争时期中国共产党的媒介批评

媒介批评文本。

首先,《我们对于新闻学的基本观点》通过对资产阶级新闻观念的批判来完成对共产党新闻观念的构建。文章伊始,即引入马克思主义哲学的最基本观点:"辩证唯物主义,主张依照事物的本来面目去解释它,而不作任何曲解或增减。"① 将中国共产党的新闻学奠定在辩证唯物主义的哲学基础之上。文章随之树立批判的靶子,展示叙述和论证的逻辑:

> 抗战以来,党的新闻事业是大大的发展了,吸收了大批新的知识分子到这部门事业中来。吸收新的血液,乃是事业向前发展中必要的和必有的步骤。但随此以俱来的,则有事情的另一方面:抗战以后,参加党的新闻事业的知识分子,乃是来自旧社会的,他们之中,也就有人带来了旧社会的一套思想意识和一套新闻学理论。这套思想意识,这套新闻学理论,是很糊涂的,不大老老实实的,甚至是很不老老实实的,也就是不大科学的,甚至很不科学的。如果不加以改造,不加以教育,就会不但无益,而且有害,就无法把党的新闻事业做好。②

文章的主体当然是后面的"新闻的本源"和"新闻如何能真实"两个部分,但这两个部分无一不是对文章开篇所提出的"旧社会的一套思想意识和一套新闻学理论"的回应。

在"新闻的本源"部分,陆定一以唯物论与唯心论对立的方式,从唯物反映论的角度提出了新闻"是新近发生的事实的报道"③的定义,将这个定义提升到了马列主义辩证唯物论的哲学高度加以阐释,并通过对两个方面新闻观的批判,来完成无产阶级新闻理论的构建。

第一方面,批判法西斯主义的新闻理论。陆定一将法西斯主义新闻理念作为唯心论的新闻理论的典型代表来批判,并紧紧抓住其"新闻就是

---

① 陆定一:《我们对于新闻学的基本观点》,《陆定一文集》上卷,人民出版社1992年版,第321页。
② 陆定一:《我们对于新闻学的基本观点》,《陆定一文集》上卷,人民出版社1992年版,第321—322页。
③ 陆定一:《我们对于新闻学的基本观点》,《陆定一文集》上卷,人民出版社1992年版,第322页。

'政治性'之本身"[1] 观点要害（即把事实与政治性的关系头足颠倒的荒谬）进行批驳。他一针见血地指出："这种说法不仅是不正确的，而且异常阴险，异常恶毒，竟是法西斯的'新闻理论'基础。"[2] 因为，"既然'新闻就是政治性本身'，凡是有政治性的都可以算新闻，那么，政治性的造谣、曲解、吹牛等等不是也就可以取得新闻的资格了么？"[3] 陆定一运用唯物论的反映论分析道：政治性比起那包含这种政治性的事实来，乃是第二性的、派生的、被决定的，而第一性的东西，最先有的东西，乃是事实而不是什么政治性。因此，"事实与新闻政治性，二者之间的关系，万万颠倒不得。一定要认识事实是第一性的，一切'性质'，包括'政治性'在内，与事实比起来都是派生的、被决定的、第二性的。"[4] 观念指导实践，在批判法西斯新闻观念的同时，陆定一还顺笔抨击了法西斯新闻观念指导下的一些实践表现："最近几年，大后方反动派特务崽子们，在提倡所谓'三民主义的新闻原理'，这就是德意日法西斯'新闻理论'的变种。在这种'原理'之下，特务们提倡'合理的谣言'，公然伪造民意，压制舆论。例如河南大灾荒不准报道，西安特务开了九个人十分钟的会就'报道'说西安'文化界'主张'解散共产党'等，就是他们的'新闻大杰作'。"[5] 陆定一对法西斯新闻理论的分析和批判，确实切中了要害，论述扎实、生动而有力。

第二方面，批判五四运动以来传入中国的一些西方新闻学理论及其表述："唯心论者对于新闻的定义，认为新闻是某种'性质'的本身，新闻的本源乃是某种渺渺茫茫的东西。这就是资产阶级新闻理论中所谓'性质说'（Quality theory）。最早的'性质说'认为'新闻乃是时宜性与一般性之本身'。后来，花样越来越多，代替'时宜性''一般性'的，有所谓

---

[1] 陆定一：《我们对于新闻学的基本观点》，《陆定一文集》上卷，人民出版社1992年版，第324页。
[2] 陆定一：《我们对于新闻学的基本观点》，《陆定一文集》上卷，人民出版社1992年版，第324页。
[3] 陆定一：《我们对于新闻学的基本观点》，《陆定一文集》上卷，人民出版社1992年版，第325页。
[4] 陆定一：《我们对于新闻学的基本观点》，《陆定一文集》上卷，人民出版社1992年版，第325页。
[5] 陆定一：《我们对于新闻学的基本观点》，《陆定一文集》上卷，人民出版社1992年版，第325页。

'普遍性''公告性''文艺性''趣味性''完整性',等等。总而言之,唯心论企图否认'新闻是事实的报道'的唯物论定义,而把新闻解释为某种'性质'的本身,脱离开了某种'性质'就不成其为新闻。"① 显然,陆定一建立在唯物主义反映论上的上述分析,无疑是鞭辟入里的精当之言。为了进一步剖露唯心主义新闻观的荒谬,陆定一从诸多"性质"中选择了"兴趣"说进行分析:"兴趣是有阶级性的,对于劳动者有兴趣的事实,写出来就成为对于劳动者有兴趣的新闻。但同一事实,剥削者看来就毫无趣味,因而这个新闻对于剥削者也就成为无兴趣的新闻。"② 资产阶级新闻学者一般都避谈新闻的阶级性,有意或无意地以人类的一般兴趣、共同兴趣代替阶级兴趣,其实,在阶级社会里,新闻总是新闻工作者主观选择的结果,在新闻选择过程中,来自新闻工作者主观意识的干扰始终无法避免。陆定一指出唯心论的"性质说"的实质,就是"把片面的东西夸大成为全面的东西,把形式当作本质,把附属的当作主要的,把偶然的当作必然的,因而是错误的"。③ 因为按照"性质说"去做,必致误入歧途。"新闻界中的下流坯,提倡所谓'桃色新闻''黄色新闻',岂不是以'趣味性'做招牌的么?借口'文艺性'而把地上的事实夸张成为神话一般的事,在新闻界中岂不也是数见不鲜的么?"④ 归谬法和连续反问,使论证具有无可辩驳的逻辑说服力量。

三

陆定一对批评和自我批评极为重视。1944年6月1日,延安《解放日报》发表了他执笔写的社论《我们从科尔内楚克的〈前线〉里可以学到些什么》,号召人们勇于进行批评和自我批评,正确的批评和自我批评的开展乃是我们力量增长的标志。何为正确的批评和自我批评呢?"批评必须

---

① 陆定一:《我们对于新闻学的基本观点》,《陆定一文集》上卷,人民出版社1992年版,第323页。
② 陆定一:《我们对于新闻学的基本观点》,《陆定一文集》上卷,人民出版社1992年版,第323页。
③ 陆定一:《我们对于新闻学的基本观点》,《陆定一文集》上卷,人民出版社1992年版,第324页。
④ 陆定一:《我们对于新闻学的基本观点》,《陆定一文集》上卷,人民出版社1992年版,第324页。

实事求是，必须是善意的批评，不是《野百合花》那种'批评'。《野百合花》那种'批评'乃是恶意的污蔑，乃是离心离德，决不应该再有，而且须引以为戒。但只要合乎实事求是和善意这两个条件，批评就是正确的。"① 当然，他同时指出，由于批评比赞扬难得多，因此，"须要更加郑重，更要调查研究，要讲求分寸与形式。但是有价值的批评，像《前线》这样的批评，乃是很有益于工作，有益于团结的。进行这样的批评，乃是每个革命者应有的责任，乃是高度的责任心的表现。学会赞扬好的，这是很重要的，学会批评不好的，这也同样重要。像《前线》中的新闻记者客里空那样，倒是不好的"。② 陆定一这段就一般批评进行的表述，同样也是他对媒介批评所持有的观点。他总是抱着高度的革命责任感去小心、谨慎地进行媒介批评，力求通过媒介批评实现推动工作的目的。

陆定一对《晋绥日报》社的批评，就充分体现了他的这一媒介批评观点。1948年3月30日，他对《晋绥日报》编辑部的同志发表谈话，既有实事求是的赞扬，也有尖锐中肯的批评。他首先赞扬《晋绥日报》取得的成绩："你们报纸是个好报纸，内容很丰富，中央很注意《晋绥日报》。报纸有新创造，如进行反'客里空'运动，开展批评与自我批评，这些对全国各解放区都有意义。它为群众讲了话，成为土改的有力武器，所以功劳很大，主要的是成绩。"③ 同时他也指出，《晋绥日报》一个时期内在宣传中犯有"左"倾错误，如错定成分，孤立宣传贫雇农路线，否定地主向工商业的正常转化。有的问题报纸甚至助长了错误的发展，如宣传镇压杀人，助长唯成分论。有的按语主观，追责任不够实事求是等。不过这些错误和缺点，是在进步中发生的，都是可以改正的。他称赞《晋绥日报》勇于进行自我检查和批评活动，提醒他们说："讨论问题要发扬民主，要善于尊重和听取对方的意见，错误的意见中往往有对的成分，常常在你最不愿听的意见中，存有真理。"④ 他告诫编辑部的同志们：错误和真理、假象

---

① 陆定一：《我们从科尔内楚克的〈前线〉里可以学到些什么》，《陆定一新闻文选》，新华出版社1987年版，第95页。
② 陆定一：《我们从科尔内楚克的〈前线〉里可以学到些什么》，《陆定一新闻文选》，新华出版社1987年版，第95页。
③ 陆定一：《在〈晋绥日报〉编辑部的谈话》，《陆定一文集》上卷，人民出版社1992年版，第404—405页。
④ 陆定一：《在〈晋绥日报〉编辑部的谈话》，《陆定一文集》上卷，人民出版社1992年版，第405页。

和本质有时纠缠混杂在一起，批评时一定不可草率行事。

陆定一在媒介批评过程中，始终严格遵循全面、辩证的批评态度和方法。无论是批评媒介还是批评新闻观点，从来不一棍子打死。他的《我们对于新闻学的基本观点》一文，对资产阶级新闻学理论虽然主要是给以否定，但也实事求是地指出资产阶级的新闻理论，也讲到怎样求得新闻成为事实的真实报道的问题，也坚持每条新闻必须要具备五要素，即时间、地点、人名、事实的过程与结果，也强调这五个要素缺一不可，才真正算是新闻。资产阶级的新闻学主张记者报道新闻时必须亲自到发生事件的地点去踏看，而且还主张摄影的报道方式等。"资产阶级新闻学中这些主张，我们认为是对的（理由不必多讲了），但我们同时要指出，要想求得新闻十分真实，这是非常不够的，所谓新闻五要素，所谓新闻记者亲自踏看和摄影报道，还是形式的。这些形式是必要的，但如果以为这便是一切，乃是大错的。"① 因为五要素齐全的新闻，并不一定就能达到真实。他为此举例说："《解放日报》上，曾经登载过一篇叫做'鄜县城内家家户户纺织声'的新闻，后来查起来，那时鄜县城内连一架纺织机都没有。去年征粮时，报上又曾登过一条消息，说延安乌阳区首先完成入仓任务，后来查明，乌阳区在延安征粮中是最落后的一个区，记者写那个消息时，入仓工作还未开始呢！"② 但这些新闻形式上都是五要素具备。所以，衡量新闻的真实性如何，固然要从表面的形式上去观察，但更要站在是否真正地反映了生活的本质、人民的呼声高度去考量。

陆定一后来曾说过："办报，搞来搞去就这一条：真实，讲理，而且有事实。比如过去我们揭露国民党，我们都是有事实根据的。有历史事实，有现在的事实，有证据，缴来的文件也是证据。国民党反动派对我们的新闻很想反驳，就是反驳不了。"③ 他衡量评价新闻传播优劣高低的主要标准，就是看其报道是否真实。1946年1月11日，适逢《新华日报》创刊8周年，陆定一特地为之撰写了纪念文章《人民的报纸》。从媒介批评的角度看，这是一篇具有历史发展眼光的媒介批评文本。在这篇文章中，

---

① 陆定一：《我们对于新闻学的基本观点》，《陆定一文集》上卷，人民出版社1992年版，第326页。

② 陆定一：《我们对于新闻学的基本观点》，《陆定一文集》上卷，人民出版社1992年版，第326—327页。

③ 陆定一：《新闻必须完全真实》，《陆定一文集》下卷，人民出版社1992年版，第764页。

他首先从人类进步的宏观视角阐释了报纸产生的社会动因："世界上为什么会产生现代的报纸，这是因为人民大众要求知道真实的消息。现代报纸是资本主义社会的产物，几乎是同民主主义的思想同时产生出来的。专制主义者不要人民聪明懂事，只要人民蠢如鹿豕，所以他是很不喜欢现代报纸的。"① 他据此将国统区的报纸分为两种：一种是人民大众的报纸，它告诉人民真实的消息，启发人民民主的思想，叫人民聪明起来；另一种则是新专制主义者的报纸，告诉人民谣言，以此闭塞人民的思想，使人民变得愚蠢。"前者，对于社会，对于国家民族，是有很大好处的，没有它，所谓文明，是不能设想的。后者，则与此相反，它对于社会，对于人类，对于国家民族，是一种毒药，是杀人不见血的钢刀。"② 证诸人类新闻传播发展的历史，陆定一的这种判断和评价闪耀着历史唯物主义思想的光辉。可谓真知灼见、一语破的的不刊之论。

陆定一指出，现代新专制主义者，即法西斯主义者，他们比其先辈高明一些。"戈培尔的原则，就是把所有报纸、杂志、广播、电影等完全统制起来，一致造谣，使人民目中所见，耳中所闻，全是法西斯的谣言，毫无例外。到了戈培尔辈手里，报纸发生了与其原意相反的变化，谣言代替了真实的消息，人民看了这种报纸，不但不会聪明起来，而且反会越来越糊涂。最后，成千成万替希特勒去当炮灰。"③ 有两种不同的报纸，也就有两种记者。他说，一种记者是为人民服务，他把人民大众所必须知道的消息告诉人民大众，把人民大众的意见发表出来作为舆论；另一种记者是为专制主义者服务，其任务就是造谣，再造谣。"中国有少数人，集新旧专制主义者的大成，他们一面办报造谣，一面又禁止另一些报纸透露真实消息。他们很怕真正的记者，因为他们有不可告人之隐，所以喜欢鬼鬼祟祟，喜欢人不知鬼不觉，如果有人知道他干的什么，公开发表出来，或者说，把他所要干的老老实实地'暴露'出来，那他就会大发雷霆，跟着就会不择手段。"④ 陆定一的批评虽没有指名道姓，但明眼人一看便都心领神会地知道其所指为谁。

---

① 陆定一：《人民的报纸》，《陆定一文集》上卷，人民出版社 1992 年版，第 340 页。
② 陆定一：《人民的报纸》，《陆定一文集》上卷，人民出版社 1992 年版，第 340—341 页。
③ 陆定一：《人民的报纸》，《陆定一文集》上卷，人民出版社 1992 年版，第 341 页。
④ 陆定一：《人民的报纸》，《陆定一文集》上卷，人民出版社 1992 年版，第 341 页。

作为一个具有丰富报刊宣传实践经验的报刊工作者和我党的新闻领导人，陆定一的媒介批评具有高屋建瓴、宏观大气、理论充足、论证谨严的品质，其媒介批评不仅在主题方面具有现实性，而且在思想内容方面也具有深刻性。他以马列主义的英明远见评价了新闻传播中的一些理论观点及其实践表现，用革命理论阐明了这些现象，揭示了它们的政治意义。他的媒介批评是理论联系实际、理论指导实际的典范。当然，由于当时历史条件和具体环境的限制，陆定一媒介批评中的某些评价，在今天看来似乎也有些可以商榷之处。如有的学者就认为，陆定一在《我们对于新闻学的基本观点》一文中，"对于新闻学常识的批判，显然不是实事求是的"。[1] 即指他对戈公振的观点有误解并将其概括为"很不老实""很不科学"，似乎有失公允。但这是历史和时代所造成的局限，属白璧之瑕，我们不应该苛求于他，而应该予以宽容和同情的理解。

第五节　胡乔木的媒介批评[2]

胡乔木（1912—1992），原名鼎新，后改名乔木。江苏盐城人，父亲胡启东早年追随孙中山革命，是中华民国第一届国会议员，后不愿与猪仔议员同流合污而弃职还乡。胡乔木1918年进入鞍湖小学读书。1924年考入扬州中学，期间开始阅读左翼进步书刊，并接触共产党人。1930年夏中学毕业后，考入清华大学物理系，后转入历史系学习，同年在清华大学加入中国共产主义青年团，曾任北平团市委委员、宣传部部长。1931年"九·一八"事变后参与领导北平学生的抗日救亡运动。1932年回盐城转入中国共产党。在盐城期间，他与一些文艺青年组织了"综流文艺社"，出版并主编《海霞》《文艺青年》等进步文艺刊物。1933年10月，他转入浙江大学外语系英文专业学习，插班二年级就读。在浙江大学期间，他组织秘密读书会，传播进步的社会科学和马列主义知识，是学生运动的领导人之一，他也因此被浙大当局借故开除。1935年1月，胡乔木赴上海，参加中

---

[1] 陈力丹：《新启蒙与陆定一的〈我们对于新闻学的基本观点〉》，《陈力丹自选集——新闻观念：从传统到现代》，复旦大学出版社2004年版，第89页。
[2] 本节文字参见胡正强《政治视域下的传播价值判断——论胡乔木的媒介批评实践与艺术》，《学术交流》2016年第7期。

国社会科学家联盟领导工作。1935年6月，胡乔木担任中国左翼文化界总同盟宣传部部长一职，1936年至1937年，曾任左翼文化总同盟书记、中共江苏省委临时委员会宣传部部长等职，是党当时在上海开展抗日救亡工作的领导者之一。1937年7月，奉命赴延安，被分配到中宣部党内教育科工作。在抗日战争初期，先后在中央宣传部、战时青年训练班和中央青委工作，曾任青训班负责人、中共中央青委委员、毛泽东青年干部学校教务长等职，并主编《中国青年》杂志。从1941年2月起开始担任毛泽东主席的秘书、中共中央政治局秘书。在延安期间，他协助毛泽东同志编辑了供党的高级干部学习和研究党史使用的《六大以来》《六大以前》和《两条路线》等重要的历史文献，参加了《关于若干历史问题的决议》的起草工作。中华人民共和国成立以后，胡乔木历任中共中央宣传部常务副部长、中共中央副秘书长、中共中央书记处候补书记、中央人民政府新闻总署署长、人民日报社社长等职。在抗日战争期间，他不仅为延安的《解放日报》和新华社撰写了大量的社论、评论及新闻作品，而且还撰写了很多有关新闻理论方面的论文、分析与评述性文章，以总结新闻工作经验和纠正新闻实践工作缺失的方式，从政治视域出发为中国共产党媒介批评的实践开展和理论建构做出了十分重要的贡献。

一

报刊实践经验往往是媒介批评获得可操作性的前提。胡乔木的媒介批评活动虽然始于抗日战争时期，但此前他已经有了较为丰富的报刊编辑经历，熟悉新闻传播活动。他中学时代就当过校刊编辑，1933年春天在家乡盐城担任过《海霞》半月刊和《文艺青年》周报的主编，1938年任西北青年救国会宣传部部长，并主编中央青委机关刊物《中国青年》。1942年初延安整风运动开始启动，"胡乔木从头至尾因其特殊的身份，成为毛泽东思想的忠实传达者"。[①]《解放日报》的改版，是这次整风运动的重要内容之一，在中国共产党新闻发展史上具有里程碑的意义。自然，分析《解放日报》的现状和不足，提出改进的方向和措施，协助毛泽东同志指导《解放日

[①] 丁晓平：《中共中央第一支笔：胡乔木在毛泽东邓小平身边的日子》，中国青年出版社2011年版，第64页。

报》的改版也就成为胡乔木的分内工作之一。从1942年7月至11月,《解放日报》发表的《把我们的报纸办得更好些》《报纸和新的文风》《纪念"九一"记者节》《党与党报》《给党报的记者和通讯员》等社论和专论,均是胡乔木的手笔。此外,1943年1月26日,胡乔木还在该报发表了著名的《报纸是人民的教科书》一文。这些社论和文章,对当时报刊新闻宣传中所存在的缺陷和问题进行了相应的总结与分析,对一些错误的新闻观点进行了批评和驳正,其中有相当一部分内容具有媒介批评的性质,这对形成和完善我党的马克思主义新闻理论体系,确立我党新闻工作的基本原则,规范中共新闻传播事业向健康有序的方向发展,都有着十分重大的理论建构和现实指导意义,显示出他极高的媒介批评理论素养。

胡乔木高度重视媒介批评的政治意义,认为出于爱护党爱护革命热诚的媒介批评多少暴露了我们工作中的弱点和缺失,足以引起我们的注意和纠正。新闻工作变化很快,极为需要媒介批评,他号召广大党员和读者都勇于和善于进行媒介批评,"我们不但希望全党成为一个充满自我批评的机器,而且希望能有更多的为原则而战斗的自我批评家出现。我们就不能不要求每一个党员和批评者:更好地充实你自己的武库吧!"[1] 如何做到这一点呢?胡乔木号召大家首先要吃透党中央的指示精神,每一个党员都要把中央的文件反复学习几遍,多多联系实际思考几遍。他认为开展批评如同在战场上打仗一样,必须掌握有效的理论武器。党的政策、文件、指示就是共产党员必须掌握的思想和理论武器。只有那些虚心并辛勤学习的人,才能认识到自己在理论知识上的不足,才能真正地掌握马克思主义的世界观和方法论,学会用正确的思想、科学的方法去观察世界、分析社会和制定策略,才有可能在对敌斗争的战场上占据胜利的制高点,制敌于死命。他的这一论述虽然是针对一般的批评和自我批评而言,但无疑也适用于他对媒介批评的理解和认知。

胡乔木之所以如此重视开展媒介批评活动,既是他作为党的新闻事业主要领导人的工作职责、历史使命和社会责任感使然,也与他对新闻传播社会功能的深刻体认有关。媒介是任何大众传播研究的核心所在,因为媒介通过传送影响和反映社会文化的各种信息,向不同的观众提供各种新闻和知识,使媒介成为建构社会制度的一种重要力量。所以,举凡从事政治

---

[1] 胡乔木:《自我批评从何着手》,《胡乔木文集》第1卷,人民出版社1992年版,第60页。

活动的人，无一不对媒介及其传播活动刮目相看，青睐有加。胡乔木认为记者这种职业的产生是由于人类生产斗争发展到一定阶段的结果："生产斗争以及围绕生产所进行的斗争，产生了种种经验，对于这些经验，有加以宣传之必要，于是，有些人自告奋勇，或被指定介绍这些经验，使世人周知，特别希望与他利益相同的人，根据这些经验办事，这就是记者产生的根本基础。"[①]而报纸则是党指导实际工作、对人民施行教育的一种有力武器。从一定的意义上可以说，报纸是教育广大人民的教材。党报，当然也就是党的教材。党报的编辑、记者、通讯员，甚至党报的校对和发行工作者，都是党和人民聘请的老师。正是因为如此，做无产阶级新闻工作与在资产阶级媒体的工作情形就有着根本的不同。党的新闻事业是最严肃也是最负责任的工作。共产党必须集中自己最有才华、最为忠诚的宣传力量在自己的新闻媒体上，并且使其传播出来的每一句话都有其存在的根据，即便是一篇副刊上的文章、一首诗或者是一幅插画，也应该提到如此的高度。因此，把握新闻媒体的政治方向，是一桩不能小觑之事。"报纸的宣传不真实或者不正确，在群众中的威信就降低了。"[②]通过评点媒介系统价值的大小，传播行为的正误，传播质量的优劣等，一方面可以引导受众进一步认识新闻媒介及其产品，增强媒介素养；另一方面通过对传播者的行为予以科学的评价，可以有效地指导或规范其传播实践。

二

胡乔木的媒介批评开始于延安整风时期。《解放日报》创刊后一段时间内，受到资产阶级新闻思想的影响，没有充分表现出应有的党性，报纸的很多篇幅都是转载国内外各大通讯社的报道，扩散他们的影响，而对我党政策与群众实践的报道，却比较稀少，或者将其置于不重要的位置。毛泽东同志对此很不满意，在他的提议下，1942年3月16日，中宣部发出党报改革的通知，具体要求各地方党部对所属的报纸充分关注，具体按

---

① 胡乔木：《记者的工作方法》，《中国共产党新闻工作文件汇编》（下），新华出版社1980年版，第271页。
② 胡乔木：《大跃进中理论宣传的几个问题》，《胡乔木文集》第2卷，人民出版社1993年版，第372页。

照毛泽东同志整顿三风的指示抓紧抓好对党报的检查和改革工作。《解放日报》改版工作启动一段时间后,各方面都表现出了很大的进步,但离真正的党报尚有很大的距离。为此,胡乔木特地发表了《把我们的报纸办得更好些》一文,一方面肯定该报几个月来的进步,另一方面又严正指出,只要认真检查一下报纸对战争、党与群众等问题,到底反映了什么,又如何反映,就会发现报纸对这些实际问题的报道,在很多情况下,不仅很不灵活,而且也不具体,更谈不上生动形象和真切了。"关于敌后的空前残酷的斗争,我们还很少真切地叙述;关于陕甘宁边区的自卫军和农业劳动的消息,很多是有骨无肉,千篇一律;关于伟大的整风运动怎样改变了我们的许多同志的面貌,我们也缺少可注意的记录。"① 从报道范围和报道方法两个方面批评该报所存在的严重问题。

如何加以改进呢?胡乔木随后引用了列宁1918年在《论我们报纸的性质》一文中对当时苏维埃报纸的有关批评,来启发人们对这一问题的认识和思路。他说,虽然此时的中国与那时的俄国不同,但在新闻传播所具有的毛病方面却有些相似之处。"难道我们不曾把许多本该用电讯方式写下几行的事实拉成一大篇吗?难道我们已经充分接近生活,充分反映了生活里和斗争里新的东西吗?难道关于我们的部队,我们的政权组织和经济组织,我们的党和群众团体,我们的机关学校,报纸'默不作声,即使讲到的话,也是官样文章'的现象,是能够容忍的吗?"② 为何会出现如此的状况呢?胡乔木指出首要的原因是一部分同志对于报纸还有一大堆糊涂观念。"我们有一部分同志还不知道我们的报纸是建设党,推进抗战和革命事业的伟大机器,却以为我们每天在白纸上排些黑字是看着好玩的。"③ 他们还不知道或者还不明白,如何对待党报的问题,本质上是如何对待党的问题,是如何对待阶级和对待革命的问题,也是如何对待抗战的重大问题。因此,转变新闻观念就成为新闻改革的当务之急。此外,还需要进行具体技术方面的培训,使大家学会怎样供给报纸所需

---

① 胡乔木:《把我们的报纸办得更好些》,《胡乔木文集》第1卷,人民出版社1992年版,第76页。
② 胡乔木:《把我们的报纸办得更好些》,《胡乔木文集》第1卷,人民出版社1992年版,第77页。
③ 胡乔木:《把我们的报纸办得更好些》,《胡乔木文集》第1卷,人民出版社1992年版,第78页。

要的稿件。

报纸有自己独特的本质和规律，它需要什么内容、哪些材料呢？胡乔木指出，"虽然我们也缺少好的论文，但是我们今天最需要努力发展的，却是好的新闻和通讯"。[①] 报纸既不是杂志，也不是书籍，报纸的生命主要寄托在那些大大小小、长短不一的新闻和通讯等具有时效性的材料上。他以革命以前的苏联《真理报》为例说，该报在一年当中就发表了一万一千多件的工人通讯。和该报相比，我们报纸上的通讯，不要说质量，就是数量上也显得一贫如洗、十分单薄了。造成这种状况的原因固然很多，但报纸的编辑部并未有意识地加以倡导和组织则是其中一个重要的原因。这样就造成了很多记者、通讯员以及愿意给报纸写稿的同志，还不善于把每天发生在自己身边的有新闻价值的事实制作成消息或通讯供媒体使用。他们有的缺少较高的新闻素养，无法在短时间内把事件中有新闻价值的部分挑选和凸显出来；有的不敢相信或判定，什么样的事实居然也可以和应该在报纸上发表，而另外一些事实反倒没有这个必要。至于文字上怎样写得出色，那倒还是其次的问题了。最后，胡乔木指出，进行这两方面的教育还不够，最关键的是按照正确的方向行动。党报工作者、党的每个工作部门的负责人、每个党员或同情我党的读者，都有按照党报的需要供给稿件和组织群众的稿件的责任，就是训练自己和周围的人成为有力量的通讯员。只有大家一齐动手群策群力，我们的报纸才能够办得更好，才能够使我们这方面的战斗得到更好的发展！

三

建立新的文风，是我党抗战时期整风运动的一大目标，同时又是所有跟新闻传播有关联的工作者都应当重视的课题。胡乔木力主报纸不仅要传播信息，还要成为党和政府指导各项工作建设与人民生活的有力工具。要使这个伟大时代火热沸腾的斗争生活的各个方面，都充分而生动地在报纸版面上得到反映是一个极其复杂的任务。大家"不仅要积极地热心地来写，而且要写得好，写得生动活泼，能够吸引读者。如何从事这样写作，

---

① 胡乔木：《把我们的报纸办得更好些》，《胡乔木文集》第1卷，人民出版社1992年版，第78页。

如何来建立新鲜活泼生动有趣的文风,这是报纸的每个工作者、每个通讯员、每个投稿者都要注意研究的问题"。① 虽然报馆每天都收到不少稿件,但许多并不能用,已经登出的也不一定就全好。在伟大的抗日战争中,每天都在发生浴血的战争,到处是如火如荼、充满生机的建设行动。"大地的面貌在改变着,人的面貌也在改变着。写作的材料是无穷的。但另一方面,好的稿件却是很少。千篇一律刻板生硬的稿子是太多了。"② 比如报纸上反映农业生产的稿子,写农民给庄稼除草,却往往要从老天下雨写起;谈及"三三制",千篇一律地是党员同志退出,党外人士补入;反映冬学情况,一定是妇女们兴高采烈、积极踊跃;写敌后战争,不外是扫荡与反扫荡的经验教训等,而具体过程与细节则少之又少。写什么都有一个大体一致的套路。所以当时有人开玩笑说:把文章印好,发到各地后,再把人名和地名填上,这样就更省心省力了!胡乔木说:这虽是挖苦话,但也可见出我们的文风,确是到了亟须改革的时候了。

究竟什么风格才算好呢?应当学习什么样的文体呢?胡乔木认为,所谓新的文风,首先要破除固定的套路。凡动笔前脑海中先有了套式,那一定是"八股"作怪。如同在地上先画地为牢,自我设限。因此,打破固定的格式,乃第一要务。前人的锦绣华章自然要读,需要分析它们的结构,不过,每一好的结构都各有适用性,不可以简单拿来或者盲目搬用。写作如何结构,应看具体的内容,对谁说话应有相应的变化。其次,内容要新鲜。无论是几十字的消息或几千字的通讯和论文,内容都要新鲜。生活中新的事情多得很,只要钻进生活内部去仔细寻找,那么,新的材料就写不完。最后,要具体细致。胡乔木批评一些同志十分喜欢使用抽象的名词术语,但这些笼统空洞的话,常常使人读了之后如坠五里雾中,不知所云。譬如只说某人在学习中有了进步,不容易使人明了。如果通过对比的方式,说这个人以前做工作是怎样,而现在做工作又是怎样,就会让读者一目了然。但是,要把文章写得具体而真切并不容易,一要对自己所要写的事情,有仔细的研究,周密的分析,而非停留在表面轮廓的、漫画般的观察上面;二要题目定得小一些。他批评一些同志常有一种坏习惯,喜欢做宏大有气势的题目。其实,题目太过宏大了,各个方面需要表现的就多

---

① 胡乔木:《报纸和新的文风》,《胡乔木文集》第1卷,人民出版社1992年版,第80—81页。
② 胡乔木:《报纸和新的文风》,《胡乔木文集》第1卷,人民出版社1992年版,第81页。

了，自然内容也就庞杂而难以驾驭了。假若你对这个问题没有经过潜心研究，就无法得出真知灼见，自然就会拿别人说过的旧话、俗话来滥竽充数、敷衍塞责。"这样不就成了万金油八卦丹之类百病皆医而又一无所医的东西吗？这样又怎能使文字写得不枯燥、不呆板、不奄奄无生气呢？"①胡乔木认为写文章如果把题目范围定得小一些，既容易使自己要说明的问题突出，同时也容易使自己的研究深刻精到。这又是新闻媒体建立新的文风所必须予以注意的一个重要问题。

四

胡乔木是政论写作的高手，据《胡乔木文集》第 1 卷的内容，胡乔木为《解放日报》所撰写的社论就达 58 篇之多；仅在 1946 年，就写了 23 篇，是当时中共方面与蒋介石集团论战的主要笔杆子。胡乔木将政论文章的写作视为一个政治问题来看待，对之深有体会："文章要有变化，有波澜，有辩论，有批驳，有激动。没有这些，文章是不会好的。"② 媒介批评在写作方面属于评论范畴。因此，胡乔木的媒介批评既具有一般优秀评论的共性，又具有属于自己的独特个性。具体而言，胡乔木的媒介批评有如下几个方面的特点。

第一，有的放矢，具体明确。

胡乔木所进行的媒介批评都是针对新闻传播中一些具有普遍性的重大问题和不足有感而发，因此在观点的表述上，否定什么，赞扬什么，毫不含糊，非常具体明确。他之所以撰写《把我们的报纸办得更好些》，是因为当时《解放日报》通过一段时间的改版，虽有进步但还很不够，所以，要真正而彻底地落实党中央的有关指示精神，就必须在政治上进行一次深入教育，使大家不断更新新闻观念，即要在已有的基础上，百尺竿头更进一步。《报纸和新的文风》的撰写更具有重大的现实意义，因为建立新的文风，是党整顿三风工作中的一件大事，同时又是新闻媒体以及与新闻媒体有关的一切工作者首先应当践行之事。当时的报纸在我党的政治和组织

---

① 胡乔木：《报纸和新的文风》，《胡乔木文集》第 1 卷，人民出版社 1992 年版，第 82 页。
② 胡乔木：《要加强地方报纸的评论工作》，《胡乔木文集》第 3 卷，人民出版社 1992 年版，第 17 页。

生活中具有非常重要的地位，报纸不仅是报道消息的工具，而且被视为建设国家、建设党与改造工作、生活、学习的一件锐利武器。《短些，再短些！》的撰写是因为报纸上长风泛滥，已经严重影响到新闻宣传的传播效果。这些问题或不足已经为当时的人们所感知，但又多未行之于文明确地提出。他的这些媒介批评，总是紧紧围绕问题立论，既感知敏锐，发人所未发，又有的放矢，重在解决问题，显得具体明确，言之有物。

第二，逻辑缜密，结构严谨。

媒介批评是表达观点、说明理由的艺术，说理能否服人，关键在于论说是否具有让人折服的逻辑力量，胡乔木曾说，写一篇文章，就如同辩论一样，作者应当设想自己是在同别人进行面对面的辩论。辩论就要讲究逻辑严密。胡乔木的媒介批评不论指涉对象为何，文本中都洋溢着充沛的抓住读者、感动读者的逻辑力量。这种逻辑力量通过文章观点与材料、段落之间的起承转合表现出来，《人人要学会写新闻》就是其媒介批评方面的一个典型代表。该文首先开门见山地亮出"我们人人要学会写新闻"的观点，认为每一个能够识字作文的革命工作者都应该学会写新闻。应该把学写新闻看得和学会说话一样重要。会不会说话，其重要性自不待言。新闻是具有一定特殊要求的专业性工作，提出"人人要学会写新闻"，必然会让人心生疑问，所以文章随即代替读者提出了"为什么"，并水到渠成、顺理成章地得出了因为新闻是当代最主要、最有效的宣传形式，不学会使用这种形式，也就不能有效地进行宣传的道理，从而使人们充分意识到自己的责任。将新闻与做宣传工作联系起来，然后条分缕析地解答写新闻有哪些好处：一是练习观察，二是练习表现，三是学会使用叙述事实来发表意见的方式。具体的论证行文之间语义既自然连贯，又因果分明；既层次清晰，又文气畅达。

第三，语言简洁，通俗生动。

媒介批评文本的发表载体多为报刊，语言要尽量简洁，没有浮词滥语，冗言赘字。胡乔木曾就报纸评论的语言发表观点："要尽可能地删短，要学会爱惜我们报纸的篇幅，使我们的读者感到满意，感到处处精彩而没有一点掺水的地方。"[①] 他的媒介批评文本在语言使用方面也达到了很高的

[①] 胡乔木：《要加强地方报纸的评论工作》，《胡乔木文集》第3卷，人民出版社1994年版，第10页。

造诣，一方面，他总是使用简单平易的语言把某一个观点和道理表述得清清楚楚，明明白白，将看似平常普通的媒介问题或传播现象提升到原则的高度，使其媒介批评富于理论色彩，具有科学论文的颠扑不破的论述品格；另一方面，他的媒介批评文本又入情入理，充满感情。他要求记者在写作的时候，应当站在读者的角度，设想自己是面对着读者在说话，如果是这样，那么我们说出来的话，就会让人感到有声有色，亲切自然，而不会枯燥无味、隔靴搔痒了。他的媒介批评文本在句法上往往是长短句交叉使用，陈述和反问错落搭配，语气极富变化，富有张力，"如果一个报纸不能满足这些要求，只是杂乱无章地塞上大堆的新闻、广告，不看对象的和凑篇幅的文章，这还算个人民的报纸吗？但是我们现在的报纸，是不是都能够满足人民的要求呢？"① 这样的批评，既通俗明白如话，无丝毫晦涩难懂之处，又生动有力，极具艺术的感染力。

第四，态度科学，客观全面。

胡乔木所进行的媒介批评是一种宽泛意义上的媒介批评："我们总应该把好话、歹话放在一起说。评论里可以批评，也可以赞扬。"② 媒介批评往往是通过否定性的方式实现肯定性的目的，因此，批评态度是否科学，对媒介和新闻传播行为的分析是否客观全面，是否实事求是就成为媒介批评能否说服人，能否达到预定目的的重要条件。胡乔木谈到文章写作方法的体会时曾经说："方法首先要分析正面反面，挑出矛盾的主要方面，分析矛盾的两个主要的侧面，是根本的方法。"③ 这非常符合他的媒介批评文本结构特征。胡乔木所进行的媒介批评多为提议、号召类，批评只是手段而不是目的，所以在整个文本中，否定和指斥性的内容所占篇幅和比例不大，一般处于从属地位，甚至仅仅是刻意设置作为正面论述的反面对照而存在。批评不足之前常常先肯定进步，批评别人，也检查自己。例如他在《短些，再短些!》一文中批评报刊文章长风盛行，却先承认写文章要做到"短"不是易事，将心比心，就容易取得被批评者的理解和认同。"我回想自己说过的话，重看写过的什么，每次先叫我难过的就是既不简又不要。"④ 批

---

① 胡乔木：《报纸是人民的教科书》，《胡乔木谈新闻出版》，人民出版社1999年版，第13页。
② 胡乔木：《要加强地方报纸的评论工作》，《胡乔木文集》第3卷，人民出版社1994年版，第11页。
③ 胡乔木：《怎样写好文件》，《胡乔木文集》第3卷，人民出版社1994年版，第28页。
④ 胡乔木：《短些，再短些!》，《胡乔木文集》第3卷，人民出版社1994年版，第310页。

评矛头指涉外向前也先照照自己，显得全面客观，让人心悦诚服。

第五，语气平和，娓娓道来。

媒介批评一定意义上是批评者与被批评者之间的交流和对话。既然是对话，那么要取得好的说服与传播效果，平等的姿态就是批评成功不可或缺的要件。批评轻视报纸的不良现象，但他却使用"我们"来指称批评客体，并从财政困难必须节省开支这一日常生活道理起论。"提起我们的财政——谁也不知道是困难的？我们的各种开支都得慎重而又慎重，我们必须彻底的精兵简政。但有几笔开支总是免不了的，其中的一笔就是报纸。"[1] 他像拉家常一样，把办《解放日报》所花费的人力、物力、财力摆在读者的面前。从电讯报务员，到印刷工人，再到递送报纸的邮递员，每天都有很多人为之忙碌着。把一切必要的花费算在内，这张报纸每天都要花费六千多元，一年就是两百多万元，对边区财政来说，真是一笔庞大而沉重的开支！但为什么还要办这张报纸呢？我们党之所以在财政极端困难的情况下仍不惜工本办好报纸，就是因为报纸是教育人民、指导工作的锐利武器啊。将人人尽知的财政困难与办报是免不了的必须开支联系起来，以熟悉的日常生活经验来开导、启发大家，如同在与广大的读者和被批评者促膝谈心，"我们"一词的使用，显得态度平和，无颐指气使、盛气凌人之态，拉近了批评者与被批评者的心理距离。

胡乔木是中国共产党在思想和新闻宣传、文化战线上的卓越领导人之一，"他对无产阶级新闻理论的建树，更是对党的新闻工作的巨大贡献"。[2] 媒介批评既是胡乔木建构新闻理论的重要手段和工具，又是其新闻理论体系的有机组成部分。他的媒介批评视域开阔，涉及报纸的办报方针、政治和政策导向、理论和思想观点、如何反映事实的方法，甚至文章结构和遣词造句等诸多具体而细微的内容。他善于在理论和实践、政治和业务的结合上，通过媒介批评来说明问题，分析事理，以揭示新闻传播行为的社会意义。胡乔木的媒介批评态度科学，方式灵活，方法多样，这是他运用马克思主义基本原理与方法观察和分析媒介及其传播行为的具体成果，是他留给我们的一笔宝贵精神财富，值得我们用心地学习、

---

[1] 胡乔木：《报纸是人民的教科书》，《胡乔木谈新闻出版》，人民出版社1999年版，第12页。

[2] 穆青：《新闻工作者的良师益友——怀念乔木同志》，《回忆胡乔木》，当代中国出版社1994年版，第119页。

研究和继承。

第六节　邓拓的媒介批评[①]

邓拓（1912—1966），乳名旭初，上小学后改名子健，笔名邓云特、殷洲、左海、马南邨等，福建闽侯（今福州）人。1919年夏进闽侯小学读书，1923年入福州一中，高中时转入福建省立第一高中。1928年与同学组织野草社，出版《野草》自印刊物。1929年考入上海光华大学政法系，1930年加入中国左翼社会科学家联盟，并加入中国共产党。1931年转入上海法政学院经济系，任中共法南区委宣传部部长，从事左翼文化活动。1932年12月在纪念广州起义的活动中被捕入狱。1933年秋，被保释出狱，回家乡福州参加文化委员会的工作。1934年春到上海，在浦东中学任教。是年秋，入河南大学经济系就读。1936年用文言文完成20余万字的《中国救荒史》专著，1937年由上海商务印书馆列入中国历史研究名著丛书出版，不久被译成日文出版。1936年夏天，邓拓积极参加学生救亡运动，担任了开封"中华民族解放先锋队"总队长一职。1937年夏再次被捕。8月，经亲友营救出狱，1937年10月赴五台山晋察冀边区，参加边区省委党刊《战线》编辑工作。1938年4月，到阜平任晋察冀边区党委机关报《抗敌报》编辑部主任，后任社长。1940年11月《抗敌报》改名为《晋察冀日报》，邓拓任社长兼总编辑，并兼任新华社晋察冀分社社长，率领新闻队伍转战太行山达11年之久。1945年9月，《晋察冀日报》迁到张家口，邓拓兼任晋察冀中央局宣传部副部长。1948年6月，中共中央华北局宣传部决定，《晋察冀日报》同晋冀鲁豫的《人民日报》合并，改为中共中央华北局机关报，邓拓任华北局政策研究室主任。1949年3月，任北京市委宣传部部长。是年底，《人民日报》改为中共中央机关报，邓拓任总编辑。1958年，因故改任北京市委书记处书记，并主编市委理论刊物《前线》。1966年5月，在"文革"中含冤去世。邓拓一生著述甚丰，对新闻工作多有论述，媒介批评是他观察和分析、指导报刊工作的一个重要手段，构成了他新闻工作与生活的经常性内容。

[①] 本节文字参见胡正强《邓拓的媒介批评实践与艺术特征》，《南昌大学学报》（人文社会科学版）2016年第2期。

第十一章 抗日战争时期中国共产党的媒介批评

一

出任《抗敌报》编辑部主任，是邓拓新闻生涯的起点，也是他直面新闻工作实际进行媒介批评的开端。《抗敌报》于1937年11月7日创刊，初始为晋察冀军区主办的一张三日刊油印小报，是我党领导下的抗日根据地最早的一份新闻媒体，邓拓到报社时已经出版了二十多期。在该报现有的基础上，发现《抗敌报》新闻工作的不足和缺陷，指出改进和努力的方向，以充分发挥该报在舆论宣传中的作用，为扩大和巩固晋察冀边区做出应有的贡献，就成为邓拓此后一段时间内经常思考的问题。

1938年6月27日，适逢《抗敌报》出版50期，邓拓撰写了《〈抗敌报〉五十期的回顾与展望》一文，1938年12月，值《抗敌报》出版1周年，他又撰写了《这一年来》一文。这两篇具有总结历史经验和教训意义的文字，都包含着一些媒介批评的内容，在一定意义上属于媒介历史批评的范畴。新闻传播的发展，或隐或显，总伴随着史学批评。中国具有源远流长、博大精深、举世罕见的史学传统，这种浓郁的历史意识亦浸润弥漫于新闻传播领域。早在中国近代报刊发轫不久，梁启超就在1901年发表了《中国报馆之沿革及其价值》一文，缕述了中国报刊的发展历史，并对各家报纸进行了简要清通的批评，开中国人近代媒介历史批评之先河。其后不久，《时务汇编》亦刊出《新旧各报存目表》一文，汇录1872—1902年各地华文报纸，"先计其佚者，后计其存者，均于目下稍加圈识，取便学者查究；又于所存者略著价值，更便学者购阅"。[①] 此后中国媒介历史批评就随着中国新闻史学的发展而不断生长。邓拓也是中国著名的马克思主义史学家，历史意识自非一般的新闻工作者可比，他善于通过总结新闻实践经验，从历史、现实、未来的时间永续链条中，从新闻传播活动与社会环境的互动关系中，评价新闻活动的历史意义和当下价值。

在邓拓看来，已经出版五十期的《抗敌报》，各方面无疑还较草率而幼稚，"本报过去以及到现在由于主观力量的薄弱和客观条件的限制，在形式与内容各方面，都还存在着许多严重的缺点，对于我们自身所应

---

① 杨光辉等编：《中国近代报刊发展概况》，新华出版社1983年版，第3页。

负的责任，尚愧未能完全担负，远赶不上当前战斗环境的需要"。① 但它充满了新生事物的勃勃生机，前途辽远，未可限量。《〈抗敌报〉五十期的回顾与展望》将《抗敌报》放在当时的特殊环境条件下去衡量。他认为该报是晋察冀边区人民英勇抗日武装斗争的产物，是在敌人的枪林弹雨中，在全边区轰轰烈烈的抗日救亡运动中壮大起来的刊物。《抗敌报》的发展和进步，是晋察冀边区建立、巩固和扩大的象征。它能够在极度严酷的环境和艰苦的条件下，克服一切艰难险阻，向着胜利的方向奋勇前进，并不断地激浊扬清，充实、发展并壮大着自己。《抗敌报》初期的幼稚和草率，恰恰是时代的真实反映，充分地说明了该报与时代同呼吸、共命运的品格。"就在这幼稚草率的面目中，却是最忠实地反映了当时军区在初期发展阶段中的新的变动的姿态和艰难创造的精神。"② 只有紧紧扎根于生活土壤之中的媒介，才能从幼苗成长为参天大树。"这恰又象征了晋察冀广大人民战胜敌人，战胜一切艰难的不可制服的伟大力量。《抗敌报》的存在，在今天，已经成为晋察冀边区广大人民抗日武装斗争的新时期的奋斗的证据！"③ 这是对《抗敌报》这棵媒介丛林中幼苗的热情礼赞。《抗敌报》何以能够获得如此发展呢？它的力量源泉是什么？邓拓从媒介与环境的互动中进行解释，"它是群众的报纸，它推动别人，同时也受到别人的推动；它教育别人，同时也受到别人的教育，就在这样交互的推动与教育底下，它才能够有今天"。④ 掷地有声，铿锵有力的回答，生动而真切地诠释了《抗敌报》发展的真谛。这种媒介批评具有鼓舞人心和士气的极大力量。

半年后，《抗敌报》出版一周年，邓拓撰写了《这一年来》一文，从社会需要的更宏观角度分析该报的发展过程，评价它的出版意义。"自抗战以来，广大人民对于战时知识的需求也普遍地增强，这一需求，更推动着新文化出版事业的发展，这样整个的文化界出版界，就大踏步走进战斗中去。"⑤ 邓拓强调，随着抗战形势改观，新闻出版事业必然会发生地域上的转移，自然地从少数中心的城市逐渐转移深入内地偏僻的乡间，尤其是

---

① 常君实编：《邓拓全集》（5），花城出版社2002年版，第261—262页。
② 常君实编：《邓拓全集》（5），花城出版社2002年版，第260页。
③ 常君实编：《邓拓全集》（5），花城出版社2002年版，第259页。
④ 常君实编：《邓拓全集》（5），花城出版社2002年版，第260页。
⑤ 常君实编：《邓拓全集》（5），花城出版社2002年版，第263页。

在敌寇铁蹄蹂躏着的沦陷区域中，抗战民族文化的堡垒必然要随游击战争的怒潮而普遍转移到偏僻的乡镇以至于最闭塞的山沟小道边的村庄。《抗敌报》的创办和发展，就是为了传播民族抗战的理论与消息，交换对敌斗争的经验与教训，教育和发动广大人民投入抗战，发扬正确的舆论威力，粉碎敌伪汉奸的欺骗宣传。因为适应了时代的需要，所以"初期物质与人事条件的困难，并没有根本阻碍了报纸的出版，虽然它的面目是那样的草率幼稚，但是那样素朴的姿容，谁能说不是边区初期发展阶段中的新的变动的姿态和艰难缔造的精神的反映呢？"[①] 从这一角度评述《抗敌报》的形式和内容，其实质就是以唯物和发展、联系的眼光来揭示报纸与社会生活之间的关系。在邓拓看来，媒介就是时代精神的反映和象征。

作为《抗敌报》的主编，邓拓对之充满了热爱，他是该报的主要雕塑师，《抗敌报》的成绩，无疑在很大程度上依赖于邓拓的辛劳，然而，邓拓在分析《抗敌报》发展和进步的原因时，对个人贡献只字未及，清醒而理智地将之归功于广大群众："报纸的进步与发展，完全不是任何个人的力量，这只是边区的扩大与巩固，物质的与人事的条件的进步，人民文化政治水平的提高的结果。"[②] 他认为这要感谢边区各界领导和无数的救亡工作者，"由于他们，我们得到了帮助；由于他们，我们得到了鼓励；更由于他们，我们得到了无限的力量的源泉"。[③] 这种认识和评价，固然可以将之视为邓拓谦虚的美德，但更应该视为是他唯物主义史观在媒介批评领域中的体现。群众是历史的主人，是真正的英雄。他正是采用了这一历史观念来观察和分析《抗敌报》的创立和发展过程，才得出了这一经得住历史检验的评价，也正是将历史与现实、未来联系起来，他在《这一年来》文末才以诗一般的语言放歌、预言："今天我们在这一现实的边区的自由的领土上，吞吐着自由解放的洪波，弹奏着伟大民族斗争的旋曲！这是伟大的人民的赐予，民族的赐予，历史的赐予！然而，更大的赐予，更在那未来的明天，明年……我们抱着更大的热情，准备着更大的活力来期取。"[④] 用火一般的热情语言表述着无可辩驳的历史逻辑，诗人的感性与史家的理性完美结合。

---

① 常君实编：《邓拓全集》（5），花城出版社2002年版，第264页。
② 常君实编：《邓拓全集》（5），花城出版社2002年版，第264页。
③ 常君实编：《邓拓全集》（5），花城出版社2002年版，第264页。
④ 常君实编：《邓拓全集》（5），花城出版社2002年版，第265页。

在这样的媒介批评面前，还有谁能够不被折服，不被鼓舞呢！

二

新闻观念内在地包含着环境的制约因素。当外在环境更替，新闻观念理应随之有所嬗演，与时俱进。抗日战争爆发后，国内形成了国共等多党合作的统一战线，中国共产党成为合法政党，党生存的社会环境发生了巨大变化，但过去长期秘密状态下所形成的报刊观念在部分同志的头脑中却仍有很大的市场，从而严重制约了党的新闻传播事业的健康发展。批评过时落后的报刊观念，呼吁跟上时代步伐，迅速转变观念适应新的形势需要，就成为邓拓在抗战爆发后不久进行媒介批评的一项重要内容。《论党报与党的工作》就是他在这方面的一篇具有代表性的媒介批评文本。

在这篇文章中，邓拓对当时边区有人只注重党的秘密刊物，不太重视公开、合法的党报的思想进行了分析，认为这是因为我们党过去很长时期处于秘密工作的特殊环境下，较少出版全国性的公开的或在广大城区合法的地方性的党报，因而对于党的各项政策就只能依靠秘密的党内刊物，而不了解公开的合法性的党报的功用。他对此批评道："在今天新的环境底下，我们的党，不但已经建立了全国性的各种党报，而且也建立了在各个地区里的地方性的党报，因此我们的同志就必须纠正过去的那种观念：只知道重视秘密的党内刊物，而忽视公开的党报。在目前新环境下，这种观念的继续存在，对于党的工作上是有很大的害处。"① 既恰如其分地剖析形成旧的报刊观念的社会原因，又明确指出这种观念的危害，从而引起人们的警醒和关注。

为了引导人们形成新的党报观念，邓拓随后继续阐释了在新的环境中党报所具有的新的任务："在新的环境下，公开的党报是更大规模地培养强有力的政治组织的工具。"② 当然，他承认，党报与政治组织之间是相辅相成、互为支撑的关系，即假使不培养地方上强有力的政治组织，就是有最好的党报也是没有多少意义。但更重要的问题是在于如果我们没有广泛

---

① 常君实编：《邓拓全集》（5），花城出版社2002年版，第266页。
② 常君实编：《邓拓全集》（5），花城出版社2002年版，第266页。

发行的公开的党报,就很难有其他更有效的方法来大规模地建设坚强的政治组织。换言之,在当时的特殊环境下,广泛发行的公开党报是党开展其他工作的首要前提条件。"在今天抗日民族自卫战争中,我们要想在实际上能够集中一切抗日的力量,领导长期残酷的抗日斗争,随时随地有节奏地发动广大的人民从事一切抗战的动员,那我们就必须建立并发展强有力的公开的有威信的党报。"① 具体而言,公开的党报的创立与发行,不但可以培养我们的同志,而且将在更大范围内培养进步的工农分子与广大群众在政治上的活动与领导能力,只有坚强的党报,才能有系统地、经常地在政治生活的各方面与群众发生联系并吸引和培养他们到革命斗争工作中来。所以,我们绝不应该把党报工作看成是一种简单的"纸上事业",而与党的在地方上的灵活的政治工作对立起来。然而,由于过去长期历史的原因所养成的非正常的观念与习惯,使我们党的有些同志以至于最大多数的地方组织,根本没有养成重视党报的观念。他号召广大同志要充分认识到公开发行党报的政治意义:"如果没有经常出版的销行得法的公开的党报,则灵活的政治鼓动与政治斗争,在其效能上将受到很大的限制而缩小其规模。"② 必须严格纠正轻视公开发行的党报的一切观念。

对党报的作用重视不够,主要表现在发行工作不及时、不广泛。由于战争环境和交通不便,加上思想重视度不够,有的地方,党报发行受到严重影响。邓拓从新闻宣传的实际感受中,强调要把党报看成广泛地传达党的政治路线与策略用以指导群众斗争的引线。党报工作实际上是传播党的有关方针政策的重要工作,也就是党的方针政策的宣传鼓动工作,而党的宣传鼓动工作,则是开展其他动员工作的前提条件。只有经过一定的宣传鼓动,动员了广大的民众,才能完成特定的战斗任务。尤其是战争紧迫的时期,对民众进行有力的宣传鼓动,更是十分必要而迫切的重要政治任务,必须从政治责任心的有无、强弱的高度,来衡量、考察对待党报工作的各种实际表现。具体而言如何重视党报工作呢?这首先要求全体同志尽一切力量帮助它们发展,每个党支部都应该订阅报纸,并对报纸上的重要论文和各种专载、转载的重要文章,进行详细的讨论与研究,帮助推销和

---

① 常君实编:《邓拓全集》(5),花城出版社2002年版,第266—267页。
② 常君实编:《邓拓全集》(5),花城出版社2002年版,第267页。

发行党报,"各级党部和支部负责宣传工作的同志更应该把帮助《抗敌报》和今后各种刊物的推销与发行当做经常工作的重要项目之一"①。做到有支部的地方就有报纸杂志代销的机关。其次,邓拓提议各地党部有计划地建立读报组,以吸收广大群众到无数的读报组中来,把他们紧密地团结在党报周围。应把读报组普遍深入到山沟小道每一个偏僻的角落,广泛提高群众的政治文化水平。

全党办报最能体现我党报刊思想的实质和精髓,它真切地反映了党报与群众之间的密切关系,为党报是否具有群众性的标志。邓拓在《贯彻全党办报的方针》一文中批评部分党报缺乏群众观点:"党报许多通讯稿件,表现了脱离群众的现象,表现了艺术至上主义的倾向,如描写英雄,多侧重其超群出众,而忽视其与群众的联系,报告减租运动,多强调政府的'恩赐'作用,而忽视群众的斗争力量。甚至有些稿件字里行间充满了小资产阶级的自我反映,而缺乏群众的思想感情。许多同志不肯把通讯改写成新闻,而往往把新闻拉长为通讯。所有这一切都是缺乏群众观点的结果。"② 一言以蔽之,就是还没有真正深入地贯彻全党办报的方针所致。

如何彻底扭转这一倾向?邓拓认为必须在如下五个方面下功夫。一是真正在思想上予以重视,使全党都能认识到,党报是党动员和组织群众的伟大事业,任何对党报工作漠不关心的观念和行为都是极端错误的不负责任的表现。各级党委不仅要把党报工作列入议事日程,而且要善于利用党报来指导工作,必须把有重点有组织地系统报道本地区的各种斗争,作为经常性的工作。二是党委领导必须亲自动手,根据本地区的中心任务,联系实际,有步骤地进行通讯工作,组织深入的采访报道。三是各级党委必须在思想上和实际工作中真正加强对新闻工作人员的领导和指导,建立和健全中心通讯小组,注重培养工农通讯员,"认为工农分子不适宜于通讯工作,这种错误观点必需彻底肃清"。③ 四是建立专业与非专业相结合的记者队伍。邓拓认为这是我们党报不同于资产阶级报纸的基本特点。只有两者有机结合,党报的内容才会日益充实而生动起来,才会成为反映广大群

---

① 常君实编:《邓拓全集》(5),花城出版社2002年版,第269页。
② 常君实编:《邓拓全集》(5),花城出版社2002年版,第285页。
③ 常君实编:《邓拓全集》(5),花城出版社2002年版,第286页。

众斗争的一面镜子。五是必须依靠全党的努力，帮助发行推销，广泛组织读报工作，"随时倾听党内外的意见与批评，汇报上来，以便党报不断的改进"。① 邓拓认为群众批评党报是对党报的"珍重与爱护"。这里，他已经触及对"媒介批评"本体及其功能的认识了。

三

新闻是反映生活的一面镜子，它对生活的反映应该客观全面。边区民众通过不屈不挠的艰苦斗争，在敌后创建了模范的抗日民主根据地。邓拓认为这是引起全国同胞与全世界人士关注的伟大奇迹，但新闻工作者对于边区人民英勇事业和工作生活情况的报道，远远无法满足成千上万的人们要求了解这一地区情况的渴望。"我们还没有大量地有计划地将边区坚持敌后持久抗战和建立敌后抗日根据地的各方面的具体工作和经验教训充分地介绍给国内外人士；因此，也还未能将边区坚持敌后抗战的全貌和未来的革命的民主共和国底雏形清楚地呈现于世人面前。"② 有鉴于此，邓拓指出，为了有力地回答全国同胞和国际人士对于我们的关怀和期求，为了提高与激励全国同胞抗战情绪和国际的同情援助，为了提供坚持敌后持久抗战的经验教训和以边区千百万不愿做亡国奴的同胞的崇高行动和坚强的意志与语言，粉碎日本法西斯强盗及其走卒汉奸、托派、汪派等无耻败类的狂吠与造谣污蔑，"大量而有计划地反映与报道边区坚持敌后持久抗战事实，将边区千百万民众抗日反汉奸的英勇斗争事迹介绍给国内外人士是必要的"。③ 为了完成上述任务，邓拓提出应加强边区的文化工作，尤其是加强通讯报道。"我们首先要求边区的新闻记者和一切文化工作者能够勇敢地走入斗争底最前线，投入到一切武装与非武装的抗日战士底队伍中去，参加实际的斗争；并迅速地将边区各方面斗争底英勇姿态与悲壮的事迹有计划地写成通讯，反映到全国和全世界去。"④ 单靠边区几十个或几百个新闻记者和作家显然无法完成这一时代使命，邓拓提出必须将此"开展成为

---

① 常君实编：《邓拓全集》（5），花城出版社2002年版，第286页。
② 常君实编：《邓拓全集》（5），花城出版社2002年版，第270页。
③ 常君实编：《邓拓全集》（5），花城出版社2002年版，第270页。
④ 常君实编：《邓拓全集》（5），花城出版社2002年版，第270—271页。

一种广泛的群众运动，使边区千百万同胞都热烈地参加这一工作，随时随地将自己看到听到和感到的生活和言语写出来，才能充分反映今天边区的丰富的现实"。① 他号召所有的文化工作者都积极投入组织、指导和帮助群众提高通讯写作水平的活动中来，大力发展通讯员，培养大批工、农、兵新闻通讯作者。

密切跟踪群众通讯运动，并通过及时总结和评述来持续推动该运动的发展，始终是邓拓进行媒介批评的重要内容。《晋察冀日报》1942年冬天整顿、扩建通讯网，经过几个月的工作，取得了不小成绩，如1943年1月该报收到稿件为346件，2月份则增加到604件，不仅数量上有了大量的增加，而且质量上也有所提高，一般通讯员都能够写出较规范的新闻稿件。邓拓并没有满足，他批评说："然而严格检讨起来，边区的通讯工作还是相当薄弱的。也就是说边区今天的通讯工作，无论在其通讯组织的广泛性上，新闻通讯的计划性与组织性上，新闻通讯的内容与质量，都远远不足以反映今天边区的伟大斗争场面。"② 邓拓指出，晋察冀边区及其周围敌占区呈现着两幅迥异而突出的、相互对照而益加鲜明的图画。一幅是边区抗日根据地军民在共产党的正确领导下，正满怀斗争热情和勇气，咬紧牙关团结一致，以无限的胜利信心，顽强地与日本强盗搏斗，向着即将到来的黎明前进的图画。邓拓指出，这一幅灿烂而生动的图画，应当是、也必须是通讯员的写作题材中心之一。"要将边区各种对敌斗争，在斗争中部队与人民亦壮亦烈、可歌可泣的故事；以及根据地的建设，在建设中与困难斗争的经历，用生动的事例，用统计数字，根据一个时期的中心，无遗漏地全面地把这一幅灿烂而生动的图画烘托出来，以及教育读者，指出边区广大人民的努力与斗争的方向。"③ 他认为只有这样来充实报纸，才能使报纸真正成为教育、指导与组织群众的有力工具。

另一幅是敌占区的图画，一方面由日寇刺刀建立起一整套的奴役中国人民的组织，成千上万的中国人民受尽苦难，被榨取与剥夺了一切，甚至生命。另一方面敌占区的人民并没有成为顺民，"敌占区人民的心中在波动着一种有力的暗流，在闪耀着强烈的希望，自觉的想一切可能的方法，

---

① 常君实编：《邓拓全集》（5），花城出版社2002年版，第271页。
② 常君实编：《邓拓全集》（5），花城出版社2002年版，第279页。
③ 常君实编：《邓拓全集》（5），花城出版社2002年版，第280页。

阻挠着日寇的各种阴谋设施的实现，有的甚至公开站立起来进行反抗了。伪军伪组织则更加动摇，他们恐惧、忧虑、犹疑，有的甚至决心投到祖国的怀抱。日本士兵的厌战反战情绪，也在普遍的增涨着，自杀、投诚、反抗长官的事件显然在增加着"。① 这是一幅悲惨、荒淫、动乱而孕育着新的突变的图画。这幅图画也同时应当是、也必须是通讯员的写作中心题材之一。"要将日寇的狰狞面目，万恶罪行，与其不可克服的困难，和必死的命运，汉奸的无耻与其下场，伪军的动摇与其毅然反正杀敌，敌占区人民生活的悲惨，与其由积压的仇恨所燃起的反抗，作全面有组织的报道，以此来教育边区人民，使他们对这两幅迥异的图画有着鲜明的比照，而更加爱护边区，坚定斗志，同时以这种敌占区的暴露，来向日寇攻击，解除它的政治武装，并教育敌占区人民来依靠边区，鼓励他们去千方百计地打击敌人。"② 邓拓认为只有这样来充实报纸，才能使报纸成为教育人民和对敌斗争的锐利宣传武器。

邓拓指出，这是一个十分伟大的工程，它不是少数人的而是集体的事业。要完成这个伟大的工程，每一条小消息，都将是伟大工程不可缺乏的砖石。首先要建立更广泛的通讯网，吸收每一个爱护报纸的人为通讯员，倘使他们不会写，就采用通讯小组集体口述、推人执笔的方式，汇集丰富的材料即可产生出色的集体通讯。邓拓认为在通讯员队伍的组建方面有两种不正确观点必须得到纠正。一是认为只有文化程度高写得好的人才能当通讯员。他举例说，四专区去年有通讯员147人，其中中学程度以上的占60%—70%，而来稿人数仅占17%；三专区通讯员中中学程度以上者尚不及20%，而来稿人数则达50%。所以，发展通讯员固然一方面应吸收与积极鼓励写作能力高的人，但另一方面则应广泛地吸收，只要他有高度热忱，哪怕他不能写，能经常向通讯组能写的口述也可以。二是有些通讯员投稿一旦未被登载，就逐渐地降低了写作的积极性。他认为这是对通讯工作为集体的革命事业尚缺乏深刻认识的缘故。任何大报都不能做到有稿必登，报纸必须使每一篇通讯都能提高到精练充实的水准，必然要在很多时候对采集来稿中点滴的材料加以重组。"所以要求通讯员来改变自己的观点，在原稿未登，而所提供的新闻材料被吸收时，即应愉快的来继续自己

---

① 常君实编：《邓拓全集》(5)，花城出版社2002年版，第281页。
② 常君实编：《邓拓全集》(5)，花城出版社2002年版，第281—282页。

的写作。"① 其次，必须选拔有写作能力又对新闻工作有很高热情，有组织能力的人来构建报道网，安排通讯工作。"是有这样一些人的，他担负了组织通讯网的工作，而对于通讯员的来稿存在着顽固成见和不耐烦，一看文字不通，不管里面有无生动的内容（哪怕就只有一丁点），可以摘出可以改写，就往旁边一扔，这样怎能广泛开展通讯工作呢？"② 任何官僚主义和个人风头主义，都会妨碍通讯工作的广泛开展，都应禁绝。

四

如何才能把党报办好呢？邓拓认为关键之一是要改造通讯工作和报道方法。"通讯工作怎样才能改造得好呢？这就是要实现群众路线，群众观点。这必须成为我们通讯工作的新的路线、新的观点。"③ 具体言之，邓拓认为须解决好以下三个问题。

第一，群众内容。邓拓指出，与丰富多彩的现实生活相比，我们的新闻报道还不足得很，苍白得很。在我们的实际斗争中每天都产生着无数来自广大群众的英雄主义的典型人物和典型例子，这些都代表着人民的斗争和生活，代表着人民群众的感情和精神面貌，代表着广大民众的要求和方向。"过去我们的通讯虽然也反映了一些这样的典型，但是异常贫乏，而且有的被歪曲了。"④ 其实这种典型的人物和例子，在边区是随时随地都存在着和不断生长着的，并且其生动性和丰富性的程度，几乎完全超乎我们的想象。边区群英大会以后，情况有所改变，许多群众英雄和模范人物的光荣斗争事迹和宝贵经验大量地被反映出来，使许多通讯充实了群众的内容。但是，"这一转变还只是一个开头，距离我们通讯工作的要求还远，许多可歌可泣的伟大典型还没有被反映，通讯的群众内容还没有被普遍地充实起来"。⑤ 邓拓强调必须把真实的群众内容提高到是我们的新闻通讯的唯一生命的高度上看。我们的新闻之所以有价值，是因为它有真实的生活内容。新闻报道反映群众内容必须真实，"我们坚决反对新闻通讯对

---

① 常君实编：《邓拓全集》（5），花城出版社2002年版，第283页。
② 常君实编：《邓拓全集》（5），花城出版社2002年版，第283页。
③ 常君实编：《邓拓全集》（5），花城出版社2002年版，第287页。
④ 常君实编：《邓拓全集》（5），花城出版社2002年版，第287页。
⑤ 常君实编：《邓拓全集》（5），花城出版社2002年版，第287页。

现实群众斗争的反映采取不负责任的夸大而损坏了它的真实性。一切新闻或通讯的任何夸大，都是最有害的，都是我们所不取的！"① 邓拓特别批评在少数同志中往往存在着那种把新闻真实性和生动性对立起来的偏向，有些人似乎为了生动，就主张不妨损害一些真实性，这是十分危险和有害的看法。"殊不知只有最真实的群众内容才是最生动的。伟大的抗日战争和革命斗争的现实本身就是无比生动和丰富的，远不是我们的笔墨所能形容的。"② 因此，只要能反映出这种真实的生活内容，它就一定会是最生动与最有价值的新闻通讯。

第二，群众形式。邓拓强调，群众的内容需搭配群众的形式，要最恰当地反映群众的内容，就必须采取为群众熟悉的形式。"这就要求我们的新闻通讯最大限度地运用群众的思维结构、群众的语言，而不是生硬地搬用它们，不是在洋化的结构中套进一些群众的思维片断，在洋化的句子中格格不入地装进几个老百姓的土语。"③ 应该是真正为群众所讲和能听懂的通俗语言与思维逻辑。这种思维逻辑和语言饱蘸生活的芳香和露珠，与群众水乳交融，是从群众中发出来的。邓拓要求新闻通讯要有高度纯熟的群众的思维结构和语言表现手法。是真正的群众生活的情景，是群众斗争的图画，"他们自己所经历的过程，就很完美地形成一种自然的结构；他们讲述他们自己的事情，往往同他们自己最熟识的周围的事物联系起来，做出各种比喻，那就是最好的最自然的一种表现手法"。④ 新闻工作者一定要用群众自己的结构和手法去反映他们的生活与斗争，反映他们在生活与斗争中的真面目，"决不可用主观的臆造和想象，以'小说化'的手法和结构，去代替那自然的手法"。⑤ 他批评一些新闻通讯缺少群众气派，甚至于"有少数同志不懂得采取群众的形式，他们只注意通讯的'文艺性'，'形象性'，结果描写一个在我们晋察冀边区农村中的妇女英雄的时候，就用了'希腊式的鼻子'等等去形容她"。⑥ 他批评有些爱好文艺的同志抱着一种文艺至上的观点，以为使通讯富有文艺性非如此不可，或者当他发现通

---

① 常君实编：《邓拓全集》（5），花城出版社2002年版，第287—288页。
② 常君实编：《邓拓全集》（5），花城出版社2002年版，第288页。
③ 常君实编：《邓拓全集》（5），花城出版社2002年版，第288页。
④ 常君实编：《邓拓全集》（5），花城出版社2002年版，第288页。
⑤ 常君实编：《邓拓全集》（5），花城出版社2002年版，第288页。
⑥ 常君实编：《邓拓全集》（5），花城出版社2002年版，第288页。

讯不容许这些东西的时候，就认为通讯工作不是文艺工作，因而对通讯不感兴趣。这是没有足够了解新闻通讯与文学艺术之间关系的缘故。新闻通讯是文艺工作的重要形式之一，真正优秀的通讯也会是优秀的文艺，通讯的文艺性只能来源于现实生活与斗争的真实情景和地道的群众形式。

第三，群众写作。邓拓认为，"这是我们通讯工作实现群众路线的最根本的要求和最高的标志，因为只有当群众自己写出他们的生活和斗争的时候，才是最真实最生动的，而当群众自己能够写作通讯的时候，也才是我们通讯工作发展的最高峰"。① 邓拓也承认，这是我们努力追求的方向和目标，需要一个艰苦的过程才可能达到。在这个过程中，首先要求我们的新闻工作者以学习和请教的姿态，写出每一篇新闻作品都尽量经过群众的鉴定，写的是哪个地方哪个人的事情，就读给哪个地方哪个人听，或经他们看过，获得他们的修改和校正，直到我们的新闻通讯真正是群众的了才算完成。其次应该尽量帮助群众写新闻通讯，他们讲啥，我们就代替他们写啥，从而逐渐提高他们的写作能力和水平，最后达到由群众自己写作的目的。当新闻有了真实的生活内容，又具有通俗易懂的形式，并且群众动手写作的时候，新闻通讯工作就实现了群众性。

在报道方法方面，邓拓批评说"我们以往的报道方法存在着许多缺点"。② 他提出从四个方面进行改进。一是典型报道。他批评过去因不懂和不善于抓典型报道，以致发生了两种偏向和弊病：一种是机械呆板而又泄露秘密，许多新闻通讯拘泥于不必要的人物、地点、时间、工作计划布置等，其结果暴露了自己的意图，徒然给敌人以探寻的线索，真正有价值、生动的东西反而被抽掉了；另一种是害怕暴露而因噎废食，这就使战争中许多可歌可泣的伟大场面和光辉业绩，被掩盖和埋没了。这两种偏向和弊病通过典型报道可以克服。好的战斗通讯完全不必涉及战斗的部署、指挥的特点等一切有关军事秘密的东西，写的是战场上最紧张的画面，战士们的英勇行动，群众帮助作战的情形等。二是重点报道，就是对于那些重要的事件、问题，要集中力量调动各种新闻手段予以报道，不但要有新闻、通讯，还要有评论、图画，要有各种形式反映这个事件、问题的各方面的稿件，给读者以全面深刻的认识。他批评以往的

---

① 常君实编：《邓拓全集》（5），花城出版社2002年版，第289页。
② 常君实编：《邓拓全集》（5），花城出版社2002年版，第289页。

报道缺乏重点，新闻、通讯、论文等常常各不相关，有时为强调一个中心问题，把一般性质相同的稿件凑合在一起，勉强配合，实则并无重点，以致许多重要的事件不被重视，甚至根本没有报道，一些次要的报道又占据了版面，极大地削弱了宣传报道的作用。三是连续报道，实际斗争是发展着的过程，报道的方法也必须能够反映和指导斗争发展的全部过程。没有过程的报道，党报在指导实际工作上就软弱无力。四是批判报道，党报的新闻通讯和评论文章一样，对各种工作、思想，无论是好的还是坏的都应该进行报道，以便继承和发扬好的经验，克服和杜绝坏的教训。他认为新闻的批判性是党报指导性的另一种表现。"我们过去没有很好运用这种报道方法，是一个重要的缺点。"[①] 当然，他强调这种批判报道必须完全正确而适当，要同领导机关对工作的检查与估计完全一致，不能轻率为之。

邓拓重视开展媒介批评，同他在边区实际新闻工作中的亲身经历和对党的指示的领会密不可分。邓拓参加报纸领导工作时，《抗敌报》及其改名后的《晋察冀日报》尚属草创时期，从全国来看，党的新闻工作也是在开拓时期。在这个历史背景下，对于党的新闻工作者来说，改变过去长期形成的某些陈旧过时的党报观念，进一步加强政治责任心，切实贯彻执行党的有关方针政策，努力把党报办成党的工作助手和宣传党的路线的喉舌，就显得非常重要和必要。但忽视报刊作用观念的改变并非易事，难以一蹴而就，它要求从理论上不断阐释报刊的作用，在实践中采取各种可行性组织措施加以改变落实。邓拓的媒介批评在行文理路上多以观念阐释为主要目的，他常常采取批评为辅、建议为主的方式，态度委婉、温和，使之容易获得预期的批评效果。

第七节　夏衍的媒介批评

夏衍（1900—1995），原名沈乃熙，字端轩，浙江省杭州人，出生于一个读书人家。1906年入私塾读书。1908年入杭州正蒙小学，1912年入德清县立高等小学，两年毕业后回杭州进泰兴染坊当学徒。1915年，被公费保送浙江省立甲种工业学校染色科学习。1919年五四运动期间，参加浙

[①] 常君实编：《邓拓全集》(5)，花城出版社2002年版，第292页。

江学生运动，被选为学生联合会代表。1919年10月，参与创办了学生进步刊物《双十》和《浙江新潮》，他以"宰白"的笔名在《双十》上发表了一篇评论杭州四家报纸的文章，受到了新文化运动领袖陈独秀的点名表彰。[①] 1920年9月，夏衍从甲种工业学校毕业后被该校保送公费留学日本。经过在预备学校几个月的语言学习之后，他考入了明治专门学校电气工程科学习。留学期间，夏衍参加了日本左翼文化运动。1927年4月，夏衍被日本驱逐回国，是年6月，他在上海加入了中国共产党，开始翻译外国优秀文学作品并以此谋生。1929年，夏衍奉命同鲁迅等人筹建中国左翼作家联盟。1930年左联成立后，他被选为执行委员，不久他又与田汉等人发起组织中国左翼戏剧家联盟。1932年5月，夏衍担任明星公司的编剧顾问。7月，组建由剧联领导的影评人小组。1933年3月，他与阿英、司徒慧敏、王尘无、石凌鹤等人成立了党的电影小组。1936年在《光明》创刊号上发表了报告文学《包身工》，被认为是中国现代报告文学的代表作。1937年全面抗战爆发后，他与郭沫若奉命以上海文化界救亡协会的名义创办了国共两党合作的《救亡日报》，他担任该报的总编辑。1941年在香港与范长江等人创办了《华商报》，香港沦陷后他到重庆参加《新华日报》的工作，曾代理总编辑之职。抗战胜利后回沪出版《建国日报》，旋去新加坡《南侨日报》和香港《华商报》工作。中华人民共和国成立后历任上海市委常委、宣传部部长、文化部副部长、中国文联副主席、中共中央顾问委员会委员等职。在多年编办报刊的过程中，夏衍撰写了很多针对当时新闻媒体及其传播实践为对象的批评性文字，充分发挥了媒介批评的战斗作用，为丰富中国现代媒介批评艺术宝库做出了应有的贡献。

一

卢沟桥事变后，蒋介石为了把日军由北向南的入侵方向引导改变为由东向西，以利于长期作战，便于1937年8月13日在上海对日寇采取主动反击，组织了淞沪会战。是役双方共投入约100万军队参战，战役本身持续了3个月。中国军队共投入了最精锐的中央教导总队和87师、88师及148个师又62个旅等80余万人。日军则投入了8个师团和2个旅团等20

---

① 陈坚、陈抗：《夏衍传》，北京十月文艺出版社1998年版，第30页。

第十一章 抗日战争时期中国共产党的媒介批评

万余人。淞沪会战虽然重创了日军，彻底粉碎了其要三个月灭亡中国的计划，但蒋介石糟糕的指挥技术及其装备不良、训练无素的军队，最终断送了淞沪会战的胜利，国民党军伤亡 30 余万，损失严重。11 月 8 日，日军侵占松江后，随即兵分两路，企图合围淞沪地区中国的 70 万大军。蒋介石遂下令中国所有参战部队撤出战斗。11 月 11 日，上海沦陷。面对如此严峻的不利形势，为了鼓舞广大国民的抗战信心，夏衍用火一般的文字告诉人们，战事虽然暂时失利了，但我们精神上的防线却不能崩溃。为此，他写下了《上海还在战斗》这样一篇具有媒介批评意义的时评。

在这篇文章中，夏衍以一个文学家的笔调，对上海沦陷后新闻出版界表面沉寂、实则仍在坚韧战斗的情形进行了评述。他说在风雪中离开上海，到广州还可以看到油绿的芭蕉。与朝气盎然的革命策源地比较起来，上海的确是冷寂的孤岛了。到香港广东后，朋友相见时第一件事就问上海的消息。因为交通阻滞，许多人真的将还有三百万同胞的上海看作孤岛了，有人将上海想象为了恐怖的世界，也有人将上海描写成了死城。上海真的死了吗？不！我说一千个不字。上海依旧活着，依旧在和敌人斗争。不论敌人如何凶残，上海市民的战斗并不曾有一刻停止过。当然，作为一个抗敌文化政治中心地的上海，现在表面上确是改换容貌了，救亡团体被解散了，政府机关被接收了，著名的报纸大多停刊了，报摊和书店里也找不到一本救亡书报，新闻纸上看不到一个敌字，敌人兵车在马路上驰驱，浪人汉奸在人丛中阔步，上海市民时刻都有被搜查、逮捕乃至"请"去谈话的危险。但是，华南的同胞可以安心，上海还不曾被敌人征服。因为上海的四郊日日夜夜还可以听到我们游击战士的枪声，上海的天空还常常会飘下最高当局勉励市民的文告，特区的街头依旧飘扬祖国的国徽。三百万人都确信着上海不久一定可以克复！

文化界表面上是窒息了，《申报》《大公报》都为拒绝敌人的检查而休刊了，甘受敌人检查的大报只有《新闻报》《时报》《大晚报》三家。正是受检查的缘故，不论过去有多少读者，现在销数都锐减了。这时唯一不受检查的报纸，美商《大美晚报晨刊》的销数高达 10 万左右。那些受检查的大小报纸为着要增加销路，每天总得杜撰出一些迎合市民心理的消息，如蒙军三十万进攻沈阳、苏联飞机两千架运到中国之类。在日本人新闻检查之下，照理这一类消息似乎不可能发表了，可是恰恰相反，日本人欢迎他们登载这一类不正确的消息。理由很明白：第一，对英美帝国主义乃至中国某一种人将蒋介石先生领导下的国民政府渲染成十足的赤化,来分散某一部分人团结抗战的决心;第二,当这种消息被证明不确的时候,可以使认识不深刻的市民感到幻灭而迁怒到蒙古和苏联!日本新闻检查所不准发表的消息,是油印在"半纸"上的禁令,如×月×日汉口《大公报》社论、罗斯福要求日皇直接道歉、南京路投弹人验明确系韩人一类的消息。报纸失去了机能,街头巷尾的壁报反而活跃了。"除出消息沉闷之外,我所见的壁报都比以前切实,沉痛代替了兴奋,实际的办法代替了空泛的呼号。"[1] 不仅勇敢,而且强韧。譬如壁报,巡捕房每天下午派人撕,我们每天清晨贴,他们清晨撕,我们下午贴。这就是上海人还在战斗的明证!

上海沦陷后,敌人在文化方面开始对国人洗脑。夏衍立即提醒人们,要当心敌人贩卖的文化毒药。因为最近上海出了许许多多杂志,白报纸,三色版封面,和内地黑黝黝的土纸比较起来,确有云泥之别,大家欢喜买本来看看,这也是常情。上海出的杂志中,大多数都站在中国人的立场讲中国人该讲的话,大家对上海杂志有好感,这也是事实。"但是,我们也不能放过,在这花花绿绿的杂志中,免不了有毒药的潜在。"[2] 他概括分析上海的杂志除无聊娱乐的东西外,还可以分为两类:第一类是装着外国人的口吻替中国人讲话;第二类是装着中国人的口吻替日本人讲话。对于第一类杂志我们要表示满腔的敬佩,对于第二类我们却需要警惕、戒备和打击。因为欧战起了,国人注意国际时事,所以过去谈风谈月的所谓作者也在谈天下大事了。这假如单单为着赚钱,还是小事,可是,假如在这种上海人特有的一窝蜂凑热闹的情形之下,出版些表面上站在中国人的立场介绍外国时事的杂志,而实际上替日本人完成某种任务,那么这种人和在井里放毒的汉奸并无两样。看看那些谈天下大事的杂志吧:转载的漫画不注明来历,但笔调上认得出许多出于日本人的手笔,内容不必说都是反苏反共,这也是日本企图挑拨中苏感情、破坏国内团结的最基本工作。汪逆在香港收买新闻杂志的方法很巧妙,就是每一新闻杂志,只要求担当一种任务,譬如你专任反苏,那么同在这一张报上你不妨说说抗战。如此才能迷惑一般人的头脑,达到他们的目标。所以我们要格外当心,别在头脑里被人不知不觉地下了毒药!

---

[1] 姜德明、袁鹰编:《夏衍全集》(10),浙江文艺出版社2005年版,第49页。
[2] 姜德明、袁鹰编:《夏衍全集》(10),浙江文艺出版社2005年版,第117页。

二

1938年10月后，中国的抗日战争进入战略相持阶段，日寇改变了侵华策略，在政治上采取"以华制华"的政治进攻，在经济上则采取"以战养战"的经济侵略，尤其是对重庆国民党当局采取了政治诱降为主、军事打击为辅的方针，从而在一定程度上"极大地加重了中国大部投降和内部分裂的危险"。① 汪精卫集团公开投敌叛国，在日本的扶持下建立了伪中央政权。国民党顽固派加剧了反共摩擦活动。中国共产党坚持团结抗战、反对妥协和分裂的方针，敌后战场开始发展为抗日战争的重要战场。敌我友之间面临着极为错综复杂的政治局面，新闻宣传也面临着新的形势和任务。一些国民党要人此时还提出了"宣传重于作战"② 的口号。新闻宣传如何才能适应新形势的需要，夏衍为此多次撰文，对此前宣传中的缺点进行剖析，指出应该努力的方向。《卖膏药的必须休息——论新阶段的宣传工作》就是其中重要的一篇。

夏衍指出，抗战已经进入了一个新的阶段，可是我们的抗战宣传却还是停留在旧的模式里。写文章，老是自卢沟桥事变以来起，到最后胜利一定属于我们为止，出去做宣传工作也老是刷墙壁标语、演讲、唱歌或者演戏，然后回来做报告，就完事了。就是唱歌和演戏也还是一年前唱熟演滥了的老一套。一切都成了刻板的公式，一个宣传队到一个地方先是写墙壁标语，别人写过的地方，再写一遍，后者写得大一点，压倒它。就是在穷乡僻壤的老百姓家的墙壁上，也是写着"誓以我们的血肉，保卫乡邦"，或者"民众起来，发动民族革命斗争"的大字。至于老百姓是否能理解"保卫""发动""民族革命""斗争"这些名词，一律不管。"斗争"这种简笔字老百姓是否懂得，更在考虑的问题之外。他们考虑的问题只是做工作。为什么做工作？这种工作会有什么效果？好像很少有人关心，而更使人们颦蹙的是在标语之下，一定有一个约占标语面积三分之一大小的"自我宣传"："×××会××队××组制"。这种作风不免使人们怀疑这样的工作究竟在替谁做？究竟在宣传什么？别的团体这样做，我们也这样做就

---

① 《毛泽东选集》第二卷，人民出版社1952年第1版重排本，1966年改横排本，第547页。
② 叶楚伧：《宣传重于作战》（桂林版），《中央周刊》1939年第2卷第11/12期。

完事了。这种无反省的工作方法流传着，到了一个地方，在这个地方留下了"名"，工作报告上有了"墙壁标语××条"的字样，就可以过去了。这种不负责任的工作方式继续着！

抗战已经走进了一个新的阶段。这种八股式抗战宣传被人们恶意地叫作卖膏药。抗战宣传工作者自己竟也不以为意地习用这个不好听的名词："今天晚上有工夫吗？""不行，要到××会去卖膏药。"这样的对话在流行着。夏衍指出，即使将宣传和卖膏药相比拟，问题重要之处还在于膏药灵不灵，对患者有没有效。灵的膏药，一定有人来买，不灵的膏药，说真方卖假药，一定会被人打倒。我们现在的膏药真方实货，保证有效，可是卖膏药的却只学会了江湖走方郎中的那不负责任的一套。这真有点对不住这灵膏药了。宣传是艺术，应和公式主义没有缘分。是艺术，所以要创造！是艺术，所以要考虑到受众的反应和心情。为什么要做抗战宣传？为着要使大众知道民族的危机，使他们知道自己的责任，唤起他们潜伏着的民族感情，组织他们，使他们衷心地起来参加神圣的抗战。我们的宣传要用一分工作去换取一分的效果。不管是否有效而公式地工作，这是一种为工作而工作，为团体而工作。假使他是借这工作来生活，那么对国家便是一种犯罪。因此，只能治第一期病症的膏药，到第二期的现在已经不能再发卖了。抗战的新阶段已经有了新的理论和新的战略，已经有了新的形势和新的环境，抗战宣传的各个部门都应该来一次新的检讨，建立起一种适应现阶段需要、为大多数民众所接受所喜好的工作方式了。

夏衍指出，宣传要取得实效，就必须与组织结合起来。"在新的阶段，宣传鼓动之后必须紧接着组织工作，或者相反的我们先经服务的方式把民众组织起来，然后立即在这组织中进行宣传的工作，以长期性的宣传，发动长期性的组织，这样才能使我们的宣传在民众间发生实效，而不致精力浪费。"[①] 除此之外，宣传工作者的生活方式、工作态度，在新的阶段也有值得反省和改正的地方。我们宣传的对象是国家民族的主体，我们要改正知识分子常有的那种居高临下式的施与作风，我们要用刻苦耐劳、诚恳亲切的态度来建立工作信仰。行动就是宣传，这是青年工作者所应深思力践的事情。不要有大众心中看不惯的行为，不要有大众风习上所不许可的言行，以身作则，使宣传对象从宣传者本身生出亲和敦穆的感情，更从工作

[①] 姜德明、袁鹰编：《夏衍全集》（10），浙江文艺出版社2005年版，第88页。

者的生活和态度中，自然地引申出对于抗战必胜、建国必成的结论。

1939年10月2日，值桂林文协分会成立之际，夏衍在《救亡日报》上发表《从切实的工作做起》一文，提出宣传工作要具有创造性，要从切实具体的工作做起。没有创造精神而保有着武断传统的国家最容易产生公式主义，中国的公式主义历史悠久，甚至反映到最应具有独创性的文化宣传领域中。抗战以来不知出现了多少个组织，这些组织成立的时候不知发了多少重要提案和决议，其记录簿上不知有多少堂皇而伟大的工作，但只写在纸上。"侵略国的文人编印了无数的小册子、画册、明信片到战壕去，而我们呢，只用齐整的小楷写在洁白的纸上。两年了，甚至一点反省都没有。"[1] 他希望桂林文协要从最切实的方面做起，办杂志不为编者办，编小册子也不为作者编。一切服从于抗战，一切当从有裨于抗战做起。

三

抗战第二阶段后，国民党当局以抗战为借口，新闻宣传政策日趋收紧，新闻检查的范围不断扩大，逐渐破坏了抗战初期所具有的民主和自由的局面。对此，夏衍不断对国民党的新闻宣传政策进行批评。1938年6月，他在《关于宣传》一文中指出，最近中宣部和各地新闻检查所对媒体上的新闻报道和言论，已经从消极的统制转变到积极的指导和协助，这是一个好现象。但是，为了更进一步地加强新闻界和当局的联系，为着抗战言论更有效地发挥它的功能，我们还想提出一个切实的要求，就是除了"关于××××勿予发表"和"请勿发表关于××的纪念文字"之外，"我们急迫地需要当局明白地指示对于某一事件某一纪念日言论所应取的态度！"[2] 除军事机密之外，如果言论界明白地知道政府真意所在，那么在宣传方面一定可以收到更好的效果。单指出哪一条可登、哪一条不能登，无法让新闻界真正地理解应该如何做。抗战初期，国共两党之间的矛盾还不尖锐，虽然两方在很多具体问题上的认识有所差异和分歧，但由于在抗战的大方向上一致，所以夏衍这时对国民党当局新闻检查制度的批评甚为温和委婉，多以建议和商榷的口吻出之。

---

[1] 姜德明、袁鹰编：《夏衍全集》（9），浙江文艺出版社2005年版，第86页。
[2] 姜德明、袁鹰编：《夏衍全集》（10），浙江文艺出版社2005年版，第63页。

1941年1月皖南事变以后，国民党对中共及民主文化进步人士的新闻宣传活动，进行了近乎白色恐怖的打压，查封报馆、封闭书店之事遂层出不穷。1941年4月15日，在《中国人的办法》一文中，夏衍对国民党的这种倒行逆施进行了辛辣的讽刺。他指出，自从关切中国命运的英美人士希望我们在抗战中建立民主政治的消息传来之后，国内民主的声浪便风起云涌起来，这当然是一个值得高兴的现象。一切都要民主了，于是民主就交了好运。"从国内来的朋友说，有几处地方的当局真是'尊重民意'得很，这单从封闭一家书店的事情上也看得出来。"① 事情的原委是：某省某地从各报馆各文化团体，到农整会、工整会之类，都相继接到了一个"民众团体"已经拟缮好了的呈文，内容是"为某某书店印售反动书籍，为奸党张目，请予封闭，以遏乱萌，而平民愤事"，文末已经将各团体名字统统写上了，该件是某某部门的勤务兵送来，勤务兵的话很简单，只说"上面请你们负责人盖一个印"。咱们中国的民众一直很听话，加上是非常时期，谁能不盖印呢？结果一个个的都盖上了。于是乎就有了"据……等七十二或八十三个团体联合呈请，某某书店……等因相应……"，② 于是该书店就在民众的这种"请求"之下寿终正寝了。夏衍讽刺道：国民党当局这种借"民意"来钳制民意的办法，实在是令人佩服之至。

夏衍在《忧与乐》一文中，还对国民党当局讳疾忌医、只许报喜不许报忧的新闻钳制政策予以批评："在国内有过办报经验的人，都有一种共同的感觉，就是对抗战建国的一切问题，只能从纯乐观的方面着笔，而不能对亟需纠正的缺陷表示一点国民的忧虑。"③ 夏衍认为国内很多问题如经济、粮食、兵源，乃至更严重一点的国内团结问题，事实上令人忧虑的地方很多。可是当记者的笔端接触到这些问题时，立即就有留下一块空白的危险。于是聪明一点的编辑都会事先准备好一两篇不着边际而没有时间性的文章，如日本经济基础如何脆弱，国际关系如何危险，食粮问题如何严重之类，作为填补空白的准备。"只许忧别人而不准忧自己，这是我们宣传政策的一面。"④ 令人感到可怕的是，这样的政策已经不仅限于对付新闻

---

① 姜德明、袁鹰编：《夏衍全集》（10），浙江文艺出版社2005年版，第164页。
② 姜德明、袁鹰编：《夏衍全集》（10），浙江文艺出版社2005年版，第164页。
③ 姜德明、袁鹰编：《夏衍全集》（10），浙江文艺出版社2005年版，第269页。
④ 姜德明、袁鹰编：《夏衍全集》（10），浙江文艺出版社2005年版，第269页。

杂志了，最近公布的戏剧电影检查条例"也明明地规定只许表扬光明，不准揭露黑暗，一切都有办法，一切都无缺点，大家放心好了，不必事事忧虑"。① 假如你要指出缺点，那么不是杞人忧天，就是企图另建国家中心。从而对国民党当局粉饰太平以自欺欺人的愚蠢做法，给予了无情的揭露和痛斥。

而更可笑的是，国民党御用报纸《国民日报》这时候居然也谈起"批评精神"的话题了。夏衍以该报谈批评精神的评论题目为由头，讽刺地说这真是"奇事"，请读者不要看了该报的标题，就认为他们有了进步。其实，这标题上面应加上"官家的"三个字。因为从该报那篇小评看，他们的批评精神是十足的"官家的"的批评精神，也就是官家至上的批评精神。其实质就是自己一切都对，别人一切都错。"老爷要怎么干就怎么干，老爷要怎么说就怎么说。"② 你若不信请看：他们骂胡文虎先生办的报纸的言论是中共的谣言攻势，骂陈嘉庚先生的言论是受中共利用，骂《国家社会报》和《华商报》的言论是恶意批评，把一切爱国侨胞头上都套上一顶"第五纵队"的帽子。这些难道都是所谓的"不曾离开抗战立场的善意批评"吗？他们公然造谣、诬赖、含血喷人，甚至主张老百姓"无罪名而被拘押并不是一件怪事"，这一切也都算是在"发挥我们的抗战理论"吗？亏他们还有脸说："不曾看见迳将杀人放火罪名加于杀人放火嫌疑犯身上的理论与条文。"他们自己不是在连嫌疑也没有的人们身上加上了第五纵队、私通外国、中共外围等罪名了吗？亏他们还有脸说"试问我们将何以发挥我们的抗战理论！"③ 他们的抗战理论除摩擦、造谣和丢脸外还有什么呢？他们这一套理论，从汪精卫到贵报前任樊仲云总编辑，不是已经发挥得淋漓尽致了吗？夏衍对国民党御用报纸的揭露可谓入木三分，其讽刺艺术令人叫绝。

四

巧妙揭露国民党御用媒体对共产党及其所属的八路军、新四军的造谣

---

① 姜德明、袁鹰编：《夏衍全集》（10），浙江文艺出版社2005年版，第269页。
② 姜德明、袁鹰编：《夏衍全集》（10），浙江文艺出版社2005年版，第177页。
③ 姜德明、袁鹰编：《夏衍全集》（10），浙江文艺出版社2005年版，第177页。

和诬蔑，是夏衍媒介批评中的拿手好戏。1938 年 10 月后，国民党当局就开始执行消极抗日、积极防共的策略，特别是 1939 年 1 月国民党五届五中全会后，国民党顽固派不断制造亲痛仇快的反共摩擦事件，国共双方关系日益紧张。1941 年 5 月 7 日，中条山外围日军由东、北、西三个方向全面进攻驻守该地的国民党军，发动了抗战进入相持阶段后，正面战场国民党军队在山西战场与日军唯一的一场大规模作战。国民党军队由于事前准备不足，战时又缺乏统一指挥，结果阵亡 4.2 万人，被俘 3.5 万人，除少数突围外，大部溃散。中条山战役失败给北方抗战形势造成了极其恶劣的影响，被蒋介石称为抗战史上最大的一次耻辱，更是引起了国人愤怒的舆论。为了推卸责任，国民党顽固派开动新闻宣传机器，大肆散布在中条山战役时八路军对国民党友军不予支援、导致国民党军陷入不利境地而失败等谬论，以图混淆视听，逃避国人的谴责。夏衍总是根据国民党官方发布的新闻，利用其中的事实或具体细节，对国民党的谣言和诬蔑进行巧妙而有力的揭露与驳斥。

当时国民党的报纸常常利用日方宣传机构发布的谣言，当作事实来诬蔑共产党八路军游而不击、专事攻击国民党军队的荒唐言论。夏衍在《原来如此》中对之批评道："老爷们的报纸杂志时常宣传某集团军不抗日而'攻后'。如果真有其事，那当然罪该万死，但是他们根据的是什么呢？"[①]他们是官家，应该有官方材料，然而仔细一检查，就可以发觉，原来他们的材料都由日本供给。日本的材料靠得住吗？不要紧，他们早已是"反共同志"啦。据说中日战争的原因，是中国拒绝接受日本的"共同防共"要求，此一时，彼一时也，焉得不从一致而进于全面！《中央周刊》第 3 卷第 43 期引同盟社 19 日南京电："晋东南八路军亦乘机攻击重庆军一百二十九师。"如果真这样的话，不是载于国民党的中央代表刊物之上，决没有人相信其宣传技术会以至于如此地拙劣。"不错，晋东南的十八集团军是刘伯承，而中央所颁给的刘伯承师番号则为一百二十九师。原来老爷们所宣传得锣鼓喧天的是如此一回事，刘伯承打刘伯承。这样的材料也被老爷们视为宝贝，还有什么话可说！"[②]夏衍嘲笑说：这只能是新闻宣传日暮途穷、急不暇择的表现。

---

① 姜德明、袁鹰编：《夏衍全集》（10），浙江文艺出版社 2005 年版，第 187 页。
② 姜德明、袁鹰编：《夏衍全集》（10），浙江文艺出版社 2005 年版，第 187 页。

国民党后来在《中央周刊》第 3 卷第 44 期刊登的该刊主编张文伯撰写的《并非政治部长张治中将军》和《中条山战事掀起的公案》的文章中，检讨第十八集团军的作战问题，所引用的材料还是照例根据日本广播。对进攻中条山的日军究由何处调往这一问题，特别强调地指出是从第十八集团军防地调去的四个师团。"查 5 月下旬军委会发言人曾历述进攻中条山日军的来源，是从赣北、开封、徐州等处调去。师团的名称及作战地区均很详细，这是我方的正式官报，但独独未被《中央周刊》所采用。中央四十四期出版于 6 月 5 日，已在军委会发言人谈话后一星期。张文伯先生写这篇文章的时候，当然早已看到，为什么要引用日方广播而不引用中央最高军事机关所公布的材料呢？"[①] 结论只能是此司马昭之心也，全然地揣着明白装糊涂，刻意利用日方散布的虚假信息，以陷害和诬蔑共产党八路军。

对于人们批评国民党当局施政腐败的相关言论，国民党官方媒体则给扣上一顶别有用心的大帽子，以图让人们缄默不言。夏衍紧紧抓住"别有用心"的"心"字做文章，剖析和暴露国民党官方媒体言论背后所隐藏着的真实意图。他讽刺地说：过去惯用"外围"之类的名词骂人的官方宣传员最近又新立了一个名词，叫作"别有用心"的人。他们所攻击的"别有用心"的"心"是什么呢？不外是抗战中主张民主，官权外提倡民权，联英美外强调联苏，如此而已。这种"用心"，被骂的人毫不自讳，他们堂堂正正为国家民族利益而做文章，丝毫不用忸怩。这正和那些心里怀着"法西斯"和"德意路线"的鬼胎，而嘴里还迫不得已地要喊些民主和反侵略口号的人，有着明显的区别。心里若有鬼胎，不论口技如何巧妙，还是难免要露尾巴，简单地瞧一瞧他们的标题就可以明白。例如以下几条。

1941 年 7 月 15 日的官报："中共之步调反法西斯战线，仍要求在敌后活动"。姑且不管电报内容完全没有"仍要求在敌后活动"的意义，即使假定有吧，这个"仍"字可是用得太稀奇！"仍"当然有表示不胜遗憾之意，但敌后活动难道不应该吗？这是主张中国军队不该去敌后活动，倒该让日伪太太平平地去建设吗？此心是处心积虑的"反共"之心。16 日的官报："丘吉尔在众院演说，战时不类平时，批评必须审慎，混淆黑白另有用心"。标题真是妙极，内容在电文里完全落空，丘吉尔不仅没讲过"混

[①] 姜德明、袁鹰编：《夏衍全集》（10），浙江文艺出版社 2005 年版，第 188 页。

淆黑白另有用心"的官腔,而且还主张"择一适当日期,再举行一次公开辩论"。此心真是无孔不入"反民主"之心。15 日及 18 日官报:"苏联迁都""德攻占斯摩棱斯克",全用肯定语气。而这些消息,来源都出自他们的"同盟",英文报上一律加以"?"号或直接加以"纳粹宣称"字样。此心是唯恐苏联不败的"反苏"之心,是孤忠耿耿的"亲轴心"之心!夏衍指出:尽管官方表面有命令不得反苏亲德,但笔杆一动,那些"别有用心"的"心"就会不自觉地流露出来。① 古人所谓心无二用,这对于那些怀了鬼胎的人,倒是一件很伤脑筋的事情。

  抗战时期夏衍公开的身份是《救亡日报》的总编辑,写时评是他的主要工作之一。从 1938 年 9 月起,他几乎每日写一篇,每篇千字左右,直至报纸停刊,共计写了 450 万字,其间的辛苦可谓自不待言。夏衍后来曾对这段生活回忆道:"那时真是苦极了。每天深夜还得赶社论。自摩挲(廖承志——引者)走后两年以上都是如此。其间从德、苏协定,到第二次大战爆发,苏联出兵,法国贝当政府投降,以至苏德之战,重要的国际问题层见叠出,对于动荡失常的局面得用心把握,对于国内论坛许多偏见得婉转地去斗争,真没有一时一刻好好地休息。但也感谢这样使我更能和这伟大的时代同呼吸,对于国际国内每一事变能比较敏锐地看到它的症结和动向而不致十分错误。"② 其中很多是评论之评论,即他所说的"对于国内论坛许多偏见得婉转地去斗争"。由于批评对象是国民党官方或其御用媒体,它们还是抗日统一战线中的友人,所以笔法与一般的对敌斗争有别,既要观点鲜明,析理透彻,又常常需要使用象征、隐喻、意在言外等含蓄巧妙的笔法。"与同时代人相比,夏衍的媒介批评文字不仅篇什为数不菲,而且讲究章法,布局有度,即便因配合时事,无暇锤炼,但仍表现出挥洒自如,笔锋犀利的特点,具有很高的艺术魅力。"③ 其巧妙的媒介批评方法和高超的语言表达艺术,直到今天仍有值得后人借鉴和学习的价值。

第八节 范长江的媒介批评

  范长江(1909—1970),原名希天,四川内江人,长江是他在北京大

---

① 姜德明、袁鹰编:《夏衍全集》(10),浙江文艺出版社 2005 年版,第 195 页。
② 转引自陈坚、陈抗《夏衍传》,北京十月文艺出版社 1998 年版,第 302 页。
③ 胡正强:《试论夏衍的媒介批评方法与艺术》,《新闻知识》2007 年第 12 期。

学读书期间向报刊投稿时所使用的笔名（后即以笔名行世），出生于一个没落的封建小地主家庭，幼年时由祖父启蒙。1921年入田家乡小学读书，1923年秋考入内江县立中学，1926年春转入邻县资中省立六中读高中。1927年初，报考黄埔军校未果，遂报考中法大学重庆分校，被录取为短期干部训练班学员，在该校接受了反帝反军阀的思想。南京事件发生后，范长江因参加了事后的示威活动而受到当地反动军阀的通缉，被迫离开重庆，辗转来到武汉，加入了贺龙领导的国民革命军第20军教导团，参加了南昌起义。在转战途中与部队失去联系，辗转到南京。1928年秋，范长江考入中央政治学校，并加入国民党。"九·一八"事变后，范长江对国民党的理想破灭，遂离开该校。1932年秋，进入北京大学哲学系学习。在校期间积极参加抗日救亡活动，开始为北平《晨报》《世界日报》、天津《益世报》《大公报》等撰写新闻通讯，受到胡政之的欣赏。1935年5月，范长江以《大公报》特约通讯员的身份开始了他的西北考察之行。他从塘沽出发，经上海溯长江西上，在四川做短暂停留，再经四川江油、平武、松潘，甘肃西固、岷县等地，两个月后到达兰州。在兰州稍事休整后，又向西深入敦煌、玉门、西宁，向北到临河、五原、包头等地进行采访。范长江这次中国西北之行历时10个月，足迹涉及川、陕、青、甘、内蒙古等广大地区，行程4000余里，沿途写下大量的旅行通讯，真实记录了中国西北部地区人民生活的困苦情形，首次公开报道了红军二万五千里长征及其行踪，在全国引起了强烈反响。1936年夏，范长江被《大公报》聘为正式记者。1937年年初，他冒险进入西安，采访西安事变，见到了周恩来，随后赴延安，受到毛泽东等中共领导人的接见，思想开始发生重大转变。全面抗日战争爆发后，范长江奔赴各地进行采访，3年间足迹遍及大半个中国，撰写了70多万字的战地通讯。1938年3月，他在汉口与徐迈进等人发起组织了中国青年新闻记者学会。同年10月他脱离了《大公报》，1939年初，与胡愈之等人创立了国际新闻社。是年5月，他加入了中国共产党。1941年在香港参与创办《华商报》，1942年转入苏北解放区，先后任新华社华中分社社长、《新华日报》（华中版）社长、华中新闻专科学校校长。1946年任中共南京代表团新闻发言人。中华人民共和国成立后，历任新华社副社长、上海解放日报社社长、政务院新闻总署副署长、人民日报社社长等职。1952年后任国家科委副主任。1970年在河南逝世。范长江不仅是一个著名记者，还是一名优秀的新闻理论家。他对新闻理论的思考，很多是通过媒介批评的方式表达。由于抗战时期他在新闻界的领袖地位，使他在媒介批评中所表达的观点在社会上具有很大的影响。

一

1938年8月，范长江在《战时新闻工作的真义》一文中，提出了新闻中流氓主义和庸俗主义的两个概念，是对当时新闻记者不良作风的一种深刻批判。范长江指出：做新闻记者有许多便利，使得许多人羡慕。因此就有一部分人认为享受此种便利为当然，往往无限度使用这种便利。同时在新闻事业尚未完全脱离不合理的发展过程中，新闻纸对于新闻工作之质的改进，要求不烈。故苟且因循之作风，尚可多少存留于新闻界。似乎新闻工作是最容易的事情。于是，"前者之发展为流氓主义，后者之发展为庸俗主义。"① 他认为此不良作风至少给新闻事业带来三种危害：一是使当事人对新闻记者人格产生卑劣的印象；二是将影响该记者所代表的报馆或通讯社的形象与声誉；三是让外界人士对新闻界整体产生不良观感。

范长江认为，首先，新闻记者应当随时加以自省，对自我有着清醒的认知：即为什么广大读者如此热诚地期待我们到前方？为什么一般社会对我们那样热情，给我们提供种种方便？这当然是因为今天全国人民都被卷入了战争旋涡，人们都为自己的未来悬念焦虑，想从新闻纸上得到许多切实的信息，作为判断自己行止安危的标准。所以我们做新闻记者，特别是在战争的时候，应有一种严肃的使命感，应无条件地为读者提供正确的有意义的报道。我们自己在生活上应最大限度地自己独立生存，不在万不得已的情况下，不向社会特别是有势力者提出帮助的请求，这样才能取得社会的敬重。其次，战争本身就有复杂的政治性质，何况我们这次半殖民地的中国反抗日寇的战争，它所包含乃至引起的政治社会经济文化各种问题，都有复杂的内容。我们如果只写写战报，如张家楼李家庄一类的事件，以为就尽了新闻记者的责任，那就大错特错了。"我们必须注意到各部门，而且要尽量研究各种新的现象，要求得出正确的解答，还应当勇敢地使真象能够传布。"② 使我们每一次战争不是白打，让广大读者接受血的

---

① 范长江：《通讯与论文》，新华出版社1981年版，第281页。
② 范长江：《通讯与论文》，新华出版社1981年版，第282页。

教训，作为争取下次胜利的桥梁。

范长江认为过去社会对于新闻记者的认识，也有不正确之处。有些人根本不理解新闻记者的作用，以为这些都是不好的东西，自我标明不尚宣传，以为自己埋头做了就算。这种精神自然也有可取的地方，但他却没有想到人是社会的动物，战争是与大家有着切身利害关系的事情，而不只是某些少数将军的事情。"一个部队所得的经验，所遭遇的困难，是全军全社会的事情，应当让全社会知道，大家共同来接受经验，共同来设法解决困难。所以在不专注重个人英雄主义的宣传范围内，负责当局不应避见记者。"① 但收买式地招待记者，全然以优厚的物质，虚伪的态度，欲以物质享受换得新闻记者的欢心，而为其个人宣传，这不但是过失，而且是罪恶。我们有值得表扬的事实，当然不反对将此重要事实向社会传播，使之为社会知道。但是我们要明白，如果内容并无特点，而必欲新闻记者为之宣传，这将使被强求的记者心理上大为反感。且在一般新闻界中造成极不好的印象。到了紧急的时候，反而不能担保主要记者为之记述传播。

总之，范长江认为社会必须认识新闻工作对于社会之根本作用。"社会对记者以及记者之自持，都应以民族利益、抗战利益、民众生活为前提。我们观察批评报道都不应脱离这个中心。"② 新闻工作的基本原则也可以说是一个态度问题，本来不分平时与战时，不过在战争中新闻工作影响尤其重大。如果我们态度不正确，将对抗战产生不利影响。

1938年10月武汉刚一失守，范长江迅即提出要开展在敌人后方的新闻工作。今后我们一种最主要的崭新任务，是在沦陷区内的工作。在军事上，是变敌人后方为我们的前线；在政治上，是在敌人后方建立抗日政权；文化活动，特别是在新闻工作的范围上，一个主要的任务是开展敌人后方的新闻工作。"在敌人后方强化我们的新闻活动，告诉沦陷区内的军民以正确的我们后方和国际消息，唤起广大民群对于抗战的热情，坚定他们最后胜利的信念，和指出最后胜利的方法。"③ 我们要拿新闻工作联系一般文化工作，配合军事，以达成赶走敌人这一总的政治目标。他认为在敌人后方开展新闻工作，也是世界新闻史上的奇迹，它把传统观念上认为只

---

① 范长江：《通讯与论文》，新华出版社1981年版，第282页。
② 范长江：《通讯与论文》，新华出版社1981年版，第283页。
③ 范长江：《通讯与论文》，新华出版社1981年版，第284—285页。

能在安全地方才能工作的新闻事业,以后要在敌人的后方建立和开展;把客观上认为只能在都市中生活的新闻记者,从今以后将以游击战士的姿态,一手拿笔、一手提枪地活动于敌人占领区域中。在敌人后方的报纸和新闻记者,他们所接触的是广泛而深刻的有血有肉的活生生的抗战事实。他们将锻炼出最新的意识与文化内容,并孕育成为再建中国整个新闻事业和发展为整个民族革命文化的基础。由于环境、物质、干部、技术等诸多方面的特殊性,使沦陷区新闻工作遭遇到的困难往往并非个人能力所能克服,所以需要政府首先注意到这个工作部门,对整个沦陷区新闻工作进行统筹规划。

二

新闻政策是政党和政府掌握或管理新闻事业的一种重要手段与基本方法,是新闻传播者在规定的活动准则范围内进行新闻选择的尺度,具体决定着能报道什么,不能报道什么,着重报道什么,一般报道什么,以及报道中应注意些什么等。新闻政策决定着新闻与社会各个领域的关系,决定着新闻传播能发挥什么样的社会功能。1938年1月,范长江即提出了确立战时新闻政策,以适用新的战时环境和形势需要的建议。

范长江指出,目前战争,正是第二期战争的开场。必须进行全面性的动员,要影响国际舆论,鼓励一般民众抗战情绪,说服人民乐于从军,鼓励军队作战的勇气,提高官吏对抗战的积极性,更要能解剖过去失败和成功的原因,指出许许多多血肉换来的经验,让这些经验普及于全国人民,成为我们新胜利的基础。并且在我们新力量的准备过程中,如何纠正错误与腐化的倾向,如何奖励优良的工作人员,这些工作将成为今后一个阶段的迫切需要。这些工作固然主要由政治上发挥领导力量,而全国新闻纸与新闻从业人员如何进行抗战动员,在抗战新形势中也甚为重要。国家在战时,对于新闻政策应视为一种重要的工作。新闻政策当否,影响于战争者至大。范长江认为,过去6个月的抗战期中,全国各报馆与各报新闻从业人员的活动虽然皆有相当的进步,但从全国范围与抗战新闻政策的观点来观察,缺点尚多。

第一,缺乏原则。范长江认为,在战争时期,国家无论在哪个方面都应该有一定的明确方针,新闻工作即本此方针而努力。如外交之友敌,内政之是非,军事之胜败,将士之功罪等,皆应确定标准。全国新闻界即在此原则下广为发挥,以形成国民的公共舆论和鲜明有力的抗战阵容。原则不定,致使新闻界无所适从,"新闻检查者仍关于战前之成见,以自身无过为上策,对于稍有生动意味之消息,一律不敢放行,尤对主持是非功过之论说,顾忌特深"。① 中央宣传机关遇事往往再临时电达各报,对某一问题做出指示意见。此在当局自身当感手续的烦琐和困难,而在报界方面则有降低或泯灭其工作积极主动性,甚至造成报纸对政治问题不负责任的不良倾向。

第二,缺乏组织。全国各报本以各自的营业立场而存在,战争爆发后的新闻活动亦本于各自报馆的立场而进行,自战时新闻采访至各报馆的迁移,各报馆大多纯粹从自身需要的角度考虑,政府未能在其中善加领导、酌为分配,往往导致某地新闻纸与新闻记者过多,而其他地方则甚为缺乏的现象。前者如目前的武汉、香港、重庆。后者如过去上海长达三个月之久的壮烈战争,各报并未曾配备充分有力的记者,作深刻的报道,而西部战场则颇有战地记者过多之嫌。各报馆之间,对于抗战中各种问题从来都没有交换意见的机构,新闻从业人员之间大多是局部个人之间的感情交往,并无有力的联合。问题无从讨论,意见无从商讨,新闻界自然没有办法形成深刻与一致的见解。

第三,缺乏训练。中国新闻记者大半非由新闻专门教育而来,全凭个人经验。由新闻学校毕业者,也多偏于新闻技术的训练,对于非常时期各种重大问题的观察与判断,往往感到研究环境的缺乏。然而新闻记者每日必以其自身的记述与见解与一般民众见面。战时新闻对于读者的影响大过平日不知多少倍。新闻编辑生活往往日夜颠倒,工作过度,缺乏修养研究的机会。战时问题繁多,现象日日演进,应付感到困难。在新闻采访方面,各报馆内部没有教育机构,社会上更无教育新闻记者的场合,非常局面之下,客观上要求采访记者既多且繁,而采访记者本身,不易得到新的技术训练。特别是战地采访记者,一般都感受缺陷很多,难以圆满完成战时正确报道的神圣任务。

范长江呼吁,为了应付今后战时的要求,国家亟应制定新的新闻政策。一是要建立战时统一新闻指挥的机关。按照本年政府军事政治机构的

---

① 范苏苏编:《范长江新闻文集补遗》,学苑出版社2019年版,第55页。

调整趋势观察，战时新闻政策的决定与施行应由总政治部负全责，如是始能适切战时需要，超越传统鸿沟，而谋在战争中形成舆论一致的阵线。二是确定新闻原则。新闻政策不能脱离政治而独立，政治已定的原则必须有机地表现于新闻政策上。如外交上决定与日本抗战到底，凡帮助日本侵犯中国的国家，均在反对之列。内政上国共决定重新携手，则应明定携手的方式，彼此各自教育党员，并以此表里如一之说法，不可当面一套背后一套。新闻检查只能在此原则下执行职务。三是加强新闻界的组织。过去新闻记者公会组织虽遍于全国，而其及于新闻界的影响，自优良方面观摩并不很多。今后应在新闻记者公会之内，加强同业间的沟通与合作。四是训练新闻记者。应组织定期讨论会，政府组织和补助举行编辑采访训练班。目前则应加强战时采访训练，一面改进旧习惯，一面加添新方法。吐故纳新，逐渐形成一支适合战时需要的新闻大军。

三

抗战进入第二阶段后，国民党当局政治出现倒退，对中共及民主进步人士新闻活动的压制日益严酷，查封报馆、逮捕报人之事层出不穷。1941年6月，范长江发表了《摧残新闻界人权之一例——湖南〈开明日报〉受摧残之经过》一文，以转录的方式，对国民党当局的倒行逆施予以巧妙而又猛烈的揭露和抨击。

范长江首先从全国的视角，概述国民党打击进步新闻界的行为。他指出，国内政治逆流首先就是加紧打击新闻界，新闻界被压迫事不胜记述。除对中共机关报《新华日报》横蛮压迫为众所周知外，举其大者，4月26日重庆中央社会部无理封闭青年记者学会总会，无原则地加紧全国各地新闻检查。3月31日停止桂林《救亡日报》发行，1939年6月封闭河南战地之《大众报》，1941年1月，在金华无故拘捕国新社东南特派员计惜英，通信站干事谷斯钦等。全民通信社无故不许发稿。而湖南《开明日报》事件，更为令人惊骇。随后他引录该报2月27日的有关报道说：该报自1939年8月13日创刊以来，恪守政府法令，遵循政府指导，宣传抗建大业，从来不敢后人。1941年1月16日深夜，突遭便衣搜查，捕去该报重要职工10人及来客1人。无罪状复无证据，一个半月仅略予讯问，案悬两月未决，尚不许该报公开。该报以一言论机关而竟遭此重大压迫，倘再隐忍不言，不仅本报与捕去同人将冤沉大海，永无昭雪之日，即全国新闻事业亦将因开此恶例而失去保障，故不得不将事件经过向社会公开，俾获得公正之评判。该报愤怒控诉有关当局用非法手段大批逮捕抗建新闻工作人员，肆无忌惮蔑视人权，呼吁各界主持公道予以援助。

该报乃于2月27日通电全国，向新闻界呼吁：本报以一政府指导下之报纸，而突然遭此残害，此岂是抗战宣传机关应有之待遇乎？报人诚如委座所言，非可比于普通职业，所负任务相当于教育，影响及于国运之消长，然亦为中国新闻学会宣言所云，近世以来因文字狱而牺牲性命者，实不知其几何人，大抵困难饥寒，消磨壮志，怀才莫伸，荏苒老死。吾侪回忆过去半个世纪中国报界，实觉无限悲痛。当此全面抗战之际，新闻事业在政府指导下，报人已成为国家的宣传人员。此种摧残舆论的事实，应已绝迹。倘若竟可任人以莫须有的问题横加逮捕，则吾侪将何以尽其言论职责？现本报为求获得合理处置，爰将事实公布报端，甚望全国同业共起声援，不独促成当事机关对本报事件，应如委座所言，根据法律正常手续迅速办理，并为防止以后发生同类事件，应联合向中央建议，请重申保障记者法令，俾任何人不得假借口实，非法钳制舆论，而吾侪得克尽厥职，不再重复前辈之悲剧。

范长江在转录该报对事件的叙述经过及该报通电后沉痛指出：现在已经有五个月了，"这批无辜被捕押的十位新闻记者，还是在暗无天日的牢狱中过非人的生活！因此保障人权的民主政治之要求，实刻不容缓。而人权保障，更为最起码的要求"。[①] 将此新闻事件提高到基本人权保障的政治高度加以论述，以引起社会各界更为普遍的关注。

国民政府时期的"九一记者节"因发端于1933年1月江苏《江声日报》主持人刘煜生被政府当局借故处决之事，因此后来的每年记者节纪念活动，也就获得了某种批判国民党当局新闻统制的隐喻意义。1941年9月1日是皖南事变后的第一个记者节，这一年的记者节纪念活动尤具现实批判性。这一天，范长江在重庆《新华日报》和香港《华商报》上分别发表了《纪念记者节的三大任务》与《九一散记》两篇文章。前者因为发表在

---

① 长江：《摧残新闻界人权之一例——湖南〈开明日报〉受摧残之经过》，《时代批评》1941年第73/74期合刊，1941年6月16日。

国统区的中共机关报上，所以只是正面提出了新闻工作的三大任务：一是发扬舆论权威，坚持正义；二是发展地方的新闻事业，建立战斗性的小型报纸；三是培养新闻干部，适应各地需要。后者发表在国民党当局鞭长莫及的香港，其现实批判性就表达得较为明显。

范长江指出：作为中国今天的新闻记者，要想在工作上有好的成就比较不容易，因环境所给予我们的困难，都超乎一般工作之上。"物质上的困难，尚可以忍受和克服，政治上的困难，往往使人啼笑皆非。全中国人民正以其全力向光明的目标追求，他们需要中国新闻记者给他们以真实的报导和正确的指示。而另一方面那些怕见光明，坚持黑暗的势力，他们怕见人民的抬头，特别对于说真话的新闻记者。"① 御用记者被人民视为卑鄙无耻的奴才，说真话的人往往又被少数人看作洪水猛兽。区别在于是否说真话。一条路是出卖人格，昧良心以博个人物质的尊荣；另一条路是严守正义说真话，不顾个人生活颠沛，甚至冒生命的危险。前一种只是升官发财之道，不能算是记者的正途。要做记者，就不能违反人民的利益。1941年的9月1日，新闻记者自己的组织青记学会已经被封，许多新闻工作者流亡海外。在今天，回望多难中的祖国和自己身受的现实环境，实在有无限的愤慨与感慨！范长江指出：历史不会倒流。中国新闻记者一定会有重新在祖国领土上大活跃的一天！

四

自1938年3月中国青年新闻记者学会成立后，事实上范长江就成了国统区进步新闻界青年记者的一个领袖，承担着中国青年新闻记者学会和国新社的领导工作，从全国一盘棋的角度对这些新闻团体的工作进行回顾和总结，指出其优劣得失，就是他在新闻记者外履行领导职责需要完成的另一重要理论和思想任务。他1939年12月发表在《战时记者》上的《两年来的新闻事业》一文，可谓是他这类批评文本中的代表之作。范长江在该文中指出，中国新闻事业和世界先进国家比起来是较年轻的事业，但中国新闻事业有它的特殊社会环境。两年以来中国的新闻事业发生了巨大乃至根本性的变化。

---

① 范苏苏编：《范长江新闻文集补遗》，学苑出版社2019年版，第397页。

第十一章　抗日战争时期中国共产党的媒介批评

新闻事业的一个变化是其外形的变化。战后与战前不同，战争两年之后与战争初期又不相同。最显著的变化表现在三方面：第一，新闻事业的规模由大变小；第二，新闻媒体的数量由少变多；第三，新闻事业的联合与集中。新闻事业规模上的由大变小，是普遍可以感觉到的事实。抗战之前，在北平、天津、上海、南京、武汉、杭州、广州等地，都有国内一流的大型报纸，它们的印刷工具已多年采用轮转印刷机，每日至少出版两大张，现在经过战争的影响，除已停刊或被留在敌后租界中的报纸之外，迁到内地继续出版的报纸，规模上都与过去相去甚远。新起的地方报、战地报和敌后报没有一家不是小型报纸。战前全国报纸总数1014家，抗战一年多后，虽有600家左右消失了，但有两种特殊现象：第一，一报变多报，实力雄厚的报纸发行地方版；第二，小型报的增加，包括各种地方报、战地报和敌后报纸，这些大多数是油印报。报纸的联合较多表现在各地方城市，集中的现象则更多表现在大集团的政治和经济体系。这一方面是受了物质环境的压迫，不联合不足以生存；另一方面是通过集中壮大实力，可以扩大政治宣传影响。

范长江认为新闻事业在本质上也有了很大的变化。最大的变化之一是关于新闻事业理论的发展。关于新闻事业的理论，过去有两种思想在流行：第一是超然论，即不问政治，为新闻而新闻，自命清高；第二是唯言论，即重在舞弄文墨，发些不切实际无具体办法的政治空头文章，办报的目的不在帮助解决当前实际问题，而偏重在发抒个人意见。超然派首先受到战争的打击，在抗日的生死存亡的战争中，抗战与投降之间没有超然的空间。全国人民为生存而抗战，他们主张要抗战的报纸，不需要超然的报纸，因此某些自命超然的报纸很快就被广大读者抛弃了。唯言论者反对报纸的组织功能。战后读者看报，不只看新闻消遣，更急切希望知道解决这些问题的办法。第二个变化是报纸战斗性的提高。过去很多人习惯地以为报纸一定要在安全地带，在飞机大炮下不能办报。然而在战争过程中，新闻界仍在以各种方式进行活动。沦陷区的报人和军队一样，不仅在第一线办报，而且深入敌后办报。报纸已经是战斗的武器了。第三个变化是团结的进步。这表现在新闻界与政府、新闻同业之间。政府平时对新闻事业有时失之放任，有时统治又过于烦琐。抗日战争爆发后，要求积极新闻领导政策的呼声日见高涨。大家提出政府对新闻事业应以领导为主，检查为次。这种思想很快反映到各方面，战前各报互不相关的情形，两年来改进得多了。第四个变化是新闻从业人员地位的提高。在工作精神上,大家认为战时新闻工作是一种神圣的事业,而不仅仅是一种职业和一个饭碗。在工作过程中,很多新闻从业人员为国家为事业而牺牲了。第五个变化是大众化报纸的抬头,战争激起了人民对于政治的关切,而战争又必须有广大人民的参加,胜利才有可能。因此抗战后报纸的大众化问题,不只是应该,而是必要和必然的问题,因此通俗性报纸乃应时而生。壁报运动风行全国。这是抗战中特别是抗战至最艰苦的阶段时,最普遍最深入的一种宣传工具。范长江认为,大众化报纸运动,今后将成为新闻事业的主潮。

范长江在该文中还讨论了抗战两年来新闻学与技术的发展问题。他认为战前中国的新闻学研究,还基本停留在转译外国新闻学的阶段,"中国新闻界,自己本身的经验,还是很不够的时期,因此各学校的课程,亦多依外国新闻系成例,故到战时爆发之役,若干知识与技术,都不完全切合实用,从烽火中,中国新闻学术,始开始了创造的前途"。[①] 出版了一批本土性的新闻学论著,如任毕明的《战时新闻学》、赵君豪的《中国近代之报业》、王文彬的《采访讲话》以及陆诒、邵宗汉、孟秋江等合著的《新阶段一般新闻采访要旨》等,内容上各有千秋。青年记者学会的会刊《新闻记者》月刊、浙江战时新闻学会的《战时记者》,各地报纸的一些新闻学副刊,材料都很充实具体,具有很强的实践指导性。另外,在新闻采写和编辑等具体技术上,也都比战前有明显的因地制宜的发展和改进。

范长江成名于抗日战争之前,而他对新闻理论和实践问题的理性思考则绝大部分写作于1938年以后,那时他已经接受了马克思主义,"在新闻的一系列根本问题上,他坚持了马克思主义的观点,捍卫了新闻的党性原则,并有许多创见"。[②] 在中国新闻史上,他不以媒介批评名世,却一直重视来自读者中间的媒介批评。他曾这样说:"读者对于我们新闻记者的尊崇,不是只为了我们作了新闻记者,而是为了我们以记者的地位,可以为他们服务于战争的报道。我们作记者的人对于读者有本然的极大的义务。我们要随时研究读者的需要,听取读者的批评,来改进自己。"[③] 这是他对媒介批评功能的一种自觉体认。无论是在新闻工作实践中,还是在新闻理

[①] 范长江:《两年来的新闻事业》,《战时记者》1939年第12期。
[②] 蓝鸿文:《范长江记者生涯研究》,中国人民公安大学出版社2009年版,第292页。
[③] 沈谱编:《范长江新闻文集》(下),新华出版社2001年版,第800页。

论的著述中，他都视金钱和名誉如粪土。他主张要以民族利益、抗战利益和民众生活为依归，将之作为观察和批评新闻传播优劣、好坏的主要标准与视角，其中体现着中国传统知识分子先天下之忧而忧、后天下之乐而乐的高尚家国情怀。他对新闻记者中存在着的流氓主义和庸俗主义不良倾向的痛斥，直到今天仍然具有着强烈的现实意义。

第九节　陈克寒的媒介批评

陈克寒（1917—1980），原名成鹤龄，浙江慈溪县人，少时家境十分贫寒，其父离开家乡赴沪当裁缝，后在法租界开一间小成衣铺子，陈克寒就出生于上海。后因家庭人口众多，入不敷出，陈克寒在通惠小学读完高小后即外出谋生，补贴家用。经亲戚介绍，到国民党系统的上海《晨报》馆当实习生，因与报馆负责人潘公展争辩而被辞退，后又托人介绍到《大美晚报》做外勤记者。1933年，他在《大美晚报》上发表的神州国光社被国民党特务捣毁的新闻报道，曾引起鲁迅先生的关注，称赞他的有关报道"写得最有趣"。[①] 1933年秋，陈克寒进入中华职业教育社夜校补习英语，开始接触马克思主义理论书籍。1934年冬，陈克寒参加上海左翼作家联盟，是年11月加入了中国共产党。1935年夏，受组织委派，陈克寒曾赴福建以文书工作为掩护，从事情报方面的工作。1935年冬，又被派往重庆，1936年夏天重回上海。1936年西安事变爆发后被组织抽调到红色中华通讯社西安分社工作。西安事变和平解决后，陈克寒回到瓦窑堡，开始在新华社编辑部工作，1937年5月，进入延安抗日军政大学学习，后担任中国共产党党报委员会秘书长之职，主持党报委员会日常工作并负责新华社的外电翻译，协助廖承志创办《解放》周刊。抗战全面爆发后，陈克寒随周恩来去山西太原，担任秘书工作。1938年后调任武汉《新华日报》特派员、《新华日报》驻华北特派记者。1939年1月1日起，陈克寒担任新创刊的《新华日报》华北版副总编辑，常驻中共中央北方局和第十八集团军总部。1942年5月，《新华日报》华北版社长何云在反日军对我根据地的"大扫荡"战斗中牺牲，陈克寒遂接任该报社社长兼总编辑之职。1943秋，陈克寒奉调返回延安，任新华总社广播科科长。1944年底至1945年，先

[①]《鲁迅全集》第5卷，人民文学出版社1981年版，第399页。

后担任了中共中央中原局宣传部副部长、新华通讯社副社长兼副总编辑等职务。解放战争中，陈克寒受新华通讯总社的委派，随刘邓大军转战中原，于1948年筹建了中原分社，担任分社社长。中华人民共和国成立后，历任新华社社长兼总编辑、新闻出版总署副署长、文化部副部长、中共北京市委书记处书记等职。陈克寒在抗战时期一直坚持从事华北敌后的新闻工作，不仅撰写了大量的新闻作品，而且发表了很多对新闻工作进行分析和指导的文章，甚至在大后方新闻期刊上发表了一些评述华北敌后新闻事业的文章，有力地丰富了抗战期间中国媒介批评的内容。

一

　　团结才有力量，抗日战争使敌后新闻工作者的团结问题显得越发重要起来。1938年3月13日，陈克寒在《新华日报》（华北版）发表了《晋东南报人加紧团结起来》一文。他在文章中指出，1937年10月，中国青年记者学会太行分会的成立，开始了晋东南报人初步团结的进程。在这个基础上，整个晋东南的新闻工作获得了进一步的发展。各家报纸之间已经取得了亲密的合作，报人之间也建立了工作上的联系，出版了新闻业务刊物，新型的新闻工作人才在战斗中逐渐成长，广大民众对新闻事业的认识日益深入，要求也日益提高。这些都表明了晋东南的报人与全体军民一起在向着正确发展的道路迈进。为了应付日益迫近的新的战争环境，晋东南全体报人更要进一步加强团结，更加充实自己组织的力量，使青记太行分会"不仅仅成为联系的机关，而且要成为战斗的机关"。[①] 在新的战争环境中统率新闻工作者队伍，与敌人的欺骗宣传作殊死的战斗，在动员工作中显示新闻传播的巨大力量。可以预见，随着战争形势的不断变化，新闻工作将遇到更多困难。只有在团结的基础上，未雨绸缪地布置，依靠集体力量才能战胜这些困难。

　　1941年9月1日，华北各抗日根据地举行记者座谈会，座谈记者修养问题。陈克寒为此在《新华日报》华北版上发表了《献给敌后青年记者——为纪念记者节而作》一文，对新闻记者的修养问题进行了专门论述。陈克寒认为，新闻记者首先要注重政治修养。这在任何时候对任何

---

① 克寒：《晋东南报人加紧团结起来》，《新华日报》（华北版）1938年3月13日。

人都是最迫切而重要的问题。有人以为新闻是时代和社会的前驱,因此新闻工作就是一种最实际的政治工作。目前正处在革命与战争时代,世事变迁迅速,短短两三年不知发生了多少重大事件。每天总有一大堆复杂而又新鲜的问题,等待我们去剖析、辨别、研究和推断。我们新闻记者要反躬自问,我们究竟是站在时代和世事前面指导社会,还是跟在时代和世事后面做社会前进的尾巴?实际工作给我们很大考验。很多编辑常常在日新月异的社会发展面前有力不从心之感,感到掌握不住政治原则,无法准确地把握每日事变的发展方向,不能精细地识别和分析每一条新闻,处理新闻时感到很困难。外勤记者的苦闷更有过之无不及,不能明了国内外大势,难以应付较大的政治场面,以至于采访不深入,观察不够敏锐,缺乏应有的新闻敏感。

那如何培养新闻敏感呢?新闻记者如何才能练就一双洞穿事物的慧眼呢?我们为何不能以明确的观点来判断问题呢?怎样才能愉快胜任新闻工作呢?用什么办法赶上时代而不被时代所丢弃和淘汰呢?陈克寒认为,所有这些,归根结底首先是政治修养的问题。新闻记者工作繁忙紧张,就更需要学习。因为忙而放弃学习,或不知道忙中偷闲学习,就不能算是一个好的新闻记者。新闻记者的政治学习得先从基本理论入手,没有基本的科学认识理论作为武器,面对复杂万变的现实将无法应对。新闻记者若是只模模糊糊地知道一些,那用处就十分有限。倘若说新闻记者必须博而且精的话,那么基本理论必须精通。只有当基本的东西精通了以后,才能谈到博的问题。理论不是教条,而是每天日常工作中用到的本钱。应当承认我们以前所学的太少,且往往与实际衔接不够。有些曾经读过的经典式著作,应该联系实际作进一步研究,有些新出的理论,须赶快吸收,以跟上时代前进的步伐。新闻工作者应该注重阅读报纸,但不能与一般读者相同,不能随便浏览,或以了解有趣的新闻为满足。必须能够揭破每条新闻的表面,突入事物的内层,掌握局势的发展,透彻各方面的联系,从而决定自己的整个工作方向和写作态度。在阅读中培养独立思考和判断问题的能力,陈克寒认为这应是新闻记者政治学习的最基本努力目标之一。虽然为一般人公认,"敌后的青年记者是全国记者中最进步的一部分"。[①] 但敌

---

① 陈克寒:《献给敌后青年记者——为纪念记者节而作》,《新华日报》(华北版) 1938 年 8 月 29 日。

后的青年记者们则不能以此为满足,只有抓紧政治上的修养,才能当得起人们所给予我们的这种崇高赞誉。

新闻记者修养的第二个方面就是采访和写作问题。陈克寒指出,如果检讨敌后此前数年的新闻工作,采访显然落后于写作。在写作技巧方面,我们不但不逊色于全国,而且在某些方面,如报告、特写、速写等,反而是有过之而无不及。但采访跟外面比起来,则有小巫见大巫之感。这种畸形状态的造成绝非偶然。采访环境顺当,用不到钩心斗角的竞争,也用不到五花八门的方法,在客观上限制了记者在采访上的锻炼。正因如此,敌后新闻记者对采访的重视和研究不够。"过去花在写作研究上的时间和精力远较采访研究为多。"① 谈到记者工作时,往往只是新闻的写作问题。为什么不明确提出新闻和通讯的采访问题呢?陈克寒认为对一个外勤工作者来说,采访比写作更重要。几年以来,大家一直都在抱怨我们新闻通讯的一般化,并在写作上想方设法加以补救。这种努力固然真诚、可敬,但这真的仅仅是写作上的问题吗?内容决定形式,采访决定写作。巧妇难为无米之炊,你本领再高强,如果采访不到丰富的材料、生动的内容,也决不能写出漂亮的新闻通讯。没有在采访下苦功夫,想要收获写作的胜利果实,必然只能是一种幻想。当然,写作修养也很重要,虽有惊人之事,却无惊人妙笔,也是同样的枉然。"在采访方面,我们真是连最普遍、最简单的原则都还没有透彻了解。新闻观点的贫乏,新闻五个基本要素的被忽视是十分通常的事。"② 陈克寒认为敌后青年记者在采访方面的欠缺,往往是只有"访"而无"采"。出席一个大会一次战斗,或者是访问某一负责人士,回来后便执笔撰写通讯、特写、访问记之类,如此而已。一个记者若是只知访而不知采,就等于只做了新闻采访工作的一半。

新闻写作与一般文学写作不同。陈克寒指出,敌后记者大都是文艺青年出身,文字技巧较好,作品文艺性浓厚。但是,好文学不等于好新闻,因为新闻价值的缺乏,往往会降低新闻作品的吸引力。记者手里最重要的武器工具,不是报告、特写和速写,而是电讯和新闻通讯。很不幸,我们

---

① 陈克寒:《献给敌后青年记者——为纪念记者节而作》,《新华日报》(华北版)1938年8月29日。
② 陈克寒:《献给敌后青年记者——为纪念记者节而作》,《新华日报》(华北版)1938年8月29日。

恰恰不习惯使用这一最重要最基本而且最简便敏捷的武器。报上最重要也最需要的是新闻稿，轻视电报和新闻的时代已经过去，我们要在这方面下大功夫。

技术是记者修养的第三个方面。一个记者需要具备许多常人所没有的特殊技能，如驾驶飞机、坦克、摩托车，能游泳、运动、射击，会外语，会无线电、绘画、摄影、速记、打字等技术。凡是文明社会所产生的一切工具，最好能够样样使用。在敌后环境中，这些技术不一定都用得上，但我们要放眼将来，为反攻后进入城市工作早作准备。陈克寒强调记者的风度修养问题也很重要。态度大方，不卑不亢，是一般的必备要求，而且记者的风度修养不仅是态度问题，还是人格问题，必须从思想意识和日常生活中去加以磨炼。

二

新闻的社会作用很大程度上体现在新闻的指导性上面。"新闻指导性就是通过报道新近发生的事实来宣传一定的观点，影响受众的思想，把受众引导到既定的目标上去。"① 即新闻媒体利用新闻报道和评论，通过鼓舞、示范、论证、启发、解释、预测和警戒等方式对人们的社会实践进行干预。虽然在一般情况下，新闻指导性常常只是一种道义和思想上的影响，但在特殊的环境和条件下，新闻指导性可以发挥与命令、文件相似的功能，这在交通和通讯非常落后的各抗日民主革命根据地中，尤其如此。由于受到传统新闻观念的影响，当时各抗日民主根据地内的很多新闻工作者并没有充分意识到新闻指导的重要性，从而影响和削弱了党的新闻事业对实际工作的指导作用。因此，陈克寒在1943年2月1日的《新华日报》（华北版）上发表了《加强新闻的指导性》一文，对新闻指导性的重要意义以及如何具体地加强新闻的指导性进行了具体而详细的阐释。

陈克寒首先指出，要加强和提高报纸的作用，就必须首先加强新闻的指导性。而要加强新闻的指导性，其前提则是我们新闻工作者要有明确的新闻指导观念。我们进行新闻报道不是为了好玩，也不是为新闻而新闻，而应是有为而发，新闻应是一种有目的、有见识的工作。所谓的有为而

---

① 李良荣：《新闻学概论》，复旦大学出版社2013年版，第290页。

发，简言之，就是为了祖国和社会的需要，为了抗战和革命的胜利，为了达到一定的政治目的和任务，这就是我们所指的新闻指导性。"新闻的指导性，是新闻的灵魂。指导性愈强，指导的意义和作用愈大，新闻的价值愈高，反之就愈低。这是我们衡量新闻的主要标准。"① 社会上很多读者之所以感到我们的地方新闻不够充实，不够生动，对实际工作帮助作用不大，读起来不够味儿，这就说明了我们新闻的指导性不够强。因此，充实新闻的这一灵魂，使它能发挥更多更强的指导作用，正是新闻工作者今后需要努力的一个方向。

怎样来加强新闻的指导性呢？陈克寒认为，首先，要求新闻工作者要掌握正确的立场、观点和方法。我们的立场是抗战的立场、革命的立场，每条新闻都要确定不移地为抗战和革命服务，能对抗战工作具有积极的意义和作用，能对根据地建设和坚持对敌斗争有所助益，而决不能有意无意地丧失自己的立场，在新闻文字中夹带一些有害的因素，引起一些不好的反作用或副作用，以致被敌伪和奸细分子所利用。我们是唯物主义者，要有实事求是的精神，要系统全面地了解问题，洞察事物的底细，决不片面夸大、强不知以为知，有损新闻的真实性，要采用辩证的认知方法，对新生事物保持着高度的敏感和研究的兴趣，以预见事物的发展方向，并随时提出和解决新的问题。

其次，要能清楚地了解情况和掌握政策。进步的新闻记者应是时代的前驱，他不仅要报道事物，客观地反映世界，而且要能站在社会运动和工作的前面，以进步的立场和观点对之进行准确的指导。这要求新闻记者对情况的了解必须比一般人要更宽广而深刻。因为如果不知道事物的运动和工作发展的情况，连一般的报道都会感到很大的困难，那么还何谈能寓指导于新闻的报道之中呢？如很勉强自以为是地装腔作势，结果不是隔靴搔痒、于事无补，就是错误百出、贻笑大方。因此，新闻记者对党的政策和法令，应该比一般人懂得更多，理解得更透，掌握得更紧。因为政策和法令是社会实践经验的结晶，是正确的立场、观点和方法的具体化，因而也是我们指导具体工作和运动的利器。如果我们不懂得政策，那么面对千变万化的客观现象，我们就会眼花缭乱，茫然失措，不知如何来分析和指导事物的发展。了解情况和掌握政策二者应密切地结合起来。新闻记者的职

---

① 陈克寒：《加强新闻的指导性》，《新华日报》（华北版）1943年2月1日。

责就在于以报纸作为舞台和工具,根据具体情况及其发展需要,运用政策加以正确的指导。

再次,新闻的指导性还要求我们宣传策略运用适当。对新闻工作者来说就是"要求我们善于运用报纸上的各种文字形式,并使他们相互间有很好的结合"。① 具体言之,也就是实事求是,明确而又具体地提出和解决问题。善于把握事物分寸,避免片面、夸大和偏颇。既要善于老实、朴素且正面地进行宣传,也要善于迂回、暗示和婉转地表达命意;既善于直白而热情地鼓动,也善于含蓄间接或用旁人之口来渲染和衬托;既诚恳、坦白、严正,又能对敌人保守秘密;正确表扬和巧妙批评相结合,形成鲜明对照。"黑白分明,是非了然,使读者知所适从;要求善于选择典型,进行突出的、系统的、连续的报道;要求善于发现敌人的弱点,集中火力进行打击敌人的要害。"② 运用之妙,在于灵活而又机动。"只有新闻的策略意义加强,新闻的效果才会更大,其指导性也就格外丰满。"③ 陈克寒同时指出,新闻宣传策略要服从且服务于战略,无论你的写法如何生动,技巧如何高妙,如果不符合战略要求,也必然会利少害多,引起相反的效果。因此,在新闻报道工作中,运用宣传策略的时候,必须能够放眼全面,照顾大局,顾及党的统一战线和实际工作的需要。他认为衡量新闻指导性的效果如何,应以对根据地的建设和对敌斗争,对整个抗战和革命所引起的反应作为准绳。

表扬和批评是新闻发挥指导性作用的一种重要手段和方式。陈克寒在随后的《表扬与批评》一文中明确地指出:"进步的报纸是真理的明镜,需要有热情的认真的表扬,需要有严正的尖锐的批评。"④ 在敌后各民主抗日根据地中,涌现出了许多可歌可泣的动人事迹和大批新时代的英雄人物,这当然值得也需要我们大力介绍、赞扬和歌颂,但我们的社会并不完美无瑕,它也有粗陋的黑暗的一面,我们的斗争和工作中存在着许多毛病和缺点;我们的人物也绝不是个个都十全十美,在根据地中也存在着许多社会的残渣。新闻记者对这些丑恶现象决不能无动于衷,熟视无睹。但无

---

① 陈克寒:《加强新闻的指导性》,《新华日报》(华北版)1943 年 2 月 1 日。
② 陈克寒:《加强新闻的指导性》,《新华日报》(华北版)1943 年 2 月 1 日。
③ 陈克寒:《加强新闻的指导性》,《新华日报》(华北版)1943 年 2 月 1 日。
④ 陈克寒:《表扬与批评》,《新华日报》(华北版)1943 年 2 月 7 日。

论是表扬还是批评，都要坚持一定的立场和倾向，决不可以逞个人的一时意气或感情冲动。表扬的目的在于鼓舞激励和发扬光大，号召大家向它学习、看齐，这需要以极端郑重的态度来对待。批评的目的在于惩前毖后、治病救人，是社会医疗工作，更是丝毫马虎不得。只有批评而没有表扬，会使我们看不到光明和成绩而感到悲观失望；只有表扬而没有批评，又会使我们看不到自己的缺点而沾沾自喜。"表扬和批评，两者都不可缺少；而且只有两者有机结合，正反对照，泾渭分明，才能使我们的报纸发挥更坚强的战斗力。"[1] 陈克寒批评我们的报纸上表扬远多于批评，这固然由于敌后抗日根据地确实有许多事情值得表扬，但表扬远多于批评，就易于造成了新闻报道的片面和夸大。他认为要适当地增加报纸上有分量的批评性报道，以切实增强新闻的指导性。

三

1940年《战时记者》第2卷第6、7、8期合刊上，集中地发表了一批对各地新闻事业进行巡礼的文章，陈克寒在该期发表了《华北敌后新闻事业》一文，对中国共产党领导下的华北各抗日民主根据地的新闻事业进行了系统的述评。陈克寒高度评价道："敌后华北新闻事业的发展，在全世界新闻史上创造了光辉的一页，突破了新闻界有史以来的新纪录。"[2] 因为当时中国是个政治文化落后的国家，中国新闻事业更是远远落后于欧美发达国家。当欧美发达国家挟其无线广播、电影、印刷等先进技术展开新闻战的时候，中国现代新闻事业还在萌芽阶段。但现在有这样多的新闻机关和从业人员在敌人后方从事新闻活动，这在世界新闻史上恐怕还是空前之举。只有伟大的中华民族在抵御日本帝国主义者的时候才会创造这样奇特的战争形式，才会有这样奇特壮观的敌后新闻事业的发展。正因为中国有这样进步的军队深入敌后，才会有这样进步而蓬勃的敌后新闻事业。

陈克寒认为，华北敌后的新闻事业正处于迈进之中。"现在对于华北的新闻事业，不能再根据过去的材料，以过去的目光给以评价。新的事业

---

[1] 陈克寒：《表扬与批评》，《新华日报》（华北版）1943年2月7日。
[2] 克寒：《华北敌后新闻事业》，《战时记者》1940年第2卷第6、7、8期合刊。

要求我们有新的观点,华北的新闻事业已经不像过去那样的幼稚、草率和粗陋,无论以新闻机关或个别新闻工作者来说,质和量都有了很多的进步。"① 就报纸这方面工作来说,虽然仍旧存在着数百种石印或油印的地方小报,在形式和外观上不能与铅印报纸相比,但无论是石印报还是油印报,在印刷、编辑和内容上都有了很大的改进。活泼而严正,这是它的突出特点。对其在坚持华北抗战中的意义和所起的作用,丝毫不能因其外观的简陋而减低评价。他们并不与铅印的正规化报纸相冲突,铅印报无论如何不能代替它的位置,反倒两者是相得益彰。除晋察冀边区的《抗敌报》外,冀中平原有《抗战导报》,山东有《大众日报》《民国日报》,晋东南有《黄河日报》,都是规模整齐的铅印报,它们互相观摩,相互参照,一个时期比一个时期有显著的进步,平原地带在日军"扫荡"猛烈的时候,曾有一两家报纸停刊,现在正力谋恢复。以新闻通讯社言,过去有过一些通讯社,但工作范围都比较狭小,大多以县为单位进行新闻采访,现在则在山东成立了大众社,冀中成立了冀中通讯社,晋察冀由过去《大公报》记者邱溪映主持成立了晋察冀通讯社,晋东南成立了民革社上党分社和新华通讯社华北分社。只是这些报纸和通讯社没有与大后方取得密切联络,没有为大后方的人们所认识和知道而已。

陈克寒指出,华北敌后新闻从业人员数量也大大增加了,过去在敌后方很少看见新闻记者,接待新闻记者往往被认为是件了不起的大事。而现在每个部队、政府机关和民众团体中都拥有四五个乃至近十个固定的新闻记者,××军记者团、××工作团、边区文化界协会工作团等,都是专门从事新闻报道的组织,而业余的记者和通讯员更是数不胜数,差不多能动一下笔杆子的都被吸收到新闻工作队伍中来了。陈克寒说,有一件事情或许会引起后方人士的惊异和责难,就是在华北有许多县长和群众团体的负责人,也都是著名报纸的特约记者或特约通讯员。这在后方一些人士看来,报纸好像会因此而失去其独立自由和公正的立场,其实这一点大可放宽心。因为敌后的县长或群众团体领袖决不会写歌颂自己的材料给报纸,有的则只是检讨和批判的东西。这是与大后方报纸截然不同的地方。

陈克寒在文中概括了华北敌后新闻事业有如下几个方面的特点。一是华北敌后新闻事业是作为一个宣传部门,作为一个对敌宣传战的部门而存

---

① 克寒:《华北敌后新闻事业》,《战时记者》1940年第2卷第6、7、8期合刊。

在着。无论铅印报还是油印报，都能守住自己的岗位，担负起战斗任务，有着强烈的战斗性。这种战斗性几乎是触目了然地可以感觉得到。比如在这次晋东南大战中，各家报纸特别是地方油印报，对敌人政治阴谋的揭发暴露不遗余力，对民众自动英勇杀敌的故事，也都以最显著的位置登载。再就是每家报纸都争先恐后地把自己的报纸销行到敌占区去，并把这当作一项政治任务提出和实施。据悉晋察冀的《抗敌报》在这方面做得最好，该报在敌占区拥有很大的发行量，现在晋东南各家报纸都在想尽方法，通过各种关系，尽量把报纸发行到敌占区去。华北敌后每一家报纸的几乎每一条消息都显示出其战斗的意义和作用。

二是华北敌后各种新闻纸对该地抗战都具有很强的指导性，每一家报纸都在正确的领导下向正确的方向发展，与其发行的区域建立起了血肉不可分的亲密关系。华北敌后报纸的言论十分自由，没有专门机关对它作形式上的监督和领导，更没有专门的机关对它作消极的限制和防止，但每一家报纸的言论都十分的谨严和公正，从没有一家报纸做夸张的言辞，说过火的话，或发布淆乱听闻的消息。或许正因没有固定的机关对它作形式上的监督，使它自己感觉责任的重大，关系的至巨，自然而然加强自己对于发表消息和言论的负责和谨慎。在华北敌后，数量庞大的读者便是最好的新闻监察者和检查者。一家报纸只要在消息和言论上稍微有些错误，很快便会有读者来信质问和指责。华北敌后新闻事业具有丰富的指导性，与这一点有密切的关系。"敌后华北大小报纸的指导性，并不如一般所说的所谓指导舆论，而是整个指导坚持华北抗战中的各方面工作。"[1] 它不仅密切注意并反映战局的变动，而且指出其发展方向与怎样应付这场战争；它缜密考察各地方行政机构改革的情形，还存有哪些和什么样的弱点，它的一切设施怎样，怎样来开展抗敌工作和彻底改革行政机构。

华北新闻事业的指导性在实际工作中得到了体现，报纸说怎样巩固根据地，军政民各方便立即行动起来去进行巩固根据地的工作；报纸说要开展反对汪逆的群众运动，反汪斗争很快便在群众中开展起来。从华北敌后的报纸上，人们可以寻觅到华北各抗日根据地是怎样发展和巩固起来的情形与线索。华北敌后很多人，特别是某部分工作的负责者，都经常阅读本地区出版的报纸。报纸对于他们已经不仅是一种精神食粮，更是一部工作

---

[1] 克寒：《华北敌后新闻事业》，《战时记者》1940年第2卷第6、7、8期合刊。

的指南，若是看不到报纸，就好像事情没有依靠，没有归趋，无所遵循。其他战区当然也同样需要报纸，但在敌后华北，报纸在人们的生活中更是不能间断，人们已经养成了读报的习惯。华北敌后新闻事业的指导性来源于报纸编辑对生活的体会、学习、研究、消化，从中发现事物发展的方向和规律，从中得出更新更准确的结论，以之指导全体。"新闻工作者向群众学习，而又把学习所得来指导广大群众，指导各种工作。事情就是如此。"[1] 应该说，陈克寒对华北敌后新闻事业特点的概括既简练又准确，确实抓住了华北敌后新闻事业所具有的本质特征。

陈克寒抗战时期既是一个身体力行的职业新闻工作者，有着丰富的新闻工作经验，对敌后新闻工作的特点和甘苦有着深切的体会，又长期担任中共新闻工作的领导工作，具有较高的理论和思想认识水平，因此，陈克寒抗战时期的媒介批评具有分析中肯、论理客观而辩证的色彩。他对新闻问题的批评往往具有很强的系统性和全面性，往往对事物一分为二，从正反两个方面看问题，不仅看到敌后新闻工作中所取得的巨大成绩，也能指出其中所存在的某些问题和缺陷。例如他对敌后华北新闻工作给予了高度的赞扬和评价，但也同时非常客观地指出了华北敌后新闻事业所遇到的困难和问题。他认为华北敌后新闻事业面临着新闻界的团结统一问题。由于特殊的社会环境，华北敌后的新闻机关和新闻工作者大多分散作战，独当一面，因地区分割，交通不便，平常缺乏联络，相互少通音讯，虽然政治、思想和精神上大家完全团结一致，都在抗战建国的最高目标下努力，都为坚持敌后新闻事业而奋斗，但因缺乏联络，缺乏一个统一的组织，所以在相互帮助、相互发展这一点上做得很不够，比如晋察冀边区的《抗敌报》在敌占区发行工作方面有很多经验，可以贡献给敌后各新闻同业，但因平素只有书信往来，人员之间的见面交流几无，好的工作经验很难得到尽快推广。由于地区分割和传播技术落后，往往在一个区域出版的报纸，只知道本区域的事情，对其他区域的事情往往湮没无闻，或只知道一鳞半爪，相互不能十分关注。如日寇水淹河北平原，这是一个极大的阴谋。这对华北抗战来说是件天大的事情，但河北以外各区迟迟才得到消息，而且至今都不知其被灾详情，这固然与战争局势有很大关系，但若是华北各区域新闻机关经常有很好的联络，情形便不至于这样。所以，陈克寒认为敌

---

[1] 克寒：《华北敌后新闻事业》，《战时记者》1940 年第 2 卷第 6、7、8 期合刊。

后华北新闻事业缺乏团结统一,在相当程度上阻碍了华北新闻事业的健康发展。他的这些分析都非常符合当时华北敌后新闻事业的实际状况,对后人正确地理解和全面叙述抗战新闻史,无疑会有着很大的帮助。

第十节 恽逸群的媒介批评

恽逸群(1905—1978),原名钥勋,字长安,长大参加新闻工作后改名逸群。江苏省武进县人,出生于一个乡村知识分子家庭,1925年肄业于上海大同大学,1926年7月加入中国共产党。"四·一二"反革命政变后,回家乡坚持地下斗争。1932年8月赴上海,入民营新声通讯社任记者,从此从事新闻工作。1932年夏,与陆诒、袁殊、刘祖澄、吴半农等青年记者发起成立以研究新闻学理论和探讨社会时事为主旨的记者座谈会。1934年9月1日,假《大美晚报》出版《记者座谈》周刊,恽逸群为主要执行编辑。1935年8月,参加上海《立报》,先后任编辑、评论记者和总编辑。抗日战争爆发后,任中国青年记者学会秘书主任,又先后担任《导报》与《译报》总编辑,同时还为《华美晨报》《大美报》等撰写社论。1939年9月赴香港主持国际新闻社香港分社编务,与郑森禹等合办《二十世纪》半月刊,兼任香港中国新闻学院教授。香港沦陷后返回上海,从事中共地下情报工作。抗战胜利以后进入华中解放区,先后担任《新华日报》华中版总编辑、新华社华中总分社社长、华中新闻专科学校校长、山东《大众日报》总编辑、济南《新民主报》社长等职。上海解放后,任上海《解放日报》社长、总编辑,并兼华东新闻学院院长、华东新闻出版局局长。1953年调北京,任新华辞书社副主任、新华地图社副总编辑。1955年,受潘汉年案牵连被捕。1965年,被派到江苏省阜宁中学图书馆从事图书管理工作。1978年8月入南京中国历史第二档案馆工作。同年12月10日病逝。在中国现代新闻史上,恽逸群以知识丰富、思维敏捷、高瞻远瞩、文笔犀利而为人称道,尤其是在20世纪30年代,他在主持"记者座谈"时,就树立了"改造新闻界"[①]的雄心,对国内各家报纸进行分析和批评,就是当时《记者座谈》的一个主要内容。抗战期间,恽逸群在繁忙的新闻编辑活动中,仍时常撰写对新闻传播活动的回顾和观察性文章,通过分析

---

① 顾雪雍:《恽逸群》,人民日报出版社1997年版,第26页。

和总结新闻传播活动的发展规律与特点，发挥媒介批评对新闻传播活动的规制与引导作用。

一

1931年"九·一八"事变以后，国内抗日救亡运动日渐高涨，而蒋介石及国民党当局却死死地抱着"攘外必先安内"的既定方针，对国内抗日救亡舆论及其活动进行镇压，施行白色恐怖主义。为了扼杀蓬勃开展的抗日救亡运动，国民党严禁报纸刊载救亡运动的有关新闻和评论。通过各种方式抨击国民党当局的新闻统制政策，呼唤新闻自由，就成为20世纪30年代中国新闻界的时代性主题，也成为媒介批评的一个重要论域。面对国民党当局的新闻统制，恽逸群认为要救亡图存，首先要发动广大群众，而发动群众就需要让群众从报纸上受到教育和鼓舞，获得启示和警策，并通过了解事实真相，对政府实行监督。无论是对抗日救国还是实行民主政治，新闻自由都是不可缺少的要策，因此，他为呼吁和宣传新闻自由写了不少相关文章。在抗日战争爆发前夕，恽逸群撰写的《评广州报界的免登标准》一文，就是这样一篇眼光独到、分析深刻的媒介批评文章。

国民党广东实力派陈济棠和广西实力派李宗仁自"九·一八"事变以来，一直不满蒋介石对日妥协政策，他们长期处于独立、半独立状态，与南京中央政权相互对峙，蒋也始终处心积虑寻机消灭两广势力。1931年6月1日，陈、李在广州召开国民党中央委员会西南执行部和西南政务委员会联席会议，决议电请国民政府立即抗日，并通电全国。2日，两广成立军事委员会和抗日救国军，进兵湖南。蒋介石一方面调集军队入湖南防御，一方面重金收买陈济棠的部属。7月，粤空军司令黄光锐率领飞机70余架叛陈投蒋，接着粤军第一军军长余汉谋也通电拥护南京政府，就任蒋委任的广东绥靖主任兼第四路军总司令之职。陈济棠因此不战自败，遂于7月18日通电下野赴港。当时蒋介石为了安抚广东人民，撤销了广东的新闻检查所（不久又告恢复），广州报界公会为对国民党采取妥协态度，特于1936年7月30日，制定了《新闻电讯稿件免发刊标准》，进行自我检扣，自我限制。针对广州报界公会的这一妥协迁就行为，恽逸群专门撰写了《评广州报界的免登标准》这篇文章，希望广州报界勇于彻底挣脱国民党当局的新闻统制政策，做人民大众的喉舌，不要作茧自缚，充当国民党

· 1235 ·

当局摧残社会舆论和压制民意的帮凶。

恽逸群在文章之首,就一针见血地指出了国民党当局撤销广州新闻检查所,并不是真的幡然悔悟、改弦易辙,而只是一种欺骗性的权宜之计。他认为在国民党中央当局正在厉行统制新闻,高唱"训练新闻界的国家观念"的时候,在倡议抗日、要求中央开放舆论的西南两机关被裁撤,国民党中央权力直接达到广东的时候,广州的新闻界却独独能够挣脱新闻检查的缠索,在相当程度上得到了一些言论记载自由,这的确是一件值得正在被统制中的全国同业们歆羡鼓舞的好事。不过,我们在为广州同业庆幸的时候,不能不指出广州新闻检查所的撤销仅仅是在一种青黄不接之时为获得广大民众同情而实行的计策。"撤销的时期,一定不能维持多久;要保持言论自由,记载自由,广州的同业们,还需要作更大的努力。同时我们更要指出广州的新闻检查制度,如能因广州同业的努力而不再复活,一定是全国新闻界脱离钳制恢复报纸的报格,报人的人格的起点。"① 诚然,广州新闻界当下得到的言论自由只是一种暂时性的权利,但是如果新闻界有保持这个自由权的决心而善于运用,那么,就一定可以永久不受钳制。

广州报界公会制定的《新闻电讯稿件免发刊标准》的内容有二。"(一)关于军事政治新闻电讯应免发刊者:甲、国防上之军事机关,要塞,堡垒,军营,仓库,飞行器,军港,兵工厂,防御建筑物之内容及设备;乙、国防上军事预定实施计划及一切部署;丙、国防上之军队兵力及驻扎地点,布防情形;丁、军政机关对于国防有关之军事秘密;戊、国防军之移动及粮饷运输途径,与新建之储粮仓库地点;己、关于外交秘密事项。(二)关于地方新闻应免发刊者:甲、含有煽乱性质,足以妨碍公共安宁者;乙、不正确之金融消息,足以引起经济之骚动者;丙、形容淫亵之记载,及涉于妨害善良风俗之描写者;丁、自杀方法足以导人于消极者。在临时动议中,又决议应付通讯社及访员送发虚伪新闻稿的惩处办法是:'通讯社倘有虚伪新闻时,全体报馆不用该通讯社稿件;如系访员伪造新闻,即通知各报永不录用该访员。'"② 恽逸群从理解和同情的角度,在文章中认为广州的同业对言论自由能否彻底获得实际上心里也很清楚。

---

① 恽逸群:《评广州报界的免登标准》,《生活日报周刊》1936年(香港)第1卷第10号。
② 恽逸群:《评广州报界的免登标准》,《生活日报周刊》1936年(香港)第1卷第10号。

他认为这个免登标准，虽然内容和国民党中宣部以前制定的新闻检查标准相类似，但是当局统制新闻的政策如果不改变，那么就决不会因为你自己定了标准而有一些放松。恽逸群谆谆告诫广州同业道：我们要明白所谓新闻纸的权威和力量，决不是指报人本身有什么权威和力量，也决不是完全仰赖政府维护而有力量，是要站在民众的立场上代表民众说话，获得数千万民众的认同，才能产生巨大的权威和力量，才能真正克服钳制舆论的缠索。从这一点来观察，则广东报界公会所定的标准我们虽然大体上可以表示同意，但仅应该是作为一些原则，而不能机械地照搬运用。

恽逸群在全文引述了该免登标准后，对其内容逐条进行了分析和评判。他说对于国防军事的秘密，我们绝对赞同免登。但是我们要知道，在今天我们还没有国防，一切的设施实际上也很少为国防而设；我们更没有什么秘密，一切设施在设计的时候，已早由外国顾问之手卖给了我们的敌人。如果当局果真有保障领土完整的决心，那么我们也不妨以部分的真相告诉国人，使民众对当局能够恢复一些信仰。对于外交秘密，我们也同意免登，但对日外交要绝对公开。理由很简单，"九·一八"以来的事实证明，日本帝国主义要并吞全中国。如其不放弃对我们的侵略政策，就没有什么外交可说。对汉奸断送中国的步骤、受敌人"提携"的无耻行为，我们应毫无顾忌地尽量报道给读者大众。至于地方新闻中所谓"含有煽乱性质，足以妨碍公共安宁"一语，恽逸群质疑不知广州报界公会所指的是哪一类事件，因为在政府方面是指游行示威和工潮等事，像 1935 年 12 月运动以来各地学生和各界民众的救亡运动，政府都严禁各地报纸登载，这完全是因为不敢得罪敌人。"在报人的立场上，应该以最大的决心与毅力来反抗这种无理的压迫。更没有自动'推波助澜'的理由。"[①] 否则，广州报人就决不会得到广大民众的拥护！

二

恽逸群具有很强的历史意识，他认为撰写历史作品，是作为历史见证人的新闻记者对社会应尽的职责。本着这种认识，抗日战争开始后，他先后撰写了《抗战国际知识》和《外蒙问题的考察》两本介绍现代史知识的

---

① 恽逸群：《评广州报界的免登标准》，《生活日报周刊》1936 年（香港）第 1 卷第 10 号。

专著。对历史著作的这种偏好与丰富的知识积累，也在他的媒介批评活动中有所体现。《抗战三年来的中国新闻事业》就是他在抗日战争期间撰写的一篇既具有史学风采、又具有媒介批评品格的重要文章。

恽逸群在该文中首先概括地总结了全面抗战爆发三年来，中国新闻事业的变化。他认为这三年来中国新闻事业发生了"划时代的变动"。[①] 其具体表现是：一向被敌人轻视的新闻记者以事实表现出了其艰苦奋斗的精神。在大后方，不管日军如何疯狂轰炸，使几家全国性的大报馆一再搬迁，并且不断有报人殉难，但我们的新闻媒体——"精神子弹厂"没有一天停止出货。在游击区、在前线，我们的油印报纸在极为艰苦的条件下已普及、深入到了每一个地方；在敌后，无论环境如何恶劣，我们的报人都在坚持着自己的岗位。抗战有力地促进了中国地方报纸的革新，抗战提高了报人的政治觉悟，尤其是抗战也把曾经散漫的新闻记者们紧密地团结了起来，使之成为一支有组织、能战斗的队伍。

在评述抗战中的报纸变化情况时，恽逸群指出，战争带来了报纸的大变化，"全国性的报纸由集中而分散，由竞争而团结，后方的报纸篇幅都缩小了，不得不采精编主义，一向被读者轻视的地方报纸，因为战时交通困难，不容易有到远处的报纸，读者对地方报纸的要求既提高，地方报纸不能不适用要求力求进步，所以抗战中产生了不少优良的地方报纸，但是就整个新闻领域讲，最值得称道的还是战地报纸和敌后的报纸"。[②] 在前线和游击区，几乎每一县都有我们的报纸，既有石印报纸，也有少量的铅印报纸。从绥远到两广，我们在战地所办的报纸总计起来不下千种，大多数是军队中政治工作人员所办，军委会政治部在各战场就办了不少油印性的简报，建制较大的部队，几乎每一个单位都有自己的报纸，只是"在这些报纸中间，真正能发动士兵和民众发表意见的还是不多"。[③] 多数是办报人自己讲话，还有一些报纸为地方行政机关或动员委员会所办，民营的报纸则很少，这是人力、财力和物力所造成的限制。战地纸张油墨成本很贵，发行收入很少，工作人员即便完全是尽义务，也需每月赔折数百元，因此民营报纸的战地发行实在不是一件容易之事。

---

① 恽逸群：《抗战三年来的中国新闻事业》，《精忠导报》1940 年第 2 卷第 5 期。
② 恽逸群：《抗战三年来的中国新闻事业》，《精忠导报》1940 年第 2 卷第 5 期。
③ 恽逸群：《抗战三年来的中国新闻事业》，《精忠导报》1940 年第 2 卷第 5 期。

在广大的沦陷区，照道理应该都是敌伪所办的报纸，实际上并不尽然。在那里还有我们的很多报纸，而且沦陷区同胞对日伪报纸的态度也值得一提。敌伪所办的大报纸，如北平的《新民报》、天津的《庸报》、上海的《新申报》和《中华日报》、南京的《中报》，在沦陷区都是强迫发行。在日军控制的城市内，商店须订一份伪报始能免于处罚。至于租界上，人们一看到伪报就烧掉它。民国28年《中华日报》复刊后被报贩焚烧两次，后来靠着日伪特务的武力威吓，才被摆在报摊上。高级一点的伪报，完全是靠色情文字在吸引读者，在华北和上海，它们都是靠卖弄性史一类的色情文字而存在。相反，自国军退出上海，各报相继停刊后，我们主持正义、拥护抗战的报纸就以洋商招牌不断出现。这些报纸编辑和负责人都坚决拥护抗战国策，在敌伪不断的威胁攻击之下，粉碎了敌伪的反宣传，巩固了市民对抗战的信念。"有人说：上海的几家报纸的作用，等于我们增加二十万军队在东战场，这句话并不夸大。"① 上海是全国经济中心，对华东各地影响很大。上海报纸对东战区人心士气，无疑发挥着极大的鼓舞和稳定的作用。在江浙沦陷区，敌伪严禁我们的报纸进去，带洋商报纸进去的人，一经查出即杀无赦。但人民渴望看这样的报纸，所以依然有人冒险带进去，一份报两毛钱看一看，一星期后还有要租看者。在天津，我们虽然不能公开发行报纸，但一直有秘密发行记录中央电台广播内容的油印报纸。无论敌伪怎样严缉，都始终坚持着。

对抗战中的通讯社，恽逸群认为战争对之同样起到了锻炼和扩大的作用。抗战之前，除中央社之外，其他的都是地方性的通讯社。抗战军事一起，中央社加派了不少青年记者到各战区去，除电讯外还能供给有系统的通讯。在沦陷区的天津、北平、上海、汉口等地，也都留下有能力的干部，使全国报纸继续能及时地获得这些地方的重要消息。在抗战烽火中又相继产生了救亡社、全民社、国新社、民革社、民言社等几个全国性的通讯社。它们大多建立在抗日救亡的信念和热情之上，虽缺乏强有力的经济基础，发展不易，但令人钦佩。国新社由新闻界一批优秀记者组成，主要向国内各战区和海外侨报寄发通讯、专稿和名人专论，在国内外报界影响和信誉日隆，业务日臻发达。仅仅依靠稿费收入维持其社务开支，恽逸群评价这是中国新闻发展史上的一个创举，最值得称道。

---

① 恽逸群：《抗战三年来的中国新闻事业》，《精忠导报》1940年第2卷第5期。

恽逸群认为抗战期间中国的新闻团体也有了很大进步和发展。因为自1922年全国报界联合会解散之后，新闻界一直没有全国性团体组织，后来各地虽有记者公会的组织，也大都徒具形式。抗战爆发后，应客观环境需要，1938年春，在武汉分别成立了记者公会协会和中国青年新闻记者学会，前者为职业组织，因构成基础太脆弱，没有做什么工作。后者为学术组织，成立两年来发展很快，分会遍于全国。该学会最初由上海的少数记者发起，开始只是几个人定期聚餐交换意见，后来在《大美晚报》上出版了一个《记者座谈》周刊，口号是"自我教育"，前后持续两年多时间，对"记者风纪问题""争取言论自由"等提出讨论。除编辑周刊之外，还举行新闻讲座。记者座谈开始时是自由参加，并没有一个固定组织，全面抗战爆发后，大家不时聚在一起谈论各种问题，感觉到应该使它组织起来，这就是1937年11月8日成立的中国青年新闻记者协会，共有24个发起人。1938年春，经政治部批准，在武汉正式成立。中国青年记者学会成立后，恽逸群评价其工作重心是放在学术服务上，如在武汉、长沙等处设立记者宿舍，出版《新闻记者》月刊，组织一批记者到战场去服务，在战地编办油印报，介绍他们写通讯给各地报纸，举办训练班等。1940年时已有千余名会员，为1938年春成立的全国性民众团体中会员最多的一个组织。

三

记者服务国家、参与战争的工具是笔，因此，把新闻媒体比喻为武器和阵地，把新闻记者比喻为方面军，把新闻报道比喻为战斗号角，就成为战时人们对新闻媒体或新闻传播功能的一种比喻性认知。这种比喻性认知往往由具有新闻职业者首先提出，作为一种自我期待和勉励的观念去指导新闻工作者的实践。当这种观念被社会大众所接受，它就会转化为对战时新闻传媒地位和功能的一种普遍性要求，成为媒介批评时的一个重要标准。全面抗战爆发后，在炮火连天的前线，在敌人后方的游击战场，在孤岛的上海和海外，许多新闻工作者为了神圣的民族解放战争而献出了年轻的生命，他们堪称中华民族解放战争中英勇无畏的坚强战士。为了强化新闻工作者对本职工作重要性的认识，提高新闻工作者的时代使命感和社会责任感，当时许多新闻工作者发表文章，阐释新闻的武器性质。1941年3月16日，恽逸群在《新闻记者》第2卷第10期上专门发表了《新闻与政治》一文，通过回顾和叙述中国近代新闻事业的发展过程，对新闻事业的战斗功能进行了较为详细的论证和阐释，以警醒新闻工作者认清职业定位，自觉地提高新闻职业的时代和历史使命感。

第一次世界大战结束后，德皇威廉二世曾经总结说："德国的所以失败，不是军事上不及协约国，而是因为没有伦敦《泰晤士报》。"[①] 恽逸群在文章之首就引述了这句话，随后即深入地分析说：第一次世界大战德国之所以失败，主要是因为国内的不安，逼迫前线将士放下枪来接受和议。德国国内何以不安呢？这是因为争夺霸权的战争与民众利益相违背，民众不需要战争，而战争负担却残酷地加到民众的身上。战争时间越久，民众生活越苦，最后自然只有起而革命了。第一次世界大战在同盟国和协约国之间本质上并无多少分别，问题仅在谁先发生国内革命，谁就失败。因此，"我们以科学方法分析上次欧战胜负的原因，当然并不像威廉二世所说的那样简单，但我们也不能否认他所说的是许多重要因素之一"。[②] 第一次世界大战法国投降后，英国有一个议员曾说：如果法国的国会照常集会，报纸照常出版，则贝当政府不可能要向德国投降，因此他要求政府保证不干涉报纸的言论。恽逸群认为，法国的投降与报纸的不能继续出版固然有关，但最重要的还是报纸失去了言论自由。如果是几家只会歌功颂德的报纸在继续出版，也不过是把投降粉饰成"光荣的和平"而已。他在叙述上述两个例子后指出："报纸是一个有力的武器，她的威力比飞机坦克车还大。"[③] 当然，作为一种特殊的武器，新闻的作用是好是坏，要看使用者为谁才能确定。

恽逸群认为新闻传播与现实政治息息相关。不管是哪一家媒体，不管它对统治者的关系是赞成、反对，还是漠视、拥护，它都不能不成为政治的工具。就是那些自以为能够超然于政治之外的媒体，政治的浪潮都必然会打到它，或随浪前行，或被浪淹没。当然，在白浪滔天之中也有屹立不移的报纸，但真正能够屹立不移的并不是超然于政治之外的报纸，而是有坚定的政治立场的报纸。新闻媒体之所以是有力的武器，就在于它和大众有关。它是大众的组织者和教育者，是大众的耳目和喉舌。

---

① 恽逸群：《新闻与政治》，《新闻记者》1941年第2卷第10期。
② 恽逸群：《新闻与政治》，《新闻记者》1941年第2卷第10期。
③ 恽逸群：《新闻与政治》，《新闻记者》1941年第2卷第10期。

"新闻纸的所以能组织大众,教育大众,正是因为她能尽了大众的耳目喉舌的责任。"① 否则大众就不会接受它的教育或组织。如果现实的政治环境剥夺了新闻纸作为大众耳目喉舌的性能,那么新闻事业就绝不会有什么发展。换言之,无论何时何地,新闻事业的盛衰都是测验政治环境的寒暑表。

恽逸群指出,报纸是资本主义的产物,产业若不发达,报纸就不易发展。"上次欧战使中国的民族工业得到生长的机会,产生了五四运动,于是带给中国报业,以一些新的刺激,新的科学。一直发展到大革命时代,站在进步的民族革命立场上的刊物,都受到广大读者的热烈欢迎。"② 他说1925年五卅运动时期,上海文化界联合出版的《公理日报》,每天能够销售到50万份,至今还没有一个报纸能达到它的三分之一销数。从国民革命军北伐到"九·一八"事变之后,面对日益迫近的亡国灭种危局,人民对政治的关切倍增,报纸的数量逐步增加,据1936年有关部门的调查,全国共有报馆920家。报纸形式上进步很大,数量上也有不少增加,"但质量上的改进如何,仍是一个疑问"。③ 因为据当时的一般估计,全国920家日报的总销量为30万—50万份,即以最高估计的50万份为准,则沪、津、平、京、杭五地十家销数较大的报纸,就有30万份。其余900余家报纸平均日销数仅为200余份。为什么销数会如此少得可怜呢?恽逸群直指是因为"限制太严"。④ 1939年春,国民党中宣部部长邵力子曾为"报人不留心看报,致时闹笑话"而叹息,但恽逸群认为,"报人不看报"这一件怪事之所以发生,决非无由!要从政治体制和管理上去寻找原因。

恽逸群认为新闻传播是人的事业,人是最主要的因素。"没有进步的公正的报人,就不会有进步的新闻事业。"⑤ 中国新闻纸自诞生以来,前辈们即以战士的雄姿出现。在辛亥革命之前,许多人不辞坐牢、递解回籍的命运,不停奋斗,为后人树立了光荣的榜样。他认为袁世凯对中华民族的最大罪恶,并不在他想做皇帝,而在他以"一手元宝一手刀"的手法造成了寡廉鲜耻的风气。他的这一毒手同样施于新闻界,于是"臣记者"这个

---

① 恽逸群:《新闻与政治》,《新闻记者》1941年第2卷第10期。
② 恽逸群:《新闻与政治》,《新闻记者》1941年第2卷第10期。
③ 恽逸群:《新闻与政治》,《新闻记者》1941年第2卷第10期。
④ 恽逸群:《新闻与政治》,《新闻记者》1941年第2卷第10期。
⑤ 恽逸群:《新闻与政治》,《新闻记者》1941年第2卷第10期。

丑恶字眼，就成了中国新闻史上的绝大污点。他认为后来虽然没有"臣记者"之名，但"臣记者"之类的典型报纸，并没有完全绝迹，但即便如此，我们的前辈也没有在艰苦的环境下放下武器。北洋军阀时期，牺牲的报人更多，著名的有邵飘萍、林白水、刘煜生、史量才。虽然他们中间一二人不无有可议之处，但致他们于死地的是一个大罪恶，则毫无疑问。抗战以来，报人殉职的更多，但烈士的血不会白流。恽逸群指出：新闻记者的责任比古代的史官更重要，必须具有不计任何困难、不辞与黑暗势力奋战到底的精神，才能为中国的新闻事业，同时也为中国的民主政治，开辟出一条光明的大道。

1942年夏，恽逸群返回上海，奉命打入日本特务机关，开始从事地下情报工作，直到抗战胜利，才恢复身份并进入解放区工作。在整个抗日战争时期，他虽只有五年多的时间在从事新闻工作，但对中国现代新闻事业的贡献却甚大。特别是在"孤岛"时期，上海抗日宣传一度轰轰烈烈地开展，与他的努力有一定关系。当时的《译报》《导报》《文汇报》被上海人民称誉为抗日报纸的"三朵花"，恽逸群则在其中的两家发挥着重要的作用。①他抗战期间在报刊上撰写的一些新闻理论和媒介批评文本当时就曾产生很大影响。如《抗战三年来的中国新闻事业》一文，最先发表于1940年7月7日的《精忠导报》第2卷第5期上，后来又分别以《辛亥革命以来之中国新闻事业概观》《三十年来之中国新闻事业》为题，发表在1941年1月1日出版的《战时记者》第3卷第6期和《采访与写作》第23期上。恽逸群抗战前就蜚声新闻业界，其文以分析深刻、视角独到、论证严密而为人称道。他的媒介批评文本多以历史叙述为基本基调，仿佛是在娓娓道来地串讲历史事实，不动声色之间寓褒贬于事实叙述之中，显得知识性非常浓郁，读来引人入胜。即便是批评性的判断，语气也并不峻厉，而是相对平和，点到为止。如他在《新闻与政治》一文中，在叙述辛亥革命之前，满清政府为压制舆论而常以逮捕入狱、递解回籍等手段对付革命报人的恶行时，以括弧加注的方式，说了一句"那时似乎还没有发明枪毙与'失踪'"②的话。其强烈的讽刺和尖锐的批判性，表达得既克制又淋漓尽致。这固然有对抗战时期国内民族统一战线因素的某些考虑，但其

---

① 顾雪雍：《奇才奇闻奇案——恽逸群传》，上海人民出版社1996年版，第137页。
② 恽逸群：《新闻与政治》，《新闻记者》1941年第2卷第10期。

语言修辞艺术的高明，实不能不令人佩服。

小　结

艰难困苦，玉汝于成。抗日战争是中国近代历史由衰败走向复兴的枢纽。在艰苦卓绝的民族斗争中，中国共产党的力量得到壮大，马克思主义得到了普及，尤其是新民主主义革命理论的提出，使马克思主义中国化过程基本完成，并由知识分子领域扩展到千百万人的社会实践层面，成为人们的自觉行动。抗日战争中人民力量的兴起和强大，在实际力量上为中华人民共和国代替旧中国作了充分的基础性准备，它直接得力于中国共产党的领导，得力于马克思主义的传播。中国共产党是抗日战争中的中流砥柱，正是中国共产党人承担了中华民族五千年来最为沉重的历史一页，托举起了中国20世纪的辉煌。没有中国共产党，中国抗日战争可能就完全会是另外一种局面和结果。在抗日战争中，中国共产党从理论思维上彻底走向了成熟，形成了毛泽东思想，其理论体系中就包含了中国共产党的媒介及新闻宣传思想。

在中国共产党媒介批评史上，1942年《解放日报》改版是一个重要的节点，这是由毛泽东同志亲自领导和推动的一场新闻理论和实践变革。1942年1月24日，在中共中央政治局会议上，毛泽东对如何加强并改进报纸工作，提出了比较系统的意见。政治局为此做出了决议："同意毛主席指出今后《解放日报》应从社论、专论、新闻及广播等方面贯彻党的路线与党的政策，文字须坚决废除党八股。并决定由中央各部（中央同志在内）及西北局每月供给广播新闻消息一件，写社论或专论一篇。"[①] 政治局开会以后，《解放日报》社长博古在1月26日报社的编委会上，传达了中央对报纸的意见：主要有："新闻未能很好地贯彻党的策略、路线；报纸上很少反映党的活动和中央的决议；改写后的外国电讯仍然带'尾巴'；有些社论让人看不懂，语言不通俗，常常文白夹杂；国内栏枯燥；文艺栏内容应更广泛些；新华社以后要编自己的新闻。报社同志要研究新闻学。"[②] 不仅给改版工作指明了具体的方向，而且其中"报社同志要研究新闻学"的

[①] 中国社会科学院新闻研究所编：《中国共产党新闻工作文件汇编》（上），新华出版社1980年版，第118页。
[②] 转引自王敬主编《延安〈解放日报〉史》，新华出版社1998年版，第29页。

意见尤具有思想和理论意义。

随后《解放日报》编委会连续开会,讨论中央对报纸的意见,并派人出去听取有关方面对报纸的意见,也做出了一些关于改进报纸工作的决定,如加强关于党的活动的报道;各版要加强对报纸的研究;要研究语言文字;要发自己写和改写的新闻;减少国际消息;加强评论工作,从每版抽出一人,组成评论部;等等,但对于如何"贯彻党的策略和路线"这一最根本性问题,却研究和改进不够,尤其对整风运动的重大意义认识不足。2月11日,中宣部又发出了关于反对主观主义、教条主义、宗派主义、党八股给各级宣传部的指示,反复强调要以极大力量来集中宣传解释中央开展整风运动的思想,特别提出"检查报纸刊物,务必达到在党的全部工作中贯彻中央的这一思想"[1]的要求。2月21日,毛泽东在中央政治局会议上指出,《解放日报》还没有充分表现我们的党性,还没有成为一个完全的党报。要使它成为贯彻我党政策与反映群众生活的党报,必须进行彻底的改革。政治局一致同意毛泽东同志的意见,并委托博古拟定改革方案,交中央讨论。3月16日,中宣部发出了《为改造党报的通知》,明确指出:"(甲)报纸是党的宣传鼓动工作最有力的工具,每天与数十万的群众联系并影响他们,因此,把报纸办好,是党的一个中心工作,各地方党部应当对自己的报纸加以极大注意,尤应根据毛泽东同志整顿三风的号召,来检查和改造报纸。(乙)报纸的主要任务就是要宣传党的政策,贯彻党的政策,反映党的工作,反映群众生活,要这样做,才是名符其实的党报。如果报纸只是或者以极大篇幅为国内外通讯社登载消息,那末这样的报纸是党性不强,不过为别人的通讯社充当义务的宣传员而已。"[2]《通知》认为这样的报纸不能够完成党的任务,必须加以改正。

3月31日,毛泽东同志亲自主持召开了关于《解放日报》的改版座谈会,座谈会在杨家岭中共中央办公厅召开,延安各部门党内外负责同志及作家70多人到会。与会人员为该报的改版出谋划策,提出建议。1942年4月1日,《解放日报》正式改版,开始以崭新的面貌同读者见面,该报当

---

[1] 中共中央宣传部办公厅,中央档案馆编研部编:《中国共产党宣传工作文献选编:1937—1949》,学习出版社1996年版,第340页。
[2] 中共中央宣传部办公厅,中央档案馆编研部编:《中国共产党宣传工作文献选编(1937—1949)》,学习出版社1996年版,第357页。

天还发表了《致读者》社论,既详细地解释了改版的原因,又诚恳而坦率地进行了自我批评,公开自己的缺点,请读者批评和监督。9月22日,《解放日报》又发表了题为《党与党报》的社论,不仅正确而详尽地阐述了党与党报的关系、党报的性质及其任务,提出了党报是党的喉舌的观点,尤其是批判了"同人办报""无冕之王"等资产阶级错误新闻思想,强调党报不但要忠实于党的总路线、总方向,而且要与党的领导机关的意志呼吸相关,与党的集体息息相通。1943年9月1日陆定一发表的《我们对于新闻学的基本观点》一文,"该文采取了以批判开路的论证方式",[①]因而也是一篇优秀的媒介批评文章。该文的发表,既标志着中国共产党新闻思想理论体系的趋于成熟,也标志着中国共产党媒介批评实践已经达到了理论与实践的高度统一。

抗日战争是异常艰苦、困难的时期,但也是一个斗志昂扬充满诗歌的时期,抗日战争时期的新闻报道,是血与火的历史碑文,是抗日军民的战斗画卷和颂歌。在根据地和敌后坚持出版的报纸,帮助群众树立了在敌后坚持抗战的信心。用诗歌来评价报纸,也是抗战时期常见的媒介批评现象。1943年,《晋察冀日报》在最残酷的三月反扫荡战斗中,报纸的编、印和发行都遇到更大困难。日伪侵入边区内地,不仅四处烧杀,而且散布谣言,说什么"晋察冀边区垮了"。可是,边区的报纸还在出版,广大民兵发行网还在继续发行报纸。老百姓看到了《晋察冀日报》不断送到他们手里,就充满了信心:"咱们《晋察冀日报》还出着,边区垮不了。"当时边区参议会副议长于力老先生,有感于《晋察冀日报》在频繁的游击战争中能克服万难坚持出版,很受感动,就写过《阅报》一首小诗:"新报犹然排日来,可怜鬼子妄想摧。饶他东荡西冲猛,扫着村村裂胆雷。"邓拓同志看到于力的诗很兴奋,遂和诗一首:"挺笔荷枪笑去来,巍巍恒岳岂能摧?攻心一纸歼顽寇,更听千村动地雷。"[②] 这真是一首令人可喜的诗歌小花,散发着战地特有的清香,但也是诗歌形式的媒介批评,值得在中国现代媒介批评史上书写一笔!

---

① 陈力丹:《新启蒙与陆定一的〈我们对于新闻学的基本观点〉》,《陈力丹自选集》,复旦大学出版社2004年版,第89页。
② 晋察冀日报史研究会编:《人民新闻家邓拓》,人民出版社1987年版,第196页。

第十二章 抗日战争时期国统区和沦陷区的媒介批评

1937年7月7日夜晚卢沟桥畔的枪声,拉开了中国全面抗日战争的帷幕。虽然在抗战刚刚爆发时,蒋介石"内心在当时并不想和日本开战",①但全国人民抗日的要求和呼声如火山喷涌一般不可遏制,社会各界群情激奋,纷纷致电或致函二十九军军长宋哲元等,要求他们奋勇杀敌坚持到底。此前拥护蒋介石"攘外必先安内"政策的天津《大公报》亦在7月10日发表社论,要求政府速定大计,"否则退让复退让,畸形复畸形,士气何堪再用,地方成何体制?"②。在全国各界沸腾的强大舆论压力之下,加之蒋介石此时也已认识到了日本帝国主义者欲壑难填,卢沟桥事变已经使中国到了生死存亡的关头,因此被迫放弃了长期奉行的反共政策。7月17日,蒋介石在庐山第二次谈话上宣布:"如果战端一开,那就是地无分南北,年无分老幼,无论何人,皆有守土抗战之责任,皆应抱定牺牲一切之决心。"③ 虽然在抗日战争的第一阶级,日军迅速侵占了中国沿海沿江很多大城市,但抗日的烽火已经在全国各地熊熊燃烧。正如著名记者赵超构当时所言:"卢沟桥事变,把中华民族的忍耐力转换了一个方向。我们已不复是善于忍耐耻辱的民族,而是善于忍耐牺牲的民族了。从最缺乏抵抗意志的民族一变而为最富于抵抗力的民族,在别国人看来自不免有意外之

---

① 蒋纬国:《抗日战争指导》,(台北)远流出版公司1989年版,第426页。
② 转引自金冲及《二十世纪中国史纲》(第二卷),社会科学文献出版社2009年版,第409页。
③ 转引自金冲及《二十世纪中国史纲》(第二卷),社会科学文献出版社2009年版,第410页。

感，其实中华民族的精神，本来就是这样。"① 国内其他党派和团体纷纷表示拥护团结抗日，被捕的救国会七君子于 7 月 31 日获释出狱。1937 年 8 月 18 日，蒋介石同意发表红军改编为国民革命军第八路军的电文。8 月 25 日，中共中央发布红军改编命令，将西北红军改编为八路军。不久，中国共产党在南方各省的游击队也改编为国民革命军新编第四军。南京政府原来难以直接指挥的各地方部队，如桂军、川军、滇军等，也远赴前线参加对日作战，各少数民族人民也同仇敌忾以不同的方式参加抗日战争。全国各党各派团结合作、共同抗日的大好局面得以形成。无论是在中国共产党领导下的各抗日民主根据地，还是在国民党统治区、上海公共租界，还是在被日军铁蹄践踏下的沦陷区，以宣传抗日为使命的报刊始终都存在着，在国统区的重庆、成都、昆明和桂林等大后方的重要城市中，新闻事业比战前更为发达。1943 年以后逐步发展起来的国统区民主运动，更推动了报刊的变化与前进，各派政治力量都在积极经营报刊，一些新的刊物如《宪政》月刊、《民主周刊》等应运而生。在沦陷区，即便日本实施了严酷的法西斯新闻统制政策，反复迫害和查抄进步报刊，但野火烧不尽，春风吹又生，爱国进步的新闻工作者和广大人民，仍然前赴后继地秘密出版各种抗日报刊。与这些报刊相应的媒介批评也一直顽强而活跃地存在着，以某种社会舆论的方式，规制和引导着抗日报刊的发展方向。

第一节　赵超构的媒介批评

赵超构（1910—1992），幼时学名景熹，浙江省瑞安县（今文成县）人，出生于一个小官宦家庭。1924 年春，先入温州教会办的艺文中学读书，因为参加了五卅运动，遂于 1925 年秋转入私立瓯海中学，1928 年毕业后考入省立十中，开始接触时事报刊，他用自己的零用钱订阅了《东方杂志》《学生杂志》和《小说月报》，韬奋主编的《生活》周刊发行到温州时，更是成了他最爱阅读的刊物。"他自己认为日后选新闻工作为终身职业，写杂文式的小言论五六十年，受邹韬奋的影响很大。"② 因参加爱国民主运动，1928 年春被学校勒令退学。1929 年去日本留学，是年底奉父命

---

① 赵超构：《赵超构文集》第 1 卷，文汇出版社 1999 年版，第 700 页。
② 张林岚：《赵超构传》，文汇出版社 1999 年版，第 20 页。

返国。1931年秋，入私立上海中国公学政治系学习。1934年毕业后，入南京《朝报》编辑国际新闻并兼写评论。抗战爆发后，他利用有关资料编撰了《战时各国宣传方策》一书，由重庆独立出版社出版，全书内容分为战争与宣传、怎样开展国际宣传等5个部分，7万余字，是他出版的第一本专著。[①] 1938年夏，赴重庆任《新民报》主笔之职，主持该报"今日论语"专栏。1944年，赵超构参加了中外记者团访问延安，回重庆后撰写了《延安一月》系列通讯，向大后方人民客观真实地介绍了延安各方面的情况，产生了广泛的社会影响。1946年，参与筹建《新民报》上海版晚刊，任该报总主笔。1948年冬，遭国民党当局迫害，避往香港。1949年3月转入解放区。上海解放以后，继续主持《新民晚报》工作，历任《新民晚报》社长、全国政协常委、中华全国新闻工作者协会副主席、上海市政协副主席等职。赵超构新闻从业六十余年，先后写有万余篇新闻性杂文，被世人称为其"三不朽"的事业之一。诚如他自己曾经所说的那样："批评的材料有的是，这个社会已是百孔千疮，我只要随手戳一枪就是一个窟窿！"[②] 在他抗战时期数量繁富的新闻性杂文中，其中很多篇什都是以报刊及其传播活动与现象作为批评的标靶，从而为中国现代媒介批评画卷增添了浓墨重彩的绚烂一笔。

一

抗战时期，国民党当局为了加强对新闻界的控制，于1941年3月16日在重庆成立了中国新闻学会。学会由潘公展、程沧波、萧同兹、董显光、马星野、陈博生等人发起，推选国民党中央通讯社社长萧同兹为理事长，宣称接受国民党中央宣传部的指导，名义为通过研究新闻学术以改进新闻事业，实际是为了将新闻活动完全纳入国民党控制的轨道，组织新闻界更好地宣传国民党的各项政策。赵超构针对该学会的成立，发表了《我们的"学会"》一文进行批评道：新闻学会筹备了四个多月，今天终于成立了。我们新闻人应该说几句话，既表示祝贺亦兼以自励。第一，就是希望我们这个学会要始终记住这个"学"字。人们说，活到老学到老，这句

---

① 张林岚：《赵超构传》，文汇出版社1999年版，第38页。
② 转引自张林岚《赵超构传》，文汇出版社1999年版，第39页。

话对我们报人尤其适用。"报纸是文化的先驱,时代不停地前进,报人的知识如果不随时继续补充,那就如以弓矢标枪上欧洲战场一样可笑。抗战以来,精神食粮,久感缺乏,我们只有发泄,而无吸收,内心的惭愧与痛苦,真是无法形容。这回我们盼以全国同业的集体力量,对这个问题,作一全盘的计议与措施。"① 第二,从"学"字上更可以想到的是如何造成一种优良的风气和环境,好让我们能忠于职守。从前的人爱学而优则仕,近来一般人看我们新闻从业员,则大有"记而优则仕"的观感。一些表现较优秀的同业,大都中途退伍,改走别路,于是"报纸变成了猎官之梯,报纸本身所受的影响则是不断地丧失成熟的干部,以致进步得很迟缓,这情形虽说不该有,却是谁也不能怪谁,总怪我们新闻事业的基础太薄弱了,不够给从业员以生活保障和发展的余地"。② 现在学会成立,希望大家能共同研究一下,如何改进新闻事业,给从业员以安心尽职的环境,实是我们盼望的事情。赵超构指出,新闻学研究的任务决不止于上述两事,对于国家和抗战,还有更大的责任。但若这两项都做不好,那么其他也就会流于空谈。赵超构之所以围绕"学"字来进行阐释,其实是隐含了对国民党当局假学术研究之名而行政治控制之实的批判。

批评是社会学术和文化进步的助推剂。赵超构一直提倡进行批评,曾对抗战时期国统区的文艺批评发表过独到的看法。他在《两种批评》一文中指出,"中国人似乎最缺乏忍受批评的气量,而同时也最缺乏公正批评的精神"。③ 文艺界尤为如此。人们既时时可以看到有些偏离批评的轨道而近乎人身的攻击;同时又会发现从作者方面瞧不起批评的反驳。他认为这两种情形,作者与批评家都免不了有些错误。这错误不是态度上,而是本质上没有真正厘清批评的范围及其要义。针对文艺批评,赵超构认为应该有两种需要划分清楚。一种是对作家的批评。这种批评应该是严肃地分析作品的优劣,给作家以恳切的忠告。另一种是以读者为对象的批评,其目的是将新作品介绍给读者,也就是从欣赏和理解的角度,大体上告诉读者以阅读或欣赏的方法和路径。

赵超构主张两种批评的要求应该有所不同。第一种批评的责任异常重

---

① 赵超构:《赵超构文集》第2卷,文汇出版社1999年版,第93页。
② 赵超构:《赵超构文集》第2卷,文汇出版社1999年版,第93页。
③ 赵超构:《赵超构文集》第2卷,文汇出版社1999年版,第188页。

大，它要指示作者应该如何，且要有发现和培养新作者的眼力。做这种批评的人最好是有经验的作家。因为他能知道创作中的甘苦，对作者的忠告也就必然会更恳切和得当。第二种批评则不必以高过作者的能力与技术为必要的条件。批评者尽可以主观地说出他所喜欢与不喜欢的东西，而且可以不需负责。他的角色在鉴赏和领略，他不教训作者应当如何，而只要说出他喜欢什么。作家如果一定说他们无资格批评，那就等于餐馆厨师不许客人嫌菜饭味道不合口味一样。在这种区分下，批评者要紧的是衡量自己的能力，假如你没有高人一等的理论眼力，最好不作第一种批评；你若敢于指教厨子应该如何做菜，你自己得有做菜的本领。没有这样的本领而倚老卖老地教训他人，人家自然不会佩服。作者方面要紧的是对第一种批评要虚心而又严肃地接受或拒绝，而对第二种批评却需有宽容的雅量，况且你也没有强迫别人一定要喜欢你作品的理由。赵超构认为如果将批评进行这样的划分，对澄清文坛空气会有所帮助。

1941年初，著名现代文学作家周作人"落水"成了汉奸。文艺界对之议论颇多，惋惜者有之，痛恨者有之。赵超构指出，人们痛恨周作人，不只是因为文化界多一奸贼，还因为他从前的文章的确写得好，"好得使我们读他文章的人，简直不相信他会做汉奸，而他竟做了汉奸，就不得不使我们发生被骗的愤怒之感"。[①] 故批评周作人不妨将文和人分开。仅从文章而论，当汉奸前的周作人写的东西不坏。我们固可视他为猪为狗，但那些作品还具有一定的价值。"以为作者已变成了汉奸，就觉得他做汉奸以前的文章也不值一顾，这似乎将作者与作品的关系，看得太严重了。"[②] 有一句老话：厨师说谎，无损于他包子的味道。他认为评价周作人的作品亦可作如是观。应该说这种批评观自有其一定的道理。

二

1941年皖南事变以后，国统区的新闻统制日益严重，报刊的言论动辄得咎，导致舆论界陷入沉闷之中。1941年11月28日，赵超构发表了一篇《隐蔽与展露》的小言论，从人类的服装谈起。他说有些研究服装心理的

---

① 赵超构：《赵超构文集》第2卷，文汇出版社1999年版，第212页。
② 赵超构：《赵超构文集》第2卷，文汇出版社1999年版，第212页。

人，认为羞涩是人类使用服装的根本动机，最初服装的作用，即在反对肉体的展露，把肉体的某些部分隐蔽起来。可是经过相当的进化后，服装的隐蔽作用又转而成展露肉体，即本来想通过服装来避免肉体的暴露，结果服装后来变成了炫示性欲的工具。最明显的例子是，裙子是为了隐蔽女人的臀部，而欧洲中世纪的撑裙和我国的长裙旗袍，其摇曳多姿之态，反而突出了臀部的炫示。人们反对袒胸，而乳褡的作用却使乳峰的线条表现得更为肉感。穿长袜是为了隐蔽腿部，但穿了长袜之后的腿却更富于诱惑力。赵超构由此得出结论：大自然喜暴露不喜隐蔽，人工的隐蔽物本来是想掩饰大自然的形态，自然形态的魅力反而藉此得到更多的炫示。不仅服装，凡事皆然。"赤裸裸的真理之所以不能通行于人间，正如一个裸体女人跑过大街一样必然会受到无数人的攻击与讥嘲。然而，真理仍然会展露自己。人们虽用种种方法来隐蔽真理，真理仍然藉着各种奇形怪状的样式炫于人前。"[①] 真理或真相不可能永远被隐蔽，各种各样的寓言笑话，以及文学中的烘云托月之辞、指桑骂槐之文和感慨牢骚之诗，幽默和讽刺的修辞等等，固然一面是对真理的遮蔽，而同时另一面则又是对真理的某种展露或显示。遮蔽真理只能徒劳无功！

从苍蝇之微而及宇宙之大，是赵超构媒介批评的特色。他的《盖马桶主义》一文是这方面的典型文本。他从英国绅士在女客面前不说"裤"字一事谈起。由于英国绅士明明穿的是裤子，但他却认为在女士面前提起这个字是猥亵，所以人们就说英国绅士是伪君子。理智地看，这种习惯或政策颇可笑。穿了裤子又不敢说到裤子，那么不说穿裤子三字，难道就没有猥亵的裤子了么？当然不会。"他们只是宁愿听任裤子之存在，而抵死不愿提到裤子。这就叫做'不敢正视现实'。"[②] 他由此引申道：有些人持着这样的态度，以为凡是丑的臭的龌龊的黑暗的东西，可以让其存在，却不许人家说破。一说破，便是罪恶。却不管罪恶本身的存在，如同坐在粪坑旁边谈天而不许说臭一样，恰可以说明不敢正视现实者的可笑。更可笑可悲而又可气的是："实际上还不仅不许你说臭，并且进一步，只准你说不臭。"[③] 好比一马桶大粪摆在这里，你除不能说臭以外，还得替它捂上盖

[①] 赵超构：《赵超构文集》第2卷，文汇出版社1999年版，第131页。
[②] 赵超构：《赵超构文集》第2卷，文汇出版社1999年版，第163页。
[③] 赵超构：《赵超构文集》第2卷，文汇出版社1999年版，第163页。

子,遮盖住臭气。这就是所谓平正通达的言论,其实也就是通常所说的讳疾忌医。时下很多人叹息舆论制裁力的缺乏,可是,有多少人敢向这些黑暗龌龊的东西挑战?有多少人是这样珍惜他们的马桶盖?所以不揭开马桶盖,不戳穿里面丑臭的东西,又何以期待社会的进步与光明!从英国绅士的裤子到马桶盖,最后归结到言论自由和新闻真实,实在是一种很高明的批评艺术。

1943年8月27日,国民党的《中央日报》发表了一篇题为《纠正一种风气》的社论,批评近年来社会中渐渐形成的一种普遍风气。"这种风气,就是重外轻内的趋向,而这种风气的表现,在各报与各刊物中尤为充分流露。每天批阅报章,新闻数量的比例,国外新闻常占全部新闻四分之三,至少也是国外新闻与国内新闻相等,至于言论方面,恐还不止此数。近来更有许多图书杂志,竟以翻译外人著作相尚,一编出版,纸贵洛阳。所以从表面看来,国人对于国际问题的注意,可谓百年来所未有,而从社会一般的言论与刊物观察,几乎每个人可为国际问题的专家,也每个人似乎都可做外交官。"[1]《中央日报》的有关批评仅仅流于皮相之谈。为此,赵超构借此由头,发表了《先得纠正"空气"》一文,他一方面指出《中央日报》所说的都是实情,可以无条件地表示同意,然后在此基础上追问道:"可是我却要问一问,为什么会有这种风气呢?照新闻价值讲,是近事胜于远事;照言论界的责任讲,更不应该放过切身的问题,而事实上我们却反常了,反常的原因,据我看来就在我们执笔者有一个共同的经验,这经验教我们'舍近谈远'是谈话的最安全的办法;这经验又教训我们越是近身的问题越不容易开口,像整顿市容、屠宰公司、远安轮与庆复轮的沉没,'这许多问题都涉及人民的基本权利与日常生活',应该多多讨论,一点也不错。"[2]可是要讨论这些问题须有一个前提,即说话这一人民的基本权利,先要有一个确定的界限,否则就难怪人们要海阔天空分析国际大势去了。言论的不切实际当然应该纠正,"然而形成这种风气者,还有一种'空气',似乎先须'纠正'。怎样纠正呢?请原谅我不能答复"[3]。这对熟悉当时国统区新闻界言论现状的人来说,自然不难领悟其中的奥妙。

---

[1] 《纠正一种风气》,《中央日报》1943年8月27日。
[2] 赵超构:《赵超构文集》第2卷,文汇出版社1999年版,第364页。
[3] 赵超构:《赵超构文集》第2卷,文汇出版社1999年版,第364页。

三

整风运动自 1942 年 4 月在延安全面铺开以后，6 月 8 日，中共中央宣传部又发出在全党进行整顿三风学习运动的指示，有关学习内容和材料也被传递到重庆，并在社会各界广泛地传播开来。《反对党八股》作为学习材料之一，自然也为大后方一些人所知悉。《反对党八股》作为整风运动中的一个学习样本，不仅对"红色话语规则"[①] 具有建构意义，实际上对中国现代语言的建设也具有普适性。自然，《反对党八股》作为一篇具有明确针对性的媒介批评文本，在某些方面也有论述不够全面、不太深入之处。《反对党八股》一文在重庆文化界传播开来以后，自然也引起很多人的注意。7 月 27 日，赵超构发表《"党八股"》一文，对毛泽东的这篇名文进行了补充性的批评。他表示毛先生的这篇演讲词虽是专为共产党员所讲，可是他所指的"八股"病，却也可以同样适用共产党以外的文字。"毛先生指摘'党八股'的罪状很详细，只有一点，却被他忽略过了，便是'党八股'的成因。"[②] 如果不指出八股化的成因而只宣布他的罪状，那么这就等于医生陈列了病状而指不出病源一样，也变成了无的放矢和言之无物了。赵超构认为一切八股化的成因，"都在乎作者思考作用的萎缩。或者说是头脑的怠工"。[③] 头脑怠工和思考萎缩的结果，是人们都想用一种最经济最省力的方法来发表文字，于是，在内容方面就习惯于引用一切现成的理论，可以丝毫不用分析选择批判的工夫；在形式方面既然要贪图省力，自然就会趋于形式主义和公式化。

赵超构指出，八股文的最大特点是代圣人立言，用不着自己思考。贫弱的内容、刻板的形式、枯燥无味的情调、简陋粗率的推理，一切都显示出作者思考作用的丧失。这样说似乎对一般党内文人不太公平或有些失敬，但其实不然。赵超构认为就党言党，八股的产生几乎是一种必然。尽管有聪明才智之士，面对着宣传大纲，聆受着权威言论，如果要他们的文

[①] 王雷、惠雁冰：《论毛泽东〈反对党八股〉对红色话语规则的建构意义》，《延安大学学报》（社会科学版）2015 年第 6 期。
[②] 赵超构：《赵超构文集》第 2 卷，文汇出版社 1999 年版，第 217 页。
[③] 赵超构：《赵超构文集》第 2 卷，文汇出版社 1999 年版，第 217 页。

字不八股化，那么就必须再来一个布尔什维克和孟什维克的斗争。"所以我的结论——这结论是毛泽东先生极不愿说的——是：党八股的成因在乎思考力之萎缩，而其总因，则是一切政党所共有的宣传统制。"① 赵超构的这一批评及其结论可能并不完全准确，甚至有某种先入为主的偏见，但细思起来又确实有其深刻而独到之处。

1944年6—7月间，赵超构参加中外记者西北参观团访问延安，这确是他一生中的大事情之一，也是他从事新闻事业十年之后一个重要的转折。延安之行不但使他在思想认识上发生了显著变化，而且作为他延安之行重要成果之一的《延安一月》系列报道，更是为他赢得了很高的赞誉，这是国民党第三次反共高潮刚过去、黎明之前最黑暗的时刻。当时要把延安的真实情况记录下来，在被称为雾都重庆的一家私营报纸上发表，实是需要高超的技巧和巨大的勇气。在《延安一月》中，有几处是对延安边区新闻媒体的评述，这是一个具有自由主义倾向的新闻记者，对当时红色中国新闻媒体的近距离观察和批评，在中国现代媒介批评史上具有弥足珍贵的价值。在该系列报道中，他对《解放日报》进行了重点评述。他认为倘若说《边区群众报》是共产党用来教育民众的报纸，那么《解放日报》就可以算得上是干部的报纸了。它是共产党的正式机关报，每天只能印7000多份，发行上采分配制；它并不隶属于共产党宣传部，却隶属于更高的宣传委员会；报纸组织采苏联党报的办法，社长地位在党内很高，可以出席中央政治局的会议，故报纸言论很少受人事上的牵制。另外，新华通讯社是它的姊妹机关，通讯社的稿子供给共产党系统的所有报纸，这样透过新华社和《解放日报》的言论，就可以随时控制各地方的报纸。

赵超构认为《解放日报》的版面很别致。"社评长而泼辣，充满政论气息，这是边区干部研究时事的活资料，也是他们的中心理论，所以写得特别'杂志化'。第一三版要闻的取舍标准与标题方法完全是'坦白的宣传'，单看报纸题目，我们就可以一目了然于共产党喜怒爱憎的表情。第二版刊载社会新闻及各地通讯，最具特色。"② 该报强调生产，鼓吹劳动，表扬模范的工作人员，报告劳动英雄的生产计划，关于妇纺、变工队、学校的消息，如某家纺纱多少，某地二流子怎样转变，都不惜以大幅位置渲

---

① 赵超构：《赵超构文集》第2卷，文汇出版社1999年版，第217页。
② 赵超构：《赵超构文集》第2卷，文汇出版社1999年版，第708页。

染得如火如荼，紧张热烈。他认为这样的报道对于推动下层工作和转移风气两件事，可以发挥很大的作用。该报通讯稿的来源完全靠群众，各地县乡村组织和部队学校内都有《解放日报》所组织的通讯小组。社内也特设通讯部门，整理合用的稿件，同时将不合用的通讯稿修正寄回，以便指导群众写作。第四版是综合性副刊，边区作家都是投稿人，也有稿费，每千字两升小米。赵超构对《解放日报》的述评确实抓住了该报的特点。

四

赵超构还经常对新闻观念和现象进行批评，当然，这些批评往往具有某些隐蔽的现实指涉性。1942年11月30日，他写了一篇题为《"新闻"》的270余字的小言论，好像十分饶舌地谈起了什么是新闻这个理论性的常识问题。他说，美国人的"狗咬人不算新闻，人咬狗才是新闻"之说，已经是新闻定义的老话了。他借影星胡蝶为这一定义作一注脚，通过层层添加事件细节的方式，来揭示这个新闻定义的内涵："'胡蝶女士抵渝，仍将参加一部分之抗战电影工作。'这自然是很平常的新闻，因为人家早知道胡蝶是影星了。'胡蝶女士昨曾参加某某宴会。'这也无甚稀奇，谁还不知道胡蝶有的是麦克麦克的朋友呢！'明日某商场开幕，将请胡蝶女士剪彩。'影星剪彩，自是当行，所以也并非有价值的消息。然而假定——这里得用'假定'两字——有一天：'胡蝶女士放弃电影生活，参加伤兵病院看护工作。'或竟而发生这样的事情：'胡蝶女士加入国营某工厂为普通工人，并表示对此工作，甚感兴趣。'这就是大新闻了，恐怕路透社也非把这消息拍到全世界去不可了。"[1] 赵超构对如何理解反常之事才是新闻的这种解说，倒也独出机杼，既通俗易懂，又幽默风趣。

1943年8月，重庆街头出现了一个精神失常的女子，在街头徘徊流浪了四个多月，才被人救护到成都的疯人院去。赵超构则从四个多月媒体对这个疯女子的"围观"中，发现了其中散发出的小市民病态趣味。自这个疯女子在街上出现后，"疯女郎怎样怎样"几乎天天有人在说，"报上的花絮栏里，也不时发现她的踪迹和言论"。[2] 他指出小市民由于自身生活的乏

---

[1] 赵超构：《赵超构文集》第2卷，文汇出版社1999年版，第267页。
[2] 赵超构：《赵超构文集》第2卷，文汇出版社1999年版，第426页。

味，即便马路上捉住一只老鼠，也立时可以吸引一大群观众；两辆黄包车撞倒，过路者也纷纷驻足而观；如果是一个青年女人从车里不慎跌出车外，那就更会让一群围观者瞪直眼睛笑裂嘴唇。既然如今发现了一个疯子，而且又是一个年纪很轻的女子，不就更足以使这班喜欢在马路上看白戏的人起哄么？"呵哈，好白相来嘻！""真正滑稽得来！"于是从疯女郎出现到现在，她始终只成为小市民观赏笑谈的对象，而没有一个人能离开白相的角度来思考一下其中潜藏着的社会隐情。他沉痛地指出，如果这时有心人能把这事用心想想，就会觉得并不怎么"好白相"。第一，这个女人为什么发疯？是不是有一段什么隐痛需要社会上人来主持正义？为什么竟没有一个邻里亲人来照顾她？第二，为什么公安当局、救济机关对于这样一个如此可怜的疯女能够这么长时间地视若无睹？对这些问题，社会的答复也许是谁也不负责任，此前报刊也是抱着看戏的心态在报道和议论。"看戏的人多，管事的人少，我看这个社会也发疯了。"① 显然，赵超构的批判已指向了媒体背后的社会。

社会和文化互相关联互为依从，在《流线型的文化》一文中，赵超构对那种出版的浅薄化进行了剖析。他将当时国统区出版界的文化特质概括为"流线型"文化。"我们知道流线型从来是美国产物，却不知道流线型的书物也是美国文化之特征。"② 他认为国统区目前所走的文化路线，无疑走的是美国式流线型文化的路子。流线型出版物是一种大众文化，其特色是重趣味，容易读，"化专门学术为轻松小品，从好处说，它很可以普及知识，使每个人都有一点起码的文化教养；它的坏处就在它重浅出，而缺乏深度与高度"。③ 读美国书报人们便会时常产生这样的感受，如报告文学和什么内幕之类的东西，便是明显的例子。如果就普及文化的角度看，赵超构认为"流线型"文化有其必要，不必因其软性而加以歧视。至于专门的学术著作，从提高文化水准上看当然更为必要。在民间出版业没有力量支撑学术著作出版的今日，这种亏本而必要的工作，他认为应该由政府多负责任。

在抗日战争即将取得胜利的时候，有人以现在各种刊物太多而不精审为理由，提出合并刊物的主张。赵超构敏锐地感到这种主张背后的某种不

---

① 赵超构：《赵超构文集》第 2 卷，文汇出版社 1999 年版，第 426 页。
② 赵超构：《赵超构文集》第 2 卷，文汇出版社 1999 年版，第 512 页。
③ 赵超构：《赵超构文集》第 2 卷，文汇出版社 1999 年版，第 512 页。

寻常，因此，他明确地表示反对。他认为如果单从物质和精神节约这一点来说这种主张自有其合理性，但雷同的主张和刊物是否就没有个别存在的意义？他认为还应从文化的视角来观察。因为即使唱同样的歌曲，合唱与独唱的场面不同；即使说同样的话，一张嘴与多张嘴所发的效果也不能等量齐观。所谓一致呼声或众口一词，正可以发挥舆论的最大力量。将多数人的口舌交给少数人代办，使许多人失去发言的本能，到底是一件危险的事。刊物合并，从消极角度看是可能会产生舆论减弱的效果，从积极角度看则可能形成理论界的独断与盲从。所以，"为读者，为文化，我们宁愿多几张嘴巴说同样的话，不愿让少数人包办多数人的舌头"。[①] 这样才可以有效地避免言论的专制，实现舆论的多元性。

抗日战争时期，重庆一些文化人曾经以中国几部古典小说来比拟几家报纸的政治立场和言论态度：《中央日报》是《施公案》，《新华日报》是《水浒传》，《大公报》是《三国演义》，《扫荡报》是《荡寇志》，《新民报》则是《儒林外史》。[②]《新民报》五花八门的小言论固然如吴敬梓那样的讽刺文学，其新闻标题、编排，以及其他文字、图画，无不可以归入这种风格，而赵超构的小言论，特别是他中后期的评论文字，已高度的杂文化，成了该报的代表性言论。在文网严密、正义泯灭的蒋介石独裁辖制之下，如不使用《儒林外史》式的语言，实在难以讲话，所以，赵超构的批评修辞正适合了环境的需要。他曾明确地主张文艺批评标准的多样化，并将此主张推广到一切的批评实践之中。他认为一切的批评，其道理有其相通之处，即批评家的标准和对象，任何批评者都要予以尊重："文人能不能做出像样的文章，并不在乎他的脸孔语言的漂亮动人，正如麻脸的厨师不妨其能做好吃的红烧狮子头，批评厨师，只要吃他烧的菜好不好。菜合口，就是了，天下岂有这样糊涂的主人一定还要厨师长得漂亮的么！"[③] 以此来观照赵超构的媒介批评实践及其文本，确也符合这一要求。

第二节　马星野的媒介批评

马星野（1909—1991），原名允伟，读小学时改名伟，后来发表文章

[①] 赵超构：《赵超构文集》第3卷，文汇出版社1999年版，第42页。
[②] 张林岚：《赵超构传》，文汇出版社1999年版，第50页。
[③] 赵超构：《赵超构文集》第2卷，文汇出版社1999年版，第327页。

时，撷采杜甫《旅夜书怀》诗中"星垂平野阔，月涌大江流"中"星野"二字作为笔名，取繁星点缀下平畴广野浩渺阔大之意，即以此名行世。浙江省平阳县人，出生于一个书香之家。上小学前，由祖父发蒙。1913 年，先是随大姐入毓秀女子小学读书，后改入自治小学。1919 年卒业后入平阳县县立第一高级小学读书。1922 年考入浙江省省立第十中学读书，先读旧制中学 3 年，续读新制高中 1 年。1926 年，考入厦门大学社会学系。入校不久，学校爆发学潮停课，因为无课可上，只能在图书馆中自修。1927 年 4 月返回家乡。1927 年 7 月，考入南京国民党中央党务学校，1928 年 5 月从中央党务学校毕业后，被分配至国民党中央党部训练部从事编审工作。1929 年春，应罗家伦之邀，到清华大学半工半读，任校长室秘书兼《国立清华大学校刊》编辑。半年后随罗家伦回南京，在国民党中央政治学校（即原中央党务学校）担任校刊主编，兼任国民党中央陆军军官学校《党军日报》主编。1930 年冬，考取中央政校选派毕业生出国留学深造名额，赴美国密苏里大学新闻学院深造。在美期间，除为《密苏里人报》写社论外，还任《东方杂志》《申报月刊》《新中华》《世界知识》《国闻周报》等报刊的驻美特派员，为上述报刊撰写美国通讯和时事评论。1933 年冬在密苏里大学毕业后，在华盛顿国会图书馆研习半年，1934 年 5 月返国，先在《申报·自由谈》副刊工作 3 个月，是年 9 月，担任中央政治学校外交系讲师，讲授《新闻学概论》《新闻事业经营及管理》两门课程。1935 年 9 月，参与组建中央政校新闻学系，实际负责系务，后担任系主任，并创办《中外月刊》作为新闻学系实习刊物。全面抗战爆发后，曾随中央政校辗转播迁芷江、巴县、萧山等地。1942 年，出任国民党中宣部新闻事业处长，期间兼任中央政校新闻学系教授。1945 年 5 月，当选为国民党候补中央执行委员。抗战胜利后，历任国民党中宣部南京特派员、南京《中央日报》社社长、首届国大代表。1949 年随国民党当局转迁台湾。1952 年辞《中央日报》社长之职，转任国民党中央设计委员会副主任，1954 年调任国民党中央委员会第四组主任，主管该党宣传工作。1991 年病逝于台北。马星野长期从事国民党当局官方的新闻教育和新闻管理工作，"代表了国民党体制内新闻人群体的一个类型"。[①] 他在抗战时期对国内新闻传播实践及问题的批评，一定程度上反映了其时国民党官方的媒介观点及治理需

---

① 王继先：《坚守与徘徊：新闻人马星野研究》，南京师范大学出版社 2018 年版，第 4 页。

要，构成了中国现代媒介批评话语权力中有意义的一极。

一

上海市从福州路口至南京东路一段的望平街，在清末民初的时候曾是上海报业的集中之地，一度有十多家报纸曾设馆于此，故有报馆街之称。望平街是上海报业的象征，而上海报业在中华人民共和国成立以前又是中国新闻业的代表和标志，因此，批评望平街的报业，在一定意义上也就是对中国报业的批评。在1937年8月5日的《创导》半月刊第1卷第7期上，马星野就曾发表《略谈望平街之报业》一文，对望平街上的5家大报从历史、内容、特色、销数等几个方面进行了述评。因为在马星野看来，"望平街是中国报业的心脏"。[①] 所以要观察中国报业的概貌，就需从望平街的几家大报看起。马星野认为，上海之成为中国报业的中心，与租界的存在有直接关系。租界虽然是帝国主义的根据地，一定范围内也是言论自由的逋逃薮。"在过去之十多年的中国政府同报界，不作对的时间很少，所以也只有躲在租界里面，才敢写社评，记载政治新闻"。[②] 租界提供的保护，使望平街不至于因为政治变动而改其面貌。另外，如上海人口众多、交通便利、人才集中、工商业发达、广告雄厚等等，也都是别的都会所不能及。这些条件共同玉成了望平街报业的繁荣。

马星野在文中分别评述了《申报》《新闻报》《时报》《时事新报》和《民国日报》等5家大报。他认为这5家大报是目前望平街历史最久、势力最大的报纸。新兴的报纸如《中华日报》《立报》以及刚从天津来的《大公报》，可谓5家大报的劲敌，然而就历史来说，还不能和5家大报相比。《时事新报》虽已脱离了望平街，和《大公报》一样成为爱多利亚路的报纸了，然这是最近之事。在五家大报中，《时事新报》与《新闻报》都出版晚报，分别是《大晚报》和《新闻夜报》。《大晚报》问世后发展很快，现在已由附庸而蔚为大观。《新闻夜报》则据说到现在还在赔累之中。《新闻报》与《时事新报》都办过星期画报，后都半途而废。《新闻报》用富丽堂皇的《美术生活》来代替画报，《申报》的画报由每星期一

[①] 马星野：《略谈望平街之报业》，《创导》半月刊1937年第1卷第7期。
[②] 马星野：《略谈望平街之报业》，《创导》半月刊1937年第1卷第7期。

大张变到现在的每星期两半张，这是迎合朝三暮四、暮三朝四的心理。读者常常高兴看画报，次数多些，自然对于报纸的销路有所帮助。《时报》的画报现在已经成为美女画片，《申报》还出版一种星期增刊，最近《大公报》也出画报了。他由此推断中国画报的发展未来颇为光明。

论五大报的性质，《民国日报》属于政党机关报，《时事新报》本来属进步党，现在也跳进政府怀中，成为财政部的半宣传机关。只有《申报》《新闻报》《时报》还是纯粹的商办报纸。从读者范围看，《申报》较注重国内外政治消息，读者多半是社会的上流和绅士阶级，因为该报历史久远、政策稳健、财力雄厚、新闻可靠，内地各省都有奉《申报》为报纸标准的习惯。除了沪杭京沪沿线尚有报纸能与《申报》相抗衡，内地各处则没有一家报纸能像《申报》那样普及。《新闻报》读者以商人为多，注重国内外经济商业消息，对于上海方面的市场状况常有详细的报告，所以商铺差不多都订《新闻报》。上海以外，该报的势力渐渐减弱。《时报》注重社会新闻和体育新闻，追求趣味性，是大报中的小报，最迎合上海许多有闲阶级的需要。《时事新报》注重学术教育，为学术界思想界所喜，但近来因为竞争的原因，报纸风格则也略有变动了。

五大报都有过光荣的历史。《申报》《新闻报》都很能赚钱，除《申》《新》两家大报之外，上海纯商业性质的大报，就只有《时报》一家了。黄伯惠接办《时报》后，增加了不少新的设备，印刷上有很大改进，他是一位有钱的阔公子，但对报业很有兴趣，因为在新闻和社评方面难以同《申》《新》二报竞争，于是向社会新闻和体育消息方面发展。该报在标题和组版等方面，都有很新的试验，也很成功。"可惜过分黄色化，专迎合小姐公子们的兴趣，而反为士流所不喜。近来《时报》的风格又渐渐地改变过来了。"[1] 在望平街的几家大报中，属《时事新报》波折最多，更换过多次主人。五四运动后，《时事新报》创办的副刊《学灯》，曾经大受学界欢迎，"《学灯》居然成为南方的《新青年》了"。[2] 1929 年后因主持乏人，《学灯》废止。该报现被孔祥熙收买，成为财政部的半官方报纸了。

马星野指出，如果把这 5 家报纸看作是中国报纸的全部代表，显然是以偏概全。因为即便在上海一隅，还有许多势力不可轻视的报纸存在。如

---

[1] 马星野：《略谈望平街之报业》，《创导》1937 年第 1 卷第 7 期。
[2] 马星野：《略谈望平街之报业》，《创导》1937 年第 1 卷第 7 期。

《大公报》《立报》等。他认为到了现在，中国的报纸"已经进入了蓬勃滋长的阶段"。① 特别是在1931年"一·二八"事变以后，有《晨报》《中华日报》《大晚报》《大美晚报》的勃兴和崛起。《晨报》是现上海社会局兼教育局局长潘公展所办，党政关系密切，在上海更有力量。《中华日报》是汪精卫的机关报，对国际消息特别注重，编辑颇有系统，力图别树风格，然销路不大，还不足以与《申》《新》《时事》等报竞争。《大公报》是华北第一大报，数年以来，在中国报业上，建树甚多，老板是现任实业部部长、盐业银行总经理吴鼎昌。他是无所不施的一位事业天才，自购得《大公报》后，与张季鸾、胡政之诸先生，锐意经营，提高内容标准及增强与学术界联络，其社评之精彩，为中国报纸之所仅见。前年因华北形势紧急，《大公报》部分转移上海。望平街报业因而大受刺激，竞争将更为激烈。

马星野对成舍我及其《立报》给予了很高的评价。他说《立报》是小型报纸，创办者成舍我对于报业"抱有很大兴趣与很高理想"。② 成舍我在北京办《世界日报》时，曾与张宗昌等军阀斗，侥幸免死。该报在北平学界中颇有地位。后到南京办《民生报》，曾蔚然成为南京销路最大的报纸，因为同彭学沛涉讼，所以《民生报》停刊，而他的事业雄心，反因此更加强大，去年在上海创办小型《立报》，一切编辑及营业都依照自己的理想去进行，现在该报已有三四万以上的销路，"为上海小报中之大报"。③ 马星野对《立报》为"小报中之大报"的评价，确实颇能抓住媒介的核心和要领，足见其对报业本质的理解。他认为国人对时事注意力的不断增强，将有力地推动报业向更符合读者需求的方向发展。

二

全面抗战展开后，中国原有的报业生态被强行打破，创办农村和地方报纸，成为支持长期抗战的一个重要而必然的选择。办理地方报纸将会遇到哪些问题，具体如何办理，都成为迫切需要当时新闻工作者予以解决的

---

① 马星野：《略谈望平街之报业》，《创导》1937年第1卷第7期。
② 马星野：《略谈望平街之报业》，《创导》1937年第1卷第7期。
③ 马星野：《略谈望平街之报业》，《创导》1937年第1卷第7期。

问题。马星野在《发展地方报纸刍议》《地方报纸的症结及其对策》等文章中，对这一问题进行了较为系统的思考和评述。马星野首先引用相关数据资料，以凸显中国报纸地域分布上所呈现出来的畸形现象。他认为中国城市与农村发展一向失衡。"都市犯了充血病，农村犯了贫血症。"① 这种失衡在金融和经济上如此，在报刊业更是如此。"自抗战开始，论理为使全民动员，农村的内地的土报纸，应该与都市的报纸有同样的发展，但是都市的报纸已达饱和点，而各县各镇，依旧是没有新闻纸以报告抗战的消息。"② 他说目前中国报纸销数在 150 万—200 万之间，其中的 165 家报纸，占全国总销数的 80%。如果中国人口总数是 4.5 亿，则每个中国人每年只得一至两份报纸，而同时西方工业化国家则是每人每年 80 份。中国报纸地域集中度很高，165 家报纸分布于 29 个城市。5 万份销量以上的 5 家报纸，4 个在上海，1 个在天津；1 万销数以上的 27 家报纸都在 7 个城市中，此 27 家报纸的销量占到了全国二分之一。上海、南京、广州、北平和天津 5 个城市占去了全国报纸销数的三分之二。农村的报纸还刚刚发轫，数量上虽然也有 30—50 家，但每报销数不过数百份。

　　马星野说："这种畸形的可惊的现象，是抗战前途的很大隐忧。因为报纸是宣传的最有效工具，农村是一切人力物力的主要来源。农村的人民仍在半盲半聋情形之下，如何知道爱国？如何能来救国？"③ 所以他赞同第二届国民参政会中的促进新闻事业发展提案。该提案提出要奖励创办地方报纸，务使每一县行政单位，有一地方报，以之传达政令，督促执行抗战建国纲领。对于该项地方报，政府应视其成绩，予以物质上的奖励。他认为这是一个切合抗战需要的建议。现在关键的是要讨论如何具体地实行，而首要的一点，则是对创办地方报纸的困难有充分认识，然后才谈得上办理方法。此前，马星野曾经与中央政治学校新闻学系的学生在湖南芷江创办过《芷江民报》作为实习报纸，对办理地方报纸的各种困难可谓甘苦自知，艰辛备尝。他指出办理地方报纸在经费、新闻和内容来源、人才、印刷与其他材料等诸多方面，都有一些很不容易克服的困难。

　　马星野认为要地方报纸不拿津贴而自足自给，在目前的情形下绝无可

---

① 马星野：《发展地方报纸刍议》，《战时记者》1939 年第 6 期。
② 马星野：《发展地方报纸刍议》，《战时记者》1939 年第 6 期。
③ 马星野：《发展地方报纸刍议》，《战时记者》1939 年第 6 期。

能。报纸的合法收入是卖报与广告，在各县区除非商务特别发达，每日每报的广告费，难以超过50元。性格相对保守的国人不大相信广告，商业广告不容易有，而鸣冤道谢一类广告大多数又为道德及法律所不许。至于卖报，中国内地人民购买力很低，购阅报纸意愿不高，而且他们如果真要看报，往往会选择到免费的民众教育馆或区公所去看，因此日销600份已经是中等县邑报纸很可观的数目。这方面的销售所得还不够付印刷、纸张的费用，而印刷和纸张费用属于无法节省的强迫性支出。另外薪酬开支总需要最低保证从业人员的温饱。办一张报若收入能达到支出的三分之一已经算是比较成功的了。靠地方机关的津贴，十分困难。通常向县府或党部每月领十元的津贴，不仅唇焦舌燥，无法满足需要，而且容易使报纸沦为提供津贴机关的附庸，失去报纸的独立性。

新闻来源也是一个重大阻碍。抗战期内读者最关心抗战消息，各县虽然大都有一个县政府专用收音机，每天可从中央广播电台接收消息，但内容非常有限。且天气不好的时候因电波干扰，消息根本接收不到。补救办法之一是自行装设无线电收报机，以接收中央通讯社的每日新闻，但中央社的电讯是为各分社大报而发，县镇报纸每天只能登载数千字，而中央社每天要播发数万字。为了不遗漏重要新闻，小报也需要备有两副收报机，始能将中央社电讯全部接收到。不仅设备难觅，而且接收和译电人员更是缺乏。设备零件一旦损坏，更不容易添配。另外印刷、油墨、纸张等必用材料，价格日飞夜涨，印刷厂和报社往往因此而产生纠纷，影响报纸的正常出版。特别是专业人才缺乏，马星野分析，如果全国每个县办一家地方报纸，则每家报社至少需要一个经过相应训练的编辑和经理，全国一千九百个县，需要3800个报业专门人才。目前新闻人才大部分集中于上海、香港等处，他们不肯到经济艰窘、交通不便的农村里来，以致各县报纸的从业人员大都只有初中的学历，知识修养和为文能力都无法充分满足舆论引导的需要。

马星野认为，要使地方报纸得到切实发展，需要从国家的层面进行统一筹划，先由中央拿出一个具体可行的计划，然后予以实施。他认为在这方面可以适当参考和借鉴苏联、德国与法国的一些做法。简而言之，可以先在民用航空线上，试办一种地方报纸。这个地方报纸的总社既可以设在重庆，也可以附设于中央社内，在由重庆到成都、西安、贵阳、昆明的四条航线上，挑选出50个县份，各设立分社。各地方报纸刊行的日报，依飞机班期而定。地方报纸以四开或八开篇幅为适宜,四分之一留为空白,其余材料由总社编好,新闻报道务求浅近明晰,生动完整。再加上各种通讯、特写、图画、地图,编成了一版半付排,排成后打成纸版五十份,每天或每两天交航空飞机沿途丢下。各分社负责者一方面采访当地消息,一方面接收总社当天最后所发的重要电讯,在飞机丢下的纸版到达时,即用浇铅机浇好,合排成半版付印。这样,每个分社,除司发行之助手或工人以外,只要一个专业人员负责。排字设备可以做到最大简单化,而无编辑撰稿等工作,只做一些采访工作而已。如当地已有小规模的印刷厂,则只要添一具中国可以自制的浇铅机即可满足。如此总社方面则可以节省经费用来雇请第一流新闻记者,来为50个县的读者采写新闻、特写、绘画等。举凡编辑排版印刷等技术,都可以精益求精。合50家报纸的力量为一家报纸的力量,当然可以因为实力雄厚而提高报纸的质量,让读者满意。对于抗战宣传工作,必有很大的帮助成效。"不然,各行其是,浪费人力财力,殊非现在国情之所能允许。"① 在当时的条件下,马星野这一地方报纸发展的设计线路应该说具有一定的可行性。

三

作为国民党体制中人,关切新闻政策效应自是一种职业和情感自觉。马星野在《论战时新闻政策》一文中,从增强"宣传力"的角度,对国民党当局的战时新闻政策进行了较为详细的分析。他明确指出:"战争之胜负,取决于人力物力与宣传力。而宣传力又为推动物质动员与人的动员的动力所在。征兵工作之困难重重,财物征募之效率未著,宣传之不力为最大原因所在。"② 马星野认为宣传工具固然甚多,但最主要者为报纸、广播和电影。广播和电影在我国向不发达。中央虽有电台,奈何绝大多数民众无收音机。中央组织制作了许多可歌可泣的电影片子,奈何各地没有电影院,民众无力购票。纸媒新闻事业在中国虽也不发达,但其历史较广播和电影为早,且人民已渐渐养成了看报的习惯,所以在民族生死存亡决斗之际,对于此项工具若仍不能予以改进,使之发挥较大作用,那么民心士气

---

① 马星野:《地方报纸的症结及其对策》,《战时记者》1939年第7期。
② 马星野:《论战时新闻政策》,《战时记者》1939年第5期。

何由鼓起，四万万人的意志力又何以表现？"中央一向注意于新闻政策，然新闻政策始终未得理想之成功。"① 如在1938年初国民党中央颁布的《文化事业计划纲要》中，曾明确提出"集中新闻界之意志，使在民族意识之下从事新闻事业之改进，并由中央注意新闻人材之训练"② 的承诺。马星野认为此项诺言，与第二次国民参政会通过的《拥护抗战建国纲领，确立战时新闻政策，促进新闻事业计划草案》的内容，在原则上完全相同，而国民党中央文化计划委员会所订的改进新闻事业计划草案，也与国民参政会所建议者几乎完全相同。因此，"中央早有改善新闻政策之决心，而改进方法，朝野意见本为一致，所缺少者为实行。现在情形之下，旧的消极的新闻政策，破绽已见，而新的积极的新闻政策尚未着手，即着手亦未见相当之成效"。③ 战争对中国新闻事业的冲击甚大，使之有濒于破产之势。国未亡而新闻事业将亡，在这种危迫的严峻形势下，新闻界急需政府的帮助和扶持。所以他认为参政会确立战时新闻政策、促进新闻事业的有关提案良为切合时要之举。

马星野认为国民党当局实行的新闻政策是一种以控制为主的消极新闻政策。"所谓消极新闻政策，即过去政府之努力，偏重于出版物发刊之限制及新闻登载之限制。"④ 他指出在英美等西方国家，对新闻无特殊的出版法限制，除有触于刑法的记载外，一切出版品事先不需经过登记，一切新闻发表前不需经过检查。唯有煽乱叛国、泄露机密、伤风败俗、妨害公安及损害个人名誉信用者，法律对报纸的制裁非常严厉。中国除刑法上有限制新闻自由的规定外，更有出版法，一方面规定一切出版品在发行前要经过登记手续，对于发行人、编辑人和报社的资格等，均有限制；另一方面对记载及言论自由加以限制，凡是不利于本党不利于政府，妨害公共治安、良善风俗以及有损法庭尊严者，概在禁止之列。在战时以及某些必要的时候，政府对于军事及外交等方面的新闻，得加以限制。

马星野并不一概否定控制性新闻政策的意义。他认为起"消极作用的

---

① 马星野：《论战时新闻政策》，《战时记者》1939年第5期。
② 马星野：《论战时新闻政策》，《战时记者》1939年第5期。
③ 马星野：《论战时新闻政策》，《战时记者》1939年第5期。
④ 马星野：《论战时新闻政策》，《战时记者》1939年第5期。

第十二章　抗日战争时期国统区和沦陷区的媒介批评

出版法，及因出版法而生之新闻检查制度，虽时为新闻界所诟病，然如能辅之积极的政策，未始非中国现状下所必要，尤其为战时所必要"。① 即使是英美等西方民主发达国家，大战期间其新闻检查的严厉程度实非一般人所能想象，因为在当前方战士以血肉生命换取胜利的时候，一切皆应为赢取胜利而牺牲，新闻自由当然亦在应牺牲之列。马星野认为，这种牺牲要有代价，如某某消息不许登载，某种言论之被禁止，必须对战事确有所裨益。他批评说："今新闻检查，标准之不确定，检查人员，亦往往彼此意见不一致，如果根据前年八月修正之新闻检查标准及上年六月之战时新闻禁载标准，则中央社每日所发之新闻许多亦为应被扣留之列。中央主检查之责者，固然巧于运用，奈各地检查员之知识较低看法不一何？"② 所以他认为要使新闻政策产生预期效果，重点不在限制和检查新闻，而在积极促进中国报业发展，提高新闻从业者的素质。也就是"使报人本身，自己制裁，或相互制裁。"③ 如此对他们进行组织和训练就成为目前不可或缺的办法。由于中国未有德国之类的记者法，更无全国性记者组织。记者中有败类，同业无法制裁；记者受冤枉，同业无法保障。中国更没能大规模训练记者，使共同为国家利益而努力，归根结底还是中国新闻业整体的落后。他认为要改变这种状况，在当前的形势下，政府大力扶持新闻业发展，就成为正确而有效的唯一选择。

新闻检查制度与国民党宣扬的新闻自由构成必然的冲突。马星野通过对现行有关法律条文的内容分析后指出："出版法与刑法所定之出版限制，并不严格，与英美等民治先进国家相比较，除党及党义之保障，为英美立法所无者外，其余均有相似之规定。"④ 英美国家固然没有所谓的出版法，即刑法之于出版自由亦是一遵惯例，无成文条例，但以下五种情形则不在新闻自由保护之列：（1）违反公共道德及良善风俗；（2）损害法庭尊严；（3）毁损个人名誉；（4）泄露官方秘密；（5）煽动叛乱。马星野认为中国在此方面与英美等主要国不同者有二：一是出版物发行采登记制；二是对原稿采审查制。对发行和编辑人登记资格的限制并不严厉，但原稿检查

---

① 马星野：《论战时新闻政策》，《战时记者》1939年第5期。
② 马星野：《论战时新闻政策》，《战时记者》1939年第5期。
③ 马星野：《论战时新闻政策》，《战时记者》1939年第5期。
④ 马星野：《出版自由论》，《战时记者》1939年第9期。

则最受批评。马星野认为问题的关键并不在于检查制度的良恶,"而在于行使检查人员之是否合格,及检查标准之是否确定而已"。[①] 抗战时期出版品不可不受检查,因为新闻记者每以军事常识缺乏而导致军机泄露。另外,为了统一全国意志和鼓舞士气,出版品亦不能任其立论纷纭。"中央诚能于检查标准,作具体之确定,检查人员,受严格之训练,必可以迎合战时之需要,避免现行之缺点。试观英美等国在欧战中,对于检查工作之严厉与注意,则目前反对战时检查者可以猛省。"[②] 不过他也主张,在战争结束后,为使民主政治得充分发挥,登记和检查制度,都有必要予以取消。

马星野是典型的国民党官方体制中人,他的媒介批评具有如下几个鲜明的特点。一是理性色彩浓郁。马星野抗战时期曾任中央政治学校的教授,受过比较正规的美国高等新闻学教育的专业和学术训练,身上具有一种书斋型的学者气质,因此,他的媒介批评往往都是观点明确、逻辑缜密、讲究证据的学术性政论。二是其文本结构属于常规的学术体裁,具有很强的问题意识,常常以提出问题、讨论和分析问题、解决问题为文本的基本建构框架,具有一种逻辑的说服力量。三是具有明确的官方意识形态维护倾向,这在他有关新闻政策和新闻自由的论述中表现尤其明显。虽然他也看到了国民党当局新闻检查政策中存在的弊端,以及对抗战大业的某种危害,但他从根本上并不否定其存在的合理性,而只是将其弊端归结于具体人员的素质。他进行媒介批评的根本目的仍在于维护和巩固国民党当局的统治秩序,力图在言论自由与新闻统制之间寻找到某种平衡,因而其媒介批评具有一种向上建言的性质,语气平和温婉,对统治者来说具有一种建设性。这种政治倾向的形成,与他年轻时期受过国民党当局的栽培有关,因此,一种感恩图报的心理使他常常自觉或不自觉地为国民党当局的新闻政策进行辩护。国民党当局是中国抗战的领导者,马星野的媒介批评因此也在中国抗战时期的媒介批评场域中,成为一种非常重要而不可忽视的声音。

第三节 王芸生的媒介批评

王芸生(1901—1980),原名德鹏,芸生是他后来进《商报》工作后

---

① 马星野:《出版自由论》,《战时记者》1939年第9期。
② 马星野:《出版自由论》,《战时记者》1939年第9期。

使用的名字，取芸芸众生之意，[①]后即以此名行世。天津静海县人，出生于天津一个厨工之家，5岁时进入私塾，13岁时进入茶叶店当学徒，后入天津禅臣洋行当徒工，期间参加英文函授，后又进入英语补习夜校学习，因为能办理英文文牍，被木行从徒工提升为正式职员。1925年五卅运动爆发后，天津各界声援上海工人反帝斗争，王芸生被推选为洋行工会的宣传部长，负责主编工会出版的一份先为周报、后改日报的《民力报》，并加入了中国国民党，遭到封建军阀当局的通缉，1926年3月被迫南下上海，投奔国民党上海特别市党部，被安排与秦邦宪先后合编《亦是》《短棒》等周报，后改办《和平日报》，并经秦邦宪、彭述之的介绍加入了中国共产党。1927年初，返回天津，为《华北新闻》撰写社论，与《大公报》总编辑张季鸾发生笔墨之争。是年6月，在报上刊登启事，宣布脱离任何党派组织。1928年5月，出任创办不久的天津《商报》总编辑，一年多后因与报馆老板观点有分歧而辞职，1929年8月进入《大公报》编辑地方新闻，1930年转任《国闻周报》编辑。1931年"九·一八"事变后领受张季鸾之命，开始从事《六十年来中国与日本》的编撰工作，并从1932年1月11日起在《大公报》上连载，历时2年之久，后辑为7卷本出版，以资料丰富、线索清楚而为世人称道。1935年任《大公报》编辑主任。1936年4月，张季鸾、胡政之等人赶赴上海创办《大公报》上海版时，津版编辑业务由王芸生负责。1936年9月，转任《大公报》上海版编辑主任。1938年初抵汉口，任《大公报》汉口版编辑主任，同年10月由汉赴渝，代张季鸾主持《大公报》编辑业务。1941年9月，张季鸾病逝，继任《大公报》总编辑、社评委员会主任等职。抗战胜利后报社迁回上海，主持《大公报》全馆言论和编辑业务。1948年底到香港，主持香港《大公报》的言论工作。1949年5月回上海，6月17日发布《〈大公报〉新生宣言》一文。9月，作为全国新闻工作者代表之一参加全国政协第一次会议。中华人民共和国成立后，继续担任《大公报》社长之职，直至1966年。历任全国人大代表、全国政协常委、中华全国新闻工作者协会副主席等职。王芸生长期主持《大公报》的言论和编辑业务，其民间报人的立场使他对媒介的观察和分析别具只眼，《大公报》抗日战争时期在报界的领袖地位，更使他在中国现代媒介批评中占有举足轻重的分量。

---

① 王芝琛：《一代报人王芸生》，长江文艺出版社2004年版，第1页。

一

1936年初的中国华北上空已经是战云密布。4月16日,日本联合舰队65艘军舰抵达中国青岛,4月17日,日本内阁以保护日侨为名,决定在华北增兵。凡关心国事、对国际和国内局势稍有了解的人,都已经知道中日全面战争已如箭在弦上不可避免。对中国人民来说,又一场国难即将降临。1936年5月8日,燕京大学新闻学系举办学术演讲周,演讲周的主题就是"新闻事业与国难",也邀请了时为《大公报》编辑主任的王芸生前来演讲。王氏在演讲中指出,目前国难是一个事实,而且是一个极为令人苦恼而又烦闷的事实。近来好像形成了一种风气,即大家无论对什么事情都要拉上国难两个字。他很担心"国难"这两个字被滥调化了,他希望大家把国难二字看得严肃些。譬如国耻,人们叫嚷了将近百年,结果我们的国耻越嚷越多,日历上尽是国耻纪念日,甚至纪念所为何事,有人竟然已弄不清楚了。所以口里有时叫得越厉害,脑中的印象反而越转模糊。自"九·一八"事变以来,在四年多的时间里,我们的国难真是日益加深,所以他很担心,由于对于国难二字的面孔太熟了,而大家对国难的印象转愈模糊。他主张我们应把国难看作一个严肃的问题,而应付之道,却应以常道处之。我们之所以常常遭遇非常,是因为我们平常太不健全。我们要以平常应付非常。他认为普法战争中《最后一课》的著名故事,便是以平常应付非常的绝好例子。"譬如日本国内的报纸,专爱登中国糟糕的消息,他们的新闻记者也就专门制造这种新闻。军人爱吹国防的危机,报纸也便跟着制造这类文字。"① 于是什么非常时、膨胀、跃进、非常国难等,便如此产生了,一般国民却真以为一切非常了,从而发生一种很大的误会。这种误会将把日本导入何种境地,现在还不能够预知,但这种以新闻制造国难的办法,我们当然不应效仿和取法。

王芸生主张,中国的新闻事业要注意两点,第一要走平常化之道,不矜奇立异,老老实实平平常常,一切循平常轨道而行。这样直接能够养成坚实的舆论,间接可以促进社会的坚实的风气,他认为这是我们新闻事业唯一可能的健全之路。第二要雪耻。他所说的雪耻并不是打倒帝国主义式

---

① 王芸生:《新闻事业与国难》,《国闻周报》1936年第13卷第22期。

的雪耻，而是雪报界本身之耻。他举例说1929年夏天，上海新闻界组织了一个新闻考察团到北方来视察。他们到天津的时候，天津同业在大华饭店设宴欢迎。宴后散会，他在出饭店门口时，见门前许多车夫在聚语，听见其中一人道：今天到这里来吃饭的大半都不是好人。"我当时听了这话很生气，但一转念，则觉得这未始不是一般社会对于新闻界的一种批评。"① 他当时就想，这种干报馆的没有好人的批评，绝非无因而至。我们试着考察一下近代中国新闻事业的蜕变痕迹，便可了然。"一般社会之视报馆主笔，差不多和绍兴师爷没有什么分别。他们恨新闻记者，怕新闻记者，形成了普遍的轻视新闻记者。中国新闻界应该湔雪这种耻辱。"② 新闻记者首先要努力做一个社会上的好人，把新闻事业做成好人的事业。如果中国的新闻记者和新闻事业能够做到这种境地，不仅新闻界的耻辱自然就湔雪了，而且对于国家也有了很大的贡献。近年的中国新闻事业，从各方面看虽然都已有了进步，这当然是新闻界同人一致努力的结果，但前途辽远，仍须继续努力。第三要有国家意识，中国新闻界应该把他的报做成中国人的报，一切以国家利益为前提，坚决不当汉奸，不传播对国家利益有妨害的新闻，不刊登替人家作宣传的外国电讯。他认为现在中国新闻界的环境十分艰难，这尤其需要现在中国的新闻记者有威武不能屈、富贵不能淫、贫贱不能移的勇士气质和无畏精神！

1937年12月14日，《大公报》（上海版）为拒绝接受日寇新闻检查而自动停刊。王芸生在这一天的《大公报》上发表了《暂别上海读者》和《不投降论》两篇社论。他向读者大义凛然地宣布：我们中国踏上了主权存亡的关头。全体中国人都应有为国家和民族利益不惜牺牲一切的精神。"国军是在上月十二日完全退出了上海，摆在我们报人面前的有两条路：一是随国军的退却而停版，另一是在艰难的环境下继续撑持下去，尽可能的为我们上海的三百万同胞服务一天算一天，一直尽了我们的最后的力量为止。但有一个牢固的信条，便是：我们是中国人，办的是中国报，一不投降，二不受辱。那一天，环境上不容许中国人在这里办中国报了，便算是我们为上海三百万同胞服务到了暂时的最后一天。"③ 他说《大公报》的

---

① 王芸生：《新闻事业与国难》，《国闻周报》1936年第13卷第22期。
② 王芸生：《新闻事业与国难》，《国闻周报》1936年第13卷第22期。
③ 《暂别上海读者》，《大公报》（上海版）1937年12月14日。

停版一定会有不少的读者为此感到寂寞，但这在我们是不得已而为之的事，一向厚爱我们的读者当然也不愿意我们在受辱之下办意识模糊的报。我们与读者只是暂时的分别。上海是中国人的地方，留在上海的三百万人是中国人。大时代的云雾遮暗了现时的上海，则大时代的飙风也将会吹散这阴影，在光天化日之下，我们一定要重行相见。

他悲壮而自豪地说：我们是中国的报人，我们对国家的光明前途有绝对的自信，我们对于东亚大局也有坚固的看法。一个拥有五千年历史四亿五千万民众的民族国家，只要我们自己不在史页上再涂抹污迹，只要四亿五千万人坚不屈服，我们的民族国家绝对不会亡；在现阶段上我们要切实服膺祖宗的教训，保持住自己的灵魂，不怯懦，不折扣，十足勇敢地奋斗下去，这空前的国难必能被克服。"我们是报人，生平深怀文章报国之志，在平时，我们对国家无所赞襄，对同胞少所贡献，深感惭愧，到今天，我们所能自勉兼为同胞勉者，惟有这三个字——不投降。"[①] 上海现在虽然已经成了孤岛了，但他勉励在孤岛上的中国人，保持中华民族的节操，心向祖国。只要我们重行相见时人人不曾失掉中国人的灵魂，那么我们伟大的中国就一定会迎来光荣复兴的那一天。

二

新闻媒体被人们称为喉舌，显然它具有说话的功能。正常的人虽都会说话，但在非常时期话要讲得恰当无误，对国家民族有益，则并非一般人都可轻易胜任。这对以社会喉舌为己任的新闻媒体来说尤其如此。1939年10月4日，王芸生受邀到中央广播电台演讲，其演讲的题目就是《我们应该怎样说话》。在演讲中，王芸生指出，应该怎样说话，有人或许以为这不是一个问题，其实不然，因为虽然人人都会说话，但说话效果却各有不同。他演讲中所谓的怎样说话，不是指说话的技术，而是指人们说话时应该取什么样的态度。换言之，乃是如何立言的问题。这个问题，对平常人生的关系已很重要，而在民族国家重大危难与异族大敌入侵的时候，所关尤大。所谓一言兴邦一言丧邦，有时确实如此。我们说话既然影响如此之大，怎么可以不假思索而信口开河呢？

---

① 《不投降论》，《大公报》（上海版）1937年12月14日。

他先从一般言论的角度立论,指出说话的第一个条件是谨慎。所谓谨言慎行,谨言置于慎行之先,可见说话在人生行为上所占地位的重要了。一言出口,驷马难追。作为个人讲错了话已有失德害事之悔,若为国家讲错了话,其祸则更大。他从个人和国家两个方面分别来探讨说话的问题。他认为一个人说话,应如先哲们所指示的那样:一是立言以诚,二是言必有信。诚信是说话的要素,人而无信,不知其可也。假使一个人说话无诚,言而不信,那话的本身就是伪言妄语,讲话的人便是一个欺伪的小人。个人如此,国家更是如此。国家由单个人积累而成,个人立言在在都可与国家发生影响,新闻从业人员更是每天接触应该怎样说话的问题。王芸生说,常有人问你们做报的人每天为社会国家立言,有什么秘诀没有?我回答说这里虽没有什么不传之秘,却时时刻刻须遵守三个原则:"第一无理的话不说,第二自己不懂的话不说,第三妨害民族国家利益的话不说。"[①] 有理的话,可以说得理直气壮,气盛言宜;自己懂的话,说的时候能够坚定不移;有利于民族国家的话,说起来就能够不避嫌怨不畏强暴,虽冒斧钺鼎镬之险而不辞。如果说话能够理直气壮,坚定不移,不避嫌怨,不畏强暴,那么,不必加以修饰出口便是真话,下笔便成好文章。他说自己虽然未必能够完全做到这样毫无遗憾,但时时刻刻以此来警戒和策励自己,则可以问心无愧。

王芸生告诫广大公众道:现在正是国家抗战到了重大转折、世界局势正在急剧发生变化的时候,"我们无论开口或是动笔,都要绝对站在民族国家的利益上讲话,一丝一毫不能放松"。[②] 不仅报人应该如此,而且全国各界,上自政府领袖负责任者的言论,下至街谈巷议"摆龙门阵"者,都应该如此。他提出这里也有几个原则。一是坚守国策。国家在战,我们绝对不能言和。二是一反敌人与汉奸之言而言。敌人与汉奸要我们投降,我们就必须强调坚持抗战到底;敌人与汉奸要我们分裂摩擦,我们就必须强调精诚团结。三是要认清谁是敌人谁是朋友,分明恩怨:对敌人我们绝不能宽恕或是原谅,而对朋友则绝对不许毁谤,或无端加以恶意的揣测,以免影响我们的外交。我们要牢牢记住,我们的片语只字,都应该经过一番思考,不留任何漏洞给敌人与汉奸利用,使友邦猜疑,让同胞沮丧。譬如

---

① 王芸生:《我们应该怎样说话》,《大公报》(重庆版)1939年10月5日。
② 王芸生:《我们应该怎样说话》,《大公报》(重庆版)1939年10月5日。

现在流行的许多谣言都是出于敌人汉奸的捏造，我们怎能替它传播？我们听见违背国策的谣言，就要本着自己所知的真相，所信的真理，予以坚决批驳，绝不能推波助澜，以助长谣言的威风。

王芸生从以下两个方面对此进行了具体的论述。第一，关于本国我们要处处顾及到抗战的利益，凡是动摇抗战信念的泄气话，都绝对不可说。抗战中知识分子的主要任务，就在于鼓励士气，振奋人心。知识人一无上前线杀敌之力，二无在后方生产之技，假使再耍笔咧嘴悲观泄气，就应该以汉奸论罪正法。这种罪人在历史上多得很：譬如庄子，他对黄帝抵抗蚩尤之战予以讥谤，谓为不能全德。他曾言：世之所高，莫若黄帝，"然而黄帝不能致德，与蚩尤战于涿鹿之野，流血百里。"① 对于个人则称誉残废之徒，以为可以避免兵役，白居易诗《新丰折臂翁》便是师法庄周的遗意。王芸生认为这个时候反战非兵，如谯周之诋毁姜维，秦桧之谗害岳飞，都无异于自毁国家干城，甘做异族大敌的降虏，就是民族国家的奸徒，当然须作汉奸贱奴论。"现在正有一群汉奸贱奴，在诋毁抗战，高唱投降，我们要小心防备被这群汉奸贱奴利用，做他们的义务宣传员。"② 以此来散播谣言，摇惑人心。至于负一部分军事政治重任的人，更不可轻忽发言，以免给敌人汉奸拿去做反宣传的材料。

第二，关于国际的观察和言论发表问题。王芸生指出，现在欧战爆发，我国多数友邦都被卷入战争的旋涡，外交上的变化也五光十色，我们要说话，首先要明确知道，因我抗战之故，国际变化处处与我们相关。再进一步地说，我们是在局内，而不是隔岸观火。我们现在看欧战战局，要分别恩怨，站在国家利益的立场上做出论断。报纸对欧局讲话，应是代表国家立言，而不是作史论。作史论，是百年之后历史家的事情，我们现在还不必做这种写意的勾当。我们有不变的国策，现在的国际变化，也并未与我们的抗战利益背驰，我们的敌人因轴心散伙而更孤立了，我们的朋友依然是我们的朋友。我们有什么理由悲观失望，并对朋友滥加批评呢？我们要牢牢记住，我们对于国际大局并非身在局外，我们认定同一个敌人作战已是了不起的大事业，"我们再不可妄肆口舌，给国家多树敌人，增加困难"。③ 这一点对于

---

① 《二十二子》，上海古籍出版社缩印浙江书局汇刻本1986年版，第79页。
② 王芸生：《我们应该怎样说话》，《大公报》（重庆版）1939年10月5日。
③ 王芸生：《我们应该怎样说话》，《大公报》（重庆版）1939年10月5日。

富有一部分军事政治责任的人来说,尤其要特别小心谨慎!在国家承平之际可以有处士横议,现在的中国人却不能乱说一通。尤其报纸的影响力大,一言兴邦,一言丧邦。我们要切记现在中国人讲话的确有如此重大的关系。他最后告诫人们,报纸动笔作文,现在都应该是抗战宣传,而非作史论,说风凉话,也就是有一个政治立场的问题存在。

三

1942年9月,由中国新闻学会编辑的《中国新闻学会年刊》即将刊行,该刊编辑约请王芸生为年刊撰稿,并指定了《新闻的选择与编辑》作为论题。王芸生接获邀约后,感到义不容辞,遂欣然于1942年3月1日撰写了《新闻的选择与编辑》一文交付该刊。王芸生在文中回忆了自己年轻时编办《民力报》时,自经理主笔到编辑校对,都是他一个人干。他当时的经验是,无论是通讯社或采访来的新闻稿,自己都重写一遍,这样自然很累,但会显得与众不同。以后编辑天津《商报》和《大公报》的时候,常常因为稿荒,而翻遍了外埠各地寄来的报纸,拆看积案成堆的来信,从中加以抉择补缀,分清段落,加上醒目标题,往往一钱不花的材料,第二天成了报上的特别新闻。所谓化腐朽为神奇是也,报馆的编辑于此最能感受到那种创造性的工作兴味。所以,他由此认为,"新闻的选择应该是披沙拣金,新闻的编辑应该是采花酿蜜"。[①] 那种大块大块的搬运,囫囵吞枣,最不足取。

王芸生还提出了"采访新闻要有新闻鼻,编辑新闻要有新闻脑与新闻眼"[②]的观点。所谓新闻眼,就是一大堆稿子,略一过目,就能知道哪些最有新闻价值。所谓新闻脑,则是拿起一篇首尾不整、眉目不清的长稿子,一边阅读,即知道其重心所在,同时就有了标题。他认为新闻的标题实际上就是编辑的意见,就是一种批评。这种能力固然要靠天赋,但也是由训练而得。一个标题,有时雄浑得八面威风,有时纤巧得玲珑剔透。好到化境的标题,往往产生于看稿子选新闻的一刹那间。满意的标题常产生于选稿时的第一印象,而经过几番推敲的标题倒是未能见得满意。有人在

---

① 王芸生:《新闻的选择与编辑》,《中国新闻学会年刊》1942年第1期。
② 王芸生:《新闻的选择与编辑》,《中国新闻学会年刊》1942年第1期。

发稿时，嘴动手画，而念完圈完后竟模糊不留印象。在纸上拟写标题，写了撕，撕了写，总是不得要领。这就是编辑此时尚缺少思维的灵感，当然也就谈不到什么新闻脑了。

他回忆在《大公报》（天津版）时，该报的要闻版几乎全用专电编成，而外埠通信本市采访也都须独立经营，编辑尤其要独立抉择，独立判断和独立负责。他在此话锋一转说，"现在一个报馆编辑大可不必如此吃力费脑了，因为国家已有两个大机构在帮助他们，一个是中央通讯社，一个是新闻检查所"。① 这里表面上好像只是在叙述一个事实，其实隐含着他对当时新闻媒体因为新闻控制而缺少独立性的批评。王芸生指出，全面抗战爆发以来，新闻工作者斥敌诛奸，宣扬国策，尽忠效力，以至贡献生命，精神之旺盛，堪称空前；但技术上却具有空前的衰退迹象。"因为有中央通讯社，里里外外一把抓，报馆不愁没有稿登，也不怕遗漏新闻，外勤采访变成可有可无的配搭，内勤编辑成了中央社几次稿的伺候人。"② 他说过去曾遇见一个偷懒的编辑，叫排字房取稿自选自排。那时这样干毕竟有些冒险，而现在却尽可无虑了。因为现在的报馆编辑，可以闭着眼睛把中央社稿向排字房一推，标题和内容一切现成，再把收到的外稿一齐送到检查所。检查所又相当周到，要删的从原稿上勾去，要扣的原稿没收，发还的都盖了检讫印章，不用再看就直接送到排字房去排。出了问题，有检查所替你负责了。像从前往往因为发了一条稿而惹得坐牢甚至送命之事，现在简直没有一点这方面的风险。只要你会懒会滑，就可以万事大吉。

王芸生根据自己的从业经验指出，进步都要从艰苦奋斗中得来。现今情形如此，还怎么能希望报界出人才？报馆如此，那么中央社是否就可以出人才了？其实也不然。他披露中央社外勤记者的遭际和境遇说：中央社战地记者辛苦打来的电报，送到战讯发布组，或扣或删或改，完全改变了形貌。写的长篇通信，即使不被检扣，报馆也难有长篇登载。本市外勤记者访问政府机关，机关往往将官样文章予以搪塞，所以报纸上虽然常有某某长官对中央社记者的谈话，十有八九是压根儿就没有见过面。堆在编辑案头的许多稿件，都是政府机关由公函送来，有时更动一个字的自由也没有。他忧虑地说，任此趋势下去，很令人担心将会演变成中央

---

① 王芸生：《新闻的选择与编辑》，《中国新闻学会年刊》1942年第1期。
② 王芸生：《新闻的选择与编辑》，《中国新闻学会年刊》1942年第1期。

社"塔斯"化、各报"真理"化的趋势。新闻媒体都演变成了宣传的机器。机器是刻板的东西,按照一种模型批量化制造,于编辑采访上就没有什么技术可言了。

如此读者就不难明白,重庆各报何以那么日趋单调了。至于有人不同意,质问说为什么在重庆各报上,也偶尔会看到不尽相同的新闻与一些相当逆耳的言论呢?王芸生指出,这要感谢中国报人的努力,中国报界目前赖此还有几许生机。说来很伤心,这一点生机往往是负了犯法的罪名换来的表现。不过,王芸生并没有全盘否定新闻检查制度的意思。他承认新闻检查制度当下有其存在的必要性,不过也同时主张,新闻检查所与报馆应该为了同一个目的而进行通力合作,以收相得益彰之效。就是新闻检查机关应该对报馆加以辅助,而不可以斫丧过甚。"我们是世界民主阵线的斗士,民主国家的最大特征,就是有舆论。为对外表示我们国家的尊严,对内促进政治的进步,都需要有蓬勃活跃的舆论。若要舆论蓬勃活跃,报人的 Air space 就得宽阔些。"① 所以,无论是从国家民族的利益大局上,还是从报界发展的小局上着眼,都需要政府能对报界网开三面。拥护政府管理新闻,但希望不要太过苛细,他认为若能做到天网恢恢、疏而不漏的程度就足够了。

针对当时有人讨厌重庆的报纸太多,王芸生指出:作为世界七大都城之一的重庆有十家报馆,其实并不算太多,真正惹人讨厌的其实是这些报纸单调。这需要各家报纸自己努力,把内容弄丰富些,同时要求管理方面把检查尺度放宽,这样报纸的内容就不会单调了。又有人建议重庆各报把相同的稿子合作排版,他认为那也是中了单调的催眠,实在是叫各家报馆走更加单调的路子。那样,还不如索性恢复到大轰炸后重庆各报联合版的状态。"试想世界大局如此震荡,国家问题如此繁难,以四强之一的中国首都只有一份报,记载单调的新闻,说单调的话,那是多么可厌可怕的事呵!"② 因为只有既丰富多彩,又各具特色,才是报业健康发展和繁荣兴旺所应具有的正常生态。

梦由心生,境由心造。人们常常用梦来曲折地表达自己的理想。当梦想之物与当下形成巨大反差时,对梦的描述就有了现实批判意义。1948 年

---

① 王芸生:《新闻的选择与编辑》,《中国新闻学会年刊》1942 年第 1 期。
② 王芸生:《新闻的选择与编辑》,《中国新闻学会年刊》1942 年第 1 期。

9月1日，时值记者节，面对当时国民党当局统治崩溃前夕对新闻传播的白色恐怖，王芸生不禁感慨万千，遂为《大公报》写下了一篇题为《九一之梦》的社评，同时刊登在9月1日《大公报》的上海、重庆、天津和香港版上。在社评开头他憧憬道："这应该是现实的。是一个教育发达的社会，人人读书识字，很少有文盲。报纸成了人们的第二食物，每天非看报不可。人们不仅要在报纸上增益见闻与知识，更要在报纸上得到关于处理和推进社会人群各种事务的意见，而且也要在报纸上发表自己的意见。这样，报纸不仅是人们的食物，而且更真切的成了人们生活所需要的一种工具。每天早晨睁开眼睛，第一件事几乎就是看报。翻开报，先看标题，藉知人间又发生了什么大事，什么新闻；有功夫，再细读内容，品味意见。大批大批的报，装飞机上天，登火车出埠，下轮船入海；更有一张一张的报，像穿花蛱蝶似的纷纷飞入每个人家。这白纸上印黑字的报，真是人间的恩物呵。"① 这是一个热爱新闻工作者多么甜美的梦呵！"这应该是现实的"一语，其实饱含着辛酸。在社评的结尾处，是孩子叫他："'爸爸起来吧，快十二点了！'睁开眼睛，果然日已当午，案上摆着'九月一日'的各种报纸。"② 梦醒了，现实仍是那么的残酷。但也正是因为现实的残酷，才成就了《九一之梦》在中国现代媒介批评史上所具有的历史地位，并使之具有某种悲剧的时代意义。

第四节　杜绍文的媒介批评

杜绍文（1909—2003），字超彬，别名杜又开、杜都，③ 广东澄海人，与民国著名学者杜国庠同宗同族，1924年入金山中学读书。当年澄海杜氏创办的崇德学校经费拮据，办学条件甚是简陋，从日本留学归来任北京大学教授的杜国庠联合当地乡绅，制定了《杜氏子弟就学奖励办法》，建立了"书田制"，对杜氏家族年少读书者进行资助。杜绍文读中学时就曾受惠于书田制。1927年，杜绍文考入复旦大学文学科新闻组，是新闻组第二

---

① 《九一之梦》，《大公报》（上海版）1949年9月1日。
② 《九一之梦》，《大公报》（上海版）1949年9月1日。
③ 参见陈玉堂编著《中国近现代人物名号大辞典》（续编），浙江古籍出版社2001年版，第181页。

届学生，受教于谢六逸、戈公振、黄天鹏等著名新闻学者。1928年，杜加入了上海报学社，并与同学王德亮等人创办《星火》壁报，推动了学校壁报活动的开展。1929年，又与朱福增、王之平等人在校内创办了《短波无线电》壁报，以编排美观、标题新颖而引人注目，壁报上的文章曾多次被上海各报转载。1930年，他兼任学校《周刊》编辑，期间还办理过复旦通讯社的相关业务，业余常向报刊投稿。1931年春毕业，留校任助教。其毕业论文《新闻政策》以复旦大学新闻学会名义出版发行，这是国内第一部以新闻政策为研究对象的专著。1931年6月24日出版的《上海画报》第716期上，还专门配发其肖像照片，以《复旦大学新闻学系本届毕业生杜超彬君毕业论文为〈新闻政策〉》为题进行了报道。1931年9月，杜绍文赴江苏镇江，在江苏省教育厅编审室任职，并兼任《苏报》记者和副刊《甘露》的编辑、教育厅图书馆代理主任等职。后升任《苏报》总编辑，并曾主办过一张小型的《热报》，注重报纸的质量，首开国内小报大办的先河。1933年1月，《江声日报》经理兼总编辑刘煜生被苏省当局借口宣传赤化而枪杀时，他曾积极参与新闻界对当局提出抗议，因受有关方面的威胁而弃职返乡。1933年3月，杜绍文任杭州国立浙江大学文理学院助教，不久进杭州《民国日报》任国际新闻版编辑和资料室主任。1934年6月，任杭州《东南日报》主笔。全面抗战爆发后，随《东南日报》迁金华，任该报评论课长，并于1938年9月主编浙江省战时新闻学会会刊《战时记者》杂志。1940年，应其同乡、时任驻湘司令长官兼湖南省主席薛岳的邀请，赴长沙任第九战区战地党政分会专员，兼任长沙《国民日报》总编辑，1941年3月又接任该报社长之职。抗战胜利后，杜绍文返回上海任《前线日报》主笔，兼该报《新闻战线》理论专刊主编。1946年6月，任上海《东南日报》总编辑，兼任复旦大学新闻系副教授，主讲《新闻政策与新闻法规》《新闻写作》《评论写作》等课程。1947年主办上海中国新闻函授学社，是年9月1日，与著名新闻史学者胡道静合作，在上海历史博物馆举办特种报纸展览，展出平时收藏的各种报纸400余种，深得业内同行好评。中华人民共和国成立后，先留在复旦大学新闻系任教。1952年，调上海《文汇报》社任记者、编委办公室主任、资料研究室主任等职。1980年退休。杜绍文受过系统的新闻学专业训练，抗战时期他又是国统区新闻界的活跃人物之一，曾有"新闻界的彗星"[1]之誉，尤

---

[1] 曹聚仁：《采访外记 采访二记》，生活·读书·新知三联书店2007年版，第124页。

其嗜好新闻理论研究，著有《中国报人之路》《战时报学讲话》等新闻论著，其中很多文字具有媒介批评的性质，在中国现代媒介批评园地中颇引人注目。

一

全面抗战爆发后，国统区广大新闻工作者奋起宣传反对日本帝国主义的侵略，迅速出现了一批以宣传抗日为职志的报刊，掀起了抗战鼓动和宣传的热潮，杜绍文在积极投身于抗日宣传的实践中时，很快发现了其时报刊宣传中存在着雷同化的毛病，认为这种缺乏个性和特色的宣传无法达到预期的效果。为此，他特地撰写了《创造新闻纸独特的个性》一文，予以分析和批评。杜绍文指出，一般的商品可以标准化，但新闻纸虽然具有一定的商品性，但毕竟不是一般的商品，它是文化的食粮，不能彻底地标准化，否则势必降低宣传效果。他以纳粹德国的新闻统制为例说，自希特勒登台以后，其宣传部部长戈培尔，在该国竭力推行一种纳粹标准化运动。新闻纸系宣传中的主要部门，当然也要贯彻这一精神。这使德国有600多家报馆因奉行了标准化之故，登载千篇一律的新闻、演说词、法令大纲之类的内容，从而丧失了大部分的读者，被迫关门。即便是国社党的机关报《人民观察家报》南北两版合计每天最高销量仅有31万份，完全以广告为基础的柏林《晨报》每日亦不过34万份，以至戈培尔颇不满意，有一次在全德新闻记者年会上他恼怒地说："今日德国的新闻纸，其论调已不是无政府主义和破坏主义了，但太驯服了，驯服得活像一头小狗。"[①] 为什么一向以阐扬发展文化驰名的德国新闻纸，竟然会出现这种可怜相？戈培尔不但没有明说，但也驴唇不对马嘴地要求道："德国此后的新闻纸，应该有独立的、自尊的、善意的批评，含着建设性的和健全性的忠告，辅助政府的复兴，促成国社党的迈进。"[②] 杜绍文指出，戈培尔这一席话完全是舍本逐末自欺欺人，因为纳粹标准化运动不停止，德国新闻纸何以能显示个性？

杜绍文明确指出：我国现阶段的报业，有一个很普遍性的通病，就是

[①] 杜绍文：《创造新闻纸独特的个性》，《战时记者》1939年第1卷第12期。
[②] 杜绍文：《创造新闻纸独特的个性》，《战时记者》1939年第1卷第12期。

新闻传播过于标准化而导致的雷同化和单一化,"只要备一座无线电报的收音机,便能取录中央通讯社 CAP 的新闻广播,地方报和都市报的新闻来源,同出一流,于是除标题可略争雄长外,至于新闻的内容,可以说完全雷同"。① 由于门槛降低,致地方小型报纸风起云涌,盛极一时。原来几家销数较广的大报,受到致命的打击,销行范围一天天紧缩下去。地方报和都市报在发展中各有困难。地方报的难题是人才太少,经费短缺。都市报虽有广告收入加以挹注,然亦觉得新闻太平凡,不能出类拔萃。但无论是都市报还是地方报,均受到标准化的影响。

针对有人说,日本国内的新闻纸,其新闻的标准化程度较我国高出许多倍,比如《朝日新闻》《每日新闻》等大报,他们在军阀的严酷统制下,另辟蹊径,不惜重资,广派战地记者,撰写特写特稿,以弥补雷同化造成的不足。我国报界何不如法炮制一下?杜绍文认为这样的说法只是皮相之见。需知日本记者冒着生命危险到战区来,不仅已有多人丧命战场,而且拍发的电讯或撰写的稿件,在日本国内也不能篇篇照登,当局仍旧要大扣特扣,可以说是花了很多冤枉钱,并无多大的效果。况且我国报业资力薄弱,绝不可能如日本媒体那样,大把大把地虚掷金钱。而且凡是可以发表的战地动态,中央社记者均有电报或通讯,私人报馆尽可不必多费人力财力。因为自派记者前去采访,不仅花钱多,得不到应有的便利,还没有中央社的优越,有时辛苦采访来的新闻,因为含军事秘密,不能够自由发表,徒劳而无功。故近来国内各家大报,对于特派记者一事,已经没有从前那样积极了。

杜绍文认为,由于近来我国各处报纸内容多属平凡的毛病,也已经为主持报纸的人所认识到了,所以他们也无日不在设法加以改进。但他明确指出,这里有一个大前提不解决,无论如何费心劳神,依然不能有所进步。"什么是大前提呢?一句话,就是新闻不能标准化,而必须使之个性化。"② 他认为在我国办报的一些人中,存在一个理论和实践的误区,新闻尽量求其多,至少也要和他报一样,即人有我也有,可是他们常常把"人无我有"这更重要的一招儿给忘记了。结果是把一张好好的新闻纸,弄成了一个仿佛万物纷陈的杂货店,货色物品虽然很多,却无一足取,故而吃

---

① 杜绍文:《创造新闻纸独特的个性》,《战时记者》1939 年第 1 卷第 12 期。
② 杜绍文:《创造新闻纸独特的个性》,《战时记者》1939 年第 1 卷第 12 期。

力不讨好，没有报纸自己特定的读者群，也就没有与同业进行激烈竞争的资本，在报业丛林中将如春草一般无声无息，因此，我们要施展抱负，发展壮大新闻事业，摆在我们面前的大道，就是去创造新闻纸的个性。杜绍文认为，一张新闻纸不光是具备时事新闻和言论，编制新闻文字的人，也不是只要把新闻文字印在纸上即可。广大的读者才是新闻纸存在的真正基础。古代邸报为什么在严格的意义上不配为报？就是它的读者仅仅是寥寥可数的帝王大臣与封疆大吏。"读者为一张新闻纸所赖以存在的生命线，我们创造新闻纸的个性，便从读者的兴趣入手。"① 新闻在一定的意义上如同工厂出货，市场上多数顾客喜欢哪一种货，报馆就要制造哪一种货去满足他，如此一定可以风行畅销。

杜绍文提出新闻纸个性建构的路径是，先对读者群体的阅读喜好细加分析，从中寻找和发现读者最大多数的兴味何在，然后加以启发和培养，并有意识地提供能够符合与满足该项兴味的材料，由此形成报纸的独特个性。这样就可以使这些读者拿到报纸后爱不释手："读者群的兴味是对象，迎合他们的意旨，以为立论编报的南针，而表现为适如其分的纸面，这是形态；对象和形态的总和，就是新闻纸的个性。"② 当然，杜绍文同时指出，新闻纸个性的塑造虽以满足和适用读者的阅读兴趣为前提，但必须旨趣高尚。满足读者需要，但绝对不能沦为讨好而自趋于卑鄙下流、诲淫诲盗，因此，报纸的个性塑造须包含以下六个方面："第一要具崇高的报格，第二要有精彩的特色，第三要循合理的途径，第四要用正常的竞争，第五要尊重读者而不阿附读者，第六要正其谊不谋其利，明其道不计其功。"③ 也就是说新闻纸个性的塑造，始终要以正确高尚的传播宗旨作为内在的基础和条件。

1938年11月，时值《战时生活》创刊一周年，杜绍文应邀给该刊撰写了题为《多多揭发民瘼》一文作为祝词。他在祝词中指出，抗战爆发后各地报刊有两个共同的缺憾。第一是取材方面太偏重于青年及中间阶层，千篇一律，缺少特色。结果是普通文化水准较低的老百姓看不懂，而对某一问题稍有研究的人又嫌其太浅，徒费纸墨，于实际无裨。第二，专门性

---

① 杜绍文：《创造新闻纸独特的个性》，《战时记者》1939年第1卷第12期。
② 杜绍文：《创造新闻纸独特的个性》，《战时记者》1939年第1卷第12期。
③ 杜绍文：《创造新闻纸独特的个性》，《战时记者》1939年第1卷第12期。

的刊物太少,如专门面向妇女、儿童、农工的报刊可谓绝无仅有。这两点瑕疵使战后刊物虽多如雨后春笋一般,但真正有益于抗战建国的则殊不多见。他评价《战时生活》有自己的特色和贡献,特别是该刊迁到金华以后常常发表一些来自各县的通讯,能够较大胆地暴露社会黑暗的一角,"文唯实书,语不虚发",① 散发着浓烈的战时气息,真实而客观地呈现了劳苦大众的生活,功不可没。他希望该刊能够继续本着忠实和无畏的精神,疾恶如仇,择善固执,多多揭发民瘼,以发挥报刊的舆论监督功能。

二

错误的认识和观点必然带来错误的实践,因此,媒介批评的任务之一就是对错误认识和观点的批判。1939 年 11 月,杜绍文在《战时记者》第 2 卷第 3 期上,发表了《矫正人们不正确的观感》一文,具体分析了抗战后新闻界还存留的一些不正确的认识。首先,他提出了新闻记者双重任务的观点,即新闻记者不仅要履行正常的新闻传播职责,而且还要承担起改善和维护新闻职业社会形象的重任,不仅要把新闻工作当作一种谋生的职业,更要有一种事业精神。杜绍文指出,由于长期的传统观念影响,国人对新闻从业人员并不重视,甚至还有轻蔑的意味,日常生活中人们在谈到新闻这种职业的时候,往往包含着蔑视、警戒、轻佻乃至于侮辱的多重意义。他认为人生于世不能无业,但对业的态度,却可以大体上区分为两种类型:一是事业;一为职业。事业往往是人们兴趣的寄托,常被认为可以孜孜矻矻终生追求不休的目标,虽然人的躯壳已经物化,其追求的事业却可长留后世。职业则是人们赖以谋生的部门,依靠它来觅取生活的资料,使生命得以延续。有的时候,人的事业和职业可以获得统一,有的则只占有其中的一种。除非是社会的一个寄生虫,否则人人均需有职业。事业比较少见,所以社会职业家常有,而事业家稀见。新闻记者也是一种职业,本来这种职业与教师、工程师和公务人员一样,但它为什么会受到人们的轻视?人们为何不轻视其他而唯独看不起新闻记者呢?

杜绍文认为,新闻记者之不受社会重视,不是职业的卑贱,不是社会的误解,在一定程度上可以说是由新闻记者自己造成的结果。新闻记者何

---

① 杜绍文:《多多揭发民瘼》,《战时生活》1938 年第 2 卷第 1 期。

以会造成这种不良的社会认知？杜绍文分析其中的原因有三。一是新闻记者本身的既不敬业又不乐业。很多新闻从业人员，都不以新闻为终身的职业，一旦遇有好的机会，即转而他就，新闻记者只是他们用以谋得更好职业的一块敲门砖、一座过河桥，根本不视为一个永久的职业。对职业缺乏信心的人，当然不会敬谨于所执之业，随便马虎就成为他们的职业态度。敬业和乐业相连，不恭敬其所司，自然不会乐于执业。不乐业敬业的人，人业之间必然会构成一种矛盾。日日在冲突和矛盾的状态中讨生活，振作乏力，惰以进步，自然就易于以恶小而为之、以善小而不为。二是新闻记者的修养与操守不够。我国昔时报人，常只是文人末路的下场，一些人竟染上吸食鸦片的不良嗜好，"深夜馆中，孤灯暗淡，编报于烟榻之旁，撰文于雀战之后，视报纸为其私产，一以私人的好恶为转移，好者阿之，恶者诋之，不负责任，不顾廉耻。而苞苴夜与的事，尤属司空见惯，于是吃报馆饭和敲竹杠事便结不解缘，使人认为官无不贪，吏无不污，记者无一不乱敲竹杠，这种卑劣的习气，遗毒至今，尚有残余。"① 从而在人们的印象中对记者留下了这种不好的传统印象。而一种社会印象一旦形成，改变起来往往需要很多的努力。三为荒谬的原则所误。杜绍文指出，新闻界有些人奉无事不记、有闻必录为职业原则，而不管他所见之事、所听之闻的准确性如何，一概无所不记、无所不录，遂有如下的恶果：（1）被有意识者利用；（2）易失读者的信任；（3）报纸不复为社会的公器；（4）借口撷取新闻而推诿谎报乱讲的责任。如此迷途日深，社会公众和新闻人之间的对立与隔阂自然愈甚，于是，新闻人的社会声誉和社会形象也就愈加难以建立，因此，杜绍文指出，这一时代的中国报人具有两重的任务：一是充实自己的力量，一为改正先人的错误。新闻人要做牺牲救世的耶稣和我不入地狱谁入地狱的释氏！

不过，杜绍文指出，新闻工作者也不必为此悲观，因为一切都在变化之中。首先，今日报人的自身素质、社会环境和各方态度都在发生变化。现在的报人有光有热有力，绝非旧时抽大烟玩笔墨的老枪记者可比；从前以为文字清通就可胜任报人职务的看法，现已感觉十二分的不足，文字技巧不但要到家，其他社会科学、自然科学、应用科学以及外国语等，均需有相当了解，允文允武，无所不能，这是一个健全报人的起码条件。他认

---

① 杜绍文：《矫正人们不正确的观感》，《战时记者》1939 年第 2 卷第 3 期。

为近十年来中国报人的素质确有很大进步,长江后浪推前浪,世上新人换旧人,随着时间的延续,这些不合时宜的报人终将被彻底淘汰,新的报人将代之而起,揭开新闻事业的新页。其次,从社会环境方面来看,我国交通日趋发达,教育逐渐普及,国家观念与民族意识普遍提高,这些都是促成报业繁荣的有利条件。报业发展了,报人的社会地位自然也会随之提高。而报人位置的提高又将促进报业的发展,二者势必形成良性循环。最后,社会各方对报人的态度,亦与以前有所不同。邵飘萍、林白水的时代已经过去,至少今日报人在不违背政府法令、不出卖民族利益和不亵渎职务的条件之下,生命应无意外。"各方对于报人,现有几种态度:(一)敬鬼神而远之,(二)相机而利用之,(三)虚伪以敷衍之,(四)设法以羁縻之。"[1] 对新闻工作者揶揄、污辱、凌迫的态度,目前基本已一扫而空。各方这些态度的转变,乃是由报人自己以行动争取而来。假如报人没有值得尊敬之处,社会各方也不会去尊敬他们。报人应该紧紧抓住这一良好的局面,为新闻事业营造一个更好的发展环境。

汉奸是抗日战争中的一种重要现象,新闻界也不乏此类。杜绍文指出,落水报人的存在严重影响了社会对新闻工作者的观感。要矫正社会对于报人的谬解,报人自己应设法健全新闻队伍的肌体。报人应怎样去改造和充实自己?他提出可从以下几个方面进行努力:一是自我教育;二是自我扶助;三是自我检讨。他认为这三者之间是相辅相成的关系:自我教育是积极的作用,自我检讨属消极的作用,自我扶助则介于两者中间。读书固可以明理,但奸佞之徒,其才反足以济恶,教育有时亦宣告破产,所以单是强调自我教育还很不够。学问上的造就而外,还必须在品性上痛下功夫,要能见贤思齐、见不贤而自省,通过自我检讨以砥砺德行,树立富贵不能淫、贫贱不能移、威武不能屈的操守,然后才不至于才以养奸。他认为自我扶助是达成自我教育与自我检讨的桥梁,增进学术是教育,切磋琢磨是互助;存优去劣是检讨,互相批判是互助,古人所谓益者三友:友直友谅友多闻,自我扶助就属于益友之一类。他明确指出:"自我检讨的重要性,不下于自我教育和自我扶助,以前只听到教育与扶助的话,而很少听到自我的检讨,这显然是一桩莫大的错误。"[2] 固然做汉奸者并非是只有

---

[1] 杜绍文:《矫正人们不正确的观感》,《战时记者》1939年第2卷第3期。
[2] 杜绍文:《矫正人们不正确的观感》,《战时记者》1939年第2卷第3期。

报人，但报人站在文化战线上的前哨，一言一动为各方群伦所矜式，影响至广。他认为通过自我检讨和自我批判的方式，迅速肃清报界败类，以一新国内外的观听，实为抗战时期新闻界所亟须解决的一件大事。

三

杜绍文是国内最早对新闻政策进行系统探讨的理论研究者，对新闻政策在新闻事业发展中的地位和功能，自然是洞若观火，了然于心。全面抗战爆发之后，对新闻政策问题，他也多次予以批评。1938年10月，在国民参政会第二次会议上，参政员胡景伊、邹韬奋等21人联名向大会提出了"确立战时新闻政策案"，并获得修正通过。提案内容有三个部分：一是以抗战建国为标准，确立战时报道原则，制定新闻报道具体纲目；二是调整新闻宣传机构，建立合理的新闻检查制度，扩充全国通讯广播事业，扶助全国新闻事业，加强国际宣传；三是增进新闻记者的工作效能，提高新闻记者素质，使之能适应时代需求，更好地担负起抗战建国的任务。杜绍文评价该提案对新闻界可谓是大旱之望云霓，十分的适时切要。因为抗战虽一年多来，国家关于新闻报道的原则，迄无明确的提示，报人大有莫知所适之苦。新闻检查制度在人事与工作方面，令报人颇感不便，所以一般的人均主张，施行消极的检查不如改为积极的指导。因之导致报人不能克尽厥职，甚至无意识间泄露军事秘密亦所在多有。制定新的科学合理的新闻政策确属一项亟务。

杜绍文从理论产生和发展的社会基础角度指出，人类新闻政策的运用和实践，并非当下才有的现象。从本质上说，新闻政策的实施是人类的一种本能，是人类群居性的表现。人是一种有智慧和灵感的高级动物，利用外力以趋利避害是其本能的表现。其趋利避害大体上有三种方法：一是利己兼利人；二是利己而不损人；三是利己而损人。利己是人类所有话语和实践行为的出发点。人们往往会审时度势，根据客观的情势与需求，确定其利人、不损人或损人的对策。由于这些对策必然关涉到他人，因而具有一定的道德性。其中当然以利己兼利人者为上，以利己而损人者为下。耶稣、释迦牟尼、穆罕默德等宗教领袖，他们的宗旨虽然都具有舍己救人的性质，但其原始的出发点，则在于推广或包含内容各有不同，而其发自人类趋利避害的本能则亘万古而不变。远古的时候，人们还没有产生语言进行交流，而是以图腾作为行动的指南，为避开洪水猛兽的袭击，不得不结成一个部落，择卜而居，此时人类的思想和欲望极为单纯，就是维持基本的种类生存和繁衍，好生恶死是人的最高目标。为了实现这一目标，故采取种种利己的行为。语言产生以后，口头新闻随之出现，人们更易以耸动聪闻的言辞，发挥其利己的作用。但口头语言受到物理条件局限很大，在时间上不能传之久远，空间上无法使大众咸闻。言而无文，行之不远。文字的出现，终于使人类成为自然界万物的灵长，使人类传播进入了一个新的时代。不管是刀刻于竹简，还是笔书于锦帛，更无论是石印油印铅印于无数的纸张也好，在本质上都是在施行于己有利的宣传，也都是一种新闻政策的有意无意、或隐或显的应用行为。

近代民族国家出现以后，新闻政策及其运用进入了一个新阶段。为争取国家和民族有更好的生存环境和国际地位，需要通过军事、政治、经济、外交、文化等武器，强化自己，削弱敌人，并多多地联络友人以孤立敌势，运用这些武器的具体原则就是国策。近代以降，新闻政策自然而然地成为国策的一部分。它以国策为指导战略，以纸张、笔墨、广播、放映机等传播工具为武器，从事于克敌制胜的思想战、信息战、舆论战等，以收利己损敌的战果。杜绍文认为一个国家要立国于现代国际之林，不可不制定和实施一个万全的国策，进可宣扬国威于异邦，退可力保国家领土和主权的完整无缺，这是一个现代国家立国的要件。在我们抗战建国的伟大征途中，新闻政策正可以发挥应有的时代承当。

杜绍文指出，抗日战争现已进入战略相持的新阶段。这一阶段离最后胜利更近，也将更为艰苦。我们必须尽最大的努力去克服困难，才能够争取到最后的胜利。为应付敌寇最末的疯狂和挣扎，我们除了在军事上进行反击、政治上作政略进攻而外，在思想方面，我们尤需以齐一的步伐和统一的阵容实施宣传上的新方针。施行思想战有三个基本目标：一是增强我国的力量，二是削弱敌人的力量，三是增强第三者对我同情的力量。在这个过程中，新闻宣传就是最有效的工具。一国的舆论，代表一国的意志，古人所谓观人之国者，不视其朝而视其野。朝是官方的动态，野是民众的园地，民意的好恶，最足表示朝政的良窳。"新闻政策的最高造就，是缔成'一个民族，一个意志，一个舆论'。"[1]自古以来，统治阶级和被统治

---

[1] 杜绍文：《新"新闻政策"》，《战时记者》1938年第1卷第4期。

阶级，往往处在对立的地位，求朝野一致官民一体，可谓难得一见。把众多之人所组成的民族国家凝结成一个意志，呈现一个舆论，洵为一桩艰难而又伟大的工作。我们要以全民族力量的总和，与日本帝国主义者作殊死的周旋。民族至上、国家至上与军事第一、胜利第一两个指标，既是最高度的升华，又是最底线的要求。希望以新的新闻政策的确立作为一个良好而有力的起点，以此促成一个民族、一个意志、一个舆论的形成。

杜绍文严厉批评我国新闻界道："我国过去的新闻界，自整个国族的利益观之，可谓全部失败。一部份新闻从业员的不互助，不求知，不团结，不自爱，仅为衣食而操觚，缺乏事业的兴趣。"[①] 这里当然有环境的客观因素。从社会环境看，杜绍文认为影响我国新闻界团结的社会因素及其表现至少有二。第一，报界缺少中心的组织。大家各自为政，没有一个国家级的统筹规划，所以报界呈现一种无政府的分散状态。如抗战以后，武汉、长沙、重庆和香港等地，报馆过多，造成人力和物力的浪费，而若干重要的地方则痛感贫乏。且报馆与报馆之间缺乏意见和感情的交流与沟通，有问题无法共同讨论，深刻一致的见解自然也就难以产生了。第二，报人缺乏健全的训练。我国报人绝大多数没有受过新闻专业教育，仅凭个人一鳞半爪的经验执业临事，即便是学过新闻理论的人，也多偏重新闻理论方面，缺少对实际问题观察和判断的训练，过去的一些报业公会组织未能在这方面起到应有的作用。战争固然是对我国文化的一种摧残，但也是一种洗礼、淬炼和陶冶。杜绍文认为，战争为我们带来了健全新闻学的好机会。战争必将带来政治、经济、文化、制度的演变，也必然给学术的发展提供新的生成环境和滋养。战争将使新闻学经历一个汰旧换新、脱胎换骨的过程，战争固然会对学术研究产生影响，但这种影响并非全然地具有消极性。文王拘而演《周易》，屈原逐乃著《离骚》，所谓"战时不能研究学术"的观点并没有多少充分的根据，我们对抗战新闻学的发展完全没有悲观的必要。

爱之深而责之切，媒介批评作为一种具有否定意味的话语实践，其实践领域往往也存在着这样一种现象，因为对新闻事业的热爱而进行媒介批评，在中国现代媒介批评园地中十分普遍，这对新闻从业人员来说，尤其如此。杜绍文是复旦大学新闻系的毕业生，对新闻工作有着一种发自内心

[①] 杜绍文：《一个民族一个意志一个舆论》，《战时记者》1938年第1卷第2期。

的热爱。1940年4月，他在长沙主编《国民日报》期间，虽然不幸痛失爱子，但这并没有减损他对新闻工作的投入与热情，仍不停挥笔撰写社评，一丝不苟地从事新闻编辑工作，从事新闻学的理论研究，为建设中国的战时新闻学而添砖加瓦，其行可嘉，其志可贵。当然，作为一个长期浸淫于国民党体制内的新闻工作者，在他的媒介批评中也存在着一些不足，如他对"一个民族，一个意志，一个舆论"的提倡和宣传，就缺乏政治上的甄别和警惕。1938年10月以后，鉴于中国共产党所领导的八路军、新四军武装的迅速壮大，国民党当局感到恐慌，因此开始从原来的抗战建国纲领立场上后退，开始在内部执行限共的政策。在国民参政会第一届三次会议上，蒋介石向大会宣读了《国民精神动员纲领》，其主旨即可集中为三句口号："国家至上，民族至上"，"军事第一，胜利第一"，"意志集中，力量集中"。[①] 国民党对这三句口号的解释中包含着许多防共、限共、反共的内容和含义，从而成为不断发生的反共摩擦的理论政策工具。新闻界"一个民族，一个意志，一个舆论"口号的提出，某种程度上是对国民党"一个信仰、一个领袖、一个政府"口号的呼应。只是如杜绍文这样的新闻工作者，政治敏感性不足，往往不明就里，更多地从正面的积极的意义上去理解和阐释这些口号的内涵罢了。

第五节 刘豁轩的媒介批评

刘豁轩（1903—1974），学名明泉，号豁轩，后即以号行世，河北省蓟县人，出生于一个天主教徒家庭，其祖父是当地一位有较高威望的地方教会召集人。幼年时在村中私塾读传统的四书五经之类，农忙时候也须帮助家中做些农活。1919年，刘豁轩从蓟县高小考入天津南开中学，在校期间他参加了五四运动，接触了很多新闻报刊，对新闻时事产生了很大的兴趣。在南开中学学习6年后，他又考入了南开大学，主修政治学。1928年毕业，进入其族兄刘浚卿任总经理的《益世报》馆，主持编辑部工作，随后逐渐成为《益世报》的实际主持人。1932年任代理社长，1934年经该报董事会选举成为报社的总经理兼总编辑。刘豁轩主持《益世报》馆务之

[①] 温贤美、李良志、裴匡一主编：《抗战时期的国共关系》，北京出版社1997年版，第145页。

后，即大刀阔斧地充实编采力量，大胆地高薪聘请了当时新月派的干将罗隆基担任该报的主笔，约请著名戏剧家马彦祥主编该报《语林》副刊，另在北平、上海等10多处大城市设置特派记者，在河北、山东、辽宁等省的重要市县聘请通讯员，大力开辟新闻来源。经过他的一番努力，《益世报》的面目为之一新，与名震南北的《大公报》并驾齐驱。1936年因人事矛盾辞去了《益世报》的所有职务，赴燕京大学新闻学任教。1937年全面抗日战争爆发后，任新闻系代理主任，期间他聘请了曾经在北平多家英文报刊和通讯社工作过的孙瑞芹到系任教，除《世界报学史》一门由德籍教师罗文达讲授外，他与孙瑞芹二人几乎承包了燕大新闻系的所有专业性课程。刘豁轩讲授其中的《报学原理》《报学管理》《社论写作》《中文编辑》等课程，并组织师生出版了《燕京新闻》周报。该报采中英文合刊的形式发行，每期6版（4版中文，2版英文），每期500—700份，以在校内销售为主，少量寄往中国香港和美国。1941年12月8日，太平洋战争爆发，驻北平的日军包围了燕京大学并于当晚逮捕了刘豁轩，第二天押送至日本宪兵队，经审讯后押解到北平日本陆军监狱，半年多后始被释放。抗战胜利后，《益世报》在天津复刊，刘豁轩回任该报社长。1946年，曾受国民党中央宣传部委派，赴欧美等国考察新闻事业。中华人民共和国成立后，在北京从事国外科技情报翻译工作。抗战时期，刘豁轩主要在沦陷区的北平从事新闻教育工作，从地域和政治环境看，他所进行的媒介批评在当时具有一定的代表性。

一

刘豁轩发表在《国闻周报》第14卷第7期上的《民族斗争的第三道阵线》是评述报刊宣传功用、批评轻视报刊宣传陋见的文本。该文章发表的时间虽然是1937年2月，但其主题和现实指向性无疑是为即将开始的抗日战争服务，因为1937年2月的北平乃至整个中国的上空，完全已经是山雨欲来风满楼，中日之间的战争已经迫在眉睫了。显然，刘豁轩是从民族斗争的角度评述报刊宣传功能，并非无的放矢之谈。刘豁轩指出，现代战争是交战国之间整个民族的战争，全国的人力、物力和智力，都要为此集中努力。第一次世界大战时即有了所谓的三道阵线之说，与以前专靠武力的战争不同。所谓三道阵线是武力、经济和宣传，就是用经济的封锁塞其喘息，以宣传的烟幕乱其意志，再用武力作最后一击。在现代民族国家之间的战争中，这三道阵线各有它的重要性，互相为用，缺一不可。武力同经济是决定战争走向的两个根本条件，宣传虽然也可以说是古已有之，但它的威力，直到第一次世界大战才因得到了充分发挥而受到重视，被认为是三道阵线之一，其重要性不在其他二者之下。

刘豁轩批评到，我国自"九·一八"事变以后，整军经武和国防备战一类的呼声可谓不绝于耳。国家在军事、经济等方面都渐有准备，这都十分重要，也很有意义。不过这种准备并不完全，因为三道阵线我们至多只准备了两道。宣传作为同样重要的第三道阵线，我们到目前不只没有丝毫的准备，而且还很少有人加以注意。"政府既不曾对于这件事有什么新的设施，民众也未暇顾及到这一点。"① 备战不只有飞机大炮和军队、白银和粮食等，在宣传方面我们同样也要准备，三道阵线缺一不可。人们何以会忽视宣传阵线的建设呢？刘豁轩分析有如下几个原因。第一，我们一向不重视宣传，长期受事实胜于雄辩古训的束缚，这当然影响了对宣传正确而全面的认识，以为有事实就够了，不必去辩，有人甚至说意大利用种种方法去宣传，终敌不过世人对埃塞俄比亚的同情心。第二，我们现正努力推进建设，政府如果需要宣传，也是宣传这些东西。我们现有宣传机关，这些事情他们都能办，所以用不着别人来宣传。第三，自"九·一八"以迄淞沪、长城抗战诸役，我们也一度有过近似宣传的工作，那是因为当时我们还在走国联的外交路线。现在事实已经证明这条道路实际上是根本走不通了，那么还要宣传作什么？刘豁轩认为上述见解大谬不然，都是源于不理解报刊宣传在民族斗争时期的重要性所致。

刘豁轩以第一次大战期间在美国参战前后，英法德等国家对美展开宣传、争取美国民意支持的例子说明，枪弹可以打死人，我们不要忘了思想文字同样可以致人于死地；因为思想观念有时候也是枪弹。美国原本对欧战持中立的态度，但英国的宣传对美国民众转变对欧战的态度起到了重要作用。"这种重视宣传的讲法，我们或许要认为是不经之谈；其实这正是欧战的教训。"② 正如宣传研究者拉斯韦尔所说，宣传已经成为当今世界上最为有力量的工具之一。其所以能有今日的力量，是人类社会进步的结果。在原始部

---

① 刘豁轩：《民族斗争的第三道阵线》，《国闻周报》1937年第14卷第7期。
② 刘豁轩：《民族斗争的第三道阵线》，《国闻周报》1937年第14卷第7期。

落社会里，一个酋长可以用小鼓的声音同舞蹈的歌声，使整个部落里的群众集合起来去打仗。现在报刊、广播的战争宣传在世界各地无时不在大规模地传播着，所以欧战时期几乎所有参战各国无不致力于紧张的宣传动员、心理搏斗，其间勾心斗角、短兵相接的紧张状态，不亚于双方潜艇大炮的互轰，因为宣传的得势和失势可以直接影响着战争的最后结果。

刘豁轩具体分析了宣传在战争中有如下几个方面的作用。第一，宣传可以使全国上下同仇敌忾。全国民众的意志统一，是战争获胜的首要条件，民族国家间的斗争尤为如此。如果没有这个条件，军事上就难以取得胜利。前方的将士需要这种精神去鼓励，后方民众也需要这种精神做有力的应援。化除各种私见、私利、感情冲突；全国团结一致去抗敌，这是宣传的首要作用。第二，宣传不只是对内，对外也有很重要的作用。对内我们要团结一致，对外我们不要敌人团结一致。破坏敌人意志的统一，涣散敌人的战斗意志，是战时宣传另一个重要的作用。第三，利用宣传以保持并增进盟国的友谊。战时不仅交战国内部要团结，而且还要与盟国团结一致，合纵连横，通过宣传获取盟国的大力支持。第四，宣传可以保持中立国的友谊，如果可能，还可以得到中立国的合作。战时，交战国除敌人以外，应该最大程度地减少树敌，所以对于中立国不只不应伤感情，还需促进友谊；不仅要促进友谊，还要能使中立国对我表示同情，渐而至于采取一致行动。

刘豁轩认为面对即将到来的中日两国间的战争，我们必须加大宣传工作的力度。在现在的情势下，我们对于宣传的需要不亚于欧战时期的英法美等国。如果能办理得法，其收效之宏亦可预期。他建议要使宣传有效，应该做到以下几点。首先要有组织。七嘴八舌，我行我素的方法，不会有好的宣传效果；组织不健全，不只没有结果，而且还有害。"德国在美国的宣传所以失败，重要原因是组织不健全。"① 其次要有政策，即要制定一贯而普遍、切实可行的新闻政策予以执行。英国一战时期在美国的宣传大半得力于采取的政策。"他们只用种种方法诱导美国民众同情于联军，没有人著书立说或指手画脚说美国必需加入联军共同抗德。"② 他们明了美国人的心理，不单刀直入去说服。最后，要走专业化的道路。刘豁轩认为宣传现在已成为一种近乎专门的职业，不是任何人都能愉快胜任。欧战后半

---

① 刘豁轩：《民族斗争的第三道阵线》，《国闻周报》1937年第14卷第7期。
② 刘豁轩：《民族斗争的第三道阵线》，《国闻周报》1937年第14卷第7期。

期，英国在美宣传的成功，大部分得力于北岩爵士。北岩爵士不只因为他是美国社会所敬重的人，还因为他是报人出身，懂得宣传技术，所以其宣传工作能够顺利进行。

刘豁轩建议道："时至今日，宣传问题不容我们再不去想了，我们不只应该想，还应该立刻就作。"[①] 具体应该如何着手呢：他认为在宣传的组织方面，可以采用政府和私人两种方式，双管齐下，互相配合。政府要立即组织一个举国一致的宣传机关，除政府内有关各重要城市的代表以外，另外要广加网罗国内各领域有学识的学者、专家和新闻记者。它的任务除对内对外的宣传工作以外，还应同全国报界取得密切的联系，同时将多年来所谓的新闻统制置于一个新的合理的基础之上。"这不只可以得到对内宣传的助力，还可以免去新闻界多年来所感受的痛苦。"[②] 私人组织同样也很重要，各地应该分别组织起来。比如北平各大学的教授不下千人，对国内外情形熟悉的人有很多，就可以组织起一个有永久性而且学术化的宣传机关。其他各地如津沪粤汉等处也有高等学校，都应该组建各自的宣传机关。不过彼此要取得联络，分工合作，步骤齐一，才可事半功倍。

二

抗战时期刘豁轩一直在燕京大学从事新闻教育工作，身处沦陷区的特殊环境，使他的媒介批评只能以含蓄或隐喻的方式出现。《独裁国家宣传的特性》就是这样一篇具有隐喻性质的媒介批评文本。这篇文章原本是应该校教育系主任高厚德之约，为教育系学生所作的一次以宣传和教育为主旨的演讲，后由《燕京新闻》记者记录整理，并经刘豁轩亲自删订，发表在1940年12月7日出版的《燕京新闻》第7卷第15期上。该文以世界上独裁制国家的宣传为研究对象，重点分析其宣传的特点，具有很强的学术性。作者自述该文是他根据有关书报的记载，"以客观的态度，对独裁国家的宣传，分析所得的结果"。[③] 他还特别强调写作时并未怀着什么成见，对于宣传也只是注重技术方面，更没有主观的评价，不过是给对宣传学及

---

① 刘豁轩：《民族斗争的第三道阵线》，《国闻周报》1937年第14卷第7期。
② 刘豁轩：《民族斗争的第三道阵线》，《国闻周报》1937年第14卷第7期。
③ 刘豁轩：《独裁国家宣传的特性》，《燕京新闻》1940年第7卷第15期。

对时事感兴趣的人作一些参考而已。问题是该篇提到的一些宣传实例只限于德、意、苏联等国家，唯独没有提及法西斯独裁最为严酷的日本，这种此地无银三百两的回避恰恰证明了文章所隐含的现实批判性。

刘豁轩在文中指出，自从人类有语言文字以来，便有了宣传。不过宣传这个专门性术语的产生，却是在17世纪初叶罗马天主教教皇格里高利十三组织的信仰宣传委员会，专门掌管教义传播事务。后来欧洲经过了工业革命，生产工具与方法发生了变革，工商业者产生了宣传的需要。法国大革命以后，思想解放和言论自由，以及政治制度和教育、政治各方面都有了宣传的需要，同时因为交通与通信方法的进步和各种印刷机器的发明，宣传有了方便而有效的工具。加之近世电影、无线电广播、电影等新的技术发明，使宣传如虎添翼，致使在第一次大战时，宣传大显神通，被视为现代战争中的三条阵线之一。什么是宣传？刘豁轩认为宣传就是一个人或一群人，具有某一种信仰，或欲达到某一种目的，无心或有组织地用语言文字或其他方法，去感动别人，使之采取同样的态度。防疫、慈善募捐和平民识字运动是一种宣传；总统竞选演说、鼓吹爱国也是宣传；提倡忠孝节悌、礼义廉耻是道德宣传，讲演马克思或德谟克拉西，则是主义的一种宣传。他认为许多人对宣传存着反感，那是一种错误的认识或偏见。宣传不过是人类实践活动中的一种方法或手段而已，至于宣传的动机、内容及其真正目的如何，那则是另外一回事。

刘豁轩认为现代政治离不开宣传，无论是民主还是独裁，没有不利用宣传的政治，可是其方法却有很大的不同。独裁国家的宣传，有独裁国家的特性。具体言之，他归纳出独裁国家的宣传具有如下几个方面的特性。

一是宣传工具的统制。如苏联的报纸、期刊、电影、广播等，都是国家或者党的宣传工具，在其国家中，个人不能拥有宣传工具。纳粹德国中央有宣传部，法西斯意大利则有国民文化部，控制着一切宣传工具。报刊和广播等，都只是政府或政党才能弹的钢琴，甚至担任宣传工作的人才都要受主义的训练，都要有许可证。他们对宣传工具，是彻底的绝对完全的控制。二是宣传内容的定于一尊。在苏联只可以宣传共产主义；在德国只可以宣传国家社会主义，意大利则只能宣传法西斯主义。任何宣传都必须万变不离其宗，一旦有所偏离，就会被视为邪说左道，就被视为反革命，而反革命便要被放逐或者消灭。三是主义的宗教化。合逻辑的是，宣传的内容既然定于一尊，便不能不排除其他的主义或思想；要排除其他的主义或思想，便要神话自己的主义。墨索里尼说法西斯主义是一个宗教观念。在这个主义内，使人与至高无上的法律产生密切的关系；由此可以改变并提高一个人，使其成为一个精神社会内的一分子。希特勒的宗教事务部部长克尔乐则说：现在有一位新的权威，他可以决定什么是基督，什么是基督教。这位新的权威便是希特勒。使自己主义宗教化，便需推翻其他一切宗教。独裁者奉天承运，必然否定任何宗教，因此独裁国家都有反宗教运动，实在是一种自然而然之事。四是诉诸感情。主义宗教化，神话独裁者以后，最简捷最能感动人的方法便是诉诸感情，或者可以说是只能用感情。例如喜乐、憎恨、希望等。独裁者对于这种宣传，在技术上往往都是能手。一位美国新闻记者有一次在纽伦堡听希特勒演说，他听完第一段很受感动，再听第二段的时候，清楚发现希特勒的自相矛盾，可结果他说：仍然是很受感动。一个美国人仍能如此，那么德国人，尤其是纳粹信徒，就更不用说了。可是感情具有短暂性，要它持久不衰，便要常常打感情注射针。因此，在军事上有闪电战术，在宣传上也有闪电技术，例如市民大会、游行示威、参拜圣地等，通过这种宣传方法，使大众的感情永远处在一种紧张的状态之中。

如果说独裁国家上述宣传特征还只具有一种中性特质的话，那么下面的特质则具有一种道德上的邪恶性了。刘豁轩认为独裁国家的宣传有如下一些特征：虚伪，即不注重真实。一个苏联新闻学者曾说所有关于新闻的客观与完全的报告，都是自由主义者欺人之谈。报纸的功用并不是出卖新闻，而是为党教育民众。这个目的绝非客观的新闻报告所能够达到。苏联的报纸在一个很进步的党统制之下，已足以担保新闻报道的客观及事实的科学了。希特勒也曾说过：宣传必须对我们自己的利益有用处；假如客观的真理对我们的敌人有利，那我们便不去管它。1933年乌克兰一带大饥荒，饿死了好几百万人，而苏联报纸只说那地方的人有些营养不足。希特勒刚说德国在欧洲没有领土的野心，便兼并了奥地利、捷克、波兰以至席卷了整个欧洲大陆。恐怖也是独裁国家的宣传特征之一。希特勒在这次欧战中宣传上的得意之笔正如他所说："我们的战略是由敌人的内部毁灭他们，用他们自己的人征服他们。思想的紊乱，感情的冲突，犹疑不决，恐惶；这是我们的武器。"[①] 这次欧战中法国军队所以如秋风中的落叶一般，固然原因多多，其中希特勒第五纵队的恐怖宣传也有很大的作用。威胁是

---

① 刘豁轩：《独裁国家宣传的特性》，《燕京新闻》1940年第7卷第15期。

独裁国家宣传的又一个特征。所有独裁国家的宣传都有武力作后盾。动之以情，不听，则恐吓之；恐吓之再不听，便不客气了。1927年的苏联清党，一个月便杀了五六百人。意大利的知识分子经所谓国防特别法庭判罪入狱的为数十分可观，被希特勒杀戮的地下的反对党以及其他的异己，更是不知凡几。刘豁轩还指出，独裁国家宣传的另一个特征是：其主要的对象是青年。因为青年人是未来社会的主人，而且他们的脑筋洁白，容易先入为主，是宣传的最好对象。独裁国家都注重组织青年、训练青年。苏联有青年共产主义者同盟，意大利的男孩自6岁时起便接受党义训练，每天上学，学校供给午饭。吃饭以前都要进行祈祷，为其领袖墨索里尼祝福，宣扬其神圣英武，愿上帝长久地支持和保佑他。

三

1945年5月，刘豁轩在《中大学报》第3卷第1、2期合刊上，发表了一篇《报纸与罪恶新闻》的专题论文。《中大学报》第3卷第1、2期合刊的版权页上标注其出版时间为1945年5月，这篇文章后来收入刘豁轩的论文集《报学论丛》，由天津益世报馆于1946年12月出版发行。在《报学论丛》中，该文在标题下特别标注"录自北平中大学报第三卷第一二合期"，文末加括号标注"民国三十四年七月于北平"。无论哪个日期，都可以说明该文写于日寇投降之前。这是一篇论述报纸应该如何报道"罪恶新闻"的专题论文。在《中大学报》发表时，文末附有28条注释，收入《报学论丛》时，注释均被删除。作者在该文的注释一中，专门对"罪恶新闻"具体内涵进行了定义："此处'罪恶新闻'一语，正当英语的'News of Crime and Vice'，是泛指所有违反社会风俗、习惯、伦理原则、宗教信仰以及法律而言。与寻常专指违反法律的罪恶不同。一个是社会学的名词，一个是法学的名词。英语与'Crime and Vice'相等的，还有一个名词是'Anti-Social acts'，译'违反社会的行为'。故此处英写作'罪，恶'；但为简便计，不标符号。"[①] 所谓"罪恶新闻"也就是一种以反映犯罪事实为主要内容的社会负面新闻。

刘豁轩认为，现代报纸虽然已经有一个多世纪的历史，可是它依然还

[①] 刘豁轩：《报纸与罪恶新闻》，《中大学报》1945年第3卷第1、2期合刊。

处在一个迅速的发展变化之中,并没有形成多少获得社会广泛认同和遵守的报业信条。现代报纸作为一个社会组织,既有物质的性质,又有精神的性质,物质和精神两种元素,有时既有机融合,有时又形同水火。站在物质的立场看问题,是一个样子;站在精神的立场看问题,则又是另外一个样子。现代报纸的许多政策问题,大半因为这种矛盾,而陷报人于无所适从的苦境。"罪恶新闻如何处置的聚讼,就是一个很好的例子。"[1] 罪恶问题可以说同人类社会的历史一样悠久;而且是不分文野,只要群居,便有这个问题的存在。历史学家认为,人类的历史差不多是罪恶的纪录。假如能够把现代的文明,分成物质与精神两种文明,物质的文明实不啻是罪恶的渊薮,而精神文明不过是防止或减少罪恶的方法而已。也就是说,罪恶既是人类社会的一个中心问题,也是人类无时无刻不在谋求解决而尚未解决的问题。现代报纸对于社会的罪恶事实应该采取什么报道政策呢?刘豁轩认为大体上不外乎有如下三种。

第一,主张报纸对于社会罪恶应该无限制地报道。这个政策,可以说在现代报纸产生时就已经有了。19世纪后半叶以来的黄色新闻或刺激主义就是这个政策的结果。那个时候正是资本主义的上升时期,办报的人把报纸看成货物,销数多多益善,推广销路最好的方法无过于使新闻富有刺激性,而最有刺激性的新闻,则是反常的或者变态的新闻。从新闻价值角度看,罪恶新闻是变态事实的记录,因而被认为是新闻中的上品。此外从报纸的功用方面看,其很动听的理由是,报纸是人生的反映,人生有美也有丑,有善更有恶。报纸最主要的任务是忠实的记录人生,人生美和善方面,自然要记录;丑和恶的方面,也同样地不可忽略。从社会改善的方面看,罪恶新闻也应被无限制地报道。罪恶既是社会的中心问题,又是人类无时不在设法解决的问题,当然应该先对它有清楚的认识,诸如罪恶的性质、范围,与其构成的因素,都必须先有正确的概念,然后才能有消灭和挽救的方法。社会改进如得多数人的协助,收效乃能迅速。而要得一般人的协助,势非先造成舆论不可。造成舆论最好的方法是先揭示事态的真相。

第二,主张报纸绝对不应该刊登罪恶新闻。其理由如下。一是报纸刊载罪恶新闻会产生普遍的恶的影响。心理学家认为人的思想与行为容易受到暗示和模仿的影响。报纸读者无异于一个演说家面前的听众,很容易被

---

[1] 刘豁轩:《报纸与罪恶新闻》,《中大学报》1945年第3卷第1、2期合刊。

煽动。报纸刊载罪恶新闻等于领导整个社会向着伤风败俗之途迈进。二是使法律失掉尊严。现代社会的安宁秩序大半要靠法律的威力来维系,法律威力仰仗于人民对它的尊重。报纸刊载罪恶新闻等于连篇累牍地记录社会违法事件,这会使社会造成一种轻视法律的心理。犯罪既不足为奇,则人人心目中视法律如废纸。三是报纸无限制地揭载罪恶新闻,会导致人人互相猜疑鄙视和防范,结果使生活更趋下流,社会更加黑暗。四是报纸揭载社会罪恶,会使热心于社会进步的人因而灰心。五是报纸刊载罪恶新闻常常绘影绘声,读者往往可以从新闻中得到犯罪的方法,报纸成为犯罪的教唆者。六是使犯罪的人失去自新的机会。人都知爱惜名誉,即使犯了罪的人,也不愿意别人知道。报纸对于罪恶事实尽力搜索,但求和盘托出甚至添枝加叶,肆意刻画,发表之后无异于宣告犯罪人名誉的死刑。结果使本有自新之志者索性破罐子破摔而日趋下流。

  第三,是一种折中的态度。这种态度主张报纸既不应该无限制地揭载罪恶新闻,也不应该把罪恶新闻一概抹杀,而应加以选择,以社会公共的福利作为选择标准。报纸登载罪恶新闻应该以揭露罪恶的丑态及其危险为目的,以让社会知所警戒和防范,这样做才是一种对社会的真正和必需的贡献。报纸对社会负着一种辨别的责任,要辨别什么是贡献,什么不是;什么具有真正的新闻价值,什么只是卑鄙好奇心的反应。要能够分辨出什么宜发表,什么不宜发表。完全不登罪恶新闻,报纸自然不能算尽了它的职务,但是报纸也不能不顾及纯洁与公正的品质,以至于乌七八糟地不加选择。对每天发生的罪恶事实,报纸应该选择那些有益于世道人心的新闻进行报道。在报道罪恶新闻时,应将所有诲盗诲淫的事实一概删去。同时更要使新闻里所含的破坏性变为建设性。譬如,一段报道自杀的新闻,除要将何人、何地、何时、如何等事实细节叙述清楚之外,更应该在何故这一点上多加注意,以使大多数读者能够从更深的层次去反思自杀发生的社会原因,从而知所防范与救济。这种新闻,便含有建设性,对社会便是一种有益的贡献。

  刘豁轩认为以上这三种主张,"两个是极端,一个是中道。第一个极端的主张,至少在报纸最发达,同时这个问题也是最严重的美国,已经消沉下去了。弹此调的人,现时已不多见。这是现代报纸经过一个世纪的演变,比较进步的现象;也是法律同社会对报纸的舆论发挥力量的结果。第二个极端,只是极少数以宗教为背景的报尚在墨守。现时一般的报人和社会知识分子，至少在原则上，都服膺折衷的主张。"① 刘豁轩指出，虽然这个主张尚未能成为有拘束力的报学经典或法规，但假如报人同社会对这个问题能有正确的认识，并在实践中加以努力，那么这对于人类社会公共福祉的增进，将不无助益。

刘豁轩在1928—1936年间任天津《益世报》的总编辑，从1932年起，他成为该报的实际主持人，直到1936年从该报辞职，转入燕京大学从事新闻教育。在中国现代新闻事业史上，他是比较少见的既担任过报业老总，有着丰富的报业实践，又专门从事着高等新闻专业教育的人物之一。这种颇为特殊的经历和身份，也在他的媒介批评上打下了属于他个人的独特烙印。燕京大学新闻系属于典型的美国新闻教育系统，身处其中使他对西方的新闻学理论有较多的了解，他的报业实践，使他对报业与社会关系的理解，有着某种超越一般理论的深刻之处。"现在的报纸不只在政治上没有言论纪载的自由，在社会上也没有言论纪载的绝对自由。所谓社会的不自由，较比政治的不自由为普遍。"② 此种现象的存在基本上无关于政治制度，无论是专制国家，还是民主国家，都广泛地存在着。因为报纸是深入社会里面的东西，同社会发生很紧密的接触，这种社会的不自由可以直接影响到整个社会。刘豁轩在抗日战争时期，基本局囿于燕大校园一隅，这使他的媒介批评文本更多地具有着学术研究的性质，他无疑是一个爱国主义者，但严酷的社会现实环境使他无法痛快淋漓地对媒介的不良现象进行抨击，对独裁统治给新闻自由带来的戕害的批判火力，显得较微弱，其现实批判性只能以婉转隐晦的方式出之。当然，塞翁失马，焉知非福。这倒也使中国现代媒介批评的学术色彩因此而显得更为斑斓多彩了。

第六节　柯灵的媒介批评

柯灵（1909—2000），原名高季琳，乳名元元，学名隆任，号继琳，柯灵是他20世纪30年代初在上海撰写影评时所使用的笔名，后来即以此名行世。原籍浙江省绍兴市，出生于广州。1914年入私塾开蒙，第二年转

---

① 刘豁轩：《报纸与罪恶新闻》，《中大学报》1945年第3卷第1、2期合刊。
② 刘豁轩：《报纸的政治自由和社会自由》，《新北辰》1936年第2卷第7期。

入辨志小学。因家境贫寒，小学毕业后即辍学。1924年进入朱储务实小学教书，开始阅读《时事新报》等报刊，并尝试向报刊投稿。1927年朱储务实小学停办后，他被调到陶堰村浔阳完全小学担任校长。1930年，曾在绍兴主编《儿童时报》，1931年《儿童时报》迁址杭州，于是年9月改名《中国儿童时报》续出。1931年11月，柯灵从《中国儿童时报》辞职赴沪，先后在明星、联华影片公司任厂务秘书、宣传主任、金星影片公司编剧部主任、文化影片公司编剧。1935年4月16日，主编明星影片公司出版的画报型杂志《明星半月刊》。该刊以文字为重，同时刊登大量的图片和漫画，思想性和娱乐性兼顾。其后，柯灵还曾主编过《铁报》的《动与静》副刊，兼任《大晚报》特写记者等。全面抗战爆发后，柯灵担任《救亡日报》编委，并于1937年10月1日主编《民族呼声》周刊。该刊是一份时事政治周刊，刊名为郭沫若题写，主要评论抗战初期社会、战事情况与民族民生问题，兼收部分诗词、小说、报告、速写等作品，主题均与抗日有关。1938年1月25日，柯灵受邀主编《文汇报》副刊《世纪风》。1939年9月，柯灵又接编《大美报》副刊《早茶》，同时兼编本埠新闻版。12月1日，柯灵创办并主编《大美报》文学副刊《浅草》。1940年9月20日，柯灵创办并主编了《正言报》文学副刊《草原》。1943年5月，接编《万象》月刊。抗战胜利后，柯灵于1945年9月6日主编《文汇报》的《世纪风》副刊，9月8日创办《周报》。1946年初，柯灵主编《文汇报》副刊《读者的话》。1948年9月9日，柯灵赴香港，担任香港《文汇报》副社长兼副总编辑。中华人民共和国成立后，柯灵返上海，历任《文汇报》副社长兼副总编、《大众电影》杂志主编、上海作协书记处书记等职。柯灵在抗战时期一直在上海从事报刊编辑等进步文化工作，期间发表过很多媒介批评文章，是其时上海中国媒介批评中一个具有代表性的人物。

一

1937年8月24日在上海创刊的《救亡日报》是上海文化界救亡协会的机关报。创办的时候曾经国共两党协商，由双方派出人员并共同提供经费。因国民党方面态度消极，所以该报实际掌握在共产党人手中。1937年11月21日上海沦陷后该报南迁广州，于1938年1月1日复刊。该报的复刊，在柯灵看来，是中国生机与活力的象征。1938年1月23日，柯灵在

《生人气》一文中抒发感慨道：最近读到《救亡日报》南迁广州以后的几份报纸，反复翻读，如同在乱离之中重遇故人。"劣质的纸张，草率的印刷，触鼻的油墨气，然而一种自由、泼剌、热烈的空气，力透纸背，扑人眉宇。我不觉深深地吸了一口气。三个月前，我们曾经沉浸在这种空气里，而现在却恍如隔世额。有人借口饥寒所迫，出卖了灵魂，不但辱及家国，贻羞后代，也未免太作践了自己。"① 柯灵指出，人为万物灵长，生存的条件极为丰富而复杂，人的物质生活以外，还有精神生活。诚然饿死事大，最低限度的温饱是必需的条件，但若仅止于此，则人之异于禽兽者几希！在他看来，自由和空气、阳光同等重要。奴才们正是自由的绝缘体。《救亡日报》所透露出的那种活力、情绪与自由的呼吸，使这个世上充满了生人气。他号召人们必须从窒息中振作起来，自拔于当下不死不活的困境！在柯灵看来，《救亡日报》已经不是一张纯粹的报纸了，而是一种人生应有的境界和状态。

上海沦陷后，为数不少的报人选择留在了上海，虽然还有"孤岛"的存在，但毕竟是一种非常的政治和文化环境。1938年初，茅盾在《华美晚报晨刊》上发表了《还不够"非常"》的文章，他在文中说："如果后一代的人，读我们现在这'非常时期'的各种刊物，他们猜想我们在此时此地的生活状况，我敢预言他们猜的一定不能够恰好。他们猜想我们的生活一定比我们现在真真经验的，还要'非常'些。"② 就其所看到的几个内地城市的"和平"景象进行提醒和批评。柯灵看到后，认为茅盾说这番话的地点虽然是在广州，但对上海的读者和作者也特别有意义。因为上海此时有双重的非常：一是时代非常，和全国各地一样，正当民族绝续存亡之秋；二是环境非常，和全国各地不一样，这是所谓的孤岛，处在水深火热之中，偏有一片太平风光。这两种非常合在一起，显得特别不协调，也即特别不够"非常"。孤岛之所以环境特殊，自有其历史和现实的复杂经纬，并非偶然。柯灵指出，这对身处孤岛的人，正好是一种严峻的考验。我们不妨自己检查一下，在这非常的环境里，我们的一言一行是否合乎这非常的时代。隆隆的炮声渐渐远去，听不见了，但死亡的威胁仍在我们周围，奴隶的命运正压顶而来。如习而不察，忘乎所以，那正堕入了哀莫大于心

---

① 柯灵：《柯灵文集》第四卷，文汇出版社2001年版，第86页。
② 茅盾：《还不够"非常"》，《华美晚报晨刊》1938年1月25日。

死的深渊。"此时此地，我们更需要严肃的自我批判精神！"① 每一个中国人都应该时时自我反省。

1937年10月5日，延安红军抗日军政大学第三期第六队队长黄克功逼婚未遂，枪杀陕北公学学员刘茜。此事发生后，国民党《中央日报》将其作为桃色事件大肆渲染，借以攻击边区政府无法无天、蹂躏人权，混淆视听，引起了部分不明真相人士的猜疑和不满。该事件发生后以，中共中央和中央军委在毛泽东的主持下召开会议，经过慎重讨论后，决定将黄克功处以死刑。针对这一新闻，柯灵特地撰写了《对照》一文予以批评。柯灵指出："在我们的新闻界，桃色新闻似乎有永久的生命力。虽在战时，战争得失，壮士舍身，愧偏登台，在某些报纸的价值天平上，几乎和男女问题等量齐观。"② 柯灵分析道：因为是在战时，也就多了一批维护风化的卫道士，褒贬是非，评议善恶，大有天下真理都在我手的神气。对对有些陷入感情纠纷的男女主角，甚至疾言厉色，主张死有余辜，毫不足惜。桃色新闻后面还有这样峻急的道德基础，这就无怪其然了。

针对有人说抗战期间：救亡第一，怎么还有闲暇谈情说爱。柯灵指出：这理论当然很堂皇正大，但即使是在兵荒马乱的年代，人非草木，又孰能忘情！青年男女在抗战中不谈恋爱自然最好，否则我们也只能看他们在私情之外，是否忘却了公仇。与其不然，恐怕也很难成为罪案。因为恋爱本身是一件严肃之事，和办一切正经事一样。唯一的衡量标准，只在于是否正确对待。他认为《灯塔》上所刊的《延安行》中《悲惨的故事》一节，振聋发聩，很值得天下有情人一读。那是关于红军老战士黄克功的故事，因为爱情不能维系，他出于一时的愤恨，竟杀死了女友刘茜。在接受人民法院公审时，黄克功发出恳切的呼吁：请求顾念他十年革命的功绩，给一条自新之路。他说他并不怕死，但愿意死在战场上，让鲜血流在敌人的面前。群众都感动得流了泪，可是法院执法如山，还是对他宣判了死刑。洛甫先生在凶手被枪决后，说了如下一席话："黄克功的死，在我们党是损失了一位英勇的斗士。然而，他现在竟犯了一件不可赦免的罪行，他杀了他的同志，一位优秀的党员，便是减少自己阵营中的实力，也就是替敌人帮凶杀害同志。……在这民族存亡绝续的关头，希望青年们不

---

① 柯灵：《柯灵文集》第四卷，文汇出版社2001年版，第89页。
② 柯灵：《柯灵文集》第四卷，文汇出版社2001年版，第179页。

要把精力浪费在恋爱的纠葛上面。不谈恋爱自然是最好。否则，如果恋爱的事务不能避免，就应该循着正确的观念去发展。"[1] 柯灵由衷地对此赞叹道："这是何等的光明磊落，何等的入情入理，和那些假道学家故作偏激的议论，又是何等鲜明的对照！"[2] 从而有力又巧妙地驳斥了一些报刊对共产党与延安别有用心的诬蔑和攻击。

二

沦陷后的上海确实是一个颇"非常"的环境，一些汉奸报人也粉墨登场。他们为了消磨中国人民的抗日斗争，威吓诱骗，耍尽阴谋，无所不用其极。但谎言终究是谎言，蒙骗不了有民族气节的爱国志士。在《论做文章》一文中，柯灵就具体剖析了报人在这非常时代的非常环境里，到底应该如何发言立论。他在文章中指出，做文章不是一件容易的事，要做出有血有肉的好文章，那就更非用可歌可泣的生命打底子不可。聪明人善于做题目，表面看上去真是仁义道德庄严得很，可是文不对题，写出来的无非是男盗女娼之类。也有的人颇惯于舞笔弄墨，文章的确做得出色，却又因作者无行而苦于无人过问。如同改良京戏《桃花扇》里面的阮大铖那样，自以为填词独步天下，遂将其杰作《燕子笺》传奇呈进宫廷，大为傀儡皇帝所赏识，采选宫人，要将它搬上舞台。不料一个秦淮河畔的歌女当场拒绝排演，为的是不愿奸臣的著作玷污了她的清白。

柯灵当时看到某报上一篇署名爱和平者的《东亚和平建议书》，洋洋数千言，文中说中日构兵，万民疾苦，我们同胞固受颠沛流离之厄，日本百姓也怨声载道，沸反盈天，所以为了东亚之和平计，这种战争于双方都不利，还是大家偃旗息鼓的好。一片蔼然仁者之言，委婉曲折之笔，文情并茂，十分动人。柯灵讽刺地说：可是这文章里有一个大漏洞：他忘记了战场是在中国，派兵打进来的是日本；日本不退兵，中国唯有把他们打出去的一条路：这是迫于情势，事非得已，只好请友邦人士与和平家们曲予原谅。而且这样的做法其实正是为了永久的和平。柯灵接着揭露道：然而这还不要紧。因为这漏洞下面也就引出了一个奇怪的结论：说是现在有若

---

[1] 转引自柯灵《柯灵文集》第四卷，文汇出版社2001年版，第180页。
[2] 柯灵：《柯灵文集》第四卷，文汇出版社2001年版，第180页。

干名公巨卿，愿意出任艰巨，组织和平政府，实为万民之福云。"原来这样的大手笔，不过是'华中'公司①的一纸传单而已。"② 结论自然已预定了，笔路非走到这里不可。文章的漏洞，正无怪其然，这也真是斯文的末路！柯灵嘲讽说："'华中'公司的大好文章，正在飞机保护之下，着意经营。但以卖国求荣之实，作悲天悯人之态，纵然锦心绣口，写得天花乱坠，恐怕终于是文不对题，漏洞百出，难免让读者掩鼻而过之的吧。"③ 文章千古事，得失寸心知。若心想和笔写南辕北辙，背道而驰，那怎能作出真正的好文章？

全面抗战之初，一些人面对日军的快速进攻，张皇失措，陷入悲观之中。柯灵则从日军表面的气势汹汹中见出其色厉内荏的虚弱本质。他通过日军屡屡吹破了的牛皮，证明日军无法逃避失败的必然命运，以鼓舞国人抗战到底的信心。他在《反豪语》一文中指出，用豪语支撑的泥脚终究要瘫软下去。日本军阀曾吹嘘三天打下上海，三个月征服中国；无情的时间终于证明了这不过是吹牛。现在某些日本的狂妄之士又在报上高唱"膺惩苏联"了，说他们还有35万劲旅，随时可以应付来自北满的威胁。英雄之态如绘，听起来神气极了。"但我们最好不要听豪语，却从豪语的背后看事实。"④ 日兵不断上吊自杀的新闻已露出一个秘密：厌战情绪在侵略者的士兵中滋长了。这对日本军部的狂人来说，正是一种致命伤，任何的大言壮语都不足以挽救："我们近来常常看到的不注明出处的印刷品里，总是苦口婆心，一片戒杀护生之音，情见乎词，清清楚楚地说明了一个问题：侵略者是正在如何煞费苦心地麻痹我们的斗志。上海经过检查的报纸，'长期'与'抗战'一类的字样，都看不见了，这里也不难探索出一点消息。"⑤ 日本的反苏之心蓄谋已久，所谓北满之威胁，是今天才感觉到的吗？为什么不早不迟，目前才来扬言膺惩呢？据宣传，目的是"恢复其威望"。话语虽豪，其苦衷却无法真正掩盖了。柯灵在文章的最后作结说："我们的策略正好相反：他们想诱降，我们偏要打；他们想速战速

---

① 指在日军军阀卵翼下的傀儡组织、南京"华中维新政府"。在当时的汉奸政府中，其成立时间比汪精卫的南京伪政府还早。
② 柯灵：《柯灵文集》第四卷，文汇出版社2001年版，第108页。
③ 柯灵：《柯灵文集》第四卷，文汇出版社2001年版，第108页。
④ 柯灵：《柯灵文集》第四卷，文汇出版社2001年版，第125页。
⑤ 柯灵：《柯灵文集》第四卷，文汇出版社2001年版，第125页。

决,我们偏要持久抗战。他们想把泥脚拔出去,我们偏要拖住它,直至胜利而后已!"① 柯灵《反豪语》一文发表于1938年4月24日,中共正式提出抗日游击战争中持久战的战略问题是1938年5月②。由此足显柯灵识见的敏锐。

战事一起,人民因躲避战火而辗转流离道中,迁徙之间亲人失散屡见不鲜。当时在上海的很多报纸,曾经辟有一栏,专门刊载读者探访亲友的启事。到了1939年3月的时候,柯灵发现报上这种服务性专栏似乎都已经取消了,腾出篇幅,转登飘飘然的游艺类消息了。柯灵对此很不以为然。他指出:抗战以来,烽火连天,人民流亡夹道。以侵略者屠戮平民之酷虐,因为逃难,彼此散失的亲友,为数当然很多。借报纸一角,使流亡者得以沟通音信,虽然未必一定有效,但这意思却很好,不仅符合于报纸服务社会的精神,还多少表现出抗战中风雨同舟之义。今日上海似乎已天下太平,这一类乱离之音,自然也就在锣鼓喧天中被湮没了。其实战区日广,流离日众,即使有福住在"孤岛"上的人也未必能安居乐业。但是探访亲友,倘须公开的话,却得花钱登广告,报纸不再尽义务了。"报纸忘记了为人群服务的本意,却让春药与导游的告白充斥篇幅,有时连仇货广告、傀儡启事、领取'通行证'的通告、代敌人征求文字的告白也皇皇刊出,无论那报纸的言论多么激昂,也无从掩饰他们的丑恶。"③ 抗战图存是民族事业,目前正是休戚相关、祸福与共的时代。见别人亲友离散,自己倘有所闻,互相通知一下,乃人情之常,不料现在却要悬赏始能做到。市侩主义并未被抗战洪流所冲刷,图小利而忘大我。他为一些报纸感到羞耻。

三

报纸的趣味是人的一种精神状态,影响着读者的趣味。在弥漫的战火硝烟中,报纸的趣味格外引人注目。沦陷以后的一些上海报纸,其精神状态实在不能令人满意。柯灵在《风流末日》一文中提出了这个问题。当时

---

① 柯灵:《柯灵文集》第四卷,文汇出版社2001年版,第125页。
② 参见毛泽东《论持久战》,《毛泽东选集》第二卷,人民出版社1952年重排本,1966年改横排本,第407—484页。
③ 柯灵:《柯灵文集》第四卷,文汇出版社2001年版,第176页。

一些报纸上常常登载男女情杀之类的社会新闻，这些新闻的产生，当然是社会病态的一种反映，报纸自然可以也应该予以报道，但报道的视角和态度则要端正。他责问：一个自杀或被杀的女人的尸体，报纸报道有一专门名词：艳尸。怎么样的艳法呢？这很不容易想象。刀伤要流血，服毒是皮肤发黑，莫非有人对于这样五彩斑斓的颜色也感兴趣吗？他在报上还看见一个有趣的名词：风流骗子。怎样风流法呢？这也很不容易想象。照字面看，流风余韵很是高雅，但跟下面的主词接不起来。按上海的社会情形来推测，大概是风月场中的老手，赚得女子的垂青，结果又弃之，闹出失恋的悲剧了。然而看看新闻，不过是一个专门拐骗和窃取女子财物的流氓，被骗者多是妓女和女向导，她们不必风流也无须风流，只要一个电话，就可招之即来。预设圈套，连骗带抢，从这些可怜的女性身上吮血，近来上海很是不少，这是骗贼之中最为下流的角色。然而一刊登在报纸上，却被称为风流骗子了。"这正是粉饰太平的帮闲大家的笔法！"[①] 上海报纸为什么喜欢这样的报道呢？实是因为上海多的也正是帮闲的人。据报纸说，这风流骗子案在开审的早晨：沪上人士均欲一睹该风流贼风采，尚未至上午8点，旁听席上已告满座。风流风流，大家都要来瞻仰瞻仰了。瞻仰后印象如何？可惜报纸竟没有说。柯灵愤怒地指出：一两个月来，上海的情景可谓人事日非了。天津路的封锁，至今没有结果；孤岛在这影响之下，一方面是某方的捣乱，一方面是奸商的操纵，物价飞涨，多数人度日艰难。小丑跳梁，狐鼠横行。令人愤懑感慨不已：《文汇报》等6家报纸的停刊，头脑稍清醒一点的人，早应当看到那兜头罩下来的奴隶的黑影。然而此时此地，新闻记者偏多这样的闲笔，一帮上海人士也偏多这样的闲情！"只要一件桃色新闻，就可以使他们乱哄哄地闹上好几日。"[②] 岂不悲哉！但这也正是风流的末日，帮闲家们最后的节目了！

柯灵主张报纸在报道情杀一类的社会新闻时，更多地要追根溯源，挖掘情杀案产生的社会原因，如此才能产生警醒社会的意义。在《略论"情杀案"》一文中，柯灵指出，情杀案在上海可谓司空见惯，毫不稀罕，艳尸、奸情等，闹哄哄地街谈巷议一通，人们也就慢慢地忘记、完结了，难以激起社会广泛的强烈愤怒和感叹。其实许多情杀案，行凶手段都极其

---

① 柯灵：《柯灵文集》第四卷，文汇出版社2001年版，第181页。
② 柯灵：《柯灵文集》第四卷，文汇出版社2001年版，第181页。

残酷，活生生地用尖刀刺死，用绳子勒死，酷虐非常，却少有人去责备凶手的残酷。可见上海人在这方面其实很麻木。对情杀案，大家倒是帮衬凶手的多，同情弱者的少。例如报纸常常众口一词地咬定女方水性杨花、酿成四角恋爱惨剧。既曰水性杨花，又称酿成惨剧，好像一个单身女人，没有男子，也可以闹四角恋爱的了。这么一说，不但死者被杀得应该，凶手的罪名也给洗刷得干干净净。柯灵认为，一些情杀案中，被杀的对象，只是一个谈不到有什么罪恶的弱女子，它只是十足地表现了凶手的偏狭、自私和野蛮，他们的行为，只说明我们所处的简直是一个兽性的世界。"而我们的代表舆论的报纸，这方面却常常有意无意地在做着帮凶！"① 情杀案是一种极端腐朽的社会现象，对做了帮凶的报纸，人们又当如何？

报纸是社会的缩影，真实地报道和反映社会状况是报纸的职责。1939年10月28日，作者绍羿在《大美晚报》副刊《夜光》上发表《感从中来》一文，批评一些"集纳文学家和副刊编辑家"缺乏创新："集纳文学家之所以被人瞧不起，原因就在说老话，说过去已经说过了的话。这些话统统拥塞在工商业广告的左左右右，上上下下，每一天，每一月，每一年，都好像在翻旧账簿，读老历本一样，全无新趣，也没有时代感，更缺乏现实味。"② 这一批评如果只从文学创作的角度看未尝不可，但对新闻文字却不完全适宜。柯灵在《唱老调》一文中则为副刊编辑鸣不平：诚然也有这样的文学家，经年累月，寿星吟歌一般的专唱这几句。拟定公式，塑就定型，凡有相似的事象就给以一定批评，天天换题目，篇篇老文章。但这样的作者，或则累于生活，不是非写稿不足以果腹，就是源于声望，不时常发表一些高论，就不足以维持他的存在。由于缺少新意，自然就只好炒炒冷饭了。不过从另一面看，报纸上有些文字好似老话，却还不远离时代，逃避现实，倒是有它的社会根据。中国的社会，就好像是在兜圈子，看看是在前进，但三弯一转又回到了老地方。比如妇女解放问题，够陈旧的了吧，很多地方招工限制女职员。"这样的事情，除非你没有感想，或者愿意沉默，否则就非唱妇女解放的老调不可。"③ 再如奸夫淫妇这个词是

---

① 柯灵：《柯灵文集》第四卷，文汇出版社2001年版，第223页。
② 绍羿：《感从中来》，《大美晚报·夜光》1939年10月28日。
③ 柯灵：《柯灵文集》第四卷，文汇出版社2001年版，第227页。

封建社会对男女相爱的专语，至少有几百年历史了。如果有人在目前还要提起自由恋爱之说，恐怕很多人会认为迂腐，然而在全国的报纸上也还是满纸的奸夫淫妇，靠它吸引读者，其流传之久之广，难道还不足以令人吃惊的吗？文学创新是骚坛墨客的事，对于一个集纳文学家，我们第一应当希望他的目光不要离开现实。有许多社会问题，说一遍不够，一个人说也不够，必须多说，大家说，然后才能使这麻木的社会稍稍有一点警觉！

四

揭露日伪的虚假宣传是抗战时期中国媒介批评的一个重要主题，也是民主进步新闻工作者的重要职责。柯灵在《谁在撒谎》一文中就对当时高唱和平调子的日伪报纸进行了有力的揭露和抨击。他指出，报纸上说的话向来有两种，一种是真话，一种是谎话。谎话自然意在骗人，目的在于要人相信，由此上当。但是如果撒谎撒到了明明知道没有人相信，还不得不撒的时候，这就沦入撒谎的末路，只好骗骗自己了。为了让人们相信，撒谎者更是常常在口头上高唱着说老实话。说老实话当然好得很，人们也爱听。然而是谁在撒谎呢？日本侵略中国和妄图灭亡中国，是事实；而中国除抗战之外，没有第二条路，也是事实。这一切都清清楚楚，无从扭曲，无从粉饰。两年来的事实只证实抗战必败之说是个漫天大谎：中国人并没有战败，中国的土地也没有变灰，连沦陷区里，也还有百姓们在战斗！凡是事实，无论如何舌灿莲花都没法颠倒过来。世间有一种人，一生巧舌如簧专说谎话，到头来一句真话就全盘推翻了他们。只要有这样一句，也就不算很坏。不幸现在提倡说老实话的人，连最后一句也是在撒谎。专门鼓吹和平的报纸，我们即使承认他们是真的有着"和平"之心，事实也无法叫人相信。"关于战争消息的报道就是一个很好的测验。"[①] 中国土地被敌人侵占了，一个真正倾心和平的中国人，会出之以幸灾乐祸的态度吗？

上海沦陷后，日伪对进步新闻界施以残酷的镇压，即便是在公共租界的孤岛上，一段时间内正义的抗日呐喊也微弱了许多，甚至消失了。1939年5月，公共租界当局迫于日方的压力，吊销了《华美晨报》《中美日报》《大美报》《文汇报》《每日译报》等多家报纸的执照。朱惺公等多名新闻

---

① 柯灵：《柯灵文集》第四卷，文汇出版社2001年版，第189页。

工作者被暗杀、逮捕，上海仿佛陷入了无声和寂寞之域。面对敌人的疯狂压迫，进步报人并没有屈服，而是转换阵地，以另外的方式进行战斗。柯灵在《无声的上海——为〈文汇〉等六报停刊作》中说：上海寂寞过，然而这寂寞却引出了喊声；它也曾为恐怖的氛围所统治，然而恐怖却锻炼了斗争的力量。因为这里虽是孤岛，却并非地狱，我们还发着一切人世间所应有的光与热。"威胁、利诱、绑架、暗杀，出奇出格的手段，这一年来玩得还不够吗？可是谁曾向钞票低头，对手枪屈膝！"① 恰如敲打石头，不断地击撞才能使火星飞迸，贯彻战士意志和行动的正是取火者的心。他们与暴力和愚昧搏击；他们为自由和正义呐喊。力气尽了，喉咙哑了，他们退回草莽休息，等恢复了活力继续战斗。"在战斗的间歇中，支配着这世界的是巨大的沉默。"② 这时候，一切和平的叫卖、无耻的中伤和色情的呻吟等离奇的调子，都从昏乱中浮了起来。有如夏天营营的苍蝇，嗡嗡的蚊蚋，飞绕在人们耳边，做着梦寐似的催眠声。这并非人世的声音！在黑夜，市声沉下去了，但这却正是白天活动的准备。在大雷雨到来之前，照例会有刹那的静寂。

1939年8月30日，《大美晚报》副刊《夜光》主编、爱国报人朱惺公在孤岛被汪伪特务暗杀。朱惺公1938年2月入职《大美晚报》，在该报副刊中发表大量杂文，痛斥日本侵略者和汉奸卖国贼。敌伪恨之入骨，向他寄发附有子弹的恐吓信进行威胁，他却毫不畏惧，于1939年6月20日在《夜光》发表公开信，大义凛然地宣告："余不屈服，亦不乞怜，余之所为，必为内心之所安，社会之同情，天理之可容！如天道不亡，正气犹存！"③ 朱惺公被暗杀后，柯灵在报上公开发表《我要控诉》一文，痛斥敌伪的可耻行径。柯灵在文中义正词严地抗议道：朱惺公先生被暗杀了。这是汪精卫④恐怖政策的牺牲者，是上海新闻记者被杀害的第一个。死者在生前接到过恐吓信，上海所有正直的新闻记者都接到了。该信以破坏和平相谴责，以支持抗战为炯戒，这发信者正是汪精卫的党徒。大家对恐吓的反响是一致的轻蔑，只有朱惺公先生发表了公开信加以驳斥，于是他招来

---

① 柯灵：《柯灵文集》第四卷，文汇出版社2001年版，第201页。
② 柯灵：《柯灵文集》第四卷，文汇出版社2001年版，第201页。
③ 转引自方汉奇主编《中国新闻事业编年史》（中），福建人民出版社2000年版，第1424页。
④ 文章当时发表时，"汪精卫"三字原文为"×××"。

了恨毒：两个暴徒挟持着，另一个从容地用手枪抵住他的太阳穴，加以击杀。事后汪精卫却命令其宣传部部长林柏生出面来替自己洗刷血污，还诬指朱惺公先生为共产党式的作者。"即使共产党可以入人于罪，这也是无端的构陷，朱惺公先生死去了，他的文字还在，它们将为杀人者的罪恶作证。"① 死者是个手无寸铁的文人，他只有一支笔和对祖国的忠诚。作为中国人，他值得人们尊敬！

柯灵怒斥道：对这样的无耻与野蛮，我们无话可说。假如正义在世间尚可托足，人性还不至沦于末劫，那么即使被杀害者的血汇成洪流，也无从冲淡人的憎恨。朱惺公对恐吓者公开应战，慷慨骂贼，对暗中射来的冷箭袒胸露腹，毫无隐蔽地挺立于壕堑之上，他分明不是一个有政治谋略的前卫战士，而是一个耿直无畏的义民。然而他竟遭毒手，死后还给他扣上了一顶红帽子，这使我们明白了所谓的"和平运动"究竟是个什么东西！"我们不能不奇怪的是，同是新闻记者，而且是一个副刊编辑的殉难，一周以来，为什么上海各报的副刊上竟没有一点表示？唇亡齿寒，纵不为公理与正义，也应当为自己呐喊一声吧。看看《夜光》中读者哀悼的热烈，我相信投稿者决不会没有的。敬爱的先生，你们何所为而沉默？尤其是平时慷慨激昂的副刊，《剪影》和《浪花》上动辄骂人为'汪精卫'、比人以'张伯伦'的前进作家哪里去了？"② 语言是行动的一种。躲在壕堑里固然可以，但他本身必须是战士。对于暴行的噤默，即是对于战斗的回避！

柯灵本色上是一个作家，但抗战时期他长期从事报刊编辑工作，对报刊运作及其特点深有体会，因此，他的媒介批评往往小中见大，切合报刊的实际情况。1939 年 12 月，他看到一篇报纸上的编辑谈片，其中有一条云："如欲退稿，务须附足回件邮票，否则碍难照办，徒催无益。凡问询事件，需编者答复者，亦须附足回件邮票，盖如纯系常通私人琐事，滥用代邮方法，终似不必也。"③ 他觉得这个问题虽小，也颇值得一议。他说报纸就是作者、编者和读者的三方关系。"报纸的对象是读者。作者写，编者辑，工友排印，印了出来，然后流播到社会上去。"④ 编辑对他所编的报

---

① 柯灵：《柯灵文集》第四卷，文汇出版社 2001 年版，第 216 页。
② 柯灵：《柯灵文集》第四卷，文汇出版社 2001 年版，第 217 页。
③ 柯灵：《柯灵文集》第四卷，文汇出版社 2001 年版，第 241 页。
④ 柯灵：《柯灵文集》第四卷，文汇出版社 2001 年版，第 241 页。

刊虽握着处理材料的全权，却不是报刊的老板，他不能也不应因职务上的便利，拿报刊作个人的工具。这个道理极浅显，本来无待赘述，然而在事实上却并不如此。"上海流行的小报，除了色情小说之类的大作，是专为它们的主顾而写之外，有许多文字写的就全是张三昨晚到某处跳舞，李四前天请我吃饭之类，跟读者既无关系，跟社会也没有牵连，他们可就这样娓娓不倦地写着。养成了这种癖好的读者，也津津有味地看。"[①] 小报是如此，一些大报也更是不遑多让。编辑把自己当成了报纸的主子，这种人一旦掌权，假公济私就是一种必然。他劝新闻工作者加强修养，大事固然很要紧，但像这样跟公众有关的小事，最好也不要忽略。柯灵的这些媒介批评话语，确实使我们认识到了在那个非常时代的非常环境之中，中国现代媒介批评所具有的别样内容和面孔。

第七节　萨空了的媒介批评

萨空了（1907—1988），蒙古族人，原籍内蒙古昭乌达蒙翁牛特旗，出生于四川成都一个蒙古族家庭，祖上曾多次受到清帝嘉奖。辛亥革命之后，举家迁到北京。1922年，萨空了因家境贫寒，即经人介绍进入华北协和华语学校当图书管理员，虽然薪水微薄，但图书馆丰富的藏书和各种各样的报刊，却给他提供了宝贵的精神营养。其后不久，他又考入中法储蓄会当办事员，此时他开始业余练习写作，并向孙伏园主编的《京报副刊》和鲁迅、周作人等编辑的《语丝》投稿。1927年8月，萨空了通过考试进入《北京晚报》，担任副刊《余霞》的编辑工作，每天早上，他都要把编好的稿件以及自己写的一篇短文先送到报社，然后再去中法储蓄会上班。20世纪30年代后，萨空了先后担任《世界日报》编辑、《世界画报》主编等职，并担任天津《北洋画报》的特约通讯员，同时在北京中国大学、民国学院、北京新闻专科学校与河北高中讲授新闻学。1935年11月，参加上海《立报》筹建工作，并主编该报副刊《小茶馆》。1936年9月，任该报总编辑兼总经理。1938年4月1日，《立报》迁往香港续出，萨空了继续担任该报总编辑兼总经理。1938年9月赴新疆活动，后担任《新疆日报》第一副社长。1940年2月，回到重庆，不久后担任重庆《新蜀报》总经理。

---

① 柯灵：《柯灵文集》第四卷，文汇出版社2001年版，第241页。

1941年皖南事变后，国统区白色恐怖日趋严重，遂于1941年8月再赴香港，并参加中国民主政团同盟机关报《光明报》的创办工作，担任总经理兼副刊《鸡鸣》主编。1943年5月，在桂林被国民党特务秘密逮捕，在被囚禁的两年中，仍致力于新闻学研究，完成了《科学的新闻学概论》等著作。1945年6月25日出狱，后担任香港《华商报》《光明报》总经理。1949年6月任北平中国民主同盟机关报《光明日报》秘书长。中华人民共和国成立以后，先后担任过国家新闻出版总署副署长、《人民政协报》总编辑等职。萨空了新闻工作经历十分丰富，前后持续半个多世纪之久，特别是抗日战争时期他往返穿梭于香港、新疆、桂林和重庆多地，担任多家新闻媒体的总经理、总编辑和副刊主编等职，经常发表有关媒介批评的文字，就抗战期间新闻媒体和宣传如何发展等问题，提出过一系列具有专业见地的批评和意见。

一

1937年7月7日抗战爆发，7月10日上海一百多名文化界人士举行聚餐会，大家一致希望成立一个文化界的救亡实体，以知识唤起民众，积极地投入抗日救亡运动。7月28日上海文化界五百多人集会，宣告上海市文化界救亡协会正式成立。由于当时抗战形势日渐严峻并恶化，很多刊物停刊或内迁，因此，如何因应新形势下的抗日宣传工作，就成为亟须谋划的一个重要问题。1937年9月1日，在《世界知识》《妇女生活》《中华公论》与《国民周刊》四家期刊合作主办的《战时联合旬刊》第1期上，萨空了发表了题为《抗战发动后的新闻界工作》的文章，此文系为备文化界救亡协会印行救亡工作大纲之参考而作，就新闻界在抗战正式开始后如何具体开展工作进行分析，并提出了相应的建议。

萨空了认为预拟全面抗战发动后新闻界的工作大纲，是一件很艰难的工作。"因为中国新闻纸本身平日即不健全，到了一个非常时期，要希望它能肩负重要使命，自然愈发会感觉到它的缺点太多，不能胜任。"[①] 所以要想拟定一个工作大纲，就要先从改革新闻纸的本身谈起，而要谈新闻纸本身的改革问题，第一自是先探讨新闻纸的缺点何在，以及分析形成这些缺点的具体原因为何。

---

① 萨空了：《抗战发动后的新闻界工作》，《战时联合旬刊》1937年第1期。

萨空了指出：现时间中国新闻纸表现出的第一个重大缺点，"就是它的报道信用在民众间非常不好。知识民众对于新闻纸的报道几乎完全无信仰。知识较低落的民众，对新闻纸只肯信一半"。[1] 普通民众之所以对新闻纸只肯信一半，那是因为他们依靠实际的经验，也就是真相大白以后的事实，去对证过去新闻纸的报道而得出的经验，晓得新闻纸的报道最多只能相信百分之五十。那么，是什么堕毁了新闻纸的信用呢？为什么新闻纸不在追求读者的信仰上进行努力呢？萨空了指出其答案就是此前新闻检查的执行不当。当局抱着"得扣就扣"的态度执行新闻检查，使新闻纸渐渐变得"谜语化"了，大家接到新闻纸后要猜。"平时其影响业已很坏，战时依然如此，其结果简直不堪设想！"[2] 所以，面对到来的非常时期，要想叫新闻纸发挥效能，第一步就是要改善新闻检查制度。

萨空了随后回顾和分析说，国内每一次内战时期，看挂洋商招牌的新闻纸和外国新闻纸的身价之高，就可以晓得改善新闻检查的重要性。以过去历次内战的经验来推断，如果国人自办的中文新闻纸在未来大战期内不能刊载洋商招牌中文新闻纸和外文新闻纸所能刊载的新闻，那么中文新闻纸简直大可以全体停办，或即不停办也没有人信仰，还不是和停办了一样？何况将来中日开战时，也许仍将采取战而不宣的方式，那么国内各地日文报纸的发行当然不会停止。因为民众不信任中文新闻纸的报道，则敌人的宣传伎俩，在中国广大民众间一定可以大售其奸。假定日文报纸可以封锁了，不叫同胞看见，但其他外国文字的新闻纸决不能同样封锁，那么其他外国文字的新闻纸，还是可以作日本人的传声器，因此，萨空了认定新闻检查若不予以改善，希望新闻纸在非常时期中的宣传方面能够有所贡献怕是很难。

在新闻检查改善了的前提下，萨空了主张当时中国新闻纸亟须改革的第二步，"就是应求意识鲜明正确，文字浅近易懂"。[3] 他认为现在一般的新闻纸的编成，就像是缝就了一件百衲衣，零碎拼起，花色都令人不容易辨明。造成这个毛病的根源，就是因为编辑部没有一贯的编辑方针，自己所编新闻纸的意识如何，自己也闹不清。这在平时影响还小，可是一旦跨

---

[1] 萨空了：《抗战发动后的新闻界工作》，《战时联合旬刊》1937年第1期。
[2] 萨空了：《抗战发动后的新闻界工作》，《战时联合旬刊》1937年第1期。
[3] 萨空了：《抗战发动后的新闻界工作》，《战时联合旬刊》1937年第1期。

入非常时期,列强在军事上虽一时不会参战,但在宣传战方面一定会随着发动。一种新闻纸自己若没有一个中心原则,糊里糊涂地替所有外国通讯社作传播,结果一定是把自己民众阵营的头脑搅得一塌糊涂。"至于目前各种新闻纸的文字,的确是都显深奥,尤其是评论文字更多难懂。"① 如某报评论中充满了"溯自、已亘六年、要皆、昭然世人矣、夫、胜流群彦靖共在位、亦其宜矣、今兹、固属杞忧、者也、初不必、之左券"之类的文言性语言。萨空了批评用这种文字来评事论理,想让大众清楚明白,岂不等于缘木求鱼! 他认为新闻纸的评论和记事,越是说痛快语、老实话,就越有力量,在民众间才容易唤起共鸣。

在以上两步都已做到或有希望做到的情况下,萨空了拟定了非常时期的新闻工作,第一,要加强舆论动员工作,吸收壁报的写作特点,文章应该全以口语为准,这样可以叫稍知文字的人了解时局,通过稍知文字的人的念读,使不认字者也能知道时局,如此可间接地克服新闻纸无法深入社会下层的部分困难。第二,新闻中的专电特写通讯稿,应是事实报道,评论是对时事报道的补充说明。关于副刊,萨空了则希望它在战时能成为讨论随时随地应付时局的一块园地。"有许多人想战事起后谁还要看副刊,但我却把副刊看的很要紧。我以为如果副刊能够办的好,它的推动力会大于评论。"② 萨空了希望某个地方的各报副刊记者,至少能每周与各报的新闻和评论记者进行一次集体座谈。在这非常时令中,每周大家共同议定出几个议题,作为本周本城各报向民众宣传推行的目标。然后各报在一周内都集中在对这一个问题的讨论上,则其影响民众之深,自然要比现在的副刊大得多。

萨空了希望国民党当局在抗战时期能在两方面予新闻界以辅助:在新闻方面,当局能帮助新闻媒体迅速而正确地报道。抗战正式开始后,当时上海各报都感到我们自己的报道慢于日人。这一方面固然与新闻纸的人力不足有关,但拍发电报的积压则是最大问题,新闻加急电都没有平日的普通的新闻电快,而且还是在平津大电局里发报。萨空了指出,大战全面展开之后,发电的地方一定是沿津浦、平汉、平绥三路的小站电局,积压更在预料之中,因此他希望国民党中宣部、交通部能尽早考虑到此事,先予布置,如在各路军中,除军用无线电台外,应各设一专发新闻的无线电台,以使前

---

① 萨空了:《抗战发动后的新闻界工作》,《战时联合旬刊》1937 年第 1 期。
② 萨空了:《抗战发动后的新闻界工作》,《战时联合旬刊》1937 年第 1 期。

方和后方呼应灵活。在时局内幕方面,他希望国民党当局随时向新闻界宣示,可以因为事实的关系而不发表,但不要对新闻界的人进行欺瞒。这样在宣传工作上政府与民众间才能完全一致,宣传也才能收到效用。

二

宣传是萨空了新闻传播研究的一个重要内容,他不仅编译过《宣传心理研究》的专门性论著,而且在1941年8月,还撰写过《宣传的内容和技术》这样的专题论文,对战争状态下的宣传问题有着比较深入的理论性探讨。他之所以撰写《宣传的内容和技术》这篇文章,当然是为了因应当时抗战新闻传播的实际需要,期以改进抗战宣传工作的落后状况。

抗战初起时,蒋介石在衡山会议上曾经提出过"宣传重于作战"的指示,因此,宣传工作在国统区获得了普遍的重视,但矫枉过正,当时有人又过于夸大了宣传的作用。针对这种不无偏颇的认识,萨空了在《宣传的内容和技术》中首先界定了宣传的地位和意义。他认为宣传的价值,事实上只相当于枪炮,它只是一种武器。一种武器功能的有效发挥,要依靠适宜的运用。比如把一支最新式的机关枪,交给一个根本不懂得机关枪性能、从未受过使用机关枪训练的士兵,在作战时,他仍等于一个徒手的士兵而已;如果他不自量力,去胡乱舞弄那支机关枪,往往还会招来戕及自己和自己阵地中弟兄的结果。宣传这个武器也是一样,运用不得当,不仅收不到应有的效用,甚至还有发生不利于己影响的可能,所以,只有成功的宣传才具有威力,才在战时比"作战"更值得重视,而不是任何的宣传都重于作战。萨空了认为只有建立在对宣传性能的正确认识之上,才能适当地运用宣传技术,宣传才会成功。

宣传绝不是欺骗。萨空了认为这是从事宣传工作的人,最先应当把握的要点。针对有人以为"宣传如不是颠倒是非黑白,还有什么可作呢"[1]的错误观点,他明确指出:其实在颠倒是非黑白之外,宣传工作的正当范围宽阔得很。宣传的真正含义应当是:"把一些理论或事实的真象,加上正确的解释,告诉应当知道这些理论和事实,但是还未知道的人。"[2] 为了

---

[1] 萨空了:《宣传的内容和技术》,《文化杂志》(桂林)1941年第1卷第2期。
[2] 萨空了:《宣传的内容和技术》,《文化杂志》1941年第1卷第2期。

现代社会的不健全,教育机会的不均等,民众智力有进步与落后之分;为了地球上土地的广袤和交通未能普遍地便利发达,各地消息有灵通与闭塞之别;为了世界上随处都有为达到自私企图不惜颠倒是非黑白、从事欺骗的人所散布的种种荒谬宣传,这都需要有力而正确的宣传工作去逐一加以纠正谬误、澄清是非、辨别真假。

萨空了接着论述道,宣传既然不是欺骗,于是从事宣传的人,如果所宣传的是一种理论的话,那么这种理论就必须是最科学正确的理论;如果所宣传的是一种事实,则必须是最确实可信的事实。宣传者只有把握住这一点,才能立于不败之地。仅靠花言巧语,全不管宣传内容的真实与否,最大的可能也不过骗人于一时,并且一般只能骗人一次,因为在真理和事实给予那不正确的宣传以毫不容情的反证后,人类的记忆力就会长期地否定了你的宣传信用!宣传若失掉信用,就与人被判定道德破产一样,在广大的人群中还能有什么影响呢!中央社记者范式之此前曾写过一篇《我们要求新的宣传方针》的文章,萨空了特地引述了其中的一段话,作为进一步论述的基础和资料。范式之文中有云:

> 新闻纸上只见胜利报道,无失败消息:明明一个地方的不支失守,被敌侵占,偏说"为战略关系""转移新阵地";明明某地的沦陷由于某军"守土不力","稍抗即退",皆一律予以"敌炮火过于猛烈,我工事全毁"或"已换得敌人相当代价";明明各地伤亡平均是我重于敌,皆一律予以"敌我伤亡皆重"或竟"敌之伤亡尤倍于我";今天某地的失守,不予刊登,但三天后某地的克复倒又见诸报载,使民众茫然不知该地何时失守,更进而对该地的收复亦不得不怀疑起来;类此情事,不一而足,致使民众对于当前抗战的形势,很难有一真切的认识,民众每天翻开新闻纸,也要引用刘伯温"推背图"的原理,去探索当前的情况。①

范式之的这篇文章,初始刊登在《新闻记者》第6、7合刊上,后被1938年11月5日的《福建导报》创刊号转载,在新闻界曾经产生较大的影响。萨空了在转引了这段话后,以此为据,申论这段文章中所举的事

---

① 范式之:《我们要求新的宣传方针》,《福建导报》1938年11月5日创刊号。

第十二章 抗日战争时期国统区和沦陷区的媒介批评

实，充分说明了范式之所批评的宣传者犯了两点错误：一是他在理论上根本不懂中国的抗战是持久战，一个地方的得失，对中国抗战的胜败并无决定性的意义，因为不能把握这个理论，于是对一个战役的败绩和一个城市的失陷，感到在宣传上无法应付；二是他不懂宣传对于任何事实必须据实说出不能欺骗，欺骗将招致丧失宣传信用的结果，所以当战役失败、城市陷落时，他就不惜用欺骗来应付一时，或者运用"阿Q精神"创造一些"精神胜利"的公式词句，希望民众看不懂其中的含义。殊不知这些伎俩必然为事实所粉碎。萨空了指出：犯了这些错误的宣传，在战时，它的恶劣影响非常大。知识水准高的民众，对这样的宣传会感觉不满甚至引为笑谈，而要另去追求事实真相；知识水准低的民众，因为这种宣传的出尔反尔，或亲自发觉宣传不可信，自己又没有从整体上观察判断一切的能力，一定会产生对战事整体悲观的结果。战时宣传对内目的是动员民众，假如收到上述结果，宣传就成了非徒无益、反而害之了。萨空了指出，所有的宣传，即便是一段新闻报道，也应确守这个原则，才能获得最后的成功！

在宣传技术方面，萨空了认为最重要的原则是：宣传和作战一样，只有进攻，进攻的目的在于争取主动；进攻也是防御。在进攻争取主动的前提下，所有的计划、迅速和巧妙等条件的运用，才有用武之地。他批评自抗战爆发以来，"我国在宣传上，固然已经获得许多成绩，但如果严格检讨起来，却仍然存在着许多缺憾"。[1] 他认为最主要的一点，是我们只注重抵御而缺乏进攻。在国际宣传中，我们常落于人后。在对内宣传上，我们也偏重在消极方面，如禁止某些不得宣传，等等。至于积极方面的教育与宣传，注意得还是不够，以致民众对政府的措置，常常好像不关痛痒，而报纸也未能取得民众最大的信任。因此，他强调地说，宣传绝不是应付，而是一种主动、有计划、迅速的斗争。宣传技术如果落后，宣传内容再有问题，这样的宣传不但收不到有利的预期效果，而且会收到有害的结果。政府主导的宣传，只有在良好的政治环境里才易成功，因为只有在这种政治环境里，当局才能让宣传肩负起真正属于它的任务，才能把一些理论或事实真相加以正确解释和阐明，而不是叫它肩负起歪曲的任务，利用它作为欺骗民众的工具。

---

[1] 萨空了：《宣传的内容和技术》，《文化杂志》1941年第1卷第2期。

三

1941年12月7日,日本偷袭美军珍珠港,太平洋战争爆发,香港陷落,中国的抗日战争所遇到的困难也随之增加,如何整顿和调配全国新闻界的人力物力,以求抗战新闻宣传的更为深入和普遍?萨空了认为,这个问题,可以说随着抗战的爆发早已产生,可是四年多来,仍未能得到适当的解决。特别是自从上海、武汉沦陷以后,全国交通网络不再像过去那样便利畅通,全国性报纸不复存在。从那个时候起,如何使抗战宣传普遍深入全国每一角落的问题,便已随之而兴。当时就有人发出都市里报纸太多,应到小城镇办报,以求报纸更普遍深入广大群众中去的呼声。萨空了认为太平洋战争爆发后,如何迅速地解决这个问题已经更加迫切了。他赞同成舍我曾经提出的集中力量办一张小型报,以无线电拍发,然后全国抄收油印的办法,确实最为简便易行。"不过另设一个机关来作这件事,却未免有点叠床架屋。在中宣部下面的中央通讯社,现有为沦陷区及小城镇而设的一种广播,可即就这种广播,充实改良,使它成为一种编就的小型报内容,至于抄收印发责任,则可由中宣部就现用于各地党报之经费中拨出,另行选派人员担负。"[①] 他认为只要由中宣部再稍稍调整一下它的内部结构,此法即可实现,且可同时解决大城市报纸太多的毛病。

针对大城市报纸太多造成报业布局不均衡的问题,萨空了认为要合理地解决,"只有党报或政府机关报,首先倡导,改组下乡之一法"。[②] 因为不论从政治还是经济意义上考虑都应如此。今日各大城市报纸太多,不是民营报纸多了,而是党报与政府机关报多。所以从政治意义上讲,政府与党的报纸应当每一大城市只有一个,而将多余的人力物力分配到小城市中去,这种工作的实际功效,必大于挤在大城市之中。至于民营报纸,则应尽量让它们留在大城市内。"宣传工作,一般人认为只是灌输什么给民众,殊不知接受民众意见也应是宣传工作之一部;不了解民众心理而硬想对民众灌输什么,结果必然失败。为此我希望政府能视民营报纸为政府宣传工作中接受民意的工具,在这原则下,自以留在大城市中为宜,因为政府首

---

① 萨空了:《推进中国报业刍议》,《文化杂志》(桂林)1942年第2卷第3期。
② 萨空了:《推进中国报业刍议》,《文化杂志》(桂林)1942年第2卷第3期。

脑机关，例在大城市中，必如此政府才可以直接而迅速的了解民意，对政府也有极大的便利。"① 再从经济意义上讲，从大城市迁动一个报社到小城镇，不论是迁动经费还是营业的无把握上，责之民营报纸，恐怕皆不敢轻于尝试。比较而言，政府与政党报纸在这两点上自可少些顾虑。因此，党报与党派机关报应带头下乡，而把各大都市的生存空间，尽量留给民营报纸去耕耘、生长和发展。

萨空了认为要彻底解决上述问题，还需做到新闻界的团结。他号召新闻界同人，"应认清自己肩头的责任重大，通力合作，不要只想独善其身，或独善其报！"② 他解释自己之所以如此论断，是因为他一到桂林，就遇到了桂林报纸售价和广告价格的调涨问题，结果是有的涨有的不涨，各家报纸步调不一。依理这类事情大家的利害共同，本应该毫无问题，可以一致行动。不过这其间却不免有人怀着另外的思想，那就是你的不利也许正是我的幸运。这次桂林各报的加价情形，似乎各报之间并未想到合作，故而每家加价时，除要考虑读者与广告户之外，还要考虑同业间的竞争，而不顾及是否合理；于是便宜了有钱的广告户，反苦了穷读者。结果是报纸销路下降，广告增加；广告一多，报纸既不能加张，只好减少内容，降低了抗战建国宣传的效能，这不免让人为之惋惜。"同业间，工作上可以有竞争，竞争可使双方进步，并非坏事，不过为了同业竞争而遗忘了主要目标，却成为一种错误了！"③ 因为今后的物资可能一天比一天艰难，同业间只有加强合作，才能战胜时局带来的困难。

萨空了对推进中国报业发展的第三个建议，是希望"全国新闻界同人能够在自己的岗位上不因袭守成而时时谋求革新与改良"。④ 他之所以产生这种想法，乃是因为他想到此前在重庆时看到接近前方某地一家报社发出快邮代电的情形。当时，这家报社的要求是希望中央社改变它的广播发电时间，以期编印报纸时间都能改在日间不在深夜。而报社之所以提出这个要求，是因为植物油在他们那里都贵得不得了，若是改在日间编报印报，就可以节省很大一笔费用。萨空了回忆说，当时和他一同看到这个快邮代

---

① 萨空了：《推进中国报业刍议》，《文化杂志》（桂林）1942年第2卷第3期。
② 萨空了：《推进中国报业刍议》，《文化杂志》（桂林）1942年第2卷第3期。
③ 萨空了：《推进中国报业刍议》，《文化杂志》（桂林）1942年第2卷第3期。
④ 萨空了：《推进中国报业刍议》，《文化杂志》（桂林）1942年第2卷第3期。

电的同事,还很有点讪笑这家报社的意思,以为中央社如何能为一个小报社的灯油问题而改变它的广播时间!他认为其实这问题又何尝不可以考虑呢?中央社的广播时间难道必须那么晚么?一家报社省灯油或电力虽然无几,但就全国而论,数量也很可观。还有全国各报社现在过通宵夜生活的人为数恐亦有不少,今日怕只是为了中央社的电讯是在夜间来,才使他们熬夜。这些人的健康也在受着中央社的影响,到底为什么非要在夜里工作不可,能不因循守旧,硬是改革一下,也不见得一定不可以吧?至少把拍发电报的时间提早一点总可以办得到!

萨空了在文末指出,在中国新闻界,类乎上述的事情,还有很多很多,只是大家都习惯于因袭守成,于是,大家遂人云亦云地在这个圈子里混日子了。若以批评的眼光观察中国报业,"抗战以来,在报纸纸面的编辑技术上,我们实在找不出来多大的进步,以前是许多张现在都缩成一大张,地方性的报道减少了,副刊缩小以至时有时无,这就是抗战带给报纸的变化,当然这不是进步,我们要求的是进步!"① 他号召广大的新闻界同业,此时应在要求进步上竞赛。因为此前已有新闻报道说,重庆新闻界间已经在举行工作竞赛了,他希望这种风气能迅速地在全国各地开展推广起来,因为虽然中国新闻事业在原则、技术和观念上,并非只有上述三个问题存在,但我们要争取抗战建国大业的胜利,"就应自己有时时检讨自己的缺点的精神,不因循苟安,以求得自己岗位上的进步"。② 集合起在新闻事业各个岗位上点滴的进步,我们才能拥有击败法西斯强盗的力量。

萨空了在20世纪30年代主编《立报》副刊时,即以"名记者"③ 驰声业界。当年在他接任《立报》总编辑之职后,《社会日报》曾在"报馆新闻"专栏内,发表一则《〈立报〉总编辑易人,萨空了继张友鸾》的新闻报道。新闻中对萨空了予以介绍说:"萨为北大出身,服务于北平中法储蓄会,平时对新闻事业颇感兴趣,遂于会务之暇,为成所主持之北平《世界日报》编纂《世界画报》,深为成所器重。"④ 他在当时业界所具有的影响力,由此可见一斑。萨空了在主持上海《立报》编辑工作之时,实行精

---

① 萨空了:《推进中国报业刍议》,《文化杂志》(桂林)1942年第2卷第3期。
② 萨空了:《推进中国报业刍议》,《文化杂志》(桂林)1942年第2卷第3期。
③ 且知:《所谓名记者萨空了》,《铁报》1936年2月4日。
④ 小子:《〈立报〉总编辑易人,萨空了继张友鸾》,《社会日报》1935年10月27日。

编主义,大胆革除报界陈腐习气,以版面新颖、内容丰富、言论进步、定价低廉而获得广大读者好评。他在日常工作之余,甚为注意结合新闻实际问题,进行新闻学理论研究。抗战期间,他被国民党特务逮捕入狱时,仍然孜孜不倦地从事新闻学研究,撰写了《科学的新闻学概论》这样一部重要著作。他的《科学的新闻学概论》中,很多论述都是针对当时新闻传播的不足和缺点有感而发。他在剖析新闻传播的不足和缺点时,常常不是就事论事,而是追根溯源,将之与社会政治和文化环境等联系起来进行评断和分析。他曾经指出:"许多人从道德的观点来指摘黄色新闻和色情的低级趣味文字,以为应予取缔,否则伤风败俗,会使世风日下,实则这还是皮相之论"。[1] 何以做出这个结论呢?他分析说:拥有被人指摘为伤风败俗报纸的人物,听见他人骂他不道德,他绝对不会脸红耳赤,而将捻须微笑。他笑的是那责骂仍然是隔靴搔痒,并未搔到痒处,因为这种伤风败俗的文字侵入报纸,正是旧小说中所说的虚晃一招,用这一招,可以叫读者满足于低级趣味,而不再要求报纸在政治经济方面尽它应尽的责任,这样独占者的压轧欺骗,才能有长期安定的可能。因此,这般人的罪恶绝不只止于伤风败俗!"试看在日寇占领后北平天津等地的报纸,不是充满了色情文字么?"[2] 日寇正是在利用这个对中国民众"虚幌一着",叫他们为了这类文字而麻醉,忘掉民族意识。"由此可见,今日报纸的种种不良倾向,绝不是偶然的,而是社会发展到某一阶段时,就会发生的一种现象。所以要纠正这种现象,也就不是把它单纯的看作这是报纸的不良倾向所能了解的,而必须把它和整个的社会问题联系在一起求一个共同的解决。"[3] 将目光投射到造成新闻传播问题的社会政治根源上去,这种分析无疑超越了一般媒介批评就事论事的局限,具有了更为专业深邃的新闻理论研究品质。

第八节　叶楚伧的媒介批评

叶楚伧(1887—1946),原名单叶、宗源、宗庆,字卓书,后以字行。楚伧二字原是他早年献身辛亥革命从事新闻工作时取的笔名,后遂专以楚

---

[1] 萨空了:《科学的新闻学概论》,文化供应社1947年版,第31页。
[2] 萨空了:《科学的新闻学概论》,文化供应社1947年版,第31页。
[3] 萨空了:《科学的新闻学概论》,文化供应社1947年版,第31页。

伧为名，不再使用原有名号，另外散见于其诗词、文章、小说、笔记等各方面作品中，还有叶叶、小凤、春凤、老凤、湘君、箫引楼主、琳琅生、之子、单公、龙公、屑屑等笔名。江苏吴县周庄人，读书之家出身，1903年1月入上海南洋公学，未几转入浙江南浔公学就读。1904年，入苏州高等学堂，1907年从该校毕业后，恰逢在广东汕头主持《中华新报》笔政的同乡陈去病因疾辞职，陈力举叶楚伧代替其职。1908年，叶楚伧出任该报主笔，从此与报业结下不解之缘。1909年，正式加入同盟会，从事反清革命宣传工作。1911年6月，广东清廷当局认定《中华新报》为南社革命大本营，下令查封。经多方奔走，该报易名《新中华报》重出。民国肇造，先后任《中华新报》（汕头）、《民立报》《大风报》《太平洋报》等报刊编辑之职。1916年1月，与邵力子在上海创办《民国日报》，任总编辑。从1920年起转入政界，历任国民党中央政治会议秘书长、国民政府联席会议秘书长、上海临时政治分会委员。从1927年起，先后任国民党中央工人部代理部长、国民党中央宣传部部长、江苏省政府主席、南京政府代理文官长、立法院副院长、国民党中央执行委员会常委兼秘书长等职。1945年抗战胜利后，任京沪两市及苏浙皖三省宣慰使，1946年因病逝世。叶楚伧长期从事新闻工作，为宣传民主革命，反对清廷黑暗统治，痛斥袁世凯阴谋称帝，以及传播新文化思想，做过许多有益的工作。在抗日战争时期，他一直担任国民党中央宣传和出版机关的领导工作，对新闻宣传多有指示，是其时国民党官方媒介批评的代表性人物。

一

1938年10月，日军占领武汉以后，中国的抗日战争开始进入了战略相持阶段。国民党意识到精神力量在抗战建国中的重大作用，遂以集中全国抗战力量为名，发动了一场国民精神总动员运动。1939年1月29日，国民党第五届中央执行委员会第五次全体会议通过了《对于政治报告之决议案》，决议案指出："惟现值抗战进入第二期，全国精神物质之总动员已成为迫切之需要。"[①] 1939年3月12日，在孙中山逝世40周年纪念日上，

[①] 荣孟源主编：《中国国民党历次代表大会及中央全会资料》（下册），光明日报出版社1985年版，第557页。

国民政府公布了《国民精神总动员纲领及实施办法》，对实施的目的、要求和办法作了具体的规定，遵照"由口号到行动，由上层到下层，由城市到乡村，由后方到前方，由我后到敌后"①的原则，在全国各地全面实施并开展起来。国民精神总动员运动的实质在于倡导与教化，因此，宣传就成为该运动实施的主要内容和手段，除通过宣传队编排戏剧赶赴各乡村巡回演出、通过放映幻灯和邀请地方名流、绅士利用机会随时宣讲外，利用书籍、报刊、壁报、标语等媒体形式进行广泛的连续性宣传就成为其中主要的方式。为使精神总动员运动获得成效，国民党有关报刊对此进行了大规模的宣传活动，叶楚伧也在报刊上发表了多篇从不同角度论述精神总动员与抗战之间关系的文章，号召新闻工作者积极行动起来，开展精神总动员宣传活动。

在《国民精神总动员与中国前途》一文中，叶楚伧指出，中华民族有四千多年的悠久历史文化，其中积储了一种无限的力量。这种力量的强韧，敌人无法估计出来。日寇用了许多的方法，对中国土地、人民、工商业、兵力与武器等，都作了详细统计和研究，这给日本军阀发动侵略提供了某种决心。他们以为中国虽然地大物博，但没有得到开发，他们据此制定了对中国速战速决的战略方针，却未估量到中华民族文化的力量。疏忽了这一点，即造成了他们侵略计划的失败，这个事实现已经很明显了。文化的力量就是民族的精神，民族精神就像风云一样，由文化之水，受了温度的蒸发，发挥到宇宙中，一旦受到鼓荡，便会发出暴怒之风，灿烂之云，变更宇宙气色，操纵万物前途。暴怒时它可以摧毁万物，摧毁万物就是抗战的象征。它和善时，也可以滋长百物，滋长百物就是建国的象征。它具有的这两种伟大力量，敌人未尝估计到，我们却应该坚定地把握。

叶楚伧指出，完成抗战建国使命的具体实践办法，就是进行全国精神总动员。全国精神总动员的纲领已经发表，其中心内容就是复兴中华民族的文化，振发中华民族的风气。大凡一种风气的养成，都是由于极少数人明白了这个道理，先实践起来，做一个正确的榜样。古人说君子之德风，小人之德草，草上之风必偃。所谓君子，其实就是明白这个道理而能够躬

---

① 秦孝仪：《抗战建国史料——社会建设（三）》，中国国民党中央委员会党史委员会编辑，（台北）"中央"文物供应社1984年版，第135页。

行实践的人；所谓小人，就是后知后觉而以躬行实践的人为模范、大家一起造成风气的人。这种风气一经养成，不论什么强暴的敌人，都不能抵抗我们这种伟大的力量，不论什么艰难的建国工作，都像寻水获源，到处通行。叶楚伧认为精神总动员要获得成功，关键的一点是要先从自己做起，然后再去推动别人。中国人从前有种很坏的习惯，就是自己只讲干话，而要别人去做。所以，"我们现在要革除这种坏习惯。大家来讲，大家来做，并且要切实的先从自己做起"。① 新闻界有舆论引导的功能，所以要率先垂范，以身作则，只有这样才能完成精神总动员的使命，完成抗战建国的使命，创造出中华民族新的伟大前途。

叶楚伧认为，国民精神总动员的目的，在于三民主义的实现，并以此获得全国政治意识的整一。他在《精神总动员与民族精神》一文中从民族精神角度进行申论道："国民精神总动员，以实现三民主义为中心，而实现三民主义之方法，又首先在于恢复民族精神。"② 他认为历史上民族精神的结晶，为固有道德与文化的遗产；当前民族精神所寄托者，即为三民主义的信仰与奉行，因此国民精神与三民主义的革命思想与行动实为一事，除努力实行三民主义外，无所谓国民精神，其最终目的在于实现"分歧错杂之思想必须纠正"③，故而寄希望于新闻界者多多。在抗战时期的特殊政治环境和历史条件下，叶楚伧的这些论说，在当时显然具有借此欲达到溶共乃至反共的深层政治考虑。

二

新闻媒体的最重要功能之一是进行宣传。1939年1月3日，叶楚伧第三度出任国民党中央宣传部部长一职。职责所在，对国内宣传进行观察、分析、评价和引导，就成为其日常职务工作活动中的一项重要内容，《抗战以来宣传工作之概观》一文是他在抗战两周年之际发表在《中央日报》和《中央周刊》上的一篇具有媒介批评意味的重要文章。为引起人们对宣传工作的重视，澄清社会上对宣传工作的曲解和误解，叶楚伧在该文首先

---

① 叶楚伧：《精神总动员与中国前途》，《血路》1939年第58期。
② 叶楚伧：《精神总动员与民族精神》，《中央周刊》1939年第1卷第39、40期合刊。
③ 叶楚伧：《精神总动员与民族精神》，《中央周刊》1939年第1卷第39、40期合刊。

就对宣传工作的目的进行了申述。他认为宣传的目的,"是在于解释说明已成的事实,与夫指示发动一般人努力于创造某种预期的事实,而尤注意于纠正对方对于某种事实的误解,曲解,或故意散放之谣言"。① 因此,他认为宣传本身的效用,在于能引起人们积极的行动,而非仅仅只为言论和形成观念。宣传行动的本身,也非独立的行为,而应与各方面的行动发生联系作用,即使各方面的行动均能直接、自然地接受宣传所指示的方向和路径进行。反之,如果以宣传本身为独立行动,则容易发生宣传和事实两不相涉的问题,不仅会使宣传无以取信于人,并且还会引起疑虑,招致反宣传的后果。

叶楚伧指出:一般人以为宣传的本身即具有虚伪性,大多是为了掩饰事实的真相,甚至危言耸听地以混淆一般人的心理。实际上,这是由于劣质宣传与反动宣传所引起的根本错误观念和印象。"本于至诚信仰的精神,以为宣传行动,当然要以真实打破虚伪,以事实证明谣传,以实现主义与国策,来纠正一切不合理的思想与行动,而最后的要求,是统一全国民的意志与能力,完成革命的使命。"② 在关于主义与国策的宣传方面,根本系发于宣传者拥有至诚的信念,宣传者对此不应该有一丝一毫的怀疑。

叶楚伧认为抗战以来的宣传工作,"均能认清事实,解释事实,与夫创造事实,以事实来消灭谣言,更以行动来实现主义的信仰,与夫服从领袖的真诚,经过二年期间,不仅完全取信于全国人民,而且能得到国际各友邦的同情"。③ 特别是在宣传工作中,更因注重于以事实来证明敌人一切的奸诈,揭破敌人虚构阴险的谣言,使敌人黔驴技穷,不得不在精神上被我屈服。这固然是由于日寇捏造事实的虚伪宣传,当然要招致失败,更重要的原因亦是由于我们是有主义和信仰的宣传,自然能够产生战胜敌人自欺欺人的宣传。叶楚伧总结第一期抗战宣传的成功,关键在于宣传依托于事实。"政府与社会所共同注意之宣传要点,多为战事之必胜信念,与夫发表各地战胜消息,与我战略之要点。"④ 国际宣传方面,则注意于引起各友邦对我的同情,以及暴露敌人的惨无人道的行为。"在此时期,全国各

---

① 叶楚伧:《抗战以来宣传工作之概观》,《中央日报》1939年7月7日。
② 叶楚伧:《抗战以来宣传工作之概观》,《中央日报》1939年7月7日。
③ 叶楚伧:《抗战以来宣传工作之概观》,《中央日报》1939年7月7日。
④ 叶楚伧:《抗战以来宣传工作之概观》,《中央日报》1939年7月7日。

刊物与夫一切宣传事项，均系说明为何而抗战？抗战一定胜利，国际自有公理，一定予倭寇以制裁。"① 对内是注重统一意志，提高抗战信念；对外则是以全民族抗战到底的坚决意志表示我求独立生存的精神。叶楚伧主张宣传重在事实，"不能影响于事实的宣传，无论技术如何精巧，终必为人揭破，根本失其宣传之效能，而且往往因某种宣传之失败，而累及于可以有效之宣传。甚至于使其根据事实的宣传，亦为人所怀疑"。② 叶楚伧认为自抗战以来，日寇在宣传上也可谓用尽心机，但始终效果不彰，都是因为其宣传缺乏事实导致的结果。

叶楚伧进而指出，在抗战进入第二阶段后，"我宣传要点已由抗战而进于建国"。③ 即由统一意志而进于集中力量，至于个人自愿贡献其一切能力知识于国家民族。换言之，第一期抗战宣传中心为坚定人们对内对外的民族自信力，第二期抗战宣传中心，则应由坚定自信力进而为全民族精神的改造与道德的恢复。他号召"全国各刊物议论主张，均能积极拥护政府国策"，④ 在文字宣传上，以便收取统一集中之效。尤其是全国文化界和出版界，均要研究关于统一集中思想与知识方面的宣传方法，同时全国知识界要集中思想力量，针对敌方对我阴险狠毒的政治与文化宣传，予以中华民族的伟大精神的反攻。例如全国各地刊物要针对日寇所宣扬的"王道政治"和"东亚新秩序"以及在敌占区域所行的奴化教育等事项，予以猛烈抨击和一致痛斥。这些都一再证明事实之于宣传的重要性。

三

抗战进入第二阶段之后，国民党最高当局提出了政治重于军事、后方重于前方、宣传重于作战等一系列方略性的战时政策。作为国民党中央宣传部部长，叶楚伧利用各种场合进行宣传工作的理论论述，特别是一再对宣传重于作战的理念加以强调和阐释。他不仅在文章中一再引用蒋介石关于加强宣传工作的讲话作为论述的政治理据，而且还从孙中山关于辛亥革

---

① 叶楚伧：《抗战以来宣传工作之概观》，《中央日报》1939年7月7日。
② 叶楚伧：《抗战以来宣传工作之概观》，《中央日报》1939年7月7日。
③ 叶楚伧：《抗战以来宣传工作之概观》，《中央日报》1939年7月7日。
④ 叶楚伧：《抗战以来宣传工作之概观》，《中央日报》1939年7月7日。

命的成功、主要应该归功于宣传工作的观点中寻找历史和权威解释。他在《抗战以来宣传工作之概观》一文中，就曾不断称引孙中山的有关论述："总理谓：'武昌起义，表面上虽是军事奋斗的成功，但当时在武昌的军队……因为没有起义之先，他们受过我们的宣传，明白了我们的主义，才为主义去革命，所以这种成功，完全是由于宣传奋斗的成功。'又说：'革命成功极快的方法，宣传要用九成，武力只可用一成。'此与总裁所谓'宣传重于作战'可互相发明。今后关于建国的宣传工作，重于抗战的宣传工作，亦即应进一步的集中于实现三民主义完成建国使命的宣传。总理谓：'一传十，十传百，大家一心，向前奋斗。'愿与国人三复斯言。"① 1939年10月10日，他又撰写了题为《宣传重于作战》的文章，发表在国民党中央机关刊《中央周刊》上，对宣传的重要意义进行强调。

叶楚伧首先分析了决定战争最后结果的因素，指出仅就狭义的决定军队作战的最后胜利这一点来说，从长远来看，最后胜利永远属于拥有最旺盛士气的一方面，而士气又来源于战争的性质以及信念。凡是相信自己是站在为正义人道和独立生存，乃至为世界和平的正大立场上，该战争方面的士气将永远保持着旺盛，所谓师直为壮曲为老、两军相加哀者胜、骄兵必败等，都是这个道理。再就决定全部战争的最后胜利，也就是在全国最后胜利这一点来说：最后胜利永远属于民族自信力最强、文化最高、民族精神最高尚纯洁的国家，这样的国家同时又必将是一个对于国民革命主义有坚定信仰的国家。所谓仁义之师无敌于天下的历史古训，说的也是这一个道理。叶楚伧认为根据以上两点，中国抗战早在一开始时，就已经立于不败之地。原因在于我们不仅是消极地为自己民族国家的自卫而战，而且是积极地为着维持世界和平而战，对最野蛮的侵略国家下最大决心的反攻。所以我们抗战越久，就越能得到国际爱好和平国家的同情。同时我们反侵略战争的决心越坚定，就越足以激动国际间对野蛮的侵略国家的仇恨和憎恶，促进爱好和平的友邦的团结。

叶楚伧认为，在这个情形之下，我们的军心自然是越战越坚定，士气越战越旺盛。这次欧战拉开序幕后，为什么英法采取长期抵抗战略？坚决地表示反对侵略到底？为什么各个小国也都极力维持中立？为什么美、苏等国都极力主张和平解决？就是德国也表示不愿意长期作战下去？这不能

---

① 叶楚伧：《抗战以来宣传工作之概观》，《中央日报》1939年7月7日。

不说其中含有中国抗战所带来的因素，即由于我们反侵略抗战二十七个月的事实所转变的一个国际形势。这一点，就是我们军心越战越坚定、士气越战越旺盛的一个事实的理由。世界绝大多数国家都一致同情反侵略战争，而且是要把自己战争的立场都定义和定位在反侵略这一点上。这充分说明了如果不是反侵略的战争，就不能有坚定的军心和旺盛的士气，就不能有永久的胜利。我们坚持的抗战始终是正义的战争。

叶楚伧再一次从文化角度解释中国抗战信念的来源。他指出："因为我们是以最古最高的文化，和最优秀的民族道德，和精神的绝对的民族自信力，来以复兴民族，和对于世界发挥我们民族的仁爱和平的伟大的民族性，担负起救世界救人类的三民主义的责任而来抗战的原因，所以在主观上我们抗战的信念愈坚定，在客观上，就愈足以引起国际间对于我们民族的重视。"[①] 敌人已更动了四次内阁，屡次变更对欧美的外交政策，这些都说明我们抗战到底的民族精神，已经压倒了敌国军阀的疯狂气焰。敌人当下正在利用汉奸以和平的口号来诱骗国人，表明敌人企图对我们民族精神进行自不量力的破坏。"关于我们全国舆论和实际行动，给予汪逆以痛快的打击，敌人对于我们的精神诱降阴谋，更是技无所施了。"[②] 叶楚伧认为这是根据事实进行宣传所产生的力量。一方面，"我的一切的行动，都能够作到以事实来宣传的地步，在抗战必胜与服从总裁领导的信念之下，对抗战军事上，我们已经获有很好的预期的成果，我们每一个战斗员和大多数人民，都能够各自以他的行动来加增宣传的效应"[③]。另一方面就是我们的抗战必胜已经不只是一种观念的宣传，而是已经成为信念、成为支配实际行动和最后胜利的决定性力量了。现在全国人民，对于抗战必胜的结论已经没有疑问，因为我们每个人都正在以自己的实际行动来集中和加强这个力量了。

四

记者素质决定新闻工作的质量和面貌。对新闻记者的素养问题，叶楚

[①] 叶楚伧：《宣传重于作战》，《中央周刊》1939年第2卷第11、12期合刊。
[②] 叶楚伧：《宣传重于作战》，《中央周刊》1939年第2卷第11、12期合刊。
[③] 叶楚伧：《宣传重于作战》，《中央周刊》1939年第2卷第11、12期合刊。

伦多次以一个老新闻工作者的身份发表看法。他认为新闻记者是一种随着时代跑步的职业,"不能以固定的知识,竖立起一个标准"。① 做一个新闻记者,必须每日感到自己的不足,然后才能跟上时代的步伐,一天天地获得进步。如果感到自满,就要落伍。叶楚伧以报纸的生产过程为例,从新闻采访、编辑和发行等几个方面,对新闻记者的素质进行了论述。

叶楚伧批评中国新闻界历史上一度对采访不重视。在上海,担任采访工作的曾经被称为"走新闻",地位比编辑的低。叶楚伧认为此种观念其实大谬不然:"采访工作要做得好,须有高深的学问与技术,采访工作做得好,便成为读者注意的目标,其效力大于论说。"② 例如某报馆预知今日有某人乘飞机来渝,故先派访员在机场迎候,此时访员切不可冒昧询其有无消息,否则必然失败,因此时被访问者风尘仆仆,决无高谈阔论的兴致,且机场人多嘴杂,被访问者纵有重要消息亦未便当众宣布。此时访员如果对当时情景及人物风采加以生动描写,即可成为有趣的软性新闻。在新闻价值上,软性新闻的重要性并不亚于硬性新闻,且随时随地都可获得。硬性新闻既无所得,自当致力于软性新闻的写作。如忽略此点,空手而返,那么就是采访工作的最大失败。至于硬性新闻采访,更非易得之事。叶楚伧说采访譬如钓鱼,须在最适当时机提起钓钩,才能有所获得。访问之前必先充分准备,使对方无法拒绝而不得不透露一点消息,此系一种极为高深的学问与技术。世界上往往有人会成功于一事,也有人会失败于一事,故随时随地我们皆须注意,采访中绝对不能疏忽大意。

关于报纸编辑的素质,叶楚伧指出,"过去我国新闻记者于编辑方面有一坏习惯,即非时不到,草率从事,今以两人作比,一人非时不到,另一人则每日必先二小时到,遍阅本日各报,与本报比较,然后决定明日本报之编辑方针,则所得结果,当然比前者优良。今日之编辑往往只从事于新闻之圈点工作,此不能谓为真正之编辑"。③ 因为严格说来,编辑对于每条新闻,均须加以删改整理,去除其中重复不当或者无意义的字句,使同样的篇幅能容纳最大多数的新闻,如此定能得到读者的欢迎。新闻标题对报纸亦有重大的关系,读者往往因受到标题的吸引而阅读新闻内容,或因

---

① 叶楚伧先生讲,潘焕昆笔记:《怎样做新闻记者》,《读书通讯》(半月刊) 1940 年第 3 期。
② 叶楚伧先生讲,潘焕昆笔记:《怎样做新闻记者》,《读书通讯》(半月刊) 1940 年第 3 期。
③ 叶楚伧先生讲,潘焕昆笔记:《怎样做新闻记者》,《读书通讯》(半月刊) 1940 年第 3 期。

标题关系读者对于新闻失去阅读的兴趣。故编辑工作第一系删改，第二系整理，第三系标题，三者缺一不可。如何做好这三项工作，亦是事关新闻编辑学问上、技术上的素质大问题。

叶楚伧还批评当时各报有一普遍性的弊病，即不注意副刊的社会效果问题。"彼等认为副刊必须引起读者兴趣，因而必须猜测读者之心理，读者所好者好之，读者所恶者恶之，结果是诲淫诲盗，顽僻邪侈，此系国家民族之最大危机。"①叶楚伧认为其实报纸副刊的作用在于社会教育，断不能产生引诱青年入奢侈淫逸之途的恶果。青年人兴趣并不一定天生在此，大半都是后天的引诱所致。"有人以为不如此则副刊无兴味之可言，其实中国非无讲忠孝讲道德之文艺，非无启发民族意识之小说，此等文艺小说亦能同等引起读者之兴趣。故副刊上固然不必满口仁义道德，但须认清副刊系一教育园地，应使其绝对洁净。"②往往因为报纸副刊上发表一两篇不良的文字，社会千百年形成的公序良俗、国家数十年的努力建设，即被完全破坏而化作乌有。报纸副刊编辑对此不可不慎。

针对报纸的发行和营业问题，叶楚伧认为目前大多数报纸的发行目的就在于争取销数多和广告多，以为若是这两项不能达到目的，则报馆唯有关门，编辑部成为广告部和发行部的附庸，完全听其节制。叶楚伧则坚持认为："报纸之存在固然须靠营业方面之维持，但不能因此抛弃其更大使命。"③当然，他也认为报馆不能忽视营业，但报馆重视营业不能仅仅是为了赚钱。欲求宣传的效力大，亦须注意营业之发展。"销数大者其宣传效力大，故报纸非仅为营业而营业，乃为宣传而营业，营业宣传之两翅，无翅则不能飞。"④经营得好，对报纸的宣传将会有巨大助益，但一定要摆正宣传和经营两者间的主次、从属关系。叶楚伧批评当时中国报界存在一种畸形现象，"即后方报纸太多，前方及沦陷区则平均数百万人尚不能获得一份报纸"。⑤即人们常说的后方胀死、前方及沦陷区饿死的地域分布不均衡现象。他认为报纸不能局限于在都市发展，前方和沦陷区以及广大的乡村，同样也需要报纸。"报纸集中后方几个都市系一种不合理不经

---

① 叶楚伧先生讲，潘焕昆笔记：《怎样做新闻记者》，《读书通讯》（半月刊）1940年第3期。
② 叶楚伧先生讲，潘焕昆笔记：《怎样做新闻记者》，《读书通讯》（半月刊）1940年第3期。
③ 叶楚伧先生讲，潘焕昆笔记：《怎样做新闻记者》，《读书通讯》（半月刊）1940年第3期。
④ 叶楚伧先生讲，潘焕昆笔记：《怎样做新闻记者》，《读书通讯》（半月刊）1940年第3期。
⑤ 叶楚伧先生讲，潘焕昆笔记：《怎样做新闻记者》，《读书通讯》（半月刊）1940年第3期。

济之现象。"① 他希望新闻界和广大读者对如何解决这一问题多加以研究，提供计划以便政府进行决策时参考。

从 1908 年主编广东《中华新报》起，叶楚伧前后有十多年的新闻从业经历，任过报刊的主编、总编等职，新闻工作经验十分丰富。他创办的《民国日报》在中国现代史上产生过十分巨大的影响，其质衣办报之举在报界长期传为美谈。20 世纪 20 年代以后，他虽然逐渐转入政坛，但以出任国民党当局宣传和出版管理部门的领导职务为多，是国民党当局在新闻宣传方面的政策制定者。叶楚伧在抗日战争时期的媒介批评，既具有一个当局新闻政策直接领导者的宏观政治敏锐，又有来自多年亲身新闻实践经历的微观专业素养，在一些方面的观察和评价颇得要领，特别是对新闻传播中某些深层次的政治倾向性的把握和分析，颇显得能够见微知著，切中肯綮。1946 年 2 月 15 日，叶楚伧在国民党政府东南宣慰使任上病逝，当时上海《新闻报》有挽联云："舆论导先河，报国文章，举世争传昭北斗；清才惊绝域，名山著作，千秋敬仰吊西湖。"② 其间固不免有面对作古之人的溢美之词，但也准确地概括了叶楚伧在中国现代政治和文化史上的贡献。毋庸讳言，叶楚伧是一个坚定的爱国主义者，也是一个忠贞的中国国民党党员，在政治立场上一直对共产党抱有偏见。其哲嗣叶元曾记叙过这样一件逸事："记得有一次一个来客求见，副官送上名片，我父亲一看此人姓'朱'名'赤'，便皱了皱眉头，吩咐不见。从这件小事上可以看出他的观点、立场。"③ 也正因此，叶楚伧在大陆中国现代史学研究中长期处于被边缘化的境地，其在新闻传播和媒介批评领域的贡献更是一直未能得到应有的重视。这无疑是一件令人遗憾的事情，因此，现在对叶楚伧的媒介批评活动进行梳理，就有了比新闻史研究更多的学术意义。

第九节 潘公展的媒介批评

潘公展（1894—1975），原名有猷，字干卿，号公展，浙江吴兴（今湖

---

① 叶楚伧先生讲，潘焕昆笔记：《怎样做新闻记者》，《读书通讯》（半月刊）1940 年第 3 期。
② 施惠群主编：《上海文史资料选辑第七十九辑：叶楚伧纪念集》，中国人民政治协商会议上海市委员会文史资料委员会编，上海市政协文史资料编辑部 1997 年版，第 11 页。
③ 叶元：《忆先父叶楚伧（代序）》，见叶元编《叶楚伧诗文集》，上海三联书店 1988 年版，序文第 3 页。

州）人。1910年入上海圣约翰大学外文系读书，在校期间一边参与校刊《约翰声》编辑工作，一边课余撰写时事评论及杂文，向上海各大报社投稿，并担任《时事新报》副刊《学灯》和《民国日报》副刊《觉悟》的特约撰稿人，在新闻界开始崭露头角。1919年五四运动爆发后，参加全国学生联合会上海分会，主编该会会报。同年夏从圣约翰大学毕业后，初在上海私立市北中学执教并兼教务主任，后于1921年1月1日，进入《商报》任电讯编辑，后升任编辑主任，撰写每日时评和每周大事述评，文名渐著。1926年受史量才延揽，潘公展进入《申报》任该报要闻编辑。1927年1月，升任《申报》总编辑。也就是在此期间，潘公展经陈果夫推荐，去南昌面见蒋介石，不久即加入了中国国民党，"在《申报》上极力为国民革命军鼓吹"，[1] 1927年4月，蒋介石在上海设立政治分会，潘公展任分会委员，后又任上海特别市政府社会局长。1932年4月在沪创办《晨报》，任社长。1935年11月当选为国民党中央委员。抗日战争爆发后，潘公展先后任国民政府军事委员会参事室参事、国民党中宣部所属独立出版社经理、国民党中宣部副部长兼《中央日报》总主笔、军事委员会战时新闻检查局副局长、中央图书杂志审查委员会副主任、中央政治学校新闻专修班主任等职。1942年11月，在国民党五届十中全会上当选为中央执行委员会常务委员，后改任中央图书杂志审查委员会主任委员。抗日战争胜利后担任《申报》董事长、《商报》副董事长、上海参议会议长等职。1949年去香港创办国际编译社，1950年5月赴美定居，入《纽约新报》主持笔政。1951年5月又与友人在美合办《华美日报》。1975年6月23日在美国去世。潘公展自1927年以后，一直是国民党CC系主要成员。在整个抗战期间，他一直担任国民党宣传系统的要职，是国民党舆论宣传的主要领导者和指挥者。他经常根据国民党舆论宣传的政策和工作需要，针对新闻传播中的一些问题发言立论，引导新闻传播按国民党的既定方针运作。由于他具有较为丰富的新闻从业经验，其部分文章具有一定的理论专业性，是抗战期间国民党官方媒介批评的代表性人物之一。

一

在国民党的阵营中，潘公展是对日本侵略中国的野心较早有所觉察的

---

[1] 季灏、周世辅、王健明：《潘公展传》，台北市新闻记者公会1976年印行，第19页。

一员，其抗日思想也甚为坚韧。在 1937 年全面抗日战争爆发前夕，他发表了《非常时期的新闻界》一文，指出即将到来的抗日战争将使中国进入一个以救亡为中心任务的非常时期，亡国灭种的危险已经迫在眉睫，非常时期已经不足以形容中华民族所面临的凶险了，莫如径直就叫救亡时期或更为贴切。"中国国民在救亡时期最重要的工作，莫过于救亡工作；而救亡工作必须人人参加人人努力，然后才有完成的希望。"① 至于新闻界在救亡时期的救亡工作，他认为就是从事和加强人民心理国防的建设。心理国防是一种无形的国防，一个国家如果物质的国防窳败而人民的心理国防坚固，其国纵亡亦必复兴；如果物质与心理的国防同时溃散，则其国将会永远沉沦翻身无日。鉴于当时中国华北出现了众多郑孝胥、殷汝耕之流的汉奸卖国贼，所以心理国防的建设越显迫切。"新闻纸每日报告消息评论时事，有千百万人直接或间接从这上面形成他们对于国事的见解，以决定行动的方针。所以，新闻界在今日救亡时期中，应该善自利用其机会，完全负起建立心理国防的责任来！"② 如何具体建立心理国防呢？潘公展认为下面两个方面最值得人们的注意。

一是提倡和培养国民具有沉着坚忍、埋头苦干的精神。凡事知彼知己分明利害，不虚矫矜张，不盲从乱动。如果要让一般国民做到如此，那么，"新闻界自身先要对于时事有精深的研究，然后在报纸上面发表他们的真知灼见，以指导一般国民，当此千钧一发之际，新闻界如果对于报纸上面的评论纪事并不能根据深切的研究和精细的考察，因而影响一般国民的言论行动不能正确，这在救亡时期，他们已经辜负了建立心理国防的责任"。③ 新闻界自己如果还是挟成见逞意气，不是从国家民族的最高利益出发，而是别有用心，那么根本上就是唯恐国之不亡而促其亡了。

二是我们国民应该都有一种不屈不挠、奋斗到底的精神。"在此救亡时期，报纸上的评论纪事，尤其是副刊一类的文字，都不可再有消磨志气萎靡颓丧的气味；我们应当鼓起人类至大至刚之气，养成一般国民到必要时都有杀身成仁舍命取义的勇气。"④ 潘公展要求新闻界切实检点自

---

① 潘公展：《非常时期的新闻界》，《新闻杂志》（南京）1937 年第 1 卷第 1 期。
② 潘公展：《非常时期的新闻界》，《新闻杂志》（南京）1937 年第 1 卷第 1 期。
③ 潘公展：《非常时期的新闻界》，《新闻杂志》（南京）1937 年第 1 卷第 1 期。
④ 潘公展：《非常时期的新闻界》，《新闻杂志》1937 年第 1 卷第 1 期。

身，把此前报纸上面一切足以涣散人们心理国防的毒气一扫而空。从一言可以兴邦也可以丧邦的认识高度，负起在救亡时期巩固人民心理国防的重大责任。

宣传和教育虽然不同，但宣传和教育毕竟具有一定的相通之处。如何加强宣传与教育的联系，共同为抗战服务，是潘公展在抗战期间比较强调的一个宣传主题，特别是抗战进入第二期后，随着国民党当局"宣传重于作战"理念的出台，对民众宣传工作的重要性及其效能的认识亟须更新。1939年7月7日，潘公展在《中央周刊》上发表了《二期抗战中宣传与教育之联系作用》一文，对二者的关系进行了专题阐释。

潘公展指出，宣传与教育不可分离。无论是关于主张信仰，还是其他一切政策，以及改进社会关系，等等，宣传都必须与教育事业取得联系，方能收事半功倍之效。反之，如果教育自教育，宣传自宣传，势必导致从事教育的人，会固执地认为教育是培养人的基础知识与性格的永久工具，而宣传只是一种针对特殊事项的临时手段，造成教育与宣传脱节、互相矛盾冲突的现象。"欲避免此弊，使宣传与教育互为因果，互为体用，则必须以教育养成一般人的根本信仰，而以宣传指导其不违背于信仰的各别行动。"[1] 也就是为使一般人在平时接受各种教育时，即养成可以接受而且容易了解一切有关政治性社会性的宣传事项，并可以自动地为共同一致的宣传。同时在教育本身，也可以借助宣传作用而证实其功效。换言之，如果宣传不是以教育为基础，那么在一般人心理上就不发生彻底了解的作用，则教育政策与宣传方针，不能形成一致，容易发生误解，形成消极的反宣传的作用。

鉴于宣传与教育二者之间的紧密关系，潘公展指出，在抗战建国时期，教育界对宣传工作负有更重大的责任。"而富有宣传专责者，亦应了解教育原理与其机构的运用。"[2] 他评价自抗战以来，关于此点已有积极的进步。具体表现是，一方面，全国各级各种教育机关均能自动地担负起宣传的责任，在文学、艺术、戏剧、音乐等方面均有十分优良的成绩。另一方面，在行动上亦大有踊跃争先、不甘落后之势。如教育界纷纷奔赴前线慰劳将士，以及募集慰劳物品和献金等。教育界与党政军系统负有特别宣

---

[1] 潘公展：《二期抗战中宣传与教育之联系作用》，《中央周刊》1939年第2卷第1、2期合刊。
[2] 潘公展：《二期抗战中宣传与教育之联系作用》，《中央周刊》1939年第2卷第1、2期合刊。

传任务的机关人员，已成为一体。专做宣传工作者常常以教育界为宣传的大本营，一切的宣传表演与技术，均能动员教育人员，共同计划与实施。教育工作人员"对于宣传工作之努力，本于教育原理与其经验之特长，以运用抗战建国之宣传方针，其对于一般民众收效之大，不言而喻"。① 取得的成绩之大，令人感奋。

关于今后宣传的事项，潘公展提出，"在负有宣传专责者之本身，为求其教育化，精神总动员化，与夫思想统一化，乃至于讲求更高深的技能，在在都有与全国教育界联合研究讨论的必要"。② 因为在抗战第二期中建国的任务更重要了，宣传的目标、重心、技巧都有加以进一步改变的必要。特别是负有宣传专门责任的新闻媒体，已经成为贯彻和实施国民精神总动员纲领的有机组成部分。而国民精神总动员纲领的贯彻和实施，则为抗战第二期中实施其他一切政策的最高力量，尤其也成为今后教育的基础方针。总而言之，就是充分利用新闻媒体的巨大传播力量，将宣传和教育有机地融为一体，教育便是宣传，宣传便是教育。"宣传为教育之实施，教育为宣传之理想。"③ 以更好地完成抗战建国的伟大历史使命。

二

每一个时代都赋予了新闻媒体特殊的使命和职责，虽然这种使命和职责具有某种时代的共通性，但又必然地打上该特殊时代的烙印，具有时代政治的某种内涵。潘公展作为抗战时期国民党当局宣传的主要领导者和新闻政策执行人，从服务国民党宣传政策的角度对新闻媒体提出要求，引导媒体服务于抗战建国大局，既是该时期其媒介批评的主要内容，也是其媒介批评的重要特点。

1941年，中国抗日战争进入了最艰苦的年月。这一年的3月16日，由张季鸾、于右任等人策划的中国新闻学会成立了。该学会旨在把官方、各党派及民间团体所拥有的新闻媒体团结在一起，共同为抗战建国服务。

---

① 潘公展：《二期抗战中宣传与教育之联系作用》，《中央周刊》1939年第2卷第1、2期合刊。
② 潘公展：《二期抗战中宣传与教育之联系作用》，《中央周刊》1939年第2卷第1、2期合刊。
③ 潘公展：《二期抗战中宣传与教育之联系作用》，《中央周刊》1939年第2卷第1、2期合刊。

在成立大会上，蒋介石给学会发来了贺电，潘公展等 11 人被选为学会的监事。中国新闻学会成立后，不仅创办了研究新闻事业与新闻学的大型学术刊物《新闻战线》月刊，而且还出版了《中国新闻学会年刊》，前者主要发表一些新闻学术的研究性文章，其中不少文章代表了当时国统区新闻学研究的最高水平，后者则紧紧围绕抗战主题，遵照学会"在抗战宣传中建立中国特有新闻学"的口号，对战时记者的社会责任及战后新闻事业的发展方向作了较为深入的探讨。在《中国新闻学会年刊》第 1 期上，潘公展发表了《报人当前的天职》一文，意在"检讨过去，策励未来"，[①] 对新闻工作者提出了尽其辅导国民、激发斗志的宣传任务和要求。

潘公展在文章中延续了其建立精神和心理国防的理念。他认为在抗战艰苦时期，新闻媒体需要在思想、行动、精神方面对全国人民进行积极的引导，把国民培养成为现代化的国民和抗战建国的斗士。潘公展指出，过去的一年，事实已经证明了精神国防的重要性，有一些国家和人民，因为意志不齐、精神动摇而丧失抵抗侵略的意志，屈膝投降。也有很多国家和人民因为意志齐一、精神坚定，而能以弱克强、岿然屹立。与其他国家相比，中国抗战至为艰苦卓绝，经历了无数困难和重大牺牲，敌我优劣悬殊，但在这种艰苦的环境下，中国人民不但丝毫没有萎缩，反而越战越奋，越战越坚。在巩固精神国防方面，全国报人数年来辛勤努力，成绩足以自慰，今后更宜加倍自勉。太平洋战争爆发后，日寇在垂死挣扎，侵略毒焰正炽。中国作为世界制暴的中坚力量，责任更加重大。如何才能消灭暴力、谋人类长治久安之道？在新闻传播方面，则要依赖全国上下作更进一步的努力。加强国防是抗战时期的首要任务，"报纸就是代表人民判断一切利害是非的有力工具。报纸的判断，如果离开了国防的观点，就不是我们今日所需要的报纸。报人的一支笔，如果不阐扬国防的重要性，不指示科学的大道路，就不是今日理想的报人"。[②] 媒体要站在国家和民族的立场上，大力倡导科学、灌输新知、提出新法，在普遍提高人民知识水准的同时，廓清以往陈腐守旧的心理，在精神和思想上打下抗战必胜、建国必成的坚强基础，使中华民族四亿五千万同胞，真正团结成为一个统一坚强的战斗体，以增强国人的意志力和精神力。

---

① 潘公展：《报人当前的天职》，《中国新闻学会年刊》1942 年第 1 期。
② 潘公展：《报人当前的天职》，《中国新闻学会年刊》1942 年第 1 期。

第十二章 抗日战争时期国统区和沦陷区的媒介批评

1942年3月，国民政府为集中运用全国之人力、物力，进一步加强国防力量，贯彻抗战建国方针，制定并颁布了《总动员法》，其第二十二、二十三条分别明文规定，政府在必要时可以对报馆及通讯社之设立，报纸、通讯稿及其他印刷物之记载，加以限制、停止，或命其为一定之记载，可以对人民之言论、出版、著作、通讯、集会、结社，加以限制。该《总动员法》颁布以后，在新闻出版界引起了较大的非议和批评。为此，潘公展多次撰文，阐述新闻工作与国家总动员之间的关系，疏导新闻出版界的不满和对抗情绪。

潘公展在《报人对国家总动员之贡献》一文中，指出服从和遵守总动员法，是新闻工作者应有的本分。"在消极方面要注意到法令的限制而切实遵守。积极方面要讲明法令推动总动员法的执行，更坚定地巩固我们的精神堡垒，纠正和肃清一切分歧错杂的思想，使全国国民的意志与力量确能集中。"① 他认为国家总动员的要义，就是贡献能力和牺牲自由。此前全国报人在极艰苦的环境下，已经实践了这两大要求；特别是沪港和沦陷区的报人，差不多随时随地都有牺牲生命的危险，他们以大无畏精神与敌伪搏斗，同时以极机警的行动与极隐蔽的技术，助成其任务的完成。"他们与战壕中的战士，生活一样艰苦，心情一样悲壮，他们已确确实实做到'为保卫民族自由与整个人类自由而牺牲个人的自由，为加强战斗力量而贡献每一个人所有的能力'。"② 他们的行为和精神在国家总动员中已起了示范作用。《总动员法》颁布和实施的效果，在于真正获得民众的充分认同和支持，具有健全的民意基础。"造成这种健全的民意，和正确的认识的报人之功，实不可没。"③ 他要求报人继续站在国家和民族利益立场上，以更加刻苦、更加奋发、更加勤劳的态度，发动我们蕴藏未发的力量，加以严密的组织与合理的使用。新闻界要进一步加强他们英勇奋斗和敢于牺牲的精神，以期对广大民众产生示范和领导的作用。

潘公展认为在总动员法实施的过程中，新闻界今后应在消极和积极两个方面，善尽他们的责任。消极方面，就是要更加注意到法令的限制，要切实地遵守和执行。他评价此前国内的言论界对政府法令做到了基本遵

---

① 潘公展：《报人对国家总动员之贡献》，《新闻战线》1942年第2卷第2、3期合刊。
② 潘公展：《报人对国家总动员之贡献》，《新闻战线》1942年第2卷第2、3期合刊。
③ 潘公展：《报人对国家总动员之贡献》，《新闻战线》1942年第2卷第2、3期合刊。

守,"不过有的时候或因未了解法令的意义,而不能完全谅解,或因太重视本身业务的发展,对政府的禁令未能做一分一厘切实遵守的地步"。[1] 他希望这种现象能够得到纠正,例如禁止某种消息,言论界就应当自己负责检查,不要让这消息在任何方式下刊载到报纸上去,纵然因此影响整个新闻的内容,也要毫不顾惜。又如为国家利益不能发表某种言论,执笔人要约束自己的情感,不应轻率发言批评。在积极方面,报人对总动员法的贡献有:一是利用媒体优势,对总动员法的法令条文,作深入普遍而经常不断的宣扬;二是积极推动法令的执行,法令的重心在经济方面,内容繁复,范围广袤,推行有一定的难度,言论界应善尽督促与协助的责任;三是积极坚定地巩固我们的精神堡垒,即纠正和整肃一切分歧错杂的思想,使国民的意志与力量确实能得到集中和统一。

三

抗战初期,由于战事发展迅速,国民党当局应接不暇,无法顾及新闻检查,加之全国的抗日呼声难以压制,因此,国民党当局对言论自由有所放宽。随着战线延长,特别是随着国民党正面战场的败退,以及中国共产党及其领导的武装力量的增强,国民党当局唯恐新闻传播对其统治带来更多的负面效应,因而重新加强了对新闻宣传和社会舆论的控制。1938年7月在《修正抗战期间图书杂志审查标准》中,重新定义了谬误言论、反动言论,将"恶意抨击本党,诋毁政府污蔑领袖""鼓吹在中国境内实现国民政府以外之任何伪组织"等定性为反动言论。在1939年国民党五中全会上,又通过了"整理党务"决议,在新闻宣传方面实行所谓的"三民主义新闻政策",借口抗战建国齐一思想的需要,其政策重心开始了由外向内的重大转折,在国民党中央成立军委会战时新闻检查局,统一新闻检查大权,随后在国统区升级和调整各级新闻检查机关,对新闻自由的限制越来越严苛。据不完全统计,仅仅1941年一年内,国统区被查封的报刊就高达500余种,引起了广大进步新闻工作者和媒体的强烈不满。作为国民党新闻宣传的主要领导者,潘公展在抗战期间发表了多篇阐释民主和自由理念的文章,为国民党的新闻检查制度进行辩护。

---

[1] 潘公展:《报人对国家总动员之贡献》,《新闻战线》1942年第2卷第2、3期合刊。

潘公展在《我们需要的民主与自由》一文中，着力从词语的原始意义上去阐释民主与自由的内涵，他首先承认，若非甘受异族的侵略蹂躏和暴君的专制压迫，谁都欢迎和珍重民主与自由。中国国民党向以三民主义为其革命的指导原理，此前推翻满族专制皇帝，领导全国抗日战争，其主张民主与自由，实毫无疑义。"近来常常听到民主与自由的呼声。其实今天的问题，不是要不要民主与自由的问题，也不是民主与自由应否待我们来争取的问题，乃是我们所需要的民主与自由是那一种民主那一种自由的问题。"① 国民革命的目标，就是要创建和保障民主与自由。不过需要分辨清楚的是：我们究竟要创建的是哪一种民主制度，要保障哪一种自由生活，这却是纵谈民主与自由者万万不可忽视的前提。潘公展认为，"民主的名词则一，而民主的制度确有许多不同"。② 英、美、法、苏联等国家都号称自己是民主和自由的国家，但他们的宪政制度却有着很大的不同。民主与否的判别，在于这个国家立国的主义如何，施政的精神如何，而不在于这个国家是否已有成文宪法，是否容许多党存在。如果以中国目前尚未颁布宪法，尚属一党专政为由，就说中国不是民主或不够民主国家，那是没有弄清楚民主的真谛。他认为国民党当局的施政，"既非旧式议会政治的民主制度，也非阶级政治的民主制度，乃是三民主义的民权政治，人民普遍有权，政府必须有能"。③ 在阐释自由的观念时，他也循此思路进行论证道："自由的名词则一，而享受自由的主体不能不有先后缓急的认识。"④ 他批评一些好谈自由论者，往往以保障人权信仰、言论、出版、集会、结社等绝对自由为言。他认为当下中国关于自由的观念和提法，不过是摭拾18世纪欧美天赋人权的玄想陈说，为个人自由主义张目而已。

潘公展认为，在目前抗战建国的非常时期，为了国家和民族的独立与自由，个人自由权利理应有所退让和限制，即便承认在此时期也不应该忽视个人的自由，但必须知道的是：在任何现代国家中，人民都本无绝对的个人自由。法律所保障者都仅限于合法的自由，而非绝对的自由。否则难免不出现假借信仰、言论、出版、集会、结社、入党、刊报、旅行等五花

---

① 潘公展：《我们需要的民主与自由》，《中央日报》1942年12月1日。
② 潘公展：《我们需要的民主与自由》，《中央日报》1942年12月1日。
③ 潘公展：《我们需要的民主与自由》，《中央日报》1942年12月1日。
④ 潘公展：《我们需要的民主与自由》，《中央日报》1942年12月1日。

八门的自由美名,岂不是可以公然宣扬"信仰"日本帝国主义的"东亚新秩序"与"共荣圈"?岂不是可以发表类乎汉奸的叛国言论?岂不是可以出版妖言惑众的书刊,可以进行推翻民国、出卖民族利益的集会和结社吗?在此情形下,汉奸卖国贼岂不是可以"自由"地号召大众"入党"?岂不是谁都可以要求"自由"地阅看敌奸的报纸?谁都可以要求"自由旅行"以便利他为敌人作间谍的工作?果真如此,中国的抗战建国还能有什么希望!所以潘公展认为,"我们今日不必争论要不要民主与自由的问题,而必须确认我们所需要的民主与自由的内容是什么"。① 他认为中国当前所需要的民主,是民权主义的权能分立的民主制度,非议会政治,亦非阶级政治;所需要的自由是绝对的国家自由,而非无限制的个人自由。

1944年底,随着抗战胜利曙光的临近,国统区新闻自由运动逐渐走向高潮,对新闻和言论自由的讨论成为报刊界和知识界的一大热点话题,呼吁国民党有关当局放宽新闻检查的尺度,成为社会舆论的主流,这逼使国民党当局不得不对新闻自由的有关政策与问题进行相应的解释和回应。在《言论自由与中国国民党政策》一文中,潘公展从历时性的角度,阐述了国民党在各个历史时期关于言论自由的态度和政策,力图证明国民党"对于人民言论出版自由的基本权利,向极重视"②的结论。他也承认"惟政治的主张,是政治设施的目标,要使政治的主张,完全能够成为具体的事实,必有其实现主张的方法和程序,最重要的须先依据立国的最高原则,制定具体的法律或完密的制度,使全国人民有一共同遵守的规范,然后社会秩序及人民的生活和自由,方有确实的保障。"③ 这说明他也认可政策从文字到落实还有很长的距离。为了证明国民党自统一全国以来,"对于言论出版自由的维护和指导,不但严切注意,而且尽其最大的努力"④的论断,他列举了近十余年来全国新闻与出版事业发展的实际情况为例,解释在抗战时期为了保障国家安全和防护军事政治外交机密,对于言论出版不能不加以约束的理由,指出书刊原稿及新闻审检系适用战时需要而产生,目的在维护国家民族的安全和利益,"惟办

---

① 潘公展:《我们需要的民主与自由》,《中央日报》1942年12月1日。
② 潘公展:《言论自由与中国国民党政策》,《中国新闻学会年刊》1944年第2期。
③ 潘公展:《言论自由与中国国民党政策》,《中国新闻学会年刊》1944年第2期。
④ 潘公展:《言论自由与中国国民党政策》,《中国新闻学会年刊》1944年第2期。

法方面，应力求简单和迅速，使出版界和新闻界大家感觉其便利，这是工作上最宜注意的一点"。① 从而为国民党当局新闻检查制度的正当性与合法性进行刻意的辩护和解释。

人在社会中的位置往往决定人的思维方式，一个人看问题的角度，也决定他对某个问题的态度。抗战时期的潘公展是一个新闻经验十分丰富的国民党官僚。丰富的新闻经验，使他对新闻传播中的某些动向非常敏感，而国民党当局宣传领导者的身份，又使他不能不充当国民党新闻宣传政策的解说者和辩护者。他在抗战期间发表的有关新闻传播文章，大多是站在官方宣传领导者的角度立言，话语修辞带有一定的理论技巧和专业色彩，初看上去，颇有一点客观公允的味道，其微言大义之中，充满了官方政治的考量，有很强的片面性。他的文章表面上打着"国家至上""民族至上"和建设"三民主义"的堂皇旗号，实质上是竭力地为蒋介石独裁统治及其消极抗日、积极反共的行为制造舆论。例如，新闻自由作为公民的一种基本权利，是绝对性和相对性、普遍性和有限性的辩证统一。潘公展作为一个具有较长时期新闻专业经历的人，自然无法也不能否认新闻自由的客观存在，但他总是在主张和强调新闻自由具体性与有限性的一面，而回避和淡化新闻自由绝对性与普遍性的一面。如在《我们需要的民主与自由》一文中，他意有所指地说："在全民族流血流汗力争国家自由的时候，忽然要强词争取个人的各种绝对自由，其流弊不至断送国家自由不止，非丧心病狂者，决不出此。故今日我们所最需要争取的是国家的自由，而非个人的自由。"② 显然这不是他论证中的无意疏忽，而是刻意为了打压和缩限中共与民主党派新闻媒体正当的言论自由权利而进行的修辞。表面上义正词严，客观公允，处处为抗战建国大局着眼，实质上是为了扩大和实现国民党当局的一党之私。剧作家陈白尘曾有《潘公展骂街记》一文，记述1942年4、5月间，他接到了时为国民党中央宣传部副部长、国民党中央文化运动委员会主任潘公展的一副邀请重庆文艺界举行招待会的请帖。潘公展在会上开宗明义地宣布：重庆所有的戏剧演出，自即日起，改由中央图书杂志审查委员会负责审查。凡未经该会审查并发给准演证者，任何剧院都不得接受演出。"在宣布'图审会'接管戏剧演出审查之后，潘公展便以泼

---

① 潘公展：《言论自由与中国国民党政策》，《中国新闻学会年刊》1944年第2期。
② 潘公展：《我们需要的民主与自由》，《中央日报》1942年12月1日。

妇骂街的姿态，大骂《屈原》如何如何不真实，如何如何反动，如何如何有害于抗战等等，等等，直骂得拍桌打板，口沫纷飞。同时又对《野玫瑰》肉麻地吹捧一番。"由于与事实完全相悖，自然得不到进步戏剧界的支持，"潘公展的骂街遂成为剧坛的笑柄"。①抗战期间潘公展进行的媒介批评，多从理论条文解释入手，少有结合现实情况进行周密的论证，原因就在于抗战时期国民党当局的说与做，往往是南辕北辙相去甚远，因此其媒介批评的命运和结果，在某种程度和效果上也只能与"骂街"之类何其相似乃尔！

第十节 赵家欣的媒介批评

赵家欣（1915—2014），出生于福建厦门一个贫民家庭，小学毕业之后，进入厦门著名的大同中学读初中，后又进入双十中学读高中，高中未毕业即因家庭困难辍学，为缓解家庭经济状况，他开始尝试写新闻通讯文章，投寄报刊以换取微薄的稿费收入，并先后在厦门的《昌言报》《思明日报》《商学报》《侨星大晚报》等几家报刊从事过短期的新闻采写工作。②1935年9月1日，著名华侨胡文虎在厦门创办了《星光日报》，赵家欣终于应聘进入该报社担任记者，同时还先后兼任了《仰光日报》、菲律宾《华侨商报》特约记者的职务。在《星光日报》工作期间，他读到了名记者范长江的《中国西北角》《塞上行》等通讯名篇，受其影响，立志做一个有作为的新闻记者。除采写当天的新闻外，他还撰写了一些描绘厦门社会世相的特写。1938年1月，他的第一本书《今日的厦门》通讯特写集出版，他也因此成为当地一位颇有名气的青年记者。1938年3月，《星光日报》派遣赵家欣为战地记者去抗战前线采访，他辗转南昌到达武汉，并分别于3月27日、3月30日参加了中华全国文艺界抗敌协会和中国青年新闻记者学会的成立大会，并结识了范长江等一大批当时著名的青年新闻记者。1938年4月，赵家欣南返，因厦门此时已经沦陷，所以他被迫转去香港，担任刚刚创刊的《星岛日报》战地记者，并于1938年6月下旬又

---

① 陈白尘：《潘公展骂街记》，《群言》1987年第12期。
② 危砖璜：《年方九十——记者作家赵家欣的笔墨生涯》，海峡文艺出版社2004年版，第11页。

赴东战场采访战地新闻。1940年秋，赵家欣受《前线日报》总编辑宦乡之邀，担任该报所属的前线通讯社主任。在此期间，他代编过《前线日报》的《战地》副刊，为该报撰写过社论。1942年秋，赵家欣受黎烈文之邀，主编《现代青年》月刊。该刊在1942年底停刊后，赵家欣转而主编《新福建》月刊。抗日战争胜利后，赵家欣返回福州，于1946年担任国民党省政府机关报《福建时报》总编辑，1948年冬，改任该报社长。福建解放以后，赵家欣任由《星闽日报》改组而来的《新闻日报》总编辑之职，该报停刊后调任福建省中苏友好协会专职副总干事。在抗日战争期间，赵家欣撰写了很多具有媒介批评性质的文章，检讨当时新闻工作中所存在的缺陷与不足，抨击国民党报刊检查制度的偏颇与荒谬，从而有效地发挥了媒介批评的战斗作用。

一

抗战时期环境和形势的特殊性，要求报刊不仅要发挥通常的宣传鼓动作用，还应发挥一定的组织功能。使报纸成为抗战的有力组织者，这个建议说起来容易，做起来其实困难。赵家欣在题为《怎样使报纸成为战斗的组织者？》的文章中，检讨了自抗战爆发以来一年零七个月的战场实践，认为中国新闻纸的战斗力量，虽不可否认地增长了，"而真正地能够达到组织的任务，直到现在还没有充分地做到"。[①] 赵家欣指出，新闻媒体固然是教育的工具，但在民族革命的战斗过程中，新闻媒体的教育性和组织性不可分离。新闻媒体是战时宣传政策的实际负责者，其教育功能的最迫切工作就是配合与支持抗战。教育工作做得好，可以同时获得宣传工作的效果。也唯有群众教育作用的充分发挥，才能进一步达到组织的效能。新闻媒体的力量，在于它能联络群众。它必须通过积极的教育性来吸引团结在它周围的群众。只有依赖群众的信仰和爱护，新闻媒体才能充分发挥它的组织性。也就是说，"教育性的积极发挥是必经的途径，通过教育工作的桥梁，便可以进一步达到组织的任务"。[②] 只有既发挥了教育性又发挥了组织性，它才可以称为健全的新闻媒体，才算是完成了抗战宣传的任务。

[①] 赵家欣：《怎样使报纸成为战斗的组织者？》，《战时记者》1939年第1卷第7期。
[②] 赵家欣：《怎样使报纸成为战斗的组织者？》，《战时记者》1939年第1卷第7期。

赵家欣批评说："目前的新闻纸还没有负起组织者的任务，同时也还没有尽过教育的最大任务。"① 这不尽是新闻工作者主观的不努力，更主要的原因是没有建立起群众关系。他分析新闻媒体群众关系未能建立的表现有以下几点。第一，没有真正代表人民的意见。许多新闻媒体虽然尽管高唱着为民众喉舌的高调，实际上民众所要说的话在报上从来没有过，民众的意见很少被报纸表达出来，因此，民众认定报纸只是一部分社会高层人物的玩意，和自己没有切身的关系。第二，许多新闻媒体只是在上层社会中打转转，没有真正深入到群众中去。报纸要深入广大的读者中，主要的是从群众中去觅取现实的题材，对群众工作与生活做出生动的反映，这样才能使群众感觉亲切，得到他们的爱护，从而收到教育的功效。第三，新闻工作者自我教育不够。有些新闻工作者坐在编辑室，没有热心地走进现实生活，尽做着凌虚蹈空的抗战八股。空洞的理论，模糊的概念，不会得到读者群众的欢迎。这样的新闻媒体非但不能负起领导的责任，反而落在群众的后头。所以，群众关系若没有建立好，读者对新闻媒体就不会感觉亲切，报纸就不能发挥积极的教育性，自然就更无从负担起组织的任务。

怎样使新闻媒体成为战斗的组织者？赵家欣提出如下三点。第一，须从新闻工作者本身的自我教育着手，使之真正深入火热的战斗生活中。没有在实际工作中生活过，写出来的文章就不能与现实接近，不能使读者群众感到亲切，便无法去教育、宣传和组织民众。第二，密切群众关系。新闻工作者要和读者群众打成一片，能够真正成为民众的喉舌，正确表达民众的意见和心声，使群众感到这是自己的报纸，对之由衷地产生信仰和爱护。新闻纸的教育性和组织性，便能有机地产生积极作用。第三，广泛建立下层通讯网。要使新闻纸普及到广大的读者中去，必须广泛地建立下层通讯网。仅仅依靠新闻记者所写出来的东西，无论他的教育修养如何到家如何彻底，总是无法令读者满意。应该在学校、机关、部队、团体等单位中建立起广泛的通讯网，从这些单位中去培养选拔通讯干部，他们所写和所报告出来的才是实践与现实的记录，才是大众需要的作品。通过这些下层通讯干部去加强新闻媒体与群众的联系，由这种联系中去发挥新闻媒体的积极组织作用。

新闻事业是抗战中一支强大的战斗力量。赵家欣认为在争取民族解放

---

① 赵家欣：《怎样使报纸成为战斗的组织者？》，《战时记者》1939年第1卷第7期。

的斗争中，新闻媒体是一种精神国防坚韧而有力的工具，新闻记者是创造精神国防堡垒的工手，使命至重且大。在全面抗战两周年之际，赵家欣批评说："当我们每个从事抗战报道的新闻记者，耐心地对工作自我检讨一下，我们将会感觉到努力的不够，我们的工作还没有配合伟大的战果，而筑起坚强广大的精神国防堡垒；还没有贯彻唤起民众、领导民众、组织民众，进而与抗战建国作密切的配合这一使命。"① 抗日战争是中华民族存亡的一大转机，是世界和平的一大关键，抗战需要每个中华儿女用整个心志与所有力量，去支持去应付；尤其作为精神国防堡垒工匠的新闻记者们，更应该加倍地努力。根据统计，我国在各战线工作的新闻记者不到两百人，而日军却有两千多名随军记者。"这个十与一的对比，是不是该使我们惭愧？"② 为了弥补宣传力量的薄弱，增强精神国防的力量，他认为新闻记者应该尽量团结起来，真正建立起广大而强壮的新闻阵线，加强对敌人的新闻进攻，不要再出现从外国报章选译报道我游击健儿英勇战斗的新闻的情况。他号召新闻记者们踊跃下乡，积极入伍，深入广大的乡村，深入普通的百姓中，接近现实，反映生活，完成群众动员的伟大历史使命。

二

通讯是运用记叙、描写、抒情、议论等多种手法，具体、生动、形象地反映新闻事件或典型人物的一种新闻报道形式。与消息比起来，通讯在描人状物时更注重细节，因而也更具有文学性与感染力。赵家欣擅长通讯写作，他出版的第一本书《今日的厦门》就是一部通讯特写集。著名作家蒲风为该书作序盛赞："读家欣同志的笔墨，直觉得眼界一新呵！""家欣同志的《今日的厦门》之出版，可不正是救亡声中之一大福音吗？"③ 就是基于文学角度而给予的评价。语言上的文学性与可读性，使通讯成为抗战时期报纸展开竞争、吸引读者的一大法宝，很多报纸纷纷不吝篇幅刊登通讯稿件。但是，随着初期的一段热情过后，通讯热不久即冷却下来。何以

---

① 赵家欣：《建立强大的新闻阵线》，《战时记者》1939年第1卷第12期。
② 赵家欣：《建立强大的新闻阵线》，《战时记者》1939年第1卷第12期。
③ 危砖璜：《年方九十——记者作家赵家欣的笔墨生涯》，海峡文艺出版社2004年版，第31—32页。

如此呢？作为通讯写作高手的赵家欣，自然对此甚为关心，并就当时通讯写作中的问题提出了自己的分析与看法。

赵家欣批评说，报纸上的好通讯当然也还是不少，但是"看完整篇找不出中心事实的通讯却也多得很。有些通讯，简直不是作者写通讯，而是作者给通讯写了去。因为整篇通讯只看到作者个人的影子幢幢来去，配合着一些风景山水的描写，说是一篇好的山水或一篇游记则可，说是一篇好的通讯则不敢赞同"。[①] 赵家欣认为造成这种问题的原因是通讯作者犯了把新闻作为个人工具的错误。第一种是有些描写一个地方轮廓的通讯，对该地的一切，似乎描写得很周到，但没有深入进去，缺乏对某一事件或工作的具体描述，读者从中得到的不过是一种模糊的印象，不能在通讯里面了解该处社会的里层，获得对事实的认识。他批评这种通讯是一种最平庸而又最普遍的通讯。第二种是一些类似于特写或报告文学的通讯。具有文学修养的记者所写出来的通讯作品，固然会增加文字技巧的生动性，但通讯应该有别于文艺作品或特写。通讯应该侧重事实，不大需要的描写不能太多。第三种则是八股式通讯，也可说是一种通讯八股。其大体结构是开头大谈抗战形势，日本军阀怎样地将趋崩溃，最后胜利已将到临。中间是所要写的那个地方的一般情况或一件工作，最后再来一段与开头相仿佛的慷慨激昂的词句作结束。尽管他所写的地方是个最偏僻的县份或一个小小的工作报告，也必定戴上一顶大帽子，穿上一双大靴鞋，但中间内容却贫乏得十分可怜。

赵家欣认为上述三种是初写通讯的人所最容易犯的毛病。良好通讯的写出，不是一件容易的事。今日中国新闻事业不可谓不比从前进步，新闻记者的数量也比从前多很多，而能写得出好通讯的记者，能有几个？他认同著名中央社记者曹聚仁所言：新闻记者不仅要有一支新闻笔，还要有一双新闻眼，这是新闻记者写通讯不可缺少的两个重要条件。有些人以为能够写流利的文章，便够得上做一个记者。其实，能写文章不一定能做记者，新闻眼也是做记者的更主要条件。上述通讯写作的毛病，归根结底是新闻眼不够，只看到事物的表面，不能深入内层，导致材料不多，内容空虚，于是只好用文字技术来弥补。比较而言，赵家欣认为新闻眼比新闻笔更重要。如果一篇通讯有很好的内容，文字技术稍差一点，也比那

---

① 赵家欣：《关于怎样写通讯的意见》，《战时记者》1939年第1卷第10期。

些空空洞洞的八股通讯好得多。当然,能够文字内容兼善,自然是最好不过之事。

应该如何克服上述通讯写作中的毛病呢?赵家欣认为必须做到如下几点。一是写通讯时要先要把自己撇开,认清通讯是为读者而写,不是为自己而写,自己的行动不能作为通讯的主要内容中心,并避免不必要的描写。二是应用新闻眼去深入观察,描写一个地方,要明了该地方的社会里层情况;记叙一件工作,要深切了解该工作内容,不但要有忠实的报道,而且要有积极的建议,要使读者能从通讯里面得到一些东西。三是侧重对事实的记叙,尤其是需有系统的综合性报导,不能记流水账。注意文字技巧,但不能变成特写或报告文学。四是不能像写古文那样的起承转合,最好能用开门见山的笔法,把所要说的话一下子说出来,不必要的文字少写,给读者一个明白晓畅的感觉。不必拖泥带水,大做通讯八股。写好通讯不是一朝一夕所能做到。新闻记者必须在修养和学习方面痛下功夫,要有严密的分析和深刻的观察力,还必须有灵活的科学头脑,多读社会科学方面的书籍,多看优秀的通讯。这些都是一个优秀通讯作者所必要的修养和学习内容。

通讯材料具体如何选择与处理,既是写作的技术问题,也是写作的态度问题。当时已经有一些文章批评通讯记者的惰性和公式化,这显示出读者对系统性新闻报道的重视和阅读兴趣的提高。赵家欣认为,深入生活与深入现场,是通讯写作成功的关键。"处理通讯材料第一要忠实,第二要忠实,第三还是要忠实!"[①] 向壁虚构向来是通讯写作的大忌,最上乘的通讯材料都是来自实践。一场正在进行的激烈战斗,一个集会的热烈场面,如果你真的投身其中,耳闻目睹,那么,你写出来的东西必定会十分深刻、详尽、活泼,才有可能成就一篇有灵魂有内容的良好通讯。即便写作技术稍差一点,但只要能把握住事实的中心,并忠实地报道出来,文字明白晓畅,也就能受到读者的欢迎了。

三

1941 年 8 月 31 日,赵家欣在《前线日报》上发表了一篇题为《抗战

---

① 赵家欣:《通讯材料的处理法》,《战时记者》1939 年第 2 卷第 1 期。

四年来新闻宣传工作的检讨》专论，可以说是他媒介批评中的一篇代表性文本。该文不仅篇幅大，全文长8700余字，而且对当时新闻宣传工作中存在着的"一般的缺憾"进行了专门性地讨论，主题集中，媒介批评的色彩浓郁，所以《前线日报》也是不吝篇幅，以转版的方式，在该报第二、三、四版予以刊载，以强化读者对该文的注意和重视。

赵家欣在文中首先指出，在争取民族解放的伟大战争中，中国新闻事业获得了突飞猛进的发展，最显著的表现就是一般的私营新闻事业不再被视为私人的工具，在民族第一的目标下，以前超然的态度没有了，模棱两可的态度没有了，新闻至上主义的观念没有了，自私自利的观念也统统没有了。新闻从业员之于报馆，也从雇佣关系进而为工作同志关系，新闻从业员对于新闻事业，已不是单单为了工资，不是单单为了生活，而是为了服务抗战建国事业中的一个时代工作部门。此外，新闻媒体的宣传范围也从国内宣传扩大为国际宣传，从单纯的教育工作进步到积极的组织工作，从消极的批评演进到积极的建议。这些都是非常可喜、值得欣慰的进步。然而，由于原有基础的薄弱，技术的落后，中国新闻事业虽然在战争中有了惊人的进步，但缺憾仍然很多。特别是我们当前所面对的敌人，又是一个极惯于造谣、极重视宣传的国家。我们的宣传无论在战地还是国际上还都不能与之并驾齐驱。如何强化宣传机构以改进新闻宣传，已成为中国新闻工作者亟须解决的问题。

赵家欣认为，中国当前对内新闻宣传所存在的"一般的缺憾"有如下几个方面。

第一是路线问题。前线军民感到严重的新闻恐慌，而后方城市却发生拥挤现象。这一方面是未能尽力解决物质的困难，使各地普遍设立收报机和收音机，以供应前线敌后军民的精神食粮；另一方面是大多数报纸依旧集中在城市，宣传重心依然未能脱离知识分子，未能深入到广大的农村群众中，因此，新闻媒体还不能充分地完成教育群众的任务，群众的抗战意识也还不够积极热烈。

第二是技术问题。主要表现在编者、作者和读者还没有能够打成一片，前方抗敌阵营中的下级官兵，以及后方生产集团中的劳动者、小公务员，他们对国事也有很多意见，可这些意见并没有被充分地反映表达出来；报纸上只见到有关胜利的报道，没有失败的消息；语言不生动不翔实。新闻固然不是文学，但文字过于拙劣，也不能收到预期的宣传效果；只注意对报纸所在地的报道，缺乏配合前后方动态的系统报道，不能满足读者了解抗战全局的要求；缺乏教育性，与一般读者的文化知识水准不相匹配。

第三是机构问题。强化宣传机构，是战时必要的措施。目前全国的新闻宣传，还没有统一的机构，难免矛盾重复，人力使用分散，不能发挥出整体的力量。战时新闻检查制度固然有其存在的合理与必要性，但新闻检查对于报纸，必须不是单纯地消极检扣，而该是积极地推动与辅助，使新闻宣传更好地发挥纸弹的效能。从一般的情形来看，这方面还没有处理得十分完善，还有很大的改进空间。

在对外的国际新闻宣传方面，赵家欣指出，抗战爆发以后，我国虽然有国民党中宣部国际宣传处在主持国际宣传工作，但是没有周密的国际宣传网。首先，国际新闻来源一向处在欧美几个大通讯社的垄断与控制下。各国通讯社都或明或暗地为本国利益说话，同一条国际消息常能得到两个以上绝对矛盾的报道，读者常会被弄得莫名其妙。其次，本国新闻的对外宣传也很不够，我国许多英勇伟大的抗战事迹，必须经过外国通讯社或外国记者的报道，才能传达到国际友人的眼前。"假手于人，宣传作用便要大大的打了折扣，而敌人的同盟社却得到处肆意造谣。"[1] 例如欧美人士对中日战争，常常只知道一个台儿庄战役，他们以为徐州会战以后，中国前线便平静无事了。而且台儿庄战役的对外报道，也是经过十多个外国记者之手才得以传播出去，因此，我们的国际新闻宣传，无疑是大大落在了敌国之后。中央通讯社现在虽然也派遣了几个驻欧美的记者，稍稍弥补了这一方面的缺憾，但和敌人庞大的国际宣传机构比较起来看，我们的差距仍然巨大，需要加倍努力。

在对敌伪宣传方面，我们的新闻工作者正在刻苦努力。这可以从无数战地记者出生入死于前线敌后，无数油印石印报纸出现在战地敌前的事实中得到证明。"可是，我们的宣传攻势比不上敌人的猛烈，对敌伪的宣传工作，还存在着若干空隙和脆弱的部分。"[2] 表现在以下两点。第一是不够深入。沦陷区的民众，渴望着读到一张自由祖国的报纸，但他们往往花费数倍甚至数十倍价钱也无从获得，因而只能无可奈何地读敌伪报纸。我们

---

[1] 赵家欣：《抗战四年来新闻宣传工作的检讨》，《前线日报》1941年8月31日。
[2] 赵家欣：《抗战四年来新闻宣传工作的检讨》，《前线日报》1941年8月31日。

的纸弹不能深入沦陷区,自然也不能对敌伪人员发生积极作用。这说明我们虽然有许多在战地上出版的报纸,但没能有组织有计划地把这些报纸输送到敌伪的心脏中去。第二是争取力量不够。"在争取报纸的工作上,我们无疑地表现的很不够,敌人在这方面却尽了最大的努力。"① 国军西撤后存留在平津京沪一带的报纸,一部分内迁,一部分原地坚持战斗,但也有一部分在敌人的威胁利诱下落水,变成了敌伪的传声筒。

四

赵家欣对新闻自由问题的关注和批评,几乎贯穿了全面抗战时期的各个阶段。

在抗战初期,赵家欣对新闻自由的媒介批评,主要围绕着新闻检查与言论自由的关系问题进行论述。1939年7月1日,赵家欣发表了《新闻检查与言论自由》一文,他首先承认在合理的限度内,不应该反对新闻检查制度,尤其是在争取民族独立解放的现阶段,为了避免无形中给敌人提供情报材料,为了健全战时新闻政策,战时新闻检查局的设立确是一种迫切的需要。不过他同时指出:"新闻检查机关必须是与新闻事业相辅而行,非但要不妨害合理的言论自由,而且必须如指臂似的灵活地运用。"② 以共同负担起对战时宣传政策的推动作用,在抗战中尽一分纸弹的力量。但现实的情况是,自有新闻检查制度以来,新闻检查机关与新闻出版单位往往形成对立的关系。许多检查机关的负责人,因不了解检查制度的真义,只是消极地抽检新闻了事。通常设有检查机关的地方,大都是新闻事业较发达的城市,至少有两家以上的新闻媒体出版,以消极地抽检新闻为最大责任的检查机关,因检查员眼光学问的差别和主观见解的不同,同一则新闻,往往甲报被检,乙报放行,故而引起新闻工作者对检查机关的不满,双方遂逐渐形成了对立的关系。赵家欣认为,新闻检查制度的不健全,妨碍正常的言论自由,造成政府与新闻界的隔离,非但阻碍新闻事业的发展,而且是削减抗战力量的绊脚石。他希望战时新闻检查机关至少要做到:在合理的条件下,非但不妨碍言论的自由,而且要鼓励自由的言论;

---

① 赵家欣:《抗战四年来新闻宣传工作的检讨》,《前线日报》1941年8月31日。
② 赵家欣:《新闻检查与言论自由》,《战时记者》1939年第1卷第11期。

在职权行使中，非但要避免消极抽检，而且要加以积极辅助。唯有如此，战时宣传机构才会强化起来，战时新闻政策才会健全。

早在1943年6月的时候，赵家欣就撰写了《宪政与言论自由》一文，但是，直到1944年的7月，这篇文章才得以在《民意》杂志上发表。在该文中，赵家欣把言论自由放在民主政治的框架下进行论述。他明确地指出："言论自由是民主自由的一个重要环节，政治最进步文化最发达的国家，便是言论最自由的国家。"① 中国在七年多的艰苦抗战中，已成为世界民主阵线中的主要一员。民主政治发达的国家，鼓励人民对国事热烈发言，所以立宪政治既被称为民主政治，又被称为舆论政治。政府有了缺点，民众毫不客气地加以指摘，而政府并不以为难堪，这是民主政府的风度。中国虽然受了几千年专制政府的统治，但民主自由的思想，却也源远流长，具有数千年的历史。只因在专制政治的长期高压统治下，得不到发扬光大的机会。抗战建国使我们迎来了民主政治发展的良机，抗战是要解放中华民族，取得独立自由平等的地位，建国是要建成一个民有民治民享的新中国，因而对外要击退凶暴的民族敌人，对内则必须铲除一切阻碍实施民主政治的力量。要抗战建国就要集中意志力量，就要改进政治。而要集中意志力量，就需意见和疑义能自由发抒，切磋琢磨，较长比短，才能获得真知真信仰。有了真知真信仰，才能集中抗战建国所需要的人力物力；要改进政治，则必须使舆论有自由形成和建立的机会，尊重人民的意见和需求，"使舆论成为推进政治的动力，所以抗战建国特别需要言论自由"。② 如果为言论自由划定一个很狭窄的圈子，结果将是愚民，什么样的文化都不能真正建设起来。中国是一个久经变乱的国家，人民此前从来没有经过这种行使民权的经验，因此培养人民对国事热烈发言的习惯，乃是树立宪政基础的最好方法。

在《新闻自由与新闻政策》一文中，赵家欣更是热情讴歌新闻自由是照耀人类"最辉煌的彗星"③，因为新闻自由是人类四大自由中言论自由的具体表现。他在文中梳理了新闻自由在近期美国的发展情况，指出新闻自由不外为采访、发表、传递和接受四大自由，其目的在排除各方对新闻传播的限制，"其终极意义，乃在消弭战祸，维持和平，这是新闻自由所具

---

① 赵家欣：《宪政与言论自由》，《民意》1944年第1卷第1期。
② 赵家欣：《宪政与言论自由》，《民意》1944年第1卷第1期。
③ 赵家欣：《新闻自由与新闻政策》，《民意》1945年第2卷第2期。

有的伟大目的和意义"。① 他认为新闻自由思想虽发源于欧美，但其普及对象乃是整个世界。中国已经是民主集团中的主要国家之一，"对于国际新闻自由的号召，不仅要热烈响应，而且要负起实践和推动的责任"。② 中国新闻事业落后是客观事实，但落后原因却不能完全诿过于新闻工作者。"最近数年来，麻痹疲倦几乎变成了支配的现象，到处是那么沉闷，随着整个文化的衰疲，新闻事业也丧失了上海会战武汉会战前后的那种蓬勃气象，更由于物价的飞涨，交通的阻塞，新闻工作者不仅陷于极端艰苦的物质环境中；而且不能不把自己囿限于一个狭小的天地里。"③ 他认为新闻事业的这种贫血现象如果不能够迅速解除，那么，在突飞猛进的世界新闻阵营中，我们将无法获得应有的一席之地，因此，为了推动中国新闻事业的发展，亟须确立一个适用现实社会需要的新闻政策。

1938年，时年23岁的赵家欣在赴战地采访期间写的《血火中的行旅》通讯中，开头就饱含激情地说："二十三个年头，我终于翻到历史最伟大的一页了：是一个四万万人民求生存的伟大斗争历程，是一个具有五千年文化的古国的绝续关头。面向着漫天的烽烟，我怀着沙漠旅行者发现水草一样的心情发掘到生命的光辉。于是，我把年轻的生命，投入在战斗巨人的亲爱祖国的怀抱里！"④ 抗战时期赵家欣的新闻职业角色虽然主要是一个地方性的新闻工作者，但他并不以只做一个普通的地方新闻记者为满足，而是从更高远、更宏观的角度思考报纸与民众的关系。他曾针对地方报采访工作的特点论述道："报纸既是民众喉舌，第一便须接近民众，要接近民众必须说民众所要说的话，和刊登民众间所发生的事情，才会使民众感觉亲切。外勤记者代表报馆向外活动，应该打进民众群众去，必须有做民众代言人的毅力和勇气，也必须有做民众导师的态度和学问。严格说起来，地方报记者并不比全国性记者容易做，而且事情更来得琐屑，人事上更难应付。"⑤ 他认为在一个充满土豪劣绅邪恶势力的地方，新闻采访更是困难重重。地方色彩是地方报纸存在的凭借，一个优秀的地方报记者必须

---

① 赵家欣：《新闻自由与新闻政策》，《民意》1945年第2卷第2期。
② 赵家欣：《新闻自由与新闻政策》，《民意》1945年第2卷第2期。
③ 赵家欣：《新闻自由与新闻政策》，《民意》1945年第2卷第2期。
④ 转引自王仲莘《生命的光辉》，危砖璜《年方九十——记者作家赵家欣的笔墨生涯》，海峡文艺出版社2004年版，第2页。
⑤ 赵家欣：《地方报的采访工作》，《战时记者》1939年第2卷第3期。

不怕困难和恶劣环境，要有正视现实的巨大勇气，深入报纸所在地方的生活里层，这样才能对生活做出真实、深刻而细腻的反应，才能高质量地完成自己的职业使命。正是把新闻工作视为一种实现个人生命意义方式的使命感，促使赵家欣突破地方性媒体的局限，而对抗战时期中国新闻事业的现状和不足，做出具有全局性的理论审视和分析，从而为中国现代媒介批评事业的发展做出了自己应有的贡献。

小　结

1937年7月7日，卢沟桥的炮声燃起了中华民族抗日的弥天烽火，长期受到国民党不抵抗政策压抑的文化人，目睹侵略者的铁蹄践踏我大好河山，国土沦丧，人民遭难，心中燃烧着愤怒的火焰，英勇地投身于民族解放战争的伟大洪流之中。广大新闻界工作者用他们手中的笔，画出民族战士杀敌的英姿，讴歌四万万同胞保卫祖国的决心和实际行动。一大批新闻记者冒着枪林弹雨活跃穿梭于战场之间，向人民报道最新的战况。北平举行新闻界慰劳抗战守土将士会，并采办慰劳品，奔赴前线慰劳抗日将士。南京新闻界举行劳军公演，筹演由田汉编剧、洪深导演的话剧《卢沟桥》，以唤醒后方的民众。全国各地主要报纸，纷纷发表大量的时评，一致主张抗战图存，强烈反对国民党政府的妥协和谈，提出中国人民必将不惜一切代价来保卫自己的国土、自由和独立，使侵略者不能越雷池一步，呼吁以全民族的一致力量，给侵略者野心以最大的打击。新的环境和形势，给新闻界提出了新的任务，也使新闻界暴露出了很多不适应战时需要的缺点，诚如著名记者范长江所指出的那样："战争激起了普通民众对于新闻纸兴趣的增加，平时不看报的内地人民，现在也非常关心时事，他们希望报纸能充分地供给他们想知道的东西。同时沿江沿海富裕的人民，大批逃入内地之后，他们因为经济与文化的优越，更加需要内地有比较进步的报纸。在内地报纸的本身，为适应客观的需要，自己也想充实起来。但是一等材料的来源，大成问题。后方得不到什么迅速而重要的材料，自己派人到前线去采访，一则费用负担过重，一则所派人数究竟有限，不能周全应付各战场。"[①] 如此，通过媒介批评来督促和改善战时新闻报道，重新谋划新闻

[①] 沈谱编：《范长江新闻文集》（下），新华出版社2001年版，第789页。

媒介布局，就成为抗战时期媒介批评的一个常见主题和主要内容。

抗战要求全国民众同仇敌忾，万众一心。坚持团结、反对分裂，就成为抗战时期媒介批评的一个主旋律。中国现代革命知识分子的典范邹韬奋先生在1938年初指出："我们对于国难中最近言论界的一部分情形，也不免发生同样的感慨。我们看到有一部分的言论还在算着无谓的旧帐，还在玩着挑拨离间的把戏，好像惟恐中国内部可以安定无事，好像惟恐中国对付日帝国主义的力量因全国团结而愈益充实，在国难这样急迫的时候，在暴敌这样疯狂横暴的时候，而还有这样言论的出现，令人看了实在觉得万分悲愤，万分痛心！"[1] 邹韬奋认为抗战时期报道新闻，固然是新闻记者的一个重要任务，但从整个抗战建国的前途来说，宣传国策和教育民众，反映民意，督促和帮助政府对于国策的实施，在在都须要彻底认识新闻记者所负责任的重大与工作的艰苦。"知责任的重大，便不致糊涂过日子，要时时振作，时时警觉，时时求进步。知工作的艰苦，便不致一遇困难便心灰意冷，兴趣索然。未干新闻记者时渴望着做新闻记者，一旦加入新闻记者的队伍，又要浅尝辄止，不肯用一番埋头苦干的工作，缺乏克服困难的勇气与决心。"[2] 他认为在积极方面，新闻记者应根据抗战建国纲领以宣传国策、建议具体方案；在消极方面则应根据抗战建国纲领以纠正并扫除那些破坏团结为虎作伥的言论和行为。而在这一点上，新闻传播领域还有很多很多的不足和缺点。

抗战时期媒介批评的另一个主题和内容是对敌伪报刊上的造谣、蛊惑、挑拨、诬蔑等宣传的澄清和反击。遂行新闻政策，对华进行新闻和文化侵略与洗脑，是甲午战争以后日本帝国主义对中国一以贯之实施的策略之一。自1931年"九·一八"事变以后，我国大片土地被日本帝国主义者占领，成为殖民地性质的沦陷区，日本对华的新闻侵略和奴役不仅没有任何的收敛，反而是变本加厉，日益猖獗。在沦陷区，日本帝国主义将新闻事业置于法西斯的军事管制之下，实行残酷的白色新闻恐怖，一方面全力扼杀中国人民的抗日宣传活动，排除对立的宣传；另一方面大力强化日本在华新闻宣传势力，积极扶持各傀儡政权和落水文人从事报刊宣传活动，利用汉奸报刊作其宣传上的应和。特别是这些汉奸文人所办报刊，秉

---

[1] 韬奋：《国难中的言论界责任》，《抗战三日刊》1938年2月4日第43号。
[2] 韬奋：《新闻记者当前的任务》，《新语周刊》1938年第1卷第6期。

承日本主子的意旨，不仅制造各种谣言和谎言，而且离间抗日民族统一战线的团结，常常以悲天悯人的口吻劝导人民放弃抵抗，宣扬中日提携、和平救国等卖国言论。由于这些报刊多以中国人的口吻出之，巧于伪装，因此具有一定的迷惑性。对这些敌伪报刊的造谣、诬蔑、离间和欺骗性宣传，各地进步新闻工作者不仅给予了迎头痛击，而且通过各种巧妙方式，从民族大义以及新闻专业的角度予以揭露和抨击，充分发挥了媒介批评的战斗作用。

抗战时期民族矛盾虽然是国内的主要矛盾，但国共之间的阶级矛盾并未彻底消失，只是大敌当前，阶级矛盾退居为次要的矛盾罢了。整个抗日战争期间，国共两党的结构性矛盾一直存在，而且有的时候还表现得十分尖锐和激烈，国民党当局先后掀起的三次反共高潮就是明显的例证。这种矛盾也反映在媒介批评领域，无论是共产党系统的报刊，还是国民党系统的报刊，甚至是一些民主党派和独立的报刊，都会不时地针对有关方面的报刊宣传问题进行批评和反击，并阐发自己的观点和立场，以图影响和左右国内舆论的走向。这使抗日战争时期中国的媒介批评呈现出极为复杂而丰富的面影。

第十三章　解放战争时期的媒介批评

　　1945年8月15日，曾经不可一世的日本帝国主义终于低下了罪恶的头颅，公开向全世界宣布无条件投降。中国人民经过浴血苦战，终于赢得了抗日战争的最终完全胜利。消息传出以后，中国各地人民尽情地欢呼雀跃，倾吐自己的兴奋和激动。胜利消息传到战时陪都重庆的时候，全城沸腾了，男女老少几乎都走出了家门，涌向附近的重庆广场。在重庆的美国记者西奥多·怀特、安娜·雅各布在文章中真实描述了当时的场景："公共汽车装载着两层乘客，在街道上缓缓而行。一些人站在公共汽车顶篷上欢呼着，挥舞着旗帜。汽车前部的横档上、发动机盖上，十几个人紧紧地挤在一起。军用卡车也汇入了这一片人海。游行的人们点燃了火把。中央社来不及印出号外，就在通讯社总部的墙上张贴出巨幅手写标语。"[1] 在中国共产党的战时首府延安，日本无条件投降了的消息，像闪电一般划过黑夜的天幕，人们从各个角落里涌出来，向街上和广场奔走。有的人举着火把来了，汇合成一片火炬的海洋，到处是锣鼓声和欢呼声，到处在舞蹈和拥抱。聂荣臻后来曾真切地回忆说："那些天，延安一片欢腾。宝塔山下，延河两岸，中央机关和延安群众敲锣打鼓，载歌载舞，沉浸在一片胜利的欢乐之中。"[2] 现实生活的教训，特别是抗战后期国民党政府种种不良表现，又使人们的心情变得相当的复杂而微妙，欢乐中又夹杂着几许忧虑和不安。诚如西奥多·怀特、安娜·雅各布当时所观察到的那样："陈腐的政府、累积的苦难、由来已久的恐惧，所有这些都依然如故。与以往相

---

[1] [美] 西奥多·怀特、安娜·雅各布：《风暴遍中国》，解放军出版社1985年版，第311页。
[2] 聂荣臻：《聂荣臻回忆录》（中），解放军出版社1984年版，第568—569页。

第十三章 解放战争时期的媒介批评

比，中国不仅没有进行任何改革，而且国内和平变得更加遥远了。"[1] 胜利刚刚降临，内战的阴云就已经悄悄地笼罩了中国的上空。当抗战还在进行的时候，蒋介石就已盘算着战后如何消灭共产党，只是由于日本的快速投降，其有关军事部署一时之间还来不及安排就绪，但双方在宣传方面的较量，此时已唇枪舌剑、你来我往地拉开了序幕。1945年8月16日，周恩来在为中共中央起草给重庆局的指示电中指出："数日来，蒋介石以更大力量在扩大内战宣传，动员接近他的中外记者向外广播，企图嫁其责任于我，吓唬人民，好便于他放手内战，继续独裁。"[2] 周恩来要求："你们应在报纸上，在中外人士中，配合延安广播，坚决地予以严斥，以压倒蒋之反动宣传，推动各方。"[3] 由此可见抗战结束后国共之间宣传和反宣传的激烈程度。国共双方的宣传均依托于报刊和广播等新闻媒介，"消解对方阵营媒介的合法性，成为这一特殊时期打击对手的重要方式，媒介批评的政治斗争功能得到了极大的凸显和尽情释放"。[4] 媒介批评因专业性的削弱而异化为一种政治批评。

第一节 拒检运动与媒介批评

1945年8、9月，国统区新闻出版界掀起的拒检运动，是中国现代新闻事业史上一场反对新闻检查制度、争取新闻自由的伟大斗争。这场斗争始于黄炎培先生《延安归来》一书未送检自行出版。1945年7月1日，黄炎培、褚辅成、冷遹、左舜生、章伯钧、傅斯年等6位国民参政员，应中共中央、毛泽东主席之邀赴延安参观访问。黄炎培临行前，国讯书店出版部主任尚丁约请他在访问延安期间，把日记尽量记得详尽一些，多搜集一点材料，回来写本延安访问记。黄欣然同意。他返回重庆之后，很快写出了《延安归来》一书。该书以日记体的形式，翔实地记载了作者亲眼目睹的中国共产党各项政策的实施，和解放区军政经济等各方面的辉煌成就。这对国民党多年来关于共产党和解放区的种种造谣诬蔑，是雄辩而有力的揭露。尚丁读了书稿

---

[1] [美]西奥多·怀特、安娜·雅各布：《风暴遍中国》，解放军出版社1985年版，第312页。
[2] 中共中央宣传部办公厅，中央档案馆编研部编：《中国共产党宣传工作文献选编》（2），学习出版社1996年版，第590页。
[3] 中共中央宣传部办公厅，中央档案馆编研部编：《中国共产党宣传工作文献选编》（2），学习出版社1996年版，第590页。
[4] 胡正强：《中国现代媒介批评研究》，中国传媒大学出版社2010年版，第49页。

后，估计如果送给国民党检查机关审查，必定无法通过，在与有关人员商量并征得黄炎培同意后，决定自行出版发行。1945年8月7日，该书遂由国讯书店正式出版发行了。在该书出版的同时，张志让、杨卫东和傅彬然三人又立刻联手起草了重庆杂志界宣布拒检的联合声明，在征得16家大型杂志的签名同意后，遂于8月17日公开发表了这份声明，郑重宣布从9月1日起16家杂志一致不再送检，并将这一声明正式函告国民党中央宣传部、宪政实施协进会和国民参政会。该声明甫一公布，立即得到了重庆文化界的热烈响应，由国讯书店等19家出版机构组成的新出版业联合总处随即宣布坚决支持重庆杂志界的拒检声明。8月23日，在重庆杂志界联谊会上，33家参会的杂志在拒检声明上签名予以支持，并宣布一致拒检。重庆新闻界的拒检行动，迅速波及成都、昆明等国民党统治区的各大城市。9月8日，成都《新中国日报》《成都快报》《华西晚报》等16个新闻文化团体集会，决议对此一致予以支持，同时发表了《致重庆杂志界联谊会公开信》予以响应。9月15日，昆明《民主周刊》《人民周刊》《大路》杂志、天野社、孩子们社等11个出版文化单位集会，宣布一致响应重庆、成都的拒检斗争。与此同时，桂林、西安等城市，也纷纷成立了各地新闻和文化界的联谊会响应拒检。拒检运动的迅速兴起及其席卷整个国统区的磅礴浩大声势，使正在玩弄"和谈"阴谋的国民党当局一时手足无措，在国内民主运动浪潮和国际上新闻自由运动的压力下，被迫于9月12日由国民党中宣部部长吴国桢出面宣布，决定自10月1日废止战时新闻检查制度，但收复区在军事行动完成前除外。9月22日，国民党中央第十次常委会正式通过了废止新闻出版检查制度的决定与办法。至此，为时两个月的轰轰烈烈的拒检运动，终于获得了巨大的胜利。拒检运动既是反对新闻检查制度的一次伟大的政治与民主行动，也是一次激烈的媒介批评话语交锋。在拒检运动的发展过程中，始终伴随着分析和抨击新闻检查制度的媒介批评话语。完全可以这样说，拒检运动的最后胜利，离不开媒介批评的在场和加持，拒检运动同时也是一场新闻自由观念的普及运动，是围绕着新闻检查制度而展开的一场大规模的媒介批评话语实践。

一

在拒检运动期间，从话语的政治身份角度看，媒介批评主体主要来自三个方面，即文化界民主进步人士、中共、国民党官方及其新闻工作者。

文化界民主进步人士是拒检运动期间媒介批评话语的主要力量和来源，虽然批评者的具体政治身份各异，但社会知名度高，他们的声音洪亮且方向明确，即几乎众口一词地对战时新闻检查制度的缺陷和弊端等不合理的现象进行严厉的抨击和谴责。

拒检运动虽然发端于1945年8、9月，但其矛头所向，在战时新闻检查制度确立之日就已经早早埋下，随着战事的推移，知识界对新闻检查制度的不满情绪，逐渐积累，1943年以后，就已经达到了一个随时可以爆发的临界状态。这表现在一些著名的知识文化界人士不断发表文章和言论，公开抱怨和抨击战时新闻检查制度的不合理。民盟成员、时任西南联大教授的著名明史研究专家吴晗，就是其中的一个典型代表。1945年1月14日，他在《自由论坛》上发表了题为《报纸与舆论》一文，提出报纸应与舆论合一的观点，对战时新闻检查制度进行了猛烈抨击。吴晗指出，在世界上大多数民主国家里，报纸的主要任务是报道真实的消息，反映和发扬人民对于政府施政的意见和建议，无论是批评，还是贡献意见，都是人民应有的权利。即使是在战时，除了泄露军事机密可资敌人利用这一点，国内消息照例不受检查，社论时评尤其无须乎送检。吴晗明确指出，一个国家的前途，发展或停滞，向前或落后，繁荣或衰落，最好的检验，就是这个国家的报纸能不能、敢不敢代表舆论。这也是检验这个国家究竟是为人民所统治还是为少数人所统治，是在为人民谋幸福还是在为少数人争权利的试金石。他感叹地说："拿这个尺度来权衡我国的前途，真使人感慨万端，有不知从何处说起之苦。"① 因为在数量上，我们好像也有几百种大大小小的报纸，但是，"报纸的消息属于一元，舆论自然也无例外"。② 就报纸言，国内外消息由一个机构发出，凡是对某方面感觉不方便之事，永远不会让人民知道，于是全国报纸就具有千篇一律的整齐面目。若就杂志言，则新旧检查条例有十几种之多，现行的一种光是条文就有好几百条。杂志内容一旦涉及有关政治、军事和外交等事，都必须事先送检。"尽管全国人民在要求言论自由，思想自由，出版自由，政府也放宽了检查尺度，然而，在事实上，这尺度不但未曾放宽，而且更加紧加严了。"③ 不仅

---

① 吴晗：《吴晗杂文选》，人民文学出版社1979年版，第203页。
② 吴晗：《吴晗杂文选》，人民文学出版社1979年版，第203页。
③ 吴晗：《吴晗杂文选》，人民文学出版社1979年版，第204页。

社论和专载需要送检,甚至连通讯书评补白等也都要送检。不仅国内政党关系不许谈,外国法西斯不许谈,甚至连历史上几百年前的专制的黑暗也不许谈。人民的批评意见不许发表,外国的批评指责不许发表,甚至连"履春冰,蹈虎尾"一类警惕的话也不许发表。于是所有的报纸图书杂志,尽管种类、名目、出版地点和时间不同,但内容却都举一可以反三,全部相同。吴晗愤怒地斥责道:这不但浪费人力物力财力,而且造成的最后结果就是使人民的思维不断地一型化,并走向僵化。

吴晗严厉地批评说:目前的客观事实是,报纸杂志和舆论已经分了家,"舆论被埋没在每一人民的胸坎中,报纸杂志离开了现实,背叛了人民,孤零零地挂在半空中,不上不下,不进不退,不左不右,不死不活,只作为这时代的一个应有的点缀品罢了"。[①] 报刊已经失去了它应有的舆论的反应和监督功能。他仅从"单纯的报导正确消息这一点"举例说,此前昆明文化界包括三个大学、十几个中学以及若干学术文化团体在云南大学举行了云南护国起义纪念大会,参加者约有几千人,会中不仅有行营和省府代表演讲,有省参议会主席演讲,还有当年护国者演讲。纪念大会后举行了大规模的游行,口号是"立即实行宪政""保障人民身体自由""铲除贪官污吏""保卫大西南"。这些口号不但完全合理,而且完全合法。不但纪念会和游行的秩序非常好,而且这一天还是国定纪念日,中央政府和全国各地都在举行纪念活动,即在昆明同一市区,同日上午省党部在举行纪念活动,同日晚间官方还举行了提灯大游行。然而,第二天的报纸,除官方的纪念和游行大书特书而外,人民的庆祝,人民的纪念,人民的庄严而伟大的游行,却一字不见,一字不提。这一件历史事实被隐没了,被挖去了,人民的愿望被报纸所封锁了,画地为牢,人民的要求被无言的威力所圈禁了。这一件铁一般的事实,说明旧时代里的老话"只许州官放火,不许百姓点灯",只消把州字代以另一个字,完全适合于当前的情景。"时代在变,环境在变,可是这精神还是屹立不变,而且更变本加厉。"[②] 在文章末尾,吴晗愤怒地质问道:昆明大大小小几家报纸杂志,他们不是没有采访消息,他们不聋不盲,并非没有看见这一事实,为什么不报道?为什么不敢报道?同时他又对下令免登这个消息的机构提出抗议道:是凭哪一条

---

① 吴晗:《吴晗杂文选》,人民文学出版社1979年版,第204页。
② 吴晗:《吴晗杂文选》,人民文学出版社1979年版,第205页。

法令，凭什么理由，滥用权力，封锁报纸，压制舆论，以一手掩尽天下耳目？吴晗最后提出：我们要建设真正的民主政治，建设自由的世界，要从报纸能够尽到报道批评的责任，替人民服务，用公正的舆论来监督和指导政府开始。可见，吴晗虽然不是职业报人，也非新闻学家，但他对报纸与民主、国家之间的关系，却有着十分深刻的体察和认识。

如果说吴晗等人的这些批评文字，虽然说出了很多人的心声，但毕竟还只是以个体声音的形式存在，而重庆、成都、昆明、桂林等地新闻文化团体发出的拒检呼声，无疑更能吸引社会关注的目光，对新闻检查制度形成更大的冲击。《昆明文化界争取出版自由宣言》就是这方面的一个生动例证。该宣言指出：

> 战争结束了，全世界的民主国家都在自由的空气中，尊重人民的愿望，一片废除新闻检查的洪流，冲破了摧毁了残余法西斯阴影。中国人民深切明白多年来的无形桎梏，多年来的特殊机构，所造成的蒙蔽与欺骗的惨痛恶果。重庆成都昆明的新闻文化团体，先后自动取消审查制度，争取新闻自由言论自由的热潮，弥漫全国。这是人民的要求，这是人民的世纪的表现。①

言语中充满感情，通过话语修辞，把战时新闻检查与法西斯专制统治画上了等号，把国民党当局置于中国人民的对立面，无异于宣判了新闻检查制度的死刑，极大地释放了语言所具有的力量，充分发挥了媒介批评话语所具有的战斗作用。

二

在拒检运动发生和发展过程中，中共的策划、组织和引导，对运动的方向和结果无疑起到了巨大的推动作用。需要指出的是，中共对拒检运动发展的推动，媒介批评是其中最主要的实施方式，即主要是通过新闻报道和发表评论的方式，不仅为拒检运动增添能量，而且在运动发展的关键时间节点上，予以方向性的引导。

---

① 《昆明文化界争取出版自由宣言》，《民主周刊》（昆明）1945年第2卷第11期。

媒介批评的最好方式自然是媒介行为本身而组成的话语，这不仅可以使媒介批评具有强烈的专业性，而且还具有一定的隐蔽性，容易获得较好的批评效果。《新华日报》是中国共产党当时在国民党统治中心公开出版的唯一全国性大型日报，它不仅具有着一般新闻报刊的信息反映和交流功能，而且在广泛传播中国共产党的声音和态度、联系和发动群众、吸引和团结民主进步与爱国人士、开展统一战线等方面，也担负着特殊而重大的职能。在拒检运动的过程中，中国共产党对战时新闻检查制度的批评和抨击，主要就是通过《新华日报》的媒介化语言予以组织和实施。其媒介批评的话语实践主要体现在如下两个方面。

一是通过新闻报道进行议程设置，引导社会舆论的发展走向。新闻虽然是对新近发生事实的报道，但是在事实选择、叙述角度和语言使用等诸多方面，实际上都存在着很大的倾向性表达与意义生产的空间，同样能够起到一般的媒介批评话语作用。这一点只要排列一下《新华日报》在1945年9月有关新闻报道的标题，即可清晰地见出：

9月7日：新书杂志不再送审；9月11日：成都报刊和通讯社自动停止送审，争取言论自由的行动表示；9月12日：蓉十六新闻文化团体自动取消审查制度，致信重庆杂志界表示响应；即日起一律拒绝再送审查；9月13日：成都重庆各杂志继起响应，自动取消检查制度；燕京大学各壁报团体亦自动取消壁报检查制度/废止检查制度，十月一日开始——吴国桢向外记者宣布；9月14日：拒检运动各地风起云涌/要求战后新闻自由，华西晚报提六项主张；9月18日：争取言论自由，《群众》周刊拒检；9月20日：成都廿七家新闻文化团体，举行联谊座谈加紧团结，提出七大主张，争取"发表的自由"；9月21日：争取文化自由运动，蓉文化界继续展开，《笔戈》文艺社继起拒检，《狂飙》等期刊自动发行；9月23日：新闻和图书检查，下月一日起撤销，广大的收复区和军事戒严区却仍然是例外/拒检运动广泛展开，川大九团体通函响应；9月25日：拒检运动风起云涌，燕大新出壁报实行拒检；9月26日：用自己的力量打破枷锁，昆出版界响应拒检，民主同盟四川省支部同情拒检运动；9月30日：废除出版检查制度办法要点；电影戏剧仍继续检查。

在9月7日至9月30日期间，《新华日报》除了发表以上的新闻报道外，还发表了一些署名评论文章，如9月10发表陈桑的《关于出版物的审查制度》，9月14日发表沈友谷（胡绳）的《由废除新闻检查制度说起》

等文章。报道频度之高，使用篇幅之多，在该报新闻报道中十分少见，可谓不惜工本。特别是9月14日这一天，该报除在第二版发表《拒检运动各地风起云涌》的新闻报道外，同版还发表了沈友谷（胡绳）的《由废除新闻检查制度说起》的专论，并且在第三版又使用了2400余字的篇幅，以《要求战后新闻自由，华西晚报提六项主张》为题转摘了《华西晚报》9月3日发表的《我们对于抗战结束时期新闻事业的六项建议》社论，几乎使该期的《新华日报》成了声讨新闻检查制度的专刊。

新闻话语本质上是一种包含价值观的文化符号，是不同意识形态斗争的舞台。"话语作为一种意识形态栖身和抗争的场所，决定了话语产物和话语形式的文化在维系政治霸权方面具有重要作用。"[①] 新闻话语就是在叙述事实的过程中，不知不觉地将原初的事实置入某种叙述的框架和模式之中，通过该框架和模式使之产生某种意义。《新华日报》通过对拒检运动追踪式的报道，不仅可以起到议程设置的作用，维持人们对该社会问题的关注，为拒检运动的发展持续性注入能量，而且通过精心的语言修辞，使用"响应""继起""同情""风起云涌""加紧团结"等明显具有意识形态意义的话语，将事实巧妙地镶嵌到一种能够产生意义的结构和框架之中，使新闻事实叙述变成了一种政治意义生产，达到对拒检运动的发展走向进行组织或推动的作用。《新华日报》对拒检运动有关新闻报道的组织，仅仅从新闻标题本身的角度看，就可以汇成一股强大的舆论浪潮，冲决着国民党当局新闻检查制度。因此完全可以说，《新华日报》关于拒检运动有关报道，无论是在媒介版面结构上，还是在新闻叙事层次上，都起到了媒介批评的作用，是一种新闻话语编辑的媒介批评。

评论是媒体表达观点最直接、便捷、透彻的方式，也是观点最易于为读者所接收和理解的方式。《新华日报》作为中共中央机关报，发表评论自然也是该报干预和影响拒检运动方式的另一种主要选择。这一点在《为笔的解放而斗争——"九一"记者节所感》的时评中有着淋漓尽致的表现。这篇社论以纪念记者节为由头，然后引出对新闻检查制度的控诉，逻辑上显得非常自然，因为记者的职责和使命就是以笔为戈，为民请命。诚如社论所言，在属于自己的节日到来之际，每个新闻从业人员本来都应感到光荣，但是在光荣背后，对于戴着重重枷锁而奋斗过来的新闻记者，每

---

① 曾庆香：《新闻叙事学》，中国广播电视出版社2005年版，第196页。

个人却又都有一份悲愤和羞惭。使我们悲愤的在于新闻工作者文章报国的志愿和力量，在长期的神圣抗战中因为不合理制度而打了七折八扣，有消息不能报道，有意见不能发表，每天做应声虫，发公式稿，替人圆谎，代人受罪，在老百姓中造成了"报纸上的话靠不住"的印象。八年圆谎把中国新闻业的声誉和地位作践无余；使我们羞惭的是在这么长的年月中，中国新闻记者竟默认了这种不合理制度，不仅不能用集体的力量来打碎这种铐在手上的链子，挣脱缚在喉间的绳索，居然还有不少新闻记者为这种制度辩护，用国情不同之类的话为之开脱，甚至有人由新闻记者摇身一变而为检查官，用剪刀和红墨水来强奸人民的公意。"在前方讳败为胜，要直到兵临城下的时候才让老百姓从空气中传来的枪炮声音才知道战事真相；在后方粉饰太平，歌功颂德。"① 在社论末尾，作者感慨万端地说：在记者节到来的这一天，还要写为笔的解放而斗争的文章，"应该已经是一个天大的讽刺了"。② 这句以自我检讨方式出之的话，凝聚着巨大的悲愤情感，在推动废止新闻检查制度方面，无疑具有一种振聋发聩的鼓动力量。

三

从媒介批评话语的身份角度看，拒检运动是一出多声部合唱剧，不仅有众多民主党派人士的声音，有中国共产党人的声音，还有来自国民党系统有关人士的声音。在国民党系统所发出的声音中，马星野可谓是其中重要的一位代表。马星野1934年从美国密苏里大学新闻学院毕业，不久后回国任教于中央政治学校，负责筹建该校新闻系并出任系主任，抗战时期曾任国民党中央宣传部新闻事业处处长，1945年，任中央日报社社长，是国民党新闻宣传系统中具有官员和专业二重身份的要员。受到美国新闻思想的熏陶，马星野对西方式的新闻自由一直有着较为强烈的憧憬。从美国学成回国后，他就对有关新闻自由的问题不断地发表看法和意见。1948年，马星野由南京中央日报社出版了《新闻自由论》一书，该书主要包括中国新闻记者信条、新闻自由与世界和平、到世界新闻自由之路、新闻自由与

---

① 《为笔的解放而斗争——"九一"记者节所感》，《新华日报》1945年9月1日。
② 《为笔的解放而斗争——"九一"记者节所感》，《新华日报》1945年9月1日。

中央通讯社、美国报界之道德律、现阶段之国际新闻自由运动、新闻事业与民主政治、世界新闻自由现状之研究、出版自由论、新闻记者的共信与共勉、中国新闻事业展望等11个专题，虽然只是作者此前所做演讲和论文的一个汇集，缺乏严密的理论体系，但内容仍很丰富，还是引起了一阵骚动，有人认为是中国人在20世纪中叶理解新闻自由的"一个标志性结晶"。① 作为国民党新闻体制中人，马星野在拒检运动期间关于新闻自由的声音，无疑也是规制和影响拒检运动发展与走向的一种力量，其作用与贡献不容忽视和抹杀。

1945年3月，美国报纸主笔协会的福勒斯特、麦吉尔、亚更曼等三人，以促进联合国间新闻自由运动的名义访问世界，在他们三人到访中国后，马星野在《中央日报》上发表了题为《拥护新闻自由——迎美国同业代表团》的社论，对他们的到来表示欢迎。马星野在社论中表示："中国人民和政府，均以极大兴趣与热心，赞成这一有意义的运动。"② 他认为中国人民能够比其他国家的人民更深刻地理解这一运动的意义和价值。马星野指出，就一般原则而论，所谓新闻自由运动，有下列几方面的内容：（一）承认各国友谊依于人民间消息意见之自由交换；（二）承认一切印刷品电影广播，都可采用；（三）承认国家或个人垄断新闻手段实与新闻自由不相容；（四）不承认任何政府或个人有权：①歧视新闻纸来源，②侵犯表示意见之自由，③对各民族间之新闻交换作政治经济技术或法律设障碍，④除不洁和造谣者外在平时检查新闻。他认为新闻自由运动的目的在于通过新闻的自由流通，促进全人类精神的了解，以巩固国内和国际民主的基础。故一面在国内要取消检查至最小限度，一面在国际上要取消新闻垄断到最大限度，即要在文化上取消一切新闻和思想的障壁。"如果民主政治是舆论的政治，那么我们实无任何理由不赞成新闻自由。而如我们走真理之路，我们也断无须惧怕真实之传达。"③ 中国人之所以最能拥护新闻自由运动，他认为原因在于中国人最相信语言文字的力量，具有悠久的爱好和尊重言论自由的历史传统。印刷新闻是现代立言的有力工具，没有比

---

① 周传虎：《"新闻自由"的"中国面孔"——一份关于"新闻自由"的阅读报告》，《洛阳师范学院学报》2013年第10期。
② 《拥护新闻自由运动——迎美国同业代表团》，《中央日报》1945年3月30日。
③ 《拥护新闻自由运动——迎美国同业代表团》，《中央日报》1945年3月30日。

新闻自由更能促进人类的心心相印和国际之间的友谊。从来都渴望世界和平的中国人,自然也愿意拥护新闻自由。他希望借欢迎美国同业代表团之机,能促成战后形成一个新闻自由的世界。

实际上,自1944年8月以来,国民党方面已经发表了多篇阐述新闻自由的文章,较系统地阐释了新闻自由运动的原因、目的,美国各界的反应和世界各国的响应,以及中国的应对策略和姿态。如果说马星野等国民党官方新闻媒体对新闻自由的上述发言,还只是为后来拒检运动的顺利推进营造了某种舆论氛围与进行理论铺垫,那么,马星野于1945年9月15日在《中央日报》上发表的《舆论政治之历史基础》社论,则完全可以视为是代表国民党新闻宣传系统对新闻自由问题进行正式定调,也是对战时新闻检查制度的官方表态了。

马星野在《舆论政治之历史基础》中首先指出,"从十月一日起,新闻检查制度,正式宣告废除,中国舆论界获得了光芒万丈的新生命,也加上了沉重无比的新责任"。[①] 因为此时全世界正注视着我们,推测着中国能不能走上舆论政治的大道,中国舆论界能否用好这八年抗战换来的新自由,中国政府能否尊重这新自由,中国人民能否珍视这新自由,使这个新自由产生澄清政治、推进和贯彻政治的效果。当时有些悲观和怀疑论者认为,中国人民识字率较低,中国报纸数量不多,中国新闻界水准尚未普遍提高,中国党派私见尚未消除,中国人民对国内外大事不了解,中国政府法治精神欠缺,新闻自由宣布容易而实现不易,滥用容易而善用不易。他们以为中国没有珍贵言论自由的习惯,以为中国人民没有善用言论出版自由的训练,甚至于认为废除新闻检查制度不过是东施效颦,将会导致画虎类犬。有些人虽然不公开反对废除,心里却存有很多的怀疑与焦虑。对此,马星野认为这些怀疑和焦虑固然都有一定的根据,但都不足为凭。这些都是一种形式上的困难,不足以证明中国舆论政治的无前途。因为历史告诉我们,中国的政府历来有着尊重舆论的传统,中国的言论家更有珍视言论自由的传统,这两点已成为中国道德律中的主要部分。历史也从反面证明,舆论有强大的制裁力量,凡是不尊重新闻与言论自由的政府,最终都在被舆论的唾弃中土崩瓦解,灰飞烟灭。他认为舆论可以使社会有秩序,可以防止政府作恶,如果舆论与政府争持不下,则结果或者是舆论胜

[①] 《舆论政治之历史基础》,《中央日报》1945年9月15日。

利，或者是因舆论受摧残而政府垮台。这两点也就是一个国家舆论政治成功的两大基本条件。故马星野乐观地认为战时新闻检查制度废止之后，中国未来舆论政治的前途，必将光芒万丈。

在社论的最后，马星野亦告诫新闻工作者：尊重舆论，爱惜舆论，保护自由，是言论界的责任。新闻检查废除之后，我们报人更要发挥高度的自治自制的精神，将过去曾经有过的不负责任风气，一扫而清。国家越是重视言论，言论界责任就越显重要，"是非之辩，忠奸之别，不可有半点苟且，不许有半点偏私意气，更不许言论界受任何特殊势力的操纵。善用自由的人，才有真正自由之可言"。① 在中国即将迎来新的时代之际，我们应该保持这样的坚定信念：舆论决定政治的走向，决定建国的成败。新闻工作者一定要发扬历史上伟大言论家的大无畏精神，携如椽之笔，领导民众奔赴民主的康庄大道！

新闻检查制度和新闻自由是一体两面的关系。新闻检查制度往往是以法律规范的形式对新闻实践发挥着刚性规制作用，新闻检查制度与新闻自由的关系，实质上反映着新闻自由与法律规范之间的博弈竞争，反映着权利和责任的依违离合。自由是人类的终极渴望，它不仅仅意味着摆脱束缚自身的枷锁，还意味着以一种尊重并增加他人自由的方式生活。新闻自由代表着人类对一种话语言说方式和环境的渴望，从现实的角度上看，新闻自由一方面表现为对现有法律的遵从，另一方面又表现为对现有法律的突破。拒检运动毫无疑问是中国现代政治史、新闻史上的一件大事，虽然后来政治形势的发展，使得拒检运动的胜利只具有某种形式上的意义，但它仍然具有不可估量的历史前进意义。它使后来的新闻专制统治，无论打着什么样的旗号和采取什么样的方式，都面临某种名不正言不顺的尴尬。民主是现代社会的核心价值，而新闻自由，确实是民主政治的基础，新闻检查制度使舆论整一，限制了思想和言论的多元性，无疑会致使人民陷入愚氓状态，因此，新闻检查制度实质上是剥夺和损害了社会中所有人的话语权利。也正是因为如此，在新闻自由话语面前，战时新闻检查制度遭到了来自社会各界人士的声讨，即便是国民党官方新闻界，在抗战即将取得胜利的时候，也少有为之辩护的声音，特别是像马星野这样比较具有新闻专业意识和理论权威性的国民党官方知识分子，也颇不赞成使之继续存在下

---

① 《舆论政治之历史基础》，《中央日报》1945年9月15日。

去。曾经显得非常强大、给众多中国新闻媒体带来无限烦恼和愤恨的战时新闻检查制度，在短短一两个月内，就被迫废止了。它说明凡是违背人民意愿的行为，终归会被扫入历史的垃圾堆。值得指出的是，推动拒检运动获得胜利的媒介批评话语，是当时社会多种声音的和弦，这是它力量强大的原因所在！

第二节 《新华日报》与《中央日报》的媒介话语交锋

新闻媒介的作用不仅体现在信息的流动和沟通对社会与公众的影响上面，表达一定的公众利益和公众立场，还必然要体现和表达它所代表的某个阶层或阶级的观念与诉求。新闻媒介与政治之间，天然地有着深刻的内在关联与相互制约，这不仅决定了新闻工作者必将具有如同马克斯·韦伯所言的"政治煽动家"①那样类似的命运和社会归属，而且也决定了作为次生性话语的媒介批评往往是政治和阶级斗争的延伸和反映，这种情况在政治和阶级斗争激烈的时候尤其如此。在现代社会中，政党报刊既有一定的社会属性，又具有政党喉舌的属性。前者使媒介批评使用专业话语，聚焦于媒介的专业行为；后者则使媒介批评成为不同意识形态话语的交锋，从批判的武器转化为武器的批判。但无论如何，媒介批评总是围绕着对媒介核心功能的发挥和基本原则的遵行而展开。尽管在不同的社会环境和条件下，新闻媒体的功能可能有所变化，但报道新闻是媒体的核心职能和存在根据，则是一个自新闻媒体诞生以来就未改变的基本事实和媒介运行法则。真实、准确地报道新闻，则是社会对新闻媒体的最基本要求和期待。因此，是否真实、准确地报道了新闻，就不仅成为人们审视和评价媒介质量与水平的主要标准，而且也必然成为媒介批评的话语焦点和重心所在。1946年2月10日发生的重庆"较场口"事件，是当时具有重大社会影响的政治事件，也是现代中国政治局势即将进入转折年代的重要标志。围绕对该事件的新闻报道，《新华日报》和《中央日报》展开了一场激烈的话语交锋，既淋漓尽致地体现了媒介批评的专业规范作用，又充分发挥了媒介批评的政治和思想斗争功能。

---

① ［德］马克斯·韦伯：《学术与政治》，冯克利译，生活·读书·新知三联书店2005年版，第77页。

第十三章 解放战争时期的媒介批评

一

在阶级社会里，媒介批评专业话语的背后，往往是不同意识形态的较量，媒介批评是政治斗争的延续。经过百年屈辱，历经八年浴血抗战，中国终于赢得了抗战胜利。全国人民既欢欣鼓舞，又十分珍惜这个难得的机会，迫切希望能够休养生息，集中力量建设国家，以便能走向预期繁荣富强、和平民主的新中国。但是，尽管人们有着善良的愿望，抗战的硝烟还没有散尽，内战阴云又立刻笼罩在中国的上空。蒋介石自从掌握国民党大权之后，就一直把中国共产党看作是他最危险的敌人，始终把消灭中国共产党作为自己一个"至死也不变"[1]的夙愿和任务。早在抗日战争初期，特殊的形势和环境使他在大多时候只能采取溶共、限共等软性手法。当抗战进入相持阶段后，"随着日军进攻的威胁减轻，他对中国共产党领导的抗日根据地和游击战争在敌后的迅速发展越来越感到忧心忡忡"[2]。遂将个人的注意力逐渐从对日作战转向防共反共。随着时间的推移，国民党在各地制造的反共摩擦活动渐增，并相继发展为三次反共高潮。抗战胜利后，形势发生了巨大变化，蒋介石认为自己各方面的力量已发展到巅峰状态，依靠美国援助，完全有能力在很短时间内用武力消灭中共。但鉴于国内外舆论压力和自己的军队大多集中在西南地区，把他们运送到内战前线需要时间，因此他玩起了和平谈判的手法，企图拖延时间。国共之间这种特殊的离合关系，必然也反映到两党机关报的关系中来，反映到《新华日报》和《中央日报》的媒介批评话语之中。

作为抗战胜利后时局逆转的标志，"较场口事件"一直受到史家的注意。1946年1月10日至31日，作为重庆谈判成果之一的政治协商会议在重庆召开。这次会议通过了有利于人民却不利于蒋介石统治的决议，虽然该决议受到了国内各界人士的普遍欢迎，但蒋介石却耍两面手段，一面在政协会议的决议上签字，一面却随时准备撕毁决议，挑起内战。为促使政协会议5项决议的贯彻实施，1946年2月10日，政协陪都各界协进会等

---

[1] 转引自金冲及《转折年代——中国的1947年》，生活·读书·新知三联书店2002年版，第14页。

[2] 金冲及：《转折年代——中国的1947年》，生活·读书·新知三联书店2002年版，第14页。

19个团体发起在重庆的较场口广场举行庆祝政协成功大会,并邀请冯玉祥夫人李德全为总主席,李公朴为总指挥,推选李公朴、郭沫若、施复亮、章乃器等20余人组成大会主席团。当天上午,当参加大会的群众团体陆续进入会场时,会场两侧布满了特务打手,由中统特务组织秘密拼凑的另外一个所谓主席团成员刘野樵、周德侯等纷纷登上主席台,并悍然宣布开会。李公朴、施复亮等人上前与其理论,竟遭到特务暴徒们的毒打,致使郭沫若、陶行知、章乃器、马寅初等以及在场的一些新闻记者与劳动协会会员60余人被打伤,特务正行凶之时,周恩来、冯玉祥等人赶到,特务暴徒们见此遂四散而去。这就是著名的"较场口事件"。

更加令人愤慨和荒唐的是,在参加大会的各界人士和群众被迫离开之后,会场上剩下的600余名特务暴徒,为蒙骗群众,又演出了贼喊捉贼的闹剧。刘野樵还伪装受伤,由周德侯冒充代理主席,盗用大会名义,从台下拉了一个特务打手作为民众代表上台讲话,大肆诬蔑和攻击政协决议,反对修改《宪草》,然后通过所谓的《宣言》,一直闹腾到上午11点半才草草收场。他们把会场上的布标、旗帜、桌凳抢劫一空,拿到大梁子百龄餐厅,刘野樵已事先准备了担架,这时候竟装起了受伤的样子,叫人抬着,拉了中央社与《中央日报》《和平日报》《新蜀报》等几个受其控制的御用记者串演了一出所谓的记者招待会,谎称自己被特务们殴伤,演起了贼喊捉贼的把戏,反诬是李公朴、郭沫若、施复亮、马寅初等人,扰乱了他们的"政协庆祝大会"。据有关当事人回忆,中央社记者颜瑞生、邹克定、李明三人负责采访这次大会,因动身较迟,他们到较场口时,就看见纷纷扰扰,有人四方八面乱哄哄地跑出来,相互传言:"较场口打起来了。"他们不知发生了什么事,遂急忙走进会场,远远看见主席台上一片混乱,只听有人说:刘野樵上台要当主席,没有当成,他的兄弟们就上台打起来了。颜瑞生匆忙之间与邹、李走散,遂独自回去。晚上,中央社采访部主任肖蔚民要他们三人谈情况,他们就都讲了自己看到的一些情景,但都不确切。肖不满意地说:"你们有的看到了,有的没有看到,只有由我来综合一下。"于是,他便拿起笔来,一边吸烟,一边口中念念有词地在纸上疾书。稿子编完后,他即交给总编辑陈博生审阅,接着,便是中央社社长肖同兹,向国民党中宣部部长吴国桢打电话请示。大约晚上11点,吴便来到编辑部审改这篇稿子,最后由他签字并于当晚发出。于是,中央社这样一篇颠倒是非、混淆黑白报道较场口事件的"新闻"就这样出笼了。显然,"较场口事件"及其有关的"新闻舆论战"是国民党当局有计划有预谋地破坏政协决议的行动。

2月11日《中央日报》发表了题为《庆祝政协会成功大会 会场发生纷扰 公推刘野樵为总主席 主席台发言引起殴打 主席台刘野樵李公朴等受伤》的新闻。这篇稿子其实是按国民党陈立夫"民众对民众"和"共产党分子捣乱"的口径设计,捏造事实,报道中故意混淆事实细节,甚至把肇事者与被害者混搅在一起,把肇事的凶犯说成是被害者。为了堵住悠悠众口,蒙蔽广大读者,国民党中宣部同时立即通知重庆各报,竟然强行规定"共产党在较场口捣乱的事,由中央社统一发消息,各报不得自行报道"。[①] 企图嫁祸于共产党,为国民党即将发动的内战制造借口。可是,墨写的谎言无法掩盖铁铸的事实。"较场口事件"的过程不仅为参加会议的各界万余人士、群众亲眼所见,而且很多在场的中外记者还把现场的情景摄入了镜头。新闻的生命在于真实,真实性是新闻传播的最基本原则,是社会对新闻媒体及其传播工作者最基本的期待,也是新闻工作者所应遵守的最基本职业道德。中央社报道较场口事件时明目张胆地捏造事实,造谣诽谤,并试图利用执政者在信息传播方面具有的垄断和强势有利地位,一手遮天,掩尽天下人的耳目。这种在众目睽睽之下对新闻传播基本原则的公然挑战,不仅其企图无法得逞,反而立即引起了群情激奋,中外舆论为之哗然。在中央社关于较场口事件的报道出笼后,对中央社及其同一阵营《中央日报》这种完全不顾新闻真实性原则,失去新闻基本专业伦理的脱序和失格行为,《新华日报》立即从新闻报道伦理的业务角度,从新闻专业应有要求的角度予以揭露和回击。于是,双方以专业话语为武器、具有强烈意识形态交锋功能的一场媒介批评斗争大戏,就此拉开了帷幕。

二

令人感到可笑又气愤的是,《中央日报》在发表中央社新闻报道的同时,还配发了一篇题为《较场口事件》的短评,文中说什么抗战已经结束,政府对于战时限制人民自由的法令正在修改和废止之中。集会结社的

[①] 廖永祥:《〈新华日报〉史新著》,重庆出版社1998年版,第242页。

充分自由为人民所共享。而现在陪都中心区最大广场的一个集会，竟有民众团体互相殴打事件，我们实在不胜惋惜之至。以中国幅员的广大，人口的众多，政治意识本不普遍浓厚。有政治意识的民众，意见也各有不同。抗战八年间，陪都成为各地方各职业民众汇聚的处所。民意的繁复纷纭，自不待论。凡是公开的会场，就是人人都可以自由行止，都可以自由言说的地方。在这种地点的集会，参加者以各种不同的情绪与见解而参加讨论问题，自不免错杂分歧，原不足引为诧异，但是昨天较场口集会，还没有进入演讲或者讨论的程序，而对于会众已经表示同意的总主席，突起争端，更由争取总主席的一方而首先动手，引起互殴。这总是爱好自由尊重民主的人们同深惋惜之事。"我们由此可以认识自由与法治是不可分离的二事，没有法治习惯为基础的自由，泛滥无归，对国家民族和社会，决不会有所贡献。今日正是我们的政局，将由训政进入宪政的过渡时期，惟有基于法治习惯的自由，始足珍视。世界上没有一个民主主义者不是法治主义者。大家还要加紧的学习。"① 这种评论，表面上中正平和，甚至悲天悯人，其实是刻意扭曲事件的真相，扰乱人们关注的视线，以混淆和掩盖事件发生的本质，是一种典型的刀笔吏的行文手法。

　　政党机关报之间的话语交锋常常是政党斗争的延续。《新华日报》与中央社以及《中央日报》之间的斗争，无疑是国共两党斗争的另一战场。抗战期间，国共合作抗日，虽然两军各有战场，但亦不断发生摩擦。特别是战后为了争夺日军受降，国共两军发生冲突，内战呈一触即发之势。中国抗战浴血八年，国力消耗至巨，国人无不渴望和平，这是重庆谈判之能够得以举行的关键内在因素。为了显示和平、民主、团结的政治气氛，《新华日报》本来在此之前遵照周恩来的指示，实行宣传休战，不管国民党官方机构如何造谣和谩骂，总是尽量地坚持容忍，不予回击，对国内有关局势的报道也尽量保持着和解的调子，并曾发文赞扬蒋介石在政协闭幕词中表示坚决实行政协一切决议的态度。较场口事件的爆发，使该报彻底看清了国民党当局的嘴脸，决意对中央社和《中央日报》等国民党官方媒体愤而反击。

　　首先，2月11日当天，《新华日报》在第二版头条，刊登该报记者的现场实录，通过事实详细揭露了这一暴行的经过，报道了由冯玉祥夫人李德全主持的记者招待会，她以大会总主席的身份向中外舆论界控诉，公布

---

① 《较场口事件》，《中央日报》1946年2月11日。

了国民党当局制造这一血案的罪行。有鉴于当天《中央日报》刊登了颠倒黑白的所谓新闻报道,因此,《新华日报》于2月12日发表了题为《恳切的忠告》的社论,对《中央日报》进行揭露和批评。《新华日报》采用面向读者的较为温和与摆事实讲道理的方式,与之进行某种"专业性"的论争,特别是采取以子之矛、攻子之盾的方法,抓住该报报道与中央社讯之间的矛盾之处,对其虚伪和造谣嘴脸进行揭露。《新华日报》在评论中说:昨天《中央日报》发表了两篇文字,请读者不妨看看。该报这两篇文字一篇是社论,一篇是关于庆祝政协成功大会的中央社讯。在《中央日报》的社论中,《中央日报》认为中央社的报道没有"不真实"。然而就在这同一张报纸上面,出现了中央社关于庆祝政协成功大会的报道。"两相对照,益见巧合。中央社的报导究竟真实不真实?《中央日报》社论说,是真实的。但中央社的上述消息本身,又明明白白绝不是真实的。'六月里的债,还得快。'"① 因为前天较场口丑剧演出时,民众到者万余人,政治协商会议代表临其境者十余人。谁打人,谁被打,谁是主席,谁抢主席台,谁受伤,谁没受伤,大家看得清清楚楚。然而,中央社的报道,《中央日报》编者,居然写得出"公推刘野樵为主席""刘野樵受伤",居然写得出"民众纷纷拥至主席台上,秩序大乱","互相殴打",等等。看了中央社的这种报导,请问谁能说是真实的么?较场口的丑剧,是在陪都重庆,在青天白日、众目睽睽之下发生。"中央社的报道尚且如此,我们真不知要怎样说法才好了。"② 显然,"不知要怎样说法才好"之语,把中央社和《中央日报》置于被专业审判的境地。

其次,《新华日报》接着从新闻媒体的专业应然角度,从友党和同业的角度,从媒体专业操守和表现与所属政党形象之间具有连带关系的角度,对《中央日报》和中央社提出了恳切的忠告:《中央日报》是国民党中央的报纸,应该代表国民党中央的路线,但登出这样的消息来,究竟对于国民党在人民心中的形象,是有益的呢,还是有害的呢?"我们站在友党的立场上,站在同业的立场上,不能不诚恳忠告,希望该报编者考虑考虑。"③ 这里虽然也只是点到为止,话并没有说得直白,但一切都尽在不言

---

① 《恳切的忠告》,《新华日报》1946年2月12日。
② 《恳切的忠告》,《新华日报》1946年2月12日。
③ 《恳切的忠告》,《新华日报》1946年2月12日。

中了。由于《中央日报》刊登的是中央社讯,因此,中央社可谓是造谣的始作俑者,所以《新华日报》又把批评的矛头对准中央社。《新华日报》评论指出:至于中央社,它是国家的宣传机关,现在是唯一的全国性的通讯社,其影响远及全国各地。现在办中央社的人都是国民党的党员,因此也应该有一点国家观念。国民党此前有一句"国家至上"的口号,样样东西都要"国家化"。"这些口号喊得很响亮,然而,中央社发出上述的那种不真实消息,究竟是以国家为至上呢,还是以别的什么东西为至上呢?究竟心中有几分国家呢?有几分法治精神呢?如此而谈国家化,又怎么谈得上呢?"[1]《新华日报》的评论最后指出:陪都各报记者,对于中央社关于较场口事件的报道,已联名提出忠告。这很好,这是为了保障言论自由的必要行为,也是为了报人的尊严所必要的举动。"我们谊在同业,诚恳的希望,中央社与中央日报能翻然改正,报导求其真实,以尽报人之道德,以参加建设民主中国的新闻事业,以提高盟邦友人对中国新闻事业的观感。"[2] 因为《中央日报》此前还唱着"拥护新闻自由"的高调,所以《新华日报》这种看似提醒的批评话语,在《中央日报》听来,无疑具有很大的讽刺意义,也是其不能承受的专业伦理批评之重。

三

面对《新华日报》的"忠告"批评,中央社和《中央日报》自然不会善罢甘休。1946年2月13日,《中央日报》全文发表了中央社致新华日报的公开信,信中有云:

> 读贵报今日(十二)社论《恳切的忠告》一文,对本社关于日前较场口一幕纷扰之报道,大肆指摘,认为"不真实",甚至血口喷人,谓为没有国家观念。似此恶意攻击,出现于贵报中者,已有多次。本社深信是非曲直,自有公论,原不欲作无味的声辩。惟默察贵报近来接二连三发表文字,"进行诬赖谩骂",已非"用商讨的精神互相批评"之态度,关系有计划企图破坏本社之信誉,故不得不作一严正声

---

[1] 《恳切的忠告》,《新华日报》1946年2月12日。
[2] 《恳切的忠告》,《新华日报》1946年2月12日。

明，忠告贵报，藉以敬告爱护本社之读者。①

中央社在公开信中认为，《新华日报》批评其报道不真实是"血口喷人"，而且还煞有其事地说什么"本社深信是非曲直，自有公论"，并反诬《新华日报》接二连三发表文字对中央社"进行诬赖谩骂"，已越过了"用商讨的精神互相批评"的专业和理性态度，明显是一种"有计划企图破坏本社之信誉"的行为，故而才"不得不作一严正声明"。绝妙的是公开信亦借用《新华日报》社论中"忠告"一词，做出一副"被迫"的模样，以博得不明真相读者的同情和认同。中央社随后王婆卖瓜一般地搬出自己的历史，来证明自己"绝对信守国家民族利益高于一切之原则"和"将真相告知国人"的专业态度，以反证《新华日报》对其批评为自是其是、缺乏民主作风的表现。公开信云："本社自民国十三年诞生以来，绝对信守国家民族利益高于一切之原则，以处理新闻，报导新闻，事实俱在，可以复按。"② 随后即将话题转到中央社对中共问题的有关报道和言论上，认为其有关报道和言论，皆是"一本蒋主席倡导政治解决之方针，无时不以促进团结统一为主要工作之一，至过去所发布关于军事冲突及破坏交通之报导，一一均有根据。其目的在于将真相告知国人，促起注意"。③ 如此自我涂脂抹粉之后，企图来洗刷自己"歪曲事实捏造事实"的恶名。

中央社随后在公开信中就其较场口事件的报道进行辩解：

> 贵报指摘本社报导中"公推（按本社社稿为临时推举）刘野樵为主席"，"刘野樵受伤"，"民众纷纷拥至主席台上秩序大乱互相殴打"等等，为"不真实"，实属信口开河。查本社此次所报导之事实，乃记者在场所目睹，当时商会代表周德侯以播音器向会众提议推举农会代表刘野樵为总主席，会场民众多鼓掌表示赞成，此为万目共睹之事实，又"刘野樵受伤"已有伤单可按，毋庸置辩，不料贵报对于上述各点，一概抹杀，而反指摘本社报导为"不真实"，不知贵报是何居心？至于"民众纷纷拥上主席台互相殴打"一语，由李公朴、刘野樵

---

① 《致新华日报的公开信》（中央社），《文萃》1946 年第 19 期。
② 《致新华日报的公开信》（中央社），《文萃》1946 年第 19 期。
③ 《致新华日报的公开信》（中央社），《文萃》1946 年第 19 期。

两先生受伤之事实,即为明证。倘如贵报所言,殴打李公朴先生等为"特务暴徒",则打伤刘野樵先生者又为何许人耶?且事后刘野樵先生与大会筹备会分别招待记者,本社对双方均有公平忠实之记载,而贵报仅详载筹备会之新闻,对于刘野樵先生之招待会及其受伤情形则只字未提。新闻记者之天职正如贵报所言要"公正",然则贵报片面之报导亦可得谓公正乎?①

中央社的答辩看似言之有理,其实是一种狡辩,是故意把表象与本质混淆,以表象代替本质的欺人之谈。这种狡辩技巧的拙劣,连一般稍具常识的读者都不会受骗。

为了揭穿中央社这种专业话语的欺骗,《新华日报》在接到中央社公开信后,立即在2月14日同样以公开信的方式进行回复,发表了《新华日报社给中央社之公开覆信》,针对中央社的狡辩进行剖露。《新华日报》在公开信中指出:本报与贵社为新闻同业,均负有为民喉舌之天职。贵社且为正式的国家机关,对全国新闻事业负有极严重的责任。贵社过去情形如何,我们且不具论。但当目前全国政治民主化的重大历史时期,敝报不能不对于贵社抱有最大的期望,即报道新闻,应该力求真实。政治协商会议开会期间。贵社对于会议进行的报道大致符合事实,因之,各方对贵社之观感,曾大为改善。所为可惜者,即贵社既未能贯彻此种精神,以致重新出现失实之报道。此次较场口事件明明为陪都各人民团体庆祝政治协商会议成功大会被暴徒破坏,明明为郭沫若、马寅初、李公朴、施复亮、冉瑞武、梁永思、陈培志、顾佐衡、邓蜀生、姚江屏、梁柯平、高学逵诸先生被暴徒殴伤。此乃有目共睹之事实,绝非敝报一家之私言。而贵社报道竟颠倒黑白如此,反以"公正"自居。来信又称,贵社所报道者,"乃记者在场所目睹",不知此处所称"记者",仅指贵社外勤记者,抑包括陪都各报社多数外勤记者而言?若为后者,则陪都各报社外勤记者王菲北、邵嘉陵、高集、浦熙修、潘世徵、阚岳南等四十二人,已根据当时目击事实,指出贵社报道与事实不符之点。贵社外勤记者与陪都各报社外勤记者相较,究为少数。若谓少数人记载为"公正",多数人记载反不公正,则吾人诚不知贵社置"公正"于何地矣!《新华日报》从公正与记者数量多少

---

① 《致新华日报的公开信》(中央社),《文萃》1946年第19期。

的对应关系角度进行反驳,甚为有理而有力。

随后《新华日报》就真实报道的真义进行阐释:

> 抑有进者,通常所称真实报道,乃就科学意义而言,即所报道之新闻记事,应力求符合新闻对象之本来面目,不得任意杜撰,至于该项事件之是非曲直,则应留待读者自由判断。来信所云:"强认己所言为真实,其不同者为造谣",若为贵社夫子自道,敝报自无庸多言;若图以此责难敝报,则实为无中生有。盖敝报若真有此荒谬主张,则一切外来稿件,势必拒而不用,然事实上敝报经常采用外来稿件,包括贵社所发通讯稿在内,于此亦可反证贵社责难之无稽矣。①

对新闻真实性的这种解释,可谓全面、准确、周到、翔实,具有很强的科学性。在复信的最后,《新华日报》又从同业友谊的角度,对如何看待和处理同业之间的关系进行解释道:敝报认为同业间虽有不同立场,仍不妨互相学习与互相批评。敝报前日评论对于贵社所进恳切之忠告,完全出于善意的批评与劝告,并无丝毫恶意。不料贵社竟以"诬赖谩骂"视之。敝报对此不愿多所置辩,因前文俱在,不难覆按,读者自有公平判断。贵社希望敝报"平心检讨,翻然改正前非",敝报如有确实错误,自当接受雅意。唯此次贵社所指敝报纸的"前非",则如上所述,实为无稽之责难,而应请贵社痛加反省者也。这一回复,如同又在中央社的脸上公开地狠狠打了一记专业巴掌。

在现代政治生活中,政治对传媒的影响具有决定性,传媒对政治则具有能动性。传媒通过自己在沟通和传递信息上的独特性作用,可以成为政治活动的重要手段和工具,并延伸政治活动及其影响的范围,成为政治伸展的触角,成为新的政治力量与政治活动的导火索和鼓动者,在一定的政治发展阶段上发挥关键性的作用。因此,在现代政治活动中,政党莫不极力控制或影响传媒的活动。《新华日报》创办后,中央社和《中央日报》在报道有关《新华日报》的话语中,就时时呈现或折射出国共两党之间依违离合的微妙关系,特别是抗战甫一结束,随着国内政治形势的迅速转变,中央社和《中央日报》对《新华日报》的攻击就逐渐增多起来,"《新华日报》

---

① 《〈新华日报〉社给中央社之公开覆信》,《新华日报》1946年2月14日。

造谣""《新华日报》不断造谣""《新华日报》危言耸听"等新闻标题不断见诸《中央日报》报端,这既是中央社和《中央日报》采取的企图倒打一耙、打泥巴仗的小伎俩,也是其借此攻击中共的一种手段。因为此时大规模的内战还未开始,国共双方还处于一种斗而不破的摩擦阶段,这时候媒介批评就成为一种有效的斗争手段。这也是国民党方面策划较场口事件时精心设计的"民众对民众"的另一种表现。在较场口事件的报道及其由此而引起的媒介话语交锋中,中央社和《中央日报》企图借助玩弄话术,借助一些令一般读者较陌生的新闻专业话语,摆出一副遭受不白之冤的模样,以骗取读者的认同。但是,事实终归胜于雄辩,在事件发生的次日,除《新华日报》外,《民主报》《新民报》《大公报》《国民公报》《商务日报》《时事新报》乃至《世界日报》等八种日报和新民、大公、南京三家晚报,都详细报道了事件真相,这使中央社和《中央日报》在与《新华日报》的这场媒介批评话语的交锋中,始终无法占据新闻专业的道德高地。加之《新华日报》在论辩中采取了以其人之道还治其人之身的媒介批评技巧,紧紧抓住媒体如何才能做到真实报道这个新闻学的核心问题,最终使中央社和《中央日报》在论辩中理屈词穷、步步败退,最终落得偷鸡不成蚀把米、在同业面前为大方笑的下场。

第三节　中共对《大公报》"小骂大帮忙"的定义

在中国近现代新闻史上,《大公报》占有十分重要的地位,即便在世界新闻史上,该报也曾经具有一定的影响。正因如此,其政治态度常常成为人们关注的一个焦点,特别是该报与国共两党之间的依违离合更是引人注目,学界论说纷纭。"小骂大帮忙"一般被认为是中共在解放战争时期对《大公报》言论立场的一种界定,后来演变成对该报一种生动形象而又简便的政治定义,流传颇广,几为定谳,在很长的一段时间内影响和左右了人们对该报的整体性认知。"所谓'小骂大帮忙',是指对小问题批评,并且批评得轻描淡写,而对实质和关键问题给予歌颂、支持,使之大获好处。"[①] 在中国的政治语境中,"小骂大帮忙"无疑具有相当的贬义。改革开放以后,随着思想的解放与活跃,很多事物曾经的定论又获得了新的思

[①] 刘建明等:《中国媒介批评史》,福建人民出版社2011年版,第323页。

考和商榷,新闻史学界有人力图为《大公报》"小骂大帮忙"的政治定义翻案,其基本理路是在梳理《大公报》有关新闻和言论话语的视角下,尽可能地系统拼接和呈现该报传播的完整图景,以获取对该报的全面而客观的认知。从价值评判角度看,"小骂大帮忙"无疑是对《大公报》从政治上所做出的一种价值判断和定性,因此,属于一种典型的政治性媒介批评话语。其产生过程和在社会评价系统中的延展,为人们理解和观照社会政治系统与媒介批评之间的统属关系,提供了一个十分具有解释力的案例。

一

作为一份号称无党无派的民营报纸,《大公报》以"不党、不卖、不私、不盲"为标榜,对共产党自然也会有所批评和指责,但与国民党系统报纸比较,大体上还是比较温和,甚至于还相对友善。如《大公报》较少疾言厉色地将中国共产党及其领导的红军称为"匪",而是更多地称之为"共军",特别是范长江在其著名的西北采访中,多次客观地报道或透露了红军长征的有关事实及其行踪,向社会各界展现了红军的存在和形象。对《大公报》在报道中共及红军时所秉持的善意立场和态度,中共领导人无疑心存感激之意。所以,范长江在西安事变期间进入西安,周恩来与他见面时说:"我们红军里面的人,对于你的名字都很熟悉。你和我们党和红军都没有关系,我们很惊异你对于我们行动的研究和分析。"[1] 言语间流露出称赞和欣赏之意。这不仅是对范长江个人,无疑也是对其供职的《大公报》的评价。1936年12月18日,在西安事变真相还未水落石出时,《大公报》总编辑张季鸾执笔撰写了《给西安军界的公开信》作为社评,社评首先断言张学良及东北军发动西安事变"完全错误了,错误的要亡国家,亡自己",[2] 说东北军自"九·一八"国难以来,流离失所,迁播西北,其痛苦的遭遇令大家同情,但其发动事变则是绝大错误,是他们"听了许多恶意的幼稚的煽动"[3] 而导致的结果。这篇以公开信形式发表的社评,深得宋美龄的重视,指示将当日《大公报》刊登社评的第2版加印了数万份,派飞机到西安上空散

---

[1] 转引自方蒙《范长江传》,中国新闻出版社1989年版,第171页。
[2] 《给西安军界的公开信》,《大公报》(天津)1936年12月18日。
[3] 《给西安军界的公开信》,《大公报》(天津)1936年12月18日。

发。西安事变爆发后，日本宣传机关曾经大肆造谣说张、杨二人的行动受到了中共和苏联的指使，这也是《大公报》社评中"恶意的幼稚的煽动"之说的信息来源。虽然《大公报》社评并未指名道姓地点出中国共产党，但熟悉当时社会语境的人都知其所指为谁，中国共产党人自然也是不言而喻，心知肚明。只是由于社评的言辞隐晦，加之当时局势正处在急剧变化之中，而且不久西安事变在中共的大力斡旋下得到了和平解决，所以中国共产党人对《大公报》在社评中所流露出的不友善乃至诋毁，保持了隐忍不发的沉默，但这不代表中共对《大公报》没有看法。

中国共产党与《大公报》发生公开龃龉，是1941年5月21日王芸生在该报发表《为晋南战事作一种呼吁》社评，附和国民党有关诬蔑宣传，批评共产党在中条山战役中"坐视国军苦战而不援"。① 其中不仅有很多不实诬蔑之词，而且在字里行间，还有含沙射影的恶意攻击之嫌。周恩来看到该报社评后，立即于当天夜晚给张季鸾、王芸生写信，借澄清事实真相之机对该报进行了有理有据的反驳，不仅使《大公报》在报上全文公开了该信，而且张季鸾也亲笔撰写了题为《读周恩来先生的信》的社评予以回应。在社评中，张季鸾一方面对该报何以发表《为晋南战事作一种呼吁》做出解释，对周恩来信中"敌所欲者我不为，敌所不欲者我为之"的观点表示认同，但又同时在社评中对中共做出了极为偏颇的评价。张季鸾文中说："我们试回顾十数年来的历史，中共这样有抱负能奋斗的政治团体，若回首民十六以后十年之间对国家究竟贡献了甚么？我们的看法，是负号的，不是正号的。"② "中共在抗战开始前，奋斗多年，不幸而与民族自卫的需要，成了相反的形势，所以努力的结果，实际上是负号。"③ 不仅如此，张季鸾一方面肯定抗战开始以来，国民党正规军退出后，中共领导的八路军所属部队深入敌后建立根据地、扩大抗日武装，充分表现出了中共善于领导游击战工作的特长，另一方面又明显意有所指地说："但最需注意者，就是一定将此有用之组织的力量，对国家永作正号的贡献，切不可对于根本认识又发生错误的感觉。"④ 对共产党所领导的抗日武装

---

① 《为晋南战事作一种呼吁》，《大公报》（重庆）1941年5月21日。
② 《读周恩来先生的信》，《大公报》（重庆）1941年5月23日。
③ 《读周恩来先生的信》，《大公报》（重庆）1941年5月23日。
④ 《读周恩来先生的信》，《大公报》（重庆）1941年5月23日。

壮大之后表现出某种疑虑和担心。这种疑虑和担心与前面对共产党所做出的负号性评价相互呼应，真实而又明显地表达出了张季鸾对中共所抱持的一种较为顽固的敌视性态度和隐微心理。对中共的这种负号性评价，在中共取得全国性政权之后，当然也就完全失去了其政治上的合法性和逻辑上的正当性。

张季鸾是当时《大公报》的灵魂人物，对该社评中所流露出的对中国共产党的这种态度和心理，确实"恶毒得很"。[①] 中共领导对此自当如鱼饮水冷暖自知。无论《大公报》如何解释对中共社会历史地位的这种认知，这篇社评都会使中共在以后研判《大公报》的媒介行为时，无法释怀，从而在无形之中将该报归于并不友好的媒介行列。只是大敌当前，举国一致共同抗日仍是双方共同的目标。为团结大局计，且周恩来的信已经达到在《大公报》上公开发表，实现了澄清事实真相的作用，所以中共领导人并没有继续与《大公报》进行理论。尽管《大公报》的立场后来随着形势的发展有了很大的变化，但对该报的这一印象，绝不可能船过水无痕，而应该是深深地烙在中共领导人的脑海中，对中国共产党以后的媒介批评与新闻政策的实施将产生十分深刻的影响。因此，无论后世学人在理解中共对《大公报》"小骂大帮忙"的定义时，如何地欲替《大公报》曲为回护，都不应该也不可能真正地消除和回避这一历史细节中所曾具有的丰富内涵及其意义。

二

中共对《大公报》"小骂大帮忙"的定义在解放战争期间正式提出并予以明确。应该说在解放战争之前，中共对《大公报》基本上是抱持着相忍为国、以和为贵的态度，虽然对该报某些报道和言论并不苟同，但总体上还是予以肯定，即便是提出不同意见，也是以商榷和提醒的温和方式出之。这从两个方面可以看出。

一是1941年9月6日，《大公报》总编辑张季鸾溘然长逝。张季鸾虽然与蒋介石关系甚密，不但学识渊博，大笔如椽，而且爱国主义激情始终

[①] 王芸生、曹谷冰：《1926至1949的旧大公报》（续二），《文史资料选辑》第二十七辑，文史资料出版社1962年版，第234页。

如一，未尝稍减。张季鸾逝世后，在全国引起了巨大的悲痛，不但蒋介石等国民党要人纷纷给予极高的评价，而且中共方面也不吝褒词。毛泽东、王明、博古、吴玉章、林伯渠也从延安发来唁电："季鸾先生在历次参政会内坚持团结抗战，功在国家。惊闻逝世，悼念同深。肃电致悼，藉达哀忱。"① 周恩来、董必武、邓颖超等人的唁电："季鸾先生，文坛巨擘，报界宗师。谋国之忠，立言之达，尤为士林所矜式。不意积劳成疾，遽归道山。音响已沉，切劘不再。天才限于中寿，痛悼何堪！"② 9月26日上午8时至下午6时，在重庆嘉陵宾馆设张季鸾的灵堂，供社会各界人士祭拜，以寄哀思。周恩来、董必武、邓颖超亲临致悼并送挽联："忠于所事，不屈不挠，三十年笔墨生涯，树立起报人模范；病已及身，忽轻忽重，四五月杖鞋矢次，消磨了国士精神。"③ 中共方面对张季鸾的评价，固然有死者为大的礼节成分，但综诸张季鸾的新闻生涯看，并非谬奖。由于张季鸾是新记《大公报》公司的核心人物之一，尤其是该报这一时期的精神领袖，因此，中共对张季鸾的评价，移之《大公报》也未尝不可。换言之，此时中共在公开场合还对《大公报》保持着很大程度上的尊重。

二是1944年6月12日，《大公报》记者孔昭恺随同"中外记者参观团"抵达延安参观访问。记者团在延安期间，毛泽东两次与之接谈。特别是当天晚上，毛泽东在延安边区政府大礼堂举行宴会，招待代表团全体成员。入座之前，毛泽东礼让孔昭恺坐在首席，孔虽一再不肯，但在毛泽东的再三坚持下，孔最后还是颇为不安地坐下了。席间，毛泽东曾举杯对孔昭恺说道："只有你们《大公报》拿我们共产党当人。"④ 这是指红军时代，国民党系统各家报纸称共产党和红军为"匪"，而《大公报》没有一体遵行之事。端午节那天，周恩来和邓颖超单独邀请孔昭恺在他们住的窑洞里吃饭，周恩来专门谈了对《大公报》的期许。孔昭恺之所以受到毛泽东、周恩来的如此礼遇，一方面是他们待客如宾的礼节使然，另一方也表明共产党人此时对《大公报》既心怀感激之情，也希望以后能从该报获得更多支持，但双方在政治立场上的分歧，很快又再次显露出来。孔昭恺在

---

① 转引自吴廷俊《新记〈大公报〉史稿》，武汉出版社2002年版，第239页。
② 转引自吴廷俊《新记〈大公报〉史稿》，武汉出版社2002年版，第239页。
③ 转引自吴廷俊《新记〈大公报〉史稿》，武汉出版社2002年版，第239页。
④ 王芝琛：《百年沧桑：王芸生与大公报》，中国工人出版社2001年版，第183页。

西北参观过程中，一共撰写了《西北纪行》9篇，其中8篇为长篇通讯，专记延安见闻，其中《十年来之中共》一节文字中记述了中共"党性的增强"。孔昭恺关于延安的记述基本上坚持了客观报道的态度，即便有些主观性的评价，也是属于理念上的不同，无多主观故意。孔昭恺的通讯连续发表于7月29日至8月6日的《大公报》。在这篇通讯发表即将完毕时，即8月5日的《大公报》发表了王芸生写的题为《延安参观的感想》的社评，谈了五点感想，其核心内容有二：（1）否定中共增强党性的做法，认为增强党性就是消灭个性，就是对民主的反动；（2）指责中共破坏了国家中心，是想另起炉灶，要求中共服从蒋介石统一的军令政令。因该社评只是以"感想"的形式发表，加之此时还是抗战期间，所以中共未便对其进行批驳。但文中对中共种种带有情感色彩的指责和批评，会令中共领导心理上极为不快和抵触，则属显见之事。

1945年10—11月，重庆会谈还在进行之中，蒋介石就急不可耐地在上党和邯郸发动了对解放区的进攻，结果遭到了大败。1945年11月20日，《大公报》刊登了中央社的4条消息，并发表了题为《质中共》的社评，该社评有三个观点。（1）社评认为今天和平局面的破裂，直接根源于朱德总司令8月11日发布的"解放区任何抗日武装部队，得缴敌军之械，受敌军之降，编遣伪军"①的命令，并指责自毛泽东从重庆返延安后，"广大的北方到处起了砍杀之战"。②（2）社评认为一个国家有两个系统的军队争降争地绝不应该，并独独指责中共："看北方的战乱局面，很给人一种强烈的暗示，是中共意欲凭它的力量，凭它的武力，做到《会谈纪要》中所要求的陇海路以北及苏北皖北的特殊化。"③（3）要求中共放弃已经在手的武装力量，"循政争之路堂堂前进，而不可在兵争之场滚滚盘旋。我们希望共产党为国家人民争民主，争宪政。在这方面，应该一切不让。同时我们也希望共产党放下军队，为天下政党不拥军队之倡；放下局部的特殊政权，以争全国的政权。与其争城争地驱民死，何如兵气销为日月光？"④逼使共产党不得不立即起而进行理论上的应战。

---

① 《质中共》，《大公报》（重庆）1945年11月20日。
② 《质中共》，《大公报》（重庆）1945年11月20日。
③ 《质中共》，《大公报》（重庆）1945年11月20日。
④ 《质中共》，《大公报》（重庆）1945年11月20日。

三

现代战争的胜负,在一定程度上决定于是否能站在道德的正义制高点上。《质中共》的这篇社评,采用"质"的形式,因而具有一定的道德评判意义,但它完全是以维护国民党政府现实存在的"国家中心"为出发点而进行的立论。第一点完全是颠倒是非的不实之词,第二点则反映了社评作者极端的政治偏见:既然是两个系统的军队争降争地,为何只指责中共系统的军队,为何要无端剥夺中共军队应有的平等权利?第三点无疑赤裸裸地表明了社评作者顽固的资产阶级立场,无论是客观上还是主观上都在为蒋介石发动内战提供理由,且将战争爆发的责任扣在共产党的头上,以使中共在道德上陷入不利境地。这在共产党人看来,实为是可忍孰不可忍的恶意诬蔑和攻击,再没有沉默的余地和必要,必须进行反击!

11月21日,《新华日报》发表了《与〈大公报〉论国是》的社论,针对《质中共》一文的三个主要观点,根据无可辩驳的事实,逐一进行了反驳。《新华日报》先从理论本质的高度综述了《质中共》一文中的三个主要观点作为立论和批驳的靶子:"第一,今天的内战责在十八集团军坚持解除敌伪军武装,没有像国民党军那样的联合敌伪军,而在受到国民党军与敌伪军的联合'清剿'以后,又实行了自卫的步骤,没有听候'剿除';第二,战时实行了民主的解放区坚持要在战后继续实行民主,与国民党的夺政于民的方针不合,因此造成了'南北朝',因此违反了'要变不要乱'的主张;第三,共产党应该把人民的军队私卖给国民党'销为日月光',人民的军队光了,人民就可以'争自由,争宪政',就可以'一切不让'。"[①]《与〈大公报〉论国是》对《质中共》观点的综述,妙在它既是一种原文内容上的高度概括,表面上与其保持一致,又从本质上揭示了其隐藏于背后的用意,使其话语表面与内在用意之间的矛盾得到了充分呈现,揭露出《质中共》一文的真实用意所在。因为上述三点"都是当今国是的根本问题",[②]从而将对这篇社评的分析提升到关系国家前途和命运根本问题的高度加以分析,以凸显和厘清问题的重要性:"我们现在无需乎

---

① 《与〈大公报〉论国是》,《新华日报》1945年11月21日。
② 《与〈大公报〉论国是》,《新华日报》1945年11月21日。

藉大公之名掩大私之实，藉人民之名掩权贵之实，只请大家平心静气地想一想：《大公报》这次所说的有多少是真理？"① 推而及之到对《大公报》媒介阶级立场的认识和定义上，通过与新闻专业话语的联结，转换为对《大公报》的政治评价。"藉"与"掩"的语言修辞，将《大公报》推入了一个口是心非、心口不一的被道德审判的尴尬境地，使《质中共》一文中的"私"心彻底地暴露在世人的面前。

在通过摆事实讲道理的方式，逐条批驳《质中共》三个观点的矛盾和谬误后，《与〈大公报〉论国是》最后再次回归对《大公报》社评主观用意的判定上："《大公报》在抹煞受降办法不合理的事实，隐瞒国民党发动'剿匪'的事实，并把国民党当局要乱不要变的事实转嫁给共产党以后，配合着今天国民党军敌军伪军乃至美军向解放区的大举猛烈进攻，跑到火线上来要求共产党强迫人民的军队放下武器，向反动派无条件投降，说是这样'就会被全国同胞弦歌丝绣而奉为万家生佛'。好一位妙舌生花的说客呀！但是天下一切大公无私的人们请判决吧：《大公报》在这里是大公呢，还是大私？"② 新闻客观主义要求报纸的新闻和评论要具有一般的公正品质，要建立在尊重事实的基础上。《与〈大公报〉论国是》从事实的角度揭示了《大公报》的社评"抹煞"和"隐瞒"相关"事实"的事实，暴露出"配合"国民党军向解放区大举进攻的用心，剥除了其"大公"的表面，显示其"大私"的内里。在这个逻辑基础上，《与〈大公报〉论国是》最后对《大公报》做出了政治上的定性和评判："在若干次要的问题上批评当局，因而建筑了自己的地位的《大公报》，在一切首要的问题上却不能不拥护当局。这正是《大公报》的基本立场，昨天的社评当然不是例外。"③ 这里连续使用了 3 组对比修辞，即"若干"和"一切"、"次要"和"首要"、"批评"和"拥护"，从而凸显了《大公报》极力维护国民党当局统治的政治立场。

应该说《与〈大公报〉论国是》对《大公报》的这种政治性批评并非强贴标签，而是有着内在的事实根据，切中要害。1943 年 10 月 1 日，《大公报》在《今后的中国新闻界》社评中曾经说过："为国家的利益着

---

① 《与〈大公报〉论国是》，《新华日报》1945 年 11 月 21 日。
② 《与〈大公报〉论国是》，《新华日报》1945 年 11 月 21 日。
③ 《与〈大公报〉论国是》，《新华日报》1945 年 11 月 21 日。

想,有人谓报纸对于政府,应该是小批评,大帮忙。假使批评为难,则帮忙时也就乏力。因为在那种情形之下,一般民众以为反正报纸都是政府的应声虫,不会有真知灼见,而国际读者也以为你们的报纸没有独立精神,而不重视,到那时报纸虽欲对政府帮忙,而也没有力量了。本此见解,我们认为政府应该放宽新闻检查的尺度,使报纸渐有活气,一可培植舆论的力量,并可给报界以产生人才的生机。"① 这篇社评虽然采取模糊的手法,将"小骂大帮忙"的发明权归之"有人",但社评作者无疑对之认可。由此可见,《新华日报》给它戴上"小骂大帮忙"的帽子,委实没有冤枉。

四

凡事可一可二而不可三。1946年4月16日,《大公报》(上海版)发表了题为《可耻的长春之战!》社评。标题"可耻"二字透露出社评作者对中共极端厌恶甚至仇恨的心理。在4月15日《大公报》新闻报道中,有一条是苏联军队于14日撤离长春、国共两军争夺长春的战事报道。王芸生将该新闻放在头条位置,并加了一个"长春苏军昨已撤退,共军进攻接踵而来"的标题,明显地表达出编辑人将战争归责于中共的态度。在16日的《可耻的长春之战》社评中,首先强化表达"苏军撤,共军来"的观点说:"复杂的东北问题,半在外交,半在内政。现在苏军已保证于本月杪以前撤尽了,且正在撤退之中。外交一面,可谓业已顺绪。但在苏军纷纷撤退之际,在东北的内战形势却在加剧的进展,且已在许多地方纷纷的打起来了。内外消长,令人心绪起落不宁。"② 如果说此处对内战的责任还没有完全地扣在中共头上的话,则接下来的指责就不仅仅是个认识糊涂的问题,而是极为恶意的栽赃与陷害了。只是这种栽赃与陷害使用了一种新闻评论的专业形式,套上了一层事实陈述式的虚假外衣。社评中接着评论道:"尤其可耻的,是长春之战!"③ 读者看到此处,自然就会产生了为什么会说可耻、谁可耻的疑问。

请看《大公报》社评接下来的叙述:"长春是什么地方?是'九·一

---

① 《今后的中国新闻界》,《大公报》(重庆)1943年10月1日。
② 《可耻的长春之战》,《大公报》(上海)1946年4月16日。
③ 《可耻的长春之战》,《大公报》(上海)1946年4月16日。

八'事变后，日寇强割我领土傀儡'满洲国'的都城，是苏军参战后进入我东北的总司令部所在地，也是中国国民政府接收东北的东北行营所在地。这地方，曾为日伪窃据了十四年，曾被苏军统治了二百多天。现在抗战胜利了，日阀崩溃，伪满烟消，中国的东北，应该归回中国，苏军也根据中苏盟好条约纷纷撤离东北。就在这时候，苏军刚刚迈步走去，国军接防立脚未稳，中共的部队四面八方打来了。多难的长春，军民又在喋血。那是中国的地方，现在应该光复了，却灾难愈深，那里的人民都是中国的儿女，现在应该回归祖国的怀抱了，却在斫斫杀杀，流的都是中国同胞的血！中国人想想吧！这可耻不可耻？"① 作者虽然采取了模糊手法，但字里行间之中，人们不难读出其矛头所向对准的是中共及其军队，即中共军队是进攻的一方，是战端的开启者，当然也是"可耻"的承担者。当把战端开启矛头确定后，下面关于进攻者战术的叙述则更是令人瞠目结舌了："进攻的战术，常是用徒手的老百姓打先锋，以机枪迫炮在后面督战，徒手的先锋队成堆成群的倒了，消耗了对方的火力以后，才正式作战。请问这是什么战术？残忍到极点，也可耻到极点。"② 这无疑是闭上眼睛而血口喷人了。

4月18日，当时还在重庆的中共中央宣传部部长陆定一亲自为《新华日报》撰写了题为《可耻的〈大公报〉社论》的社论，痛斥《大公报》社论的可耻。《新华日报》的社论坦率而直白地指出："这是《大公报》一篇可耻的社论。我们读了，实为《大公报》惜。"③ 为什么要如此说呢？因为《大公报》的社论只说东北有战争，只说内战令人伤心，却偏不说内战爆发的真正起因何在。"中国人民，中外人士，都知道这就是由于马歇尔将军所说的国民党'顽固分子'作祟。《大公报》不但不敢说出这种浅显的真理，反而藉长春战争为题，含沙射影，归罪于中共和中国人民。这样来替顽固派开脱罪名，并替顽固派帮凶，真是可耻极了！"④ 这就一下子揭破了《大公报》社论的用意。《新华日报》的社论接着再进一步提出"《大公报》为什么忽然登出这样的社论来"的问题，通过设问的形式将问题的分析引向深入，说明该报政治立场的连贯性，以及作此社论的必然性。随

---

① 《可耻的长春之战》，《大公报》（上海）1946年4月16日。
② 《可耻的长春之战》，《大公报》（上海）1946年4月16日。
③ 《可耻的〈大公报〉社论》，《新华日报》1946年4月18日。
④ 《可耻的〈大公报〉社论》，《新华日报》1946年4月18日。

后对《大公报》社论作者进行政治定义:"它的社论作者,原来是这样一个法西斯的有力帮凶,在平时假装自由主义,一到紧要关头,一到法西斯要有所行动时,就出来尽力效劳,不但效劳,而且替法西斯当开路先锋,替吃人的老虎当虎伥,替刽子手当走狗。"① 其目的在于从法西斯和刽子手那里,讨得一点恩惠,舔一点喝剩的血,嚼一点吃剩的骨头。《新华日报》的社论指出,《大公报》社论作者暴露其原形已不止一次。这一次,该报社论作者又把自己的原形暴露出来了,人民必须严重警惕!将批判的矛头集中对准《大公报》的社论作者,缩小打击面,使被批评者陷入一种孤立的境地,有利于争取更多人对《新华日报》社论观点的认同。社论是报纸的精神旗帜,对《大公报》社论作者的这种政治评判,在一定的社会政治环境中,自然也会迁移到《大公报》身上,而成为一种媒介批评。《可耻的〈大公报〉社论》证据充分,论证严密,说理透彻,其巨大的逻辑力量使以写社评擅长的王芸生未敢再与《新华日报》争论下去。

1947年9月1日,时值当时的记者节纪念日,新华社为此发表了《纪念"九一"贯彻为人民服务的精神》的社论,以不点名的方式将"小骂大帮忙"的标签予以固定:"独裁卖国贼惧怕人民的正义呼声,目下蒋管区容许存在的,就只有四大家族的各种御用报、党棍的通讯社与法西斯化的报章和少数自命为'自由主义'的如《大公报》之流,而实质则是'小牢骚大捧场'的帮闲报纸,并被用来作为镇压恫吓和欺骗广大人民的工具。"② 1949年1月23日天津解放后,中共中央在致电中共天津市委,指示如何处理原来在津出版的民营报纸的时候称:《大公报》"过去对蒋一贯小骂大帮忙,如不改组不能出版"。③ 其中"一贯"一词的定义,说明中共对《大公报》的这种政治性质认知,绝非一时或偶然。从此以后,"小骂大帮忙"就成为中共对新记《大公报》公司一个确定的政治评价。

中共对《大公报》"小骂大帮忙"的定义,无疑是一种政治性的评价。它当然无法包括与涵盖《大公报》的丰富内涵,尤其是不能以之作为衡量《大公报》的唯一准绳。媒介批评是立体的社会存在,它不仅有其政治性

---

① 《可耻的〈大公报〉社论》,《新华日报》1946年4月18日。
② 转引自穆欣《可耻的〈大公报〉社论》,《新闻爱好者》2001年第10期。
③ 中国社会科学院新闻研究所编:《中国共产党新闻工作文件汇编》(上),新华出版社1980年版,第270页。

内容，而且也有其专业性内容，因此，媒介批评不能只有一种批评标准或视角。政治不能代替专业，同样，专业也不能取代政治。在中国近现代新闻史上，从成长和所发生的社会影响角度看，《大公报》无疑取得过巨大的成功，它的经营理念在当时的中国新闻传播领域，十分具有先进性，成为一些报纸模仿的榜样。它的编辑方法新颖独到，曾经在中国报坛领一时风骚。另外，作为一种媒介，《大公报》是一个社会组织机构，它由众多的从业人员组成，而新闻工作者是媒介中最活跃的因素。《大公报》的从业人员有进有出，人是社会最为复杂的动物，如果只从一个面相去衡量和判定人，难免会失之偏颇。若根据某一时期、某一个人的新闻传播行为，就去判定媒介的行为和性质，更有可能会导致差之毫厘、谬以千里。人会转变，《大公报》的社论作者王芸生先生在解放战争末期终于转变了立场，站到了人民的这一边。在他的领导下，《大公报》获得了新生，与以前的历史作了告别。此后的《大公报》与"小骂大帮忙"的标签当然无缘。同样，我们也不能以后来《大公报》的转变，以及《大公报》原来专业运营的丰富和成功，来推翻和否定解放战争时期中共对其"小骂大帮忙"政治定义的深刻性与准确性。

第四节　中共对客里空、客观主义和新闻偏差的批评

在解放战争时期，中国共产党领导的新闻事业经历了一个"V"字形的发展、收缩、再发展的曲折过程。抗日战争胜利后，中国共产党抓住有利时机，抢占新闻宣传舆论阵地。1945年9月14日，毛泽东、周恩来指示有关负责同志只争朝夕地到上海、南京、武汉、香港等地创办或恢复出版各种以群众面目出版的报刊。"早出一天好一天，愈晚愈吃亏。"[①] 中国共产党所领导的抗日武装，得天时地利之便，向敌占区发动了排山倒海般的进攻，解放区获得了迅速扩大，至1946年1月，据统计，解放区土地面积已经有2391000平方公里，约占全国总面积四分之一，人口有14900万，约占全国总人口的三分之一。与之相应，解放区的新闻事业也随之出现了大发展的局面。具体表现是出版条件大大改善，很多报刊由油印改为铅印，版面从四开改为对开，从多日刊改为日刊，出版地点从农村改为城

[①] 《毛泽东新闻工作文选》，新华出版社1983年版，第131页。

市，报刊的发行量和发行范围都有了很大的增加，少数民族文字报刊、工矿报刊、城市报刊甚至私营报刊都有出现，初步构建了一个以中央的《解放日报》为中心、以各大区（省、区）日报为骨干、以县铅印或油印小报为支撑的解放区报刊传播网络。1946年10月26日，蒋介石集团向中原解放区发动大规模进攻，全面内战爆发，标志着人民解放战争的开始。在解放战争初期，中共及其军队处于战略防御阶段，为了消灭敌人的有生力量，主动放弃了若干城市和若干地方，解放区被迫缩小，解放区报刊亦随之由发展转入收缩：一些报刊停办、一些报刊再次转入乡村、一些报刊由日刊又改为多日刊、铅印改油印、发行量减少等。进入1947年6月以后，解放军由战略防御转入战略反攻，中国共产党所领导的新闻事业亦随着解放战争的不断胜利，又再次进入了迅速发展的阶段。随着最终胜利的逼近，中共领导人在审视和调度所属新闻事业的时候，越来越显示出大局在握、指挥若定的从容、自信和主动，越来越敢于进行以公开的自我批评为核心和指向的媒介批评活动，其间最为典型的标志就是反"客里空"运动、对"客观主义"和新闻宣传中"左"倾错误等所开展的媒介批评。

一

中共新闻传播史上的反"客里空"运动，是一场以纠正新闻失实、维护新闻真实性为主要内容的新闻观念教育运动。"客里空"是苏联剧作家A.科尔内楚克的剧本《前线》中一个新闻记者的名字。A.科尔内楚克是乌克兰剧作家，曾任苏联人民外交副委员长，后任苏维埃乌克兰共和国外交委员长。《前线》为一部三幕五场话剧，由萧三翻译后，于1944年5月19日至26日连载发表在《解放日报》上。"客里空"是剧中的一位新闻记者，其名字在原文中有"喜欢乱嚷的人"双关之意。《前线》在苏联最初发表于1942年9月，其时正当德军兵临斯大林格勒城下之时。剧本发表后得到了苏联"斯大林文艺奖"一等奖，苏联的几家大报（如《真理报》《消息报》《少共真理报》等）同时发表论文来介绍它。《解放日报》发表《前线》剧本后，不仅转载了苏联报纸上介绍该剧本的论文，而且于1944年6月1日发表了由陆定一执笔撰写的《我们从科尔内楚克的〈前线〉里可以学到些什么》的社论。陆定一在社论中指出，《前线》的发表"以直接的尖锐的批评来指导实际，它成为转捩战局的因素之一，因而它的价值无可比拟"。① 陆定一阐释说，我们现在把《前线》重新发表，不只因为它是苏联爱国战争中最杰出的文艺作品之一，而是在于它对今天我们的工作的前进具有巨大的推动意义，即通过批评和自我批评，帮助我们教育和培养出更多德才兼备、智勇双全的干部人才，提高人民军队的文化水平，赢得打倒日本帝国主义的最后胜利。"客里空"这个艺术形象所具有的新闻学意义，这时还没有被中国共产党人充分地加以挖掘和利用。

在《前线》的剧本中，作为军事新闻特派记者的"客里空"并非一位主角，只在两处地方出现。剧中的"客里空"是一个惯于弄虚作假、吹牛拍马的能手。

对"客里空"新闻学意义的充分认识和主动利用是在土地改革运动期间，具体地说是在1947年6月。抗日战争胜利后，中国共产党为了适用广大农民对土地的要求，彻底消灭封建土地所有制，实现耕者有其田的历史性目标，于1946年5月4日，发出了《关于土地问题的指示》，要求解放区各级党委以最大的决心和努力，放手广泛发动群众，以解决农村的土地问题。主要思路和办法是将抗日战争时期实行的减租减息政策，改变为没收地主土地分配给农民的政策。1947年10月，中共中央公布了《中国土地法大纲》，迅速掀起了解放区广大农村的土地改革运动，成为当时我党的一个中心工作，自然关于土地改革的宣传也就成了解放区新闻媒体宣传的一个中心内容。土地改革运动是一个史无前例的工程，解放区的土地改革工作是在边探索边推进的过程中向前发展。在土地改革运动初期，在一些地方的实际工作中一度出现了右和"左"的偏向，这在新闻宣传中也有所反映，具体表现为"报纸宣传有严重失实现象而造成农民对报纸产生某种不信任的情况"。② 1947年春，中共中央新组成的工作委员会在晋绥解放区调研时发现了这种情况。是年6月，中共中央晋绥分局开始指导进行纠偏和改正。《晋绥日报》在分局的领导下，着手检查新闻报道中所存在的问题，采用在报纸上公开进行自我批评和批评的方式，发动群众揭露失实报道，维护新闻真实性的原则，从而拉开了反"客里空"运动的序幕。

1947年6月15日，《晋绥日报》第四版刊出了《前线》中的第一幕第一景和第三幕第五景中戈尔洛夫与客里空接触的情节，作为反"客里空"

---

① 《我们从科尔内楚克的〈前线〉里可以学到些什么》，《解放日报》1944年6月1日。
② 方汉奇主编：《中国新闻事业通史》第二卷，中国人民大学出版社1996年版，第1114页。

运动的引子。报纸在当天的编者按中说:"希望我们的读者、记者、通讯员、编者都能够很好地读一读。读过之后,会使我们的眼睛更明亮起来,将会发现我们这里有许多客里空式的新闻通讯,我们将不但发现不少的客里空,而且有比客里空更坏的人。我们的编者作者应该更加警惕,并勇敢地严格检讨与揭露自己不正确的采访编写的思想作风,更希望我们每一个读者都起来认真、负责、大胆地揭发客里空和比客里空更坏的新闻通讯及其作者。在我们的新闻阵营中,肃清客里空。"[1] 在当时的《晋绥日报》新闻报道中,确实存在着一些客里空式的新闻工作作风,如在采访的时候道听途说,写稿中凭空想象,编稿时无根据地随意删改,有时改变了作者的原意,甚至歪曲了事实真相,从而在读者中造成了很不好的影响,一些人曾来信批评,甚至发生过不得不收回发表失实新闻报纸的重大事故。[2] 因此开展一场以维护新闻真实性原则为主旨的反"客里空"运动既非常必要,也十分及时。

为了将反"客里空"运动真正深入地开展下去,《晋绥日报》编辑部为此多次召开会议讨论,检查失实报道,并与新华社晋绥分社联席座谈,重点从新闻思想和工作作风上分析和检查"客里空"产生的原因。报社根据调查和读者的反映,不仅写出了一篇题为《不真实新闻与"客里空"之揭露》的长篇文章,在1947年6月25、26日的报纸上连载,公开揭露了一批失实报道的材料,陆续刊登了一些揭露材料和读者的批评信,而且还在《不真实新闻的检讨》的总标题下,连续发表了有关编辑、记者和通讯员的自我批评文章,对失实新闻的产生过程和原因进行分析与检查。使该报的新闻工作者和广大通讯员受到了一次新闻必须真实的专业思想教育。《晋绥日报》的做法受到了新华社的重视,1947年8月28日,新华社发表署名总社编辑部的《锻炼我们的立场——学习〈晋绥日报〉检查工作》的专论,赞扬并推广该报的经验。文中认为《晋绥日报》这次反"客里空"运动,在人民新闻事业建设过程中具有重要的历史意义,要求各解放区的新闻工作单位及个人,均应通过普遍的公开的群众性的方式,彻底检查自己的立场和作风,由此开展一个普遍的学习运动。11月9日,中共中央宣传部专门发出对反"客里空"运动的指示,认为"由晋绥发动的反客里空

---

[1] 转引自阮迪民、杨效农执笔《晋绥日报简史》,重庆出版社1992年版,第32页。
[2] 阮迪民、杨效农执笔:《晋绥日报简史》,重庆出版社1992年版,第33页。

运动，是土改中的一个重要收获"。① 指示号召把这种自我批评的精神推广应用到各种工作中去，不仅新闻工作部门要学习这种精神，而且其他部门也要学习，以使我们的各种工作，都能产生一个根本性的改变，以适合于改变了的土地政策，消灭封建和半封建制度。

由《晋绥日报》首先发动的反"客里空"运动，经新华社、中宣部的推动，逐步在各解放区展开，一直持续到1948年，成为我国新闻史上规模最大的一次反对弄虚作假、捍卫新闻真实性的群众运动，对于革命新闻事业的健康发展产生了深远的影响。我党所领导的广大新闻工作者在这场运动中，不仅经受了一场深刻的新闻真实性专业教育，而且受到了政治立场和工作作风的锻炼。经过一段时间的反"客里空"运动，新闻报道中不真实现象基本上得到了克服，新闻工作者通过自我改造，基本解决了新闻队伍中阶级思想不纯和作风不实的问题。特别是通过这个运动，密切了群众与报纸的关系，各级报纸的读者来信数量都有了很大增加，提高了读者对报纸的监督能力，从而探索出了一种新的有效的媒介批评形式和方法。

二

1948年10月10日，中共中央华北局机关报《人民日报》发表了题为《全区人民团结斗争，战胜各种灾害》的长篇新闻。这篇新闻是根据华北局政策研究室送来的一份关于华北地区自然灾害综合材料编写而成。不料这篇新闻发表后，即受到了中共中央宣传部的批评。中宣部即向华北局发出了"关于宣传中'客观主义'偏向"的专门指示，该指示在发给华北局的同时，并要求转周扬、张磐石和《人民日报》社各位工作人员。指示认为，在当前的形势下，该报发表这样的新闻完全必要，并肯定了新闻中也有不少好的材料，但从整体上来说，这篇新闻则有两个原则上的严重缺点。

第一，这篇新闻过分消极。指示认为，该新闻虽然标题为战胜各种灾害，而且在新闻的导语和结尾处，也都提了一些战胜灾害的话，但从文章的比例上看，严重失衡。全文有三分之二的巨大篇幅都是极为乏味而且极为零乱地用来详细列举各个地区的各种灾情，甚至诸如鸡瘟和狼咬人等事

---

① 中共中央宣传部办公厅，中央档案馆编研部编：《中国共产党宣传工作文献选编（1937—1949）》，学习出版社1996年版，第672页。

情，都搜罗在内，构成了一幅黑暗的画面，使人读后自然产生一种异常的压迫感。指示从比例的角度分析：华北全区今年秋收既然平均有七成，在大灾之下，能有如此的收成，应当说是一个十分不容易的成绩。"我们就应当着重从积极方面宣传这是战胜灾荒的巨大成绩，指出好的经验教训，同时批评救灾工作中的缺点，以便鼓舞干部和人民继续努力。"① 促进并实现"把生存提高一寸"的工作目标，但是这篇新闻通篇却没有或者很少有这种鼓舞人的力量，而这恰恰却是我们报纸上所有宣传和一切批评与自我批评所必须具有的那种力量。指示认为这篇新闻的错误就在于：忽视积极性的鼓舞，是一种"客观主义"倾向的表现。这种"客观主义"倾向在我们的宣传工作中绝不应允许出现。

第二，这种"客观主义"倾向严重地表现在对于灾荒原因的具体分析方面。新闻中提到了三种灾荒，每一种灾荒的第一项原因，都归结为长期战争。如论及水灾的发生，第一个原因即归结为连年战争，致河堤失修；虫灾发生的第一个原因，亦是长期战争，负担过重，与过去土改中政策过左致农民生产情绪低落；瘟疫流行，仍然是"一因长期战争，人民生活动荡不安，营养不足，抵抗力减弱"。② 这里对于中国共产党正在全力进行的、对国家和民族前途与命运具有决定意义的战争抱持着一种漠然甚至抵触的情绪，把中共中央华北局机关报对战争所应抱持的立场，降低到普通的不觉悟的老百姓的厌战立场上去了。因为战争具有性质上的分别，既有正义战争，也有非正义战争，战争中有正义的一方也有非正义的一方。在这篇新闻报道里，只看到所谓战争的罪恶，而完全看不到对战争性质的分析，甚至把土地改革运动中的某些失误放大为罪恶，更是本末倒置，是非不分了。指示认为，如果没有抗日战争和两年多来正在进行着的解放战争，事情难道不是还要更加悲惨吗？"战争的一切恶果，难道不应当十分公正并且十分明确地归咎于日本侵略者和国民党反动派吗？"③ 而这篇新闻缺少这些应有的分析，只能让人们一般地反对、怨恨和诅咒战争，其逻辑

---

① 中共中央宣传部办公厅，中央档案馆编研部编：《中国共产党宣传工作文献选编（1937—1949）》，学习出版社1996年版，第741页。
② 中共中央宣传部办公厅，中央档案馆编研部编：《中国共产党宣传工作文献选编（1937—1949）》，学习出版社1996年版，第742页。
③ 中共中央宣传部办公厅，中央档案馆编研部编：《中国共产党宣传工作文献选编（1937—1949）》，学习出版社1996年版，第742页。

上的结论，必然就是停止战争，或者承认在战争中进行生产自救为不可能之事。指示认为，《人民日报》的编辑应该清楚地知道这种逻辑上的错误，但是他们在编辑的时候却疏忽性地忘记了。他们为什么会忘记了呢？结论只能是他们在宣传工作中犯了某种"客观主义"的认识论错误。

1948年10月，人民解放战争刚刚进入大决战的阶段，亟须鼓足干劲，在各个方面全力支援战争，任何的消极怠工和灰心丧气，都将会影响战争的进程和结果。指示指出，《人民日报》10月10日这一天的报纸共有4个版，没有一条是对战争的宣传，明显偏离了党的工作中心，因此提醒《人民日报》编辑部必须对此予以注意。指示最后提议《人民日报》应当采取及时补救措施，专门写一篇文章，"在公开进行自我批评之后，着重宣传今年生产救灾的伟大成绩，号召继续奋斗，准备明年提高生产一寸，并且向对于战争以及土改的各种不正确情绪作斗争"。[1] 指示明确要求相关领导召集报社有关工作人员，对此事进行检讨，并做出结论，然后将结论报告中央宣传部，并具体指令华北局对报社的检讨加以督促，以使检讨真正落到实处。

接到中央宣传部的指示后，《人民日报》立即就此进行了认真的检讨，并于10月13日在报上公开发表了《华北〈人民日报〉编辑部对"战胜各种灾害"报道的检讨》。报社在检讨中指出：这篇新闻报道让人只看到一幅阴森森的灾害图，而全区人民如何团结斗争、什么力量支持他们团结斗争并战胜这些灾害的情景，都没有被表现出来。事实上，并不是人民没有力量可以战胜灾害，恰恰相反，在人民解放军胜利的鼓舞下，在土改胜利的支持下，人民是有足够力量可以战胜灾害。事实上也不是人民还没有战胜这些灾害，恰恰相反，人民在共产党、在广大党政军干部领导下，已经战胜了灾荒，获得了甚至优于去年的收成。有些地方已经达到了抗战以前的水平，个别地区甚至还超过了战前水平。"问题发生在我们这些报道工作者的头脑中，没有看见华北解放区今年战胜各种灾害的巨大成绩，没有从这里吸收好的经验，以鼓舞干部和人民在生产战线上继续努力。这篇报道强调的不是战胜灾害的积极方面，而是灾害重重的消极方面。"[2] 检讨认

---

[1] 中共中央宣传部办公厅，中央档案馆编研部编：《中国共产党宣传工作文献选编（1937—1949）》，学习出版社1996年版，第742页。

[2] 北京广播学院新闻系：《中国报刊广播文集（一）》，1980年，第110页。

为这篇报道把各种灾害的原因均归咎于长期战争与土改中政策过左，在认识上犯了立场的错误。

检讨最后总结这篇报道的教训是如下两点。首先应该克服宣传工作中的"客观主义"倾向。"'客观主义'的特征是喜欢把一大堆各不相属的现象，加以罗列，拜倒于自发论之前，常常是讴歌一部分落后农民和小资产阶级的情感。"[①]"客观主义"不能透过现象看到本质，因而缺乏积极的能动的力量，只会坐在事物的主流旁边对着逆流浪花咀嚼聒噪，在客观困难面前屈服，缺少战胜困难的勇气和力量。归根结底，是忽视了在革命运动中无产阶级先锋队的领导作用，是党性不强的表现。在新闻报道中就是单单罗列孤立的事实，缺少明确的报道目的，缺少对事实的分析，缺少统领事实的思想，无法发现和挖掘生活中积极、向上、令人鼓舞的一面。没有正确地认识到如何开展批评，结果是把批评混同于消极的指摘和泄气。其次就是理论水平和修养不高，不自觉地将党报降低到不觉悟的群众的思想水平，不能很好发挥党报对社会实践应有的引领和指导作用，甚至做了群众运动的尾巴。该检讨将新闻传播中的"客观主义"倾向提高到认识论与政治立场的高度加以分析和认识，从现象和本质、片面和全面、部分和整体、孤立和联系、运动和静止等诸多的辩证关系中，去理解新闻"客观主义"的产生原因。这种深刻而辩证的分析，对提高新闻工作者的马克思主义理论修养，无疑具有很大的帮助和提示作用。

三

党的政策是党为了实现自己所代表的阶级的利益和意志，以权威形式标准化地规定在一定的历史时期内，所应达到的奋斗目标、遵循的行动原则、完成的明确任务、实行的工作方式和采取的一般步骤与具体措施等。政策是执行路线的保证，党的新闻工作是党的整体工作的有机组成部分，是一种具有高度政策性的工作，它需要新闻工作者正确地理解党的工作方针和政策，并在新闻传播的具体实践中予以贯彻和执行。在历史的转折关头，新闻政策的执行具有很大的挑战性，人们常常会由于各种原因而在实践中产生偏差和错误。成功和胜利的历史总是以失败和失误作为前提。在

---

① 北京广播学院新闻系：《中国报刊广播文集（一）》，1980年，第112页。

反"客里空"运动过程中,有些新闻媒体把对新闻工作者进行思想作风教育运动,同解决农民土地问题的反对封建剥削制度的政治运动联系起来,并且不恰当地提出了要揭发"比客里空更坏的新闻通信及其作者"。经过这种号召,结果不自觉地在新闻传播领域产生了"左"倾的偏差。到了1947年9月,这种"左"倾偏差就愈加严重化了。有的记者在报道中搞错了一位农民的阶级成分,被看作是丧失阶级立场;有的编辑在改稿时改错了一个地方,被认为是站错了立场,甚至把属于专业思想和作风运动发展为审查个人历史,把土改中"查三代"等"左"的错误做法也搬用过来,从而严重地伤害了一些同志的感情,甚至制造了一些冤假错案。

针对当时新闻宣传工作领域所存在着的"左"倾错误,1848年2月11日,毛泽东为中共中央起草了《纠正土地改革宣传中的"左"倾错误》的指示,指出在"最近几个月中,许多地方的通讯社和报纸,不加选择地没有分析地传播了许多包含'左'倾错误偏向的不健全的通讯或文章"。[①]新闻既是对事实的报道,又是一种选择的艺术,选择什么与如何选择,都是表现和考验新闻工作者立场与素质的地方。新闻要达到对实践的推动和指导作用,就必须在面对纷纭芜杂的生活事实时,做出正确的选择。毛泽东在指示中归纳了当时新闻宣传中所存在着的四种"左"倾错误的具体表现。

第一,"不是宣传依靠贫雇农,巩固地联合中农,消灭封建制度的路线,而是孤立地宣传贫雇农路线"。[②] 具体地说,在新闻宣传中,不是宣传无产阶级联合一切劳动人民、受压迫的民族资产阶级、知识分子与不反对土地改革的开明绅士在内的其他爱国分子,共同推翻帝国主义、封建主义和官僚资本主义的统治,建立中华人民共和国和人民民主专政,而是孤立地宣传所谓"贫雇农打江山坐江山"的观点,或者在新闻宣传中突出或强调民主政府只是农民的政府,说民主政府只应该听工人和贫雇农的意见,而对中农、独立劳动者、民族资产阶级和知识分子等阶层一概不提。指示认为这样的新闻宣传犯了严重的原则性错误,而更为严重的是:"我们的通讯社、报纸或广播电台竟将这类通讯发表。各地党委宣传部,对于此类

---

① 中共中央宣传部办公厅,中央档案馆编研部编:《中国共产党宣传工作文献选编(1937—1949)》,学习出版社1996年版,第675页。

② 中共中央宣传部办公厅,中央档案馆编研部编:《中国共产党宣传工作文献选编(1937—1949)》,学习出版社1996年版,第675页。

错误竟没有任何的反映。"① 而且此类型的新闻宣传，在过去一段时间内不是偶然的个别现象，而是相当得多，"以致造成了一种空气，使人们误认为似乎这是正确的领导思想。甚至因为陕北广播电台播发了某些不正确的新闻，人们竟误认为这是被中央认可的意见"。② 这是典型的对事实缺乏选择、对党的政策理解不全面不正确而造成的新闻报道偏向。

第二，在整党问题上，出现了唯成分论的错误倾向，有些地区对既反对忽视成分、又反对唯成分论的口号宣传不够有力。

第三，在土地改革问题上，既存在着急性病，又存在着尾巴主义的偏向。中央关于土地改革，制定的是积极稳妥推进的政策，强调既反对观望、裹足不前，又反对急躁冒进。新闻媒体在这方面的宣传没有到位，许多地区出现了助长甚至赞扬急性病的错误宣传。在干群关系问题上，有些地方只强调反对领导命令主义，错误强调群众要怎样办就怎样办，迁就群众中的错误意见，甚至对属于群众中少数人的错误意见，也无批判地一概接受。新闻报道的结果是否定了党的领导作用，助长了尾巴主义的倾向。

第四，在针对工商业和工人运动的方针问题上，新闻媒体对某些解放区所存在着的一种较为严重的"左"的倾向，要么熟视无睹，要么加以赞扬，缺乏明辨是非的舆论引导，失去了新闻媒体对工作应有的指导作用。

毛泽东在指示中认为，在过去的几个月中，新闻宣传在正确反映和指导革命战争、土地改革、整党、生产、支前等方面，都做出了很大的成绩，帮助了这些工作的发展，这是新闻宣传工作的主流，但是也存在着很多错误的偏向，其特点就是过左。其中有些是违背了马克思列宁主义的原则立场，脱离了党中央的方针和路线。他要求各中央局、中央分局及其所属宣传部、新华总社及各地总分社，对过去几个月的新闻宣传工作，按此思路进行检讨，对新闻宣传工作中的错误设法纠正和补救。

1948年10月，人民解放战争已经胜利在望，随着很多大中城市的相继解放，新的形势和新的问题摆在中国共产党人的面前，在新闻宣传中又出现了一些右倾偏向。11月18日，中共中央宣传部与新华总社联合发出

---

① 中共中央宣传部办公厅，中央档案馆编研部编：《中国共产党宣传工作文献选编（1937—1949）》，学习出版社1996年版，第675页。
② 中共中央宣传部办公厅，中央档案馆编研部编：《中国共产党宣传工作文献选编（1937—1949）》，学习出版社1996年版，第675页。

了《关于纠正各地新闻报道中右倾偏向的指示》，指出在我军执行城市政策、保护工商业、保护宗教自由与外国侨民安全、宽待国民党人员与俘虏等项问题的宣传上，各地新闻宣传又流露出了一些右倾错误的偏向。主要有如下几个方面。

一是在宣传我党我军入城受到各社会阶层的欢迎，但往往给人一种商人、大商人、大工厂主和绅士站在欢迎我们的前列，而不是工人、职员、学生和中下层市民。指示认为前者即使欢迎我们，也只是暂时的表面的现象。二是在宣传我党我军联合自由资产阶级，保护中小工商业资本家的合法经营以及他们在此项政策下恢复与发展有益于国计民生的营业时，给人一种似乎一般工商业资本家也是革命动力的印象，似乎他们的恢复与发展营业，就是新民主主义经济的特征。指示要求：对民族资产阶级在发展生产中作用的宣传，不能也不应超过对工人和某些技术人员等劳动人民的宣传。三是在宣传保护宗教自由与外侨安全中，给人一种几个传教士和外国人在解放区和全中国似乎有多么了不起的重要，似乎解放军和人民政府对他们负了债、必须要用大的代价来伺候他们一般。四是在宣传宽待一般国民党员和俘虏时，似乎他们一放下武器就没有罪过了一样，将他们与起义将领和革命军人等同看待，即便就是起义部队，在新闻宣传中也不能将他们夸大到似乎比解放军还有功劳的程度。

指示要求各级新闻媒体在以上各项新闻宣传中，必须掌握好党的政策的尺度，"防止右倾机会主义的偏向"。① 指示认为上述偏向在新闻工作人员中，乃至在全党中，已经时常有所发现，必须注意纠正。指示要求各地将中央的这一指示，应作为教材进行教育，尤其首先在宣传部、政治部和通讯社中进行教育。

解放战争只持续了短短的四五年时间，这是中国共产党领导中国人民迅速走向全国胜利的辉煌年代。由于政治和军事形势更替很快，新闻宣传也在不断变化之中，在错综复杂、日新月异的新形势面前，新闻宣传也像其他领域那样："我们熟习的东西有些快要闲起来了，我们不熟习的东西正在强迫我们去做。"② 从而给人们认识和实践都带来了各种各样的困难。

---

① 中共中央宣传部办公厅，中央档案馆编研部编：《中国共产党宣传工作文献选编（1937—1949）》，学习出版社1996年版，第751页。
② 《毛泽东选集》第四卷，人民出版社1960年版，1966年改横排本，第1369—1370页。

新闻从本质上是社会意识形态的反映，是反映和引导舆论的工具，是认识和改造世界的武器。中国共产党的新闻传播事业，作为共产党人的一种认识实践，犯这样或那样的错误在所难免，关键在于能够不断地在实践中发现并及时改正错误。改正错误的方式有很多种，媒介批评就是中国共产党人规制新闻事业发展方向的一种重要方式。中国共产党的媒介批评和一般的媒介批评具有很大的不同，其中一点就是中国共产党人的媒介批评通常借助于其强大的组织系统和纪律约束功能，往往以指示、命令、建议、报告的形式，通过组织传播的渠道，从而使媒介批评收到立竿见影的效果。批评和自我批评是中国共产党三大优良传统作风之一，是中国共产党进行组织和思想建设的重要方式。这种工作作风在新闻传播领域的具体实践，就是媒介批评的有组织、有计划、有步骤、有秩序地开展，它是中共新闻传播事业中组织性和民主性的一种表现，也是中共新闻传播事业能够沿着正确方向健康发展的重要保证之一。

第五节 《报学杂志》的媒介批评

战后国统区学理性的媒介批评以《报学杂志》作为主要阵地。马星野是国民党系统的一个新闻专业工作者，毕业于美国密苏里大学新闻学院，不仅新闻理论专业素养很高，而且对新闻学研究也颇有兴趣。1945年11月，他就任中央日报社社长一职，即参与组织了南京新闻记者公会，并利用职务之便，于1946年6月24日，在《中央日报》开辟了由他亲任主编的《报学》双周刊。至1948年4月18日止，先后共出版了44期。在《报学》双周刊的基础上，马星野又再接再厉创办了大型的《报学杂志》半月刊。1948年8月16日在南京出版了试刊号，于1948年9月1日正式创刊。马星野担任主编，撰述委员61人，都是当时国统区各大报社、通讯社的社长、总编辑，以及南京政府新闻管理部门的官员和一些国内知名的新闻学者，如成舍我、沈颂芳、张友鸾、胡道静、顾执中、蒋荫恩、曹聚仁等，编辑有武月卿、孙如陵、祝修麐、李果、孔珞、余利民等，他们也是《中央日报》的编辑。刊物的宗旨是通过研究新闻问题，改进新闻事业，以此促进国家的民主政治建设。主要栏目有新闻界新闻、报坛清议、座谈会、报学论著、报人传记、记者经历、新闻教育、书评等。出至1949年1月16日第1卷第10期停刊。从1948年开始，国民党在大陆的统治已经进入了倒计时阶段，刚刚发展到顶点的国民党新闻事业也迅速开始走向崩溃。《中央日报》在1948年即开始筹办该报的台北版。1949年3月12日，《中央日报》台北版出刊。3月15日，《中央日报》的台北版又创刊了《报学》双周刊，共出9期，但此时的《报学》双周刊已无法与大陆的读者见面，也就基本上失去了对大陆新闻传播实践的理论意义。《报学杂志》能够在国民党统治已经一夕三惊、风雨飘摇的严峻形势下，坚持出版这么长的时间，应该说实属难能可贵。该刊在《创刊献词》中曾明确述及其主要内容共有四项，其第二项即为："对于当前新闻事业各种问题的各种意见，建议批评等。"[①] 其中确有很多针对当时新闻传播界所存在问题的剖析和批评，是当时国民党系统新闻从业人员媒介批评的主要代表。

一

由于蒋介石政府执意进行内战，穷兵黩武，结果导致国民党统治区社会急剧动荡，百业萧条，民生凋敝，通货膨胀，政府财政陷入严重危机。为了摆脱这种被动的局面，1948年8月19日，国民党政府发布币制改革命令，同时颁布"八·一九"限价法令。结果实行一个多月即宣告彻底失败，随后物价即直线上升。从1948年8月至1949年5月24日，"黄金市价上涨了130余万倍，美钞市价上涨了130万倍，批发物价指数上涨了120余万倍"。[②] 1948年10月2日起，上海即发生抢购风潮，市民们见物即买，尽量尽快将金圆券花去，深恐一夜之间币值大跌致受损失。抢购风潮迅速蔓延到国统区各个大中小城市，天津百分之九十九的商店货架空空如也，北平粮店早已十室九空，上海抢米风潮一天达27处之多。国统区的经济已经陷入了总崩溃。这种局面对新闻业也造成了极大的威胁。

在《报学杂志》创刊号上的《报坛清议》栏中，发表了《当前报业的二大矛盾》一文对新闻业所面临的困难进行分析和评述。文章指出，从8月19日国民政府颁发币制改革命令及公布具体实施办法后，新闻界便陷入了两大矛盾之中：一是报价问题；二是关于物价以及一般经济新闻的报道问题。根据政府命令，首先，除特别核准者外，一切物品及劳役价格一律

---

① 《创刊献词》，《报学杂志》1948年9月1日创刊号。
② 杨培新：《旧中国的通货膨胀》，生活·读书·新知三联书店1963年版，第86页。

不能超过8月19日的标准，报纸自然也在限价之列。其次，凡是黄金美钞及其他重要物品的黑市价格，报纸一律不许刊载。前者是对于报纸营业上的限制，后者是对于报纸报道上的限制，目的在于追求币制改革的成功。

这篇文章认为，就国家利益及经济秩序来说，这两种限制，都绝对必要。因为币制改革是中华民族生死存亡之关键所在。成功则国家安全可保，人民生活可安；失败则政府基础将根本动摇，国家前途亦不堪设想。"新闻纸是领导舆论的机关，要大家限价，不好自己先来涨价。同时，物价之抬高，往往由于互相刺激，如果新闻纸对于物价的黑市一有报道，则各物黑市随之而起，为着整个新币制之成功，我们只有牺牲！"[1]但是若从报纸运营的原理上观察，就办报者与读报者的要求来说，考虑则有所不同。因为经济的自给自足是任何健全报纸生存的不二原则。依照原来的定价，全国各报绝对无法维持开支。一是因为8月19日的报纸定价是在7月下旬规定。到了8月19日，各物已涨一倍，报纸发行价却未调涨；二是原来白报纸成本是依照官汇价格计算，币制改革后，已没有官汇与黑市之差，白报纸成本已增加了一倍左右；三是许多报社员工比照公务人员待遇，依新的办法，员工待遇尤其是低级员工待遇已增到一倍或三分之一，而报社中以低级员工者为多。因此，如果坚持8月19日的定价，则中国所有报纸都要关门。第二个矛盾在于：依照新闻原理，报纸担负着真实报道新闻的天职，万一某种物品价格波动超过了8月19日的标准，或因这一二种物品的黑价发生而引起诸多严重事件，报纸都一字不提，则报纸无以取信于人民。如果守法的报纸，遵守法令不加报道，不守法的报纸却大力渲染，市场不安的情形反而加大。讳疾忌医，无疑将使疾病加重。因为在黑暗中摸索的人们，对于看不见的魔鬼，会更害怕而恐惧。

针对报业所面临的这两个矛盾困境，文章提出解决第一个矛盾的办法有二：一是切实计算7月底到8月19日的物价变动指数，由此推算到8月19日每份报纸的应有价格，然后将价格冻结在这个数字上；二是由全国报业共同决定一个减张的办法，通过减少报纸张数缩减支出以对冲因通货膨胀造成的亏空，这样对于法令与事实或可以两面顾到。第二个矛盾的解决办法亦有二：一是不许登载黑市物品价格，仅限于黄金美钞银元等金融性物品；二是对于其他日用品黑市，报纸应特别强调政府及社会压制，工作

---

[1] 《当前报业的二大矛盾》，《报学杂志》1948年9月1日创刊号。

的努力，及唤起人民注意设法加以防范。文章认为如果报纸一味采取鸵鸟政策，对这些问题不闻不问，那么就只会白白地丧失指导舆论的责任与机能罢了。文章认为币制改革之始，困难与矛盾均所难免。"我们新闻界站在社会之前线，我们要考虑本身之生存，我们更要考虑国家之生存。我们要考虑本身对读者所负天责，我们更应考虑本身对国家民族所负之天责。"① 若兼顾两个方面考虑，上述两个矛盾或许可以寻到一个合理解决的途径。显然，在当时的大环境下，这种书生气十足的办法根本行不通。

二

1948 年国统区社会失序，一片混乱，呈现出一种世纪末的景象，在新闻传播领域也是如此。报刊除因为经济不支而纷纷倒闭外，报纸被国民党当局以各种借口而查封，也是在所多有，更有甚者，报馆因新闻报道招致当事人打砸而被毁事件也层出不穷。1948 年 9 月 21 日，南京《中国日报》社因刊载流亡学生的新闻失实，被部分学生局部捣毁，报社的会计被打伤。此事自然引起了《报学杂志》的关注。该刊就此发表评论说：此事是南京新闻界自《救国日报》被打后的又一不幸事件。尤其不幸的是，"打《中国日报》的人，乃是新闻界最寄予同情的流亡学生"。② 更痛心的是首都所在也不能保障报刊安全，受过教育的学生竟采取一般群众所用的粗暴方法对待媒体。评论作者进一步分析说：《中国日报》的报道是否正确，我们不能加以武断。《中国日报》编者同情学生，编辑时并无什么恶意存在，则由标题中可以看出：大标题"流亡学生一人惨死！"小标题"老闆鸣枪学生中弹倒地"。学生们如认为记载中有失实处，可根据出版法规定去函更正。如《中国日报》拒绝更正，出版法亦有相关处分的规定。如果学生们认为该报道中有侮辱学生，或者对该事件有诽谤性的指摘和陈述，亦可依刑法中的妨害名誉罪条款，对该报提起诉讼。"法律是解决问题的钥匙，暴力只有使问题更趋困难。我们撇开一切其他因素不谈，单就所取手段而论，使用暴力的学生决不能得到任何人同情。"③ 评论作者认为，中

---

① 《当前报业的二大矛盾》，《报学杂志》1948 年 9 月 1 日创刊号。
② 天野：《南京〈中国日报〉被毁事件》，《报学杂志》1948 年第 1 卷第 3 期。
③ 天野：《南京〈中国日报〉被毁事件》，《报学杂志》1948 年第 1 卷第 3 期。

国要走上民主的大道，国民先要有守法守秩序的训练与习惯。我们新闻界愿意尊重法律，遵守法律。如果报刊的言论记载超出了法律规定的范围，任何人都可诉诸法律来制裁。如果报刊没有犯法，或者人家以为报刊犯法，则报刊绝对不能接受非法律的制裁与暴力的恫吓。新闻界有权要求社会尊重媒体的神圣，有权要求政府保障新闻界的安全。当新闻界也失去保障与尊重的时候，也就是社会是非不明、正义消失、自由毁灭、纪纲破产之时。全社会都应共同努力来挽回这个危险的趋势！

1948年10月1日，上海《正言报》因发表《不要再制造王孝和了!》的社论，被国民党当局内政部根据《出版法》妨害公共治安条款，勒令停刊。人们纷纷对《正言报》表示同情和慰问。当时上海的外文报纸曾报道说，内政部之所以下令该报停刊，是迫于工人团体的施压而怕引起更大的动乱，其中具有政治斗争的背景。无论如何，《报学杂志》都认为这表示中国新闻事业正在遭受着怎样不幸的命运。《中国日报》遭逢的是学生，《正言报》遭逢的是工人团体。前一个是被捣毁了，后一个虽有受捣毁的可能而没有实现。前一个因为记载一件关于学生被杀之事而被学生认为不公，后一个是因为评论工人受枪决处分连带地评论到工会领导阶层而被工人认为侮辱。前一个是没有什么政治背景的突发事件，后一个则与上海政治争斗多少有点关联。"不管怎样，报纸接二连三的受到这种厄运，我们不能不认为新闻自由前途之污点。"① 我们珍爱新闻自由，同时也重视新闻的责任。用这两大原则来衡量这个不幸事件，我们认为：第一，如果真像上海外报及《正言报》所报道的那样，工人团体曾予该报以直接间接的恫吓，则我们对于领导上海工人团体的诸位先生，不能不表示抗议！外报曾经记载说，当工人领袖们到市府请愿时，曾表示如不予《正言报》以处分，则他们无法制止工人之捣毁该报。又据《正言报》报道说，11日该报的水电供应曾一度被断。这种类似恫吓性的行为，实为上海工会当局不明智之举。

评论作者通过对《正言报》10月1日社评及关于王孝和被枪决新闻的内容仔细检讨后认为，该报确有值得訾议之处，令人为之惋惜。评论分析说：《不要再制造王孝和了!》一文分明对于工会领导者，带着很严厉的指摘。例如"不惜装笋头，利用权力，极尽陷害，工会成为少数人窃据的饭碗，一切奴才才被视为干部。"这些述语如果严格推敲起来，不能不说是

---

① 清秋：《上海〈正言报〉停刊事件》，《报学杂志》1948年第1卷第4期。

妨害名誉。当然，报纸对于可受公评之事有权适当评论，然"奴才""饭碗"等语，显然超过了适当评论的范围。当日该报在报道王孝和被枪决的新闻中，特别地强调"王孝和否认为匪"一点，使读者同情于他。王孝和在被执行前喊"硬装笋头""非刑拷打"及"特刑庭乱杀人"等口号，报纸似乎无权予以淋漓尽致之描写。在法治国家，这都可以构成轻视法庭之罪。评论认为这段记载多少有点超过了自由报道的范围。评论最后认为，《正言报》被勒令停刊一事，报纸、工会、政府三者"均与民主自由国家的习惯与常轨有所违背！"[①] 都有举止失当之处，确实是中国新闻自由途程中的一个污点。

三

1948年8月国民党当局启动的币制改革是受到社会广泛关注的一桩大事，各家报纸纷纷发表评论，从中可看出报纸各自的立场和态度。《报学杂志》为此所发表的《从币制改革前后的言论看京沪四大报的代表性》一文，是一篇具有一定政治经济学分析性质的文章。该文以当时《中央日报》《新闻报》《申报》《大公报》等4家大报为例，通过对各报关于币制改革的言论进行分析，以说明这4家报纸的言论态度。评论指出，自国民政府宣布币制改革后，全国各报纷纷著文评论，其间可以看出各报采取的态度，所站的立场，以及各自所代表的社会背景。

关于《中央日报》，评论认为该报关于币制改革的社评不仅发表得最多，而且最早。该报在币制改革宣布前三日，便载有题为《堵口防泛为例——论当前经济改革》的社论，认为必须堵塞决口，才能更新水源。并指出更新水源，就是改革币制，但发行新币之后，如果仍经由现在的国家银行、商业行庄垄断操纵，则新币本身亦成为他们垄断操纵囤积的工具，得利者仍为金融机构，受损者仍为正当工商业与一般平民。8月20日该报发表题为《财政经济紧急处分——币制改革与社会改革之并行》的社论，除申述币制改革意义外，特别强调社会改革，要求为了多数人的利益，要抑制少数豪强巨富的利益。《新闻报》关于币制改革的评论也不少。该报8月28日的《疏导游资问题》社评，除主张导游资于生产部门、发行金圆

[①] 清秋：《上海〈正言报〉停刊事件》，《报学杂志》1948年第1卷第4期。

券公债以吸收通货，还主张证交市场复业，认为证交市场本身并无罪恶，只需进行整肃证交市场交易即可。该报8月30日的《收购中交农三行商股问题》社评，首先阐述三行过去的病症不在于有了商股，商股不能也不应负这样的责任。9月4日的《银行增资问题》一文就存款安全言，资本固是存款的保障，但不是最重要的保障；就银行安全言，最重要的是对存款的现金准备。《申报》在币制改革方面也发表了很多评论，但"大部份是慎重周到冲淡平和"[①]的调子。该报8月25日《为公教人员呼吁！》的社评认为，现在公教人员已经无法维持其最低生活标准，主张裁撤骈枝机关，提高公教人员待遇。总之，其社评都表现出既拥护政府措施，又顾及一般民众利益的倾向。《大公报》刊发的社评最少，只有8月21日一篇，就是这一篇社评也只是分析一下财政处分的四项办法而已，"既没有表示该报的态度——信心如何，也没有对人民有所号召，更未提出什么主张建议来"[②]。评论认为该报态度颇耐人寻味。

评论作者最后认为：上述四家大报，平时各有其不同的立场，对币制改革之事，其所持的论点当然也不尽相同。上面提及的几篇文章约略可以看出各家报纸的态度，也可从中看出其发言所代表的媒介背景。有几篇无懈可击，有几篇大可一驳。他之所以专门拈出，乃是为了供研究新闻学的人去加以关注和研究。

国民党当局启动币制改革以后，国统区各地随即爆发了连锁性的抢购风潮。媒体如何报道有关新闻，自然对社会局势有所影响。蒋介石在1948年10月12日中央扩大纪念周中曾专门提及新闻记者报道的态度问题，大意是说："目前许多人对于时局所想像的危险，实际超过事实远甚，而辗转传述，又往往过甚其辞，绝非真相。本人此次出巡，在平津时，报纸天天登载京沪各地发生抢购风潮之严重，后来回上海，才知上海方面也同样的登载着平津抢购风潮之严重情形，但事实上，两地都不曾有如报章所载之严重程度。由此可知社会上许多事情，实际上并不严重，只是过甚渲染，转相惊扰。"[③] 蒋介石要求新闻界特别注意，切不可将报道刺激人心的

---

① 郑禾平：《从币制改革前后的言论看京沪四大报的代表性》，《报学杂志》1948年第1卷第3期。
② 郑禾平：《从币制改革前后的言论看京沪四大报的代表性》，《报学杂志》1948年第1卷第3期。
③ 珞：《抢购风潮中之新闻报道》，《报学杂志》1948年第1卷第4期。

新闻，作为增加发行的手段，应该在国家民族的前提之下，负起领导舆论的责任。《报学杂志》发表评论认为，在国家遭遇政治、经济、军事上的大变故时，新闻记者报道消息亦最为难。一语不慎，虽不致于丧邦，而国家社会因此蒙受无形损失，确实有时也不可胜计。各报处理新闻立场各有不同，但不外乎以下三种类型：一是夸张事实，尽量渲染；二是一字不讳，据实报道；三是隐蔽事实，对不利消息轻描淡写，一笔带过。《报学杂志》的评论作者提出：对第一种处理新闻的方法，不能同情。因为这种报道，在好的方面是可以刺激人心，提高国人的警觉性。而在坏的方面，则是影响人心，造成社会不宁。若是别有用心，则更另当别论，至少非新闻报道的常轨。对第三种态度，亦不敢赞同，因为隐恶扬善，虽是做人的美德，但新闻记者故意向读者隐瞒，根本违背了新闻的基本原则。故而第二种处理方法最值得拥护和提倡，只要是有事实根据，报纸便应该一字不增、一字不减地据实报道出来，这样才不愧作为读者的耳目与喉舌。这种观点和要求，在当时实是国统区新闻界在新闻报道中的不能承受之重。

四

新闻伦理问题是《报学杂志》关注较多的内容之一。1948年10月4日，该刊召集了杂志创刊以来的第五次座谈会，座谈会的主题就是"如何处理犯罪新闻"，预拟讨论大纲涉及以下三个问题。（1）报纸应否报道犯罪新闻？（2）犯罪新闻对社会有什么影响？（3）如何净化犯罪新闻？出席讨论会的有报界、司法、教育、立法委员以及政府官员等16人，《南京晚报》社长张友鹤虽未能出席，但提供了书面意见。马星野在主持讨论会时说，如何处理犯罪新闻，原本是个老问题，但这个问题一直没有得到解决，近来犯罪的事实越来越多，报纸从新闻报道的角度看，对犯罪新闻自然应求得适当的处理办法为宜，否则便会发生不良的社会影响。在讨论中，参会人员普遍认为，犯罪新闻应该得到报道，但具体如何报道，报纸应该加以斟酌。陈文僴主张："新闻界不但应以客观公正的立场报导新闻，更要加强伸张人道与正谊。如果法律有失去效能或有缺憾时，新闻界应督促政府改良。"[①] 陶希圣认为犯罪执行细节不应描写，否则有"造成社会残

[①]《本刊第五次座谈会　如何处理犯罪新闻》，《报学杂志》1948年第1卷第4期。

忍心理之影响"。① 马元放认为，任何新闻报道都应负有净化社会的责任。在新闻报道中，净化是一个技术性的问题。报纸影响的好坏，端看报纸在报道新闻时如何处理。

李果在《论黄色广告》一文中指出，黄色新闻在新闻界早已成了众矢之的，其对于社会的恶劣影响，比淫与盗的本身还大。最近出现在我国报纸上的一些黄色广告，比黄色新闻还要坏。何以如此呢？首先，黄色新闻毕竟是社会的真实现象，记者采访到这一类新闻，编辑们将它刊出来，尚不违背事实。黄色广告却不然，广告的主观宣传性强，比如现在流行于欧美各国对于假药的夸大而且虚伪的宣传，刊登广告的药品商人，可以将一种有害于病人的药品宣传得如何如何可以在极短时间内根治什么什么痼疾，有药到春回的神效。诸如此类不用说是昧着良心，捏造事实，作欺人欺世的宣传。在刊登广告的报纸，则是助纣为虐。为了区区的广告费，不惜帮助广告主来欺骗读者，这是多么下流的行为与品德。可是，目前在我国新闻界，竟有一些报纸为了区区广告费，不惜替黄色的广告主刊出黄色的征婚启事，而且还接连刊出许多有关这一启事的新闻，甚至还刊出×××的应征书出来。在登广告的人刊登这类的广告，已经有失常态，为她刊出启事的报纸还为她大大地义务宣传，这对于社会尤其对于一般青年，是多么有害呵！更坏的是，有人透露这一类广告有些本是报社自己捏造。如果这种猜测属实，"我们不能不认为这是一种最有害，最愚蠢的'编辑政策'。希望全国同业共起而扑灭这种坏的现象。"② 李果认为，由于黄色新闻有社会事实作为基础，要消灭它并不容易。黄色广告则不然，只要办报的人能够不见钱眼开，黄色广告就失去了载体，刊登黄色广告的人，自然也就不能借之遗毒社会了。

当时国统区的新闻界充斥着一些地痞无赖之徒，他们借报纸而行敲诈勒索之事，实为新闻记者队伍中的害群之马。在《报学杂志》第1卷第8期"新闻界新闻"专栏中，曾用了不少篇幅，报道这些新闻界中的败类，如南昌一些记者接受不名誉的特殊利益；贵阳《小春秋晚报》记者刘忠与另一记者联合诈财，大演双包案；隆昌记者分为两派，互相攻讦。孙如陵指责这些不肖记者，"制造这种丑秽新闻，实在玷污本刊的纸张，言之令人气愤！"③

---

① 《本刊第五次座谈会 如何处理犯罪新闻》，《报学杂志》1948年第1卷第4期。
② 李果：《论黄色广告》，《报学杂志》1948年第1卷第7期。
③ 如陵：《斥不肖记者！》，《报学杂志》1948年第1卷第8期。

他严词抨击道：倾轧、诈财、行骗、嫖妓，这些新闻界的败类，以神圣的职业为护符，以揭发内幕隐私作为武器，遂行其为非作歹的野欲！"这种败类混入报界，使若干洁身自爱，克尽厥职的记者多年来所苦心建立的社会信誉，根本为之动摇！这种败类，不仅不能为善，抑且不能向善，因为他们就是恶的本身，善的大敌！"① 他要求新闻界的同业拿出钢胆铁腕，厉行整肃运动，因为对此等记者宽宏，就是对自己残忍！

潘霨从取材与表现的角度对当时报刊上的社会新闻进行了解析。潘霨认为，这些社会新闻有一个共同的毛病："就是取材不切当与表现的技巧不够。"② 因此而影响到新闻写作。新闻写作固然需有文字修养，但最重要的还是取材和表现。许多用精练文字写出的新闻，由于取材与表现的不当，往往破坏了整个新闻的写作。他认为社会新闻中最常见的毛病："是把新闻中当事人的一切琐碎事情，不问和那一件新闻的发生有关无关，都一起搬进去，而且从头到尾，唠叨叙述，不顾读者兴趣，更不问新闻素质。而至闲话连篇，不能给读者提示新闻的重心所在。既浪费报纸篇幅，更使读者读来索然无味。"③ 潘霨认为，新闻纸本来是社会教育力量最大的读物，而这种教育力量，又大半是由社会新闻发生，它可以移风易俗，改进社会道德，可是目前由于取材不当，不惟没有发生教育作用，甚而促成犯罪的行为，甚至坑害了许多好人，为社会造孽不浅。

抗战胜利以后，国统区的新闻事业一度迎来迅速发展的机遇，特别是在1945年9月至1946年10月，国共两党之间的全面内战还没有爆发，国统区的广大人民对国内和平尚抱有很大的期待，特别是战前设在上海、北平、天津、南京等大城市的一批著名的资产阶级商业大报，在抗战胜利之后纷纷迁回原址，重整旗鼓，不少报纸还雄心勃勃，力谋事业上的扩大，增设分社，发刊分版，加之国共两党和一些民主党派也纷纷创设新闻媒体，抢占舆论宣传阵地。因此，在全面内战爆发之前，国统区的新闻事业一度现出繁荣的局面。但是好景不长，随着全面内战爆发，国民党当局一面加紧军事行动，一面严格控制社会舆论，强化新闻统治，除使用特务手段进行白色恐怖外，还制定了一系列法规，钳制和摧残进步新闻事业。1947年6月1日，国民党当

---

① 如陵：《斥不肖记者！》，《报学杂志》1948年第1卷第8期。
② 潘霨：《社会新闻的取材与表现》，《报学杂志》1948年第1卷第8期。
③ 潘霨：《社会新闻的取材与表现》，《报学杂志》1948年第1卷第8期。

局在一些重要城市，突然出动大批军警武装特务，对新闻界进行大逮捕，使新闻业笼罩在一片肃杀的气氛中，特别是1948年10月以后，国民党政府币制改革失败，物价飞涨，经济崩溃，更使国统区新闻业雪上加霜。与此相应，战后国统区一度有所起色的新闻学研究，也陷入了困顿之中。新闻学研究从来都不会是与政治无干的纯粹的学理性活动。《报学研究》诞生于1948年9月，其时正是国民党统治日薄西山之时。伴随着国民党政府的这艘大船，眼看就要沉没，这在一些国民党报人的眼里，虽然有无可奈何花落去的无奈，但他们仍要奋力一搏。《报学研究》的创刊就包含着他们的这种难以言说的企图。在该刊的《试刊献词》里，编者明确述及他们是"想由研究报学来改进中国新闻事业，由改进中国新闻事业来贯彻中国的民主理想"[1]。媒介批评作为与政治相连的话语，尤其不是一种纯粹的学理事业。这在《报学杂志》中也有着充分的表现。该刊的政治性话语相对淡薄，在当时的社会环境中，这种淡薄的本身就是一种政治性的表达。

第六节 储安平的媒介批评

储安平（1909—1966？），江苏宜兴人，幼年失怙，童年基本上在伯父家过活，因而养成了较强的独立精神。1928年考入上海光华大学英国文学系，[2] 即开始文学活动，主编光华大学的《光华周刊》。1932年大学毕业，翌年担任南京《中央日报》副刊《中央公园》的编辑之职。1935年11月10日，开始主编上海时代图书公司印刷发行的纯文艺月刊《文学时代》。该刊出至1936年4月第6期时，储安平辞去主编之职，远赴英国，去伦敦大学攻读研究生。在英留学期间，师从新自由主义大师拉斯基，并深为《泰晤士报》自由主义的论政风格所折服。1938年，储安平在抗战的烽火中回到中国，先在重庆任《中央日报》副刊主编并兼任该报主笔之职。1940年8月后辗转桂林、湖南等地，历任《力报》主笔、湖南辰溪《中国晨报》主笔等职。1945年11月11日，在重庆主编《客观》周刊。1946年春该刊出至第12期以后，储安平离开重庆去上海，被聘为复旦大学教授，在政治系和新闻系讲授《各国政府与政治》《比较宪法》《报刊评

---

[1] 同人：《试刊献词》，《报学杂志》1948年8月16日试刊号。
[2] 谢泳：《储安平与〈观察〉》，中国社会出版社2005年版，第5页。

论》等课程。1946年9月，储安平在上海创办了《观察》半月刊，任社长兼主编。"我们平日的职司，就是议论政事。"① 表现出强烈的文人论政志趣。在他的努力下，《观察》半月刊成为中国现代报刊史上最后也是发行量和影响最大的一份自由主义同人刊物。中华人民共和国成立后，储安平历任国家出版总署专员、发行局副局长、新华书店总店副总经理。1954年，担任九三学社中央委员并兼宣传部副部长。1957年任《光明日报》总编辑，同年被划为右派分子。后在1966年"文革"初起时失踪生死不明。储安平的一生和报刊有着紧密的联系，特别是他主编的《客观》周刊和《观察》半月刊在20世纪40年代后半期的知识阶层，有着很大的影响，是接续和体现中国现代知识分子文人论政的代表性刊物。储安平也对论政保持着浓厚的兴趣，积极从事政论写作。他在解放战争期间所撰写的政论作品中，一部分是以报刊及其传播现象、新闻统制等作为分析和评述的对象，体现了当时欲走"第三条道路"自由主义知识分子的政治和媒介观念，是中国现代媒介批评中一个不可或缺亦不可忘却的重要组成部分。

一

早在光华大学读书期间编辑《光华周刊》的时候，储安平就表现出了对媒介批评的关注和兴趣。在《光华周刊》1928年第4卷第6期，他就发表了《批评及骂与周刊及周刊以后——卷完别辞》一文。他在该文中认为，"批评会促成建设"。② 理想的批评应是批评者与被批评者之间的对话和交流，即"一篇批评刊出后就能收到一篇批评刊出后的反应"。③ 1935年1月，他应邀为《读书顾问》季刊撰写了《一年来的中国出版界》，对过去一年的中国出版界进行了鸟瞰式的观察和评述，批评当时中国出版界不少人"没有远大的眼光，没有充实的信用，没有负责的精神，只图目前小利，不顾长久得失"。④ 1941年3月，他在湖南蓝田国立师范学院任教期间撰写的《论报业》一文，后来发表在《新经济》半月刊上。他在文中指出，中国

---

① 储安平：《政治失常》，《观察》1948年第5卷第13期。
② 储安平：《强国的开端》，韩成、黎晓玲编，群言出版社2014年版，第22页。
③ 储安平：《强国的开端》，韩成、黎晓玲编，群言出版社2014年版，第20页。
④ 储安平：《一年来的中国出版界》，《读书顾问》1935年第4期。

报业十多年来虽有很大的进步，但若以世界的眼光来看，则与世界先进水平相比，则尚瞠乎其后。"我们若以过去一廿年来中国社会的变动而言，则报业的进步似亦尚未能和时代的进步，同其程度。"① 他严厉批评"现代报纸有一种不良的倾向，就是好迎合趣味而自降格律"，② 不能担负起指导和纠察社会的功能。抗战胜利后，储安平的思想也相应地进入了成熟期，他站在自由主义立场上，"希望以超然的姿态，以理性公平的立场对国事发表意见，他的理想是做一个有资格批评一切政治势力的言论代表"。③ 具有政治属性的新闻媒介及其传播，自然也成为他言说的内容和对象。

储安平常常是从民主、自由的角度来观察和评述。他认为中国需走民主的道路，但其前提条件则是具有新闻言论自由："要实行民主应先使人民能自由言论。"④ 这在目前的中国又要分成两步走。即第一步应使知识分子可以充分表达其意见，然后再追求让一般的人民有自由表达其意见的能力。因为一般人民只有在食饱衣暖之后，才知什么叫意见，只有这时才能希望他们表示意见，所以，中国政府必须实事求是，只有做好这些与民主有关的事情，才能使国家生命获得根本的充实。任何国家的舆论，多出于知识分子的领导，在趋向宪治的途程中，让知识分子站出来领导舆论实为目前切要之事。使人民有言论自由，需先保证人民人身的自由。因为人身自由是所有自由的基础："假如人身自由没有切实的保障，则其他一切自由都不会真正存在。"⑤ 储安平指出，言论自由具体包括在公共场所演说、出版报纸及刊物、采访及传递新闻、私人通信、印刷著作、演戏等多种形式。这些都不受官方或半官方任何公开的或不公开的限制、干涉、压迫和威胁。在行使上述种种自由权利时，如有触犯法律之处，政府只能依法在事后进行追惩，所以他向国民党提出建议：为了表示倡导民主的诚意，应于政治协商会议闭幕后及国民大会召开前这段时间内，通知国民政府废止一切限制各种言论自由的法令，明令允许人民在任何时候、任何地方都可自由出版报刊。

经过国内各个党派的共同努力，1946年1月10日，政治协商会议在

---

① 储安平：《论报业》，《新经济》1941年第5卷第3期。
② 储安平：《论报业》，《新经济》1941年第5卷第3期。
③ 谢泳：《储安平评传》，谢泳编：《储安平——一条河流般的忧郁》，中国青年出版社1999年版，第32—33页。
④ 储安平：《敬告马歇尔元帅》，《客观》1945年第7期。
⑤ 储安平：《敬告马歇尔元帅》，《客观》1945年第7期。

重庆召开。对于这个国内外瞩目的会议,在野诸党派希望和要求能够允许新闻记者自由采访,让人民知道会议每天在讨论些什么,各党派代表在会场表达过什么意见,以使人民对代表们所讨论的问题和意见有批评与建议的机会,但是国民党当局则企图以会场狭小、不能容纳新闻记者而欲加以拒绝。储安平批评说,这个理由太过牵强,若会场狭小,换一个较大地方即可。所谓会场狭小的理由背后,不过是政府不愿意新闻公开的借口而已。储安平认为,单单希望或要求新闻公开,仍嫌过于消极,应当采行一个有效办法,使新闻非公开不可。他为此提出了一个具体的建议设想。这个建议是:假如因政府反对致使政协会议举行时,不能允许新闻记者自由采访,则在野党派可以每天在会后自行招待新闻记者,因为政府可不允许新闻记者旁听政治协商会议,但政府不能禁止各在野党派自由招待记者。在野党派可以单独也可以联合招待新闻记者。如单独招待新闻记者,则在野党派可在互相商量后,自行排定各党招待记者的具体时间,务使彼此不相冲突。这样一来当日会场本身的经过虽然只有一个,但由于各党派的解释和观感不同,新闻记者及全国人民便可从该党派的记者招待会上,对当天的政协会议得到一个轮廓,并从不同党派的报告中得以比较和研究。如联合招待新闻记者,则可由各党派共推一人,报告当天的会议情形,各党派代表均有在场,如有需要可予补充不足。这两种办法只要采行一种,即可以顺利实现使政治协商会议新闻采访的公开。

二

1946年10月11日,在国民党军队攻占张家口后,蒋介石公然违背政协决议,悍然发布命令单独召开国民大会,妄图通过一个使其内战、独裁路线合法化的宪法。中国共产党和民主党派、无党派人士多拒绝参加。参加大会的除国民党的代表外,只有青年党和民社党及少数社会贤达。其中民社党在大会召开前夕,还没有完全脱离民盟,直到大会开幕后的11月23日,该党党魁张君劢才在国民党的威胁利诱下,提出了该党参加大会的名单。当时社会舆论普遍认为,参加国大与否,"是对于一切政治派别和个人的一个考验,是革命与反革命的政治分野"。[①] 所以张君劢参加伪国大

---

① 黄元起主编:《中国现代史》(下),河南人民出版社1982年版,第310页。

之后，大受物议，一部分报纸在其电讯、评论和漫画之间，大有"对于张氏备施讽嘲，似非将此人前途毁灭，不足快意"① 之感，储安平认为报刊对张君劢的挞伐并不公允，他专门撰写了《论张君劢》一文，对此进行批评。储安平主张在参加国大问题上，民社党其实可有政协和宪法两个立场。从政协立场上看，国大的召开确与政协决议不合。若从宪法立场上言，则有可商榷之处，因为它牵涉到一个政治家的理想与感情的问题。张君劢一生致力于推动中国的宪政运动，他是从通过宪法的长远大计出发而决定出席国大会议，其用心和动机有值得肯定之处，未可一概否定。但张君劢对此又缺乏战略和战术方面的考量，因为民社党在此紧要关头参加国大会议，无异于替国民党捧场，同时又拆了民盟的台，实为不智之举。结果各方指责，纷至沓来。

储安平认为从报刊对张君劢的批评现象中，可以得出如下两个方面的教训和结论。

一是舆论要有舆论的风度。民主政治是有风度的政治，因此实行民主政治就不能没有一个良好而健全的舆论。我们既然盼望建设一个有风度的政治，我们就得先养成一个有风度的舆论。在政治上，因为各人有各自的立场，各人有各自看法，所以我们可以冠冕堂皇地反对和批评他人，但即便如此，我们仍然要尊重他人。"我们可以反对国大，但不必看见有人不参加国大便私心窃喜，捧他一下，有人参加了国大，便一股醋味，挖苦他一下。论政的人与从政的人都须度量宽大，心平气和。"② 储安平认为，民社党参加国大，作为该党党魁的张君劢当然要负主要的责任，但我们也不能将全部责任归咎于张氏一人。因为张君劢虽然是该党的领袖，某种程度上可以左右该党方向，却不能绝对命令该党的所有党员，民社党毕竟不是一个由领袖独裁制的政党，而且就张氏个人而言，我们也不能因此就一概予以否定，还需查考其过去，默察其动机。也就是说，报刊论政绝不能幸灾乐祸，滥施诛伐，对于有希望有操守的政治人物，应当以鼓励劝勉和安慰为主，不可无情打击，令人心寒。

二是民社党单独参加国大，自然足以引起往日第三方面其他同志感情上的愤懑。储安平认为此前民盟函请民社党退盟一事的举动，甚为合理，

---

① 储安平：《论张君劢》，《观察》1947年第1卷第19期。
② 储安平：《论张君劢》，《观察》1947年第1卷第19期。

无可非议，因为政党本来就是政治立场的结合，合则合，不合则离，不可勉强，毕竟捆绑不成夫妻，强扭的瓜不甜。不过他强调解决今日中国现实政治问题，只有两条路线，一为协商，一为革命。从国家层面言，只能走前一条路线，即便共产党也没有主张走后一条路线。既是要协商，自然就要求各方面能够尽量地捐弃前嫌，团结合作。尽管各方对这次民社党参加国大表示惋惜，但是，张君劢个人在学问和操守、私德方面，储安平认为在当日的中国，尚属一流。对于张君劢是否继续留在民盟一节，可先放下不予置议，但希望在将来的和谈运动中人们能放弃成见，平复感情，以便集中力量，以臻成功。单独参加国大，民社党不啻是分化自己阵线，无疑是错了，但若是第三方面因此而分裂，那么也就中了某些党派的计，因为张君劢一生从事民主运动，可谓竭心尽智，不计一私名利。报载张君劢一个月来，为此心灰意冷在家闭门思过。倘若因这次政治挫败，竟被摈于民主运动门外，"我们不免要感到这个社会的太残酷了"。① 所以，储安平认为报刊舆论应该具有理性的宽容，不可将人一棍子打死。特别是在政治问题上，由于立场的不同，人们对问题的看法往往会囿于政治立场的不同而产生认识上的歧异，从而影响了对事物正确的观察和评价。

在储安平看来，报刊舆论要有一种民主的风度，评论需要有温度和高度，要善于从不同的角度看问题，有容人的雅量。否则就会与民主政治的追求南辕北辙。他据此而批评当时中国报刊舆论源于政治斗争，对人的批评过于残酷，让人对政治有一种不寒而栗的感觉。从民主政治舆论多元生态角度看，储安平对报刊舆论的这种批评虽有一定的书生气，但也确实有一定的道理和必要，批判的武器毕竟不能代替武器的批判。

三

1947年5月24日，国民党淞沪警备司令部下令查封了《文汇报》《新民报》与《联合日报晚刊》三家报纸。查封命令全文为："查该报连续登载妨害军事之消息，及意图颠覆政府破坏公共秩序之言论与新闻，本市为戒严地区，应予取缔，依照戒严法规，着令该报于明日起停刊，毋得违误，此令。"② 对

---

① 储安平：《论张君劢》，《观察》1947年第1卷第19期。
② 方汉奇主编：《中国新闻事业编年史》（中），福建人民出版社2000年版，第1558页。

国民党当局这一违反世界民主潮流的倒行逆施,储安平感到十分愤怒,特地在《观察》上发表了《论文汇·新民·联合三报被封及〈大公报〉在这次学潮中所表示的态度》一文,详细地分析和评述了上述三报被封的根本原因。

储安平站在同业的立场上认为被封的三家报纸,在一般人心目中都是左翼报纸,它们在思想上较前进一点,言论上较激烈一点。储安平指出,根据《出版法》规定,报纸负责人是发行人,而这三家报纸的发行人,都只能算是商业经营者,他们脑子里想的首要之事还是如何能够多赚钱的问题。进一步希望多赚钱,退一步至少希望做到收支平衡,能够维持住这一张报纸的存在。若说他们欲颠覆政府,其实是高估了他们。这三家报纸的编辑,则必须承认都是一些较进步且有独立意识的民主分子,这很正常也很自然。一个国家若想进步,便需要多一些这样的人。如果一个国家的人民个个都唯唯诺诺,那么这个国家还有什么生气?因此要说左,其实这三家报纸真不够左;若说激烈,亦算不得激烈,与南京那位泼妇骂街似的反共专家龚德柏相比,他们的文章简直如温吞水一般。储安平认为"这三家报纸被封的主要原因不是由于他们的言论,而是由于他们的新闻"。[1] 因为这三家报纸都有一个共同的特点,就是都喜欢发表那些被当局视为大忌的新闻。其实他们刊载的都是事实,只是现在新闻的发表统统被中央社独家垄断了。假如这三家报纸只发表中央社的新闻,则绝不至于被封。无奈中央社消息许多读者不要看,且这样的读者越来越多。这三家报纸的编辑部同人,又都不识时务,自以为负有报道真实新闻的神圣使命,竭力要在中央社的新闻眼外去寻找新闻。因为这些新闻是事实,政府无法从根本上防止这些新闻的发生,就只能来防止这些新闻的发表了,于是乎这些报纸的查封就成了必然。

储安平愤怒地说:"查封报馆,而且一封三家,这本来是一种希特勒式的作风,报载中国现在正由我们劳苦功高的蒋主席领导我们步入民主之路,大概若非走投无路,绝不致走此一着。"[2] 在任何国家的公共生活中,

---

[1] 储安平:《论文汇·新民·联合三报被封及〈大公报〉在这次学潮中所表示的态度》,《观察》1947年第2卷第14期。

[2] 储安平:《论文汇·新民·联合三报被封及〈大公报〉在这次学潮中所表示的态度》,《观察》1947年第2卷第14期。

报纸都是发挥消息传播的功能。绝不会因为有了这几张报纸，就可以使政局翻江倒海，没有了这几张报纸，就能够水波不兴，所以，储安平说绝不承认被封的三家报纸有什么煽动学潮、颠覆政府的图谋。查封令给出的理由实属荒唐可笑。对于这个理由，或许各人有各人的看法，但我们站在新闻同业的立场上，"不能不向被封的文汇、新民、联合三报同人，表示我们最大的同情。查封已经是一个事实，我们希望政府善为补救，设法使上述三报早日复刊，以恢复民主国家新闻事业的常轨"。① 只是这个善良的愿望或建议，实为与虎谋皮，此路不通。

储安平在这篇文章中还顺便就《大公报》对当时学潮所表现出的态度进行了批评。1947 年 5 月，随着国共双方战争的推进，国统区的经济、政治、教育状况日益恶化，广大青年学生忍无可忍，学生反战运动风起云涌，各地学生纷纷派代表赴南京请愿。5 月 20 日，京沪苏杭地区 16 所专科以上学校 6000 多名学生为挽救教育危机举行联合大游行。同一天，华北地区 21 所大中学校学生，在北平和天津等地举行反饥饿、反内战万人大游行。游行活动受到国民党当局阻挠，一些游行学生遭殴打，酿成了震惊全国的"五·二〇"惨案。国民党当局的暴行激起了学生更大愤怒。5、6 月，国统区几乎所有城市的大中学生都参加了运动，形成了席卷全国的大规模学潮。储安平指出，这次学潮完全是政府逼出来的被迫行动，要求学生体谅政府，完全是一种虚伪的说法。体谅都是相互的事情，政府如果不体谅人民，则如何要求人民体谅政府？针对《大公报》对于这次学潮所表现出来的态度，储安平认为，该报的表现实在不孚众望。该报对几次学生游行事件都予以淡化处理，如果说 5 月 15、16 日两日南京中大和金大两次饥饿大游行的新闻，不编在要闻版，尚可勉强说得过去，那么南京"五·二〇"惨案这样严重的新闻，《大公报》竟用《首都一不幸事件》轻描淡写的标题予以报道。在 5 月 19 日的社评中，《大公报》竟隐然把学生请愿活动说成是"暴力的革命"②；5 月 21 日短评论及南京惨案时竟说："不幸，执行禁令者在方法上未能充分体会在上者爱护青年的本心，卒至演出惨剧。"③ 该报在 5 月 22 日的社评中，指学生近来的行动太天真幼稚、简单了，学生在请愿中"充分表现其行动

---

① 储安平：《论文汇·新民·联合三报被封及〈大公报〉在这次学潮中所表示的态度》，《观察》1947 年第 2 卷第 14 期。
② 《论学潮》，《大公报》（上海版）1947 年 5 月 19 日。
③ 《南京的不幸事件》，《大公报》（上海版）1947 年 5 月 21 日。

的儿戏性"①，学潮犹如小孩玩火。这些评论不仅严重背离了事实的真相，而且其心可议。储安平十分失望地说："我读《大公报》前后十几年，实在从来没有看到《大公报》有过这样违反民心的评论。"② 他希望《大公报》的言论能尽快摆脱摇摆怯弱的现状，挽回读者的信任和感情。

关于《大公报》对三报被封一事所表现出来的态度，储安平指出，在5月25日该报的第4版上，只以三号字标题，平平淡淡地刊出三报奉命停刊的消息。有比较才有鉴别。储安平不无讽刺地批评：《大公报》的编辑先生大概对于电影及歌唱明星都有非常大的兴趣，凡是外国什么一个电影明星有了一点什么新闻，《大公报》照例都要在其第三版加上花边登出来。"在《大公报》的编辑标准中，大概像在一个城市中同一天封了三家报纸这样一个消息，其重要性还不如一个电影明星的私人轶事。《大公报》对于文汇等三报的被封，始终未发一言，以示同情。"③ 在储安平看来，站在同业的立场上，《大公报》至少也应当发声向当局抗议一下。《大公报》对此却不置一词，是认为三家报纸应该被封？还是被吓得不敢说话了？抑或是幸灾乐祸，坐视不救呢？但无论是哪一种原因，《大公报》在这次事件的措置上都颇有失当之处。

四

1947年10月24日，南京国民政府行政院临时会议通过《出版法修正草案》，送交立法院审议。储安平约请了法学家韩德培就此撰写了《评〈出版法修正草案〉》一文，从政治和法律角度对该修正草案进行了评析。韩德培认为，这个出版法修正草案，只是把"党"的气息从表面文字上摆脱了，"在若干重要关键上，却仍沿袭着过去的精神，并未做值得使人赞美的重大改动。甚至在有些地方，还可说这个草案所规定的限制，比现行出版法还来得更严厉，更苛刻，更琐细。从这些地方看去，外面传说修正草案'已将尺度放宽'云云，只可能认为将原有限制的范围扩大加宽了，

---

① 《学潮演变可虑》，《大公报》（上海版）1947年5月22日。
② 储安平：《论文汇·新民·联合三报被封及〈大公报〉在这次学潮中所表示的态度》，《观察》1947年第2卷第14期。
③ 储安平：《论文汇·新民·联合三报被封及〈大公报〉在这次学潮中所表示的态度》，《观察》1947年第2卷第14期。

而不是把原有的限制放松放宽了"。① 储安平同时也撰写了《评〈出版法修正草案〉》一文，与韩文同时发表在 1947 年 12 月 6 日的《观察》第 3 卷第 15 期上，可谓是对韩文的配合与补充。

储安平在文中指出，"在根本上，我们反对另设《出版法》来约束出版事业；出版品的一切责任问题，尽可照民刑法的规定予以处理。假如在实际的情形之下不能达到这个理想的地步，则出版法的制订，应力求其合理。"② 基于《出版法修正草案》已经成为一个立法上的事实，所以储安平在文中主要从技术性的角度对该草案提出细密性的分析和建议，以尽可能地使之趋向合理。除指出该草案部分用字含糊、文义不清外，储安平还就该草案有关报刊登记的规定提出商榷。草案第九条内容是：为新闻纸或杂志之发行者，应由发行人于首次发行前，填具登记声请书，呈由发行所所在地之地方主管官署，"于十日内转呈省政府或直隶于行政院之市政府核准后，始得发行。省政府或直隶于行政院之市政府，接到前项登记声请书后，经审查与规定相符者，应于十日内予以核定，并转请内政部发给登记证"。③ 储安平指出此条存在如下几个方面的问题。

一是按这一条文规定，报刊发行核准与否，权在省政府或直隶行政院的市政府，但同时又需获得内政部发给的登记证。既然如此，那么省政府或者市政府的核准，是否即为最后的决定？抑或是必须等到获得内政部发给的登记证后，才算获得合法发行权？如是前者，则内政部的登记证便无意义，即使没有登记证，亦无碍于报刊的发行。若果是如此，则又与该草案第 10、15 条规定不符。如是后者，即报刊发行需在获得内政部发给的登记证后，才算完成申请登记手续而取得合法的发行权，但草案只说省政府或直隶市政府在接到前项登记申请书后，经审查与规定相符者，应于 10 日内予以核定，并转请内政部发给登记证，但对于内政部发给登记证的时间却无明文规定。储安平认为这样实有不妥，因为既然要候取得内政部的登记证，才算取得合法的发行权，那么该报刊虽因省市政府核准可以先予发行，如内政部的登记证迟迟不发，该报刊的发行就始终处在尚不合法的不稳定状态，势必影响该报刊的业务计划，故而修正的出版法对于内政部发

---

① 韩德培：《评出版法修正草案（一）》，《观察》1947 年第 3 卷第 15 期。
② 储安平：《评出版法修正草案（二）》，《观察》1947 年第 3 卷第 15 期。
③ 储安平：《评出版法修正草案（二）》，《观察》1947 年第 3 卷第 15 期。

证时间，亦应有明文规定。

二是该条文中只规定了主管机关应予核定的时间，却没有规定假如不在限定时间内予以核定应该怎么办。因为按照过去的经验，报刊发行人最感苦痛的是依法申请以后，常常是石沉大海，杳无下文，甚至有经过半年以上而仍不见批复者。所以，储安平主张，为了避免这种情形的发生，并减少报刊发行人的困难，修正的出版法应当明文规定：假如在向发行所在地的地方主管机构申请登记，于三十日后仍不予核定者，那么该申请人即可径行出版该申请登记呈文中所指的报刊。

三是该条文只规定了经审查与规定相符者，应于十日内予以核定的情况。其实这个规定还有一个反面，即假如申请登记与规定并无不合，而省市政府却批驳不准登记，那么该如何进行补救？因为报刊发行核准与否的权力，完全操之于地方政府。在京沪平津一带，地方政府在各种顾虑下，报刊申请登记较易。而内地及后方边远地区，民主空气稀薄，如将此种权力完全交于地方政府，则人民的报刊发行权利，恐将遭受更大限制，亲我者予之、不亲我者拒之的情形就在所难免。从理论上看，宪法规定了人民有言论出版之自由，行政官吏如果侵犯人民这种权利，即为违宪，人民可以向司法机关提起诉讼。而在实际上，今日中国人民能否现实地行使此种权利，实大有疑问。储安平建议修正出版法应该更积极地明文规定：只要与规定相符，即应予核准；如果地方官署无故批驳，不准发行该新闻纸或杂志，申请人可以向更上级机关提起诉愿以为补救。

储安平的媒介批评总是与对政局的批评并行一处，因为两者之间实在有着必然的内在逻辑关联。储安平是中国20世纪40年代后期自由主义知识分子的一位代表性人物，他对中国自由主义知识分子的力量有着充分的自信，他认为中国的自由主义知识分子是一个有实力的社会阶层，中国的民主政治和整个人权状况的改善，必须通过自由主义者坚韧顽强的努力方有可能实现。他曾吐露他创办《观察》的心声："我们这个刊物第一个企图，要对国事发表意见。意见在性质上无论是消极的批评或积极的建议，其动机则无不出于至诚。这个刊物确是一个发表政论的刊物，然而决不是一个政治斗争的刊物。我们除大体上代表着一般自由思想分子，并替善良的广大人民说话以外，我们背后另无任何组织。"[①]《观察》有志于对政府、

[①] 编者：《我们的志趣和态度》，《观察》1946年第1卷第1期。

执政党和反对党，都作毫无偏袒的评论，而之所以对他们有所评论，仅仅是因为他们在国家的公共生活中占有重要的地位。他承认《观察》同人对政治都有兴趣，但他们所感兴趣的政治，不过是国家的进步和民生的改善，而非一己的权势。他们对于政治感兴趣的方式，只是公开的陈述和公开的批评，而非权谋或煽动。虽然政治见解上，仁智互见，或各有不同，但批评的态度始终秉承着诚恳和公平，即在民主原则和宽容精神下力求彼此之间的对话、交流和理解。储安平这一时期的媒介批评也始终闪耀着这种理性的色彩。

第七节　叶圣陶的媒介批评

　　叶圣陶（1894—1988），名绍钧，字秉臣，1911年改字圣陶，中国现代著名教育家、文学家和编辑家。江苏吴县人，出生于城市贫民家庭。1900年入私塾附读，1907年春，考入草桥中学，1911年冬毕业后做小学教师。从1914年起，先后在《礼拜六》《小说海》等杂志上发表文言短篇小说。1915年秋，赴上海商务印书馆附设的尚公学校任国文教员，并为商务印书馆编写小学国文教材。1919年，加入北京大学新潮社，从事白话文学创作，开始发表文学评论、小说和新诗等。鲁迅评价他是新潮社作家群中"有更远大的发展"[①]的一个。1921年与沈雁冰、郑振铎等人发起成立文学研究会，共举为人生的现实主义文学大旗。1922年1月与刘延陵、朱自清等人创办《诗》月刊，是为我国的第一个诗刊。1923年春，进入商务印书馆从事编辑工作，自该年5月起，与沈雁冰、郑振铎、俞平伯等人，轮流主编文学研究会机关刊《文学旬刊》。1925年五卅运动期间，与胡愈之、郑振铎等人共同以上海学术团体对外联合会的名义主办了《公理日报》，进行反帝和爱国主义宣传。1926年5月，由中国共产党在上海领导的进步群众团体中国济难会成立，6月5日，叶圣陶受杨贤江委托，创办并主编该会机关刊《光明》半月刊。9月，立达学会同人刊物《一般》于上海创刊，叶圣陶为该刊责任编辑之一。1927年5月，郑振铎赴欧游学，叶圣陶代其主编《小说月报》约一年半之久。1930年夏，《妇女杂志》主

[①] 转引自刘增人、冯光廉编《中国现代文学史资料汇编（乙种）叶圣陶研究资料》，北京十月文艺出版社1988年版，第18页。

编杜就田辞职他去，叶圣陶受商务印书馆委派，接任该刊的主编，自第 16 卷 7 月号起革新，编至第 17 卷 3 月号，始辞交他人。是年底，他辞去商务印书馆职务，转任开明书店编辑，除主编《中学生》《中学生文艺》季刊外，还参与《文学》《太白》《新少年》等刊物的编辑工作。抗日战争爆发后，他前往四川主持开明书店工作，并参与《少年先锋》《笔阵》《国文月刊》《国文杂志》《中学生战时半月刊》等刊物的编辑活动。解放战争时期，叶圣陶担任开明书店编辑部主任，并负责《中学生》《开明少年》《国文月刊》稿件的终审工作。在此期间，他常常撰写文章呼吁言论与发表自由，谴责国民党的新闻检查制度，剖析报刊言论，有力地发挥了媒介批评的战斗作用。

一

在抗日战争期间，叶圣陶对国民党钳制舆论的专制统治与恶劣做法就深表不满，常常借机抨击。1944 年 7 月，当时有报刊报道新闻：最近某大学招考，作文试题是《防民之口甚于防川论》，不少同学答卷时解错题目，作文自然驴唇不对马嘴。此事传说开来，人们遂攒眉蹙目，认为学生语文水平的低落又得到了证实。借此话题，1944 年 8 月 1 日，叶圣陶撰写了题为《据理论而言》一文，认为这其实未必能说得上是个什么实证。首先，高中毕业的人未必读过《国语》里周厉王止谤的那篇文章；其次，什么甚于什么的表达句式，熟习文言的人自然容易理解，看到这一句就立即能领会到其所表达的危险甚于之意，但这若对不熟习文言的人来说，就可能办不到，所以，叶圣陶指出：问题的毛病在于出试题的人太喜爱引用成语了，如果换个言论自由论之类的题目，同学写来或就不至如此。

叶圣陶就此生发开去说：周厉王因为施行暴戾的政令，引起了国人的诽谤。大概周厉王自己并未听见，忠心耿耿的邵公告诉他说，外面诽谤流行，可见民不聊生了。周厉王不是圣王，自然不免与一般皇帝同样脾气，只知责备别人，不知反省自己。他觉得国人胡说八道，实在迹近捣乱，就叫卫巫检举诽谤之人，然后一律杀掉。诽谤果然停止，民间一片沉默。厉王快活之余，不免向邵公夸耀自己有办法。邵公反而更着急起来，于是说了一通"防民之口甚于防川"的话来，主旨就是你厉王所做之事如同阻挡河流的工程一样，一朝河水溃决，会把你一切都淹没冲掉，也就没有了你，所以这个办法，对你最不合算。你要避免这样大的损失，只有换个更聪明、更合算的办法，就是引导他们把话说出来。可惜周厉王鬼迷心窍，没有听从邵公的忠谏，结果是三年后就被百姓流放到一个叫做彘的地方去了。

叶圣陶指出：邵公谏弭谤到底只是古代之事，至于现在，法西斯主义和纳粹政治已经激起了人类公愤，人类正在竭尽智慧、牺牲生命去消灭它们。有人曾经说，民主制度在今天不仅是一种政治制度，而且是一种人生哲学。从理论上来说，现在的时代不会再有防民之口的周厉王了，因为在民主制度下，谁的口要谁防？谁的口又让谁防？所以现在用不着说什么防民之口甚于防川之类的话；既然无厉王那种角色，那么又为谁着想，对他进此番忠谏？不过还得强调的是：以上只是据理论而言，因为现实并不如此乐观。在民主制度下，除非话语触犯了刑法，无所谓诽谤。"大家开口说话，动笔写文字，如果涉及公众的事，积极方面无非是建议，就是说这件事应该这么办；消极方面不外乎指摘，就是说这件事不该这么办；都不是诽谤。"[①] 从话语动机角度说，建议显然是希望能够把事办好；指摘虽然有破有立，但也是出于一腔认真的热心肠，希望把事办好，这都与徒然抱怨、徒然泄愤的诽谤不同。叶圣陶认为民主制度的时代，应该是诽谤绝迹的时代，因为大家是一个和衷共济的群体，其中既然没有周厉王，自然也就没有那些诽谤的国人。

叶圣陶认为，在和衷共济的群体中，无论是建议还是指摘，都应该为大家乐闻。大家正在寻求最好的办法，有建议提出，也许那就是最好的办法，自然竭诚欢迎。大家又在检点彼此的错失，唯恐不自觉察，群体和自己都会受损吃亏。这时如果有指摘，也许会正中错失的要害，更要虚心听受。这样的情形，该是何等美善的理想境界！联系着人与人之间的是天下一家之情，是唯求至当之理。如果这样，社会的康乐与进步，当然自不待言。因此，从理论上说，决不会有人会讨厌建议。"讨厌建议的人往往是包办一切，师心自用的人。"[②] 他以为自己至美尽善，无可更改。若有人向

[①] 叶圣陶：《据理论而言》，朱正编注：《大家小集 叶圣陶集》，花城出版社2006年版，第303页。

[②] 叶圣陶：《据理论而言》，朱正编注：《大家小集 叶圣陶集》，花城出版社2006年版，第304页。

他建议，就等于说他欠美欠善，是在拆他的招牌，卸他的衙门，自然他就不能忍受了。显然，在民主制度之下，谁也不能包办一切，谁也不容师心自用，当然没有人讨厌人家的建议了。同样，也决不会有人讨厌指摘。"讨厌指摘的人往往是身有惭德，胆怯情虚的人。"[1] 他明明知道自己有若干缺点，可是利害观念限制着他，既鼓不起改革的勇气，又希望遮遮掩掩，不想要让人家知道，即使做不到不让人家知道，也希望人家不挂在嘴边上，当面给他难堪；指摘恰恰与这种意愿相反，所以他情不自禁，不能不分外地对指摘感到讨厌了。

叶圣陶指出，在民主制度之下，大家办的是公众之事，要计较利害的话，也只有公众的利害。一个人自然不能绝对没有错失，但出发点既然是为了公众，那么也就好似君子之过如日月之食一样，无妨公开。家丑不可外扬、授敌以柄等，在这儿都无须顾虑，因为一旦错失纠正过来，丑转而为美，即使有什么敌对者，他也无隙可乘。情形如此，还有谁会讨厌人家的指摘呢？所以，"在民主制度之下，非但无所谓诽谤，也无所谓争取言论自由"。[2] 因为民主制度下的言论自由已经存在。这就如同当今世界上无论穷人还是富人，都可以呼吸到他所需要的那一份空气，这样也就无所谓争取呼吸自由一样。若是"有人嚷着争取言论自由，就证明其时行的不是民主制度。"[3] 若是有人说出"防民之口甚于防川"的话，则证明其时行的当然更不是民主制度，所以，无论怎么喜欢翻案立论，史学家大概也都不会说周厉王时代实行的是一种民主制度吧！

二

公开性是新闻报道的基本属性，新闻事实只有公开报道出来，为人们所知晓，为社会所承认，才能最终实现其价值。人们常说真实、新鲜是新闻的本质属性，其实，媒体报道新闻的目的就是向公众进行传播，

---

[1] 叶圣陶：《据理论而言》，朱正编注：《大家小集　叶圣陶集》，花城出版社2006年版，第304页。
[2] 叶圣陶：《据理论而言》，朱正编注：《大家小集　叶圣陶集》，花城出版社2006年版，第304页。
[3] 叶圣陶：《据理论而言》，朱正编注：《大家小集　叶圣陶集》，花城出版社2006年版，第305页。

新闻的真实和新鲜属性只有依托和借助公开性，才能现实地获得社会意义。公开意味着暴露，也意味着否定和批判。抗战期间，国民党当局借口会影响民心士气，一度禁止新闻媒体暴露相关事项，实行新闻检查制度。抗战结束后，在全国人民要求言论自由强大的呼声中，国民党当局被迫宣布取消新闻检查制度，但在新闻报道的控制方面依然故我，甚至采取偷梁换柱、新瓶装旧酒的形式而变本加厉。对国民党当局的这种倒行逆施行为，叶圣陶在《暴露的效果》一文中，从多个角度予以揭露和反驳。

叶圣陶首先分析国民党实行新闻检查制度的理由。他指出，此前当局严禁暴露，越是真实深刻地报道一些事情的文字，越是难以发表。官方的理由颇为堂皇，一是恐怕动摇大家对于抗战必胜的坚定信心；二是恐怕被敌伪利用作为他们进行宣传的材料。由于每个真正的中国人都希望大家对抗战必胜的信心坚如磐石，大家都不希望让敌伪获得宣传资料，有损抗战大业，所以对当局实行新闻检查的说辞，觉得情有可原似乎有理。叶圣陶指出，这种想法未免几近好好先生，因为一旦你认可它情有可原，自然就倾向家丑不可外扬。家丑外扬固然会大煞风景，让部分人脸面无光，可是家丑如果永远丑下去，或者竟越来越丑，实际上岂不是更为糟糕的事情了吗？你既同意了不可外扬，就必须消除那个丑，才是正办。否则，好事不出门，坏事传千里，"那个丑本身自会生了翅膀扬出去，你愿意替他遮遮掩掩，也只是空有了个好心；而那个丑到了本身生了翅膀扬出去的时候，他的灾祸更将利害万倍了"。① 所以从这个角度看，好好先生的想法，往往是成事不足、败事有余。

叶圣陶指出，现在新闻检查制度表面上算是取消了，虽然禁止的法门还是不少，如不许发刊、扣留邮寄等，但是，就一般人可以读到的报刊来说，各种暴露性的文字，就确实比先前多了一些。"别的不说，单是包办复员的那些大人先生的举措行动一项，已经占了大部分的篇幅，教人起其丑不可向迩之感。"② 抗战胜利后的复员，在当时可以说是一桩牵动了无数人之心的大事。抗战八年，叶圣陶的出川返沪之路，不仅艰辛，而且危险。当时复员的达官贵人、接收大员太多了，他们霸占了所有的飞机、轮

---

① 叶圣陶：《暴露的效果》，《文萃》1945年第11期。
② 叶圣陶：《暴露的效果》，《文萃》1945年第11期。

船，于是叶圣陶一行五十多人，只好乘坐毫无安全保障的三条木船，顺流东下。途中，一船触礁漏水，又一船与他船相撞，舟上人惶乱异常，可谓九死一生，才到上海。复员中的乱象，生动地折射出了国民党当局政治治理的无能、贪婪和自私，当时的报纸自然多有反映和谴责。对报纸的有关报道和评论，叶圣陶感到正契吾心，不禁说道："外扬吧，尽量的外扬吧，直到不再有家丑的时候。"① 他这时也看到了新闻报道的孱弱与无力："影响如何呢？似乎也看不大出。"但即便如此，多少也反映了人民的心声，值得赞扬。面对报刊的揭露，"在身当其事的人，以前是自己心虚，只怕人家知道；所以造出种种理由来，严禁人家暴露。如今是不再心虚了，心窍儿翻了个身，胡作乱为是正道，偷窃抢夺是权利，为国为民是梦话，为己为私是哲学"。② 所以你们描摹也好谩骂也罢，他只当没有看见没有听见一样，还是按照他自己的哲学做去。"到此地步，教人觉得暴露的效果竟也等于零，莫非暴露的确无济于事吧。"③ 难道新闻报道真地没有任何影响了吗？其实并不然！叶圣陶明确指出，"一般人把家丑作为茶余酒后的谈资，那当然无济于事。或者愤恨一阵，痛骂一阵，事过情移，也就罢了，那也无济于事。如果想，家是我的家，丑不该出在我的家里，现在既然出了丑，必须把他消灭了才罢休；情形就全然不同了"。④ 在身当其事的人心窍儿已经翻了个身，无耻自私到没有羞耻感的时候，那只能希望人们产生"家是我的家"的思想。而在人们产生了这个思想后，又会有什么样的行动和结果，叶圣陶虽然没有说，但意思已经十分的明白显豁了。这其中自然也包含着对新闻报道效果的某种评价和期待。

抗战胜利后，国民党当局为控制新闻舆论，在表面宣布取消新闻检查的情况下，对新登记报刊采取了拖延战术。叶圣陶对此表示极为愤慨，痛斥这是一种赤裸裸地剥夺人民言论自由的犯罪行为。他认为谁要出版报纸杂志，向政府机关备案、登记，是应该之举，政府依凭这个可以进行统计和稽考。"可是，政府机关如果不让备案，不给登记，藉此使报纸杂志不得出版，那就是侵犯人民的自由。"⑤ 为人民办理公共事务，是政府机关的

---

① 叶圣陶：《暴露的效果》，《文萃》1945年第11期。
② 叶圣陶：《暴露的效果》，《文萃》1945年第11期。
③ 叶圣陶：《暴露的效果》，《文萃》1945年第11期。
④ 叶圣陶：《暴露的效果》，《文萃》1945年第11期。
⑤ 叶圣陶：《什么道理？》，《周报》1946年第49—50期合刊。

义务所在，人民决不会叫他侵犯人民自己的自由。所以，叶圣陶认为如果政府机关侵犯了人民的自由，比个人侵犯人的自由，罪情更见严重。寥寥几句话，就点出了其行为的本质及其所具有的巨大危害性，充分地体现了叶圣陶目光的敏锐、分析的深刻以及高超的语言驾驭能力。

三

在抗战前后的拒检运动中，叶圣陶始终站在民主运动激流的最前沿。国民党当局在抗战期间，以中国进入战时状态为借口，颁发了一系列战时新闻检查法令，建立和健全了战时新闻检查制度，给国内新闻业的发展套上了重重枷锁。1945年7月1日，黄炎培等国民参议会六位参议员到达延安，进行了为期5天的访问。回渝之后，黄炎培根据在延安期间的日记，写成了《延安归来》一书，翔实地记载了中国共产党各项政策具体的实施情况和解放区的政治、军事、经济等各方面的成就，尤其是揭穿了国民党多年来对中国共产党及其领导下的解放区的种种造谣污蔑。为了免遭国民党书刊检查官的删改和刁难，重庆国讯书店决定不将该书送审而自行出版发行，由此发起了一场规模浩大的拒检运动。叶圣陶积极地参加了这一场争民主要自由的伟大斗争运动。在此期间，他连续发表了《言论自由——为〈华西晚报〉四周年作》（诗）、《记者节谈发表的自由》、《发表的自由》、《我们永不要图书杂志审查制度》、《暴露的效果》、《三大原则四大自由》、《什么道理？》等呼吁言论和发表自由、抨击国民党当局钳制新闻出版和社会进步舆论恶行的文章，成为当时"投身到了这一民主运动的激流中"[①]的一名猛士。叶圣陶宣示说：在此之前，我们没有发表的自由，为了这个，受了不知多少的气。现在日本人投降了，抗战胜利了，我们要建立一个崭新的社会秩序，大家要好好地过属于自己的日子，不能再像以前那样没有发表的自由了。他大声疾呼："我们必须得到这一项自由，无条件的得到发表的自由。"[②] 在这一系列的文章中，《我们永不要图书杂志审查制度》一文，发表在《中华论坛》《中学生》《文汇》《民主世界》《再生》《民宪半月刊》《东方杂志》《国讯》《新中华》《宪政月

---

① 陈辽：《叶圣陶评传》，百花文艺出版社1981年版，第175页。
② 圣陶：《发表的自由》，《中学生》1945年复刊后第92期。

刊》等十家杂志联合增刊第 2 号，发表后又被创刊不久的《周报》第 11 期转载，以其细致缜密的逻辑和慷慨淋漓的激情，在当时赢得了广大民主进步人士的称赞，产生了巨大的社会影响。

叶圣陶在这篇文章中，首先将国民党的图书杂志审查制度放到历史发展的宏大背景中进行论述，他认为现代的图书杂志审查制度，与古代秦始皇的焚书、近代的清廷搜禁书籍和窜改历代书籍等行为，在性质上若合符节，都是专制统治的表现。从秦始皇到清王朝，施行的都是专制政治。专制政治的要点在于：一面是统治者，一面是被统治者。统治者居于像牛羊所有者那样的主人的地位，被统治者只有老老实实做牛羊的份儿。牛羊该怎么做，全凭主人的意志：这就是专制政治的实质。既然是牛羊，还有自由思想的资格吗？还有自由发表的余地吗？当然一切都得听从主人，于是有了焚、禁、改和图书杂志审查那一串的办法。叶圣陶随之态度决绝地说："我们不要图书杂志审查制度，从一个基本的理解出发：现在无所谓统治者与被统治者这两面了，所以行不通专制政治，所以用不着合于专制精神的图书杂志审查制度。"① 叶圣陶随后从现代政治的含义进行申论：政治是一切公众之事的总名称，大家都得参与。不是为了好事才参与，而是为了要自己与他人的生活都好，不得不参与。参与的方式就是大家都来发表意见，进行商量，求其至当，这是其一。大家各自贡献力量，认认真真做到至善，这是其二。至于各级行政管理人员，他们不过是受了公众的信任与委托，为公众办理事务的人。必须特别强调的是：第一，他们不是统治者，他们也只有一份与任何其他人一样不多不少的参与的权利；第二，他们必须是最精熟的技术人员与最负责的实行家。

叶圣陶推论道，根据对现代政治含义的理解，结论自然是："图书杂志审查制度当然没有存在的理由。"② 因为要审查就得定出一个标准与尺度来，思想言论要符合该标准与尺度才可以发表。这就实际上等于有一部分思想言论不能发表，也就等于不让大家尽情发表，仔细商量。如此，这成什么话？而且，担任审查的人就是代替公众办理公众的事的人，这也就等

---

① 叶圣陶：《我们永不要图书杂志审查制度》，（中华论坛、中学生、文汇、国讯、民主世界、再生、民宪半月刊、东方杂志、新中华、宪政月刊）《联合增刊》1945 年 10 月 4 日第 2 号。
② 叶圣陶：《我们永不要图书杂志审查制度》，（中华论坛、中学生、文汇、国讯、民主世界、再生、民宪半月刊、东方杂志、新中华、宪政月刊）《联合增刊》1945 年 10 月 4 日第 2 号。

于用自己的手扼住自己的喉咙。除了傻子，谁会愿意干这样的傻事？再放开一步说，"即使所谓标准与尺度定得非常之宽，目前没有一种图书杂志被禁被删，将来也永不会有一种图书杂志被禁被删，这个制度还是要不得"。① 只要有这个制度在，就有所谓标准与尺度在，编书作稿的人去送一回审，精神上就要受一次极为严重的迫害。这好比每回上街先得去领一张通行证，不由你不感觉过的是拘囚的生活。所以无论这个标准与尺度紧也好，宽也罢，其实质都一样。"制度存在，总有我你他以外的人受着精神上的迫害。"② 如此论述真可谓鞭辟入里，一针见血，切中了图书杂志审查制度的本质与要害。

四

叶圣陶是一个著名的语文工作者，语言修辞分析是其长项。根据媒体使用的语词进行意义解析，在其媒介批评中占有很大的比重。1944年11月19日，重庆《大公报》登载了该报主笔王芸生撰写的一篇题为《为国家求饶！》的社评，呼吁官僚们不要再混，国难商人们赶快金盆洗手，非官非商亦官亦商的人们及早忏悔，痛改前非。总之就是国家再也经不起这批混食虫们的腐蚀，作者恳求这批人赶快饶了国家吧。确实，这篇社评如同后世一些史家所说的那样，"写得十分沉重而又十分激愤，将国民党的官场和商场中的丑恶，将官商勾结的罪恶揭露得淋漓尽致！"③ 显示了社评作者一种为国家着急的焦虑心情，当时就引起了一些人的注目和反响。其中，叶圣陶发表的《谈"求饶"的效果》一文，其批评角度和见解，不仅新颖别致，而且十分深刻精辟。

叶圣陶从该社评求饶的语气入手批评说："放下口诛笔伐，改用乞怨求饶，舆论微弱到这般地步，实在可怜已极。"④ 他认为执笔者希望激起那

---

① 叶圣陶：《我们永不要图书杂志审查制度》，（中华论坛、中学生、文汇、国讯、民主世界、再生、民宪半月刊、东方杂志、新中华、宪政月刊）《联合增刊》1945年10月4日第2号。
② 叶圣陶：《我们永不要图书杂志审查制度》，（中华论坛、中学生、文汇、国讯、民主世界、再生、民宪半月刊、东方杂志、新中华、宪政月刊）《联合增刊》1945年10月4日第2号。
③ 方汉奇等：《〈大公报〉百年史》（1902-06-17—2002-06-17），中国人民大学出版社2004年版，第296—297页。
④ 叶圣陶：《谈"求饶"的效果》，成都《新民报晚刊》1944年12月30日。

些还没有灭尽的天良，为国家保存一些元气的那种良苦用心，值得同情。但话锋一转，他分析说："我们不妨想想，这三种人看了那篇社评将怎么样？"① 这如同一班小学生中间有几个惹了祸，老师知道了，恐怕伤了那几个的自尊心，不指名训斥，只在班上笼统地说一说，坏事做不得啊，人格要保重啊，诸如此类的一套。那几个听了，也许是欠缺敏感，只是东张西望，以为老师骂的是邻座的同学。也可能灵机感通，知道老师骂的正是他们自己，但是老师既然没有点出谁的名儿来，也就乐得当作不知道，低着头咬嘴唇，剥指甲，把当时的场面敷衍过去。至于悔改，那是在小说里才会有的事。实际上，还不是退出课堂就忘得一干二净，有惹祸的机会还是要惹祸？叶圣陶由此推测那篇社评说到的三种人，看了社评后的情形大概与小学生一样！并且，"这三种人都是太会计较的人，计较的标准是实实在在的私利。如果你说，即使为私，也得在为公之中才能彻底达到，不求兼善，也就做不到什么独善，他们就会笑你弄些词语的玄虚，抱着可笑的理想主义"。② 因为在他们眼里，法币是牢靠的目的物，美金比法币更牢靠，吃好用好是实实在在的享受，自己享受了还要顾及子孙，要保证他们有同等的享受。天良，太迂腐了；国家民族，太空洞了；为了这些放弃实在的私利，除了傻子谁还肯干？此外，他们会想到，如果自己耳朵软，心肠好，听了他们的呼吁，真个革面洗心饶了国家，是否别人都一样？如果这个也不改，那个也不变，改变的只我一个，别的人照捞照摸照样享受，岂不是国家仍旧没有被饶过，而我却吃了实实在在的大亏？多我一个，未必就坏了事，少我一个，我就实实在在地吃了亏，所以还是不要上当，一仍其旧的为好。如此一来，社评呼吁的效果即便不等于零，也只能是聊胜于无，微细得很了。

叶圣陶就此引申到建立民主政治制度的根本问题上，他指出："发霉的东西要在适于发霉的环境里才会发霉。"③ 我们中国在抗战正紧张的阶段，偏偏有这么些发霉的家伙，霉得这么广阔，这么彻底，原因就在于我们中国原有个适于发霉的环境。历代的官僚政治就为官僚布置了一个适于发霉的环境。官僚政治本质上就是帮助统治阶级压榨老百姓，在形式上是上行下效，等因奉此。帮助压榨，自然不妨顺便捞摸一把；等因奉此，叫

---

① 叶圣陶：《谈"求饶"的效果》，成都《新民报晚刊》1944年12月30日。
② 叶圣陶：《谈"求饶"的效果》，成都《新民报晚刊》1944年12月30日。
③ 叶圣陶：《谈"求饶"的效果》，成都《新民报晚刊》1944年12月30日。

他不混又能怎样？所以名为民国，而官僚会大量的发霉，其故就在于此。真正的民国必须由老百姓当主人，官僚自然需要，可是必须站在老百姓一边，所作所为完全为老百姓服务。"从挂名的民国转变到真正的民国，头绪当然多，而铲除官僚政治是最紧要的头绪。"① 这是制度的问题。民主二字不是一种口号和符咒，而是一种急切需要实现的制度。只有"民主政治实现了，适于发霉的环境不再存在了，官僚就不会发霉到如今模样，舆论又何至于向发霉的官僚求饶"。② 所以叶圣陶认为，苦口婆心良言相劝，恳求猎户放下屠刀，心思不能说不好，可惜实际上不是这么一回事。叶圣陶指出，一般人喜欢侈言革命，骂人家反革命，好像谁革命、谁反革命没有一个真正的标准。其实这个标准很具体："绝对维护老百姓的利益，定下切实的办法，贯彻于坚强的行动，就是革命。否则就是不革命甚至是反革命。在革命之声盈天下的今日，我这么说该不至于犯什么忌讳。"③ 换言之，《大公报》的这篇社评，不仅语气软弱，实质也是为了避免革命，一定程度上只能起到维护国民党当局现有统治的作用。而他对《大公报》1945 年 9 月 14 日、27 日的《收复失土不要失去人心》《莫失尽人心》两篇社评的批评，"不免令人想见摇鹅毛扇的姿态"。④ 指出该报站在帮闲的立场，而不是"站在人民的立场"⑤ 应该具有的声气，从而一语道破了该社评作者十足的帮闲心态和立场，足见叶圣陶对《大公报》社评的批评颇具政治上燃犀下照、洞烛幽微的敏感与深刻。

时势造英雄。有人曾评价解放战争时期的叶圣陶："这位非常喜欢乡居、家居，以诚恳寡言为突出性格特色的忠厚长者，被时代推举到了民主运动的前沿。渴望和平，追求民主，这是来自历史深处的涌动，是饱经离乱的四万万中国人必然的选择，是中国走向新生的前奏。谁自觉不自觉地走在民主运动的前列，谁就自然地成为历史的长子，民众的魂灵。"⑥ 叶圣陶曾经说过："我的职业第一是编辑。"⑦ 终其一生，与报刊打交道时间很

---

① 叶圣陶：《谈"求饶"的效果》，成都《新民报晚刊》1944 年 12 月 30 日。
② 叶圣陶：《谈"求饶"的效果》，成都《新民报晚刊》1944 年 12 月 30 日。
③ 叶圣陶：《谈"求饶"的效果》，成都《新民报晚刊》1944 年 12 月 30 日。
④ 叶圣陶：《看报偶谈》，《民主星期刊》1945 年 10 月 20 日第 4 期。
⑤ 叶圣陶：《看报偶谈》，《民主星期刊》1945 年 10 月 20 日第 4 期。
⑥ 刘增人：《叶圣陶传》，江苏文艺出版社 1995 年版，第 214 页。
⑦ 转引自吴道弘《学习、研究叶圣陶的优良编辑思想和编辑作风》，中国出版工作者协会学术工作委员会、叶圣陶思想研究会编《叶圣陶编辑思想研究》，开明出版社 1999 年版，第 9 页。

长。有知者这样评价作为报刊编辑的叶圣陶道:"在编辑工作中,他热情、认真、细致,力求使刊物的内容切合读者的需要,并且善于处理编者同作者的关系,争取更多作者的支持。对于兄弟刊物,从不抱门户之见,注意同他们合作相处。"① 这确是中肯之言,说出了叶圣陶既是一个和蔼诚实的谦谦君子,又是一个有原则有立场的人。这种风格和特点,在他解放战争时期的媒介批评中表现得非常突出而充分。他对那些属同道的报刊,常常是热心扶持和帮助,但又旗帜鲜明,爱憎分明。他在主持开明书店诸多报刊编办工作期间,积极参加"文协"的活动和文化出版界反对国民党独裁统治、争取民族自由的斗争。他利用手中的大笔和编办的报刊,极力歌颂新闻出版自由,呼吁废除禁锢新闻出版事业发展的各种法令。他对国民党当局钳制言论政策的猛烈抨击,对新闻自由的大声呼吁和歌颂,迸发出了一种金刚怒目式的愤怒力量,对当时新闻出版界以拒检运动为表现形式与核心内容的中国现代民主进程和社会转型,无疑起到了一定的积极推动作用。

第八节　胡道静的媒介批评

胡道静(1913—2003),安徽省泾县人,出生于上海一个传统的书香门第,其父胡怀琛和伯父胡朴安均为中国近代著名的学者,"他们不仅在治学上引导和培养着胡道静,而且在长期的报刊活动中体现出的积极投身社会实践、宣传进步思想、追求民族解放的精神也对胡道静产生了重要而深刻的影响"。② 1920 年,胡道静入私立上海西区小学就读,在该校读书期间,他就接触了商务印书馆主办的《儿童世界》和中华书局主办的《小朋友》两本儿童刊物并向它们投稿,1924 年,胡道静进入了精勤学社学习,这是一所变通采用私塾教法的补习学校,其与众不同之处就是还在继续教授四书五经等中国传统文化,同时也兼授算术和英文等西式课程。1927 年,胡道静从精勤学社毕业后,又进入正风中学读书。1928 年考入了上海持志大学国学系。1931 年从持志大学毕业后,于 1932 年随父亲进入了由

---

① 刘增人、冯光廉编:《中国现代文学史资料汇编(乙种) 叶圣陶研究资料》,北京十月文艺出版社 1988 年版,第 7 页。

② 关梅:《报人与专家:新闻人胡道静研究》,南京师范大学出版社 2018 年版,第 17 页。

柳亚子任馆长的上海通志馆工作，开始涉入新闻学研究领域。在通志馆工作期间，他不仅撰写了《上海的定期刊物》《上海的日报》《上海新闻事业之史的发展》等三部著作，而且参加了由恽逸群等人发起成立的"记者座谈"等活动，结识了上海多家报纸的编辑和记者。1937年7月全面抗战爆发后，胡道静积极投身到抗日斗争中。1938年4月11日，上海通志馆的几位同人创办了《通报》，推举胡道静任报纸主编。他白天在中学任教，夜间在《通报》撰写社论和编辑稿件，在上海孤岛时期的抗日新闻界赢得了赞扬。同年9月，他在大中通讯社从事新闻编译工作。1939年初，他又先后被《中美日报》和《大晚报》延聘为记者，并与美国的《密勒氏评论报》保持着密切的联系。1940年7月，汪伪政府的《中华日报》公布了一份83人的通缉人员名单，胡道静赫然在列。1941年12月，太平洋战争爆发后，日军进占租界，大批新闻机构和爱国报人撤离上海。胡道静偕母亲辗转来到浙江金华，接受了胡健中的邀请，留在《东南日报》从事编辑工作。1942年5月，因日军大举南犯，金华形势危急，《东南日报》被迫停刊，转移途中，胡道静偕母在敌机轰炸中因与报社其他人员走散而失去联系。7月，路遇国民党中宣部东南区战地宣传专员冯有真，受其邀请，前往安徽屯溪协助编办《中央日报》屯溪版。抗战胜利后，《正言报》在上海复刊，该报社社长吴绍澍聘胡道静任该报的总编辑。1948年10月12日，《正言报》因"违反戡乱、为匪张目"而被国民党当局勒令停刊。中华人民共和国成立后，胡道静回归心仪已久的古籍整理和中国古代科技史研究领域。真正的史学研究需要理论批评的眼光，在中国现代史上，胡道静以新闻史研究著称，他在研究新闻史的过程中，十分注重对新闻传播发展过程进行理论观察和分析，使媒介批评和史学研究两者融会贯通，既互相促进，又相得益彰。

一

1946年10月10日，上海《大晚报》出版了一册国庆纪念特刊，对过去一年各个领域进行回顾，胡道静受邀为该刊撰写了《一年来之新闻界》一文，对此前一年中国新闻界的情况进行了述评。胡道静指出：过去一年的中国新闻界，其主轴是复员。复员以后的新闻事业延续或承继着两大传统：一是战事以前的物质设备和运营技巧；二是抗战期间养成的坚忍奋斗百折不挠的精神。在全面抗战以前，中国沿海各大都市报纸，大多数已经置备了较现代化的印刷设备，更因利用都市中的电讯交通、运输、摄影、制版等种种物质和技术方便，故而有高度工业化的表现。全面抗战后，沿海都市沦陷，新闻事业纷纷撤迁内地，原来现代化的设备和凭借多被迫丢弃，重又回到依靠平板机和人力摇动来印刷报纸、夜晚上依靠清油灯照明的时代，仿佛时光倒退了半个世纪。但在另一方面看，其精神却更为充实了，对争取最后的胜利，对政治和社会的作用，都使它飞跃般地向前跨越了至少四分之一个世纪。抗战胜利以后报业迁返沿海各大都市，不仅重新利用原来工业化设备，操练旧日技巧，同时还带来了一份8年间的战斗精神与经验。虽然由于政局动荡不定，还不能够见出显著的表征，但一年来中国新闻事业正处在融会蜕变之中，大体上呈现出了如下几种趋势和特征。

第一，报业集团化发展。胡道静指出，战前技巧纯熟、设备完善的报纸，都集中在东部的大都市里，北方为平津，中部为京沪，南方为粤港。抗战揭幕，东部城市相继陷落，不甘靦颜事敌的新闻同业不是停刊，便是内移，仅上海租界内部分忠贞报纸寄存坚持。1941年12月太平洋战争发生后，便靡有孑遗了。抗战胜利后新闻业复员，东部城市又恢复了新鲜的生命活力。令人惊异的是，新闻业复员并不只是恢复了战前的面目，而是它在战斗中扩张成为更强大的阵容了，是挟了经过8年抗战锤炼而成的强大阵容重返阵地。战前我国新闻业只有胡文虎的星系报纸和申时"四社"才略具报业集团的雏形。国民党在北伐期中，曾在各地普遍建立《民国日报》，但彼此间联系不够密切，谈不上集团的力量。在抗战中，国民党中宣部的《中央日报》、国民政府军事委员会的《和平日报》、共产党的《新华日报》、天主教会的《益世报》，以及《大公报》《新民报》《大刚报》《力报》《东南日报》等，都已形成集团化的事业。报业辛迪加产生的原因，本源于企业化，但中国报业集团的产生，最初主要是为了加强宣传的需要。我国幅员广大，交通险阻，西南、西北及东南腹地尤然，报纸运递甚感困难，平时也没想去解决它，抗战发生，从动员民众的实际任务上感到了报纸力量的宏大。为使报纸在每一个角落能够普及，通过创设分版的形式，扩大报纸发行范围，于是报业集团就自然产生了。但是如果"没有抗战，或者不会产生这些报业集团"。[①] 胜利后复员，很多报纸在恢复原

---

① 胡道静：《一年来之新闻界》，《大晚报·国庆纪念特刊》1946年10月10日。

有母版的同时，还雄心勃勃地维持着抗战期间创设的子版，如《大公报》《中央日报》和《新民报》等，都是如此。所以抗战中所形成的报业集团，在复员以后，都不约而同地踏上了集团化发展的路途，力图以规模化来立足和进行竞争。

第二，收复区报业趋向繁荣。中国新闻事业复员以后较战前发展更加蓬勃。原因一是抗战中报业已有长足发展；二是因抗战停刊的报业至此均谋复刊；三是当局对抗战有功的报业予以鼓励。日本宣告投降后，内撤集中于重庆的报社代表人组织"全国抗敌牺牲报社复员联合会"在8月23日的成立大会中，提出了几项重要议案，核心内容是呈请中宣部对抗敌牺牲的报社应准予尽先复刊、各战区军事长官要保护被掠夺报馆产业、向主管机关登记抗战牺牲报馆产业损失作为向敌求偿的根据、政府准予牺牲报业请购外汇以便能够向国外购置机器和纸张。国民党中央常务会议于9月11日第9次会议上通过了《管理收复区报纸通讯社杂志电影广播事业暂行办法》，有关报业的核心内容有：原党政机关在收复区各地所办的新闻媒体应在原地迅即恢复出版以利宣传；原在收复区发行的新闻媒体在该地沦陷后随国府内移继续出版并致力抗战宣传、因地方沦陷致遭受牺牲虽无力迁地出版但其主持人仍保持忠贞或至内地服务抗战工作有案可稽者，均可在原地申请恢复出版。

该条例的精神主旨，是对抗战中牺牲及有功的新闻业加以鼓励。受此精神的鼓舞，复员后报业十分可观。仅以上海一地而言，战前原有的报纸如《时事新报》《民国日报》《神州日报》《大晚报》《大公报》《申报》《新闻报》《商报》《立报》《新夜报》，有孤岛期间抗敌的报纸如《正言报》《文汇报》《中美日报》《华美日报》《大众夜报》，有因为在后方抗战有功特准在沪发刊的报纸如《前线日报》《东南日报》，都同时复员，再加上集团报业来此设置分版的有《中央日报》《和平日报》《益世报》《新民报》，以及新创刊的报纸如《中华时报》《时代日报》《侨声报》《联合晚报》，等等，因此形成了前所未有的繁荣局面，事业与技术的竞进也呈现空前的热烈状态。其他沿海都市也多有这种景况。

第三，重庆报业衰落。当沿海都市报业复员后呈现空前的繁荣时，后方很多城市的报业却在一度星光四射之后归于沉寂。抗战期间，因报业人才集中于大后方，形成了几个新的报业中心，如西南的重庆、昆明、桂林、贵阳，西北的西安，东南的屯溪、南平、上饶、赣州和衡阳等。以往在京津港粤出现的第一流报纸，这时在这些城市出现。抗战胜利后，一则因为复员，二则因为水往低处流、人往高处走，这些新兴的报业中心除渝、昆两地还保留一定的规模之外，其他基本上风流云散，凋零殆尽。内陆城市无法养住第一流报纸，只能作为沿海都会报纸的倾销市场。内陆城市除非高度工业化后，才可能有第一流报纸的重现。战争期间内陆城市新闻业的繁荣，主要是因为文化逃难的缘故，但这种进步无法生根。抗战胜利的爆竹响过以后，报纸即纷纷离去，曾经热闹非凡的内陆城市又恢复了平静旧观。报人们数载在山乡中勤恳耕耘，跟村民们和大自然都深切地培植了亲切之感，很愿意看见文化在这些新地上长成起来。一旦撤下离去，当然有不胜依依之慨，但时势如此，潮流如此，又其奈感情何？胡道静认为当时的苏联正着意培植乡村文化，我们的文化工作者，尤其是新闻业同人对此应该加以学习和借鉴，也应当分出一些心力来做这种工作。因为抗战期间的新闻耕耘只具有借耕的性质，以后更需要的是生根的建设。

二

新闻是社会生活的反映，又同时对社会的发展起到巨大的推动作用。我国古代曾经是世界文明最为发达的国家，但进入19世纪以后，科学技术方面则长期处于落伍状态，这使国人对科学领域的关注度不高，因而新闻媒体上科学报道一直没有得到应有的重视，社会上科学风气不浓，从而一定程度上阻碍了中国科学事业的发展。在新闻学研究领域，也少有人对科学新闻的报道进行专题研究。1948年8月1日，胡道静在《大众新闻》第1卷第5期上发表的《中国报纸的科学新闻》一文，是一篇从新闻学的角度对当时报纸上的科学新闻报道进行较系统分析的专题性媒介批评文本，在中国现代媒介批评史上显得弥足珍贵。

1947年10月4日，上海《新闻报》本市新闻版根据外国电讯引述美国《科学》杂志上的有关内容，用短栏围框的方式，报道了中国生物有机化学家汪猷等人发明了一项杀菌新方法的科学发明的新闻。胡道静看了这条新闻之后，感慨良多：本地的科学家有重要发明，而本地的新闻界却未能采访得知，先预发表，倒从外电外报上得到消息。"中国对于科学的研究和提倡，迎头赶上犹嫌不及，自己有了重要的发明，反而不为社会所注意，舆论所鼓励。后来幸而《新闻报》检出这一条新闻来，算替缺乏科学气氛的中国报纸有所点缀，让本埠人士知道当地的科学界已有了一件重要的事实产生。"[1] 他因而称赞《新闻报》上的这篇科学新闻报道实在是一种林中响箭，空谷足音。

在《新闻报》的报道中，对该项发明者为谁、研究过程、效能如何等诸多问题并没有进行披露。在《新闻报》报道之后，上海版《大公报》和英文《大陆报》注意到了这件发明所具有的新闻价值，因而进行了跟进性报道。这两家报纸记者采访后，分别在 10 月 5 日和 6 日发表了专访。这项医药方面的发明人汪猷在 1944 年即开始有关研究，他从霉烂了的橘子上成功培养了细菌，后被命名为"橘微菌"，这项发明在一定程度上与青霉素类似，但不会因长期使用而使病菌抵抗力增强。胡道静认为，像这样重要的科学发明，我们的报纸上用再多的篇幅去记载和报道它都不为过。可是在我们的报纸上这样的记载，到今日为止还是少之又少，这是值得我们新闻界深思的事。他说最近中国农林部中央畜牧实验所所长程绍迥博士发明了牛瘟疫苗，在科学界被一致认为是一件重大的事情。外国通讯社从南京发出新闻专电报道，6 月 17 日的上海英文《大陆报》及《自由论坛》上都有专文报道，可是在中文报纸上却几乎没有看见什么报道，这又让人感叹不已。

胡道静通过对新闻史的梳理，认为中国近现代宗教类报刊曾经有过科学新闻报道的优良传统。外国传教士首先创办了近代中文报刊，为了方便传教，他们往往把科学和宗教杂糅一处合并向国人介绍。1898 年上海徐家汇天主教区出版的《格致益闻汇报》，即是对科学和宗教、时事报道一并注重的报纸。其中的科学问答部分，由比利时人赫师慎主持。这一传统甚至可以上溯到明末利玛窦，他在来华传教时也是挟着西方科学知识而来。《益世报》（上海版）曾经有一个"益世科学"专栏，内容是介绍欧美科学和技术上的新发明，大抵是从外国报刊移译而来，这对于一般读者尤其是学生来说，是很好的参考读物。胡道静认为，现代战争主要是科学的比武，所以在大战期间，人们格外关心科学新闻，即使是一般对科学较为淡漠的中国人也不例外。第二次大战中，美国国务院在中国陪都重庆设置美国新闻处，向中国报纸提供新闻稿，其中有很多科学方面的报道。战争末

---

[1] 胡道静：《中国报纸中的科学新闻》，《大众新闻》1948 年第 1 卷第 5 期。

期，该处在福建南平设置分处，向华东区报纸发稿，除普通新闻稿外，并编译《科学新闻》一种，供给各报采择刊载。第二次大战结束后，中华自然科学研究社南京总社，也曾经常向中央通讯社提供世界科学新闻，请该社代为播发。国立中央大学鉴于我国在工业化的进程中，有关的科学报道异常重要，而目前国内各大学设有新闻系者多未注意及此。因此在1948年春间，计划在法学院内设新闻系或于政治系内设新闻组，宗旨之一就是注重科学记者的培植。该校计划在新闻系成立后，或将招收各大学理工农医各院系毕业生编入三年级，使受新闻教育二年。通过科学记者的培养来促进中国科学新闻的报道，提高科学新闻的报道质量。

  胡道静指出，目前已有人注意到了科学新闻的问题。如《中央日报》的《科学》周刊第27期上就曾发表过丁弘的《科学新闻与科学记者》一文，其中对我国报刊中已不时可以找到科学新闻表示欣慰，但警告说，我们曾发现过一种伪科学新闻，如在战争期间，曾有许多报纸力捧"八卦科学家"，有杂志赞扬"生物自然发生"伟大发明等，几成天大笑话。他认为这与新闻记者的科学修养有关。他主张报社设立科学记者，他们同其他记者一样负有采访的职责，但又有专门的科学知识训练，这样才能做出特殊的贡献。1943年9月1日，陈立夫巡视东南抵达屯溪，在向新闻界致辞中勉励记者注意提倡科学：我们既然为一记者，即当与国家政策相配合，国家需要何事何物，我辈即应以何事何物鼓吹而领导之。今日国家之所最需要者，是为国防科学，吾人即应如何加以倡导。假如今日有两条新闻，其一记载某君有一科学上之新发明，另一条则为某达官之行踪，一般编辑定以要人之行踪批大号字列于显著地位而刊载之，对于科学之发明则藐若次要。苟以我为之，对于某人之发明，刊其照片，捧为伟人。如是，青年人必甚羡之，曰：此科学家也，发明家也，荣誉若是！则人人有勉为科学家发明家之志矣。反之，报纸上若只见官大，发明家小，是故青年皆向往做官。[①] 曹聚仁两年前在上海《前线日报》为文，曾慨然述及我国报纸对于科学新闻的忽视，批评在中国科学社举行年会时，国内竟然没有一家报馆派记者去采访相关新闻。这些都说明，科学新闻已经渐渐地引起了国人的注意。

  有鉴于此，胡道静提出在以后的新闻传播中，科学新闻能够在中国的

[①] 胡道静：《中国报纸中的科学新闻》，《大众新闻》1948年第1卷第5期。

报纸中建立起一块稳固的滩头阵地,并大力地予以巩固。要使科学新闻真正得到重视并得以健康发展,他认为需要新闻界、科学界和教育界的共同努力,如下几个方面尤为重要:一是资力雄厚的报纸在馆内设置科学编辑,当有重要的科学发现时,报纸的科学编辑就能与科技工作者合作,襄助报道工作;二是为了使一般的报纸获得足够量的科学新闻稿件,中央通讯社应该主动加强科学新闻报道,设置专门的科学编辑和科学记者;三是中国科学社等科学技术研究团体,平时保持与新闻界的密切联系,能经常供给科学新闻报道;四是注重科学记者的培养,大学新闻系应酌情增设自然科学课程,以平衡目前新闻系课程偏重社会科学的缺点,以使学生毕业后能够愉快胜任一名科学新闻记者的专业工作要求。

三

在新闻学理论中,人们往往通过与情报、历史的比较而突出新闻的本质特点。这种比较的逻辑方法,一方面既可以使新闻与情报和历史的差异得以凸显,另一方面又可以使新闻与情报和历史的联系得以强调,在区分和联系的同时加深对新闻本质的认识。1948年11月1日,胡道静在《报学杂志》第1卷第5期上发表了《情报·新闻·历史》一文,曾得到一些新闻学术史研究者的重视。人们往往从新闻真实性、新闻的史家功能角度提到这篇文章所表达的思想和见解,其实,胡道静文章的主旨是为了突出新闻与历史、情报间的区别,而非它们之间的相似。在这篇文章的标题下面有一句对文章内容的概括和解释:"这些是一个东西的三个阶段,所异者在时差。新闻记者不是情报员,也不是历史家,但他须有情报员的敏感和历史家的审慎。"① 就很好地揭示了该文章的中心思想。

胡道静强调今天的新闻报道,明天就成了史料。新闻与历史其实是一件东西,所异者仅为时差。这一观点此前已经有很多报学研究者讨论过。胡道静则扩而大之,将情报也与新闻进行了比较,认为同一件东西,在它还没有成为新闻的时候,则是情报。这就仿佛像蝌蚪变为蟆蝌、蟆蝌变为蛤蟆,本质上一桩事物,跳了两个阶段,却完全变成了三件东西。抗战时他曾在铅山《前线日报》的《新闻战线》副刊上发表过一篇短札,阐释过

---

① 胡道静:《情报·新闻·历史》,《报学杂志》1948年第1卷第5期。

有关的观点。经过几年的深入思考，他又撰写了这篇文章，对三者之间的关系进行更深入的剖析。关于今日的新闻即是明日的历史这个观点，他以日军偷袭珍珠港而揭开太平洋战争序幕为例。日军偷袭珍珠港计划，在日本大本营中已筹划好久了，而且在事先已向遣外部队首脑发出过以 X 日代替发动日子的行动密令。这个密令外界自然无从获知，如果当时有人获知的话，便是一项最有价值的军事情报，而历史恐怕也要重写。在日本潜水艇偷偷进入珍珠港施放鱼雷，以及轰炸机群凶猛地向机场投弹射扫以后几小时内，日本的战争计划就变成了新闻，全球的记者都争赶着发电讯写报道。而现在再谈起这件事来，全然都已经成为历史了。是是非非，功功过过，都只能让史学家们去抚摸品味和盖棺论定了。

新闻记者和情报员的区别，胡道静认为很有必要予以厘清。他认为新闻记者具有公开的身份，而情报工作者的身份则秘密、隐蔽；前者的工作公开，是向社会大众提供信息；后者仅为神秘地替特定的人或集团工作。两者都以探索消息为其职业，但所求的消息在时间的价值上有所不同。"新闻记者是求业已成为事实或亦届公开时期的消息，恰巧在它成为事实的一刹那捕住它，没有让它陈腐了而抬到历史解剖室里去；情报员是求尚未成为事实或未届公开时期的一个计划，也许是一种阴谋。除了参预机密的人而外，在其成为新闻之先，理应是无人得知的一些事实。"① 两者的分别在这点上似很清晰，但事实上有时又未必尽然。由于情报工作者没有公开的身份，工作有时感觉困难，故国际间谍多假手有公开身份为之者。一种是外交官，另一种便是新闻记者，因为他们的职务对刺探机密消息有天然的便利，问题只在于他们自己是否愿意利用这种便利而已。

胡道静还指出有一种"半情报式"②的新闻值得注意。新闻记者提供的消息中，不乏言之过早的新闻。这是因为大多数事实并不是突然发生，而是有个逐渐演变的过程。在其演变期间，蛛丝马迹，不无可窥。心思缜密的观察者，自然能够断定大致有些什么事情会在什么时候发生。记者一天到晚钻在新闻圈里，所见所闻比一般人为多，再加上合理的观察，所写的预测性新闻，常有一言中的者，这就是半情报式的新闻。因为它只是一种揣测，写稿者并不知道赌注押下是否一定赢钱，所以并不违反法律。反

---

① 胡道静：《情报・新闻・历史》，《报学杂志》1948 年第 1 卷第 5 期。
② 胡道静：《情报・新闻・历史》，《报学杂志》1948 年第 1 卷第 5 期。

之，情报员若让其主人下注，必须具有了确定或较大的把握后方可为之。胡道静在文中讲了一个自己的亲身经历：太平洋战争爆发前大约一个星期的光景，有一家美国通讯社发出过一条消息，预测日美战争会在12月的上旬发生。上海的《大美晚报》那天就把这条消息作为头条，且加上了惊人的标题。那时候日美在华盛顿的谈判虽然紧张，但还没有人相信战事必定发生。胡道静看了报后，和当时很多人一样也是疑信不定，过了一天也就将它置诸脑后。到了12月8日清晨，胡道静刚编完报去休息，就被日军袭击黄浦江中英国军舰的枪炮声所惊醒。此刻他才恍然定神忆及那位记者的揣测，竟像是他早已窥知了机密一样。

胡道静认为，情报也是一种史料。新闻的记载日后固然成为史料，其实，情报的故事也是重要的史料之一，因为有许多情报是决定事实的重要因素，而在新闻产生当时，其内情尚不能公开，故单以新闻记载作为史料，还不能充分说明事实的真相。如1945年春天，有一天一列装载日军的火车从南京驶到芜湖，刚进车站，恰巧遇到盟军轰炸机临空，结果日军遭受了重创。当时就有公报式新闻发表，使人们知道有过这事的发生。现在人们知道了这次盟军飞机的临空，是根据军统情报机关的报告而计划进行的一次主动出击，其在时间上算得非常精准，并非偶然之事。

新闻和历史都要求准确，但两者又有着根本性的区别。历史研究可以为了一个小问题而费更多的时间去搜集证据进行详细的考订，新闻记者虽然也须有高度的审慎精神，力求准确的信念，但一定要让他和历史学家那样迂缓而谨慎地下结论，实属一桩不可能的事情。历史学家有时为了一个历史细节，可以皓首穷经，成年累月地力追不舍，怎么可能责成报馆和记者也要如此呢？新闻的时新性的要求，使新闻自有新闻的特质，不一定也不能够拿史学的绳墨来做新闻的规范。不过，话又说回来，新闻并不能因此而自我放松对准确性的追求。记者如果能够多做切实的调查研究，那么将会使所写的新闻，大大地增值。美国有一位女记者在采访史上曾有过一次杰作：那时候纽约长岛疯人院，外间屡传院当局有虐待病人之事，记者为求确切证实起见，遂装成疯子，被送进院中去，装得十分像，没有一个人怀疑她。她在院中住了几个月，受尽了院当局的残酷虐待，亲眼看见同囚病人所遭遇到的痛苦。最后她又想方设法逃了出来，立刻以其生花妙笔，将疯人院中的种种黑暗情形和她自己的亲身遭遇，统统地暴露了出来，于是纽约整个城市都为之轰动起来。在铁的事实面前，疯人院当局再也没有办法抵赖，结果促起市政当局的注意，把院长撤职查办，使无数疯病患者获得了光明。正是这位女记者的自我牺牲，换得了社会的进步。其深入现场的实地调查采访行为，毫无疑问地大大增强了她所写的新闻的价值。

　　胡道静由研究新闻而入新闻行业，经过多年的新闻实践历练，对新闻事业的本质和功能有着较为深刻的理论认识。1948年9月1日，时值记者节纪念日，《报学杂志》创刊号以"九一记者节新希望"为题约请一批报刊主持人撰写寄语。胡道静的寄语是："新闻事业不能够完全脱离政治的影响，原是不必置疑的事；然而报人只是做报，并非是干政治，却是一般辨认得并不清楚而且也弄苦了报人的事。做了多年的报人，所用于本身事业的功力者少，耗脑筋于应付环境者多，同时在人家的眼光中，总以为你是爬在某一口政治染缸的边缘。在我们自己的节日的前夕，我于沉思中幻见着金边的光芒招手在远处：有一天新闻事业虽则是与政治保持着密切的接触，但是我们本身的工作是完全能够根据报学的原理放手去实施，我们真能够为读者做一张良心上毫无谴责的好报纸。"① 这是他的新闻理想，也是他观察和分析新闻媒体时的一个标准。需要指出的是，胡道静对新闻媒介的批评，并不仅仅建立在一种新闻专业的基础之上，还有着一个爱国主义报人所拥有的国家和民族情感内涵。在抗战时期，他就曾写有《注意敌国的文化侵略》②《普建地方报要求之再喊出》③ 等媒介批评文章，其中都包含着浓烈的爱国主义情愫。这种爱国主义精神在解放战争时期胡道静的媒介批评中仍然继续保持并有新的表现。他的《中国报纸的科学新闻》一文明显就是想通过提倡报纸上的科学新闻，进而推动国家科学事业的发展，这一目的又建立在只有科学发达了，国家始能得到更大更快的发展和进步的这一现实考量之上。

第九节　张啸虎的媒介批评

　　张啸虎（1924—1991），湖南省湘乡县人，曾用名章肖甫、罗松。幼

---

① 《九一记者节新希望》，《报学杂志》1948年9月1日创刊号。
② 胡道静：《注意敌国的文化侵略》，《战时记者》1939年第1卷第6期。
③ 胡道静：《普建地方报要求之再喊出》，《战时记者》1939年第1卷第8期。

时孤露，长期住在外祖父、著名新学教育家李元甫家中，就读家塾，打下了扎实的古代文学基础，后考入县立小学和县立初级中学，读初中时即显露出写作长才，作文常被老师作为范文讲评。高中时在春元中学就读期间，即开始向《大公报》《中央日报》等报纸投稿，时有短文见报。1943年高中毕业，因日寇迫近湖南，逃亡到贵阳。1944年秋天，在重庆以数学零分，而白话和文言两篇作文均为100分，被爱惜人才的复旦大学新闻系主任陈望道力争，从而"史无前例"[①]地被破格录取，进入该校新闻系学习。抗战胜利后随校返迁上海，在学期间，曾被在新闻系担任教授的《观察》主编储安平邀至该刊担任助理编辑工作。1948年夏，从复旦大学新闻系毕业后，先后在上海《大公报》、香港《文汇报》、长沙《中央日报》等任记者、编辑。1949年在长沙参加了和平起义，同年9月，被保送至由中共中央宣传部开办的北京新闻学校深造一年。1950年毕业后，即被分配到辽宁省人民广播电台从事新闻和文艺评论，后升任为文艺部副主任。1957年被错划为右派，翌年又被打成了反革命，被判刑15年。关押期间从事外文翻译，通晓英、德、法、日、俄等多种文字，先后译出各种内部资料100余万字。1973年春被释放，先在公安部被留用翻译二年有余，后被遣送至武汉，因生计无着，做码头临时搬运工二年多，1978年始获得正式平反，1979年夏，到湖北省社会科学院工作，主要从事文学创作和古代、现当代文学研究。1984年加入中国共产党和中国作家协会。此后历任湖北省社会科学院文学研究所所长和研究员、华中理工大学兼职教授、中国屈原学会副会长兼秘书长、中国散文学会湖北分会副会长、武汉市第六届政协委员等职。著有专著《中国政论文学史稿》《屈学纵横》以及学术论文多篇，散文集《河山招魂录》，译著《楚国狂人屈原与中国政治神话》（合作）等。曾在国内和台湾等处报刊发表通讯、报告文学、评论、散文和政论等各种体裁的作品百余万字，学术论文70余篇，论文《论宋玉》曾获湖北省社科优秀成果奖。在解放战争时期，张啸虎是新闻界的一个新兵，颇有一种初生牛犊不怕虎的专业和学术锐气，发表过很多媒介批评的文章，在当时的新闻界颇为引人注目。

[①] 王火：《名山事业自千秋——悼学者张啸虎》，《王火散文随笔》，重庆出版社1997年版，第113页。

一

抗战胜利后不久,《大公报》即在津、沪、渝三地同时出版。1946年元旦,在胡政之的主持下,在上海成立了大公报社总管理处,《大公报》言论中心也随之移至上海,胡政之此时雄心勃勃,"要带领《大公报》以上海为中心大展宏图"。① 不过《大公报》很快就因为发表了《质中共》《可耻的长春之战》等文而受到了中共的挞伐,而且也因在某些新闻处理上招致了国民党系统媒体的批评,② 真是左右为难,两头受气。不过,平心而论,国共两党对《大公报》的批评有很多意识形态的因素,有关批评更多的具有政治上的意义。与他们相比,张啸虎发表在《观察》第2卷第5期上的《我对〈大公报〉的看法》一文,则更多地具有新闻学专业的意义,也正因此,该文在《观察》上发表后,又被《时代文摘》第1卷第11期以《论〈大公报〉》为题予以全文转载,由此足见《我对〈大公报〉的看法》一文所具有的媒介批评意义。

张啸虎指出,有"东方的《泰晤士报》"③ 之称的《大公报》,其成长与发展,与时代的玉成有着密切关联。《大公报》诞生以后,即与多灾多难的祖国同患难共命运,该报的新闻与言论,对整个社会的进步,一定程度上尽到了潜移默化、去腐生新的作用,特别是在学术思想的宣扬介绍方面,有巨大的功劳。张啸虎甚至认为,在中国近代文化的建设上,北京大学、商务印书馆、《大公报》,可谓三大功臣。但是,该报在历史的关键节点上,则缺少指导性的建树。纵观中国近现代史,《大公报》在"几个具有爆发性的时代的来临,与各种富有革命性的运动底酝酿,该报却只有沉默的期待,与'平凡的努力';没有作过积极有力的推动,更不论轰轰烈烈的领导"。④ 该报此时往往以穷则变、变则通以自慰慰人,缺乏一种舍我其谁、匪异人任的魄力和信心。在时代暴风雨的冲击之下,往往采妥协退让、委曲求全的政策,不敢出以激烈强硬的斗争。"即就对罪恶与黑暗而

---

① 方汉奇等:《〈大公报〉百年史(1902-06-17—2002-06-17)》,中国人民大学出版社2004年版,第285页。
② 小可:《与〈大公报〉论新闻编排与标题》,《中央周刊》1947年第9卷第52期。
③ 张啸虎:《我对〈大公报〉的看法》,《观察》1949年第2卷第5期。
④ 张啸虎:《我对〈大公报〉的看法》,《观察》1949年第2卷第5期。

言，大都在小处与枝节上加以揭发与指摘，言词含蓄，满纸慈悲；很少能从大处与根本上下手。态度趋于过度的稳健，隐恶扬善，操心虑患；保守代替了谨严，沉滞代替了活泼。"① 另外，其版面安排固定，缺少应有的弹性；标题朴素，难以动人；副刊的专门性太浓，如《文史》《游艺》等，尤嫌琐碎，报纸杂志化过于明显，水准太高，知识不够的读者根本消化不了。青年学生感觉该报老气横秋，缺乏蓬勃奋发的活力。保守的读者觉其有不少辛辣之味，不合口胃。激进的读者，又以其平淡中和，嫌其不够刺激。"四十五年以来，稳扎稳打，不疾不徐；沉着有余，创造不足。其今后的成就决定于此，其今后的发展亦拘限于此。"② 张啸虎的这种概括颇符合《大公报》的实际情况。

张啸虎认为，《大公报》是一张较标准的知识分子报纸，其读者群与所代表的阶层利益均是如此。中国知识分子素来有清斯濯缨、浊斯濯足的品性，长处是忍辱负重洁身自好；短处是与世浮沉白眼看人。该报多年来随时势而悲喜，颠倒兴奋于希望和失望之间，诚如其自述的那样，常常纠结于"自仇与自解，或忧伤感愤焦急企盼之各种情绪间"。③ 作为该报的一个忠实读者，张啸虎希望《大公报》在消极方面，能以勇敢与智慧及时纠正自身缺点；在积极方面，能走在知识分子的前面，作为前导，揭示未来。文人办报，文人论政，是中国近代事业的传统。《大公报》自创办以来，确是以文人论政的机关自期。"主持《大公报》笔政的几位先生，都是很卓绝的政论新闻学家，足以与梁启超先生前后媲美，而有一点且超过了梁先生。"④ 梁氏虽多年以报为业，但仍有政治野心，有待价而沽的企图。《大公报》社诸人则不然，他们都是职业报人，并无政治上、事业上乃至名望上的野心，报社同人不兼政治上有给之职。张啸虎认为在这一点，《大公报》是中国报界最应学习的地方。"但是，以论政本身而言，《大公报》就远不及梁先生了。对报纸任务的基本看法方面，就决定了两个不同的路径。"⑤ 梁启超认为报纸有两大天职，一是监督政府，二是向导国民。张啸虎批评说，《大公报》既以论政自许，梁启超所言就应是义不

---

① 张啸虎：《我对〈大公报〉的看法》，《观察》1949 年第 2 卷第 5 期。
② 张啸虎：《我对〈大公报〉的看法》，《观察》1949 年第 2 卷第 5 期。
③ 《本报复刊十年纪念之辞》，《大公报》（天津）1936 年 9 月 1 日。
④ 张啸虎：《我对〈大公报〉的看法》，《观察》1949 年第 2 卷第 5 期。
⑤ 张啸虎：《我对〈大公报〉的看法》，《观察》1949 年第 2 卷第 5 期。

容辞的任务。《大公报》认为报纸是表现舆论的工具，本身不得为舆论。"殊不知舆论之形成，要经过四个步骤。就是：先发的倾向，私意的表示，社会的评价，势力的完成。"① 报纸是在做第二步的工作，文人论政即应如此。《大公报》则似乎未曾明确主动地去做这样的工作。

针对《大公报》在抗战期间自言该报"这两年，只勉力做到一点，就是，精神上将这一张报完全贡献给国家，听其统制使用"②之语，张啸虎认为在抗战时期，国家至上之说本无可议，但听其统制使用，则报纸的独立自由就将丧失殆尽，如何能够言及监督政府与宣达民隐？如此，"则与《中央日报》《扫荡报》有何异？"③ 更不用说保持文人论政的本来面目了。《大公报》自称"是中国舆论界的一兵卒，无党无派，是纯国民的立场，对内为国家宣达政令，替人民说话，做政府的诤民；对外则义不容辞的要做国家的喉舌。国家遭逢今日的局面，《大公报》不能缄默，应该替国家讲话，向人民有所申说，向世界有所控诉"。④ 张啸虎认为该报此处所称的国家，当然是指国民政府。"犹忆当时桂林失守，贵阳告急，大局已呈动摇，国际交摘，人心惶乱；《大公报》挺身而为政府说话，自有其难言的苦衷。但我们当时冷眼比较，觉得国家遭逢到当时的局面，政府应负大部份责任已无申说的必要。而以《大公报》的自身使命而言，更应该'替人民说话'，向国家和世界控诉。"⑤ 反观该报，在监督政府方面，则实在有待更进一步的勇气与决心。

张啸虎批评道："读近两年来《大公报》的社评，我有两个很明显的印象。其一是消极的中立。在国共两党兵连祸结之间，是非曲直，未加苛责。态度与辞句，似有惟恐得罪任何一方之概。"⑥ 其实际上是对国民党有所偏袒。在《国家的烦闷，人民的烦闷》社评中，该报竟然将国家目前如此混乱的局面与人民无限的痛苦，以"烦闷"二字了之，读来诚有空虚无力的感觉。对时局没有直接严厉的责备，没有刚正的气魄，没有热切的情绪，只将一个渺茫的希望寄托在脆弱可怜的请求上。尽管苦心孤诣，声嘶

---

① 张啸虎：《我对〈大公报〉的看法》，《观察》1949年第2卷第5期。
② 《抗战与报人》，《大公报》（香港版）1939年5月5日。
③ 张啸虎：《我对〈大公报〉的看法》，《观察》1949年第2卷第5期。
④ 《向人民申说！向世界控诉！》，《大公报》（重庆版）1944年10月3日。
⑤ 张啸虎：《我对〈大公报〉的看法》，《观察》1949年第2卷第5期。
⑥ 张啸虎：《我对〈大公报〉的看法》，《观察》1949年第2卷第5期。

力竭，其结果正是所谓与虎谋皮！其二是空虚的苦闷。今日中国人莫不有一份难言的烦恼。放眼大局，强者铤而走险趋向极端；弱者转乎沟壑自悲命苦。《大公报》本应一方面以锐利的笔尖对罪恶黑暗以无情的打击，一方面对受苦受难的人民以鼓励和安慰，予创痛以抚摸，予堕落以救援，使人民如沐春风，得以挺然自拔。而该报"教训多于慰励，伤感多于鼓舞，牢骚多于积极的议论，字里行间，洋溢着深刻的悲哀"。[1] 只有惆怅与哀愁，自然无法给读者指示社会的出路和前途。

二

在1947年《世纪评论》第2卷第8期上，发表了清华大学教授雷海宗的题为《论保守秘密》一文。雷海宗因为南京参政会驻委会若干机密新闻漏泄一事而发生感慨，遂列举事实反复申说、批评国人有不能保守秘密的脆弱性格。张啸虎认为雷氏之言属善意揭举，对个人修养言亦可谓语重心长，足令人深切反省。"惟就新闻记者的立场言，在若干论点上，笔者未敢完全同意。"[2] 因为这连带到漏泄机密与发表自由关系的问题，故他专门撰写了《保守秘密与发表自由》一文就此予以商榷和批评。

张啸虎认为，从个人道德和人格角度论，保守秘密本身不但没有决定性的价值，抑且是一种可能的破坏与损害。就保守自己的秘密而言，伦理上应不允许。一个顶天立地的人需要爽直纯洁的心地，天真无私的行为，对人对事，一本大公，心心相印，彼此如一，才是一种光明磊落的完美人格。倘若其胸怀坦白，问心无愧，言行一致，无负于人，则一切将如冰清玉洁，又有何秘密必须保守？否则行为诡谲，语言模棱，心机莫测，处处藏头露尾，虽或可成一时之事，快一时之意，而一旦内幕揭开，真相大白，则其成就将遭受全部的否定，甚而获得天下后世的唾弃。在时间的正直而无情的考验面前，任何秘密都不能够保守。人与人之间在以诚来维系感情与增进道义，而中国伦理的本源就在于这个诚字上面。无伪和真实为诚的主要属性，而保守秘密就是不诚，也就是一个不道德的行为。如从心理学看，则是一种二重人格，是基于一种自卫反应和文饰作用的变态心理

---

[1] 张啸虎：《我对〈大公报〉的看法》，《观察》1949年第2卷第5期。
[2] 张啸虎：《保守秘密与发表自由》，《世纪评论》1947年第2卷第15期。

表现。唯有亲爱精诚、相见以天、披肝沥胆，才足以获得真正的感情，建立健康的关系，完成整个社会的和谐。从国家与国家之间的交往言，保守秘密尤其会对世界和平与国际合作产生广泛而恶劣的影响。数千年来国与国之间，一直彼此以制造秘密为能事，造成无数的纠纷与战祸。故一战结束以后，主张外交公开的呼声，在世界上成为了一种主流声音。

基于上述的原因和理由，张啸虎指出，"今日言发表自由与新闻自由，实有更深刻和重大的意义"。① 美国报人普利策说：欺诈邪恶的行为，只能寄生于社会的黑暗地方。办报人应以白热强烈的光线加以照视，使丑恶原形毕露于大众之前，让人们加以讥笑和诋毁，欺诈者自然就无法容存于社会了。"这就是报纸在国家社会中所担负的主要任务，而必须有新闻自由与发表自由的客观条件始足以完成此种任务。"② 所以豪门大亨要保守他们国外存款的秘密，记者们偏要发表它；贪官污吏要保守他们劣迹横财的秘密，记者们偏要揭发它；奸商要保守他们浑水摸鱼、兴风作浪的秘密，记者们偏要暴露它；政客官僚要保守他们阿谀逢迎升官发财的秘密，记者们偏要公开它；流氓地痞、土豪劣绅、苍蝇老虎、伪君子、吸血鬼们要保守他们一切为非作歹、不可告人的秘密，记者们偏要宣布它。"在为全民谋福利的崇高理想上与新闻道德的范围内，记者们将不顾一切地以其锐利和热情的笔锋，刺穿所有那些藏在黑暗与罪恶底角落里的一切秘密。"③ 中国人喜欢讲君子不察人之私、隐恶扬善、家丑不可外扬、心腹之交、守口如瓶之类，结果是一方面使阴谋诡计得以肆无忌惮地进行，历史上充满了各种暗算的悲惨事件；另一方面是人们往来之间隔膜越远，猜忌越深，杯弓蛇影，互不信任，造成一种不卫生的民族心理。推演下去，所造成的局面不堪设想。总而言之：为了保障世界和平，维持神圣邦交，建立人与人之间正当健康的关系，稳定社会的良好秩序，并给那些勾心斗角、制造恐怖的野心家们以最严厉的教训，给那些宁可我负天下人、不可天下人负我的小人们以无情的打击，让一切昼伏夜出的丑类们显露原形，我们要无所吝惜地授予记者以揭发秘密、暴露黑暗、采访和发表自由的最高权力。在今天的中国和世界，实在是没有再提倡保守秘密的必要了。

---

① 张啸虎：《保守秘密与发表自由》，《世纪评论》1947 年第 2 卷第 15 期。
② 张啸虎：《保守秘密与发表自由》，《世纪评论》1947 年第 2 卷第 15 期。
③ 张啸虎：《保守秘密与发表自由》，《世纪评论》1947 年第 2 卷第 15 期。

当然，张啸虎同时认为，新闻自由并非无条件地就能获得。将新闻自由视为维持世界和平的重要条件之一，自是卓绝高明的见解，但新闻自由又应该得到一定的约束，才足以作正当的运用，获得良好的结果。张啸虎认为，新闻自由与新闻道德，两者实为相依为命不可分离的关系，"在逻辑上，后者应是前者成立的大前提；在事实上，前者当以后者为其存在的先决条件"。① 新闻自由与新闻道德两者不但在进行中有着相辅相成的平行关系，而且应以新闻道德为基础去建立和应用新闻自由。新闻自由若没有新闻道德，有如一个没有灵魂的行尸走肉，将失去存在与活动的依据，甚至将产生不堪想象的恶劣后果，更不用说发生任何积极的社会作用。同时，争取新闻自由是一种目标明确的具体运动，其工作较易展开，事实表现也较为明白而实在，成效亦较为显著，但新闻界恪守新闻道德，则需要新闻界自身的集体努力，更需要内在的修养和锻炼，决非一朝一夕之功，更非一报社一记者所能为力，且难以确指其具体内容与严谨限界。"似乎无所归依，而又果然存在。往往容易推卸责任，掩饰错误，缺乏一种可守的共同信条，与有效的制裁力量。"② 正因如此，这一课题才对新闻界各个方面都具有着不容忽视的重要意义。

张啸虎认为，虽然新闻道德的内容有些抽象，但良善、正直、负责、博爱、自律则应是其主要的内容。社会是个有秩序的威权集合，个人只有服从社会威权，才可以成为社会的一分子，且从这种服从中得到自身的快乐。社会威权包含客观与主观两种意义。客观方面是有一种公共意见的存在，这种公共意见又建立在大众利益与公共幸福之上。主观方面便是有一种是非观念。记者的道德信念就是服从这种主观和客观的社会威权，这是一个记者新闻道德修养的基本内容。具体言之，就是一要报道新闻正确，绝不有意歪曲或无心致误，字真语实；二要评论时事公正，判断是非善恶动机纯正；三要人格高尚，力求富贵不能淫，贫贱不能移，威武不能屈；四要态度乐观，胸襟明朗，意志坚定，富有社会同情心；五要时时砥砺学业，不断进取，日新又新；六要生活规律谨严，做任重道远的奋斗；七要有救国济世的怀抱，待人接物，谦诚敬慎而不傲慢欺诈。同业间声应气求，相爱相助。在1947年2月上海黄金狂潮中，金价时时暴跳。张啸虎批评上海有些晚报唯恐天下之不

---

① 张啸虎：《新闻自由与新闻道德》，《大公报》（上海版）1947年5月9日。
② 张啸虎：《新闻自由与新闻道德》，《大公报》（上海版）1947年5月9日。

乱，往往出以惊人的大字标题，而且故意做出与内容并不一致的夸张和渲染，这对当时的人心与物价，不啻再加一个强烈的刺激："记者虽不必隐恶扬善，但绝不能幸灾乐祸。一篇不善良的记载，可以毒害千万人的心灵。一个不怀好意的标题，可以作成无穷的罪恶！"① 因此，新闻自由需建立在新闻道德的基础上，并以之作为活动的范围，如此始可收获良好的传播效果。

三

中国现代最著名的新闻实业家、《申报》老板史量才先生曾经将报纸人格化，并以之告诫报馆同人："人有人格，报有报格，国有国格。三格不存，人将非人，报将非报，国将不国。"② 所谓格者，是指一定的标准或样式，当格的主体为人时，通常指人所具有的一种品质和风度。人格即是社会公认或通行的为人之道。史量才以报业经营闻名，对报纸的社会角色及功能有着深刻的理解。人是报纸的主体，报纸是国家的耳目与喉舌，人、报、国三者具有某种内在品质的一致性或相通性。一个缺少独立人格的人，所办的报纸自然也只能是一个无魂之鬼，无法成为社会的担当。从报格的培养和锤炼角度看，办报者的人格是基础，这就是在新闻传播领域，人们很重视新闻工作者道德修养问题的原因所在。史量才虽然提出了报格的概念，却对报格的内涵并没有做出进一步的论述。就目前我们掌握的文献看，张啸虎发表在1948年12月16日《报学杂志》第1卷第8期上的《报格论》，是中国现代较早对报格进行全面申论的媒介批评文本。

张啸虎认为，报与人一样，人有人格，报亦有报格。一张报纸的报格是若干种品质的综合物，品质为构成报格的原始单位。报格品质的构成因素并非单一，也并非孤立的不同黏合的因素所集成，而是由简单到复杂的若干阶段与若干成分，依循一定的路径，经过相当长的实践，按同一方向逐渐积累进化而成，是一种复合的结晶体。如化学作用和生理表现，而历史与社会在其构成上则更有着决定性与连续性的关系。若把报格加以意识化，即把它作为一种人格的对象来探讨，则报格由两种品质属性构成。在

---

① 张啸虎：《新闻自由与新闻道德》，《大公报》（上海版）1947年5月9日。
② 上海图书馆编：《近代中文第一报〈申报〉》，上海科学技术文献出版社2013年版，第64页。

内在的意义上，报格是说明一个报纸的性格。人性千差万别，报格亦然。时空因素的不同造成了报格的千差万别。张啸虎认为报格的形成有主客观多种因素。客观方面的因素有时代趋势、历史传统、民族特性、社会风尚和国家现状等。这些有如植物生长所依托的土壤与气候一样，报格就在这样的园地中开出瑰丽的花朵，同时这些品质又可作为一种先天的遗传因素，决定着报格的血型。主观方面的因素则有政治背景、资本来源、发刊旨趣、读者范围、新闻政策等，以及其主持者和工作人员的教育、信仰、智慧、人格、理想等。投光射影，含英咀华，如艺术家笔下的画幅，音乐家手中的竖琴，虽然其宗法与曲谱莫不相同，但在每一个色彩与音调上却是到处流淌着各个卓尔不群的艺术生命。报格之葩所放出的奇光异彩亦可作如是观。

　　从外表的意义上言，张啸虎认为报格象征着一个报纸的风格。报纸风格的存在寄托于报纸的版面上，其重点不但是风格的本身，更主要的是进行和完成报纸性格的表现。决定报格形成有如下四个主要因素。一是整个时代合乎人性的趣味。生活意识和类型是造成此种趣味的间接或直接原因。从一个报纸的版面上，往往可以寻觅到人类文化进步的轨迹，报纸的风格往往与此种轨迹的节拍相合。二是报纸的性质。如政治、经济、道德、教育等，不同的作用决定着形成各种不同的报纸风格。三是编辑方针。从一个既定的原则出发，或者为了达成某个一贯目的，在编辑上即可以确定一种方针，这对于报纸风格的决定与变化有着很大的影响。四是个人技术。严格地说，风格是一种技术的产物，糨糊剪刀，白纸黑字，一经编者的匠心独造，便立刻闪耀着智慧的光辉，生龙活虎一般地跃然纸上。

　　报格如何铸成呢？张啸虎认为，就报纸本身而言，报格为人格的反射或延长；若从社会的角度看，则报格的表现与蕴藉更为具体深刻。报纸本身是一个有机的复合体，在构成原素与影响的力量上，至为复杂广泛。报纸从产生到传播的过程中，以一种整合方式，形成具有丰富的生命与意志，以及道德与法律意义上的报格。这种真实的公共意志，它的对象及要素应具有公共性，即它必须来自全体，作用于全体，也为全体服务，为全体而生长发展。若以人类的观念形态言，报格的表现仍不失为一个单位，至少唯有在单位的意义上，才能够分析报格的来龙去脉。作为发表公共意见与创造公共意见的报纸，为了造成其言论的公正与判断的健全，首先必须具备一种获得全社会尊重的报格，然后其舆论才足以发生普遍承认与一致拥护的作用。报纸在道德上所具备的暴露力量，在政治上所具备的领导力量，得失轻重和利弊祸福，完全是以该报纸有否报格为其转移条件。一个没有报格的报纸，其本身是否能够存在尚可置疑，更遑论其在政治与道德上对国家和社会做出贡献了。

张啸虎认为，性格与风格是报格的两种属性，由此出发报格可分为三种类型。一是内倾性报格。这是一种所谓内面化与统一化的性格，而配合着一种自律化与直接化的风格。版面较为明净，标题朴素，处理新闻手法严谨，判断事件态度审慎。含蓄蕴藉，深沉稳健，特立独行，超尘绝迹，洋溢着一片澄清的理智。这类报纸的读者多为中产阶级知识分子，内容富有知识性，技术多不考究，销路较局限，但往往能安然渡过时代暴风雨的袭击。二是外倾性的报格。此种报纸往往富有战斗性，版面生动而有弹性，标题耸动而辛辣，常常以雷霆万钧之势与黑暗现实做无情的搏斗。其读者多为激进的青年群众，爱憎分明，大刀阔斧，常做时代的弄潮儿，但是由于锋芒迫人，遭逢时忌，往往导致中途夭折的不幸结局。党性甚强的报纸多属此一类型。三是中倾性的报格。此类报纸政治上取超然客观不偏不倚的立场，经济上取独立自给洁身自爱的态度，言论上以公正和平审慎严谨为依归，报道上以正确详明真实迅速为原则。在若干时代的风险之中深沉自待，避重就轻，往往能在山穷水尽之后，迎来柳暗花明。缺点是常流露畏首畏尾的懦夫姿态，观点中立摇摆不定，令读者惶惑，容易被目为一种投机妥协、骑墙自私的报格。

张啸虎认为，报格的建立，在于要制定并执行一贯的新闻政策和编辑方针。"新闻政策与编辑方针的不同点，即前者是形成一个报纸的言论路线，而后者则所以铸造一个报纸的新闻路线。"[1] 编辑者的人格足以影响报纸的报格，如有某种明确的原则可资依循，则人格的影响能适当减少，报纸将在一定的轨道上前进，可避免许多技术与知识上的错误。"今日中国报纸所以故步自封，千篇一律，无创造力，无计划性，无朝气，无核心，造成的原因固然很多，其缺乏编辑方针厥为其中最重要者。"[2] 新闻技术是报格形成的重要因素。"一个报纸的风度、气魄、仪表、眼光、胸襟，以及一切报格上的诸种属性与表现，莫不藉技术上的成功而整体实现，而相

---

[1] 张啸虎：《报格论》，《报学杂志》1948年第1卷第8期。
[2] 张啸虎：《报格论》，《报学杂志》1948年第1卷第8期。

得益彰，而蒸蒸日上。"① 如果没有熟练的新闻技术的支撑，所谓的报格也就成了无源之水，无本之木。

解放战争时期的张啸虎在新闻领域还只是一个新进者，虽然在人生阅历和新闻实践方面都有诸多不足，但由于当时复旦大学新闻系处于国内高等新闻教育的尖端，其培养的学生在新闻学专业方面都有很高的理论学术素养，所以他们的媒介批评由于具有新闻学专业知识的支撑而显得具有很强的学理性。张啸虎在当时复旦新闻学系的学生中，是一名佼佼者，因其常常有"洋洋洒洒或精美纤丽的文章"② 在《大公报》上发表，故而受到《观察》主编储安平先生的器重，被邀至该刊担任助理编辑。在当时上海《大公报》、湖南《大公报》与《世纪评论》《报学杂志》《时与文》《知识与生活》等报刊上常常有新闻理论和媒介批评的文章发表，成为当时新闻学界一颗颇为引人注目的理论新星。他当时只是一名进步的青年学生，尚未加入任何党派，他进行媒介批评主要是一种专业兴趣使然。正是年轻新闻学者的这种较为超然的身份，使他对当时新闻传播的观察和分析，显得别具一格，从而极为有力地丰富了 20 世纪 40 年代后期中国现代媒介批评的内容，在当时的中国媒介批评史上，占据了一席不容小觑的历史地位。

第十节　王公亮的媒介批评

王公亮（1924—），本名王洪溥，即当代著名作家、茅盾文学奖获得者王火，江苏省如东县人，1924 年生于上海。1942 年，王公亮辗转到重庆江津县投奔亲友，并考入国立九中高一分校。1943 年夏，该校发生学生中毒事件，王火基于义愤，写了一篇题为《九中就医学生感言》的评论，对该县卫生所官僚主义、医生冷漠等现象进行抨击。文章后发表于《江津日报》上，王火由此与报刊工作结缘。1944 年，王火考入复旦大学新闻系。当时，著名战地记者萧乾在该系任教，讲授英文新闻写作。王公亮曾一度立志要当一个像萧乾那样驰骋战场的战地记者，不断练笔，常有散文、特

---

① 张啸虎:《报格论》,《报学杂志》1948 年第 1 卷第 8 期。
② 王火:《名山事业自千秋——悼学者张啸虎》,《王火散文随笔》,重庆出版社 1997 年版,第 113 页。

写等文字在重庆的报刊上发表。抗战胜利后，王公亮随校迁返上海，1946至1948年，他作为《时事新报》《新生报》和《现实》杂志等多家报刊的特派记者从事采访报道。1947年，他在上海《大公报》上发表了《被污辱与被损害的——记南京大屠杀中的三个幸存者》一文，对李秀英、梁廷芳、陈福宝三个小人物在当时的遭遇进行了报道，引起很大轰动，成为此后数十年间南京大屠杀的一个明证。1948年，王公亮从复旦大学新闻系毕业后，留校当助教。1949年，王火获得赴美国哥伦比亚大学新闻学院深造的全额奖学金，但他觉得世界从此进入和平时期，不会出现大的战争，成为战地记者的可能性比较小，因此主动放弃了这次深造学习机会。中华人民共和国成立之初，王公亮先是在上海总工会筹委会文教部任编审干事，参与筹建劳动出版社，任副总编辑，参与创办《工人》半月刊。1953年调北京中华全国总工会，筹办《中国工人》杂志，任主编助理兼编委。1961年奉调山东支援老区，做过十多年的中学校长。1983年到成都，任四川人民出版社副总编辑，并参与筹建四川文艺出版社，为该社第一任书记兼总编。虽然王公亮自中华人民共和国成立以后就告别新闻岗位，转向文学创作，但他在20世纪40年代后期，却是驰名中国新闻界的著名记者，不仅发表了很多有重大影响的新闻作品，而且针对当时的新闻问题与现象，撰写了一大批具有理论洞见和实践导向的评析性文章，在当时国统区渐趋萎靡的新闻理论界，显得十分令人注目。

一

报纸如同人、国家那样也有其尊严、价值和品格。有专家曾解读史量才的报格观，"就是坚持独立自主，不为金钱所动，不为权势所屈"。[①] 作为中国现代最为成功的报业经营者，史量才的观点无疑具有深刻而丰富的内涵，他在当时的新闻业界也确实具有领袖群伦的影响，但对一家报纸来说，其报格究竟如何才能建立起来？史量才对此则语焉不详。直到抗战胜利以后，这一问题才由时为复旦大学新闻系学生的王公亮、张啸虎等人予以较为深入具体的讨论。1947年6月，王公亮在重庆出版的《中国青年》

---

① 吴廷俊：《史量才办报身份的界定》，金瑾如主编：《仰望史量才》，华文出版社2010年版，第7页。

（复）第4期上发表了《谈报格之建立》一文，对报格如何建立的具体路径进行了剖析。由于报格问题事关报纸的权威性、可信性，因此，在当时国民党实行新闻专制统治、强力压制中共和民营报纸发展的大背景下，王公亮等人对报格问题的论述，表面上似属于新闻理论探讨，其实质则具有较为强烈的现实指向性，具有媒介批评的意义。

王公亮在《谈报格之建立》一文中指出，有权威的报纸，常可以支配社会舆论，它不但能够教育人民，而且有时可以左右政局，所以，新闻传播不是一种轻便的事业。要使新闻事业踏上健全而成功的大道，除了在编辑、采访、管理、发行等技术上增进，和招揽人才与培育记者人格等人事方面的完善外，最主要也是最根本的问题，就是高级报格的建立。王公亮主张做人应尽量追求人格的完美无缺，报纸与人一样，也必须有高级的报格。报纸有了报格才有确定的宗旨，有了确定的宗旨，在该报工作的人才能下定决心，始终不懈地努力追求日新又新的进步，因而报格如何建立是一个很值得讨论的理论和实践问题。他认为高级报格的构成，主要包括办报的目的、路线、立场和政策等四个方面的内容。

王公亮力主崇高的目的应是构成高级报格的第一要素。新闻传播是一种艰苦严肃而又高尚的事业，其目的必须妥善确立，至善至诚，"但如以现在世界各国内从事新闻事业者的目的分析而言，却未必尽然"。[①] 他概括当时新闻从业者的目的，最普遍的有两种：一种是以营利为目的，把新闻传播作为一种纯粹的商业营利行为，像经营其他商业一样来经营新闻媒体；另一种是以宣传为目的，把新闻媒体作一种政治工具加以利用。前一种以美国新闻媒体最为显著，新闻事业被视为一种个人企业，而非一种社会和国家的事业。民元以来，中国也有许多报纸虽有趋于商业化的倾向，但程度很浅，与英美报纸比相去甚远。真正理想的中国新闻事业，宁愿与英美异途而行。在营利目的支配下的报纸，虽间或不乏良好成绩，但每囿于营业本位的利害关系，舍己从人，着眼于生意经，迎合社会一般不良心理，难以负起新闻事业领导舆论、指导社会的时代使命。后一种以宣传为目的，表面上看似比营利性报纸高级些，但一般来说，宣传系以政治立场为依附，此种政治宣传是否合于读者需要？是否符于国家社会福利？是否适于建立世界和平？这都成了不容忽视的问题。报纸目的营业第一固不可

---

① 王公亮：《谈报格之建立》，《中国青年（重庆）》（复）1947年第4期。

取，宣传第一也有极大的流弊。王公亮认为，新闻从业者最正确的目的应该是服务国家和人民。"依现在时代的潮流和世界的需要而言，便是站在国家民族本位的立场，为国民无条件的服务，争取世界永久的和平，协助奠立真正的民主政治。"① 只有这样，报纸才既不会成为商人的聚宝盆，也不会成为党派的辩护士，而是一座政府和人民之间的桥梁。

王公亮认为，正确的路线，是构成高级报格的第二要素。他所说的报纸路线，就是报纸的读者定位。"要求报纸的发展，必先要采取报纸应走的路线，也就是说，要办一张给那一阶层人看的报纸。"② 如报纸若走商业路线，那么读者应是商场中人，报纸的地点就应该置身于商业鼎盛的城市。若走政治路线，吸引的读者多半是公务人员和社会知识分子，报馆就该放在政治的神经中枢地带。如走文化路线，就该放在一个文化之城，吸引的读者多半是教育界人士与文艺爱好者。"路线的择定，会影响将来的发展，换言之，就是会影响高级报格的能否确立。"③ 一张报纸如能包罗万象吸引一切读者当然最好，但报纸毕竟篇幅有限，且人力财力也都有限，与其分散力量毫无优点，倒不如集中力量，创造独特的风格，反而可以有吸引读者的独到之处。而且如果真能择定适当的路线，代表该路线的社会层，然后以该社会层为基础，再推广及于其他读者，这样每每较易成功。王公亮认为报纸的路线各有千秋，很难说怎样为好或不好，但可确定的是，报纸如走政治路线，内容就不免硬性或严肃，读者的水平较高，虽然报纸的销路可能并不多，但其言论却每每可以唤起民众指示路途，对国家的政治外交或者经济产生较大的作用。

一贯的立场，是构成高级报格的第三要素。王公亮认为，每家报纸皆有其立场。有些报纸往往自称无立场，借以表示超然，以博不偏不倚之名，但不知没有立场，即标明没有自己的主张。在现代社会发展潮流中，新闻事业的地位与责任，已达到高潮。一张无定见、无主张和无中心原则的报纸，必然是一张没有一贯立场的报纸。这样的报纸决不能存在。即使存在也不会有好的前途，更难得到读者的信任。"因此，不但机关报有立场，即非机关报亦应有立场。往往新闻言论即随其立场为取舍之标准，但

---

① 王公亮：《谈报格之建立》，《中国青年（重庆）》（复）1947年第4期。
② 王公亮：《谈报格之建立》，《中国青年（重庆）》（复）1947年第4期。
③ 王公亮：《谈报格之建立》，《中国青年（重庆）》（复）1947年第4期。

主要的论点,不是立场之有无,而且立场决不可能没有,所以应该注意的倒是立场是否一贯的正确。"① 如果立场正确,就必须予以坚守,视之为第二生命。人员的去留、言论和新闻的发表,皆用此种立场作为严格衡量的尺度。"前后如一的不断努力,建立社会信誉,形成舆论的权威。如果立场不正确,则应向好的方向趋就,以求踏入至美至善的境地。"② 读者像是审判的法官,他们对报纸所下的批判往往最公平。报纸权威的确立,其中丝毫没有侥幸的成分和投机取巧的余地。报纸的立场容易被发现,但是否正确却很困难,而一贯实行正确的立场,那就更难乎其难了。

王公亮认为,完善的新闻政策是构成高级报格的第四要素。他所指的新闻政策,是指媒体的传播策略。"新闻政策对于报纸也就相同于大政方针之于国家。"③ 因为立场不同,故各报所决定的政策亦随之而异,但是政策虽因各报立场不同而可自由决定,却必须以真理与正义为前提。新闻政策有缺陷,势必影响国家社会,甚至影响国际关系,因此,虽然选择新闻政策有一定的自由,但新闻从业者需谨慎小心,善加利用,否则就等于存心用社会的公器来欺骗读者,毒害社会。真正以服务为目的的报纸,其新闻政策应严格配合时代要求,为国家民族切实负起政治教育的责任,挽救危机,化除戾气,常常检讨反省,改正错误。在正确的新闻政策下,除抨击和暴露黑暗与腐败外,更需用善意的督促与协助,来追求国家新生的实现,这是媒体选择新闻政策时必须加以严格遵守的一个原则。如果做到以上四点,报纸将拥有高级的报格。这不仅是报业的一个基本问题,同时也是报纸本身的生死存亡问题,是新闻事业建立健全的基础!

二

广告既是一种传播行为,又是现代新闻的血液。广告与新闻事业既相辅相成,又相互制约,因此,新闻工作者如何定义广告与媒体的关系,既是一个新闻的实践问题,也是一个新闻的观念问题,关系到新闻事业的性质、面貌和方向。1947年7月,王公亮在《报纸与广告》一文中,在详细

---

① 王公亮:《谈报格之建立》,《中国青年(重庆)》(复)1947年第4期。
② 王公亮:《谈报格之建立》,《中国青年(重庆)》(复)1947年第4期。
③ 王公亮:《谈报格之建立》,《中国青年(重庆)》(复)1947年第4期。

阐释了新闻事业与广告之间的关系后，对一些报纸在处理媒体与广告关系中的偏颇或不当行为，也进行了分析和批评。

王公亮指出，自人类进入近代以来，在商业发达的社会里，随着新闻事业的进步，其优越的宣传功能，使新闻事业与广告之间的关系越来越紧密。报纸依赖广告，可以获得大量的资金，开展新闻业务活动，实现经济独立，不受外力的把持。广告登载者花费了金钱，但通过报纸使相关信息与读者见面，也达到了下本取利的目的。从经济角度看，广告对报纸影响极大，但这种影响具有两面性。"有的使报纸改善且进步，有的却使报纸变质，有的更会使报纸受广告刊户的任意指使，形成报纸不健全的病态。"① 因为报纸吸引读者的要素，不外乎报纸版面充实、社论公正有力、新闻翔实迅速、副刊精粹独到、特写生趣动人等方面。特别是新闻版面的充实，往往是赢得读者的重要法宝。"广告之类别性质，虽然形式不一，但刊户之心理却是相同，他们所以肯花费大量金钱登载广告，不外乎想藉报纸之发布，扩大宣传力量以收成效，而报纸的发行领域即广告之领域，故广告刊户必择发行数多，分布区广的报纸登载广告，方始值得。"② 报纸要想达到发行数多与分布区广的目标，就需使本身各方面不断精进，因此广告刺激发行，发行刺激版面改进，二者互为因果，互相制约。

王公亮指出，广告与报纸关系日渐密切，报纸登载的广告种类形色日新月异，"原本为报导新闻而创办之报纸，因适用需要，逐渐变质"。③ 广告挤占新闻版面，报纸的原来意义就被迫减弱或失去。特别是由于报纸版位对广告效能影响很大，报纸版位价格有高有低，"至刊户不惜花钱，报社不惜犯讳，报纸的不健全就此产生，因为报纸是一种综合读物，在篇幅分配上，自有一种适当限度的分划，但报社为了增加收入，不惜将广告渗入新闻版内，以求读者注意，则对于报格及编辑政策，一定会受到大损害"。④ 王公亮批评上海的报纸，差不多没有一份不在犯这种毛病，即便是往昔在其他地方态度较为严肃、格式较为保守的报纸，迁到上海后，在

---

① 王公亮：《报纸与广告》，《前线日报》1947 年 7 月 28 日。
② 王公亮：《报纸与广告》，《前线日报》1947 年 7 月 28 日。
③ 王公亮：《报纸与广告》，《前线日报》1947 年 7 月 28 日。
④ 王公亮：《报纸与广告》，《前线日报》1947 年 7 月 28 日。

白花花的银子面前，其内容和版式也在逐渐蜕变，报纸成了广告的奴隶，实是值得警惕之事。"因为社会污秽黑暗，广告反映社会，也就无奇不有，招摇撞骗，诲盗诲淫的内容，都在显赫的地位，大字花边的标出，报纸本应是改良社会的工具，但这样一来，社会的污秽黑暗却改变了报纸。"① 这种情形在越是繁华的城市里，就越难差强人意，不能不引起新闻工作者的重视，需要加以纠正和改善。

在抗战胜利后的上海、南京、广州等一些城市里，街头巷尾"种种以内幕新闻标榜之报章杂志，五色罗列"，② 令人叹为观止，成为当时新闻业的一道风景。王公亮认为，"在新闻学之立场，内幕新闻的重要性，已大为增加"。③ 即"内幕新闻"这种现象，值得从其兴盛的原因、与社会的利害关系等方面，进行分析和批评。王公亮认为，"所谓内幕新闻，必在新闻自由畸形实施之状况下，方会产生"。④ 因为所谓新闻，本身并无内幕、外幕之分，凡一切与人类社会有关、仅有少数人知悉而多数人犹未知悉之事即为新闻，所以，一切新闻其实皆是内幕新闻，硬要在新闻前面加上"内幕"二字，无非在于耸动和刺激，以引人注意和增加销路而已。不过，王公亮同时也指出，在新闻自由实施客观状况不尽相同的大环境下，新闻确实又有内幕或非内幕之分。内幕新闻的存在，实质上是一个新闻自由的问题。

王公亮认为新闻自由不外乎三种类型。一是新闻完全自由，但作者自负文责，尽自我检查的责任；二是新闻完全不自由，除官方控制的报道外，不得有其他超越限制的报道；三是新闻自由在似有似无之间，亦即在畸形实施之间：普通报道常受到限制，但在改变一种方式报道之下，则可逃避此种限制。在这三种情形下，第一种不该有所谓内幕新闻出现，因为在这种情形下，可说是新闻皆内幕、内幕皆新闻。新闻自由没有阻限，只要与事实相合，即可公开发布，不必鬼鬼祟祟。在第二种情形下，也不该有所谓内幕新闻的出现，因为新闻自由既受专制统制，则报道新闻必无自由。事实有内幕、非内幕之分。所谓内幕就大多是关系重大或与执政者主

---

① 王公亮：《报纸与广告》，《前线日报》1947年8月4日。
② 王公亮：《论内幕新闻》，《益世报》（上海）1949年3月12日。
③ 王公亮：《论内幕新闻》，《益世报》（上海）1949年3月12日。
④ 王公亮：《论内幕新闻》，《益世报》（上海）1949年3月12日。

张相左,对其影响不利的新闻。所谓非内幕,则是经过检查、有利执政者宣传的新闻。前者不准发布,后者准许发布。所有的新闻都经过准许发布,当然也就没有未经准许发布的什么新闻了。循此,只有在第三种情形之下,内幕新闻才有出现的必然性。

王公亮批评当时国统区的新闻自由"在似有似无之间,亦即在畸形实施之间"① 的情形最为显著,因为如果说国统区现在没有新闻自由,人们却可以看见外国通讯社与记者在中国种种荒谬的报道,也可以看到一些攻击和批评统制政府的种种言论。"但如我们说现在已有新闻自由,那我们却又看到封报社,捕记者,警告,申诫,一桩桩的事实。因此,就在这种似有似无的新闻自由之间,报章杂志的主持人,多少在自由之外要抱着戒心,唯恐万一不小心,惹出大祸。"② 王公亮认为,正是由于有这种原因的存在,另创一格的所谓"内幕新闻"的杂志刊物,才会风起云涌。人是富有好奇心的动物,尤其在世界大势复杂无比、千变万化的情形之下,都想了解各种情况及其趋势,以便衡量现状,测望未来。"故而在目前中国骚乱不堪的现局之下,为了躲避责任问题,为了生意眼,又恰巧利用了目前这一段摇摆不定的时机,真的内幕新闻和假的内幕新闻就纷纷出现,成为新闻中的宠儿了。"③ 王公亮认为在新闻自由似有似无,或新闻自由不够充分之时,内幕新闻的出现,有其价值及功用,因为这一类的新闻,每每与时局关系重大,人们可以借此推测未来的事实。

但是当"内幕新闻"报刊纷纷兴起之后,流俗所趋,竟然演变为害多利少的局面。原因有二,一是真正的内幕新闻十分稀少,那些以内幕新闻相标榜的报刊,为解决稿荒,应付按时出版,常常只能菁芜并收,"发展到最恶劣的阶段,遂不能不靠夸大、说谎、造谣、耸动来敷衍欺骗,以致捕风捉影,闭门造车,淆乱人心,影响大局,莫此为甚"。④ 二是这类新闻既然以"内幕"作为卖点,常常被毫无遮饰地报道,造成新闻自由与新闻伦理之间的冲突,而发人隐私尤其容易涉及诽谤等法律问题,更易受人利用,成为攻击私人的工具。等而下之,遂会影响社会人士对新闻事业的观

---

① 王公亮:《论内幕新闻》,《益世报》(上海) 1949 年 3 月 12 日。
② 王公亮:《论内幕新闻》,《益世报》(上海) 1949 年 3 月 12 日。
③ 王公亮:《论内幕新闻》,《益世报》(上海) 1949 年 3 月 12 日。
④ 王公亮:《论内幕新闻》,《益世报》(上海) 1949 年 3 月 12 日。

感。王公亮批评道：时下上海最风行的内幕新闻刊物，种类花式何止数十种，除极少的一两种外，多数内容只能使人哑然失笑或大骂荒唐。这类报刊已经全然丧失了社会教育功能，"走上了唯利是图，荒诞不经，招摇撞骗，只重销路不重新闻道德的路了"。①从长远的角度看，这对新闻事业来说，无异于一条自戕之路。

三

自近代新闻事业诞生以来，人们就往往把大众传媒视为民主政治的一种表征。政治民主是政治现代化的应有之义。民主政治不承认任何政治和社会特权，而规定不管个体差异，任何公民在政治生活中都享有平等的政治权利。民主政治虽然并不意味着每一个公民都去直接参加国家和社会事务的管理与决策，但它必须通过一定的机构和形式反映出来，通过大众传播媒介来表达自己对国家事务和社会公共事务的见解与看法，影响决策机构的政策制定。在现代社会中，没有任何一种工具或手段可以像大众传播媒介一样有效地吸引人民群众参加到国家和社会事务的管理中来。在现代社会中，民主报纸与民主政治就是一个颇具有阶级性和政治色彩的话题。1948年9月27日，王公亮在《前线日报》上发表了《民主报纸与民主政治》一文，借讨论报纸与民主政治的关系，来批评国民党对新闻媒介的垄断。

王公亮在该文中认为，所谓的民主报纸，就是在人民自己主持之下发表人民自己主张的报纸，其存在的社会意义与民主政治殊途同归。作为社会公器，报纸为最大多数人民的最高利益而存在。民主政治的原则就是根据大多数人的意志来决定国家的政策。离开了读者大众，报纸就没有存在的价值和理由。因为报纸有汇集和组织的功用，更可以作为表现民意的工具，所以现代政治中的代议制和政党，部分功能可以由报纸来协助进行。每个人对于政治都有表示意见的权利，报纸的效用，也就是把不同的个人意见反映到政治上来，进一步汇集这些见解，成为几种有组织有体系的意见，用舆论的力量来指挥并且运用政治。这说明在民意能够自由表达的民主国家中，报纸是因服务人民而存在，人民把报纸视为一种代替喉舌的工

---

① 王公亮：《论内幕新闻》，《益世报》（上海）1949年3月12日。

具,使之协助人们完成健全的社会参与和治理。

王公亮指出,报纸所拥有的这种天赋性的宣传优点,其巨大的舆论影响力,早已为执政者所洞悉。凡是从事政治斗争者,都不免要利用报纸,这使得本来可以作为民意表现工具的报纸,摇身一变成了政治婢女,被政治绑架为宣传工具。而一旦被执政者控制之后,报纸就会渐渐与人民的意志脱节,成了政府的传声筒。"试以中国为例,政府有形或无形把持的报纸日益增多,纯由人民主办的报纸日益减少,而政府之宣传机构,在中央有宣传部,新闻局与政工处,在省市也有新闻处,新闻科,处处皆可以看出政府重视舆论,注意宣传的决心与计划。"[1] 本来以执政者为求贯彻国策推行政略的前提而言,这种政策无可厚非,具有一定的合理性,但在实行民主政治的原则之下,报纸与人民的意志脱节,异化为压制和扭曲民意的工具,王公亮认为这在当下是一个值得加以研讨的新问题。应该说,王公亮提出这个问题的行为本身,实际上就蕴含了强烈的政治批判性,具有一定的媒介批评意义。

王公亮认为,这个问题在世界范围内,目前还都存在一些问题,在英美等民主历史较为悠久的国家中,人民经济状况优越,但民主报纸的性质却渐渐变了质。而在中国,表面上是人民办报,政府也办报,民营报纸与官方报纸并存,依理可以实现和谐并生,各种报纸的立场和效用各异,是一种在正、反、合中取得均衡、进步的好现象,但从中国的现况和过去的经验来看,欲求共存共荣,只是一种理想,实际上却不是这样。"最严重的问题,是这种共存的局面,渐渐的演变为官家报纸压倒了民主报纸的局面,因为政府除自身可以保持庞大的宣传机构外,还可以运用政治权力,加以中国新闻事业普遍不及英美等发达,人民购买力既薄弱,兴趣也不浓厚,再缘于办民主报纸的并不是豪门巨富,在经济力量方面,无形就要略逊一筹,不景气的浪潮淹来,就可以使得报社夭折。"[2] 如此这般,民主报纸独立自主的生存机会,不能不受到严重的冲击和削弱,必将对民主政治产生极大的妨碍。

王公亮认为,从民主政治的角度看,当然是人民的报纸越多,民主政治越真实。如同世界上没有至善至美的人一样,也没有至善至美的政府。无论

---

[1] 王公亮:《民主报纸与民主政治》,《前线日报》1948 年 9 月 27 日。
[2] 王公亮:《民主报纸与民主政治》,《前线日报》1948 年 9 月 27 日。

哪一个政府，除非它不实行民主政治，如果实行，舆论的纠正与监察力量则是民主政治不可缺少的最大优点。一个政府若不要人民从旁监督和协助，那么就永远都不会获得进步与改良。当然，民间办报与民主报纸并不是同一个概念。譬如在美国，人民办报风气极盛，但细细分析，几个巨头成了报阀，舆论已被他们用金钱把持。表面上民主报纸似乎颇多，实际上报阀们把持舆论后，报纸反成了民主政治的障碍，"他们可以把自己的利害作为传播舆论的前提"。① 对其有利者从之，对其无利者则摈之。在国民党统治之下，"政府不但不能积极的维持并爱护民主报纸的发达，甚至连消极的容许民主报纸的存在都不能做得圆满，这种情形演变之后，遂使中国的报业萎然毫无生气，中国的政治效能也不能有长足改进"。② 王公亮呼吁国民党政府能从施行民主政治的大原则下，即便不能培养和灌溉，也应给民间报纸留下一定的空气和阳光，以便让它能相对自由地呼吸、生长和壮大。

新闻观念是新闻行为的先导。王公亮认为，在新闻事业繁盛、民主政治潮流弥漫全球的当代社会里，新闻事业与人类及国际社会间的关系日趋密切，效用渐增，树立对新闻事业的正确认识实极必要。特别是"际此中国新闻事业日趋窘迫，新闻自由丧失殆尽，'对付报馆打与封，对付记者杀与关'之今日"③ 的现实环境下，执政者对新闻事业的认识与定位，不仅关乎新闻事业的发展方向，更关乎新闻事业社会功能的发挥。

王公亮认为，身为国家执政者，一般都对新闻事业功能有部分认识，但也正"唯其因为有部分认识，故新闻事业叠遭压迫残害，也唯其因为有认识，故新闻事业常被假用为御用宣传机关"。④ 但是，有压迫就会有反抗，有反抗就会发现压迫是一个愚笨的方法，因此，利用就成了压迫的代用品，于是，收买、津贴和自办就常常成了执政者和政府认识了新闻事业价值后的结果。为什么执政者或者政府对新闻事业会有这么多畸形变态的行为演出呢？王公亮分析说，原因是新闻事业的范围太过广大，尤其与政治、外交等工作太过密切，容易造成新与旧的对立、自由与保守的失衡、现实与理想的冲突，等等。执政者从其经验中懂得了"防民之口，甚于防

---

① 王公亮：《民主报纸与民主政治》，《前线日报》1948年9月27日。
② 王公亮：《民主报纸与民主政治》，《前线日报》1948年9月27日。
③ 王公亮：《认识新闻事业!》，《世纪评论》1947年第2卷第6期。
④ 王公亮：《认识新闻事业!》，《世纪评论》1947年第2卷第6期。

川"的道理，故而对新闻事业的迫害、利用就相继而来了。归根结底，对于新闻事业的迫害或利用，虽然是执政者们有了认识之后的结果，但这种结果还是源于认识的不够正确，认识的不是全部而是一部分。

王公亮结合中国的历史与现实分析说：中国近代报纸自诞生以来即饱受满清政府及历届北洋军阀的恶毒摧残。特别是在北洋军阀统治时代，社会上曾流传"报馆不封门，不是好报馆。主笔不下狱，不是好主笔"[1]的名言，以激励报人反抗军阀，视死如归的勇气。在抗日战争初期，国民党政府与新闻界关系一度有所改善，曾在一段时间内，双方相倚相需，竭诚合作，互相求全，希冀共同完成抗战建国大业。原因就在于那个时候国民党政府对新闻事业的真正意义与重大责任有所认识，但即便就是在这个时候，他们也只是认识了一部分而非全部地认识了新闻事业。最令人感到遗憾的是，抗战胜利以后，国民党当局"虽然明令废止了新闻检查制，又三令五申的发布保护新闻记者尊重新闻自由的官样文章，但实际的事实却绝端相反"[2]。王公亮指出，真正为人民的好政府应该认清新闻事业的真正价值与意义，根本用不着防范新闻事业所引起的舆论。这，将永远是新闻从业者的希望和理想，也将永远是新闻从业者所致力奋斗的目标！

抗战胜利以后，中国新闻业迅速复苏，一时间呈现繁荣景象，但随之各种各样的问题也纷至沓来。实践既向新闻理论提出了崭新课题，也给媒介批评提供了巨大的实践和理论空间。当时的王公亮虽然还是一个大学生，但年轻人所特有的血气方刚，使之对新闻业界所存在的问题常有愤世嫉俗之感。另外，他毕竟又是我国当时为数不多掌握了新闻专业理论的人，对新闻界的实践性问题具有一种理论分析的敏感与能力。所以，在20世纪40年代后期的中国新闻理论界，王公亮仿佛是一颗划破夜空的星辰，在短短的几年时间内，就在各种报刊上发表了十数篇新闻理论的专题文章，而且很多文章都是作为报刊相关专栏中的头条或重点文章予以刊出，其理论崛起的速度之快，十分引人注目。特别是他针对新闻观念、广告与新闻、新闻与文化、计划新闻、内幕新闻等问题的研究和评析，在进行专题理论探讨的同时，又结合新闻实际问题进行学理性解析，以理论来观照实践，见出实践的缺陷，基本做到了学与术的紧密而有机的结合。这些新

---

[1] 贾逸君编著：《民国名人传》（上），民主与建设出版社2012年版，第212页。
[2] 王公亮：《认识新闻事业！》，《世纪评论》1947年第2卷第6期。

闻理论研究性成果，虽然语气较为温和客观，在批评火力方面稍嫌不足，但从理论建设方面看，不仅极大地丰富了当时中国的新闻理论宝库，而且给媒介批评带来了极大的学术色彩与张力，使20世纪40年代中后期的中国媒介批评显出了一种别样的理论建设风采与前进路径。

小 结

解放战争时期的社会主轴，是国共两党之间激烈的阶级大搏斗。如果从蒋介石全面发动内战算起，到南京政府倾覆撤离大陆，解放战争的时间只不过短短的三年。为什么在短短三年的时间里，战争形势就发生了如此巨大的转变？著名中共党史研究专家金冲及先生曾就此总结道："根本原因在于：导致战争胜败的不只是双方军事和经济力量的对比，更重要的是人心的向背，也就是谁能得到中国最大多数民众的支持。"[①] 可谓一语道破了其中奥秘。得民心者昌，逆民心者亡，自古皆然。在一定意义上，解放战争就是一场争夺人心的比拼。新闻媒体是形塑和引导社会舆论的最有力工具，是一种机构化、高效率的社会舆论传播载体，"人们获得舆论的影响大量来自新闻界"。[②] 这也就是抗日战争甫一结束，国共双方都在积极抢占新闻媒体高地的原因。国共双方领导都对新闻媒体的舆论引导作用有着深刻的认识。中国共产党人自不待言，就是一贯迷信武力的蒋介石也对新闻传播十分重视，抗战时期他不时地指使有关部门采取各种措施明里暗里地限制、禁止共产党报刊在国统区的传播，常以批示、代电及手令等方式做出具体的指示。据不完全统计，蒋介石以自己名义责令其下属对《新华日报》进行追查、迫害而签发的代电、手令就有13次之多。蒋介石还命令有关部门专门制定了《对〈新华日报〉违检案件处理步骤方案》，其中规定连续严重警告三次，即予以一至七日定期停刊处分；派宪兵监视，若检扣消息刊出，即将印出的报纸扣押；复刊后如再违检，再予严重警告，连续三次后即斟酌当时情形，予以再停刊或永久停刊处分，从而充分地暴露出了蒋介石新闻思想中反共反人民的阶级本质。

媒介批评本应是一种专业批评，但任何一种专业都不是孤立、封闭的

---

① 金冲及：《二十世纪中国史纲》（第二卷），社会科学文献出版社2009年版，第580页。
② 刘建明编著：《舆论传播》，清华大学出版社2001年版，第302页。

社会系统，新闻传播的意识形态性决定了媒介批评中政治因素的存在和强大，政治因素的突出，对于媒介批评的发展来说，是优点也是缺点。其缺点在于因为政治的主导性，往往会掩盖、渗透、压倒和替代专业，使该领域或学科的独立性格无法得到充分的展开和发挥，深刻的专业理论思辨和具体的个性形式，无法得到应有的长足发展，媒介批评结果异化会为政治批评甚或政治斗争的附庸，缺乏反映在专业和思想内涵上与该时代丰富内容相匹配的媒介批评文本。当政治喧嚣风流云散之后，媒介批评无法留下足以让人们记忆的身影。1946年2月，围绕"较场口事件"而引发的国共双方媒体之战，就是媒介批评因为政治的强力介入和渗透，而异化为政治斗争的一个典型例子。

新闻自由是社会政治制度设计的一部分，因此，新闻自由在任何社会中都具有鲜明的政治含义，对新闻自由的理解、态度及执行往往反映出人们的阶级属性和阶级意识。国统区发生在抗日战争即将胜利期间以争取新闻自由为核心指向的拒检运动，既是一场大规模的社会政治运动，又是一场具有新闻专业意义的媒介批评实践。对中国人来说，虽然新闻自由是由欧西传入的一种新闻思想，但新闻自由在任何社会的新闻实践中又都是一个现实的问题，新闻自由的本质是社会政治制度设计中给予了新闻媒体多大的生存空间，因此，新闻自由观念自近代以来就一直受到中国众多启蒙思想家、政治家、教育家和新闻工作者的接纳，被反复的加以阐释与讨论。1945年7月，黄炎培等六位国民参政会参议员到访延安，黄炎培返回重庆后，将他在访问延安期间的见闻整理而为《延安归来》一书，为了免遭国民党书刊检查机构的删改与压扣，决定不送检而由国讯书店径直出版。该书出版之后，在渝民主进步人士张志让、杨卫玉、傅彬然三人起草了宣布"拒检"的联合声明，由《读书》等16家杂志社共同签名，于8月17日正式发表，宣布这16家杂志自9月1日起一致不再送检，从而拉开了国统区的拒检运动序幕，随后成都、昆明、桂林、西安等地纷纷响应，使得拒检运动迅速发展成为一场规模浩大席卷整个国统区的政治文化运动，最终迫使国民党中央第十次常委会通过了废止新闻出版检查制度的决定与办法。新闻史界往往关注这场运动的过程及内容，但对国共双方在这场斗争中的角力形式和特点则有所忽视。1945年3月31日，《新华日报》发表了《新闻自由——民主的基础》一文，通过"收集了一些在各种困难下的中国舆论界对于新闻自由的痛切呼吁，和对民主主义政策殷切向往的部分材料",[①] 在报上刊布，使新闻自由的观念在国统区新闻出版界得到了强调和放大。1945年9月1日，《新华日报》又在记者节这一天发表了《为笔的解放而斗争》的时评，对当时一些国民党御用新闻工作者为新闻检查制度辩护进行了义正词严的抨击，特别强调："今天，应该是中国新闻记者起来洗刷羞辱的时候了。"[②] 这些无疑都对国统区的拒检运动起到了有力的推动作用。

新闻媒介是社会文化的一部分，媒介批评必然是社会文化建设的题中应有之义。1945年12月20日创刊的《上海文化》月刊，在其创刊词中明确宣传该刊的任务就是："对于上海及国内外文化界动态，出版界概况，按期作忠实的报道，介绍和批评。"[③] 可见媒介批评是文化建设的有效工具和重要内容。文化是国家和社会文明的标志，文化建设的具体内容往往要通过新闻媒体加以反映，并由此获得进一步发展的社会动力。新闻媒体是社会文化生活的一面镜子，文化建设的优劣长短，从中都可以得到较为直观而清晰的反映，人们据此可以对文化建设进行相应的规划调整和布置实施。完全可以说，在国家和社会文化建设的过程中，解放战争时期的媒介批评并没有缺席，只是由于激烈的政治斗争吸引了人们更多的注意力，挤占了较多的社会话语空间，显得这一方面的媒介呼声较为微弱而不为人注意罢了。

新闻教育与媒介批评有着紧密的关联。新闻教育发达了，不仅会普及新闻知识，使之成为媒介批评的专业和学术理据，而且给媒介批评培养和输送优秀的批评主体。解放战争时期复旦大学新闻系的学生张啸虎、王公亮等人所进行的媒介批评，不仅具有很强的理论性，而且具有相对的锐气，在阶级斗争异常激烈的时期，媒介批评已经基本上异化为政治斗争的社会大氛围中，就显得十分的卓尔不凡，如同一股思想和知识的清流，有效地中和与平衡了解放战争时期媒介批评的成分结构，也让我们认识和体悟到，即便受到政治的强烈挤压，其时的媒介批评仍然在顽强生长，呼应同时也在制约着中国新闻传播事业的发展。

---

① 《新闻自由——民主的基础》，《新华日报》1945年3月31日。
② 《为笔的解放而斗争——"九一"记者节所感》，《新华日报》1945年9月1日。
③ 本社同人：《创刊词》，《上海文化》1945年12月20日创刊号。

结　　语

　　中国近现代史时间上虽然并不漫长，但在这一百多年的岁月中，中国人民却经历了诸多沧海桑田、改天换地的性质的重大事变，鸦片战争、甲午战争、戊戌变法、宪政改革、辛亥革命、民国创立、五四运动、国民革命、国共分途、抗日战争、解放战争等，在中华大地上曾经上演过无数动人心魄的故事。任何地方任何时候，人都是社会生活的主角。正如恩格斯指出的那样："在社会历史领域内进行活动的，全是具有意识的、经过思虑或凭激情行动的、追求某种目的的人；任何事情的发生都不是没有自觉的意图，没有预期的目的的。"[①] 历史研究以人类的活动为特定对象，它思接千载，视通万里，多姿多彩，令人销魂。这是它比其他人文学科更能激发人的想象力，也更为迷人的地方。历史与新闻的关联，曾经为很多新闻学者挖掘和阐释，英国考古学家路易斯·奥·明克就曾精辟地指出："一方面，历史指的是事件，即人类事件的过程；另一方面，它又是指历史的事实报道，即历史学家所从事的探究和做的记事。"[②] 人类的社会生活广漠无垠，以之为对象的历史学研究，自然也就存在于一切的人文科学之中，并成为所有人文科学研究和进一步发展的基础。因此，中国近现代媒介批评史研究，自然也具有与此相类的学科意义。

　　媒介批评是新闻传播进步的一种有效形式和动力。"中国是世界上最先有报纸和最先有印刷报纸的国家。"[③] 新闻事业的历史非常悠久。特别是近代以降，随着西方传教士的东来，中国近代新闻传播出现了与古代新闻

[①] 《马克思恩格斯选集》第4卷，人民出版社1972年版，第243页。
[②] 转引自赵吉惠《历史学概论》，三秦出版社1986年版，第2页。
[③] 方汉奇主编：《中国新闻事业通史》第1卷，中国人民大学出版社1992年版，第2页。

传播迥然不同的面貌。欧美新闻观念的传播，西方的新闻传播模式渐次移入，并逐渐地与中国传统文化在冲突中相结合，不断地生根、发展和普及，成为国人观察、分析和评价媒介时的重要显性标杆。实践是观念生成的最基本途径，但任何新观念的生成又同时必然会受到特定社会文化背景的制约，至少人们只有在接受了一定文化知识的教育后才能对先前的文化遗产进行改造和吸收，进而形成新的观念。中国近现代媒介批评无疑是一种观念性话语实践，在其运动和演进的过程中，必然受到社会政治、经济、科学、文化、伦理以及社会风俗习惯的影响和熏染，从而深深地打上中国社会所具有的特殊烙印。这种烙印不仅在媒介批评的主题和内容上有着十分突出的表现，而且在媒介批评的文体结构形式和语言修辞等方面，也有着格外鲜明的印记。

在中国传统社会中，媒介批评的理论资源并不十分丰富，很长一段时间内"批评"处于被污名化的尴尬境地而无法得到应有的发展空间，人们往往将批评视为"骂人"，将之归入社会话语实践的另册，甚至将其与攻讦、党见等同，因此，在中国近现代媒介批评史上，为媒介批评正名就成为媒介批评本体论和功能论中的一道亮丽的风景和重要内容。在这方面，以评论作为刊物名称的《现代评论》做出了很大的贡献，该刊发表了很多对批评具有本体论意义的探讨性文章。1924年12月20日，著名话剧家、物理学家丁西林在《现代评论》第1卷第2期上发表了《批评与骂人》一文，曾对此进行了相应的分析。丁西林在文中说，近年来人们很喜欢作批评性的文章，几乎10个作文章的人，有9个是作批评的文章；而10个作批评文章的人，就有9个喜欢骂人。"一般关心世道人心的人，都个个摇头叹息；然而，做文章来批评，是很好的现象；批评的时候骂人，是正当的行为。"① 丁西林自言他平时最爱看的是两个超等的批评家相骂，最怕看的则是两个劣等的批评家讲规则，说什么批评只能够就事论事，不可越出范围；什么批评只能批评，不可骂人。他认为这是一种糊涂说法，因为如果批评只能批评，一个批评家何以能够成为批评家？如果批评不能够骂人，那么这种批评还有什么价值呢？新近报纸上常引法国文学家法郎士的话，说批评是一种灵魂的冒险。那么既是一种灵魂的冒险，那还怎么能够受到什么范围的约束？如果批评只能就事论事，那么这个批评家与坐在印

---

① 西林：《批评与骂人》，《现代评论》1924年第1卷第2期。

刷房里的校对先生，又能有多少差别呢？因此，丁西林认为，批评的时候免不了骂人，实属正常之事。一个人文笔不佳，我们说他不佳；一篇文章文理不通，我们就说它不通；一个人在胡说，我们也只能视为胡说；一本书没有出版价值，白白糟蹋了纸张笔墨，我们也只好说这书没有价值糟蹋了纸张笔墨。我们不能不承认不通、胡说、糟蹋纸张笔墨等是在骂人，但我们又都不能不承认在相当的情形下，这些又是最恰当的批评。如此还能说什么批评不应该骂人吗？

当然，批评与骂人毕竟有分别，即批评的时候虽可骂人，但骂人却不是批评。丁西林举例说：两个洋车相撞，车夫回过头来你一句我一句相骂，那是骂人而不是批评；听差的打破了一件古玩，老爷槌几拍桌，口口声声吐脏话，那也是骂人而不是批评。如果说人家写文章有用意，说人家批评是为了出风头，是为了泄愤，为了报仇，为了三角恋，或是为了谋夺一个位置，等等，这当然也是骂人，是很不好的习惯，对此即应当有则戒之，无则加勉。批评应该具有一定的底线，有所节制，表现出批评应有的风度来。丁西林说他赞成批评家骂人甚至于丢人的脸，但决不赞成乱骂人因而丢了自己的脸。

五四运动前后，是中国历史上鲜见的群星璀璨、异彩纷呈的学术文化空前繁荣的时期之一。在对传统一元文化进行全面且彻底批判的同时，欧西文化则大量地如潮水般地纷纷涌入国门，初步形成了报刊新闻和舆论生产的多元机制与格局，其典型表现是同人报刊大量出现，派别如林，相互间论争此起彼伏，是20世纪二三十年代报刊界的重要特征之一。这一方面反映了当时文人之间的不团结和报刊界错综复杂的矛盾，另一方面也体现了新文化运动带来的繁荣与活跃，彼此之间骂来骂去，虽不无意气用事之处，但也多涉及大是大非。其间的"骂人"在今天看来，可能有些刺耳，有失雅驯，但正因如此，才使之焕发出前所未有的勃勃生机，较之于在政治或伦理价值取向上不容挑战、不受制约的一边倒，无疑都应视为一种绝大的进步。

在《现代评论》第7卷第175期上发表的《批评的批评》一文，作者前锋对批评的建设性功能更是作了较全面的评述。前锋认为，"在促迫人类社会进化的种种方法中，批评恐怕要算最有效力的一种"。[①] 一个人无论

---

① 前锋：《批评的批评》，《现代评论》1928年第7卷第175期。

结 语

他是上智还是下愚,都有其长处和短处,都有其见得到和见不到、做得到和做不到的地方。如果一定要每一个人都进化到完全无缺时,才准他发言做事,那我们就不必生在这个世界上,只好去西天成佛或自杀了。如果做不到这一层,社会就不应该对之苛求。一般人在社会上活动,不但人自身应负责任,作为社会一分子的批评者也得负责任,因为这不但关系到社会状况,还关系到人才选拔。人类生活如何向上?批评是一种必要的方法。可是批评也要有所限制,也得跟着逻辑的圈子走。批评很容易,然而做到中肯却不容易,做到有效更困难。人是一种有主体性的动物,谁都可以进行批评,谁都又不见得一定会听谁的话。一不小心,逻辑的力量就会指向自己,结果是在挖自己的墙脚。

前锋认为批评的方法虽然很多,但批评目的要端正,批评是为了阐明真理,促成人类的进步。破坏式的批评之所以有时不能够使用,乃是因为破坏不是最终目的,只是迫不得已的时候才使用破坏式的批评,目的也不是为了破坏,而是寻找改造的机会。矫正式的批评,有时却不能不用,为的是使被批评者觉得他的见解有不到之处,行动有差,从而吸收批评者的意见,以便日后加以改善。一个好事的学者,妄发议论,造出谬误的学说,他的同道,应该秉着拥护真理的精神,给他一个彻底的破坏式批评。一本新出的书,有根本的错误,当然也不应该任它在社会上传播,欺骗读者。前锋认为,凡属学术或文艺类的批评,只要不牵连到作者个人的立身行事,任你怎样的批评,都应该受到欢迎。你批评得当,只有好处,作者应该感谢你。如果你是在胡说八道,那么就是你在打自己的嘴巴,所以批评应是一种负责任的话语行为,我们要准备批评别人的时候,首先要认清我们自己的地位和责任,并且要估计到批评以后的社会影响。一时的意气冲动或因私人无忌信口开河,使批评流于讥诮,以讥诮而变为谩骂,以谩骂卒至诟骂,实与真正的批评不相干了。

鲁迅先生在致吕蕴儒信中曾谈到对骂人的看法:"骂人是中国极普通的事,可惜大家只知道骂而没有知道何以该骂,谁该骂,所以不行。现在我们须得指出其可骂之道,而又继之以骂。那么,就很有意思了,于是就可以由骂而生出骂以上的事情来的罢。"[①] 茅盾先生则在《批评和谩骂》一文中认为:批评是论事,谩骂是对人,两者之间的界限似乎并不怎么难以

---

① 《鲁迅全集》第 7 卷,人民文学出版社 1981 年版,第 271 页。

分别。针对有人坚持即使是论事，也应该不失风度的观点，他认为这种说法固然可以存立，但难免有些迂腐之嫌，因为它无法让每一个人都能够做到"您只消轻轻一指，他就虚怀若谷；大家不使气，不怙过"。① 他认为如果大家都本着爱真理的精神，那么即便批评和争论达到涨红脸的地步也不为过。"要使批评真能发挥它的研究出个真理的使命，则红着脸的力争倒是必要。尤其是在感觉迟钝的社会里，尤其是对肉麻当有趣的人们，辛辣和尖锐应当是批评的必要条件。"② 至于批评社会处境不妙，茅盾认为要从多方面去分析，也要批评者和被批评者、社会等多个方面去共同努力。如果说丁西林、前锋、鲁迅、茅盾等人所言的批评还只是一种一般社会上或文学领域的批评的话，那么张柳云则将政治、舆论和批评三者联系起来进行思考，他明确指出："健全的政治，系于健全的舆论，健全的舆论，系于健全的批评。"③ 他所言说的批评是一种针对舆论的批评，而舆论的载体在当时无疑主要应归之于新闻媒体。换言之，张柳云所说的批评是一种较严格意义上的媒介批评。

政治是上层建筑领域中权力主体为了维护自身的利益，基于采取一种有方向性的行为而结成的特定关系。在任何社会中，由于同社会治理的权力紧密相连，政治始终是牵动社会全体成员利益及其行为的一种支配性力量，媒介批评也是如此。

在人类进入大众传媒时代以后，如何控制和利用大众传媒，就成为社会政治行为主体往往需要殚精竭虑加以思考和谋划的问题。"在现代政治活动中，控制与利用大众传媒已经成为最常见的政治行为之一。"④ 因为一旦缺失这种行为，或者在传媒和政治的关系上处理不很谨慎、恰当，就很可能招致行为脱序而无法达到预期的目标。政治与传媒的这种紧密关系使政治因素成为观察和分析媒介行为的一种重要考量。在中国近现代媒介批评的发展过程中，政治始终是影响其发展方向、性质和内容的最重要一环。在现代社会中，政党是现代政治的基本构成要素和重要活动主体，甚至可以说，现代政治就是政党政治。在通常的情况下与多数场合中，政党

---

① 茅盾：《批评和谩骂》，《文学》1935年8月1日第5卷第2号。
② 茅盾：《批评和谩骂》，《文学》1935年8月1日第5卷第2号。
③ 张柳云：《论批评》，《迎头赶》1941年半月刊第2期。
④ 刘华蓉：《大众传媒与政治》，北京大学出版社2001年版，第1页。

是阶级利益的代言人,"各阶级政治斗争的最完整、最完全和最明显的表现就是各政党的斗争"。① 中国进入近代以后,政党意识开始萌芽,特别是戊戌变法期间,康有为就明确提出了组党的设想,并将之付诸行动,强学会以及后来的保皇会在一定程度上都具有了一些政党的规模,至于后来的同盟会,就更具有了现代政党的意义。无论是强学会还是同盟会,他们都进行了大量的报刊活动,主动利用报刊来宣传本政党的纲领、方针和政策。在他们的报刊活动中,报刊是否能够执行和实现了本党的纲领、方针和政策,就成为他们对报刊进行价值评判的重要衡估标准。

中国共产党自1921年7月诞生,即成为影响中国社会革命进程中的最重要政治力量之一。报刊宣传就成为中国共产党手中的锐利武器。毛泽东在《〈政治周报〉发刊理由》一文中,曾非常明确而直截了当地揭橥了报刊出版与革命之间的关系道:"为什么出版《政治周报》?为了革命。为什么要革命?为了使中华民族得到解放,为了实现人民的统治,为了使人民得到经济的幸福。"② 无产阶级革命导师列宁曾有一句名言:"报纸不仅是集体的宣传员和集体的鼓动员,而且是集体的组织者。"③ 这句名言在延安时期,曾被印在给报纸通讯员的奖品上而广泛流传,成为党指导新闻工作的一种基本思想,在各种新闻宣传理论文章中被反复阐释和普及。1948年4月2日,毛泽东在《对晋绥日报编辑人员的谈话》中论及报纸的政治功能时明确指出:"报纸的作用和力量,就在它能使党的纲领路线,方针政策,工作任务和工作方法,最迅速最广泛地同群众见面。"④ 这些论述似一根红线一般,贯串在中国共产党的现代媒介批评活动之中,确保了中国共产党现代媒介批评的正确方向。

中国国民党是中国现代社会中另一产生重大影响的政治力量,特别是孙中山的"三民主义"理论在1927年之后,成了国民党及南京国民政府国家治理的指导性理论。1928年7月,国民政府公布了《各级学校增加党义课程暂行条例》,其中即规定了中小学必须增加"孙文学说浅释""三民主义浅说""民权初步""建国方略概要""建国大纲浅释""五权宪法浅

---

① 《列宁全集》第39卷,人民出版社1986年版,第21页。
② 《毛泽东新闻工作文选》,新华出版社1983年版,第3页。
③ 杨春华、星华编译:《列宁论报刊与新闻写作》,新华出版社1983年版,第128页。
④ 《毛泽东新闻工作文选》,新华出版社1983年版,第149页。

释"等党义课程。在这种主义信仰和价值认同的语境下,"三民主义新闻政策"遂成为国民党人在新闻传播领域深入阐释的一种指导理论和权威话语。① 上海特别市教育局局长陈德征在国民党三全大会上曾提出"党应确定新闻政策案",主张训政时期的宣传要义在训民以政,输民以主义。马元放则在《如何确立本党的新闻政策》一文中提出,"吾国是以党治国,一切是以本党的三民主义为准绳,本党的新闻政策,当然以本党的三民主义为最高原则。凡是国内报纸的宣传,均应以绝对遵从此项原则为标准,不得有违背三民主义之言论"。② 马元放认为既然以三民主义为国民党的最高指导原则,那么对新闻事业就不应只取消极的限制与取缔政策,凡是遵守本党三民主义的报纸,都应加以积极扶植与指导。具体方法有三:一是注重新闻教育,大力培养新闻人才;二是保障言论自由,尊重记者人格;三是积极补助经费,减轻媒体负担,如设立新闻事业发展和奖励基金、减免邮电费用等。马元放认为,国民政府若能真正施行三民主义新闻政策,"各地的报纸,在法律上,在道德上,当能于三民主义的最高原则之下,尽力负起唤起民众感化人群改造社会的责任"。③ 这不仅有利于新闻界自身发展,实于国民革命前途也会有莫大的帮助。但实际情况却是国民党自1927年国共分途后,囿于一党之私和阶级斗争的需要,完全背弃了孙中山的三民主义政策,其所谓的三民主义新闻政策之说也就只能停留在一种口头和纸面之上,而在具体的新闻治理和媒介批评活动中,根本不能够真正落到实处。

　　文体的多样性是中国近现代媒介批评的典型特征之一。批评文体是媒介批评的话语言说方式,是文本结构的规格和样式。媒介批评文体是媒介批评言说历史长期积淀的产物,它不仅反映了批评文本从内容到形式的整体特点,而且具有某种时代和专业的色彩。从意义传达的角度看,每一种文体都有其各擅胜场的地方和长处,甚至在某些时候某些场合能够起到出奇制胜的媒介批评效果。"批评文体在某种意义上也可以说是一种表达,是一种选择,甚至可以说是一种强调,它以展现在批评主体面前的体裁可能的丰富性为前提,在表达同一思想内容时,可以在对等的种种方式中进

---

① 胡正强:《中国现代新闻政策研究的学术进路》,《现代传播》2019年第12期。
② 马元放:《如何确立本党的新闻政策》,《江苏月报》1934年第1卷第3期。
③ 马元放:《如何确立本党的新闻政策》,《江苏月报》1934年第1卷第3期。

结 语

行选择性的取舍，即选用最恰当的再现思想内容的形式外衣。"[①] 时评、论说、杂文、政论乃至学术性论文，是观点表达的最通常方式，自然也是媒介批评最常见也最规矩的文体选择，但这不代表其他文体就会在媒介批评活动中只能扮演失语的角色。其实，在中国近现代媒介批评的发展过程中，至少还有如下一些文体或形式承担着不能予以忽视的媒介批评职能。

一是新闻报道文体。新闻报道的本体功能固然是在叙事，但任何一种叙事都有可能担当叙事之外的功能，实现意在言外的表达。新闻叙事总是通过语词符号的调用、语法规则来实现意义的传达，在众多的同义词中选用什么符号，如何进行符号排列与组合，都可以细微而周到地表达出传播者的立场、态度和评价。在理论的意义上，社会上每一个人都可以是媒介批评的话语主体，但在实际生活中，新闻工作者由于身处新闻传播领域，不仅对有关新闻传播实际状况的了解和感受更为熟悉与细腻，而且由于职业情感的维系，更具有开展媒介批评的主体性冲动和热情，并且其职业岗位的便利也为其媒介批评文本的发表提供了普通人所享受不到的优先性。对新闻工作者来说，自然可以通过时评、杂文等论说性文体来对新闻传播进行价值评判，但论说性文体在观点表达上的豁然性，往往使其态度和立场失去含蓄性，因此在一些微妙的新闻事件发生时，新闻工作者尤其是记者也可以选择新闻报道的方式来开展批评，通过遣词造句等方式，将叙事和价值评判有机地融合在一起。这对于熟悉新闻报道文体的新闻工作者来说，通过新闻报道的方式进行媒介批评，不仅不是一件困难的事，甚至可以成为一种颇为得心应手的文体选择，它借助新闻叙事话语的生产方式，在不动声色之中挖掘和利用其意义的建构功能，从而实现媒介批评的功能。在汗牛充栋的中国近现代新闻报道中，具有媒介批评意义的新闻文本可谓比比皆是。读者在阅读这些新闻报道时，也会在不知不觉间接受其立场和态度的影响，实现话语意义的有效传播。

二是文学体。文学具有广义和狭义之分，广义的文学文体，包括杂文、论说、时评等观点性文体。狭义的文学体则主要指诗歌、戏剧、小说、散文等，特别是诗歌、戏剧和小说等文学体裁，通过抒情和塑造人物形象来实现对生活的反映和干预，更被视为最典型的文学体裁，所以一般不用于开展论说，但在中国近现代媒介批评中，我们却常常可以发现典型

[①] 胡正强：《媒介批评学》，中国出版集团、世界图书出版公司2016年版，第23页。

文学体的媒介批评文本。例如，在1928年10月21日《大公报》第10版的"儿童周刊"专栏里，就曾刊登了一位14岁小朋友常守仁的题为《大公报》的微型剧本，全剧内容如下：

（布景）桌子，凳子，笔，墨，纸，砚台。
（人物）赵生，李生。
（时间）上午十点钟。
（开幕赵生坐在室内，作写字状，李生拿《大公报·儿童周刊》，正从外边进来。）
赵生："这几天没有见面，你往哪儿去啦？"
李生："我考中学去了。"
赵生："你考上了么？"
李生："不错，考上了。"
赵生："你手里拿的是什么？"
李生："拿的《大公报·儿童周刊》。"（说着作给赵生状）
（赵生，接过这报一看，呀了一声说）："这报真是全国没有比的报啦！不但得看小朋友们的作品；并且有了错字，编辑先生还给改正，又得奖品，真是我们儿童的良师益友了。"
李生："你何不也订一份呢？"
赵生："好吧！我就订去，有闲时再投几个稿子。"
李生："我也同你去。"①

这个剧本只有赵生和李生两个人物，且这两个人物还是"赵生""李生"这种很模糊的代号，可见人物是谁并不重要，重要的是借他们之口所言的物事。剧情特简单，就是两个小学生围绕《大公报》而展开的几句对话，通过对话表达出《大公报·儿童周刊》是小朋友们良师益友的这个观点，《大公报》为读者的"良师益友"就是剧本的中心思想。整个剧本线索极为单一，人物形象十分模糊，但对《大公报》赞扬的剧本主题则表达得十分突出而又鲜明。显然，这个剧本并不具有剧本所要求的文学性和故事性，而更多的是要借助剧本人物互相之间对话的结构形式，表达对《大

---

① 常守仁：《大公报》（剧本），《大公报》1928年10月21日。

公报》的价值评判。这一剧本如果是常守仁小朋友的一种自主性投稿行为，那么它就很好地表达了当时社会中一部分人对《大公报》的认识和批评。当然，刻意发表这一剧本的行为，又令人高度怀疑这是否为《大公报》的一种自导自演的营销手段。但无论如何，从媒介批评的角度看都是对剧本这种文学体式和评价功能的充分挖掘和利用。

在中国近现代媒介批评中，除大量的文字文本以外，还有众多的图画文本，尤其是漫画类媒介批评文本的存在。在人类的叙事手段中，语词与图像都是表情达意、传播信息的有效媒介，都是不可或缺的叙事工具和载体。尽管从现实的情况看，图像与文字相比总是处于边缘性地位，文字无疑是媒介批评最惯常的文本构成形态，但在媒介批评的具体实践中，图画尤其是漫画有时比话语或想法更概括，更复杂，也更细腻，即"图画在内容上比话语更为丰富——话语'容易安排'，但也容易出偏差"。[1] 正因如此，在中国近现代新闻传播发展过程中，漫画形态的媒介批评文本一直不绝如缕，以其特有的方式显示着自己的存在，但这种文本在媒介批评史的研究中却一直未受到人们应有的关注。[2] 如下面两幅新闻漫画就是一种非常典型的图像类媒介批评文本。

每一种职业都有自己特定的职业道德规范，新闻职业也是这样。它是新闻工作者在长期的职业实践中形成的调整和处理新闻机构内外相互关系的行为规范或准则，新闻伦理包括但不局限于新闻工作者的职业道德或职业伦理。无论编辑、记者还是其他新闻工作者，在新闻工作中的价值取向、道德表现总是与其所在的新闻媒体的价值取向、道德功能与伦理规范密切相关。换言之，媒体的价值取向、道德功能与伦理规范总是体现在其所属的编辑、记者的行为之中。新闻工作者是传播系统中最活跃的因素，是媒体的最终雕塑师，新闻工作者的素质、水平、趣味决定了媒体的面貌和质量。美国著名报人普利策曾这样说过：倘若一个国家是一条航行在大海上的船，那么新闻记者就是站在船桥上的瞭望者。他要在一望无际的海面上观察一切，审视海上的不测风云和浅滩暗礁，及时地发出警告。在日常生活中，漫画家通常是通过给新闻工作者进行画像来开展媒介批评。

---

[1] 转引自龙迪勇《图像叙事与文字叙事——故事画中的图像与文本》，《叙事丛刊》第二辑，中国社会科学出版社2009年版，第150页。

[2] 胡正强：《论中国近现代漫画中的媒介批评及其表达》，《中国出版》2016年第6期。

《读者一致赠给他的奖品》就是这样一幅漫画式媒介批评文本。这幅漫画发表在1930年1月4日《上海漫画》的第89期，是漫画家对当时某些新闻工作者的形象描绘。这幅漫画的画面上，一个穿着长袍马褂传统中式服装、戴着眼镜、胸前别着"记者"字条的人，面前堆放着一堆各种各样或大或小的奖杯奖牌，上面分别写着"巧言令色""畏首畏尾""借题发挥""反舌无声""无中生有""不自由"等字样，意思这位"记者"是集这些"称号"于一体，堪称新闻记者群体中的一个"优秀典范"。漫画家是以此来讽刺当时社会上的一些新闻记者完全背离了新闻记者的职业操守，假借新闻记者职业上的某些便利和优势，不但不为民请命，充当人民大众的耳目与喉舌，反而成为体制权力的同谋者，以谋取个人的私利。《读者一致赠给他的奖品》无异于一篇声讨、谴责无良新闻记者恶行的战斗檄文。

读者一致赠给他的奖品　1930年1月4日　黄文农

漫画家丁里发表在《论语》1936年4月1日第85期的题为《大有可观》漫画，则是对国民党当局钳制新闻自由的恶行给予嘲讽和批判的一幅作品。这幅漫画的画面上，是一群人正围在一张展开的对开报纸前看报，但这张报纸上除报名之外，其余的地方，大部分是稀稀拉拉，要么是大片的空白，要么是文稿被删除后因为来不及补充而临时被拉来充数的"□"或者"×"符号。读者阅读报纸，是为了获取消息和知识。从阅读的一般心理上来说，信息丰富是读者对于一张报纸的基本要求。一张信息量匮乏的报纸势必无法获得读者的青睐，新闻工作者对此当然是了然于心。因此，尽量使报纸内容丰富，也是新闻工作者的追求，但是由于有新闻检查制度的存在，媒体最后与读者见面的内容无法由新闻工作者来选择决定，很大一部分由新闻检查人员掌控着。新闻检查人员的好恶决定了报纸的内容，而新闻检查人员审查的标准并不是读者的阅读需要，而是政治的需要。1927年以后，中国国民党在表面形式上完成了国家统一，南京国民政府开始对政权进行制度建设，统一舆论是其进行巩固政权的主要目的和手段，也是其政治制度建设的重要内容。在从1927—1937年的所谓"黄金十年"这一时段内，南京国民政府制定颁布了各种各样的新闻审查规制制度，设立了覆盖全国和各种媒体的新闻审查机构。其目的当然不是如其口头上所说的促进新闻事业的发展，而主要是实施政治控制。由于审查的延宕，常常导致媒体送审的稿件被删除后，由于已到截稿时间，而无法替换或补充，媒体只得以留白或以"□""×"符号处之。令人发笑的是，1934年6月国民政府公布的《图书杂志审查办法》中规定审查委员会不仅有权删改稿本，而且删掉的地方不许留下空白。这种严酷的新闻审查制度非但未能帮助其树立政治权威，反而激起了社会舆论的强烈不满。《大有可观》这幅漫画，就是从侧面对国民党当局钳制新闻自由的恶行进行了辛辣而又艺术性的批评。

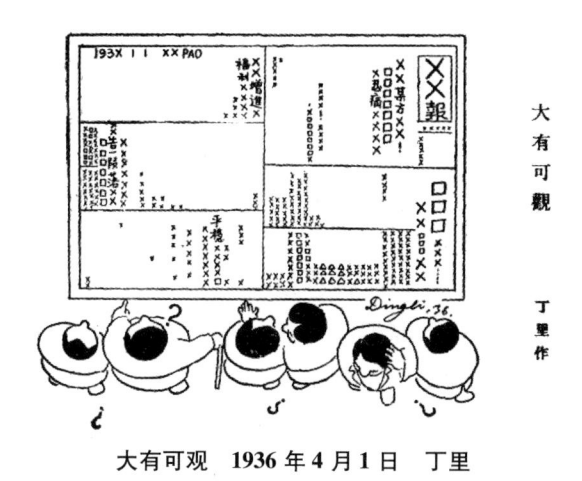

大有可观　1936年4月1日　丁里

中国近现代漫画视域中的媒介批评从近代漫画产生时就已产生，它是漫画评议性本质的一种必然表现。漫画介入媒介批评，是新闻传播越来越渗透到人们的日常生活之中，作为艺术范畴的漫画与之交合进而产生跨界的结果。图像和语言基于人类的通感，能在表意上相互联系和转换，但二者的叙事起点与具体手段不一。漫画是以线条、图形、色彩进行叙述的视觉艺术，漫画视域中的媒介批评文本在话语形态、思维线路等方面，一般通过夸张变形、诙谐幽默和荒诞不经等手段，表达事物的内在精神实质，传递某种观念。漫画以形象作用于读者的视觉，给人一目了然之感，容易引起读者共鸣，接受其所传达的批评意义，这是漫画类媒介批评文本得以存在的语言依据和表达优势。

媒介批评的效果最终要反映到新闻传播实践中，反映到新闻媒体的内容和形式、立场和态度、趣味和格调等方面的变化上。媒介批评是一种话语言说，其产生效果的前提是批评者的话语为被批评者获悉，被批评者或接受，或不以为然，或反唇相讥，但无论怎样，这都是媒介批评效果的一种表现形态。作为一种话语言说，能否产生应有的批评效果，受到很多方面因素的制约，既与批评是否切中肯綮、击中要害有关，也与批评者的话语策略、知识含量和逻辑表达有关，更与当时的政治、文化环境有关。媒介批评文本必然同一种社会文化系统相联系，任何批评作品都产生于独特的文化背景和文化传统之中，不可能是隔断历史纽带和文化联系的孤立的文本。在一百多年的时间里，中国新闻事业从早期报刊不分的原始粗糙形态演变至20世纪三四十年代几十版的现代报业，推动其前行的社会动力因素中，不仅有社会政治、经济、技术、文化、伦理等显在性的因素，也有相对先进报业观念等相对潜在性的因素。在先进报业观念的输入和传播过程中，媒介批评对报业理念的普及和接受无疑起到了推动性作用，媒介批评在表达观点时，必须以一定的理据面目出现，负载于阐释、论争和反驳等逻辑的运作方式之中。正是在这种媒介批评实践中，越来越多的专业观念得以输入和传播，并逐渐运用到新闻传播的实践当中，中国近现代新闻事业的现代专业特征，才得以日益显现、突出并固定下来。中国近现代媒介批评无疑是中国近现代新闻事业发展中的一个有机组成部分，媒介批评的发展在一定程度上推动了新闻事业的发展，而新闻事业的繁荣又推动了媒介批评的兴盛，两者实际上具有着相辅相成、互为支撑的连带关系。

美国大众传播学者曾经说过："一个学科的知识基础常常可以在那些

早期思想家的著作中发现，他们曾致力于解决当时的学者所面临的某些相同的问题，虽然很明显是在当时的局限范围之内。当一个新学科处于创立阶段时，通常并不清楚以往的著作曾注重过一些看起来属于当代的问题。直到一定时候，人们才意识到早先的学者实际上已在普遍的知识文化中置入了某些必然成为新学科一部分原理的概念和结论。所以，需要透彻研究这些观念，把它当作该学科知识遗产的一部分。"① 人们认识历史有与旅行者观赏名山大岳相似的地方，旅行者在山间辛苦跋涉，沿途奇峰峭壁，天险盛景，高树流泉，水色山光，历历在目，但往往只见其一草一木，一拐一角，只有在走出山脚以后再回头眺望，方能见出它的逶迤势态，灵气所在。中国近现代媒介批评史研究的现实意义或许也就在此。中国当下的媒介批评现状实难令人满意。虽然理论和实践完全不是一码事，但对于理性的人来说，所有的实践都应建立在清醒的理论认识基础之上。研究媒介批评史固然是个学理性的问题，但目的还是指向当下媒介批评的实践。历史地看，一篇高质量媒介批评文本的出现，有时能浓缩一个时代的学识思想，标志着一个时代理论思维的高度，对新闻传播实践起到迎头棒喝、醍醐灌顶的巨大作用。特别是当批评已经成为表扬的另一种形式，当理论在丰富中匮乏，在批评中泛滥，在新闻传播令人们日益感到空前繁荣、实际却异常虚弱的时候，进行媒介批评史的回顾和研究，或许将会以其潜在而巨大的学术能量，通过时间的维度，借助其理性批判的锋芒，带领人们走出由人类自己一手制造的新闻传播的现实困境，经由历史的隧道，进而阔步迈向光明的未来！

---

① ［美］梅尔文·德弗勒、桑德拉·鲍尔—洛基奇：《大众传播学诸论》，杜力平译，新华出版社1990年版，第258页。

参考文献

一

［美］阿尔蒙德等：《比较政治学：体系、过程和政策》，曹沛霖等译，上海译文出版社1987年版。
［美］伯尔曼：《法律与宗教》，梁治平译，生活·读书·新知三联书店1991年版。
［英］伯特兰·罗素：《权力论》，吴友三译，商务印书馆1991年版。
陈龙：《媒介批评论》，苏州大学出版社2005年版。
陈新汉：《评价论导论——认识论的一个新领域》，上海社会科学院出版社1995年版。
陈新汉：《权威评价论》，上海人民出版社2006年版。
陈新汉：《社会评价论》，上海社会科学院出版社1997年版。
陈新汉：《自我评价论》，上海人民出版社2011年版。
［英］丹尼斯·麦奎尔：《受众分析》，刘燕南、李颖、杨振荣译，中国人民大学出版社2006年版。
封毓昌：《社会意识论导论》，天津人民出版社1998年版。
冯平：《评价论》，东方出版社1995年版。
胡正强：《媒介批评学》，世界图书出版公司2016年版。
黄新生：《媒介批评——理论与方法》，（台北）五南图书出版公司1990年版。
雷跃捷：《媒介批评》，北京大学出版社2007年版。
李德顺：《价值论》，中国人民大学出版社1987年版。
李德顺、马俊峰：《价值论原理》，陕西人民出版社2002年版。
李君如：《观念更新论》，辽宁教育出版社1988年版。

李连科：《价值哲学引论》，商务印书馆1999年版。

刘华蓉：《大众传媒与政治》，北京大学出版社2001年版。

刘建明：《媒介批评通论》，中国人民大学出版社2001年版。

刘建明编著：《舆论传播》，清华大学出版社2001年版。

马俊峰：《评价活动论》，中国人民大学出版社1994年版。

［德］马克斯·韦伯：《学术与政治》，冯克利译，生活·读书·新知三联书店2005年版。

［美］梅尔文·德弗勒、桑德拉·鲍尔—洛基奇：《大众传播学诸论》，杜力平译，新华出版社1990年版。

［英］弥尔顿：《论出版自由》，吴之椿译，商务印书馆1958年版。

［美］施拉姆：《大众传播媒介与社会发展》，金燕宁等译，华夏出版社1990年版。

［法］塔尔德：《传播与社会影响》，何道宽译，中国人民大学出版社2005年版。

田心铭：《认识的反思》，人民出版社2000年版。

王君超：《媒介批评——起源·标准·方法》，北京广播学院出版社2001年版。

夏甄陶：《关于目的的哲学》，上海人民出版社1982年版。

夏甄陶：《认识论引论》，人民出版社1986年版。

徐耀魁主编：《西方新闻理论评析》，新华出版社1998年版。

叶朗：《中国小说美学》，北京大学出版社1982年版。

［英］约翰·奥斯丁：《法理学的范围》，刘星译，中国法制出版社2002年版。

曾庆香：《新闻叙事学》，中国广播电视出版社2005年版。

张理海：《社会评价论》，武汉大学出版社1999年版。

赵吉惠：《历史学概论》，三秦出版社1986年版。

二

包天笑：《钏影楼回忆录》，香港大华出版社1971年版。

北京市档案馆编：《档案中的北京五四：北京档案史料（2009.2）》，新华出版社2009年版。

陈无我：《老上海三十年见闻录》，上海书店出版社1997年版。

陈旭麓：《近代中国社会的新陈代谢》，上海社会科学院出版社2006年版。

戴逸主编：《简明清史》第二册，人民出版社1984年版。

［美］费正清编：《剑桥中华民国史 1912—1949年》（上卷），中国社会科学出版社1994年版。

［美］费正清、费维恺编：《剑桥中华民国史 1912—1949年》（下卷），中国社会科学出版社1994年版。

［美］费正清、刘广京编：《剑桥中国晚清史 1800—1911年》（上、下卷），中国社会科学出版社1985年版。

冯自由：《革命逸史》（上、中、下），新星出版社2009年版。

付启元、赵德兴：《南京百年城市史 1912—2012》（文化卷），南京出版社2014年版。

高时良编：《中国近代教育史资料汇编·洋务运动时期教育》，上海教育出版社1992年版。

葛兆光：《中国思想史》（第二卷），复旦大学出版社2009年版。

故宫博物院明清档案部编：《清末筹备立宪档案史料》（上、下），中华书局1979年版。

故宫博物院明清档案部编：《义和团档案史料》（上、下），中华书局1959年版。

胡绳：《从鸦片战争到五四运动》（上、下），人民出版社1981年版。

黄炎培：《八十年来》，文史资料出版社1982年版。

黄元起主编：《中国现代史》（上、下），河南人民出版社1982年版。

蒋纬国：《抗日战争指导——蒋委员长领导抗日，艰苦卓绝的十四年》，（台北）远流出版公司1989年版。

金冲及：《二十世纪中国史纲》（第二卷），社会科学文献出版社2009年版。

金冲及：《转折年代——中国的1947年》，生活·读书·新知三联书店2002年版。

李泽厚：《中国近代思想史论》，人民出版社1979年版。

李泽厚：《中国现代思想史论》，东方出版社1987年版。

梁启超：《清代学术概论》，人民出版社2008年版。

梁启超：《戊戌政变记》，中华书局1954年版。

梁启超编：《西学书目表》，朝华出版社2018年版。

刘增人、冯光廉编：《中国现代文学史资料汇编（乙种）叶圣陶研究资料》，北京十月文艺出版社1988年版。

聂荣臻：《聂荣臻回忆录》（上、中、下），解放军出版社1984年版。

璩鑫圭、童富勇编：《中国近代教育史资料汇编·教育思想》，上海教育出版社1997年版。

上海社会科学院历史研究所编：《辛亥革命在上海史料选辑》（增订版），上海人民出版社2011年版。

《申报》馆编印：《最近之五十年》1923年2月。

沈云龙主编：《影印〈国闻周报〉社论、社评、时评、评坛及评论选辑》，近代中国史料丛刊三编第五辑，台湾文海出版社有限公司1985年版。

汤志钧：《戊戌变法史》，人民出版社1984年版。

王立诚编校：《郭嵩焘等使西记六种》，生活·读书·新知三联书店1998年版。

温贤美、李良志、裴匡一主编：《抗战时期的国共关系》，北京出版社1997年版。

［美］西奥多·怀特、安娜·雅各布：《风暴遍中国》，解放军出版社1985年版。

［澳］西里尔·珀尔：《北京的莫理循》，檀东鍟、窦坤译，福建教育出版社2003年版。

夏衍：《懒寻旧梦录》，生活·读书·新知三联书店2006年版。

萧公权：《中国政治思想史》，辽宁教育出版社1998年版。

谢菊曾：《十里洋场的侧影》，花城出版社1983年版。

熊月之：《西学东渐与晚清社会》，上海人民出版社1994年版。

熊月之：《中国近代民主思想史》，上海人民出版社1986年版。

严昌洪主编：《辛亥革命史事长编 第九册（1912.1—1912.3）》，武汉出版社2011年版。

杨培新：《旧中国的通货膨胀》，生活·读书·新知三联书店1963年版。

姚公鹤：《上海闲话》，上海古籍出版社1989年版。

殷海光：《中国文化的展望》，中国和平出版社1988年版。

章开沅：《辛亥革命前夜的一场大论战》，人民出版社1975年版。

中共中央党史研究室第一研究部编译：《共产国际、联共（布）与中国革命档案资料丛书》（第二卷），中共党史出版社2007年版。

中国社会科学院近代史研究所近代史资料编辑组编：《辛亥革命资料类编》，中国社会科学出版社1981年版。
中国史学会主编：《中国近代史资料丛刊：洋务运动》，上海人民出版社1961年版。
中国史学会主编：《中国近代史资料丛刊：戊戌变法》，上海人民出版社1957年新一版。
中国史学会主编：《中国近代史资料丛刊：辛亥革命》，上海人民出版社1957年版。
中国史学会主编：《中国近代史资料丛刊：鸦片战争》，上海神州国光社1954年版。
朱寿朋编：《光绪朝东华录》，中华书局1958年版。
邹鲁：《中国国民党史稿》第2册，中华书局1960年版。

三

艾思奇：《艾思奇文集》第1卷，人民出版社1981年版。
蔡和森：《蔡和森文集》，中国革命博物馆编选，人民出版社1980年版。
蔡尚思、方行编：《谭嗣同全集》（增订本），中华书局1981年版。
常君实编：《邓拓全集》，花城出版社2002年版。
陈德芸、冼玉清、区朗若编校：《陈子褒先生教育遗议》，广西师范大学出版社2012年版。
陈江、陈赓初编：《谢六逸文集》，商务印书馆1995年版。
陈铁健等编：《瞿秋白研究文集》，中共党史资料出版社1987年版。
储安平：《强国的开端》，群言出版社2014年版。
邓中夏：《邓中夏文集》，人民出版社1983年版。
丁贤俊、喻作凤编：《伍廷芳集》，中华书局1993年版。
窦克武主编：《王拱璧文集》，河南大学出版社1991年版。
傅学文编：《邵力子文集》，中华书局1985年版。
龚自珍：《龚自珍全集》，中华书局1959年版。
顾炳权编著：《上海洋场竹枝词》，上海书店出版社1996年版。
广东省哲学社会科学研究所历史研究室编：《朱执信集》（增订本），中华书局2013年版。

郭嵩焘：《郭嵩焘日记》，湖南人民出版社1981年版。

何定华主编：《李求实文集》，中国文史出版社1991年版。

《胡乔木文集》第1卷，人民出版社1992年版。

《胡乔木文集》第2卷，人民出版社1993年版。

《胡乔木文集》第3卷，人民出版社1994年版。

胡适：《胡适文存》第2集第2卷，黄山书社1996年版。

胡愈之：《胡愈之文集》（1—4），生活·读书·新知三联书店1996年版。

湖南省社会科学院编注：《陶成章信札》（修订本），岳麓书社1985年版。

湖南省哲学社会科学研究所编：《唐才常集》，中华书局1980年版。

黄远庸：《远生遗著》（上、下），商务印书馆1984年增补影印版。

姜德明、袁鹰编：《夏衍全集》，浙江文艺出版社2005年版。

姜义华、张荣华编校：《康有为全集》，中国人民大学出版社2007年版。

柯灵：《柯灵文集》，文汇出版社2001年版。

克柔编：《张东荪学术文化随笔》，中国青年出版社2000年版。

乐雯剪贴翻译并编校，鲁迅序：《萧伯纳在上海》，四川人民出版社1983年版。

梁启超：《饮冰室合集·文集》，上海中华书局1941年版。

梁小进主编：《郭嵩焘全集》，岳麓书社2012年版。

刘晴波、彭国兴编校：《陈天华集》，湖南人民出版社1982年版。

刘泱泱编：《樊锥集 毕永年集 秦力山集》，湖南人民出版社2011年版。

鲁迅：《鲁迅全集》，人民文学出版社1981年版。

陆定一：《陆定一文集》（上），人民出版社1992年版。

骆宝善、刘路生主编：《袁世凯全集》，河南大学出版社2013年版。

南京市档案局（馆）编：《铁血忠魂——辛亥先烈范鸿仙纪念文集》，凤凰出版社（原江苏古籍出版社）2011年版。

《瞿秋白文集·政治理论编》第1卷，人民出版社1987年版。

《瞿秋白文集·政治理论编》第2卷，人民出版社2013年版。

《瞿秋白文集·政治理论编》第3卷，人民出版社2013年版。

《瞿秋白选集》，人民出版社1985年版。

全国政协文史资料研究委员会、中国国民党革命委员会中央宣传部合编：《于右任文选》，中国文史出版社1987年版。

桑兵、黄毅、唐文权合编：《戴季陶辛亥文集》（一九〇九——九一三），香港中文大学出版社1991年版。

上海图书馆编：《汪康年师友书札》，上海古籍出版社1986年版。

苏舆编：《翼教丛编》，上海书店出版社2002年版。

孙宝瑄：《忘山庐日记》，上海古籍出版社1983年版。

孙中山：《孙中山全集》第1卷，中华书局1981年版。

孙中山：《孙中山选集》，人民出版社2011年版。

汤志钧编：《章太炎政论选集》（全二册），中华书局1977年版。

唐文权编：《雷铁厓集》，华中师范大学出版社1986年版。

汪林茂编校：《汪康年文集》，浙江古籍出版社2011年版。

王火：《王火散文随笔》，重庆出版社1997年版。

王瑾、胡玫编：《胡政之文集》，天津人民出版社2007年版。

王栻主编：《严复集》，中华书局1986年版。

王韬：《瀛壖杂志》，上海古籍出版社1989年版。

韦韬、陈小曼编：《茅盾杂文集》，生活·读书·新知三联书店1996年版。

魏源：《海国图志》，中州古籍出版社1999年版。

魏源：《魏源集》，中华书局1983年版。

吴葆朴、李志英、朱昱鹏编：《博古文选·年谱》，当代中国出版社1997年版。

吴晗：《吴晗杂文选》，人民文学出版社1979年版。

吴汝纶编：《李文忠公（鸿章）全集》，文海出版社1980年版。

夏东元编：《郑观应集》（上、下），上海人民出版社1982、1988年版。

扬州师范学院中文系编：《洪仁玕选集》，中华书局1978年版。

杨国桢编：《林则徐书简》，福建人民出版社1981年版。

叶元编：《叶楚伧诗文集》，上海三联书店1988年版。

虞信棠、金良年编：《胡道静文集·上海历史研究》，上海人民出版社2011年版。

张磊主编：《孙中山文粹》，广东人民出版社1996年版。

张枬、王忍之编：《辛亥革命前十年间时论选集》（第1—3卷），生活·读书·新知三联书店1960—1977年版。

《张闻天文集》（一），中共党史资料出版社1990年版。

张友渔：《报刊杂文　通讯和社论》，重庆出版社1987年版。

张友渔：《张友渔新闻学论文选》，新华出版社1988年版。

章士钊：《章士钊全集》，文汇出版社2000年版。

赵超构：《赵超构文集》，文汇出版社1999年版。

赵德馨主编：《张之洞全集》，武汉出版社2008年版。

赵树贵、曾丽雅编：《陈炽集》，中华书局1997年版。

郑大华点校：《新政真诠——何启　胡礼垣集》，辽宁人民出版社1994年版。

郑观应：《盛世危言》，王贻荣评注，中州古籍出版社1998年版。

郑振铎：《郑振铎全集》，花山文艺出版社1998年版。

中共中央文献研究室编：《周恩来文化文选》，中央文献出版社1998年版。

中国韬奋基金会韬奋著作编辑部编：《韬奋全集》，上海人民出版社1995年版。

中央党史研究室《萧楚女文存》编辑组、广东革命历史博物馆：《萧楚女文存》，中共党史出版社1998年版。

中共中央文献研究室编：《周恩来书信选集》，中央文献出版社1988年版。

中国李大钊研究会编注：《李大钊全集》修订本（第1—5卷），人民出版社2013年版。

左宗棠：《左宗棠全集·书信》，岳麓书社1987年版。

四

白吉庵：《章士钊传》，作家出版社2004年版。

蔡冠洛：《清代七百名人传》，（台北）文海出版社1973年版。

陈福康：《郑振铎传》，北京十月文艺出版社1994年版。

陈坚、陈抗：《夏衍传》，北京十月文艺出版社1998年版。

陈辽：《叶圣陶评传》，百花文艺出版社1981年版。

陈其泰、刘兰肖：《魏源评传》，南京大学出版社2005年版。

程中原：《张闻天传》，当代中国出版社1993年版。

丁尔纲：《茅盾评传》，重庆出版社1998年版。

丁凤麟：《薛福成评传》，南京大学出版社1998年版。

丁景唐、瞿光熙编：《左联五烈士研究资料编目》，上海文艺出版社1961年版。

丁文江、赵丰田编撰：《梁启超年谱长编》，上海人民出版社1983年版。

丁贤俊、喻作凤：《伍廷芳评传》，人民出版社2005年版。

丁晓平：《中共中央第一支笔：胡乔木在毛泽东邓小平身边的日子》，中国青年出版社2011年版。

方蒙：《范长江传》，中国新闻出版社1989年版。

冯天瑜、何晓明：《张之洞评传》，南京大学出版社1991年版。

顾雪雍：《奇才奇闻奇案——恽逸群传》，上海人民出版社1996年版。

顾雪雍：《恽逸群》，人民日报出版社1997年版。

黄升任：《黄遵宪评传》，南京大学出版社2006年版。

季灏、周世辅、王健明：《潘公展传》，台北市新闻记者公会1976年印行。

贾兴权：《陈独秀传》，山东人民出版社1998年版。

姜义华：《章炳麟评传》（上、下），南京大学出版社2011年版。

金冲及主编：《毛泽东传（1893—1949）》，中央文献出版社1996年版。

金冲及主编：《周恩来传（1898—1949）》，人民出版社、中央文献出版社1989年版。

晋察冀日报研究会编：《人民新闻家邓拓》，人民出版社1987年版。

［美］柯文：《在传统与现代性之间——王韬与晚清改革》，雷颐、罗检秋译，江苏人民出版社1995年版。

蓝鸿文：《范长江记者生涯研究》，中国人民公安大学出版社2009年版。

黎洁华、虞苇：《戴季陶传》，广东人民出版社2003年版。

黎显衡：《萧楚女》，广东人民出版社1982年版。

李畅培：《萧楚女传》，重庆出版社1991年版。

《李大钊传》编写组：《李大钊传》，人民出版社1979年版。

李频：《编辑家茅盾评传》，河南大学出版社1995年版。

李喜所：《谭嗣同评传》，河南教育出版社1986年版。

李喜所、元青：《梁启超传》，人民出版社1993年版。

李志英：《博古传》，当代中国出版社1994年版。

廖菊栋：《陈衍及其〈元诗纪事〉研究》，学苑出版社2011年版。

廖梅：《汪康年：从民权论到文化保守主义》，上海古籍出版社2001年版。

林克光：《革新派巨人康有为》，中国人民大学出版社1990年版。

刘增人：《叶圣陶传》，江苏文艺出版社1995年版。

马洪林：《康有为评传》，南京大学出版社1998年版。

钮岱峰：《鲁迅传》，中国文联出版公司1999年版。

彭望苏：《北京报界先声——20世纪之初的彭翼仲与〈京话日报〉》，商务印书馆 2013 年版。

皮后锋:《严复评传》,南京大学出版社 2006 年版。

裘之倬:《举世景仰的伟人周恩来》,中共中央党校出版社 1992 年版。

沈谦芳:《邹韬奋传》,山东人民出版社 1998 年版。

孙邦华选编:《弢园老民自传》,江苏人民出版社 1999 年版。

谭一:《毛泽东新闻活动》(增订本),当代中国出版社 1999 年版。

唐宝林、林茂生:《陈独秀年谱》,上海人民出版社 1988 年版。

汪诒年纂辑:《汪穰卿先生传记》,中华书局 2007 年版。

王兴国:《郭嵩焘评传》,南京大学出版社 1998 年版。

王芝琛:《一代报人王芸生》,长江文艺出版社 2004 年版。

危砖璜:《年方九十——记者作家赵家欣的笔墨生涯》,海峡文艺出版社 2004 年版。

吴中杰:《鲁迅传略》,上海文艺出版社 1981 年版。

《新闻界人物》编委会编:《新闻界人物》(1—8),新华出版社 1983—1987 年版。

谢泳:《储安平与〈观察〉》,中国社会出版社 2005 年版。

辛冠洁、丁健生、蒙登进主编:《中国近代著名哲学家评传》,齐鲁书社 1982 年版。

徐向明:《范长江传》,南京大学出版社 2002 年版。

徐铸成:《徐铸成传记三种》,学林出版社 1999 年版。

许有成、徐晓彬:《于右任传》,复旦大学出版社 1997 年版。

杨国桢:《林则徐传》,人民出版社 1995 年版。

《忆秋白》编辑小组编:《忆秋白》,人民文学出版社 1981 年版。

易惠莉:《郑观应评传》,南京大学出版社 1998 年版。

张登德:《寻求近代富国之道的思想先驱——陈炽研究》,齐鲁书社 2005 年版。

张海林:《王韬评传》,南京大学出版社 1993 年版。

[美] 张灏:《梁启超与中国思想的过渡(1890—1907)》,江苏人民出版社 1995 年版。

张礼恒:《何启 胡礼垣评传》,南京大学出版社 2005 年版。

张理明:《柯灵评传》,中国社会科学出版社 2008 年版。

张林岚:《赵超构传》,文汇出版社 1999 年版。

张晓京：《近代中国的"歧路人"：罗家伦评传》，人民出版社2008年版。
张友渔：《报人生涯三十年》，重庆出版社1982年版。
中共党史人物研究会编：《中共党史人物传》第一卷，陕西人民出版社1980年版。
中共党史人物研究会编：《中共党史人物传》第五卷，陕西人民出版社1982年版。
中共党史人物研究会编：《中共党史人物传》第七卷，陕西人民出版社1983年版。
中共双峰县委员会编，罗绍志、宁丹阳、何鹄志执笔：《蔡和森传》，湖南人民出版社1980年版。
中共中央党史研究室编著：《中国共产党历史图志》，上海人民出版社2001年版。
周雨：《王芸生》，人民日报出版社1996年版。
朱东润：《朱东润传记作品全集》，东方出版中心1999年版。
朱庆葆、牛力：《邹容 陈天华评传》，南京大学出版社2006年版。
朱顺佐：《邵力子传》，浙江大学出版社1988年版。
朱志敏：《李大钊传》，山东人民出版社1998年版。
子通主编：《林语堂评说七十年》，中国华侨出版社2003年版。
左玉河：《张东荪传》，山东人民出版社1998年版。

五

陈力丹：《陈力丹自选集——新闻观念：从传统到现代》，复旦大学出版社2004年版。
丁淦林：《丁淦林文集》，复旦大学出版社2005年版。
范长江：《通讯与论文》，新华出版社1981年版。
范苏苏编：《范长江新闻文集补遗》，学苑出版社2019年版。
范用：《爱看书的广告》，生活·读书·新知三联书店2004年版。
方汉奇：《中国近代报刊史》，山西人民出版社1981年版。
方汉奇、李矗主编：《中国新闻学之最》，新华出版社2005年版。
方汉奇主编：《邵飘萍选集》（上册），中国人民大学出版社1987年版。
方汉奇主编：《邵飘萍选集》（下册），中国人民大学出版社1988年版。

方汉奇主编：《中国新闻事业编年史》（上、中、下），福建人民出版社2000年版。

方汉奇主编：《中国新闻事业通史》第一卷，中国人民大学出版社1992年版。

方汉奇主编：《中国新闻事业通史》第二卷，中国人民大学出版社1996年版。

复旦大学新闻系新闻史教研室编：《中国新闻史文集》，上海人民出版社1987年版。

戈公振：《中国报学史》（插图整理本），上海古籍出版社2003年版。

戈公振：《中国报学史》，《民国丛书》第二编第49册，上海书店1989年根据商务印书馆1928年影印版。

管照微编：《新闻学论集》，上海汉文正楷印书局1933年版。

郭箴一：《上海报纸改革论》，上海复旦大学新闻学会1931年印行。

《胡乔木传》编写组编：《胡乔木谈新闻出版》，人民出版社1999年版。

黄林：《近代湖南报刊史略》，湖南师范大学出版社2013年版。

黄林编：《近代湖南出版史料》（一、二），湖南教育出版社2012年版。

黄天鹏：《中国新闻事业》，上海联合书店1930年版。

黄天鹏主编：《新闻学刊全集》，光华书局1930年版。

金仲华：《国际新闻读法》，生活书店1934年版。

刘家林、王明亮、陈龙、李时新编著：《成舍我新闻学术论集》（上、下），暨南大学出版社2012年版。

刘望龄：《黑血·金鼓——辛亥前后湖北报刊史事长编（1866—1911）》，湖北教育出版社1991年版。

龙伟、任羽中、王晓安、何林、吴浩编：《民国新闻教育史料选辑》，北京大学出版社2010年版。

《毛泽东新闻工作文选》，新华出版社1983年版。

宁树藩：《宁树藩文集》，汕头大学出版社2004年版。

上海复旦大学三十周年世界报纸展览会筹备会：《报展》纪念刊，上海复旦大学新闻学会发行，1936年。

沈谱编：《范长江新闻文集》（上、下），新华出版社2001年版。

汪英宾：《中国本土报刊的兴起》，王海、王明亮译，暨南大学出版社2013年版。

王文彬编著：《中国现代报史资料汇辑》，重庆出版社1996年版。
肖东发、邓绍根编：《邵飘萍新闻学论集》，北京大学出版社2008年版。
肖东发、邓绍根编：《徐宝璜新闻学论集》，北京大学出版社2008年版。
《新闻报馆三十年纪念册》1923年2月。
燕京大学新闻学系编：《新闻学研究》，良友公司1932年版。
杨春华、星华编译：《列宁论报刊与新闻写作》，新华出版社1983年版。
杨光辉、熊尚厚、吕良海、李仲明编：《中国近代报刊发展概况》，新华出版社1986年版。
张静庐辑注：《中国近现代出版史料》（1—8），上海书店出版社2003年版。
张允侯、殷叙彝、洪清祥、王云开编：《五四时期的社团》，生活·读书·新知三联书店1979年版。
张之华主编：《中国新闻事业史文选（公元724年—1995年）》，中国人民大学出版社1999年版。
中共中央马克思恩格斯列宁斯大林著作编译局研究室编：《五四时期期刊介绍》（第一、二、三集），生活·读书·新知三联书店1959年版。
中共中央宣传部办公厅，中央档案馆编研部编：《中国共产党宣传工作文献选编》（1—4），学习出版社1996年版。
中共中央宣传部新闻局编：《马克思主义新闻工作文献选读》，人民出版社1990年版。
中国社会科学院新闻研究所编：《中国共产党新闻工作文件汇编》（上、中、下），新华出版社1980年版。

六

卞东磊：《古典心灵的现实转向——晚清报刊阅读史》，社会科学文献出版社2015年版。
卞修全：《立宪思潮与清末法制改革》，中国社会科学出版社2003年版。
曹爱民：《记者与学者：新闻人黄天鹏研究》，南京师范大学出版社2018年版。
曹聚仁：《采访外记 采访二记》，生活·读书·新知三联书店2007年版。
陈玉申：《晚清报业史》，山东画报出版社2003年版。
程丽红：《清代报人研究》，社会科学文献出版社2008年版。

程曼丽、乔云霞主编：《中国新闻传媒人物志》（第一、二辑），长城出版社 2014 年版。

池子华：《幻灭与觉醒——咸丰十一年实纪》，河北大学出版社 1999 年版。

丁文：《"选报"时期〈东方杂志〉研究》，商务印书馆 2010 年版。

方汉奇：《报史与报人》，新华出版社 1991 年版。

方汉奇等：《〈大公报〉百年史（1902-06-17—2002-06-17）》，中国人民大学出版社 2004 年版。

房向东：《鲁迅与他"骂"过的人》，上海书店出版社 1996 年版。

傅国涌：《笔底波澜：百年中国言论史的一种读法》，广西师范大学出版社 2006 年版。

关梅：《报人与专家：新闻人胡道静研究》，南京师范大学出版社 2018 年版。

胡丹：《清末民初知识分子与媒介批评研究》，江西人民出版社 2014 年版。

胡全章：《清末民初白话报刊研究》，中国社会科学出版社 2011 年版。

胡正强：《中国媒介批评的历史考察》，世界图书出版公司 2015 年版。

胡正强：《中国现代报刊活动家思想评传》，新华出版社 2003 年版。

胡正强：《中国现代媒介批评研究》，中国传媒大学出版社 2010 年版。

蒋建国：《报界旧闻——旧广州的报纸与新闻》，南方日报出版社 2007 年版。

金瑾如主编：《仰望史量才》，华文出版社 2010 年版。

李滨：《中国近代报刊角色观念的发展和演变》，岳麓书社 2011 年版。

李磊：《〈述报〉研究》，兰州大学出版社 2002 年版。

李良荣：《中国报纸文体发展概要》，福建人民出版社 2002 年版。

李漫：《元代传播考——概貌、问题及限度》，北京大学出版社 2013 年版。

李秀云：《中国新闻学术史（1834—1949）》，新华出版社 2004 年版。

廖永祥：《〈新华日报〉史新著》，重庆出版社 1998 年版。

刘继忠：《国民党新闻事业研究（1927—1937）》，光明日报出版社 2019 年版。

刘建明：《中国媒介批评史》，福建人民出版社 2011 年版。

刘青松：《天朝的天窗——晚清最后十年报刊风暴》，上海三联书店 2012 年版。

刘兴豪：《报刊舆论与近代中国政治——从维新变法说起》，中央编译出版社 2011 年版。

卢宁：《早期〈申报〉与晚清政府：近代转型视野中报纸与官吏关系的考

察》，上海科学技术文献出版社2012年版。

闾小波：《中国早期现代化中的传播媒介》，上海三联书店1995年版。

马伯庸、阎乃川：《触电的帝国——电报与中国近代史》，浙江大学出版社2012年版。

马光仁：《中国近代新闻法制史》，上海社会科学院出版社2007年版。

马光仁主编：《上海新闻史（一八五〇——一九四九）》，复旦大学出版社1996年版。

马廉颇：《晚清帝国视野下的英国——以嘉庆道光两朝为中心》，人民出版社2003年版。

倪邦文：《自由者梦寻——"现代评论派"综论》，上海文艺出版社1997年版。

牛海坤：《〈德文新报〉研究（1886—1917）》，上海交通大学出版社2012年版。

彭剑：《清季宪政大辩论——〈中兴日报〉与〈南洋总汇新报〉论战研究》，华中师范大学出版社2011年版。

钱珺：《幽默与抗争：新闻人林语堂研究》，南京师范大学出版社2018年版。

阮迪民、杨效农执笔：《晋绥日报简史》，重庆出版社1992年版。

[美] 芮玛丽：《同治中兴：中国保守主义的最后抵抗》，房德邻等译，中国社会科学出版社2002年版。

[英] 芮尼：《北京与北京人》，李绍明译，国家图书馆出版社2008年版。

萨空了：《科学的新闻学概论》，中国传媒大学出版社2018年版。

单波：《20世纪中国新闻学与传播学·应用新闻学卷》，复旦大学出版社2001年版。

上海图书馆编：《近代中文第一报〈申报〉》，上海科学技术文献出版社2013年版。

邵培仁、何扬鸣、张健康：《20世纪中国新闻学与传播学·宣传学和舆论学卷》，复旦大学出版社2002年版。

邵志择：《近代中国报刊思想的起源与转折》，浙江大学出版社2011年版。

沈卫威：《自由守望——胡适派文人引论》，上海文艺出版社1997年版。

史斌：《电报通信与清末民初的政治变局》，中国社会科学出版社2012年版。

宋军：《申报的兴衰》，上海社会科学院出版社 1996 年版。

宋双峰：《鲁迅：中国现代媒介批评的开拓者》，中国社会科学出版社 2013 年版。

孙藜：《晚清电报及其传播观念（1860—1911）》，上海世纪出版集团、上海书店出版社 2007 年版。

［法］塔尔德：《传播与社会影响》，何道宽译，中国人民大学出版社 2005 年版。

汤传福、黄大明：《纸上的火焰（1815—1915 年的报界与国运）》，广西师范大学出版社 2013 年版。

汤志钧：《戊戌时期的学会和报刊》，台湾商务印书馆股份有限公司 1993 年版。

汤志钧、汤仁泽：《维新·保皇·知新报》，上海社会科学院出版社 2000 年版。

唐惠虎、朱英主编：《武汉近代新闻史》，武汉出版社 2012 年版。

童兵、林涵：《20 世纪中国新闻学与传播学·理论新闻学卷》，复旦大学出版社 2001 年版。

涂凌波：《现代中国新闻观念的兴起》，中国传媒大学出版社 2016 年版。

［法］托克维尔：《论美国的民主》，董果良译，商务印书馆 1988 年版。

汪林茂：《晚清文化史》，人民出版社 2005 年版。

［美］汪荣祖：《走向世界的挫折——郭嵩焘与道咸同光时代》，岳麓书社 2000 年版。

王继先：《坚守与徘徊：新闻人马星野研究》，南京师范大学出版社 2018 年版。

王敬主编：《延安〈解放日报〉史》，新华出版社 1998 年版。

王林：《西学与变法——〈万国公报〉研究》，齐鲁书社 2004 年版。

王敏：《苏报案研究》，上海人民出版社 2010 年版。

吴静：《〈学灯〉与五四新文化运动》，中国书籍出版社 2015 年版。

吴廷俊：《新记〈大公报〉史稿》，武汉出版社 2002 年版。

萧永宏：《王韬与〈循环日报〉：王韬主持〈循环日报〉笔政史事考辨》，学习出版社 2015 年版。

徐培汀：《20 世纪中国新闻学与传播学·新闻史学史卷》，复旦大学出版社 2001 年版。

徐新平：《维新派新闻思想研究》，湖南人民出版社2010年版。

严昌洪、许小青：《癸卯年万岁——1903年的革命思潮与革命运动》，华中师范大学出版社2011年版。

叶圣陶思想研究会编：《叶圣陶编辑思想研究》，开明出版社1999年版。

余玉：《上海〈时报〉新闻业务变革研究》，人民出版社2017年版。

袁殊：《记者道》，中国传媒大学出版社2018年版。

曾建雄：《中国新闻评论发展史（近代部分）》，广西师范大学出版社1996年版。

张育仁：《自由的历险——中国自由主义新闻思想史》，云南人民出版社2002年版。

张振亭：《专业化与大众化：黄天鹏新闻思想与实践研究》，江西人民出版社2014年版。

赵晓兰、吴潮：《传教士中文报刊史》，复旦大学出版社2011年版。

钟叔河：《走向世界——近代知识分子考察西方的历史》，中华书局1985年版。

周佳荣：《苏报及苏报案——1903年上海新闻事件》，上海社会科学院出版社2005年版。

周孝庵：《最新实验新闻学》，中国传媒大学出版社2018年版。

［美］周永明：《中国网络政治的历史考察：电报与清末时政》，尹松波、石琳译，商务印书馆2013年版。

［新加坡］卓南生：《中国近代报业发展史1815—1874》（增订版），中国社会科学出版社2002年版。

后　记

　　这部书稿是本人承担的 2014 年度国家社会科学基金项目《中国近现代媒介批评史（1815—1949）》（14BXW007）的最终结项成果。

　　2001 年我开始涉入媒介批评史研究领域，弹指一挥间，至今已 22 年过去了。2000 年 7 月，我从高等教育杂志编辑，转入大学新闻传播学教学岗位。恰逢当时国内的媒介批评学研究兴起不久，媒介批评学的学科发展前景和空间，吸引了一部分学人的关注，特别是在 2001 年，刘建明、王君超两位教授相继推出了他们的媒介批评理论专著，初步显示了中国媒介批评学本土化实绩，也使我对此产生了兴趣。在认真学习和分析了有关研究文献的基础上，结合自己此前已在报刊编辑史研究方面所具备的有限学术积累，几经考虑，我决定从当时还十分薄弱的媒介批评史研究做起，并确立了从相对容易着手的媒介批评活动个案分析进行突破，采取惯常的从点到面，再逐步扩大和深入的学术研究路径。经过几年的不断摸索，我慢慢地在媒介批评史研究方面有所收获，先后在 2010 年、2012 年，分别以媒介批评史研究为主题，获得了两项教育部人文社会科学研究项目，发表了几篇专题研究文章。在此基础上，2014 年又成功获得了国家社会科学基金项目，至此算是找到了比较适合自己的学术研究领域和方向。经过几年努力，2021 年初该项目最终以"优秀"等级结项。

　　平心而论，在新闻传播学的学术园地里，媒介批评是一个十分小众的话题，至今甚至仍有为数不少的人对媒介批评学的学科资格心存疑虑或不予认可。个中原因，可能不一而足，甚为复杂，但毋庸讳言，媒介批评学作为新闻传播学的一个分支，其产生时间的晚近和学术成果数量积累的严重不足，都是制约其产生更大社会和学术影响的关键性因素。无法回避的客观学术环境，决定了在国内从事媒介批评学研究所必须面临的相对困难和寂寞，非一般人所能理解。说进行媒介批评研究必须具备"虽千万人吾往矣"的精神和担当，定会有夸大和自美之嫌，但必须具备某种甘于寂寞的学术勇气，确是实情。

尽管如此，我在这片相对贫瘠、略显冷清的土地上，持续耕耘了22年之多，先后发表了40余篇以媒介批评史为主题的学术论文，出版了两部媒介批评史论著《中国现代媒介批评研究》《中国媒介批评的历史考察》和一部《媒介批评学》理论著作，总算力所能及地为推进媒介批评学的学科建构提供了一些或许有用的资料和铺垫。

在课题研究和书稿形成的过程中，我得到了许多师友的热情指导和助力，他们是：中国社会科学院新闻与传播研究所原所长尹韵公教授、华中科技大学新闻与信息传播学院张昆教授、南京师范大学学科建设处处长张晓锋教授、江苏省委宣传部理论处梁敬国副处长、广西大学新闻与传播学院李时新副教授、华中农业大学文法学院彭垒博士。

我在南京师范大学新闻与传播学院所指导的几位博士、硕士研究生也出力甚多：张郑武文、宋春雨、李文丽、孟宪震、于淑娟、许倩、李思琪、李美瑶、涂馨雨、王雨晴、李莉、刘晶琦、孙樱芝、石文强、刘可可承担了资料的搜集和书稿校对工作，做出了非常多的贡献。特别是书稿校对，正值2022年12月至2023年1月的疫情肆虐之际，他们辛勤的努力和付出令我十分感动。

这里特别要感谢清华大学刘建明教授。刘老是国内媒介批评学的开创者和奠基人之一，在中外媒介批评史研究方面堪称泰斗级人物。在我的课题研究过程中，无论是我电话相扰，还是登门请教，刘老每次总是既谦和诚恳，又循循善诱，令我受益匪浅。在书稿杀青之后，我又不揣浅陋，电邮刘老，盼望他能够不吝赐序。刘老在百忙之际，爽然应诺。其提携后学的长者之风，令我感念不已。

衷心感谢中国社会科学出版社文学艺术与新闻传播出版中心郭晓鸿主任，她为本书的顺利出版往来沟通，在选题申报和编校等方面，都付出了极大的心血。

特别感谢南京师范大学新闻与传播学院，这里开放包容与团结协作的宽松氛围、对学术创新的鼓励、对研究成果的重视，都渗入本书稿问世的每一个环节之中。

后 记

媒介批评是人的话语实践，一定程度上是人与人、人与媒介之间的对话和交流，而任何现实的对话和交流，从历史的视角看，都是特定时代的产物，是人与人、人与媒介在那个特定历史时空中的一种偶遇。媒介批评史研究无疑属于历史学范畴，它不仅要求研究者遵从历史研究的一般原则和逻辑，而且要求研究者具有正确的历史思维和丰富的历史知识，这样才可能将批评话语置放到某个具体的历史语境之中，去想象和释读出其所拥有的社会与时代内涵，力求对当时的话语意义和作用尽量做出符合历史实际的价值判断。国外有一位哲人曾经这样说过："对历史的透视能够使我们更清楚地看出，什么事件和哪种活动有着永久的重要性。"媒介批评史研究自然亦应如此。在中国近现代这个巨大的思想和知识场域里，古今中外的各种政治、经济、文化、信仰、传统、习惯等等的矛盾和冲突相互纠缠在一起，构成了极为复杂而壮观的社会面相与时代景观，媒介及媒介批评话语是这其中不可或缺的一部分。在具体的研究中，笔者虽然力求把这种人与人、人与媒介之间的偶遇置入中国近现代历史波诡云谲的时代进程中，试图以联系和发展的观点去观察媒介批评话语文本及文本之间的卯榫结构，以揭示个人观点与时代思潮、群体遭际和报刊盛衰生灭之间或隐或显的关联，显露出中国近现代新闻事业发展过程中的另一面，但巨大的任务和期待与有限的个人知识同能力所构成的冲突，时常使本人在研究过程中产生力不从心之感。古人云，文章千古事，得失寸心知。在书稿即将付梓之际，笔者知道尽管自己已经尽了最大的努力，但本书的错误和缺点定然仍有很多，故恳请方家不吝赐教，绝不是本人的一种故作谦辞。

在一个人的生命旅程中，22 年不可谓短。如果本书的出版，能够得到同人和读者的批评指正，则此前为本书稿的所有付出，我都会由衷地感到满足和欣慰。

胡正强
2023 年 8 月 2 日